GB

한길그레이트북스

인 류 의 위 대 한 지 적 유 산

G B
한길그레이트북스

인류의 위대한 지적유산

노르베르트 엘리아스

문명화과정 Ⅱ

박미애 옮김

한길사

인류의위대한지적유산

Über den Prozeß der Zivilisation Ⅱ

—

Norbert Elias

—

Translated by
Pak Mi Ae

유럽에서 가장 오래된 왕가의 하나인 합스부르크가
여러 제후들에 둘러싸여 앉아 있는 루돌프 폰 합스부르크가 아우크스부르크 제국의회(1282년)에서
두 아들 알브레히트와 루돌프를 맞아들여 오스트리아, 슈타이어마르크, 크라임을 봉토로 수여하고 있다
(오스트리아 왕조 규범서에 실려 있는 요하네스 샤이러의 세밀화).

화폐교환사와 그의 부인(캥탱 마시스의 그림, 파리 루브르 박물관 소장)
토지 경제에서 화폐 경제로의 전환은 권력의 독점 체제를 구축할 수 있는 가능성의 증대를 의미한다.
왕은 화폐 지급을 통해 상비군 및 관료 조직을 유지할 수 있게 되고, 이는 정복을 통한
독점과 토지 분배로 인한 독점의 해체라는 반복 메커니즘을 파괴하는 데 결정적인 기여를 한다.

프랑스 남부의 카르카손 지방
웅장한 이중의 도시 성벽, 성문과 탑을 갖추고 있는 카르카손은 오늘날에도 여전히 폐쇄적인
중세 도시의 모습을 잘 보여주고 있다. 하류층의 인구 과잉으로 촉발된 분업은 수공업자와
상인 공동체의 형성으로 이어지고, 이 공동체는 중세 도시의 모체가 되었다.

말을 타고 있는 프랑스의 프랑수아 1세(궁정화가 프랑수아 클루에의 그림, 파리 루브르 박물관 소장)
브르타뉴 공국이 1532년 마지막으로 프랑스 지배 영역에 귀속됨으로써 프랑수아 1세는
프랑스 지배 영역 내의 권력을 실질적으로 독점하여 절대국가의 초석을 세운다.

부르고뉴 공 필리프의 궁정 모습
궁정은 중세의 전사들을 온건하고 세련된 궁정인으로 길들였고, 평화로운 상호 교통의 모델을 만들어냈다.

추기경복을 입은 리슐리외
루이 13세 때의 재상으로 프랑스의 국사를 담당하면서 중앙집권화에 힘썼고,
대외적으로는 30년 전쟁에 간섭하였고 식민정책을 진행시켜 프랑스 절대 왕권 확립의 토대를 마련하였다.
그는 확고한 종교적 신념을 가지고 있었으나 프랑스의 국가적 이해를 교회의 이해보다 중시하였다.

중세의 기사들

기사도의 가장 중요한 덕목은 독실한 신앙, 겸손, 용맹, 사랑, 관용 그리고 부녀자와 약자의 보호였다.
그러나 중세 기사들의 실제 삶은 이러한 이상적 규범과는 거리가 멀었다.

프랑스의 항구도시 라로셸에서 벌어진 영불간의 해상전투
왕손이 단절된 카페 왕조를 이어 발루아가가 왕위를 계승하자, 카페가의 외손이었던
영국의 에드워드 3세가 프랑스의 왕위를 요구함으로써 100년 전쟁은 시작되었다.

프랑스의 애국소녀 잔다르크
'프랑스를 구하라'는 신탁을 믿고 100년 전쟁의 후반 궁지에 몰린
프랑스군의 사기를 고취시켜 전세를 역전시킨 잔다르크. 그는 프랑스인들의 애국심과 민족의식을
불러일으킴으로써 프랑스가 하나의 민족국가로 발전하는 데 크게 이바지하였다.

예루살렘을 포위하여 공격중인 십자군
성지 예루살렘의 수호라는 기치 아래 1096년 발발한 십자군전쟁은 200여 년 지속된다.
8차에 걸쳐 십자군 원정이 감행되었으나, 제1차를 제외하고는 대부분 실패로 돌아갔다.

1099년 7월 5일 예루살렘 시내에 돌입한 제1차 십자군
인구 증가와 토지 부족은 상류층 '예비군'을 양산하고, 이로 인한 사회적 압력은
외부로의 확장 및 식민지 운동에 추진력을 제공한다. 십자군전쟁은 이런 확장운동의 특수한 형태이다.

GB
한길그레이트북스

인류의 위대한 지적유산

노르베르트 엘리아스

문명화과정 Ⅱ

박미애 옮김

한길사

●문명화과정 Ⅱ · 차례

근대국가의 사회발생사적 기원과 문명화과정

박미애

1. 궁정사회와 문명화과정

일상언어에서 '문명화되었다'란 말을 들을 때 우리는 대개 남에게 예절바르고 친절한 태도, 남을 배려하는 태도, 깨끗하고 위생적인 습관, 온건함과 강한 자제력 등을 연상한다. 엘리아스가 『문명화과정 I』에서 사용하는 문명이나 문명화의 개념은 이러한 일상적 의미에서 크게 벗어나지 않는다. 그러나 '서구 세속상류층의 행동 변화'라는 책의 부제가 말해주듯이 엘리아스는 오늘날 서구인의 전형적 행동이 장기적인 역사적 과정의 산물이며 그 기원은 과거의 세속상류층, 즉 귀족층에까지 거슬러올라간다는 것을 암시하고 있다. 그는 예법서나 회화, 문학작품과 같은 다양한 역사적 자료들을 광범위하게 섭렵한 후 유럽인들의 행동양식이 중세 후기에서 18세기에 이르는 동안, 앞에서 언급한 방향으로 변화하였고, 이러한 행동의 변화는 단순히 외적인 변화에만 국한되는 것이 아니라 인간의 심리 및 감정구조 전체의 변화를 수반한다는 사실을 밝혀낸다.

그에 의하면 식사나 다른 생리적 욕구를 처리하는 행동, 침실에서의 행동과 같은 인간의 외적 행동양식은 단순히 외적이고 임의적인 현상이 아니다. 그것은 심층심리적인 변화의 표현이며, 또 이런 행동 및 심리적 구조의 변화는 더 나아가 인간과 인간이 관계를 맺는 양식의 변화, 즉 사회관계의 역학 및 사회구조 전체의 변동과 연관된다는 것이다. 이렇게 엘리아스는 문명화과정을 두 가지 측면에서 고찰한다. 심리발생적 측면에서 보면 그것은 외면적 예절의 세련화, 모든 생리적 기능들의 은밀화 경향, 멀리 내다보고 예측하는 행동의 증가, 충동과 감정의 억제, 초자아의 발달, 외부적 강제에서 내부통제로의 전환 등 다양한 사회심리적 변화과정을 의미하며, 사회발생적 측면에서는 인간과 인간이 관계를 맺는 방식의 변화, 사회적 분화와 국가형성과정 등의 거시적 현상을 가리킨다.[1]

행동양식 및 심리구조의 전환으로서의 문명화과정에서 엘리아스가 가장 중요하게 생각하는 요소는 사회적 상호관계에서 그리고 자신에 대한 개인의 반성적 태도에서 감정 및 본능의 억제 정도이다.[2] 다시 말하면 충동과 즉흥적인 감정을 얼마나 억제할 수 있는가 하는 것이 문명화된 행동과 문명화되지 않은 행동을 구분하는 중요한 잣대인 것이다.

인간의 행위에 대한 사회적 통제의 측면에서 문명화과정은 사회적 요구와 금지, 규범적 기대와 제재의 작용방식의 변화과정으로 볼 수 있다. 개개인이 우선 밖으로부터, 외부강요에 의해 적응해야 했던 사회적 수준은 그의 내면에서 자기통제를 통해——설사 그가 의식적으로 원치 않는다 하더라

---

1) 그러나 엘리아스는 문명 또는 문명화라는 개념을 개인의 행동과 정서적 상황 및 그 변화와 연관하여 사용하기 때문에 거시적 현상들에 대한 적용은 문명이란 용어의 이해에 단지 부차적 의미를 지닐 뿐이다.

2) 심리발생사로서 문명화과정은 본능 억제의 새로운, 포괄적인 기제가 확립되는 역사이다. 여기서 프로이트가 엘리아스에게 미친 영향이 뚜렷이 드러난다. 막스 베버는 개개인이 일생 동안 거치는 사회심리적 발전을 위한 어떤 개념도 사용하지 않았던 반면, 엘리아스에게 본능의 경제는 문화적 발달과 사회적 진화의 중요한 생산요소가 된다. 그러나 프로이트의 관심이 주로 개인의 본능 에너지와 그 전환에 쏠려 있었던 반면, 엘리아스는 이 개인적 본능 에너지도 인간들 간의 상호작용의 범위 내에서 처음부터 사회적으로 형성된 것으로 간주한다. 즉 모든 살아 있는 인간들에게서 볼 수 있는 리비도적 에너지는 언제나 이미 사회적으로 처리된 것들이다.(노르베르트 엘리아스, 『문명화과정 II』 중에서 '제3장 문명화이론의 초안. 제5절 본능의 억제, 심리화와 합리화'를 볼 것) 이런 의미에서 엘리아스의 문명화이론은 '역사적 심리학'이라 부를 수 있을 것이다.

도—거의 자동적으로 재생산된다. 인간의 행동과 감정에 가해지는 사회적 통제는 개인의 사회화과정을 통해 서서히 외부에서 내부로 이전된다. 결국 행위자와 행위의 통제기관, 행위자와 제재자가 일치하게 되는 과정이 바로 통제의 측면에서 본 문명화과정인 것이다. 엘리아스의 표현을 빌리자면 인간의 밖에서, 인간과 인간의 관계에서 전개되던 투쟁은 인간의 내면으로 이전된 것이다. 이렇게 하여 탄생한 문명인은 자신의 감정과 충동에 더 이상 예속되어 있지 않고 그것을 통제할 수 있는, 그래서 이성적으로 행동할 수 있는 사람이다. 이런 의미에서 문명화과정은 곧 합리화과정이다.[3]

이러한 합리화과정 또는 합리성은 통상 종교개혁, 산업혁명, 프랑스 대혁명과 같은 근대의 3대 혁명을 거쳐 17, 18세기에 사회의 주도세력으로 부상한 시민계급 및 시민사회와 연관되는 것으로 인식되어왔다. 합리적 행위 동기의 발생상황, 즉 시민사회의 기원을 탐구하려는 인식 관심에서 출발한 막스 베버는『프로테스탄티즘 윤리와 자본주의 정신』에서 세계내적인 금욕과 체계적인 자기통제를 이상으로 삼는 청교도들의 생활방식과 자본주의적 합리주의의 연관성을 밝혀냄으로써 이러한 역사적 인식에 결정적인 기여를 하였다.

엘리아스는 합리화 및 문명화과정이 시민사회의 직업적 시민계급이 발

---

3) 엘리아스가 사용하는 합리성은 장기적 안목에서 수립하는 계획, 수단과 목적의 고려 등을 특징으로 하는 행위 방향, 즉 베버의 용어로는 목적합리성을 의미한다. 그러나 그 속에 역사적 변화의 원동력이 있다고 엘리아스는 생각하지 않는다. 그는 문명을 가능케 한 것이 합리적 행위와 계획은 결코 아니었다고 반복하여 강조한다. 비의도적인 문명화과정이 비로소 장기적 안목, 예측, 자기통제 등의 합리적 행위를 가능하게 하였고 개인적인 목적합리성이 펼쳐질 수 있는 마당을 마련해주었다는 것이다. 따라서 엘리아스가 쓰는 합리화의 개념은 베버의 개념보다 훨씬 더 제한적이다. 베버는『종교사회학 논문집』의 서론에서 합리적 국가, 합리적 법, 합리적 자본주의, 서구문화의 합리주의 등을 말하면서 이 개념을 객관적인 문화에 광범위하게 적용하는 반면, 엘리아스 합리화과정은 문명화과정의 부분 현상으로 축소된다. 문명화는 사회의 변화 전체를 지시하는 용어이지만 합리화는 심리화 및 개인화와 더불어 그 변화의 주관적인 표현으로 제한된다. Max Weber, *Gesammelte Aufsätze zur Religionssoziologie*, Bd. I(Tübingen, 1972) : A. Bogner, *Zivilisationstheorie Max Webers, Norbert Elias' und der Frankfurter Schule im Vergleich*(Opladen, 1989)를 참조.

생하기 훨씬 전인 16세기 무렵부터 서서히 사회의 여러 측면에서 가시화되었다고 본다는 점에서 베버와 일치한다. 그러나 엘리아스의 관심 대상은 종교적 동기에서 합리적으로 행동하는 시민계급이 아니라 세속의 궁정귀족층이다. 얼핏 보면 합리성과는 상관없어 보이는 계층에 연구의 방향을 맞추고 있다는 점에서 엘리아스는 베버와 달라지며[4] 바로 이런 점에서 엘리아스의 독창성이 드러난다. 도시적 생활형태가 아니라 궁정적 삶의 형태에, 평화로운 성직자나 학자가 아닌 귀족층과 그들의 선조인 중세의 전사들에 초점이 맞추어진 관점을 엘리아스는 어떻게 정당화하는가?

우선 그가 제공하는 설명은 간단하다. 합리화 및 문명화과정은 물리적 폭력으로부터 벗어난 평화적 공간이 전제되어야만 하며, 민족국가적 시민사회가 발생하기 이전 수세기 동안 존속했던 범유럽적 궁정사회는 중세의 전사들을 길들여 온건한 궁정인으로 만들면서 평화로운 상호교통의 모델을 만들어냈고 이 모범적 모델이 시민계급에게 영향을 주었다는 것이다. 무기로 치르는 투쟁을 허용하지 않는 궁정사회는 갈등 해결을 위해 다른 형태의 수단을 요구하고 이는 궁정인들에게 다른 특성을 길러준다. 이러한 특성이 바로 "심사숙고, 장기적 안목, 자기절제, 감정의 정확한 조절, 인간을 비롯한 전체의 영역에 대한 광범한 지식", 즉 '궁정적 합리성'인 것이다. 엘리아스가 자주 언급하고 있는 생시몽과 같이 유능한 처세술과 사교적 수완, 철저한 자기절제의 능력을 가진 궁정인은 이성적 인간의 전형이다.[5]

---

4) 합리성으로 결정화되는 자본주의 정신을 종교적 생활양식과 생활관의 세속화로 보면서 사회 변동에 미치는 이념의 영향을 증명하려 했던 베버와는 달리 엘리아스는 문명화과정에서 종교의 역할이 미미하다고 단언한다. "종교는 사회나 사회를 주도하는 계층이 문명화되는 만큼 문명화된다"는 것이다(노르베르트 엘리아스, 『문명화과정 I』, 382쪽). 종교적 변화에는 어떠한 독자성도 인정되지 않는다. 종교는 한편으로는 사회 분화를 축으로, 다른 한편으로는 권력수단의 독점화를 축으로 이루어지는 전체 사회변동에 영향을 받아 변화된다는 것이다. 십자군전쟁의 발생원인에 대해서도 엘리아스는 마찬가지의 입장을 견지한다. 그는 십자군전쟁을 일차적으로는 국내의 땅 부족과 인구과잉으로 인한 사회적 압력이 외부로 표출된 식민지운동으로 간주한다. 교회는 단지 주어져 있는 힘을 유도하였을 뿐이라는 것이다.

5) 엘리아스는 궁정인의 특성으로 1)궁정의 회고록, 서한집, 잠언집 등에서 드러나는 뛰어난 인간관찰술과 인간묘사력 2)인간을 다루는 뛰어난 기술 3)생존의 중요한 목적을 위해 자신의

이러한 궁정적 합리성을 비롯한 궁정적 생활형태나 행동양식은 앙시앵 레짐의 시민계급 출신 법복귀족들을 거쳐 17, 18세기 산업적 시민사회에 그대로 계승된다. 즉 궁정적 유산은 모범적인 상류사회의 표본으로서 또는 저항하고 투쟁해야 할 대상으로서 다른 계층으로 확산된다는 것이다. 궁정의 화려함, 낭비적인 소비행태, 영리하게 계산된 일구이언, 표리부동에 대항해서 싸웠던 청교도적 시민계급도 이들 상류계급 생활양식의 근본유형들, 예컨대 손님을 접견하고 사교모임을 주최하며 개방적인 대가정을 영위하는 방식 등을 수용하였다. 엘리아스는 19세기의 소설이나 현대 프랑스 영화에까지 어어져 내려오고 있는 명료한 인간관찰의 전통을 프랑스 시민사회가 계승한 궁정적 유산의 예로 제시한다.[6] 간단히 말하면 문명화과정 및 합리화과정은 엘리아스에게 중세 후기부터 시작된 궁정의 발달과정의 부산물인 것이다.

엘리아스의 문명화이론의 보편적 명제는 사회구조의 변화는 인간과 인간이 관계를 맺는 방식의 변화를 가져오고, 이는 다시금 그 관계 안에서 살고 있는 인간들의 행동방식 및 정서구조의 변화를 요청한다는 것이다. 이러한 보편적 명제를 구체적으로 증명하기 위해 엘리아스가 선택한 장기적인 역사과정 중의 한 단면이 바로 17세기 절대주의 궁정에서 그 정점을 이루는 궁정화과정, 궁정시대[7]이다. 엘리아스의 선택은 절묘한 것이었다. 궁

감정을 억제하는 궁정적 합리성을 들고 있다. N. Elias, *Die höfische Gesellschaft* (Frankfurt a.M., 1983), p.169ff.

6) 여기에서 역사의 구조적 연속성에 초점을 맞춘 엘리아스의 역사관이 드러난다. 엘리아스는 근대세계로의 발전에서 혁명으로 인한 역사적 단절, 도약적인 측면보다 구조적 연속성, 즉 근대세계의 전근대적 뿌리와 자본주의의 전자본주의적 기원을 탐구하고자 한다. 엘리아스에게 전근대적 사회와 근대사회 사이에는 단절이 없다. 시민사회는 봉건사회로부터 발달하였으며 근대세계를 제대로 이해하기 위해서는 이러한 장기적 역사과정의 운동법칙, 역사법칙을 찾아야만 한다는 것이다. Dieter Haselbach, "Monopolmechanismus' und Macht. Der Staat in Norbert Elias' Evolutionstheorie," in : Karl-Siegbert Rehberg, *Norbert Elias und die Menschenwissenschaften*(Frankfurt, 1996), pp.331~351.

7) 이러한 궁정시대는 경제적 관점에서는 중상주의의 시대이며, 국가의 형태상으로 절대주의 시

정의 발달과정은 심리발생사적 측면에서 중세 기사들이 궁정인으로 문명화
되는 과정이며 동시에 사회발생사적 측면에서는 국가가 형성되는 과정이기
때문이다. 다시 말하면 궁정화 또는 궁정사회는 거시적 현상과 미시적 현
상의 상호연관성뿐만 아니라 엘리아스가 모든 사회적 현상의 가장 중요한
요소라고 간주하는 갈등과 경쟁, 권력이 가장 잘 포착될 수 있는 단계이며
현장이다.

이런 맥락에서 보면 『문명화과정 I』은 변화하는 사회구조가 개개인에게
미치는 영향, 즉 중세에서 르네상스를 거쳐 17세기에 이르기까지 상류층의
행동양식 및 심리구조의 문명적 전환을 추적하였다면, 『문명화과정 II』의
과제는 이러한 심리발생사의 원인이 되는 전체 사회구조의 변동 자체에 대
한 분석이다.

2. 문명의 사회발생사 : 국가형성과정과 그 법칙

다른 사회과학적 개념들의 경우에도 대부분 그렇지만 국가라는 개념의
규정에서도 막스 베버의 정의는 시금석을 이룬다. 그의 정의에 따르면 국
가를 다른 사회 조직들과 구분하는 특성은 폭력 및 물리적 강제의 독점적
사용권이다. 즉 국가는 '법과 질서'를 유지하고 그 경계 내에서 규칙과 명령
을 실행하기 위해 폭력의 사용을 독점하는 조직이다.[8] 엘리아스 역시 국가
의 가장 근본적인 특성은 물리적 폭력의 독점에 있다고 본다. 그러나 그는
폭력의 독점권에 조세권의 독점을 첨가하여 국가의 기능은 단순히 경제적
기능들로 환원될 수도 없지만 또 그것으로부터 분리될 수도 없다는 사실을
강조한다. 뿐만 아니라 그는 폭력독점권의 사용에 국내와 국제적 관계를

대, 통치방식과 관료의 유형에 따르면 가산국가(Patrimonialismus)이다. N. Elias, *Die
höfische Gesellschaft* (Frankfurt a.M., 1983), p.64를 참조할 것.
8) Max Weber, *Wirtschaft und Gesellschaft*(Tübingen, 1975), p.29를 참조할 것.

구분하여 개념의 확장을 시도한다. 즉 국가는 물리적 폭력과 조세권을 독점하고 있는 단위로서 "구성원들의 상호관계에서 물리적 폭력의 사용을 비교적 엄격하게 통제하지만 동시에 비구성원들과의 관계에서는 그 구성원들로 하여금 물리적 폭력의 사용에 대비시키고 많은 경우에는 물리적 폭력의 사용을 고무하기까지 한다."[9] 이렇게 방어 및 공격단위로서의 국가의 개념은 국가가 물리적 폭력을 독점하여 내부적으로 평화를 이루었음에도 불구하고 상비군을 유지하고 끊임없이 새로운 무기를 생산, 구입하는 현상을 해명할 수 있는 길을 열어준다.[10]

그러나 엘리아스의 주요 관심사는 국가의 개념을 규정하고 국가의 유형을 분류하며 국가에 관한 체계적 이론을 세우는 것이 아니다. 문명화, 봉건화 또는 국가형성과정 등 개념의 역동적 전환이 말해주듯이 그의 초점은 정태적 구조가 아니라 동태적 흐름에 맞추어져 있다. 엘리아스는 9세기에

---

9) N. Elias, *Was ist Soziologie*(München, 1971), p.151. 이런 관점에서 보면 과거 원시사회의 부족집단, 중세의 성곽이나 도시 등 모든 공수단위는 국가가 될 수 있다. 그러나 『문명화과정 II』에서 엘리아스는 중세의 봉건적 구조에서 절대주의 국가가 탄생하는 과정을 구체적인 역사적 상황을 들어 서술하면서 좀더 높은 차원의 사회분화의 바탕 위에 폭력과 조세권을 독점한 중앙권력이 형성되어 있는 정치적 단위를 국가라 이르고 있다. 한 통치단위가 국가가 될 수 있는 조건은 상비군과 중앙의 관료조직, 즉 통치의 상임기구들의 존재이다.

10) 엘리아스는 다른 집단의 물리적 파괴로부터 구성원들을 보호하거나 다른 집단을 물리적으로 파괴하는 공격과 방어의 기능을 국가의 근본적인 기능으로 보고 있다. 따라서 국가는 경제의 하인도 아니고 경제적 영역에 비해 부차적인 상부구조도 아니다. 국가는 일차적으로 정치적인 단위로서 독자적인 기능을 가진 인간의 통합형태이다. 이렇게 국가를 근본적으로 공수단위로 보는 엘리아스의 국가관은 국가들 간의 관계 해명에 커다란 힘을 발휘한다. 국가형성과정에서 가장 중요한 요소는 비교적 안정적인 폭력독점권의 발달이며, 이는 상비군과 정밀한 무기의 발전을 수반한다. 그러나 중앙권력의 폭력독점을 통한 내부의 평화화는 역설적으로 전쟁 대비와 수행을 위한 모든 국민의 보편적 병역의무와 병행한다. 국가들 간의 관계는 그들 간의 권력균형(Machtbalance), 다시 말해 군사강국의 권위에 의해 결정된다는 것이다. 따라서 국제적으로 폭력의 독점이 이루어져 규범이 정해지고 독점적 폭력이 집행되어야만 '무정부적 사회' 또는 '자연상태'라 할 수 있는 국제관계의 분쟁과 갈등이 해결될 수 있다는 것이다. Godfried van Benthem van den Bergh, "Dynamik von Ruestung und Staatenbildungsprozessen," in : Peter Gleichmann u.a.(hrsg.), *Macht und Zivilisation*(Frankfurt a.M. 1984), pp.217~241을 참조할 것.

서 17세기에 이르는 유럽의 장기사를 관찰하면서 이 장기사를 관류하는 사회변동의 운동법칙을 발견해낸다. 그것이 바로 경쟁과 독점의 법칙이다. 엘리아스는 이러한 관점에서 서구유럽의 역사를 독점의 해체(봉건화)와 독점의 형성(국가형성과정)과정으로 읽어낸다. 다음 장에서는 엘리아스의 국가형성이론에 중요한 설명 모델로서 독점 메커니즘과 서구 절대주의의 구조적 압력을 설명해주는 왕권 메커니즘을 살펴보기로 하겠다.

1) 국가형성의 법칙 : 독점 메커니즘

9세기 민족대이동이 끝나면서 시작되는 유럽의 봉건화과정은 '국가의 사회발생사'에 관한 엘리아스의 논의의 출발점을 이룬다. 봉건사회의 메커니즘은 엘리아스에게 근대국가의 발생으로 이어지는 장기적인 사회과정의 운동법칙이 시작되는 기점인 동시에 고대와는 전혀 다른 성격의 서구사회가 비로소 출현하는 시점을 의미하기 때문이다.[11] 그것은 샤를마뉴 대제(768~814)의 대영토가 베르됭 조약을 통해 오늘날의 독일·이탈리아·프랑스를 이루는 세 지역으로 나누어지고, 각각의 지역들은 분할을 거듭하여 12세기 봉건제도의 고착에서 그 극단적 분열의 정점에 이르게 되는 운동, 즉 독점해체운동의 출발점인 것이다. 엘리아스는 여기에서 이 운동을 작동하게 만든 전체의 사회구조에 주의를 기울인다.

당시의 사회는 물물교환에 토대를 둔 농경사회였고, 따라서 화폐경제제도 내에서나 가능한 중앙행정기구나 상비군을 유지할 수 없었다. 왕은 토지와 통치권을 신하들의 손에 쥐어주고 그들을 대리인 자격으로 지방으로 파견한다. 신하들은 왕으로부터 생계대책으로 토지를 얻고 각종 군사적·

---

11) 엘리아스는 고대와는 전혀 다른 새로운 구조유형과 발전방향이 중세 초기에 나타난다고 보고 있다. 즉 서구의 중세사회에서는 노예가 없었고, 해안이나 수로 주변에 도시들이 발달했던 고대와는 달리 중세에는 육로교통이 발달한다. 노예가 사회의 생산을 담당하고 있어 자산이 없는 게으른 유한계층이 발생할 수밖에 없고 이들의 관심이 전쟁에 쏠려 있는 고대국가는 '사건국가'라 할 수 있었던 반면, 중세 서구사회에서 생산을 담당했던 농노와 농민, 수공업자들은 11세기와 12세기에 도시혁명을 일으키고 서서히 자유를 쟁취하면서 미래 시민계급의 토대를 형성함으로써 전혀 다른 발전방향을 취했다는 것이다.

사회적 압력과 위협으로부터 보호받는 대신 충성 서약을 통해 왕에게 무력봉사의 의무를 지고 있었다. 그러나 몇 세대 지나지 않아 과거의 신하들은 자신의 토지와 군사력을 토대로 왕으로부터 벗어나 독립하려 한다. 새로운 정복전쟁이 없는 한 왕의 소유지는 줄어들 수밖에 없고, 이는 곧 중앙권력의 약화를 의미한다. 봉건화는 정치적 측면에서 보면 곧 지방분권화이다.

경제적 측면에서 봉건화과정은 사회분화를 의미한다. 물물교환의 농업경제, 열악한 교통 등의 사회적 여건에서 민족대이동 이후 인구는 급격히 증가하고 토지는 부족하게 된다. 인구증가와 토지부족은 "땅이 중요한 생산수단일 뿐만 아니라 권력의 원천이었던" 사회에서는 결정적인 영향을 미친다. 이는 "기존의 사회구조에서는 수준에 맞는 생활을 유지할 수 있는 사람들의 수가 점점 줄어드는" 사회적 인구과잉현상과 사회적 갈등을 초래한다. 엘리아스는 여기서 사회적 '예비군'에 주의를 기울인다. 산업자본주의와 관련하여 프롤레타리아 계급을 지칭한 마르크스의 개념과는 달리 중세의 예비군은 상류계층에서도 발생한다는 점을 특징으로 한다. 상류층의 인구증가는 개간을 통한 토지의 확장이나 십자군전쟁과 같은 식민지 전쟁으로 출구를 찾고, 하류층의 인구과잉은 노동의 분화로 나타난다. "사회는 토지부족과 인구증가로 인해 밖으로 팽창해나갈 뿐만 아니라 내부로도 확장을 이룬다. 사회는 분화하고, 새 세포들을 얻으며 새로운 기구, 즉 도시들이 생겨난다."[12]

이렇게 사회의 분화와 지방분권화의 현상으로 표현되는 봉건화운동을 촉발시킨 중요한 원인은 물물교환에 근거한 농경사회적 여건하의 인구증가 및 토지부족이다. 이러한 구조적 특성을 가진 사회적 상황하에서 사회적 변동은 필연적으로 봉건화의 성격을 띨 수밖에 없었다. 9세기에 시작한 봉건화의 운동, 즉 독점해체의 운동은 분열과 분권을 거듭하는 유동적 단계

---

12) Norbert Elias, *Üeber den Prozess der Zivilisation*, Bd. Ⅱ(Frankfurt, 1976), p.60.

를 거쳐 12세기, 13세기 봉건제도로 자리를 잡는다. 사회의 농경부문에서 개간이나 정복을 통한 확장운동은 어느 정도 종결되고 소유구조가 확립된다. 하류층의 인구과잉으로 촉발된 분업은 수공업자와 상인 공동체의 형성으로 이어지고 1200년경 제3의 자유인 신분이 등장한다. 전사계급 내에서도 분화가 이루어져 땅을 많이 소유한 자는 '봉건영주'가 되고 땅이 없는 자는 '봉신'이 된다.

그러나 이러한 극단적 분열의 한가운데서 이미 독점의 경향은 싹트고 있다. 즉 분열과 함께 나타나는 사회적 긴장관계는 동시에 반대방향으로의 동력을 함축하고 있다. 여기서 봉건화의 운동이 단순히 봉건사회의 메커니즘에 그치지 않고 장기적인 사회변동의 법칙, 역사의 운동법칙이 된다는 엘리아스의 명제가 주는 의미가 분명해진다. 즉 인구증가와 토지부족으로 촉발된 봉건화운동은 봉건적 해체의 정점에서, 다시 말하면 독점권이 기사계층 전체의 소유로 '사회화'된 상태에서 다시 독점의 방향으로 나아간다. 엘리아스는 12세기의 정점에 이른 해체상을 서프랑크 제국의 루이 6세(1108~1137)를 예로 들면서 생생하게 그리고 있다. 12세기 초 서프랑크 지역은 여러 개의 제후국들로 나누어져 있었고 이 제후국들도 수많은 영지들로 분열되어 있었다. 왕의 지위는 자신의 공국 내에서조차 확고하지 않다. 왕의 재정적 상황은 오히려 다른 대영주들보다 불리하기까지 하다. 루이 6세가 평생 몰두한 사업은 자신의 공국 내에서 패권을 차지하는 일이었다. 이와 유사한 현상은 다른 공국들 내에서도 벌어진다.

엘리아스는 여기서 거의 법칙이라 할 수 있는 필연적인 운동을 발견한다. 왕의 공국, 프랑시앵 공국 내에서 하필이면 왕가가 패권을 차지했다는 사실은 우연으로 돌릴 수 있다. 즉 개인의 자질, 수명, 또는 남자 상속인의 유무 여부가 어떤 가문이 승리를 차지하는지를 결정하는 데 중요한 역할을 할 수 있다. 그러나 이런 상황에서 여러 영주들이 패권을 놓고 경쟁해야만 하고 서로 전쟁을 치를 수밖에 없다는 것은 필연적이다. 바로 여기에는 독점 메커니즘이 작용하고 있기 때문이다. 그것은 "엄격하게 말한다면 기계처럼 한번 작동하면 계속 정확하게 움직이는 지극히 단순한 사회 메커니즘에 대한 보다 적합한 표현이다. 비교적 많은 수의 단위들이 그들에게 주어진 권력수단 덕분에 서로 경쟁하고 있는 인간결합체는 이 평형상태를——다수에 의한 다수의 균형, 비교적 자유로운 경쟁상태를——벗어나 소수의 단위들이 경쟁할 수 있는 상태로 접근한다. 달리 표현하면 이 인간결합체는 하나의 사회적 단위가 축적을 통해 권력기회를 독점하게 되는 상태로 다가가는 것이다."[13]

엘리아스에게 경쟁과 독점은 사회과정을 파악하는 메타포일 뿐만 아니라 사회과정의 보편적 법칙으로까지 확장된다. 경쟁관계가 형성된 곳에서는 어디나 권력이나 생산수단 등의 자원이 독점화되는 경향이 발견된다는 것이다. 12세기 초, 루이 6세부터 16세기, 루이 14세의 절대주의에 이르기까지 프랑스의 역사는 이 독점 메커니즘이 전개되는 과정이다. 또한 중세의 미네 연가들에서 나타나는 쿠르투아지(궁정예절)의 단계에서 시빌리테의 단계로 문명화가 진행되는 과정이다. 하나의 제후국 내에서 독점이 이루어지고 난 후 경쟁은 이제 좀더 높은 차원에서, 엘리아스의 표현을 빌리면 자유경쟁이 아닌 독점적 경쟁의 차원에서 이루어진다. 제후국들이 서로 패권을 놓고 경쟁을 벌이고 선발전을 치르게 된다. 14세기 프랑시앵 공국은 드디어 서프랑크 제국 내에서 거의 독점적 지위에 오르게 된다.

그러나 그 내부에서 다시 원심적 경향이 강화되기 시작한다. 왕자령을 받고 분가한 왕족들이 통치의 독점권을 놓고 경쟁을 벌이기 때문이다. 그러나 이때의 원심적 경향은 봉건적 해체로 이어지지는 않는다. 기능의 분화와 화폐유통의 발달로 중앙권력의 기능은 강화되었고 따라서 독점해체의 리듬은 끊어졌다. 전사계층 전체의 소유였던(봉건제) 독점권은 이제 소수의 몇 사람들 손에(과두제) 나누어져 있었다. 이들 왕자들에게 파리의 왕은 중앙통치자이기보다 경쟁자의 한 사람, 그것도 가장 강력하고 위협적인 경쟁상대였다. 이처럼 엇비슷한 힘을 가진 다수의 세력들이 경쟁하고 있는 상황에서는 필연적으로 독점의 메커니즘이 작용하게 된다. 즉 상황은 다시

---

13) Norbert Elias, ebd., p.135.

한 번 한 사람의 팽창을, 다른 사람들의 흡수, 종속, 굴욕과 멸망을 강요하는 것이다. 왕족들 간의 투쟁은 15세기 말경 부르군트의 왕이 사망하면서 파리 왕가의 승리로 끝난다. 100년 전쟁을 거치면서 원래 비상시에만 거두었던 임시 '부조'는 정기적 세금으로 자리잡게 되고 중앙의 행정기구가 서서히 자리잡히면서 파리 왕의 지위는 이때부터 독점적 성격을 지닌다. 절대주의 국가, 프랑스가 탄생한 것이다.

서구의 근대국가가 봉건구조로부터 발생하는 과정은 영지들 간의 그리고 제후국들 간의 권력투쟁의 산물이었다. 엘리아스는 이러한 권력투쟁의 과정에서 작용하고 있는 사회변동의 법칙, 즉 경쟁과 독점의 메커니즘을 발견해내고 이 관점에서 국가형성의 과정을 설득력 있게 서술하고 있다. 이렇게 읽힐 때 국가형성과정은 비로소 무질서한 혼돈과 우연에서 벗어나 구조를 갖춘 사회변동으로 변한다. 엘리아스는 프랑스의 역사를 중점적으로 고찰하지만, 그는 경쟁과 독점의 메커니즘은 유럽 근대국가의 탄생과정에서 보편적으로 작용하였다고 생각한다. 그것은 봉건사회에서 근대사회로의 전환에 작용했던 운동법칙이며 역사법칙인 것이다.

2) 왕권 메커니즘

앞에서 살펴본 바와 같이 근대국가로의 발달과정은 경쟁과 권력투쟁을 통해 여러 영지들과 제후국들이 하나의 통치단위로 통합되는 과정이었다. 이 과정은 통치단위 내부의 중앙권력이 강화되는 과정과 밀접하게 맞물려 있다. 중앙권력이 독점해체의 리듬을 끊고 통치의 독점권을 손에 넣을 수 있었던 것은 중세 초기에 시작된 사회분화의 지속적 진행으로 인해 기능분화의 수준이 높아졌고 화폐유통이 확산되었기 때문이었다. 토지소유가 지배적 소유형태인 상황에서 독점권의 주인은 신하의 무력봉사를 얻기 위해 토지를 분배해줄 수밖에 없고, 따라서 새 영토의 정복 등을 통해 자신의 권력토대를 확충하지 않는 한 독점권은 여러 사람들의 소유로 또는 한 계층 전체의 소유로 사회화될 수밖에 없었다. 그러나 기능분화를 통한 시민계급의 발생과 화폐중심 경제로의 전환은 중앙의 통치자로 하여금 이러한 독점

해체의 리듬을 끊게 만들어주었다. 다시 말해 왕은 토지의 분배 대신 화폐 지급을 통해 군대와 관료조직을 유지할 수 있었고, 지방이나 중앙의 관직에 귀족뿐만 아니라 시민계급을 등용할 수 있었던 것이다.

여기서 엘리아스는 봉건구조로부터 서서히 발생한 서구의 근대국가가 왜 절대주의의 성격을 띠었는가 하는 질문을 제기한다. 기능분화를 통해 사회가 복잡해지고 통치기구가 확대된다는 것은 곧 신하들에 대한 통치자의 의존성도 그만큼 커진다는 것을 의미한다. 그런데 왜 바로 이 시기에 중앙권력은 역설적으로 무제한적인 힘을 가지게 되었을까? 엘리아스는 통치단위들 간의 권력투쟁으로부터 각 통치단위의 내부로 시선을 돌리고 그 안에서 전개되는 결합태의 과정을 추적해 들어간다. 그는 기능분화의 확대와 더불어 개인들이나 집단들, 신분계층들 간의 상호의존성이 커지면서 이들 간의 관계가 상호모순적이고 이중적이 된다는 사실에 주목한다. 모든 개인들과 모든 집단들은 서로 미래의 친구들인 동시에 잠재적 경쟁자나 적일 수 있다. 따라서 기능들과 집단들, 계층들 간의 복잡한 이해관계를 상호조정하고 규제할 중앙기관의 필요성이 높아진다는 것은 자명한 일이다.

과거 중세의 농경사회에서 중앙군주가 가진 권력의 토대는 땅과 군사력이었고 그 중요한 기능은 영토의 수호, 새 영토의 정복과 분배 등의 비교적 단순한 기능이었던 반면, 기능분화로 복잡해진 사회, 여러 기능들 간의 상호의존의 고리가 길어진 사회에서 중요한 중앙군주의 기능은 조절·규제의 역할이다. 실제로 시민계급의 경제적 자립과 정치적 부상은 근대 절대주의 국가의 발생에 중요한 의미를 지닌다. 왕권의 강화는 시민계급의 사회적 상승과 밀접한 기능적 의존관계에 있다. 프랑스의 경우, 왕은 중앙의 통치기구를 이 제3계급의 전유물로 만듦으로써 이들에게 힘을 실어주었다. 16세기가 되면서 사회적 권력의 분배가 이들에게 유리하게 전개되자 이번에는 약화된 귀족계급에게 궁정의 관직을 제공함으로써 이들 간의 균형을 유지하려 하였다. 이 두 계급은 사회적 특권, 즉 왕이 나누어줄 수 있는 자원을 놓고 서로 경쟁·대립하고 있었고, 바로 이러한 갈등구조가 상부 조정자라는 왕의 역할을 중요하게 만들었다. 엘리아스는 여기서 중앙권력의 힘을 결정하는 메커니즘을 발견한다. "고도로 분화된 사회에서 강력한 중앙권력의 시간은, 중요한 기능집단들의 이해차이가 너무 크고 권력이 거의 비슷하게 분배되어 있어 그들 사이에 결정적인 타협도 이루어질 수 없고 결정적 투쟁과 승리도 불가능할 때에 다가온다."[14] 즉 계급들 간의 이해대립이 심각하여 자의에 의한 타협이 불가능하고 그들 모두가 기존의 구도를 깨려 하지 않을 때, 조절하고 규제하는 중앙군주의 기능이 가장 절실히 요청되며 바로 이 때 중앙권력의 힘은 가장 강해진다. 서구의 절대왕정은 강한 군주나 그가 가진 군사력, 재정력만으로는 설명될 수 없는, 사회의 특수한 역학구도의 산물이라는 것이다.

3. 엘리아스의 국가 해석의 보편적 함의

절대주의의 사회발생사는 엘리아스의 문명화이론에서 핵심적 위치를 차지한다. 행동 및 심리구조의 변화로 이해된 문명화는 우선 절대주의적 지배형태로 표현되는 사회의 중앙집중화와 국가형성의 과정이 선행되지 않고서는 이루어질 수 없기 때문이다. 국가형성은 궁정과 같은 밀접하게 얽힌 관계구조를 산출하고, 궁정귀족들은 이 궁정 안에서 즉흥적 충동을 억누르는 법과 본성의 각지고 모난 측면들을 사회적 교제영역 밖으로 축출하는 법을 배운다. 궁정에서 형성된 행동수준과 일상의례는 사회적 상승을 꾀하던 시민계급에게 영향을 주고 궁정적 합리주의와 개인주의는 시민계급에 전형적인 양심형성의 메커니즘과 결합한다. 국가는 여러 집단들과 계급들 간의 경쟁이 평화적인 방법으로 이루어질 수 있는 조건을 마련해줌으로써 지배적인 행위규범이 전체사회로 확산되게 만든다. 이렇게 하여 엘리아스가 인상적으로 서술하는 문명화과정이 시작된다. 기사-궁정적 세계의 쿠르투아지에 이어 궁정 절대주의의 시빌리테가 나타나고 그 뒤를 민족국가의

---

14) Norbert Elias, *Über den Prozess der Zivilisation*, Bd. II, p.236.

시빌리자숑이 따르는 것이다. 지배구조의 변동이 행위유형의 변화에 영향을 미친다는 점, 즉 국가의 사회발생사는 행동의 심리발생사와 밀접하게 연관된다는 점이 분명하게 드러난다. 이 과정에서 외부강제는 자기강제로 변화하고, 감정적 절제와 자기조절을 특징으로 하는 현대적 개인이 등장하게 된다.

이와 같이 엘리아스에게는 국가의 사회발생사가 행동의 심리발생사의 전제조건이다. 이러한 인식 관심에서 출발한 분석의 초점이 관료제와 같은 국가의 행정조직적 차원이 아니라 개인의 행동을 조형하는 미시적 환경인 궁정사회에, 또 행정으로 실현되는 지배가 아니라 개인들과 집단들이 서로 빚어내는 권력관계에 맞추어져 있는 것은 자명한 일일 것이다.

앞 장에서 우리는 엘리아스가 전개한 근대국가의 사회발생사를 간략하게 살펴보았다. 그 특징들을 다시 한 번 요약해보자.

첫째, 엘리아스는 초기 중세부터 앙시앵 레짐의 종말에 이르기까지의 역사를 통일되고 일관된 하나의 과정으로 파악하고 있다. 엘리아스는 풍부한 역사적 자료들을 바탕으로 봉건구조로부터 서구의 근대국가가 발생하는 과정을 경쟁과 독점의 메커니즘이 전개되는 역동적 과정으로 서술하고 있다. 장기사의 흐름을 추적하는 엘리아스의 문명화이론은 역사가 익히 알고 있는 단절이나 일탈의 현상보다 구조적 연속성에 초점을 맞추고 있는 것이다. 봉건사회에서 시작된 변동의 메커니즘은 근대사회로까지 이어지는 장기적인 사회과정의 운동법칙이 된다. 이는 엘리아스가 자본주의의 기원을 중세사회에서 찾고 있다는 데에서도 분명히 드러난다. 엘리아스는 제국주의에서 정점을 이루는 팽창욕, 모험지향성, 도덕적 책임감의 희생 위에 이루어지는 무절제한 경쟁 등의 자본주의적 특성을 중세사회 속에서 찾아낸다. 땅에 대한 중세기사들의 끝없는 소유욕은 기업가들의 이윤추구와 다를 바 없고 제후국들 간의 경쟁은 기업들 간의 경쟁과 다를 바 없다. 엘리아스의 서술을 통해 우리에게 전달되는 중세사회의 역동성은 자족과 정체로 성격지어지는 전근대적 경제의 이미지를 와해시켜버린다. 엘리아스의 역사모델에서 자본주의는 근대적 현상이 아니라, 이미 중세사회에서 시작된 사회분화의 산물이다.

이런 관점으로 인해 그의 이론에는 진화론의 낙인이 찍히게 된다. 그러나 그가 역사의 흐름에서 발견해내는 법칙성은 결코 고정된 도식이 아니며 직선적인 것은 더더구나 아니다. 엘리아스의 과정 모델은 고정된 법칙을 따르는 목적론적 역사과정 또는 예측 불가능한 무질서의 이원론에서 벗어날 수 있는 길을 제시해준다. 역사적 발전이 우연과 함께 체계적 질서를 가진 연관성들의 산물이라는 점은 구체적인 역사서술에서 분명하게 드러난다.

둘째, 엘리아스가 그려내는 국가의 사회발생사를 통해 우리는 경제와 대립하고 시장의 맹목적 힘에 대항하는 '자기보호'의 장치와 정치영역으로 이해되는 국가는 현대적 의미의 국가일 뿐이라는 사실을 알게 된다. 즉 국가의 기능은 변하는 것이다. 중세 유럽에서 경제와 군사-정치영역은 상이한 기능을 수행하는 분리된 두 영역이 아니었다. 생산의 주요수단인 땅은 곧 군사력을 의미했고 따라서 땅을 얻기 위한 경쟁은 경제적 행위인 동시에 정치적인 행위였다. 물리적 폭력행사의 독점과 경제적 소비, 생산수단의 독점은 서로 불가분의 관계를 맺고 있어 하나는 토대로, 다른 것은 단순한 '상부구조'로 간주될 수 없다는 점을 엘리아스의 국가형성이론은 설득력 있게 보여준다. 국가는 경제에 종속된 부차적인 영역으로서, 국가조직의 기능은 기업가계급에게 봉사하는 것일 뿐이라는 마르크스적 국가관은 조야한 경제주의적 단순화임이 명백하게 드러난다.

셋째, 국가형성과정은 단순히 한 통치단위 내부에만 국한된 과정이 아니다. 국가의 발생은 내부적 역학뿐만 아니라 외부의 역동성에도 달려 있다. 엘리아스는 국가의 발생을 복합적인 관계의 관점에서 해석하여 절대국가를 외부적으로 통치단위들이 서로 벌이는 권력투쟁의 산물로, 내부적으로 서로 의존하는 동시에 대립하는 여러 계급들 간의 권력이동의 결과로 서술한다. 다시 말하면 엘리아스는 투쟁, 경쟁, 권력을 사회발전의 원동력으로 간주하는 것이다. 여기서 권력은 행위자의 특성이 아니라 모든 인간관계의 구조적 속성으로 이해된다. 이런 점에서 엘리아스는 베버와 일치한다. 그러나 베버는 권력을 "사회적 관계 안에서 저항에 맞서 자신의 의지를 관철할 수 있는 모든 기회"[15]로 정의하면서 의지를 관철하여 '권력을 가진' 자와 저항이 꺾여 '권력이 없는' 자를 암묵적으로 설정하는 반면 엘리아스는 권력을 대립적 관계뿐만 아니라 상호의존성의 관계로 파악한다. 엘리아스의 관점에서 절대주의 군주는 단순히 신하들 위에 군림하면서 절대적인 권력을 휘두르는 자가 아니라 기능적으로 신하들에게 의존하고 있는 자이다. 중세의 봉건군주와 비교하여 절대주의 군주의 권력이 무제한적으로 보이는 것은 왕권 메커니즘의 전개에서 밝혀진 바와 같이 조절하고 규제하는 왕 기능의 중요성이 통치세력 내부의 구조로 인해 최고치에 이르렀기 때문이다. 즉 권력관계는 항상 반대권력을 함축하는 것이다.[16] 이렇게 권력관계를 반대권력과의 갈등구조로 이해하는 시각에서 권력의 문제는 항상 불안정한 권력균형의 문제가 될 수밖에 없다.

4. 문명화이론의 한계와 문제점

인간들이 공동으로 만들어내는 사회관계가 특정한 행동양식을 야기한다는 엘리아스의 문명화이론은 그의 개념회피 전략에도 불구하고 다음과 같이 성격지을 수 있다. '자기 통제에 대한 사회적 강제의 증대', '장기적 시각의 필요성의 확산', '대조적 행동의 감소와 행동양식의 다원화', '행위의 심리화와 합리화', '수치심과 혐오감의 강화'. 이러한 모든 것들은 두말할 나위 없이 과정들이다. 엘리아스는 이 과정을 물리적 폭력을 독점하는 근대 절대국가의 생성과 연관시켜 서술한다. 물리적 폭력의 독점은 폭력을 법으로써 형식화하는 동시에 행위의 결과와 기대를 장기적으로 예측할 수 있게

---

15) Max Weber, *Wirtschaft und Gesellschaft*(Tübingen, 1972), p.28.
16) 엘리아스의 권력개념은 놀라우리만치 미셸 푸코의 그것과 유사하다. 두 사람의 권력개념의 출발점은 모두 막스 베버이지만, 행위자가 아닌 행위자들 간의 세력관계에 초점을 맞춘다는 점에서나, 항상 저항하는 반대세력을 설정하여 끊임없이 유동하는 불안정한 갈등구조로 권력을 파악한다는 점에서 그렇다. 미셸 푸코, 『성의 역사』 1권, 이규현 옮김(나남, 1990) 참조.

해준다. 즉 문명화과정은 상호의존관계 속에서 살아가는 개인들이 서로의 행위를 장기적으로 예측할 수 있는 평화의 공간을 만들어가는 과정이다. 그런데 이처럼 물리적 폭력의 독점을 야기한 사회변동은 동시에 당사자들에 대한 사회적 통제의 형식을 변화시킨다. 바로 이 지점이 '문명화된 인간'이 탄생하는 순간이다. 문명화된 인간은 이미 형성된 내부 평화의 유지와 존속에 기여할 수 있는 인간일뿐만 아니라 동시에 사회통제의 대상이기도 하다. 그러므로 문명화과정은 동시에 자기통제에 대한 사회적 강제가 점차 증대되는 과정이다. 이렇게 변화된 사회적 통제는 현재의 행위뿐만 아니라 미래의 가능한 상황까지 포괄한다. 최선의 통제는 개인이 자신의 행위결과와 타인의 행위기대를 장기적으로 예측함으로써 사회적 규칙과 규범을 자발적으로 지키는 것이다. 따라서 사회적 통제의 방향은 점차 외부강제로부터 자기통제로의 전환으로 정의될 수 있다.

　서구사회의 장기적 운동법칙으로서 문명화과정은 현대사회에서도 계속 진행하고 있는가? 현재의 사회적 조건은 적어도 표면적으로는 엘리아스의 이론에 반하는 것처럼 보인다. 무엇보다도 우리가 살고 있는 현재의 세계는 과거와 마찬가지로 폭력적이며 문명화된 현대인도 중세인과 마찬가지로 폭력적이고 잔인할 수 있다는 직관적 인식은 폭력과 충동의 통제를 핵심으로 하는 엘리아스의 문명화이론을 문제시하고 있는 것이다. 분명 20세기는 우리들에게 문명보다 반문명의 이미지로 다가온다. 30년대와 40년대 나치 독일이 자행한 홀로코스트, 70년대와 80년대의 베트남 전쟁과 캄보디아의 만행 그리고 최근의 보스니아 사태는 너무나 선명한 인상으로 우리의 뇌리에 각인되어 있어 20세기와 연관하여 우리는 서슴지 않고 '문명의 붕괴'를 입에 올린다.

　"엘리아스가 자신의 명제를 구성하던 바로 그 때 히틀러는 그것을 근본적으로 반박하였다"[17]는 말로 요약될 수 있는 '야만화'의 논증에 대해 엘리

---

17) E.R. Leach, Violence, *London Review of Books*, 23, 10, 1986. Stephen
　　Mennell, *Norbert Elias, Civilization and the Human Self-Image*(Oxford,

아스의 문명화이론은 어떤 답변을 할 수 있는가? 우선 우리는 문명이 엘리아스에게 근본적으로 하나의 이상적 '상태'도 아니고 추구해야 할 역사적 '방향'도 아니라는 점을 주지해야 한다. 『문명화과정』이라는 제목이 말해주고 있듯이 문명은 본질적으로 하나의 '과정'이다. 그것도 아직 끝나지 않은 과정이다. 그러나 문명은 결코 앞으로만 달리는 직선적 과정이 아니라 무수한 후퇴와 진전을 반복하는 과정이라는 점을 엘리아스는 자신의 책에서 누누이 강조한다. 또 하나 우리가 주목해야 할 그의 핵심적 명제는 인간들이 공동으로 만들어내는 사회관계는 특정한 행동양식을 야기하며 전자의 변화는 곧 후자의 변화를 가져온다. 이는 곧 "사회의 변화로 인해 과거 수준의 불안이 우리의 내면에 엄습해오면, 위험을 예측할 수 없게 되면, 문명화된 행동의 갑옷은 순식간에 산산조각이"[18] 날 수도 있다는 것을 의미한다. 다시 말하면 문명화된 행동의 구조물은 세워지기까지 오랜 시간이 걸리는 반면 너무나 쉽게 허물어질 수 있다는 것이다. 그러나 엘리아스의 『문명화과정』은 극단적 반문명화의 과정이 왜 일어나는지, 어떤 조건하에서 사회는 '문명적' 방향으로 움직이고 어떤 조건하에서 문명화과정은 후진하는지를 설명하지 않고 있다. 이러한 과제는 다음 세대 연구자들의 몫으로 남겨져 있다.

60년대와 70년대 서구의 여러 사회에서 나타났던 다양한 비형식화의 경향들, 즉 '허용적 사회'의 개념으로 분류될 수 있는 성적 도덕의 해이, 외면적 예절과 사회관계의 비형식화 현상도 문명화이론에 대한 하나의 도전으로 간주될 수 있다. 왜냐하면 엘리아스가 분석, 서술하고 있는 문명화과정의 단계에서는 "한때 허용되었던 것이 이제는 금지되었다"는 명제가 타당한 반면, 이미 이러한 단계를 뒤로 하고 있는 우리에게는 "한때 금지되었던 것이 이제는 허용되었다"는 명제가 오히려 적실성을 가지는 듯이 보이기 때문이다. 중세가 그랬던 것처럼 모든 것이 허용된 것같이 보이는 오늘날의 현

1989)에서 인용.

18) Norbert Elias, *Über den Prozess der Zivilisation*, p.307.

상은 문명화과정이 역전되어 이제 반대방향으로 달리고 있음을 의미하는가, 아니면 더 높은 차원의 문명화과정인가? 엘리아스는 제1차 세계대전 이후 가시화된 '도덕의 해이' 현상을 이미 자신의 책에서 언급하면서 그 해답은 후자임을 암시하고 있다. 사회생활에서 개인들에게 가해지는 강제가 완화된 듯이 보이는 징후들은 높은 사회적 수준의 자기통제를 당연시하는 사회적 틀 안에서만 가능하다는 것이다. 이러한 맥락에서 엘리아스는 "고도로 통제된 상태에서 감정통제의 해제"(a highly controlled decontrolling of emotional controls)라는 표현을 쓰고 있다. 예컨대 현대 젊은이들이 자신들의 성적 충동이나 감정상태를 표현할지 또는 억제할지에 관해 생각할 수 있다는 사실 자체가 높은 수준의 자기통제를 전제로 한다는 것이다.[19] 그러나 엘리아스에게 문명화과정은 단순히 '더 많은' 자기통제의 문제가 아니다. 그는 문명화의 과정에는 외부강요와 내부강제 사이의 균형이 변화하며 사회적 통제의 유형이 변화한다는 점을 강조한다. 문명화과정의 산물로서 탄생한 자립적인 개인들, 자율적으로 보이지만 다른 한편 앞을 내다봄으로써 '미리 알아서 복종하는' 개인들에게 작용하는 현대적인 통제와 제재의 방식과 보이지 않는 힘으로 경험되는 권력의 메커니즘을 엘리아스의 관점에서 밝혀내는 작업은 앞으로의 과제일 것이다.

　서구유럽의 장기사에 대한 경험적 연구에서 얻어진 엘리아스의 이론이 유럽 외의 사회에서도 적용될 수 있는가를 연구해보는 것도 또 하나의 과제일 수 있다. 유럽과는 달리 중국이나 한국은 일찍 중앙집중화를 이루었고 사회의 평화를 이룩하였다. 그럼에도 불구하고 동양사회에서는 개인화가 이루어지지 않았다. 엘리아스에 의해 그 중요성을 전혀 인정받지 못했던 문화적 요소, 즉 종교나 이념이 동양사회에서는 커다란 역할을 하였다는 것은 앞으로의 연구를 통해 검증되어야 할 가설이다.

---

19) 예법의 비형식화 문제에 관해서는 엘리아스의 제자인 Cas Wouters, "Informalisierung und der Prozess der Zivilisation," in Peter Gleichmann u.a.(hrsg.), *Materialien zu Norbert Elias' Zivilisationstheorie*(Frankfurt, 1982), p.279~ 298을 참조할 것.

제**❸**부
서양문명의 사회발생

머리말

제1절 궁정사회의 개괄

1. 중세 내내 땅의 지배권과 수확에 대한 몫을 둘러싸고 귀족과 교회, 그리고 제후들 간의 투쟁이 끊이지 않는다. 12세기와 13세기 동안 또 하나의 집단이 이 힘겨루기에 뛰어드는데, 그들이 바로 특권을 가진 도시주민인 '시민계급'이다.

이러한 부단한 투쟁의 전개양상과 투쟁 당사자들의 세력관계는 나라마다 아주 다르다. 그러나 구조면에서 볼 때, 투쟁의 결과는 거의 항상 동일하다고 할 수 있다. 즉 대륙의 모든 강국과 그리고 한시적으로 영국에서도 결국 제후와 그 대표자들의 손에 권력이 집중되고, 다른 신분계급들은 이에 대항하기에 역부족이 된다.

많은 사람들의 자립경제영역과 신분계급들의 몫으로 돌아오는 지배권은 점차 줄어들고 최정상의 일인자, 다시 말해 프랑스, 영국과 합스부르크가 영토에서는 왕의 그리고 독일과 이탈리아 지역에서는 지방제후들의 독재적 또는 '절대적' 지배권이 서서히 장기간 동안 또는 단기간 동안 정착하게 된다.

2. 풍부한 역사적 자료들은 우리에게 필리프 2세(존엄왕으로 불림. Philipp Augustus, 1180~1223)로부터 프랑수아 1세와 앙리 4세까지의 프랑스 왕들이 어떻게 권력을 확장하고 브란덴부르크의 선거후인 프리드리히 빌헬름이 신분의회의 특권계급들을 해체하는지, 또 피렌체의 메디치가가 어떻게 도시귀족과 시의회를 무력화시키고 영국의 튜더가가 귀족과 의회를 몰아내는지 생생하게 전해준다. 그러나 곳곳에서 우리가 볼 수 있는 것은 개별적 행위자들의 다양한 행위들이며, 우리에게 서술되는 것은 그들의 개인적 약점과 재능뿐이다. 물론 역사를 이런 차원에서, 한 사람 한 사람 개인들의 개별 행위들이 만들어내는 모자이크로 고찰하는 것도 분명 나름대로 생산적이고 필수적인 방법이다.

그러나 거의 비슷한 시기에 대제후들이 등장하고 다수의 지방제후들이나 왕들이 다른 신분계급들과의 대립에서 승리를 거두는 일련의 사건들을 우연이라 하기에는 석연치 않으며 여기에는 무언가 다른 것이 작용하고 있다는 생각이 든다. 우리가 일컫는 절대주의의 '시대'라는 말도 전혀 들리지는 않다. 이러한 지배형식의 변화에서 표출되는 것은 서구사회 전체의 구조변화이다. 단순히 몇몇 왕들이 권력을 얻는 것이 아니라 전체사회가 서서히 재편되면서 왕이나 제후라는 사회제도 자체의 권력이 증대되고, 이 증대된 권력은 기회로서 그 소유자나 대표자들과 신하들의 손에 들어온다.

한편으로 우리는 이런저런 사람들이 어떻게 권력을 쟁취하는지 물을 수 있고, 또 그 사람이나 그의 후계자들이 어떤 방식으로 획득한 권력을 '절대주의'의 의미에서 확장하기도 하고, 잃기도 하는지 물을 수 있다.

그러나 다른 한편으로 우리는 어떠한 사회변화의 토대 위에서 왕이나 제후라는 중세제도가 특정한 세기에 '절대주의'나 '무제한성'이라는 개념으로 표현되는 그런 성격을 얻고 그런 권력상승을 경험하는지도 물을 수 있고, 또 사회의 어떤 구조에 대해 인간관계가 어떤 식으로 발전해서 이 제도가 이런 형태로 장기간이나 단기간 동안 유지되는지를 물을 수도 있다.

이 두 질문은 거의 동일한 자료를 가지고 작업할 수 있다. 그러나 둘째 질문만이 문명화과정이 전개되는 역사적 현실의 차원으로 뚫고 들어갈 수 있다.

왕과 제후의 기능이 절대적 형태를 띠게 되는 세기 동안 우리가 이미 언급한 바 있는 감정의 억제와 조절, 즉 행동의 '문명화'가 눈에 띄게 강해진다는 사실은 우연한 시기적 일치 이상의 것이다. 제1권의 인용문들, 즉 행동의 변화를 증명해주는 인용문들은 이 변화가 절대군주와 그의 궁정을 최상부 기관으로 둔 저 위계적 사회질서의 발생과 밀접하게 연관된다는 것을 분명하게 말하고 있다.

3. 지배자의 주거지인 궁정도, 전체 유럽에 서서히 확산되었다가 곳에 따라 시기적으로 조금 다르긴 하지만 대략 '르네상스' 무렵, 다시 찾아들었던 운동의 물결 속에서 새로운 위상과 의미를 얻게 된다.

그 속에서 궁정들은 점차 서구의 양식을 형성하는 중심지가 된다. 그 이전 시대에 궁정은 사회의 세력관계에 따라 이러한 기능을 때로는 교회와, 때로는 도시 또는 전국에 흩어져 있던 대봉신 및 기사의 궁정들과 나누거나 아니면 한시적으로 다른 중심지에 완전히 이양해야 했다. 그러나 이때부터 단지 독일 지역 그리고 그 중에서도 특히 개신교 지역에서만 중앙권력의 궁정들은 이 기능을 제후의 관료들을 양성하는 기관이었던 대학과 나누었을 뿐, 로마계 국가들——검증되어야 하겠지만——그리고 아마 모든 가톨릭 국가들에서는 사회적 통제기관, 인간행동의 모델을 제시하는 각인 장소로서 제후궁정들과 궁정사회의 의미는 대학이나 이 시대의 다른 모든 사회 형성체들의 의미를 훨씬 능가한다.

마사초, 지베르티, 브루넬레스키와 도나텔로 같은 사람들로 성격지어지는 피렌체의 초기 르네상스는 아직 분명하게 궁정양식이라 할 수는 없다. 그러나 이탈리아의 르네상스 전성기, 더욱 명백하게는 바로크, 로코코, 루이 15세와 16세의 양식 그리고 마지막에 언급한 양식보다 과도기적이며 산업시민사회적 특성이 이미 침투된 '제국적 양식'을 궁정적이라 할 수 있다.

궁정에서는 인간들의 특정한 통합형태인 일종의 사회가 형성되는데, 이

를 표현하는 특수한 용어가 독일어에는 없다. 그 까닭은 궁정이 독일에서
는 바이마르의 말기 때나 또는 과도기적 형태를 제외하고는 중심적이고 결
정적인 중요성을 획득한 적이 없었기 때문이다. 독일어 개념인 '상류사회'
또는 '몽드'(monde)의 의미에서 단순하게 '사회'는 이에 해당하는 사회제
도 자체와 마찬가지로 프랑스와 영국의 개념들이 지니는 뚜렷한 모습을 결
코 얻지 못했다. 프랑스인들은 '품위 있는 사회'(société polie)에 관해 말
한다. 그리고 '좋은 무리들'(bonne compagnie) 또는 '궁정인'(gens de
la Cour) 같은 개념과 영국의 '상류사회'(society) 개념은 적어도 동일한
방향을 가리킨다.

4. 우리가 잘 알고 있듯이 가장 영향력 강한 궁정사회는 프랑스에서 형
성된다. 똑같은 사교형태, 똑같은 예절, 똑같은 취향과 언어가 파리로부터
장기 또는 단기간 동안 유럽의 다른 모든 궁정으로 퍼져나간다. 이런 식으
로 확산된 것은 프랑스가 그 당시 최대 강국이었기 때문만은 아니다. 유럽
사회 전체가 변동을 겪으면서 곳곳에 유사한 사회 형성체, 동일한 사회유
형, 비슷한 인간관계의 형태가 발생하였기 때문에 확산은 단지 이런 형태
로만 비로소 가능했던 것이다. 다른 나라들의 절대주의-궁정 귀족들은 당
대의 가장 부유하고 막강하며 가장 중앙집중적이었던 국가로부터 자국의
사회적 욕구에 합당한 것, 즉 자신들을 사회적으로 열등한 신분계층들과
구분짓는 세련된 예법과 언어를 받아들였다. 그들은 프랑스에서 가장 풍부
하게 발달한 것, 비슷한 사회적 상황으로 인하여 자신들의 이상에 꼭 일치
하는 것을 보았던 것이다. 즉 자신들의 신분을 과시할 줄 아는 사람들, 인
사방식과 언어적 표현의 선택을 통해 사회적으로 위아래에 있는 사람들에
대한 자신들의 관계를 정확하게 표시할 줄 아는 사람들, '탁월하고' '예의
바른' 사람들 등, 프랑스의 에티켓과 파리의 의전을 받아들임으로써 많은
통치자들은 자신들의 위엄을 표현하는 동시에 사회의 위계질서를 분명히
하고, 궁정귀족을 포함한 다른 모든 사람들에게 그들의 의존성을 실감하게
해줄 수 있는 바람직한 도구를 얻었던 것이다.

5. 여기에서도 각국의 개별적 현상들을 따로 고찰하고 서술하는 것으로 는 충분치 않다. 그러나 우리가 비교적 통일된 예법을 가진 서구의 이 수많 은 궁정들을 유럽사회의 정보전달 기관으로 본다면 새로운 그림을 만들 수 있고 새로운 이해가 가능해진다. 중세 말기부터 서서히 형성되기 시작했던 것은 여기에 하나의 궁정사회, 저기에 또 다른 하나의 궁정사회가 아니다. 그것은 전유럽을 포괄하던 하나의 궁정귀족층으로서, 파리를 중심으로 다 른 모든 궁정들에는 의존자들을, 그 외의 계층에는 방계를 두고 있었는데, 특히 시민계급의 상층부와 일부 광범위한 중산층에 속했던 방계들은 자신 들도 '세상'과 '사회'에 소속시켜줄 것을 요구하였다.

이렇게 다양한 층으로 이루어진 궁정사회의 구성원들은 유럽 전체에서 동일한 언어, 즉 처음에는 이탈리아어, 그 다음에는 프랑스어로 말했고, 동 일한 책들을 읽었으며, 동일한 취미와 동일한 예법, 그리고 수준의 차이는 있었지만 동일한 생활양식을 가지고 있었다. 정치적 의견차이와 상호 벌였 던 그 모든 전쟁에도 불구하고 일정 기간 동안 중심지 파리를 따르는 데 그 들은 거의 일치하였다. 궁정과 궁정 간의 사회적 소통, 다시 말해 궁정-귀 족사회 내의 소통은 오랫동안 한 국가 내의 궁정사회와 다른 계층들 간의 소통과 접촉보다 더 긴밀하였다. 이는 그들이 사용하는 동일한 언어에서 이미 충분히 표현되고 있다. 나라마다 시기적으로 조금 다르기는 하지만 대개 18세기 중반부터, 즉 중산층의 사회적 지위가 급격히 부상하고 이와 함께 사회적·정치적 힘의 무게가 궁정에서 시민계급으로 옮겨지면서 각국 궁정-귀족사회들 간의 접촉은——완전히 없어지지는 않았지만——적어도 뜸해진다. 격렬한 투쟁이 없지는 않았지만 프랑스어는 상류층에서도 시민 적인 민족어에 굴복하고 만다. 특히 프랑스 혁명과 함께 구귀족사회가 완 전히 그 중심지를 상실하게 되면서 궁정사회 자체도 점차 귀족사회와 마찬 가지 방식으로 분화된다. 민족적 통합형태가 신분중심적인 사회 통합형태 를 대체하는 것이다.

6. 서구의 다양한 민족적 전통들의 공통적 토대와 뿌리깊은 단일성을 제

공해준 사회적 전통을 찾을 경우, 기독교 교회와 공동의 로마-이탈리아의
유산뿐만 아니라 서구사회의 민족적 분화의 그늘에서 다양한 언어를 사용
한 하류층·중산층과는 어느 정도 구분되던 이 마지막 전(前)민족국가적인
대사회집단도 생각해야만 한다. 중세 말기부터 시작된 유럽사회의 변화가
모든 계층에게 요구했던 평화로운 교제의 모델은 이 집단에서 만들어진 것
이다. 기사계급을 상류층으로 두었던 중세사회의 조야한 습관들, 거칠고
무절제한 관습들, 상존하는 위협 속에 시달리는 불안한 삶의 필연적 결과
인 관습들은 이 집단에서 '부드러워지고' '다듬어지고' 그리고 '문명화된
다'. 궁정생활의 압력, 제후나 '거물들'의 호의를 얻기 위한 경쟁, 그리고
좀더 일반적으로는 여러 사람들 가운데 스스로를 드러내야 할 필요성, 음
모와 외교 등의 비교적 평화로운 수단으로 기회를 쟁취해야 할 필요성 등
이 감정의 억제, 자기규율 또는 '자기통제'를 강요한다. 이는 특이한 궁정적
합리성으로서, 18세기의 영국과 특히 독일에서 맞수로 대립했던 시민계급
과 비교하여 궁정인들을 언제나 일차적으로 이성적 인간의 화신으로 보이
게 했던 특성이다.

또한 여기에서, 이 전민족국가적인 궁정귀족사회에서 오늘날 모든 국가
적 차이에도 불구하고 서구의 공통적인 특성으로 느끼게 하며, 모든 차이
에도 불구하고 서구의 민족들에게 공통적인 특징, 특수한 문명의 특징으로
부여하는 명령과 금지조항들의 일부가 형성되었던 것이다.

절대주의 궁정사회가 서서히 형성되면서 상류층의 본능-가계와 행동이
'문명'의 의미로 변화하는 과정은 일련의 예들을 통해 제1권에서 제시하였
다. 또한 본능생활의 강한 억제와 조절이, 사회적 규제가 점점 강해지고 중
앙통치자인 왕이나 제후들에 대한 귀족의 의존도가 점점 커지는 사실과 밀
접하게 연관된다는 것도 단편적으로나마 언급한 바 있다.

이러한 규제와 의존의 증가는 어떻게 발생하였는가? 왜 비교적 독립적
인 전사나 기사들로 구성된 상류층 대신 어느 정도 온건한 궁정인 상류층
이 등장하게 되었는가? 왜 신분제 의회의 영향력이 중세와 초기 근대가 되
면서 점차 줄어들었으며, 왜 시기적으로 이르든 늦든 모든 유럽 국가들에

서 정상의 일인자에 의한 독재적 '절대' 지배 그리고 이와 함께 중앙에 의한 기타 영토의 평정이 장기 또는 단기간 동안 이루어지는가?

실제로 절대주의의 사회발생사는 문명의 전 과정에서 가장 중요한 위치를 차지한다. 절대주의적 지배형태 속에서 특히 가시적으로 표출되는 사회의 중앙집중화 및 국가의 형성과정을 추적하지 않고서는 행동의 문명화와 이에 해당하는 인간의 의식-가계 및 본능-가계의 전환은 이해될 수 없다.

제2절 절대주의의 사회발생사에 대한 간략한 고찰

1. 중세 말기에 권력증대의 기회가 한 지역의 중앙권력으로 점차 몰리게 되는 중요한 메커니즘 중 몇 가지는 예비단계에서는 우선 간략하게 서술될 수 있다. 이 메커니즘은 서구의 모든 강국에서 거의 비슷하게 나타나지만, 프랑스 왕국의 발전에서 특히 분명하게 드러난다. 중세의 특정 지역에서 물물경제영역의 감소와 화폐경제영역의 점진적 성장은 한편으로는 대부분의 전사귀족, 다른 한편으로는 왕이나 제후에게 극히 다른 결과를 가져온다. 어느 한 지역에서 돈이 유통되면 될수록 가격은 더욱더 상승한다. 이에 상응하여 소득향상을 이루지 못한 모든 계층들, 고정수입을 가지고 있던 사람들, 무엇보다도 영지로부터 일정한 연급을 받아왔던 영주들은 모두 불리한 입장에 처했다.

새로운 소득기회에 따라 수입을 늘릴 수 있었던 사회기능들은 이 추세로 인해 이익을 보았다. 이에 속하는 계층은 시민계급 중에서도 어떤 특정한 집단들이다. 또한 여기에는 특히 중앙권력자인 왕이 속하는데, 그는 조세제도를 통해 증가하는 부에 한몫 낄 수가 있었다. 자신이 통치하는 전 영역에서 들어오는 수입의 일부를 챙길 수 있었으며, 따라서 화폐유통이 증대되면서 그의 수입도 엄청나게 불어났다.

이러한 메커니즘은 언제나 그렇듯이 서서히 그리고 차후에야 이해당사자들에 의해 의식적으로 사용되며, 또 시간이 상당히 흐른 후에야 중앙권력의 대표자들에 의해 국제정치의 원칙으로 격상된다. 어쨌든 이 메커니즘을 토대로 우선 거의 자동적으로 점점 더 많은 수입이 중앙통치자의 수중으로 들어온다. 바로 이것이 왕이나 제후라는 제도가 서서히 절대성 또는 무제한성을 띠게 되는 데 토대가 되는 전제조건들 중 하나이다.

2. 중앙기능에게 주어진 재정적 기회와 비례하여 그들의 군사적 기회 역시 증가한다. 전국의 조세권을 가진 자는 다른 어떤 사람보다 더 많은 병사들을 고용할 수 있었다. 동시에 그는 봉신들이 봉토를 받는 대신 의무로 받아들였던 병역봉사로부터 비교적 자유로울 수 있었다.

이것 역시 다른 모든 것들과 마찬가지로 매우 일찍부터 시작했지만 아주 서서히 제도로 확립되는 하나의 과정이다. 정복왕 윌리엄 1세도 이미 일부는 봉신들로, 또 다른 일부는 용병들로 구성된 군대를 이끌고 영국으로 건너갔다. 이때부터 중앙권력자의 상비군제도가 정착하기까지는 몇백 년의 시간이 소요된다. 이 제도의 전제조건은 조세율의 증가 외에도 과잉인구, 다시 말하면 오늘날 '실업'의 형태로 알려진, 어느 특정한 사회의 인구수와 '일자리' 수의 불균형이라 할 수 있다. 이런 종류의 과잉 지역들, 예컨대 스위스와 독일의 일부 지역들은 돈을 지불할 수 있는 사람이라면 누구에게든 용병을 제공하였다. 훨씬 나중에 프리드리히 대왕이 군인을 모집하는 방법을 보면 자국의 영토 내에서 군사적 목적에 필요한 인원이 부족해질 때 영주가 취할 수 있는 것이 무엇인지 알 수 있다. 어쨌든 재정적 우세와 함께 나타나는 군사적 우세는 한 통치영역의 중앙권력이 '무제한성'의 특성을 얻게 되는 데 결정적인 제2의 전제조건이다.

전쟁기술의 변화는 이러한 발전과정에 뒤이어 나타나고 이를 강화한다. 화기의 점진적 발전과 더불어 평민으로 이루어진 보병은 말을 타고 싸우던 수적으로 제한된 귀족을 전쟁의 가치면에서 능가한다. 이 경향 역시 중앙권력에 유리하게 작용한다.

예컨대 초기 카페 왕조의 프랑스에서 남작에 불과했던, 즉 비슷한 세력을 가진 제후들 가운데 한 사람이거나 때때로 다른 제후들보다 더 강하지도 못했던 왕은 조세의 증가와 함께 나라의 다른 모든 군사력을 능가하는 군사적 기회를 획득한다. 어떤 귀족가문이 이 지역 또는 저 지역에서 왕관을 차지함으로써 이러한 기회에 이를 수 있는 통로를 정복하는지는 여러 가지 요소에 달려 있는데, 이 요소들 중 하나는 분명히 개인적 자질이지만 드물지 않게 우연도 거기에 작용한다. 왕의 기능과 서서히 결합되었던 재정적·군사적 기회의 증가는 개인의 의지나 능력과는 무관하였다. 이는 우리가 사회과정 자체를 관찰하기만 하면 어디에서나 마주치게 되는 엄격한 법칙과 일치한다.

또한 이러한 중앙기능의 기회증가는 넓거나 또는 좁은 특정한 통치영역이 중앙에 의해 평화를 얻을 수 있는 전제조건이었다.

3. 강력한 중앙권력에 유리한 결과를 가져다주었던 두 가지 발전노선은 다른 한편으로 중세의 옛 전사계급에게는 불리하게 작용하였다. 이들은 확장 추세에 있던 화폐경제부문과는 아무런 직접적 관계도 없었다. 여기에서 제공되는 새로운 소득기회로부터도 직접적 이득을 얻을 수 없었다. 그들은 단지 평가절하, 가격상승만을 뼈저리게 체감했을 뿐이다.

계산상으로 1200년경 2만 2천 프랑은 1300년 무렵에는 1만 6천 프랑으로, 1400년경에는 7500프랑, 1500년경에는 6500프랑의 가치가 있다. 16세기에 이러한 운동은 가속화된다. 동일한 금액의 가치는 2500프랑으로 떨어진다. 16세기에 프랑스에서 관찰할 수 있는 현상은 거의 비슷한 규모로 전 유럽에 해당된다.[원주1]

16세기에 들어서면서 먼 중세 초기부터 시작된 운동에 엄청난 가속력이 붙는다. 프랑수아 1세부터 1610년까지 프랑스의 파운드는 100 대 19.67로 평가절하된다. 이러한 발전곡선이 사회변동에 미치는 영향은 몇 마디로 간단히 서술하기에는 너무나 엄청나다. 화폐유통이 증가하고 상업활동이

[원주1] James Westfall Thompson, *Economic and Social History of Europe in the later Middle Ages(1300~1530)*(New York and London, 1931), pp.506~507.

활발해지면서, 시민계층이 늘어나고 중앙권력의 수입이 증가하면서 전체 귀족의 수입은 줄어든다. 일부 기사는 비참한 생활을 선고받았고, 다른 일부는 평화로운 방법으로는 얻을 수 없는 것을 강탈과 폭력으로 빼앗았으며, 또 다른 일부는 형편이 허락하는 대로 재물을 팔아 근근이 생계를 유지했다. 많은 귀족들은 결국 형편에 못 이겨 또 새로운 기회에 구미가 당겨 지불할 능력이 있는 왕이나 제후들의 신하로 들어간다. 이것들은 화폐유통과 무역망의 증가와 아무런 상관이 없었던 기사계층에게 경제적 측면에서 제공된 기회였다.

4. 전쟁기술의 발전이 이들에게 불리하게 작용했다는 점은 이미 언급하였다. 즉 전투에서 천대받던 보병이 기병보다 중요해진 것이다. 이와 함께 중세 전사계층의 전투적 우월성뿐만 아니라 그들의 무기독점도 깨져버렸다. 이와 더불어 고귀한 자들, 귀족들만이 전사가 될 수 있던 상태에서 또는 반대로 표현하자면 모든 기사들이 고귀하고 귀족이었던 상태에서 귀족은 기껏해야 급료를 받는 평민군대 장교가 될 수 있는 상태로 변화가 시작되었다. 무기와 군사권에 대한 권한의 독점은 전체 귀족층의 손에서 전 지역의 조세수입을 근거로 이 지역에서 대규모의 군대에 지불할 수 있는 구성원들 중 일부, 즉 제후와 왕의 손으로 넘어갔다. 그러므로 대다수의 귀족들은 비교적 자유로운 전사나 기사에서 중앙지배자에게 봉사하면서 급료를 받는 병사 또는 장교로 변신한다.

이것이 바로 이러한 변화의 중요한 구조들 중 몇 가지이다.

5. 또 다른 요소가 여기에 첨가된다. 귀족은 사회 내에서 화폐경제부문의 성장과 함께 권력을 상실하는 반면 시민계층은 그와 함께 권력을 획득하기 시작한다. 그러나 전체적으로는 이 양자 중 어느 누구도 오랜 기간 동안 상대방을 압도할 수 있을 만큼 강하지는 못하다. 긴장관계는 지속되며 그것은 때때로 투쟁으로 발산된다. 이 때도 전선은 경우에 따라 무척 다양하며 복잡하다. 종종 어떤 귀족층과 시민계층 간의 연합도 있었다. 두 계층

의 일부집단들의 혼합형이나 심지어 융합형도 등장하였다.

그러나 어찌되었든 간에 중앙제도의 부상이나 절대적 권력의 획득 여부는 모두 귀족과 시민계급 간의 갈등이 지속적으로 유지되는가에 달려 있었다. 이 두 계급 중 어떤 계급도, 그들 계급 내의 어떤 집단도 압도적이지 않다는 점은 절대왕정 또는 절대제후제도의 구조적 전제조건이었다. 그러므로 절대적 중앙권력의 대표자들은 자신들의 통치영역 내에서 이 두 계급과 그 집단들 간의 불안정한 균형상태가 유지되도록 항상 신경을 써야만 했다.

이런 균형상태가 사라지고 한 집단 또는 한 계층이 너무 강해지거나 일시적이라 하더라도 귀족집단과 시민계급의 상층부집단이 연합하는 곳에서는 항상 중앙권력의 절대성이 심각하게 위협받았고 영국에서처럼 몰락하기도 했다. 따라서 우리는 종종 일련의 지배자들 중에서 시민계급을 지원하고 장려하려는 사람을 보게 되는데, 그것은 귀족이 너무 강해져서 그에게 위험하게 보이기 때문이었다. 그 다음 대의 왕이나 다음다음 대의 왕은 다시 귀족에게 더 끌리게 되는데, 그것은 귀족이 너무 약해졌기 때문이거나 시민계급이 너무 강해져서 반항심을 보이기 때문이었다.

그러나 이런 경우에도 상대방을 완전히 소홀하게 다루지는 않았다. 중앙의 절대권력자는 그것을 완전히 의식하든 의식하지 않았든 자신들이 만들어내지 않은 이 사회적 장치 위에서 게임을 해야만 했다. 그들 자신의 사회적 실존은 이 장치의 존속과 기능에 달려 있었다. 그들 역시 '더불어 살 수밖에 없는' 사회적 법칙에 묶여 있었던 것이다. 이 법칙, 이 사회구조는 시기적으로 이르든 늦든 거의 모든 서구국가에서 다양하게 변화된 형태로 형성된다. 그러나 그것이 어떻게 형성되는지를 하나의 구체적 예를 통해 관찰할 때, 관찰자에게 그것의 완전한 모습이 드러나게 된다. 이 과정이 어떤 특정한 시점에서부터 가장 직선적으로 전개되는 나라, 즉 프랑스의 발전이 여기에서 그 예의 역할을 할 수 있을 것이다.

제1장

봉건화 메커니즘

제1절 서론

1. 17세기 중반 무렵 프랑스와 영국 그리고 독일 제국에 있는 중앙권력의 세력을 측정해보면, 프랑스 왕은 영국 왕이나 독일 제국의 황제와 비교하여 특히 강력해보인다. 그러나 이러한 상황은 아주 오랜 기간에 걸쳐 이루어진 발전의 산물이다.

카롤링거 시대 말기, 카페 시대 초기만 해도 상황은 거의 정반대였다. 이당시 독일 황제의 중앙권력은 프랑스 왕의 권력보다 더 강했다. 그리고 영국은 노르만족에 의한 결정적인 통일과 질서 재편과정을 앞두고 있었다.

독일지역에서 중앙권력의 힘은 이 때부터 꾸준히 ──후퇴할 때도 있지만──약화된다.

영국에서는 노르만 시대부터 강력한 왕권시대와 강력한 신분계층 또는 강력한 의회의 시대가 번갈아가면서 이어진다.

프랑스에서는 12세기경부터 왕권이 ──후퇴할 때도 있지만──꾸준히 강화된다. 이러한 경향은 카페 왕조에서 발루아 왕조를 거쳐 부르봉 왕조까지 지속된다.

그러나 이러한 삼국의 차이가 처음부터 필연적이었다고 가정해서는 결코 안 된다. 삼국의 여러 지역들은 극히 서서히 국가적 단위로 흡수된다. 미래에 '프랑스', '독일', '이탈리아'와 '영국'이 될 지역들의 통합성이 아직 약한 동안, 사회적 유기체로서 그들의 비중은 역사적 세력들의 유희에서 아직 그리 크지 않다. 또한 이 국가들의 역사에서 주요한 발전곡선은 이 단계에서는, 차후 '영국', '독일' 또는 '프랑스'가 특수한 구조를 지닌 사회적 조직체로서 자신의 고유한 타성과 법칙을 가지게 되었을 때와는 비교할 수 없을 정도로 강하게 개인의 행운, 불행, 개인의 능력, 호불호 또는 '우연들'에 의해 결정되었다. 나중의 국가라는 단위의 관점에서 볼 때 어떤 내재적 필연성도 없는 요소들이 우선 역사의 발전곡선을 함께 결정하였다.[원주1] 넓은 지역들과 사람들의 상호의존성이 커지면서 상황에 따라 개개의 권력자들이나 집단들의 자의, 기분이나 이해관계에 제한을 가하기도 하고 기회를 부여하기도 하는 법칙이 서서히 그 모습을 드러낸다. 그 후에야 비로소 이 사회적 단위들에 내재하는 발전적 역학은 모든 우연들을 압도하거나, 아니면 적어도 그 우연들 위에 자신들의 낙인을 찍게 된다.

  2. 하필이면 프랑시앵 공국이, '일 드 프랑스'(Isle de France)가 국가라는 결정체가 형성되는 장소가 되었다는 사실에 처음부터 필연성을 부여

[원주1] 이에 대한 예로는 카롤링거 장원 또는 국고의 상황이 가져다준 효과를 들 수 있다. 이 효과는 다음의 인용문에서 서술된 것처럼 그 정도로 크지는 않았을 것이다. 그러나 분명한 점은 카롤링거 장원의 상황이 국경 형성에서 하나의 요소로 역할을 했다는 것이다.
  "카롤링거의 국고가 널리 퍼져 있었다는 점은 …… 국고를 제국을 받치고 있는 거대한 그물로 만들었다. 국고의 분할과 낭비는 재산을 가진 지역 귀족들의 정치적 야망보다 프랑크 제국의 해체에 더욱 중요한 요소가 되었다.
  국고의 심장부가 중부 유럽에 위치했다는 역사적 사실이 9세기 중부 유럽의 분할을 설명해준다. 그런 사실이 이 지역을 국가들의 격전지가 되기 훨씬 전에 왕들의 격전지가 되게 만들었다.
  미래의 프랑스와 미래의 독일 간의 경계는 9세기에 그어졌는데, 그 까닭은 국고의 가장 큰 덩어리가 이 두 지역 사이에 놓여 있었기 때문이다."
  James Westfall Thompson, 같은 책, pp.241~242. 같은 저자의 다른 책, *The Dissolution of the Carolingian Fisc*(Berkeley University of California Press, 1935)를 참조할 것.

할 만한 근거는 전혀 없다. 문화적으로 또 정치적으로 남프랑스 지역들은 파리 근교 지역들보다는 에스파냐 북부지역과 경계를 두고 이웃한 이탈리아 지역과 더 밀접한 관계를 가지고 있었다. '프로방스', 오크어(langue d'oc)의 켈트-로만족 지역과 오일어(langue d'oïl) 국가들, 즉 프랑크 특성을 강하게 간직한 지역들, 특히 푸아투, 베리, 부르고뉴, 생통즈, 프랑슈 콩테를 포함하는 루아르 북부지역들 간의 차이는 언제나 상당했다.[원주2]

베르됭 조약[역주1]과 메르센 조약[역주2]에 의해 그어진 서프랑크 제국의 동쪽 경계선은 '프랑스'와 '독일' 또는 '이탈리아' 사이에 서서히 형성되던 국경과는 상당히 달라 보인다.

베르됭 조약은 서프랑크 제국의 동쪽 경계로, 남쪽에서는 오늘날의 리옹만에서 서쪽으로 론의 서부지역에 접근하면서 북쪽의 플랑드르 지역에까지 이르는 선을 설정했다. 손 강 서쪽의 공국을 제외하고 로트링겐과 부르군트, 그리고 아를, 리옹, 트리어와 메츠 등은 서프랑크 제국의 국경 밖에 놓여 있는 반면 남쪽으로는 아직 바르셀로나 백작령이 국경 안에 있었다.[원주3]

메르센 조약은 남쪽으로 론 강을 서프랑크 제국과 동프랑크 제국 간의 국경천으로 정했다. 그후 국경은 이제르 강을 따라 북쪽으로 모젤 강에 이른다. 트리어와 메츠 그리고 그 북쪽에 있는, 조약이 이름을 얻어온 메르센은 이에 따라 국경도시들이 된다. 국경선은 마침내 남부 프리스란트 지역

〔원주2〕A. Luchaire, *Les premiers Capétiens*(Paris, 1901), p.180.

〔역주1〕843년에 루트비히 1세의 세 아들인 로타르 1세·루트비히 2세·샤를 1세가 프랑크 왕국의 분할을 위해 맺은 조약. 이 조약으로 로망어의 서프랑크 제국과 튜턴어의 동프랑크 왕국이 별개의 정치체로 등장한다

〔역주2〕870년에 로타르의 중부왕국은 로타르 1세가 죽자 다시 세 아들에게 분할되었다. 로트링센(로렌)은 로타르 2세에게 넘어갔으나, 이 왕이 죽자 서프랑크 왕과 동프랑크 왕이 메르센 조약을 맺어 이 영토를 분할해 차지한다

〔원주3〕Ch. Petit-Dutaillis, *La Monarchie féodale en France et en Angleterre* (Paris, 1933), p.8. 이곳의 지도도 함께 참조할 것. 서프랑크의 동쪽 국경과 국경의 이동에 관해서는 Fritz Kern, *Die Anfänge der französischen Ausdehnungspolitik* (Tübingen, 1910), p.16을 참조할 것.

에 있는 라인 강 하구 북쪽에서 끝난다.

그러나 이 경계를 통해 서로 갈라진 것은 통일되고 폐쇄적이고 안정된 사회체제로서의 국가도, 민족도, 민족국가도 아니다. 그것들은 기껏해야 형성중에 있던 국가이고 민족이고 민족국가였다. 이 당시의 모든 대규모 통치영역에서 우선 눈에 띄는 것은 낮은 수준의 결집력과 와해를 지향하는 원심력의 강력함이다.

이 원심력은 어떤 종류의 것인가? 이러한 지배형태의 구조에서 어떤 특수성이 이 세력에 특별한 강도를 부여하는가? 그리고 사회구조의 어떤 변화가 결국 15, 16세기 또는 17세기부터 다른 모든 원심적 힘들을 압도하는 힘을 중앙권력에 실어주고 그로써 통치영역의 안정화를 가능하게 하는가?

제2절 중세의 세력결합태에서 중앙집중적 힘과 지방분권적 힘들

3. 샤를마뉴 대제(768~814)의 엄청난 제국은 정복을 통해 이루어졌다. 샤를마뉴의 바로 선대 왕과 그 자신의 —유일하지는 않지만— 가장 근본적인 기능은 승승장구하면서 정복하고 방어하는 군 통솔권자의 기능이었다. 바로 이 기능이 그의 왕권, 그의 위신, 그의 사회적 힘의 토대였다.

군대의 통솔권자로서 샤를마뉴는 정복수호한 영토를 통제할 수 있는 권한을 가지고 있었다. 승리한 제후로서 그는 자신을 따랐던 기사들에게 봉토로 보답할 수 있었다. 이러한 권한 때문에 설령 신하들의 영지가 전국에 펴져 있더라도 그들을 결속시킬 수 있었다.

그러나 황제와 왕은 혼자 힘으로는 전 제국을 감시할 수 없었다. 그래서 그는 자신의 심복과 신하들을 지방으로 보내 자신을 대신하여 법을 집행하게 했고, 세금징수와 노역봉사가 제대로 이루어지는지 확인하고 저항하는 자들을 처벌하게 하였다.

그는 신하들의 봉사를 돈으로 지불하지 않았다. 돈으로 지불하는 경우도 있었지만 비교적 제한된 범위에서 이루어졌다. 수요의 대부분은 땅이나 경작지, 숲이나 외양간 그리고 집안에서 얻어지는 생산물에서 어느 정도는 직접적으로 공급되었다. 중앙권력의 대리인들이 어떤 이름으로 불리든, 백작과 공작들 그리고 그 신하들은 중앙으로부터 하사받아 현재 살고 있는 땅으로 생계를 이어나갔다. 이 시대의 통치기구는 이러한 경제구조에 상응하여 엄격한 의미에서 '국가들'이 존립하던 나중 단계와는 다른 성격을 가진다.

당시 대부분의 '관료들'은 "일정한 기간 동안 또는 예기치 못한 사건이 일어났을 경우에 '공적' 의무를 수행하는 농부들이었고 이들은 경찰권과 재판권을 동시에 가졌던 지주들에 가장 가까웠다"는 것이다.[원주4] 그들은 경찰기능과 재판기능을 군사기능과 결합시켰다. 그들은 외부의 적들에 의해 위협받을 경우 전사가 되는 동시에 왕이 자신들에게 하사한 지역 내의 다른 토지 소유자들과 전쟁수행원들에 대한 명령권자가 된다. 간단히 말하면 모든 통치기능들이 그들의 손에 장악되어 있었던 것이다.

당시 사회적 단계의 분업 및 분화수준을 보여주는 예로서 이 특이한 통치기구는 점점 더 사회구조의 성격에서 유래하는 특징적인 갈등을 야기한다. 이 갈등은 조금씩 변형된 형태로이긴 하지만, 항상 반복되는 특별한 유형의 과정으로 나뉘어 전개된다.

4. 중앙권력자에 의해 특정한 지역의 통치기능을 부여받아 실제로 다스리고 있는 사람은 외부나 이웃의 강적이 위협하지 않는 한, 자신과 수하에 있는 사람들을 먹여살리고 보호하기 위해 중앙권력자에게 의존하지 않아도 되었다. 그러므로 그 자신 또는 그의 후손들은 기회만 있으면, 즉 중앙권력이 조금이라도 약한 징후를 보이기만 하면 한번 물려받은 지역에 대한 자신의 통치권을 분명하게 보여주고 독립성을 과시하려고 했다.

[원주4] Paul Kirn, *Das Abendland vom Ausgang der Antike bis zum Zerfall des karolingischen Reiches, Propyläen-Weltgeschichte*(Berlin, 1932), vol.3, p.118.

이러한 통치장치는 수세기에 걸쳐 항상 똑같은 경향과 똑같은 패턴을 보인다. 다시 말하면 중앙통치자의 일부 영토를 지배하는 사람들, 즉 지방의 공작들이나 수장들은 언제나 중앙통치자를 위협할 수 있었다. 외적을 막아주는 수호자와 군통솔권자로서 막강한 정복왕이나 제후들은 우선 자신의 통치영역 내에 존재하는 이러한 위험에 성공적으로 대처한다. 이들은 가능한 한 기존의 토후들 대신 자기 측근, 친척이나 심복들을 대표자로 보내 제국의 일부를 통치하게 한다.

그러나 비교적 짧은 기간 내에, 종종 한 세대가 채 지나가기도 전에 똑같은 일이 되풀이된다. 중앙통치자의 대리인들은 될 수 있으면 중앙통치자의 권한으로부터 벗어나 가족의 상속재산처럼 그 지역을 마음대로 통치하려고 한다.

이들이 바로 지역영토의 독립적인 통치자가 되려는 코메스 팔라티 (comes palatii), 즉 궁중백이다. 그러나 이 단어의 주인공은 한때 자신이 궁정에서 파견된 대리인이었다는 기억을 우리에게 거의 불러일으키지 못한다. 이제 그들은 변경백, 공작, 백작, 남작 또는 왕의 장관들이다. 정복으로 힘을 키운 왕들이 친인척이나 심복들을 대리인으로서 지방으로 보내면 이전의 대리인들이나 그 후손들은 지역의 토후나 지배자로서 원래 일종의 봉토였던 그 영토의 세습권과 실질적 독립권을 얻기 위해 중앙권력에 항거하기를 되풀이한다.

다른 한편으로 왕은 그 지역의 통치권을 제3자에게 넘길 수밖에 없었다. 군사수준, 경제조직과 운송조직의 수준은 그에게 달리 선택할 수 있는 여지를 주지 않는다. 왕이 용병이나 먼 지역에 파견된 대리관료들을 급여를 수단으로 자신에게 묶어놓을 수 있을 만큼의 풍부한 조세원천이 당시 사회에는 없었다. 급여나 보상으로써 왕은 그들에게 땅밖에 줄 수 없었고 또한 이 대리인들이 그 지역의 다른 전사들이나 지주들을 압도하게 하려면 더 많은 땅을 주어야만 했다.

다른 한편 중앙통치자와 그의 옛 대리인들 간의 권력관계가 후자에게 유리하게 변하자마자, 어떤 충성맹세도 중앙권력을 대표하는 봉신들로 하여금 지역독립권을 위한 투쟁을 벌이지 못하도록 막을 수는 없었다. 한때 왕이 통제하던 지역을 실제로 소유하고 있던 자들은 지방통치자들과 지역토후들이었다. 그들은 외부침략의 경우를 제외하고는 왕을 필요로 하지 않았다. 왕의 영향권에서 벗어난 것이다. 그들이 군사지도자로서의 왕을 필요로 할 때, 단, 왕이 전쟁에서 성공한다는 전제하에서만 이러한 운동은 다시 후퇴하고, 게임은 또다시 처음부터 시작된다.

그러면 왕은 칼의 위력과 위협으로 전체 영토에 대한 실제 권한을 다시 찾고 땅의 재분배를 실시할 수 있다. 바로 이것이 초기 중세에, 약간 변형된 형태로는 그 이후에 서구사회의 발전에서 되풀이되는 과정 중 하나이다.

5. 오늘날에도 이러한 과정의 예는 유럽 밖에서도 이와 유사한 사회 구조를 가진 지역에서 발견된다. 에티오피아의 발전은 최근 유럽으로부터 돈과 제도들이 유입되면서 약간 변형되긴 했지만, 그러한 형태를 충분히 보여준다. 그러나 라스 타파리가 전 지역의 중앙권력자 또는 황제로 부상하게 된 것은 오로지 강력했던 지역토후들을 토벌했기 때문이다. 또한 이탈리아에 대한 저항이 예기치 않게 빨리 무너진 것도 중앙권력자가 봉건적이며 물물경제 위주의 통치영역에서 가장 중요한 과제, 즉 외적의 침략을 물리치는 과제를 즉각 수행할 수 없었고 그래서 '약하게' 보이자마자 원심적 경향이 강해졌던 데에 그 이유가 있다.

서구사회에서 이 메커니즘의 전조는 이미 메로빙거 왕가 시대에 나타난다. 이 시대에 벌써 "고급 제국관료들을 세습적 통치형태로 전환시켰던 발전의 초기형태가 존재하고 있었다."[원주5] 이미 이 시기에 다음의 원칙이 적용된다. 즉 "관직을 가진 사람의 실질적 권력, 경제적·사회적 토대가 커지

[원주5] Brunner, *Deutsche Rechtsgeschichte*, in Dopsch, *Wirtschaftliche und soziale Grundlagen der europäischen Kulturentwicklung*(Wien, 1924), 제2부, pp.100~101에서 재인용.

면 커질수록 왕국은 그 사람이 사망시 관직을 가족 외의 다른 사람에게 넘기기가 그만큼 더 힘들어졌다."[원주6] 달리 표현하면 그만큼 더 분명하게 통치지역의 많은 부분이 중앙권력자의 권한에서 지역제후들의 권한으로 이양되었다.

이런 식의 전개과정은 카롤링거 시대에 더 뚜렷하게 드러난다. 에티오피아의 황제처럼 샤를마뉴 대제도 그 지역에 오래 살았던 옛 공작들을 제거하고 자신의 '관료들'인 백작들을[역주3] 그 자리에 앉혔다. 백작들의 자립의지와 해당지역에 대한 그들의 실질적 권력이 왕이 아직 생존해 있을 때 가시화되면, 그는 곧 자신의 주변 사람들을 '순찰사'(missi dominici)로 보내 감시케 하였다. 루이 경건왕(Louis the Pious, 814~840) 시대에 백작의 기능은 세습화하기 시작했다. 샤를마뉴의 후계자들은 "세습권의 실질적 인정에 대한 압력을 더 이상 물리칠 수 없었다."[원주7] 또한 왕의 사신이라는 기구 자체도 의미가 없어졌다. 루이 경건왕은 사신들을 철수시킬 수밖에 없었다.

샤를마뉴 대제처럼 군사적 명성이 뒷받침되지 않았던 이 왕의 재위기간 중 이미 제국과 사회조직 내에 원심적 경향들이 극히 분명하게 나타난다. 이 경향은 887년 외적인 덴마크 노르만족들을 자신의 칼도로 심지어 돈으로도 파리로부터 쫓아낼 수 없었던 샤를 3세(884~887) 때 정점에 이른다. 또한 특징적인 것은 카롤링거의 직계 후손이 끊어지면서 왕관이 우선 비만왕 샤를(Charles the Fat, 884~887)의 조카로서 카를만(Karlmanns)의 사생아인 아눌프 폰 케른텐(Arnulf von Kärnten 887~899)에게로 떨어진다는 점이다. 그는 물밀듯이 밀려오는 이민족과의 국경 전투에서 이

[원주6] Alf Dopsch, *Wirtschaftliche und soziale Grundlagen der europäischen Kulturentwicklung aus der Zeit von Cäsar bis auf Karl den Großen*(Wien, 1918~24), 제2부, p.115.

[역주3] count. 원래 콘스탄티누스 1세가 원로원의원과 특수한 기능을 맡은 신하에게 부여했던 칭호인 comes에서 유래.

[원주7] P. Kirn, *Das Abendland vom Ausgang der Antike*(Berlin, 1932), p.118.

미 군지휘관으로서 능력을 인정받았다. 그가 우선 바이에른인들을 이끌고
약한 중앙통치자에 대항하여 싸우게 되자 곧 다른 종족들, 동프랑크족, 튀
링족, 작센족과 슈바벤족들도 그를 인정하게 된다. 그는 문자 그대로 군통
솔권자로서 독일족의 무사귀족들에 의해 왕으로 추대된다.[원주8] 여기에서
이 당시 왕권이 어디에서 자신의 정당성과 권력을 얻는지가 다시 한 번 분
명하게 드러난다. 891년 그는 또 한 차례 딜레 근처의 뢰벤에서 노르만족
을 물리친다. 그러나 새로운 위협이 닥칠 때 그가 전투의 사령관으로 출정
하기를 한 번이라도 주저하는 기색을 보이면 당장 반응이 나타났다. 즉 느
슨하게 결합된 통치지역에서 원심적 힘들이 우세하게 된다. "그가 한동안
머뭇거리면, 유럽의 많은 제후들과 샤를 왕의 사촌들이 일어선다."(Ille
diu morante, multi reguli in Europa vel regno Karoli sui
patruelis excrevere)라고 당시의 어느 작가는 말하고 있다.[원주9] 그가
한동안 전투를 지연시키면 유럽 곳곳에 소왕들이 등장하는데, 위 글은 한
문장으로, 당시 유럽사회의 발전과정에 낙인을 찍는 사회법칙을 잘 요약해
서 말해주고 있다.

운동은 초대 작센 황제에게서 다시 후퇴한다. 작센 왕에게 전 제국의
통치권이 떨어졌다는 사실은 이 사회에서 중앙통치자의 가장 중요한 기능
이 무엇이었는지를 다시 한 번 분명하게 보여준다. 작센인들은 동쪽에서
밀려오는 비게르만족들의 압박에 특히 심하게 노출되어 있었다. 작센 공
작들은 우선 자기 종족의 영토를 수호하고 방어해야 했다. 그러나 그렇게
함으로써 그들은 동시에 다른 독일 종족들의 영토를 함께 보호하고 있었
던 것이다.

924년 하인리히 1세(919~936, 작센 왕조의 시조)는 우선 적어도 몰려
오는 헝가리족들과 휴전을 이룰 수 있었다. 928년에는 본인이 직접 브란덴

[원주8] A.v. Hofmann, *Politische Geschichte der Deutschen*(Stuttgart and Berlin,
1921~28), vol.1, p.405.
[원주9] Ernst Dümmler, *Geschichte des ostfränkischen Reiches*(Berlin, 1862~
1888), vol.3, p.306.

부르크까지 출정했다. 929년에는 마이센 국경요새를 세웠다. 933년에 그는 리아데 근처에서 헝가리족에 승리를 거두지만 완전히 섬멸시키지는 못하였는데, 다시 말하면 위험을 제대로 제거하지는 못했던 것이다. 934년에는 북쪽에서, 즉 마르크 슐레스비히에서 덴마크인들과의 국경을 다시 복구시킨다.[원주10] 이 모든 일들을 그는 우선 작센 공작으로서 수행한다. 그것은 일차적으로는 국경을 위협하고 자신의 영토로 침입해 들어오려는 이민족들에 대한 작센인들의 승리이다. 그러나 작센 공작들은 국경에서 싸우고 승리하고 정복하면서 국내의 원심적 경향에 대처하는 데 필수적인 군사력과 군사적 명성을 동시에 획득한 것이다. 외적과의 투쟁에서 승리함으로써 그들은 국내 중앙권력의 강화에 기초를 세운 것이다.

하인리히 1세는 적어도 북부지역에서는 국경을 지키고 공고히 했다. 그가 죽자마자 벤덴(서부 슬라브족)인들은 작센인들에게 평화를 거부한다. 하인리히의 아들 오토[역주4]는 그들을 물리친다. 그 다음 해인 937년과 938년 연이어 헝가리족들이 다시 침략하고 마찬가지로 격퇴된다. 그 후 새로운 그리고 더 강력한 영토확장이 시작된다. 940년에 독일의 통치영역은 오더 강 유역까지 뻗친다. 항상 그렇듯이 지배의 확립에 필요한 종교적 조직화가——당시는 오늘날보다 훨씬 막강했던——새 영토 정복의 뒤를 잇는다.

똑같은 일이 남동부지역에서도 일어난다. 955년——아직 독일 영토 내에서——헝가리인들이 아우크스부르크 근처 레히펠트에서 격퇴당하는데, 이로써 그들은 어느 정도 궁극적으로 국경 밖으로 쫓겨나간다. 그들의 침략을 막기 위해 훗날 오스트리아의 모태가 되는 오스트마르크가 세워지는데, 그 경계는 프레스부르크 지역에 놓여 있다. 그 동쪽 도나우 강 중부 유역에 헝가리인들이 서서히 정착한다.

―――――――――
[원주10] Paul Kirn, *Politische Geschichte der deutschen Grenzen*(Leipzig, 1934), p.24.
[역주4] Otto 1 the Great, 936~973, 중세 초기의 걸출한 인물로서 강력한 왕권을 확립하였고 뒷날 신성로마제국이란 이름으로 나폴레옹 시대까지 존속하는 중세왕국을 세웠다.

군대의 지휘자로서 얻어낸 이러한 승리들은 제국 내에서 오토의 권력과 일치한다. 그는 자신의 힘이 미치는 한, 지역의 지도자로서 자신에게 맞서는 선대 황제의 대리인이나 더 정확하게 말하면 그들의 후손들을 자신의 친인척들로 대체시키려 했다. 슈바벤은 그의 아들 루돌프에게, 바이에른은 동생 하인리히에게, 로트링겐은 사위 콘라트에게 돌아가고, 루돌프가 반란을 일으키자 콘라트의 아들 오토에게 슈바벤이 넘어간다.

동시에 그는——전임자들보다 더 의식적이었던 것처럼 보인다——항상 새로이 중앙권력을 약화시키고 지배장치의 중앙집중화를 파괴하는 메커니즘을 저지하려고 애썼다. 한편으로 그는 어떤 지역에 배치한 대리인의 권한영역을 전보다 줄이고 그의 기능을 제한하는 방법을 사용했다. 다른 한편으로 그와, 그리고 더 단호하게는 그의 후계자들은 성직자들에게 어떤 지역의 지배권한을 부여함으로써 이 메커니즘에 대처하려 했다. 주교들에게 세속의 백작직을 부여한 것이다. 후손이 없는 성직자들에게 관직을 맡김으로써, 중앙권력의 간부들이 독립에 대한 강한 욕구를 가진 '토지를 소유하는 세습귀족'들로 변신하려는 경향에 쐐기를 박으려 했던 것이다.

그러나 실제로 지방분산적 힘들은 이를 저지할 목적으로 취해진 조처로 인해 장기적으로는 더 강화되었다. 이는 결국 성직자들의 지배영역을 세습적 제후국으로 전환시켰을 뿐이다. 이 사회의 구조에 뿌리를 내리고 있었던, 구심적 경향에 대한 원심적 경향의 우세가 새로이 두드러지게 나타난다. 시간이 가면서 성직자들 역시 세속귀족 못지않게 자신들에게 맡겨진 지역에 대한 독립적 통제권의 유지에 관심을 가진다는 사실이 드러난다. 그들도 이제 세속적인 지방제후로서 중앙권력이 너무 강해지기를 바라지 않는다.

고급 성직자와 고급 세속귀족들의 이해관계가 맞아떨어졌다는 점은, 프랑스의 진개양상과는 반대로 독일 제국에서 중앙의 실제권력이 수백 년 동안 약한 채로 있고 지방제후들이 독립을 확고히 하는 데 적지 않게 기여하였다. 프랑스에서는 고급 성직자들이 막강한 세속지배자가 된 적이 거의 없다. 주교들의 소유지 일부는 여러 지역제후들의 영토 안에 흩어져 있었고, 그래서 그들은 자신들의 안전을 위해 강력한 중앙권력에 관심을 가지고 있었다. 교회와 왕국의 이해관계는 상당히 오랜 기간 동안 동일하였고, 바로 이것이 비교적 일찍이 프랑스의 중앙권력이 원심적 경향들을 제압하게 되는 요인들 가운데 하나였다. 그러나 우선은 마찬가지 법칙에 따라 서프랑크 제국은 동프랑크보다 급격히, 극단적인 방식으로 분열된다.

 6. 서프랑크 카롤링거 왕조의 마지막 왕들은 일설에 따르면[원주11] 개인적으로는 용감하고 명철한 남성들이었고 일부는 훌륭한 자질을 가지고 있었다. 그러나 그들은 중앙권력자들에게 아무런 기회를 주지 않는 상황에 처해 있었다. 이러한 상황은 이런 사회구조에서는 얼마나 쉽게 무게중심이 중앙권력자들에게 불리하게 옮겨질 수 있는지를 극명하게 보여준다.

중앙권력자가 가지는 사회적 힘의 토대는, 군지휘자·정복자 또는 정복영토의 분배자로서 지닌 권력을 제외한다면 그가 직접 다스리면서 자신의 하인들·궁정·무장수행원들을 먹여 살리는 땅, 즉 가족 소유의 땅이었다. 이런 측면에서 중앙권력자의 처지는 다른 지방제후들보다 별로 낫지 못했다. 서프랑크 카롤링거 왕조의 소유지, 그들의 개인 '영토'는 장기간 지속된 전쟁에서 병역과 교환되어 분할되었다. 도움을 얻고 이에 보상하기 위해 그들의 조상들은 땅을 봉토로 하사해야만 했던 것이다.

땅의 하사는——새로운 정복 없이는——왕실 소유지의 감소를 의미한다. 이는 그 아들들을 더욱 어려운 궁지로 몰아넣었다. 새로 도움을 얻기 위해서는 새 땅이 필요했다. 그래서 마침내 그 후예들에게는 나누어줄 땅이 남지 않게 되었다. 그들이 먹여 살리고 보상할 수 있는 전쟁수행원의 수는 점점 줄어들었다. 우리는 종종 마지막 카롤링거 왕조의 왕들이 절망적 상황에 처해 있음을 보게 된다. 봉신들은 분명 참전의무를 가지고 있었지만, 참전이 개인의 이득이 되지 못할 경우에는 군사적으로 강력한 주인의 공개적

[원주11] Ferd Lot, *Les derniers Carolingiens*(Paris, 1891), p.4 ; Jos Calmette, *Le monde féodal*(Paris, 1934), p.119.

또는 비공개적 압력만이 의무의 이행을 종용할 수 있었다. 왕을 따르는 봉신의 수가 줄어들면 들수록 왕의 권력은 그만큼 덜 위협적이 되고, 그러면 또 그만큼 더 적은 수의 봉신들이 왕을 따르게 된다. 땅의 측면에서뿐만 아니라 군사력의 측면에서도 한번 움직이기 시작한 이 사회적 메커니즘은 카롤링거 왕조의 지배체제를 점점 더 약화시킨다.

생존을 위해 절망적으로 투쟁했던 용감한 루이 4세(936~954)는 이따금 랑의 왕으로 불린다. 카롤링거가의 전체 소유재산에서 그에게 남겨진 것은 랑 성채밖에 없었던 것이다. 집안의 마지막 후예들은 수행원들을 지원하고 보상할 수 있는 땅도 없었을 뿐만 아니라 전쟁을 수행할 수 있는 군대조차 유지할 수 없었다. "영토를 소유한 지주들에게 둘러싸여 있던 샤를마뉴의 후예들은 왕실에 봉사할 수 있는 사람들을 거느리기 위해서는 자신들의 영토를 면책특권을 허용하면서 내줄 수밖에 없었다. 즉 그들에게 점점 더 많은 독립을 보장하면서 그들을 붙들어두었고 그들에게 점점 더 많은 땅을 양도하면서 통치를 지속시킬 수 있었다."[원주12] 왕의 기능은 필연적으로 추락할 수밖에 없었고 왕이 누구이든 간에 자신들의 지위를 향상시키기 위해 행하는 일은 결과적으로 자신들에게 불리하게 작용했다.

7. 미래의 프랑스라는 국가의 모태가 되는 서프랑크 카롤링거의 옛 영토는 이 당시 독립적으로 통치되는 여러 지역으로 분열되어 있었다. 이 지역에서는 거의 비슷한 세력을 가진 지역통치자들 간에 지리한 싸움이 장기적으로 계속되었고, 그 결과 일종의 평형상태가 이루어졌다. 카롤링거의 직계 남자후손이 끊기자 토후들이나 지역통치자들은 자신들 가운데에서 한 사람, 즉 노르만족의 침략을 성공적으로 방어하는 데 뛰어난 공을 세웠고 그 이후 약해진 왕가의 가장 강력한 경쟁자로 부상한 가문의 사람을 왕으로 선택하였다. 이는 카롤링거 왕가가 멸망하면서 침입하는 동쪽 민족과 북쪽 민족, 슬라브족, 헝가리족, 덴마크족을 성공적으로 물리친 작센 공작

[원주12] Beaudoin. Calmette. 같은 책. p.27에서 재인용.

들이 왕으로 추대된 동프랑크와 비슷한 상황이다.

이보다 앞서 프랑시앵(Francien)가와 서프랑크의 마지막 카롤링거가와의 오랜 투쟁이 있었다.

왕관이 프랑시앵가의 위그 카페에게 돌아갔을 때에는 이들도 카롤링거가를 약화시켰던 비슷한 과정에 의해 이미 상당히 약화된 상태였다. 프랑시앵의 공작들도 동맹을 맺어야 했고 병역을 요구했으며 그 대가로 땅과 권리를 주어야 했다. 그 동안 정착해서 기독교도가 된 노르만족 공작들, 즉 아퀴텐과 부르군트 공작(Aquitanien and Burgund), 앙주와 플랑드르 백작(Anjou and Flandern), 베르망두아(Vermandois)와 샹파뉴 백작들의 통치영역도 그보다 작지 않았고 일부는 새 왕가인 프랑시앵 공작의 소유지보다 더 요지였다. 그리고 중요한 것은 여기서 가문의 권력과 영토였다. 왕가의 재산이 왕에게 부여한 권력은 왕권의 실질적 토대였다. 이 왕가의 재산이 다른 지역제후들의 재산보다 크지 않다면, 그의 권력 역시 크지 않았다. 그들에게 정기적 수입을 보장하는 것은 가문 재산과 영토밖에 없었다. 기껏해야 여기에 다른 지역의 교회수입이 추가될 뿐이었다. 그 밖에 그들이 왕으로서 받을 수 있는 수입은 극히 미미했다.

독일 지역에서 중앙집중적인 왕의 기능이 지역제후들의 원심적 경향보다 더 강해지는 데 기여했던 왕의 기능, 즉 외적에 대한 전쟁, 정복전쟁시 군지휘자로서의 기능이 서프랑크에서는 비교적 일찍 없어졌다. 그리고 바로 이것이, 왕실의 영토가 독립적인 지방으로 분열될 때 이 분열이 동프랑크에서보다 더 일찍이, 더 과격하게 일어난 가장 결정적인 원인의 하나이다. 동프랑크의 영토는 이민족의 침입과 위협에 훨씬 더 노출되어 있었다. 그러므로 왕들은 항상 새로이 영토수호를 위해 여러 종족들이 연합한 전투에서 지휘자로 나서야만 했다. 그뿐만 아니라 왕은 새로운 영토로 진입해 들어가서, 사용과 분배의 권한이 자신에게 주어지는 새로운 땅을 정복할 수 있는 기회를 획득했으며 우선 자신에게 의존하는, 비교적 많은 수의 신하와 봉신들을 거느릴 수 있었다.

반면 서프랑크 지역은 노르만족의 정착 이후 외부의 이민족으로부터 거의 아무런 위협도 받지 않았다. 또한 동프랑크와는 반대로 국경 바로 너머에는 새 영토를 정복할 만한 가능성이 없었다. 그 때문에 서프랑크의 분열은 가속화된다. 다시 말해 왕으로 하여금 원심적 힘을 제압할 수 있게 했던 중요한 요소들, 즉 방어와 정복이 결여되었던 것이다. 이러한 사회구조에서 여러 지방들로 하여금 중앙권력자에게 의존하게 만드는 것은 방어나 정복 외에는 달리 없었기 때문에, 그에게는 자기소유의 영토 외에는 실제로 자신이 사용권한을 가진 땅이 거의 없었다.

이 소위 군주란 자는 센과 루아르(Loire) 강변에 오늘날로 치면 네댓 개의 현에 해당되는 몇 개의 백작령을 소유하고 있던 단순한 남작에 불과했다. 왕실 소유지는 왕이 이론상의 위엄을 겨우 유지할 정도였다. 그것은 오늘날의 프랑스를 이루는 지역들 중 가장 큰 것도 또 가장 부유한 지역도 아니었다. 왕의 권력은 어떤 봉신들보다 오히려 약했다. 왕도 그들처럼 소유지에서 나오는 수입, 농부들의 공물, 농노들의 노동과 영토 내의 수도원들과 주교들이 바치는 '자발적인 선물'들로 살 수밖에 없었다."[원주13]

위그 카페의 즉위 직후, 개별적인 왕들이 아닌 왕 기능 자체의 약화, 그리고 이에 따른 통치영토의 분열은 서서히 그러나 꾸준히 심화된다. 카페조의 초대 왕들은 전체 궁정과 함께 전국을 돌아다닌다. 왕의 문서들이 서명된 지역들을 보면 그들이 얼마나 많은 곳을 돌아다녔는지 알 수 있다. 그들은 아직 다른 봉신들의 본거지에서 재판을 열기도 한다. 또한 남프랑스 지역에서도 왕의 전통적인 영향력은 그대로 남아 있었다.

12세기가 시작되면서 한때는 왕의 봉토였던 지방의 통치권 세습과 독립

[원주13] A. Luchaire, *Les premiers Capétiens*(Paris, 1901), p.177. 위그 카페 시대의 권력분배 상황에 관한 요약은 M. Mignet, *Essai sur la formation territoriale et politique de la France, Notices et Mémoires historiques*(Paris, 1845), vol.2, pp.154ff에서도 찾을 수 있음.

은 이미 기정사실이 된다. 카페 왕조의 5대 왕인 뚱보왕 루이(1108~
1137)는 개인적으로 용맹한 무사였고 결코 약골은 아니었지만 자기 영토
밖에서는 아무런 언권이 없었다. 왕의 문서들은 그가 자신의 공국 밖으로
는 거의 나가지 않았다는 사실을 알려준다.[원주14] 그는 자신의 소유지 내에
서 살았다. 그는 이제 더 이상 대봉신들의 영지에서 정사를 돌보지 않는다.
봉신들도 왕의 궁정에 모습을 보이지 않는다. 상호간의 우호방문도, 왕국
의 다른 지역, 특히 남프랑스 지역과의 교류도 점점 드물어진다. 한마디로
프랑스는 12세기 초에 기껏해야 여러 독립지방들의 연합, 크고 작은 통치
영역들의 느슨한 연방이었고 이들은 일종의 균형상태를 이루고 있었다.

  8. 독일제국의 왕과 황제들이 막강한 공작가들을 상대로 한 세기 동안
지리하게 벌여온 투쟁은 12세기에 끝나고, 그 결과 공작들 중 한 가문, 즉
슈바벤 공작가가 다른 가문들을 압도하게 되면서 한동안 중앙권력에 필요
한 권력수단을 투입한다.

  12세기 말부터는 독일에서도 사회적 무게가 어쩔 수 없이 분명하게 지방
통치자들에게로 기울어진다. 그러나 여기 독일 지역, 나중에 불리듯이 '로
마 제국' 또는 '신성제국'의 광대한 지역에서 이 때 확립된 지역제후들의 통
치는 그 때부터 수백 년 동안 강력한 중앙통치제도의 정착, 그리고 이와 함
께 전 지역의 통합을 저해하였던 반면 그보다 좁은 프랑스에서는 12세기
말부터 극단적 분열에서——후퇴할 때도 있었지만 그럼에도 불구하고——
꾸준히 중앙권력의 재강화와 그것을 중심으로 한 보다 넓은 영토의 재통합
으로 서서히 나아간다.

  어떻게 작은 지역들이 합쳐져 좀더 강한 단위를 이루게 되는지, 어떤 과
정을 통해 광범한 지역을 통치하는 중앙기구, 즉 오늘날 우리가 '절대주의'
란 개념으로 그 특성을 표현하며 근대국가의 뼈대가 되는 중앙기구가 발생

[원주14] A. Luchaire, *Histoire des Institutions Monarchiques de la France sous
  les premiers Capétiens (987~1180)*(Paris, 1883), vol.2, 주석과 부록, p.329.

하는지를 이해하고자 한다면, 이러한 극단적 분열상은 분명 우리가 유념해야만 할 논지의 출발점을 제공한다. '절대주의 시대'로 표현되는 이 시기에 중앙권력과 중앙기구의 안정성은 그보다 앞선 '봉건시대'에 나타난 중앙권력의 '불안정성'과 커다란 대조를 이룬다.

사회구조의 무엇이 프랑스에서는 중앙집중화에 유리하게 작용하고 독일에서는 중앙집중화에 역작용을 하는가?

이 질문은 역동적인 사회과정의 중심지로, '문명화'의 의미에서 행동과 본능구조의 변화를 함축하는 인간 상호간의 결합 및 의존형태의 변화 속으로 우리를 이끌고 간다.

9. 중세사회, 특히 초기 중세사회에서 지방분권적 힘들이 중앙집중적 힘을 항상 새로이 제압하게 만드는 요소는 그리 어렵지 않게 찾아낼 수 있으며, 이 시대의 역사가들도 여러 형태로 강조했던 것이다. 중세전성기를 묘사하면서 예컨대 함페(Hampe)는 다음과 같이 말한다.

　　국가의 봉건화는 곳곳에서 군대의 지휘관들과 장교들에게 토지를 마련해주도록 통치자들에게 압력을 가한다. 이로 인해 빈곤에 빠지지 않고 지속적으로 봉신들의 군사적 반대급부를 얻어내기 위해 통치자들은 영토확장전쟁을 강요당하다시피 했고 이는 필연적으로 힘이 약한 이웃의 땅을 넘보게 만들었다. 근대적 관료제를 정착시켜 이런 필연성을 극복하기에는 무엇보다 당시 경제적 여건이 허락하지 않았다.[원주15]

이 글은 '봉건화'를 이 모든 변화의 외적 '원인'으로 이해하지 않는다면, 원심적 힘과 이 사회의 왕권을 구속하던 메커니즘의 근본적 특성을 극히 사실적으로 묘사하고 있다. 이러한 딜레마의 모든 요소들, 즉 기사와 관료

[원주15] Karl Hampe, *Abendländisches Hochmittelalter*(Prop.-Weltgesch. vol.3) (Berlin. 1932), p.306.

들에게 땅을 제공해야만 할 필요성, 새로운 정복전쟁이 없는 한 줄어들게 마련인 왕의 소유지, 평화시기에 중앙권력의 약화 경향 등 모든 요소들은 '봉건화'란 커다란 과정 자체의 부분과정들이다. 이 인용문은 동시에 이 특수한 지배형태와 지배장치는 특수한 경제형태와 밀접하게 연관된다는 점을 시사한다.

좀더 명시적으로 표현하자면, 물물교환 관계가 한 사회에서 지배적인 한, 엄격하게 중앙화된 관료제와 주로 평화적 수단을 사용하여 항상 중앙의 통제를 받는 안정된 통치기구의 형성은 거의 불가능하다. 정복왕, 지방행정을 위한 중앙권력의 대리인 파견, 파견된 대리인 또는 그 후손들이 지역군주로 독립하고 중앙권력에 대해 투쟁하는 수순으로 이어지는 이 자동적인 경향은 특별한 형태의 경제관계와 일치한다. 어떤 사회에서 크거나 작든 간에 주어진 땅에서 나오는 수확으로 의복에서 음식, 가재도구에 이르기까지 인간의 일상생활에 근본적으로 필요한 모든 욕구가 충족될 수 있었다면 분업과 생산품의 장거리 교환은 발달하지 않았을 것이다. 이런 상황에 상응하여——이 모든 것은 동일한 통합형태의 여러 측면이다——길이 나쁘고 운송수단이 발달하지 못했다면 여러 지역 간의 상호의존도 역시 낮았을 것이다. 이 모든 것들이 상당히 성장한 연후에야 좀더 넓은 지역을 통치하는, 어느 정도 안정된 중앙제도가 확립될 것이다. 그 이전에는 사회구조 자체가 이 제도의 토대를 제공하지 못했다.

당대의 한 역사가는 "중세의 교통여건에서 광대한 제국의 통치와 행정이 얼마나 어려웠는지 상상조차 할 수 없다"[원주16]라고 말하고 있다.

샤를마뉴 대제도 라인 강, 마스 강과 모젤 강 부근에 흩어져 있던 가문 소유의 왕령지에서 나오는 수확으로 자신의 궁정을 유지할 수 있었다. 도프슈의 설득력 있는 묘사에 따르면 모든 '궁정', 모든 '성'에는 주변의 몇몇 마을과 농가들이 속해 있었다.[원주17] 황제와 왕은 비교적 가까운 거리에 있

[원주16] Paul Kirn, *Das Abendland vom Ausgang der Antike bis zum Zerfall des karolingischen Reiches*, 같은 곳, p.119.

는 궁정들로 옮겨다니면서 그 주변 농가와 마을에서 나오는 수확으로 자신과 수행원들의 생활을 충당했다. 물론 장거리 교역도 이 당시에 없지는 않았다. 그러나 그것은 근본적으로 사치품 무역이었지 일상용품 교역은 아니었다. 포도주도 일반적으로 먼 거리까지는 운송되지 못했다. 포도주를 마시고 싶으면 자기 땅에 포도를 심어야 했고, 바로 이웃사람들끼리 자급하고도 남는 양을 교환해 마실 수 있었을 뿐이다. 그래서 오늘날에는 포도재배에 적당하지 않은 지역, 포도가 너무 시다든가 경작으로 너무 '손해'를 보게 되는 지역, 예컨대 플랑드르나 노르망디에서도 중세 때에는 포도재배를 했다. 다른 한편으로 우리가 오늘날 원래 포도재배지라고 알고 있는 부르군트 지방에서는 나중처럼 그렇게 포도재배를 전문적으로 하지 않았다. 그곳에서도 모든 농부, 모든 농가는 어느 정도까지 '자급자족'을 해야 했다. 17세기에도 모든 주민이 포도를 재배하는 지역공동체는 열한 군데 정도였다.[원주18] 서서히 여러 지방들이 서로 연결되고, 서서히 상호왕래가 빈번해지며 보다 넓은 지역과 사람들의 통합이 증가되었다. 이에 맞춰 넓은 지역에서 통용되는 통일된 교환수단이나 계산단위, 즉 화폐의 필요성이 점점 더 강하게 제기되었다.

　문명화과정의 이해에 특히 중요한 것은 '물물경제나 가계경제', '화폐경제', '많은 사람들의 상호연계', '개인의 사회적 의존도 변화', '기능분화의 증가' 등으로 그 의미가 표현되는 사회과정에 대한 확실한 선이해이다. 이 개념들은 너무나 쉽게 우상화되어 그것들이 가진 생동감과 명료성이 사라져버린다. 우리가 여기서 시도한 간략한 설명의 목적은 '물물경제'라는 개념이 가리키는 사회적 관계를 구체적으로 보여주는 것이다. 이 개념이 의

[원주17] Alf. Dopsch, *Die Wirtschaftsentwicklung der Karolingerzeit, vornehmlich in Deutschland*(Weimar, 1912), vol.1, p.162. 영주의 주거지와 마을에 관한 일반적 서술은 Knight, *Barnes and Flügel, Economic history of Europe*(London : The Manor, 1930), p.163ff에서 찾을 수 있다.

[원주18] Marc Bloch, *Les caractères originaux de l'histoire rurale française* (Oslo, 1931), p.23.

미하는 것은 인간들이 서로 묶여 있고 서로 의존하는 아주 특별한 형태라는 것이다. 그것은 땅에서 거두어들이고 자연으로부터 얻어내는 작물들이 그것을 소비하는 사람에게로 직접, 다시 말하면 중개인을 전혀 또는 거의 거치지 않고 전해지는 사회, 그리고 그 작물들이 어떤 경우 동일한 사람의 집에서 소비되는 사회와 관계가 있는 개념이다.

이런 전달방식은 점차 더 세분되어간다. 점점 더 많은 사람들이 분배유통의 담당자로서 처음 생산자에서 마지막 소비자에게 작물이 전달되는 과정에 끼여든다. 어떻게 이런 일이 일어나는지, 왜 일어나는지, 그리고 그 고리가 길어지는 동인은 무엇인지 등의 질문들은 그 자체로서 하나의 주제가 된다. 어쨌든 돈이란, 이 고리가 길어지고 노동과 분배가 분화되고 특별한 상황에서 이 분화가 강화되려고 할 때 사람들이 필요로 하는 도구, 그래서 사회가 만들어내는 도구에 불과하다.

'물물경제'와 '화폐경제'와 같은 개념들을 사용하면 마치 이 두 '경제형태'는 절대적으로 대립하는 것처럼 보이기 쉽고, 실제로 대립에 대한 관념은 많은 논쟁을 불러일으켰다. 서구사회의 어떤 영역에서는 먼 거리 교역과 화폐사용이 결코 완전히 중단된 적이 없었다는 사실을 언급하지 않더라도, 실제 사회과정에서 생산과 소비의 고리는 아주 서서히 변화하고 분화한다. 또한 서구사회의 화폐경제영역은 극히 서서히 성장하고, 사회기능의 분화도 서서히 일어나며, 여러 지역들 및 사람들 간의 상호의존도가 커지게 된다.

이 모든 것은 동일한 사회과정의 다른 측면들이다. 여기서 주제가 되고 있는 지배형태와 지배장치의 변화도 이 과정의 한 측면에 불과하다. 중앙기구의 구조는 기능의 분화 및 상호연관성과 일치한다. 다시 말해 물물경제 위주의 사회에서 지방의 정치적 자립을 지향하는 원심적 경향은 지방의 경제적 자급자족의 정도에 상응한다.

10. 이와 같은 농업 위주의 전사사회에서 그 발전과정은 보통 두 단계로 나누어진다. 그것은 한번 영토를 확장하고 정복하는 군사적 중앙통치자의

시기와 새로운 영토를 첨가하지 못하고 기존 영토를 유지·보존하는 시기 이다.

처음 단계에서는 중앙권력이 강하다. 이 단계에서 중앙통치자의 일차적 인 사회기능, 즉 군지휘자로서의 기능이 직접적으로 나타난다. 왕가가 이 러한 군사적 기능을 오랫동안 수행하지 않을 때, 그의 군지휘자 기능이 필 요없을 때, 또는 통치자가 군지휘자로서 성공을 거두지 못할 때, 그는 자신 의 이차기능, 즉 최고심판관, 전 지역에 대한 재판관의 기능조차 상실하게 된다. 통치자가 근본적으로 다른 지역제후들과 구별되는 것은 그의 칭호밖 에 없다.

국경에서 외적이 위협하지 않고 새 영토를 정복할 수 있는 길이 이런저 런 이유로 막혀 있는 다른 시기에는 어쩔 수 없이 원심적 힘들이 우위를 차 지한다. 정복왕이 설사 전 지역을 실제로 통제한다 하더라도 어느 정도 평 화가 유지되는 시기에는 땅에 대한 권한은 점차적으로 그의 가문에서 빠져 나간다. 한 뼘의 땅이라도 그 땅에 대한 권한을 가지고 있는 자는 우선 일 차적으로 그 땅을 자신의 소유지로 생각한다. 이는 중앙통치자에 대한 그 의 실제 의존성, 즉 좀더 평화로운 시기에는 최소한으로 줄어들 의존성을 반영한다.

광역 간의 경제적인 상호의존도와 통합이 결여되어 있거나 형성중에 있 던 이 단계에서는 경제적 통합 외의 다른 통합형태, 즉 군사적 통합, 공동 의 적에 대항하기 위한 단결이 더욱 강하게 전면에 등장한다. 공동의 신앙 을 강력한 지주로, 또 분열을 막지도 못하며 혼자 힘으로는 동맹을 성사시 키지도 못하지만 적어도 그것을 강화시키고 특정한 방향으로 유도할 수 있 는 성직자들을 강력한 후원자로 둔 전통적인 연대감 외에는, 정복욕이나 방어의 필수불가성이 여기에서 비교적 멀리 떨어진 지역들에 있는 사람들 을 서로 묶어주는 가장 중요한 끈이 된다. 바로 이 때문에 그런 종류의 동 맹이 이 사회에서는——후대와 비교해볼 때——그토록 미덥지 못했고 또 지 방분권적 세력의 비중이 강한 것이다.

이 농경사회의 두 단계, 즉 정복하는 지배자와 보존하는 지배자의 단계 또는 단순히 한쪽 방향이나 다른 쪽 방향으로의 분출은, 이미 말했듯이 종종 교대로 나타난다. 그리고 서구 각국의 역사도 실제로 그렇게 진행되었다. 그러나 독일과 프랑스의 발전은 동시에 정복왕 시대의 후퇴에도 불구하고 커다란 통치영역의 분열 경향, 즉 땅이 중앙통치자의 권한에서 옛 봉신들의 권한으로 넘어가는 경향이 특정한 시점까지 지속되고 있음을 보여준다.

왜 그럴까? 그 당시 서구를 실제로 대표한다고 할 수 있는 카롤링거의 후예국가들에 대한 외부의 위협이 이 때 약해진 것인가? 아니면 카롤링거 제국의 점진적 분열에는 또 다른 이유가 있는 것인가?

이 과정의 원동력을 묻는 질문은 우리가 질문을 익히 알려진 개념과 결합시킬 때 한층 더 중요해진다. 통치와 영토의 점차적인 지방분권, 정복한 중앙통치자의 권한에서 전체 전사계급의 권한으로 이루어진 영토 소유권의 이전은 바로 '봉건화'란 이름으로 널리 알려진 과정인 것이다.

제3절 민족이동 이후의 인구증가

11. 봉건화 문제에 대한 인식은 오래 전부터 결정적인 변화를 겪고 있다. 이 인식변화는 좀더 깊은 논의의 대상이 될 만큼 중요하다. 종래의 역사연구가 일반적인 사회과정을 파악하는 데 실패했듯이, 서구의 봉건화과정을 위해서도 올바른 방법이 발견되지 못했다. 개별적인 원인들의 관점에서 사유하는 경향, 사회변화의 개인적 창조자들을 묻는 사유습관, 사회제도들 가운데에서 법제도만을 고찰하거나 이 제도를 만든 많은 사람들이 모범으로 삼았던 모델들을 찾으려는 사유습관 등이 모두 이 과정과 제도를——한때 스콜라 학자들이 자연과정을 그렇게 생각했듯이——우리의 사고로는 이해할 수 없는 불가항력적인 것으로 만든다.

최근 들어 역사연구가들도 새롭게 문제를 제기하기 시작했다. 봉건제도의 발생을 연구하던 학자들은 이 제도가 개인들의 계획적인 창조품이 결코 아니며 이 제도를 어떤 오래된 제도들을 통해 설명할 수 없다는 점을 강하게 강조하고 있다. 예컨대 도프슈는 이렇게 말한다. "봉건화는 국가들이나 국가의 지도자들이 특정한 정치목표를 실현하기 위해 계획적으로 의도적으로 만들어낸 제도는 결코 아니다."[원주19]

칼메트(Calmette)는 역사의 사회과정에 대한 문제를 좀더 명확하게 표현한다. "봉건제도가 아무리 그 이전 제도와는 다르다 할지라도, 그것은 직접적으로 구제도로부터 발생했다. 봉건제를 만들어낸 것은 혁명도 개인적 의지도 아니다. 그것은 느린 진화과정을 통해 생겨났다. 봉건성이란 역사에서 '자연적 사건' 또는 '자연적 사실'로 명명할 수 있는 범주에 속한다. 그것의 형성은 거의 기계적인 힘에 의해 결정되었으며 한 걸음 한 걸음 진행되었다."[원주20]

『봉건사회』(La société féodale)에서 그는 이렇게 말한다. "물론 역사에서는 앞서 일어난 비슷한 현상들, 원인에 대한 지식은 역사가들에게 흥미롭고 시사적이며 우리도 여기에서 소홀히 다루지는 않을 것이다. 그러나 이 '원인'만이 유일한 요소이거나, 가장 중요한 요소는 아니다. 무엇보다 여기서 중요한 것은, 어디에서 '봉건적 요소'가 발생하며 그것의 원인을 로마나 게르만족에게서 찾을 수 있는지 알아내는 것이 아니라 왜 이 요소가 '봉건적' 성격을 얻게 되는지 그 이유를 알아내는 것이다. 이 토대들이 그런 제도로 되었다면 그것들은 진화의 덕분에 그렇게 된 것이지, 그 비밀을 로마나 게르만족에게서 찾을 수는 없는 것이다. ……그것의 형성은 오로지 지리학적 힘과 비교될 수 있는 힘의 산물이다."[원주21]

[원주19] Alf Dopsch, *Wirtschaftliche und soziale Grundlagen der europäischen Kulturentwicklung aus der Zeit von Caesar bis auf Karl den Großen*, 같은 곳, p.309.
　　　"이 관직을 소유하고 있는 자의 실질적 권력과 경제적·사회적 토대가 커지면 커질수록 왕이 그의 사망시에 그 관직을 가족이 아닌 다른 사람에게 주기가 그만큼 더 어려워졌다.
[원주20] Jos. Calmette, *La Société féodale*(Paris, 1932), p.3.
[원주21] 같은 책, 4쪽. 이 문제에 관해서 유럽과 일본의 봉건제를 비교한 연구는 W.Ch. Macleod, *The Origin and History of Politics*(New York, 1931), p.160ff이다. 이

책의 저자도 서구 봉건화의 원인을 당시의 강제적 통합 메커니즘의 작용으로 보기보다는 앞선 후기로마 시대의 제도들에서 찾고 있다. "많은 저자들은 서구 유럽의 봉건제도의 제도적 기원이 로마 이전의 독일적(pre-Roman Teutonic) 제도에 있다고 믿는 듯하다. 사실은 독일의 침략자들은 단지 후기로마 제국의 계약제도들을 수용했다고 학생들에게 말하자……."(162쪽) 지구의 여러 곳에서 유사한 봉건적 관계형태와 제도들이 생겨났다는 사실을 완전히 이해하려면 실제관계의 강제력과 특수한 결합태의 역동성을 인식하고 통찰해야만 한다. 그것을 분석함으로써 동시에 여러 사회의 봉건화과정과 봉건제도들이 왜 서로 차이가 나는지 그 이유를 이해할 수 있다.

여러 봉건사회들의 비교를 Otto Hintze, *Wesen und Verbreitung des Feudalismus, Sitzungsberichte der Preußischen Akademie der Wissenschaften, phil.-hist. Klasse*(Berlin, 1929), p.321에서 찾을 수 있다. 저자는 역사연구와 사회연구의 방법론에 관한 막스 베버의 사상에 영향을 받아 "봉건주의 개념의 근본을 이루는 이상형을 서술하고자 한다". 이 저서가 낡은 역사기술방법을 현실적인 사회구조들에 좀더 관심을 기울이는 방법으로 전환시키고 있고 또 부분적으로는 상당히 유용한 통찰들을 함축하고 있긴 하지만, 여기서 시도하는 여러 봉건사회들의 비교는 역사가들이 막스 베버의 방법론적 인식을 받아들일 경우, 즉 그가 오토 힌츠의 말처럼 '가시적인 추상들과 유형들'을 얻으려고 노력할 경우에 부딪칠 수 있는 난관들을 보여주는 예들 중 하나이다. 다양한 인간들과 사회들을 비교할 때 많은 관찰자들에게 비슷하게 나타나는 사태들은 관찰자의 사유적 조작을 통해 만들어지는 이상형, 즉 '유형'들이 아니라 사회구조 자체 내에 실제로 존재하는 유사점들인 것이다. '이상형'이란 개념에 다른 개념을 대비한다면, 이것들은 '현실형'(Realtypen)인 것이다. 여러 봉건사회들의 유사점은 사유의 인조품이 아니다. 다시 한 번 강조하면 비슷한 형태의 사회적 결합은 서로 다른 시기에 지구 사회의 서로 다른 장소에서 실제로—'이념 속에서'가 아니라—연관된 유형의 관계들과 제도들을 산출하려는 강한 경향을 가지고 있다는 사실로부터 나오는 결과이다(이 사상의 인식론적 정당화는 여기서 다룰 문제가 아니다. 이 측면에 관한 논의는 아래 각주 129번에서 인용한 본인의 저서 *Die Gesellschaft der Individuen*에서 발견할 수 있다).

랄프 본비트(Ralf Bonwit)에게 빚지고 있는 몇 가지 사례들은 일본에서 봉건적 관계와 제도를 초래했던 사회적 통합의 강제력이 여기 서구의 봉건 시대의 자료들로부터 도출해낼 수 있는 구조 및 통합의 강제력과 얼마나 유사한지 명료하게 보여준다. 이런 비교연구는 일본의 봉건제도와 이 제도의 역사적 변동이 서구의 그것과 특성을 설명하는 데 더욱 유용한 방법이 된다.

고대 그리스 호메로스 시대의 전사사회에 대한 예비연구에서도 비슷한 결과가 나온다. 고대나 서구의 기사사회 그리고 비슷한 구조를 가진 다른 사회들에서 볼 수 있는 거대한 서사적 순환구조의 발생은 생물학적-사변적 가정들, 예컨대 사회적 '유기체'의 '청년기'와 같은 가정을 통해 설명될 수 있는 것이 아니다. 그것을 설명하려면 중간급이나 부유한 봉건궁정에서 발달하는 또는 기사들의 출정이나 여행에서 형성되는 특수한 형태의 사회생활을 조사하는 것으로 충분하다. 입에서 입으로 구전되는 위대한 영웅들의 무용담과 운명을 운문으로 표현하는 중세 기사사회의 시인들과 악사들은 한 부족 안에서 좀더 가깝게 살아가는 부족사회의 시인이나 악사들과는 다른 지위와 기능을 가지고 있다.

우리의 언어가 역사적·사회적 과정을 명확하게 표현할 수 있는 특수어
휘를 발전시키지 않는 한, 자연이나 기술영역의 이미지를 사용하는 것은
피할 수 없는 일이다. 왜 우리가 하필이면 이 영역의 이미지를 쓰는지는 쉽
게 이해될 수 있다. 즉 그 이미지들이 우선 역사 속에서 사회적 과정의 필
연성을 적절하게 표현하기 때문이다. 다시 말하면 그것을 사용하면서 우리
는 원래 인간의 상호관계에서 유래하는 사회적 과정과 그 필연성이 마치
지구의 공전이나 기중기의 동작과 본질상 동일한 성격을 가졌다고 생각한
다는 오해를 받을 수도 있겠지만, 새로운 구조사적 문제제기를 위해 애쓰
고 있다는 점은 이런 표현 속에 극히 분명하게 드러난다.

훗날의 제도가 이와 비슷한 과거의 제도와 어떤 관계에 있는가 하는 질
문은 언제나 중요하다. 그러나 여기에서 결정적이고 역사적인 질문은 제도
들이나 행동과 감정구조가 왜 변하는지, 또 왜 이런 방식으로 변하는가 하

우리는 또한 고대의 화병이나 화병무늬들의 양식변화를 연구함으로써 다른 각도에서 고대
전사사회의 구조적 변화를 관찰할 수 있다. 예를 들면 어느 특정한 시대의 특정한 곳에서 유
래하는 화병에 '바로크 양식'적 요소들과 꾸민 듯 부자연스럽고, 긍정적으로 표현한다면 세련
된 제스처나 의복들이 보이면, 그 사회의 생물학적 '노년화'현상 대신 사회의 분화과정, 부유
한 기사가문들과 제후가문들의 등장, 높고 낮은 지위의 '기사들의 궁정화'현상을 생각해야만
한다. 아니면 경우에 따라 좀더 강력한 궁정의 식민지적 영향을 찾아보아야 한다. 유럽의 초
기사회에 대한 풍부한 자료들이 가능케 하는, 봉건사회의 특수한 갈등과 경로에 대한 인식은
고대사회의 자료들에 대해서도 한층 더 예리하게 초점을 맞추어 관찰할 수 있는 토대를 제공
해준다. 물론 이런 식의 추측을 하려면 경우에 따라 고대사회의 다른 자료들을 구조사적으로
엄밀하게 검사하는 과정이 필요하다.

사회발생적 관점에서 또는 구조사적 측면에서 이루어지는 비교연구는 아직 걸음마도 떼지
못한 상태에 있는, 미래에서나 가능한 과제이다. 이 사업은 기존의 연구작업의 특징이라 할
수 있는 학제 간 공동작업의 부족과 엄격한 학제분리 등으로 인해 특별히 어려운 상황에 놓여
있다. 과거의 봉건사회와 그 구조를 이해하기 위해서는 너무 늦기 전에 현재 남아 있는 봉건
사회와의 비교연구가 반드시 필요하다. 어떤 사회를 이해하는 데 반드시 필요한 무수한 세부
사항들과 구조적 연관성들은, 민속학자들의 연구가 단순한 '부족사회'의 해명에만 국한되지
않고 또 역사연구도 과거의 사회형태와 과정들의 연구에만 집착하지 않는다면 그리고 두 학
문이 공동으로 그 구조상 중세의 서구사회와 가까운 현재의 다른 사회들을 연구하고, 그런 사
회의 구조를 파악하고 사회구성원들을 특수한 형태로 결합시키는 기능적 종속성과 의존성을
찾아내며 경우에 따라 이 종속성과 관계를 특정한 방향으로 변화시키는 통합의 강제력을 탐
구한다면, 비로소 진정한 의미에서 그 사회의 이해와 해명에 도움이 될 것이다.

는 질문이다. 이 물음은 역사적·사회적 변동의 엄격한 질서에 초점을 맞추고 있는 것이다. 이 변화는 그 자체가 항상 변화하지 않는 부동적인 것으로부터 설명될 수 없다는 사실은 오늘날에도 아마 쉽게 이해되지 않는 사실이며, 더 이해하기 어려운 것은 역사상 고립된 사실 그 자체만으로 변화를 야기한 적은 한 번도 없으며 다른 사실과 결합할 때 변화가 일어난다는 것이다.

마지막으로 이런 변동은, 설명이 책에 기록된 개인의 이념들에만 국한될 때에도 불가해한 것으로 남을 수밖에 없다. 우리가 사회과정에 관해 물을 때 우리는 인간관계의 상호연관 속에서, 사회 그 자체 안에서 그것을 지속적으로 움직이게 만들면서 이런 특수한 모습과 특정한 방향을 부여하는 필연성을 찾아야만 한다. 이는 봉건화 과정이나 분업의 확대 과정에 해당될 뿐만 아니라 과정을 거쳐 형성된 특정한 제도들을 강조하는 비과정적 개념들, 예컨대 '절대주의', '자본주의', '화폐경제'나 이와 유사한 개념들로 대변되는 수많은 개별 과정들에도 해당된다. 이 모든 개념들은 분명 개인들이 계획하지 않은 인간관계의 구조, 개인들이 좋든 싫든 구속당했던 그 구조의 변화를 지시한다. 또한 마지막으로 이는 인간의 태도변화, 즉 문명화나 문명의 과정에도 역시 해당된다.

12. 인간관계 및 이에 상응하는 제도의 구조에 변화가 일어날 때 그 변화의 가장 중요한 원동력 중 하나는 인구의 증가나 감소이다. 이 인구변화 역시 인간관계의 역동적 그물망과 따로 떼어놓을 수 없다. 오늘날 지배적인 사유방식으로 인해 우리가 쉽게 제기하는 가정처럼 그것만이 역사적·사회적 운동의 '제1원인'은 결코 아니다. 단지 그것은 다른 가변적 요소들과의 상호작용에서 중요한, 결코 소홀히 다룰 수 없는 요인인 것이다. 그것은 또한 이러한 역사적 힘들의 강제성을 특히 분명하게 보여준다. 우리가 연구해야 할 과제는 이런 종류의 요소들이 앞서 언급한 역사적 단계에서 어떤 역할을 했는지 알아내는 것이다. 최후의 민족대이동운동을 간단하게 상기하는 것도 이에 도움이 될 것이다.

유목민들은 8세기와 9세기까지도 동쪽과 북쪽, 남쪽으로부터 유럽의 옛 정착지에 거의 반복적으로 침범했다. 이 침입은 오랜 기간 동안 계속되던 운동의 마지막이자 가장 강력한 물결이었다. 우리가 이 이민족의 침입에 대해 알고 있는 것은 극히 조그만 에피소드들에 불과하다. 예컨대 그리스 '야만족'이 소아시아의 옛 거주지를 침입했고, 이탈리아의 '야만족'들이 이웃한 서쪽 반도를 침략했으며, 켈트의 '야만족들'은 어느 정도 '문명화'되어 이제는 '고대문명'의 중심지가 된 이탈리아 반도 지역으로 침략해 들어가 결국 반도의 서부와 북부에 정착했다는 사실을 알고 있다.

그리고 마침내 게르만족은 그 동안 다른 지역들처럼 '옛 문화국'으로 부상한 켈트족 지역의 많은 부분을 차지한다. 그리고 게르만족은 그들 나름대로 정복한 이 '옛 문화국'을 사방에서 몰려오는 새로운 민족들로부터 방어해야만 했다.

632년 모하메드가 죽은 직후 아랍족들이 움직이기 시작한다.[원주22] 713년에 그들은 아스투리안 산악지역을 제외한 전 에스파냐를 정복한다. 8세기 중반에 이러한 물결은, 과거 켈트족의 물결이 로마의 성 앞에서 멈추었듯이 프랑크족 제국의 남쪽 경계선에서 정지한다.

동쪽에서는 프랑크 제국을 향하여 슬라브족들이 전진한다. 그들은 8세기 말에 엘베 강에 도달한다.

800년에 정치적 예언자가 우리가 지금 재구성하고 있는 유럽지도를 가지고 있더라면, 덴마크의 반도에서 펠로폰네소스(Peloponnesos)에 이르기까지 지구의 동쪽 전체는 슬라브 제국이나 적어도 강력한 집단의 슬라브 국가들 자리로 정해져 있다는 그릇된 예언을 하였을 것이다. 엘베 하구에서 이오니아 해에 이르기까지 슬라브족의 전선은 끊이지 않고 이어졌다. ……그 전선이 게르만족 세계의 경계를 표시하는 것처럼

〔원주22〕이 문제와 그 다음에 전개되는 논의에 관해서는 A. and E. Kulischer, *Kriegs-und Wanderzüge*(Berlin and Leipzig, 1932), p.50f를 참조할 것.

보였다.[원주23]

슬라브족의 이동은 아랍족의 이동보다 조금 늦게 멈춘다. 전투는 오랫동안 무승부로 지속된다. 게르만족과 슬라브족 간의 경계는 어떤 때는 조금 앞으로, 또 어떤 때는 다시 뒤로 물러났다. 슬라브족의 물결은 전체적으로 800년부터 엘베 유역에서 저지당한다.

서구의 '원래 정착지'로 불리는 지역은 게르만족의 통치와 지도 아래 이동하는 민족들을 저지하고 경계를 지킨다. 좀더 초기에 있던 이동물결의 주인공들은 그 다음의, 즉 유럽을 휩쓴 마지막 이동물결의 주인공들에 대항해서 방어한다. 앞으로 나아갈 길을 저지당한 그들은 프랑크 제국의 국경 밖에서 자리를 잡는다. 그리고 이 국경 주변으로 유럽의 광대한 내륙지방에도 원형 형태로 이주지가 형성된다. 예전의 유랑민들은 토지를 소유한다. 민족대이동의 물결은 점차 잠잠해지고, 때때로 일어나는 이동민족의 새로운 침입, 즉 처음에는 헝가리인들의, 나중에는 터키인들의 침공은 이미 정착한 사람들의 선진 방어기술과 강한 힘 덕분에 언젠가는 격퇴당한다.

13. 새로운 상황이 발생한다. 이제 유럽에서는 빈 땅이 없어진 것이다. 소유 임자가 없는 쓸 만한 땅――경작기술의 수준에 맞춰 쓸 만한――은 전혀 또는 거의 없어졌다. 전체적으로 유럽, 특히 유럽 내륙에는 이전보다는 훨씬 더 많은 사람들이 거주하게 되었다. 물론 인구밀도는 그 다음 세기와 비교할 때 아직 훨씬 낮았다. 모든 사실을 종합해볼 때 민족대이동이라는 혼란의 물결이 잦아드는 것과 비례하여 인구가 증가한다는 사실을 알 수 있다. 이와 함께 여러 민족들 간의 그리고 각 민족 내부의 긴장관계가 전체적으로 변화한다.

[원주23] I. B. Bury, *History of the Eastern Roman Empire*(1912), p.373. Kulischer, 같은 책, p.62에서 재인용.

고대 말기에 '옛 문화국'의 인구는 서서히 또는 급격히 줄어든다. 이에 따라 비교적 크고 조밀한 거주지에 적합한 사회제도들은 사라진다. 예를 들면 어떤 사회 내의 화폐 사용은 인구밀도의 특정한 수준과 밀접하게 연관된다. 인구밀도는 노동의 분화와 시장의 형성에 필수불가결한 전제조건들 중 하나이다. 어떤 이유에서든지 인구가 특정한 선을 넘어 감소할 때 시장은 자동적으로 공동화된다. 자연 산물을 생산하는 사람과 그것을 소비하는 사람 간의 연결고리는 짧아진다. 돈의 기능은 의미를 상실해버린다.

고대 말기의 발전은 이런 방향을 취했던 것이다. 사회의 도시부문은 축소되고 농경적 성격이 강화된다. 고대의 노동분화가 결코 오늘날의 우리 사회에서만큼 진전되지 않았기 때문에 이런 방향으로의 발전은 쉽게 이루어질 수 있었다. 도시가구의 일부는 독립적인 중간거래단계나 중간제조단계를 거치지 않고 거의 직접 대규모의 노예생산물을 공급받았다. 장거리 물자운송이 고대의 기술수준으로는 무척 힘들었기 때문에 장거리교역은 실제로 수로운송에 제한되어 있었다. 물이 있는 지역 주변에 큰 시장들이나 대도시들 그리고 활발한 화폐유통이 발달할 수 있었다. 내륙은 주로 가정경제 성격을 보존하고 있었다. 자급자족하는 농장, 필요한 물자를 스스로 마련하는 경제형태는 아직 근대의 서구사회에서와 같은 정도로 의미를 잃고 있지는 않았다. 인구감소와 더불어 이제 고대 사회구조의 이런 측면이 다시 강하게 나타나기 시작했던 것이다.

민족이동이 서서히 끝나면서 이 운동은 다시 후퇴한다. 낯선 종족들이 무수히 몰려오고 정착하면서 전 유럽에 광범위하게 새 거주지가 발생할 수 있는 토대가 마련된다. 카롤링거 시대의 거주지는 메로빙거 시대의 것보다 한층 더, 거의 완벽하게 가정경제적인 유형이었다.[원주24] 육로수송의 어려움 때문에 헤티트 제국(Hethiterreich)과 같은 몇 가지 예외를 제외하고는, 과거 대제국들의 정치중심지가 자리잡은 적이 없었던 먼 내륙지방으로

[원주24] Henri Pirenne, *Les villes du moyen âge*(Bruxelles, 1927).

정치적 수도가 옮겨졌다는 사실은 이를 충분히 말해주고 있다.

물론 우리는 인구가 이미 이 시대에 서서히 증가하기 시작했으며 이미 이 당시에 개간이 시작되었다는 사실을 추측할 수 있다. 이는 땅이 부족해지고 거주지의 인구밀도가 조밀해졌다는 표시다. 그러나 이 모든 것은 분명히 초기단계일 뿐이다. 민족이동은 아직 완전히 마무리된 것이 아니었다. 9세기경부터 인구가 급속히 증가한다는 징후가 쌓인다. 얼마 지나지 않아 옛 카롤링거 지역에서는 사회적 인구과잉의 징조가 보인다.

고대 말기의 인구감소와 민족이동 이후 변화된 조건하에서 인구의 점진적 증가 등을 간략하게 정리함으로써 이 운동의 곡선이 충분히 상기되었으리라고 생각한다.

14. 유럽사에서 눈에 띄는 인구과잉 시기는 낮은 내부 압력의 시기와 교대로 등장한다. 그러나 무엇을 인구과잉으로 이해할지는 설명을 요하는 문제이다. 인구과잉이 어떤 지역에 살고 있는 사람들의 절대수에 의한 산물만은 아니다. 확장적 방식으로 경작하고 장거리교역이 발달하지 못한 사회에서는 인구과잉의 전형적 징후들을 보일 만한 수의 사람들이 집약적 경작, 발달한 장거리교역, 수입관세와 수출관세의 정착으로 인해 농경부문보다 산업부문을 장려하는 지배형태를 갖춘 산업화된 사회에서라면 쾌적하게 살 수 있다. 우리는 '인구과잉'을 우선, 기존의 사회구조에서는 자신들의 수준에 맞는 생활을 유지할 수 있는 사람들의 수를 점점 줄어들도록 만드는 어떤 지역의 인구증가라고 이르기로 하자. 그러므로 우리가 이제까지 얻은 경험은 단지 어떤 사회형태와 어떤 특정한 수준의 욕구에 상대적인 '인구과잉', 즉 사회적 인구과잉만을 가르쳐준다.

전체적으로 볼 때 이 징후들은 어느 정도 분화된 사회에서는 항상 동일하게 나타난다. 즉 사회 내부의 갈등이 증폭하고, '가진' 자들, 예컨대 농경사회의 경우에는 '땅'을 가진 자들은 '가지지 못한' 자들이나 수준에 맞게 생활할 만큼 충분히 가지지 못한 자들과의 교류를 끊고 심지어 '가진 자'들 내에서도 덜 가진 자들과 선을 긋는 더 가진 자들의 자기폐쇄 경향이 심해진다. 다시 말하면 치고올라오는 외부인들을 막고 또는 반대로 다른 사람들이 독점한 기회를 정복하기 위해 같은 처지의 사람들이 더욱더 단결하는 것이다. 더 나아가 인구가 덜 과밀하거나 방어력이 약한 이웃지역에 더욱 강한 압력을 행사하고, 밖으로 이주하려는 경향, 새 영토를 정복하거나 적어도 그곳에 정착하려는 경향이 증가한다.

주어진 자료들만 가지고 정착화의 세기에 유럽의 인구증가와 특히 여러 지역들 간의 인구밀도 차이에 관해 정확한 그림을 그릴 수 있다고 우리는 자신 있게 말할 수는 없다.

그러나 한 가지 분명한 사실은 이동운동이 서서히 정지하면서, 여러 종족들 간의 투쟁과 소유이동이 끝나, 차례대로 이러한 '사회적 인구과잉'의 징후들, 즉 인구의 급격한 증가 그리고 이와 동시에 일어나는 현상으로서 사회제도의 변혁이 나타난다는 것이다.

15. 증가하는 인구 압박의 징후는 서프랑크 제국의 지역 안에서 특히 분명하게 나타난다.

동프랑크와는 달리 이곳에서는 9세기경 이민족의 위협이 서서히 줄어든다. 노르만족은 그들의 이름에 따라 명명된 지역의 영토 안에서 우선 정착하게 된다. 서프랑크 교회의 도움으로 그들은 갈리아-로만 요소와 프랑크 요소가 혼합된 주변의 전통과 언어를 재빨리 흡수한다. 거기에 그들의 고유한 요소를 가미한다. 지역의 통치제도 중에서 특히 행정조직은 노르만족으로부터 중요한 자극을 받는다. 그러나 어쨌든 그들은 그 때부터 서프랑크 지역의 연합 내에서 이 제국의 전체 발전에 없어서는 안 될 지도적 종족으로 중요한 역할을 한다.

아랍인과 사라센인들이 가끔 지중해 연안을 불안하게 하지만, 전체적으로 그들 역시 9세기부터는 제국의 존립에 더 이상 커다란 위협이 되지 못했다.

프랑스의 동쪽에는 작센 황제 밑에서 다시 강력해진 독일 제국이 자리잡고 있다. 이 두 제국의 국경은 10세기부터 13세기의 처음 25년 간에는 거의 변함이 없다.[원주25] 925년에 로터링겐을, 1034년에는 부르군트를 독일 제국으로부터 되찾았다. 그 외에 이 국경선에는 1226년까지 별다른 긴장 상태가 일어나지 않았다. 제국의 영토확장 경향은 근본적으로 동쪽을 향해 있었다.

따라서 서프랑크 제국에 대한 외부 위협은 적었다. 그러나 이는 기존의 국경을 넘어서 확장할 수 있는 가능성도 마찬가지로 적다는 것을 의미한

[원주25] Paul Kirn, *Politische Geschichte der deutschen Grenzen*(Leipzig, 1934), p.5. 속도와 구조상의 독일의 봉건화과정과 프랑스의 봉건화과정 간의 차이에 대한 자세한 논의는 J.W. Thompson, *German Feudalism, American historical Review*, vol. XXVIII (1923), p.440ff를 보라. "앙리 4세 치하에서 시민전쟁이 일어날 때까지 9세기가 프랑스를 봉건국가로 전환시키면서 프랑스를 위해 행했던 일들이 독일에서는 일어나지 않았다." 같은 책, 444쪽.

그런데 이 책에서는(그 후에도 예컨대 W.O. Ault, *Europe in the Middle Ages*, 1932와 같은 책에서도) 서프랑크 제국의 붕괴를 외부의 위협과 연관지어서 고찰하고 있다. "독일은 프랑스보다 외부의 공격에 덜 노출되어 있었고 따라서 확고한 내부의 조직을 소유하고 있었다. 독일의 봉건주의는 프랑스의 봉건주의만큼 확고하고 굳건한 체계를 이룰 수 없었다. '구' 프랑스는 9세기와 10세기에 와해되어 사라져버렸지만 '구' 독일은 고스란히 남아 있던 고대의 공국들 속에 안주하면서 영토를 보존하고 있었다."(Thompson, 같은 책, p.443). 봉건적 해체의 속도와 강도에 결정적이었던 것은 실제로 여기에서는 노르만족의 정착 이후 이민족의 침략, 그리고 이에 따른 외부의 압력과 위협이 동프랑크 제국보다 줄어들었다는 사실이다. 넓은 지역이 한번 통일을 이루면 작은 지역보다 서서히 분열되고 반대로 한번 와해되기 시작하면 작은 지역보다 더 천천히, 더 힘들게 통일을 이룬다는 가정이 참인지 아닌지는 아직 검증해야 할 문제다. 어쨌든 여러 세대를 거치면서 어쩔 수 없이 영토가 축소되기도 했고 또는 신하들의 봉사를 대가로 봉토를 나누어줌으로써, 아니면 분열이나 왕족들 간의 분배로 인해(이 점 역시 면밀한 검증을 거쳐야 한다) 카롤링거 왕가의 힘이 점차 약해지면서 전 영토의 분열이 가속화된다. 이런 분열의 가속현상이 9세기에도 미래의 독일 지역보다 서프랑크 지역에서 더욱 강했을 수도 있다. 그러나 미래의 독일 지역에서 바로 외부의 강력한 위협에 직면하여 분열현상이 다시 잠잠해지기 시작했다는 점은 확실하다. 외부의 위협으로 인해 오랫동안 지역의 제후들은 공동의 적을 물리치는 전과를 올림으로써 강력한 중앙군주가 되고 따라서 카롤링거의 중앙조직들을 항상 새로이 부활시킬 수 있었던 것이다. 또한 중앙권력을 강화시킨 것은 독일 지역의 동쪽 국경 부근에서 새 영토를 정복할 수 있는 기회, 즉 식민지 팽창의 기회가 있었다는 점이다. 반대로 서프랑크 지역에서는 9세기부터 이민족의 침입으로 인한 위협도 줄어들고 국경 너머에서 공동의 확장전을 치를 수 있는 기회도 축소된다. 그러므로 강력한 왕권이 성립될 수 있는 가능성도 줄어든다. '왕의 과제'가 없었던 것이다. 이에 따라 봉건적 해체가 강도 높게 급속도로 진행된다(이에 관해서는 p.17과 p.46, p.47을 참조할 것).

다. 특히 동쪽은 인구밀도와 독일 제국의 강한 군사력에 의해 봉쇄되어 있었다.

외부의 위협이 어느 정도 줄어들자 이 지역 내에서 인구가 눈에 띄게 증가한다. 인구는 10세기부터 엄청나게 늘어나 14세기 초에는 18세기의 인구와 거의 맞먹게 된다.[원주26]

이 운동이 물론 직선적으로 진행된 것은 아니지만, 이는 전체적으로 인구가 꾸준히 증가했음을 보여준다. 전체 운동의 힘과 그 운동 내 개별현상들의 의미를 이해하기 위해서 우리는 이 증빙자료들을 서로 연관시켜 고찰해야만 한다.

10세기경부터, 더욱 뚜렷하게는 11세기부터 서프랑크 제국 내에 땅에 대한 압력, 새로운 영토와 기존의 땅의 생산성 증가에 대한 욕구가 점점 더 가시화된다.

새로운 땅의 개간은 이미 말했듯이 이미 카롤링거 시대에도 있었고 또 그 이전에도 이따금 있어왔다. 그러나 11세기가 되면서 개간의 속도와 범위가 빨라진다. 숲의 나무는 잘리고 기술의 수준이 허락하는 한 늪지가 경작지로 탈바꿈한다. 1050년경부터 1300년까지는 프랑스 지역에서는 개간의 시대,[원주27] 내부의 새 땅에 대한 정복시대이다. 1300년경부터 이 운동은 다시 느려진다.

제4절 십자군전쟁의 사회발생사에 관한 몇 가지 관찰들

16. 외적의 맹공은 이제 그쳤다. 인구는 증가하고 이 사회에서 가장 중요한 생산수단으로서 재산과 부의 정수인 땅은 부족해진다. 국내에서 새로

[원주26] Levasseur, *La population française*(Paris, 1889), p.154. I.

[원주27] Marc Bloch, *Les caractères originaux de l'histoire rurale française* (Oslo, 1931), p.5.

운 땅을 개발하는 개간은 이런 부족을 메우기에는 충분치 않았다. 국경 밖
에서 새로운 땅을 찾아야만 했던 것이다. 국내의 식민지화는 다른 지역의
새 영토 정복과 병행된다. 이미 11세기 초에 노르만족 기사들은 이탈리아
남부로 내려가 그곳의 제후들 밑에서 전사로 근무한다.[원주28] 1029년 그 중
한 명은 봉사의 대가로 나폴리 공작령의 북쪽 국경 부근에 조그만 봉토를
얻는다. 다른 기사들도 그의 뒤를 따른다. 그들 중에는 노르만의 소영주 탕
크레 드 오트빌(Tancred de Hauteville)의 아들들도 속해 있었다. 그에
게는 모두 열두 명의 아들이 있었는데, 그들이 무슨 수로 아버지의 조그만
땅에서 자신들의 수준에 맞게 생활할 수 있었겠는가? 그 중 여덟 명은 이
탈리아 남부로 내려가 그곳에서 고향에서 얻지 못했던 것, 즉 땅 한 조각의
통제권을 얻어낸다. 형제 중 한 명인 교활한 로베르(Robert Guiscard)는
전투에서 노르만 기사들의 지도자로 인정받기 시작한다. 그는 각 개인들이
획득한 것으로서 여러 곳에 산재해 있던 장원이나 영지들을 한 체제로 모
은다. 1060년부터 이 기사들은 그의 지휘 아래 시칠리아를 침공한다.
1085년 로베르의 사망시 사라센인들은 이미 섬의 남서부 땅에 집결해 있
었다. 그 외의 모든 지역은 노르만족의 소유지였고 새로운 노르만 봉건 제
국이 형성중에 있었다.

이 모든 일들은 사전에 계획된 것이 아니었다. 처음에는 과잉인구의 압
력과 고향에서 기회가 차단되었다는 상황이 있었고, 그 다음으로 개인들의
이주가 뒤따르며 이들의 성공이 다른 사람들을 유인하게 되고 결국 거기에
서 하나의 제국이 탄생한 것이다.

에스파냐에서도 이와 유사한 일이 일어난다. 프랑스의 기사들은 이미 10
세기에 아랍족에 맞서 대항하는 에스파냐 제후들을 돕는다. 이미 언급했듯
이 서프랑크 지역과 경계를 접한 지역들은 동프랑크와는 달리 여러 종족들
이 살고 있어 식민지로 만들기에는 용이한 곳이 아니었다. 동쪽에서는 동

[원주28] W. Cohn, *Das Zeitalter der Normannen in Sicilien*(Bonn and Leipzig,
1920).

프랑크 제국이 버티고 있어 뻗어나갈 수가 없고 이베리아 반도가 유일한 직접적 출구였다. 11세기 중반까지 산을 넘어가는 자들은 개인들이거나 몇 명으로 이루어진 무리들이었다. 그 후 그들은 서서히 하나의 군대를 형성 하게 된다. 내적 분열을 겪고 있던 아랍인들은 때때로 별다른 저항을 하지 못한다. 1085년 톨레도를 탈환하고 1094년에는 엘 시드의 지휘 아래 발렌 시아(Valencia)를 되찾지만 그 직후 다시 잃어버린다. 전투는 전진과 후 퇴를 거듭하는 소강상태에 처해 있었다. 1095년 어느 프랑스 백작은 재탈 환한 포르투갈 지역을 봉토로 하사받는다. 그러나 이 지역은 1147년 제2차 십자군전쟁 참전군들의 도움을 받아 그의 아들 리사본의 손에 확실하게 들 어오며 그는 봉건왕으로서 어느 정도 자리를 잡는다.

에스파냐를 제외한다면 프랑스 부근에서 새로운 영토를 얻을 수 있는 가 능성은 운하 저편밖에 없었다. 그러나 이 지역에는 이미 11세기 중반에 노 르만 기사 몇 명이 건너가 있었다. 1066년 노르만 공작은 노르만 기사와 프랑스 기사들로 구성된 군대를 이끌고 섬으로 건너가 권력을 장악하고 영 토를 재분배한다. 확장 가능성, 즉 프랑스 주변에서 새 영토를 얻을 수 있 는 전망은 점점 더 제한된다. 따라서 그들은 눈길을 먼곳으로 돌릴 수밖에 없었다.

1095년 대봉건영주들이 움직이기도 전에 몇 명의 무리가 기사 발터 하 베니히츠 또는 고티에 센자부아(Gautier Senzavoir)의 지휘하에 성도 예루살렘을 향해 대원정에 나선다. 이들은 소아시아에서 섬멸당한다. 1097 년 노르만 지역제후와 프랑스 지역제후들이 이끄는 막강한 출정군이 성지 로 나선다. 십자군들은 우선 동로마 황제로부터 앞으로 정복할 땅을 봉토 로 받는다는 약속을 얻어낸 후 계속 전진하여 예루살렘을 정복하고 새로운 봉건제후국을 세운다.

이 확장전쟁이 교회의 인도 없이, 성지와 신앙의 연관관계 없이도 정확 하게 그곳을 목표지로 정했다고 가정할 만한 근거는 전혀 없다. 그러나 다 른 한편으로 서프랑크 제국과 라틴계 기독교국가들 내의 사회적 압력이 없 었더라도 십자군전쟁은 반드시 일어났을 것이라는 가정 역시 마찬가지로 설득력이 없다.

이 사회들 내부의 긴장관계는 영토와 빵에 대한 요구로 표현될 뿐만 아니라 모든 국민들에게 정신적 부담을 안겨준다. 사회적 압력은 발전기가 전기를 발생하듯이 동력을 제공한 것이다. 이것이 사람들을 움직이게 하였다. 교회는 이미 주어진 힘을 유도할 뿐이다. 교회는 일반적인 고난을 인식하고 그들에게 프랑스 밖에서의 희망과 목표를 제시해준 것이다. 즉 교회는 새 영토를 위한 투쟁에 포괄적인 의미를 부여해주고 그것을 정당화해준 것이다. 그렇게 하여 이 전쟁을 신앙을 위한 투쟁으로 변신시켰다.

17. 십자군전쟁은 서구 기독교국가들의 제1차 확장운동과 식민지운동의 특수형태이다. 수백 년 동안 동쪽과 북동쪽의 종족들이 서쪽과 남서쪽 방향으로 몰려왔던 민족이동의 물결 속에서 경작 가능한 유럽의 평지는 최고 변방인 브리타니아 섬까지 사람들로 가득 찼다. 그리고 이제 이 이민족들도 그 자리에 정착했다. 온화한 기후, 비옥한 땅과 왕성한 추진력은 급속한 인구증가에 우호적인 토양이 되었다. 이제 땅이 좁아졌다. 민족의 물결은 말하자면 막다른 골목에 다다랐고 이렇게 몰린 자들은 다시 동쪽으로, 즉 십자군전쟁으로 또는 독일의 거주지가 격심한 투쟁을 거치면서 서서히 동쪽으로 엘베 강을 넘어 오더 강까지, 그리고 나서 바이히젤 하구에 이르고 결국 프로이센과 발틱 국가들에까지 미쳤듯이——물론 농부들이 아니라 독일의 기사들만이 발틱 국가들로 건너가긴 했지만——유럽 안에서 활로를 찾아 몰려간다.

그러나 바로 이 마지막 현상은 다른 현상들과 함께 사회적 인구과잉의 일차 시기를 후기의 확장과 구분짓는 특수성들을 특히 분명하게 보여준다. 문명화과정이 진행되고 이와 함께 본능생활의 규제와 조절이 강해지면서——문명화과정은 앞으로 말하게 될 이유에서 하류층에서보다 상류층에서 항상 더 앞서 나아간다——출생률이 서서히 낮아지는데, 보통 상류층보다 하류층에서 감소하는 속도가 더 느리다. 하류층과 상류층의 평균출생률 차이는 상류층의 생활수준 유지에 커다란 의미가 있다.

　급속한 인구성장의 일차 시기는 지배자와 기사계급 또는 귀족계급도 농노나 소농, 농민계급 못지않게 불어난다는 점에서 나중의 인구성장 시기와 구분된다. 인구성장으로 인해 각 개인들에게 필연적으로 적게 돌아오는 기회를 잡기 위한 투쟁, 이런 긴장관계가 야기하는 끝없는 분쟁들, 높은 유아사망률, 질병과 전염병 등은 일부의 과잉인구를 다시 제거했을 수도 있다. 보호를 받지 못하는 농부층이 기사층보다 더 큰 영향을 받았을 수도 있다. 게다가 농민층의 이주자유는 제한되어 있었고, 특히 여러 지역들 간의 상호교류가 힘든 상황에서 여분의 노동력이 쉽게 그리고 골고루 전 지역으로 분배될 수 없었다.

　따라서 어떤 지역에서는 분쟁과 황폐화, 전염병, 또는 새 영토의 개척이나 농노의 탈주 등으로 노동력이 부족한 반면 다른 지역에서는 노동자들이 넘치고 있었다. 우리는 실제로 같은 시대에 어떤 지역에서는 소농들이 너무 많고 또 다른 지역에서는 지주들이 농토의 경작을 위해 자유소작농이나 자유순례자들을 더 좋은 조건으로 구하려 애쓰는 사례들이 실린 자료들을 가끔 보게 된다.[원주29]

　어찌 되었든 간에 소농들이나 농노들이 형성하는 '예비군'뿐만 아니라 상류층 예비군, 즉 재산이나 생활수준을 유지할 만큼의 재산이 없는 기사들도 이 사회에 있었다는 점이 여기서 전개되는 과정에 결정적이었다. 이 점을 유념해야만 이 최초의 서구 확장운동의 성격을 제대로 이해할 수 있을 것이다. 농민들과 농노들의 자식들도 분명 다양한 형태로 식민지투쟁에 참여했겠지만, 주요 자극은 기사들의 땅 부족에서 왔다. 새로운 땅은 칼로써만 정복될 수 있었다. 기사들은 그들의 무기로 길을 열었고 그들이 지휘를 맡았으며 군대의 대다수를 이루었다. 귀족 상류층의 인구과잉이 이 최초의 확장기 및 식민지기에 특별한 각인을 찍은 것이다.

　어떤 형태로든 땅을 소유하고 있는 자들과 전혀 또는 충분히 소유하지 못한 자들을 나누는 선은 이 사회를 가로지른다. 한편으로는 땅을 독점하

[원주29] H. See, *Französische Wirtschaftsgeschichte*(Jena, 1930), p.7.

고 있는 자들, 즉 일차적으로는 전사가족들, 다시 말하면 귀족가문들과 지주들이 있고 또 궁핍하게나마 생활의 근거가 되는 한 뼘의 땅을 어딘가에 가지고 있는 농부들, 농노와 반농노, 자유순례자 등이 있다. 다른 한편으로는 두 계층에서 모두 땅이 없는 사람들이 있다.

하류층 사람들, 기회의 부족으로 또는 주인의 학대에 시달려 쫓겨난 사람들도 이주나 식민화에 한몫을 하였지만 그들은 특히 그 당시 형성되고 있던 도시공동체의 인적자원을 이룬다. 전사계층 출신자들, 간단히 말하면 자신이 요구하는 것보다 물려받은 재산이 적거나 이 재산이 근근히 생존하기에도 부족한 '무산자' 기사들인 '장남 이외의 아들들'은 수세기가 흐르면서 다양한 사회적 가면을 쓰고 등장한다. 즉 십자군의 기사로, 강도떼의 두목으로 또는 대영주들의 신하로서 등장하며, 결국 이들은 최초의 상비군을 위한 인적자원이 된다.

18. 널리 알려져 종종 인용되는 "영주 없이는 땅도 없다"는 문장은 단순히 기초적 법의 원칙만은 아니다. 그것은 동시에 기사계급의 사회적 표어이다. 그것은 어떻게 해서든 땅을 소유하려는 기사들의 욕구를 표현하고 있다. 모든 라틴계 기독교국가들의 사정도 이르든 늦든 언젠가는 이렇게 되었다. 모든 쓸 만한 땅에는 확고한 주인이 있었다. 그러나 땅에 대한 수요는 그대로이거나 심지어 늘어나기까지 했다. 이를 충족시킬 만한 기회는 오히려 감소했다. 사회 내의 긴장과 마찬가지로 확장에 대한 충동도 커졌다.

전체 사회를 유지시키는 특수한 역동성은 손해본 사람들만을 움직이게 만들지는 않는다. 그것은 풍부한 땅을 가진 자들에게도 어쩔 수 없이 전염된다. 빚으로 침몰하는 가난한 기사들로부터는 사회적 압력이 한 조각 땅과 수준에 맞는 생활을 위해 필요한 일꾼들에 대한 열망으로 표출된다. 사회적 압력은 또한 부유한 기사들, 대지주나 제후들에게서도 마찬가지로 새 영토에 대한 충동적 욕망으로 나타난다. 그러나 전자에게서 그것은 신분에 맞는 생활수단을 달라는 단순한 요구라면, 후자에게서 그 욕망은 지배의 확장, '더 많은' 영토, 이와 함께 더 많은 권력과 더 강력한 사회적 힘을 얻으려는 욕망으로 나타난다.

부유한 지주, 특히 그 중에서도 최상류층인 백작이나 공작 그리고 왕들의 소유확장 노력이 단지 그들의 개인적 공명심에서 비롯된다고 생각해서는 안 된다. 앞에서 나는 서프랑크의 카롤링거 왕조와 카페 왕조의 초대왕들의 예를 들어 영토소유와 영토분배를 둘러싼 사회화의 자동주의로 인해 왕가조차 새로운 땅을 정복하지 않을 경우 몰락할 수밖에 없다는 점을 제시했다. 외부확장과 내부확장이 번갈아 일어나는 이 시대 내내 가난한 기사들뿐만 아니라 부유한 기사까지도 끊임없이 새 영토를 추구하고 또 그들 가문의 권력확대를 추구하는 것을 본다면, 이는 이 사회의 구조와 상황이 새 영토를 부단히 요구하게끔—없는 자들이 단순히 조그만 땅을 소유하려는 것이든 부유층이 '더 많은' 땅을 소유하려는 것이든—모든 계층을 내몰았다는 것을 말해주는 것일 뿐이다.

우리는 '더 많이' 가지려는 이런 노력, 즉 소득 노력은 '자본주의'의 고유한 특성이며 따라서 근대의 특성이라고 믿어왔다. 그 반면 중세사회는 신분에 맞는 정당한 수입에 대한 만족을 특징으로 한다고 생각했다.

'더 많이'에 대한 추구가 단순히 돈에만 적용된다면, 그런 규정은 어느 정도 정당하다. 그러나 중세의 오랜 기간 동안 소유의 근본형태는 돈의 소유가 아닌 토지소유였다. 이익추구는, 우리가 이 표현을 계속 사용해도 된다면, 이 사회에서는 필연적으로 다른 형태와 다른 방향을 취하고 있었다. 어느 정도 잘 발달된 화폐경제와 시장경제를 갖춘 사회에서와는 다른 행동방식이 요구된다. 근대에 이르러 처음으로 상업에 전문적으로 종사하는 계층이 나타나고 이들은 끝없는 노동을 통해 항상 더 많은 돈을 추구했다는 관점은 옳을 수도 있다. 농업위주의 중세경제에서 더 많은 생산수단을 추구하도록 강요하는—이는 중세나 근대사회의 구조적 특징이다—사회구조는, 중세에서는 추구의 방향이 더 많은 돈의 획득이 아니라 더 많은 땅의 획득을 향해 있었기 때문에 쉽게 우리의 눈길을 벗어날 수 있었다.

또한 이 시기에는 정치 및 군사기능이 근대사회에서와 같은 방식으로 경제적 기능과 분리되어 있지 않았다는 사실이 여기에 덧붙여진다. 군사행위와 정치적·경제적 노력은 동일하며 땅의 소유라는 형태로 부를 증가시키려는 노력은 주권 및 지배영역의 확장 노력, 군사력의 강화 노력과 다를 바 없다. 어느 지역에서 땅을 가장 많이 가지고 있는 자는 또한 가장 많은 부하를 거느릴 수 있는 군사적 최강자이다. 그는 동시에 군지휘자이면서 지배자인 것이다.

이 사회에서 한 영주와 다른 영주 간의 관계는 현대사회에서 국가들 간의 상호관계와 유사한 까닭에, 한 영주가 새 영지를 획득한다는 것은 다른 영주에게는 직간접의 위협이 된다. 현대의 권력구조도 그렇지만 대개 극히 불안정하게 균형을 유지하는 권력체계 내에서, 즉 통치자들이 서로에게 잠재적 동지이며 잠재적 적이 될 수 있는 권력체계 내에서 그것은 무게중심의 이동을 의미한다. 바로 이것이 내적, 외적 확장기에 빈곤한 기사 못지않게 부유하고 막강한 기사들을 동요시키고 다른 사람의 영토확장을 항상 감시케 하고 자신의 소유확대를 추구하게 하는 그 메커니즘이다.

영토확장의 길이 봉쇄되고 인구가 증가하면서 어떤 사회가 그런 운동 속에 한번 빠지게 되면, 다른 사람들이 싸울 때 싸우지 않고 다른 사람들이 땅을 넓히려 할 때 지금 가지고 있는 재산에 안주하는 자는 필연적으로 끝에 가서는 다른 사람들보다 '더 적게' 가지게 되고 '더 약하게' 되며 다음 기회에는 그들에게 패배할 위험에 처하게 된다. 그 당시의 부유한 기사들과 지역제후들이 지금 여기서 전개하고 있는 논증처럼 그렇게 이론적으로 또 일반적으로 상황을 보지는 않았을 것이다. 그러나 더 많은 영토와 더 강한 권력을 가지고 있는 자가 이웃에 있을 때 또는 이웃의 다른 영주들이 새로운 영토와 새로운 지배영역을 획득할 때 그들은 자신들이 얼마나 무기력한지를 구체적으로 느낄 수 있었다.

이는 십자군의 지도자들, 예컨대 고트프리트 폰 보일론(Gottfried v. Bouillon)에게서 더 분명하게 드러나는데, 그는 고향의 재산을 팔거나 저당을 잡히고 먼 곳에 가서 새 땅을 찾았고 실제로 어떤 왕국을 발견했다. 뒷날의 예로는 합스부르크가의 왕들을 들 수 있는데, 이들도 자기 가문의

'권력'을 키우겠다는 일념에 사로잡혀 있었고 황제로서도 자기 가문의 권력 지원 없이는 실제로 완전히 무기력할 수밖에 없었다. 이 가문에서 독일 제국의 최초 황제가 나오게 된 것도 바로 그의 가문이 가난하고 무력했던 까닭에 서로의 권력을 시기하는 강한 지역제후들이 그를 황제로 옹립했기 때문이다.

노르만 공작들의 영국 정복이 서프랑크 제국의 발전에 어떤 의미를 가졌는지 살펴보면, 이러한 사실은 특히 구체적으로 분명하게 드러난다. 실제로 어느 지역제후의 권력확장은 지역제후들의 연합인 서프랑크 제국 내에서 평형상태가 완전히 깨진다는 것을 의미했다. 자신의 영토인 노르망디 내에서 다른 지역제후들 못지않게 원심적 힘의 영향에 시달리고 있던 노르만 공작은 전체 노르만족을 위해서가 아니라 자기 가문의 권력확장을 노리고 영국을 정복했던 것이다.

자신을 따랐던 전사들에게 영국의 영토를 재분배한 것도 새로운 통치영역에서는 원심적 세력의 영향에 쐐기를 박고 대지역제후들의 형성을 막겠다는 그의 의지의 표현이다. 기사들에게 영토를 나누어주는 것은 자명한 일이었고 또 영토를 다스리기 위해서는 어쩔 수 없는 일이었다. 그러나 모든 것이 갖추어져 자립할 수 있을 정도로 넓은 영토를 어떤 개인에게 떼어주는 일은 없도록 했다. 생활을 유지하기 위해 넓은 지역의 수확을 요구할 수도 있는 높은 지위의 기사들에게조차 그는 여러 곳에 흩어져 있는 땅을 주었다.[원주30]

[원주30] Kurt Breysig, *Kulturgeschichte der Neuzeit*(Berlin, 1901), vol. 2, p.937f. 특히 p.948을 볼 것.
　　"이 세 군주들의 행동을 비교해보면 …… 그리고 성공의 측면에서 어떠한 차이가 있는지 그 원인을 찾는다면, 개별적인 사건들 속에서는 궁극적 원인이 발견되지 않을 것이다. 노르만-영국 왕국은 그 당시 영국 왕에게서도 또 어떤 다른 인간의 권력에서도 기인하지 않는, 단지 영국의 외적·내적 역사가 빚어내는 상황의 덕을 많이 보았다. 1060년 영국은 가장 하부의 토대로부터 새로운 국가를 수립함으로써 대왕국들, 그 중에서 특히 지리적으로 가장 가까운 프랑스 왕국이 쌓은 경험들을 이용할 수 있었다. 고위귀족들의 고립·분열정책 그리고 관직의 세습화는 어떤 의미에서 노르만 왕국이 가까운 모범적인 보기의 운명에서 도출한 결론이

동시에 그는 이 정복으로 인해 자동적으로 서프랑크 제국의 가장 강한 지역제후로 부상했다. 언젠가는 그의 가문과 왕위를 소유한 프랑시앵 공작 가문이 제국의 패권과 왕위 자체를 놓고 싸우게 되리라는 것은 명약관화한 사실이었다. 우리는 다음 수백 년 동안의 발전이 프랑시앵 공작들과 노르만 공작들 간의 싸움에 의해 결정되고 '일 드 프랑스'의 지배자도 서서히 새로운 지역을 획득함으로써 권력차를 보완하며, 결국 해협을 사이에 두고 벌어진 이 투쟁의 결과로 두 개의 서로 다른 통치영역, 두 개의 민족국가가 탄생하게 된다는 것을 잘 알고 있다. 그러나 이것은 중세의 역동적인 시기에 부유하든 가난하든 모든 기사들에게 새로운 영토를 추구하도록 강요하는 메커니즘들 가운데 하나에 불과하다.

제5절 사회의 내부확장 : 새로운 기구와 장치의 형성

19. 이러한 사회확장의 원동력, 즉 증가하는 인구수와 확고한 소유주가 있는 땅의 불균형 상태는 대부분의 지배자 계층에게 새로운 영토의 정복을 강요했다. 그러나 이 길은 하류층 사람들, 노동자들에게는 거의 막혀 있었다. 땅 부족에서 오는 압력은 이 계층에서는 주로 다른 방향으로 유도된다. 그것은 바로 노동의 분화였다. 땅을 얻지 못한 소농들은 유리한 위치에 자리잡은 장원을 중심으로 그 주변에 서서히 형성중이던 수공업자 거주지, 즉 미래도시들의 인적자원이 된다.

많은 사람들로 이루어진 커다란 집합체——'도시'라는 말은 아마 그릇된 이미지를 전달할 것이다——는 9세기의 농경위주 사회에서도 발견된다. 그러나 그것들은 "농지경작 대신에 주로 수공업이나 장사로 생활했거나 특별권리와 특수제도들을 가지고 있던" 행정단위가 아니었다.[원주31] 그것들은

없던 것이다."

[원주31] Henri Pirenne, *Les villes du moyen âge*(Brüssel, 1927), p.53. 이와 상반되

는 견해를 내세운 사람은 D.M. Petruševski이다. 그의 논문 "Strittige Fragen der mittelalterlichen Verfassungs- und Wirtschaftsgeschichte," *Zeitschrift für die gesamte Staatswissenschaft*, vol. 85, 3(Tübingen, 1928), p.468ff을 참조할 것. 논문은 전래의 역사개념의 불투명성과 편향된 전통개념의 불충분성을 정확하게 조명하기 때문에 흥미롭다.

예를 들면 고대도시들은 초기 중세에는 전혀 남아 있지 않았다는 학설에 대해 이 논문은 그에 못지않게 부정확한 학설을 대립시키고 있다. H. Pirenne의 *Economic and social history of medieval Europe*(London, 1936), p.40에서 볼 수 있는 균형잡힌 서술을 참조하라. "회교 침략자들이 티레니아 해의 항구들을 포위하자 …… 지방자치적 활동은 급격하게 소멸한다. 비잔틴 무역으로 겨우 유지되고 있던 남부 이탈리아와 베네치아를 제외하고, 그것은 모든 지역에서 사라져버린다. 도시들은 계속 존재하기는 했지만 예술가들과 상인들은 떠나버렸고 그와 함께 로마 제국의 자치 조직들 중에서 잔존하던 것들도 모두 무너져버린다."

'물물경제'와 '화폐경제'를 서서히 진행되는 역사적 과정의 방향으로 보지 않고 두 개의 서로 분리된, 연속적이고 서로 조화불가능한 사회의 물리적 상태로 간주하는(34쪽과 61쪽을 볼 것) 정태적 관점에 페트루셰프스키는 '물물경제'란 존재하지 않았다고 하는 다른 관점을 대비시킨다. "우리는 여기서 막스 베버가 서술했던 물물경제가 현실적으로 존재하지 않고 과거에도 존재하지 않았을 뿐만 아니라 다른 개념들과는 달리 논리적 성격상 유토피아적 보편개념처럼 삶의 현실에 적용될 수 없는 학문적 유토피아에 속한다는 사실을 상세하게 논의하지는 않겠다"(488쪽). 이에 대해 Pirenne의 같은 책 8쪽을 비교해보자. "경제적 관점에서 이 문명의 가장 특징적이고 눈에 띄는 제도는 대장원이다. 물론 이 제도의 기원은 고대이며, 그것이 먼 과거와 친화관계에 있다는 사실을 입증하기도 쉽다……(9쪽). 새로운 점은 무역과 도시들이 사라지면서부터 그것이 기능하는 방식인 것이다. 전자가 장원의 생산물을 운반할 수 있고 후자가 시장을 제공할 수 있는 한, 대장원은 유리한 위치에서 마음대로 해왔고 그 결과 외부에서 정기적인 판매로 이득을 취해왔다……. 그러나 이제 상인도, 도시도 없었기 때문에 그렇게 할 수가 없었다……. 모든 사람들은 자기 땅에서 살면서 성가시게 외부에서 음식을 사려 하지 않았다……. 그래서 모든 장원은 보통 부정확하게 '폐쇄적인 장원경제'로 서술되었던, 정말 단순하게 시장이 없는 경제라 할 수 있는 종류의 경제에 몰두하게 된다."

그리고 마침내 페트루셰프스키는 '봉건주의'와 '물물경제'를 두 개의 상이한 존재영역 또는 사회의 다른 층들로서 간주하는 관점, 즉 하부구조인 후자와 상부구조인 전자가 서로를 산출하고 제한한다는 관점에 대하여 이 두 현상들은 서로 무관하다는 다른 관점을 대립시킨다. "봉건제의 성립이 물물경제에 달려 있다는 관점, 또는 봉건제는 포괄적인 국가조직과 모순된다는 관점처럼 역사적 자료들과 전혀 일치할 수 없는 관점들……(488쪽)."

우리는 본문에서 실제상황이 어떠했는지를 보여주고자 했다. 초기 중세에 나타나는 특수한 형태의 물물경제, 대궁정들과 결합된 경제로서 덜 분화된 비시장경제와 '봉건주의'라 일컬어지는 특수한 형태의 정치-군사 조직은 동일한 형태의 인간관계의 두 측면에 다름 아니다. 이것들은 동일한 인간관계의 상이한 두 측면으로서, 사유 속에서 서로 구분되지만 사유 속에서조차 독립적으로 존재하는 두 개의 실체로서는 분리될 수 없다. 봉건영주의 정치 및 군사기능과 자원과 농노들의 소유자로서의 기능은 상호의존적이며 불가분의 관계로 묶여 있다. 사회의 구조 속에서 서서히 이루어지는 이 영주들의 지위변화도 경제적 관계와 기능들의 자체

요새인 동시에 대영주들의 농업행정지역이었다. 지나간 시대의 도시들은 그들 나름의 통일성을 잃어버렸다. 그것들은 여러 명의 기사들이나 세속적인 또는 종교적인 장원에 속한 땅이나 집단들이 모여 있는 지역으로서 각각 독립적인 경제생활을 영위하고 있었다. 경제활동의 유일한 틀은 장원경제, 즉 지주들의 소유지였다. 생산과 소비는 근본적으로 동일한 장소에서 이루어졌다.[원주32]

그러나 11세기에 들어서면서 이 집합체는 성장하기 시작한다. 기사들이 늘어나는 현상과 마찬가지로 농노층에서도 시골의 중심지로 쫓겨오는 자들은 조직화되지 못한 개인들, 즉 잉여노동 인구였다. 대개 다른 장원을 떠나온 이런 신참자들에 대한 지주들의 태도는 항상 같지만은 않았다.[원주33] 지주들이 그들에게 최소한의 자유를 허용할 때도 종종 있었다. 그러나 대부분의 경우, 지주들은 그들에게도 기존의 농노들이나 소농들에게 요구하는 만큼의 공물과 봉사를 요구했다.

그러나 그런 사람들이 모여들면서 주인과 하류층 사람들의 권력관계는 변한다. 신참자들은 단결하고, 힘을 뭉쳐 지리하게 이어지는 유혈투쟁을 전개하면서 자신들의 새 권리를 쟁취하려 한다. 이런 투쟁은 제일 먼저 이탈리아에서 일어나고, 플랑드르에서는 그보다 조금 늦게 일어난다. 1030년 크레모나에서, 1057년 밀라노에서, 1069년 만스에서, 1077년 캄브라이에서, 1080년 생캉탱(St. Quentin)에서, 1099년에는 보베(Beauvais)에서 일어나고 1108~1109년에는 누아용(Noyon), 1112년에는 랑(Laon)에서 그리고 1127년에는 생토메르(St. Omer)에서 일어난다.

운동만으로 또는 정치-군사적 기능과 관계의 변화만으로 설명할 수 없으며, 서로 풀 수 없이 얽힌 두 개의 기능영역들과 관계형태들로부터 산출되는 강제적 상호연관성으로만 설명할 수 있다.

[원주32] A. Luchaire, *Les Communes Françaises à l'Epoque des Capétiens directs*(Paris, 1911)에 대한 Louis Halphen의 서론(p.VIII)을 참조할 것.

[원주33] 같은 책, p.IX를 참조.

이 자료들은 기사의 팽창에 관한 자료들과 함께 당시 사회를 동요시켰던 내적갈등이 어떠했는지 대략적이나마 그 인상을 전해준다. 이 운동은 노동시민계급이 일으킨 최초의 해방운동인 것이다. 그들이 수많은 패배를 겪고도 결국 유럽 곳곳에서 고유한 권리, 즉 처음에는 보잘것없었지만 나중에는 상당한 정도로 확대된 권리를 기사계급과의 투쟁에서 쟁취해냈다는 것은 사회발전이 그들의 손에 안겨주었던 기회가 얼마나 중요했는지를 말해준다. 또한 이 특이한 현상, 즉 노동하는 도시 하류계층이 정치적 자립을 획득하고 결국——우선은 직업시민계급의 형상으로——정치적 지도권을 얻게 되는 이 점진적인 상승과정은 서구사회를 동양과 구분짓는, 그리고 서구사회에 고유한 특징을 부여하는 구조적 특수성들이다.

11세기 초에는 원래 두 계급의 자유인, 즉 기사들이나 귀족들 그리고 성직자들만이 있었고 그 밑으로는 농노, 소작농이 존재했다. '기도하는 자들, 싸우는 자들, 일하는 자들'이 있었던 것이다.[원주34]

2세기가 지난 후, 정확히 말하자면 1세기 반이 지난 1200년경——개간이나 식민지 확장전쟁처럼 이 운동도 1050년부터 가속화되기 때문에——일련의 수공업자 거주지인 도시공동체 코뮌(Commune)은 고유의 권리와 법, 특권과 자율성을 획득한다. 제3의 자유인 신분이 등장한다. 사회는 땅부족과 인구증가의 압력에 못 이겨 밖으로 팽창할 뿐만 아니라 내부에서도 확장한다. 사회는 분화하여 새로운 세포를 번식시키고 새로운 기구, 즉 도시를 만들어낸다.

분업의 발달, 막 형성되고 있던 새로운 큰 시장들, 좀더 먼거리 간에 이루어지는 교환 등과 함께 유동적이고 통일된 교환수단에 대한 수요도 커진다.

농노나 소작농들이 주인에게 직접 현물지대를 바친다면, 그리고 생산자와 소비자 간의 연결고리가 짧아지고 중간고리가 없어진다면, 사회는 통일

[원주34] A. Luchaire, *Les Communes Françaises à l'Epoque des Capétiens directs*(Paris, 1911), p.18.

된 계산단위도 필요없고 또 다른 모든 교환상품들이 공동의 도량형처럼 기준으로 삼을 수 있는 교환수단도 필요없을 것이다. 그러나 이제 장원이라는 경제단위로부터 기술자들이 서서히 떨어져나오고 경제적으로 자립적인 수공업이 발달하고 생산물이 여러 손과 여러 고리들을 거쳐 교환되면서 교환행위는 복잡해진다. 통일된 교환수단이 필요해진 것이다.

분업과 교환이 복잡해지고 활발해지면 더 많은 돈이 필요한 법이다. 돈은 실제로 사회조직의 구체화이며, 물품이 자연상태로부터 소비에 이르는 길에서 통과하는 인간고리와 교환행위의 그물망을 상징한다. 돈이 필요하게 되는 때는 교환사회 내에서 좀더 기다란 고리들이 형성될 때, 즉 특정한 인구밀도와 복잡한 사회관계 및 분화라는 조건이 형성될 때다.

화폐경제가 고대 말기에 여러 지역에서 후퇴하였다가 11세기경부터 다시 활력을 찾기 시작하는 과정을 좀더 자세하게 추적해 들어가는 것은 이 책의 범위를 벗어나는 일일 것이다. 그러나 이런 방향으로 잠깐 살펴보는 것도 앞서 언급했던 내용들의 맥락에서 필요할 듯하다.

여기서 반드시 지적하고 넘어가야 할 사항은 화폐사용이 오래된 유럽의 거주지에서 완전히 중단된 적은 없었다는 것이다. 농업경제 지역 내에도 독립된 화폐경제영역은 항상 존재해왔고 게다가 카롤링거 영토 밖에는 화폐유통이 이곳처럼 축소된 적이 없었던 옛 로마 제국의 광범위한 지역도 있었다. 다시 말하면 우리는 기독교화된 서구에 존재하던 화폐경제의 '선조들'이 무엇인지, 화폐경제가 결코 사라지지 않았던 독립영역이 무엇이었는지 물어야만 한다. 화폐경제는 어디에서 유래하는가? 사람들은 어디에서 화폐의 재사용 방법을 배우게 되었는가? 우리는 이렇게 질문할 수 있다. 이런 질문들, 이런 방향의 연구들이 무의미하지는 않다. 왜냐하면 이 도구가 과거의 다른 문명들이나 이웃의 문명들에서 그 수준까지 발달하지 않았더라면, 또는 전혀 알려지지 않았더라면 그토록 짧은 시간 내에 다시 유통되었다는 점을 이해하기가 쉽지 않기 때문이다.

그러나 서구에서 화폐유통의 부활과 연관된 질문의 가장 근본적인 측면은 이런 방식으로는 대답을 얻지 못한다. 제기해야 할 질문은 왜 서구사회가 그 발전노상의 오랜 기간 동안 비교적 적은 양의 화폐를 필요로 했으며 왜 서서히 화폐에 대한 수요와 사용이 사회변혁적 결과를 초래하면서 다시 증가하였는가라는 점이다. 즉 움직이게 하고 변화시키는 요소들이 무엇인가 하는 물음을 아직 물어야만 한다. 우리가 계속하여 화폐경제의 선조만을 캐묻는다면, 또 화폐나 화폐경제의 유래에 대해서만 질문한다면 정작 주요한 질문은 해답을 찾지 못할 것이다. 그 질문에 답하려면 우선 고대세계의 말기에 화폐유통이 서서히 줄어든 다음 새로운 인간관계, 새로운 형태의 통합, 상호의존성을 초래함으로써 화폐수요를 다시 증가시켰던 실제의 사회과정을 연구해야 한다. 즉 이 사회과정이란 사회 세포구조의 분화인 것이다.

이 과정의 한 표현이 바로 화폐사용의 부활과 증가이다. 내부 팽창뿐만 아니라 이민운동과 식민지운동도 새로운 욕구를 일깨워주고 장거리무역을 정착시킴으로써 중요한 역할을 담당했다는 사실은 극히 명백하다. 이 과정의 상호작용 속에서 모든 개별적 운동이 다른 운동을 강화하기도 하고 저지하기도 하면서 운동과 갈등이 서로 얽혀 만들어내는 그물망은 사회분화와 함께 그 때부터 상당히 복잡해진다.

우리는 개별적 요소들을 절대적으로 분리시킬 수는 없다. 그러나 사회 내부의 분화가 없었다면, 토지가 확고한 소유주에게 넘어가지 않았다면 또 인구가 급격하게 증가하지 않았고 독립된 수공업자 및 상인공동체가 형성되지 않았다면 사회 내부에서 돈에 대한 수요가 그토록 급속도로 커지지는 않았을 것이고 화폐경제부문이 급성장하지도 않았을 것이다. 우리는 화폐나 화폐사용의 증가 및 감소를 그 자체만 가지고 이해할 수는 없으며, 항상 인간관계구조의 관점에서 이해할 수 있다. 바로 여기, 인간의 통합관계의 변화에서 그러한 변동의 원동력을 찾아야만 한다. 화폐사용이 일단 증가하게 되면, 이번에는 그것이 반대로 인구증가, 분화, 도시의 성장과 같은 운동 전체를 일정한 포화상태에 이를 때까지 촉진시킨다.

11세기 초의 특징은 아직 거액의 화폐거래가 없다는 점이다. 돈은 상

당부분 교회와 세속 영주의 손에서 움직이지 않고 있었다.[원주35]

그 후 서서히 유동적인 교환수단에 대한 욕구가 증가한다. 기존의 주조
화폐는 충분치가 않았다. 사람들은 우선 보조수단을 이용하는데, 계산단위
로서 예를 들면 무게를 달 수 있는 귀금속 장식품이나 귀금속 압연판을 사
용하여 교환한다. 밀도가치를 측정할 수 있는 측도로서의 역할을 한다. 수
요의 증가에 따라 새로 주조된 화폐들, 다시 말하면 당국이 측정한 일정한
무게의 귀금속 조각이 쏟아져나온다. 아마 유동적 교환수단에 대한 수요가
증가하면서 과정은 여러 단계에서 반복되는 것 같다. 주화의 양이 수요확
대에 미치지 못할 경우, 자연적인 또는 반자연적인 보조수단의 도움으로
이루어지는 거래가 다시 새로운 기반을 획득한다. 그러다가 분화가 증가하
고 인간행위의 상호연관성이 커지며 거래와 교환의 양이 늘어나면 다시 주
화의 양도 늘어났다가 다시 상황은 역전된다. 그 사이에 불균형이 발생할
소지는 언제나 있다.

13세기 후반에 들어서면서 적어도 플랑드르에서는——이보다 조금 늦든
이르든 다른 지역에서도——동산의 양은 상당히 많아진다. 재산은 "그 동안
만들어진 일련의 도구들 덕분에"[원주36] 상당히 빠른 속도로 회전된다. 즉 주
조 금화——이 때까지 에티오피아나 프랑스에서조차 금화를 주조하지 않았
다. 유통되고 국고에 보관되어 있던 것은 비잔틴 금화였다——와 잔돈, 교

[원주35] Hans v. Werveke, Monnaie, lingots ou marchandises? Les instruments
d'échange au XIe et XIIe siècles. *Annales d'Histoire Economique et Sociale*
No. 17(September, 1932), p.468.

[원주36] Hans v. Werveke, 같은 책. 상반된 방향으로의 과정, 즉 화폐유통의 후퇴와 현물에
의한 지불방법의 확대는 고대 후기에 시작된다. "3세기가 경과하면 할수록 몰락의 속도는 빨
라졌다. 유통되는 유일한 돈은 안토니우스화(antoninianus)였다……."[F. Lot, *La Fin
du Monde Antique*(Paris, 1927), p.63) "군인들의 급료 역시 현물로 지불되는 경향이
강해졌다(65쪽). 수행한 업무에 대해 이런 식으로 보상하거나 아니면 토지의 분배로 보상하
는 제도의 불가피한 결과는 곧 인식되었다. 즉 그것은 봉건제도로 불리는 체제 또는 그와 유
사한 체제로 귀결될 수밖에 없었다"(67쪽).

환 및 측량서신 등이었는데, 이 모든 것은 보이지 않는 교환고리망이 점점 더 촘촘해진다는 것을 상징한다.

21. 그러나 운송수단이 부족하고 어떤 사회가 화물을 장거리 수송할 능력이 없다면 여러 지역들 간의 교환관계는 어떻게 형성되고, 지엽적 범위를 벗어나는 노동의 분화는 가능한 것인가?

카롤링거 시대의 사례들은 왕이 왕실 소유지의 생산물을 직접 그 자리에서 소비하기 위해 이 궁전 저 궁전으로 돌아다니면서 생활했다는 사실을 보여준다. 이 당시의 왕실예산이 고대의 절대주의 시대의 예산과 비교하여 아무리 적었다 하더라도, 자신의 생계에 필요한 물자를 이곳저곳으로 운송하기가 너무 힘들었고 그래서 사람들이 물자를 찾아 움직여야만 했던 것이다.

인구와 도시들, 상호 교통망과 교류의 기구들이 눈에 띄게 성장하는 시기에 운송수단도 역시 발달한다.

마구나 수레를 끌거나 짐 싣는 다른 동물들의 마구는 옛날에는 무거운 짐을 먼 거리까지 운송하기에는 적당하지 않았다. 얼마나 먼 길을, 어떤 짐을 싣고 갈 수 있었는가가 문제이지만 한 가지 분명한 사실은 고대경제의 구조와 수요에는 이런 종류의 내륙 운송수단으로 충분했다는 점이다. 고대 동안 내내 육로수송은 수로수송과 비교해서 극히 비쌌고[원주37] 오래 걸렸으며 힘들었다. 거의 모든 대상업 중심지들은 해안이나 배가 다닐 수 있는 강변에 자리잡고 있었다. 교통요지들이 수맥 주변에 집결해 있다는 점이 고대 사회구조의 중요한 특징이다.

이 수로를 따라, 특히 해안가에서 조밀한 인구밀도를 가진 부유한 중심도시들이 생겨났는데, 생활필수품과 사치품에 대한 이 도시들의 수요는 종종 멀리 떨어진 지역으로부터 충족되었고 따라서 이 도시들은 여러 갈래로

[원주37] M. Rostovtsev, *The Social and Economic History of the Roman Empire* (Oxford, 1926), p.66~67, p.528과 그 외의 다른 면들을 참조할 것.

뻗어나간 확대된 교통망의 매듭점이었다. 대부분 육로수송의 길만이 열려 있던 광막한 오지들, 즉 로마 제국의 대부분 지역에서 주민들은 그들의 일차적 욕구를 가까운 주변에서 나는 생산품들로 해결했다. 이곳에서는 우리가 세분하지 않고 그저 '물물경제관계'로 표현하는 짧은 교환고리가 지배적이다. 화폐는 비교적 좁은 범위 내에서 사용되었다.

고대사회에서 농경부문의 구매력은 사치품을 수입하기에는 너무 약했다. 조그만 도시영역과 광대한 내륙지방 간의 차이는 엄청났다. 대규모의 도시 거주지들은 수로를 따라 넓은 지방의 영역 안으로 파고들어 지방의 힘과 노동생산물들을 흡수하였으나, 중앙정부가 멸망하면서 그리고 일부 지방민들이 도시의 지배자들에게 적극적인 투쟁을 벌임으로써 농경부문이 도시의 지배권에서 해방된다. 또한 분화수준은 좀더 높지만 전체 지역의 작은 일부를 차지하던 도시부문은 널리 뻗쳐 있던 상호교류망과 더불어 몰락하고 ──변형된 형태의── 지역적으로 제한된 거래망과 물물경제적 제도들에 의해 덮여버린다. 이처럼 고대사회에서 지배적이던 도시부문에서도 육로수송을 더욱 발전시키려는 욕구는 없었던 것 같다. 자국의 영토가 공급하지 못하거나 높은 수송비용을 대가로 공급하던 물품들은 편안하게 수로를 거쳐 도시로 수송되었다.

그러나 이제 여러 종족들의 대공동체인 카롤링거 시대에는 특히 아랍족의 팽창으로 말미암아 고대 주요교통의 맥이었던 지중해가 봉쇄된다. 육로교통과 내륙의 연결은 지중해의 봉쇄로, 이전과는 다른 의미를 가지게 된다. 내륙 연결망의 발달은 육로교통수단의 발전을 강요하고, 이는 동시에 육로를 통한 상호교류와 교환을 촉진시킨다. 그 후에는 고대와 마찬가지로 해양을 통한 연결, 즉 베네치아와 비잔틴 간의 교통, 플랑드르 도시들과 영국 간의 교통이 서구의 발전에 다시 결정적으로 중요해지지만, 서구발전의 특수성은 해양연결망이 점점 더 확충되는 육로교통망에 더해지게 되었고 내륙지방에서도 서서히 상업의 중심지와 시장이 발달했다는 사실에 의해 결정된다. 육로수송수단이 고대의 수준을 넘어 발달했다는 점은 유럽의 내륙지방 구석구석에 이르기까지 여러 사회의 분화와 상호교류가 확대되고 있다는 것을 특별히 명료하게 보여준다.

수레를 끄는 동물로서 말의 이용은, 이미 말했듯이 로마 시대에도 그리 발달하지 못했다. 마구는 목에 매달려 있었다.[원주38] 이 방법은 기수가 말을 길들이고 쉽게 조종하는 데 편했다. 우리가 종종 고대의 부조상에서 보게 되는 말의 '늠름한' 자세, 즉 머리를 뒤로 젖힌 말의 자세는 재갈을 채우는 방식과 관계가 있다. 그러나 이런 방식은 무거운 짐을 실은 수레를 끄는 동물로서는 말이나 나귀를 비교적 쓸모없게 만든다. 무거운 짐은 어쩔 수 없이 목을 누르기 때문이다.

편자방식도 마찬가지다. 말의 발바닥에 저항력을 주고 수레를 끌 때 말의 모든 힘을 이용할 수 있게 해준 징 박은 쇠말굽이 고대에는 없었다.

10세기부터 이 두 가지 방식에도 서서히 변화가 일어난다. 개간의 속도가 점점 더 빨라지고 사회가 분화되고 도시의 시장들이 형성되는 시기에, 또 상호의존성의 상징으로서 돈이 다시 활발히 유통되는 동일한 시기에 육로수송수단은 동물의 노동력을 이용하는 형태로 결정적인 진보를 겪는다. 우리에게는 별로 대단치 않게 보이는 이 개선점들은 그 당시로서는 후대의 기계기술의 발전에 맞먹는 의미를 지녔던 것이다.

[원주38] Lefebvre des Noettes, *L'attelage. Le cheval de selle à travers les âges. Contribution à l'histoire de l'esclavage*(Paris, 1931).

저자의 연구는 그 결과의 측면뿐만 아니라 문제설정을 아무리 높이 평가해도 지나치지 않다. 몇 가지 세부사항에서는 아직 검증을 요하는 결론들의 중요성에 비하면 저자가 인과적 연관성을 전도하여 견인기술(Zugtechnik)의 발전을 노예제도 폐지의 원인으로 간주하는 정도는 대단치 않다.

우리는 이 책에 대한 Marc Bloch의 논평[Problèmes d'histoire des techniques. *Annales d'histoire économique et sociale*(sept. 1932)]에서 필요한 개선점을 알 수 있다. 특히 Lefebvre des Noettes 저서의 두 가지 문제점이 이 논평에서 일부가 좀더 예리하게 다듬어졌고 일부는 올바로 수정되었다. 1. 중세의 발명품에 미친 중국과 비잔틴의 영향은 엄밀한 검증을 필요로 한다. 2. 노예제도는 마구가 출현하기 전부터 초기 중세의 구조에 중요한 역할을 하지 못했다. "명백한 시간적 연속성이 결여되어 있는 상태에서 어떻게 인과관계를 말할 수 있는가?"(484쪽). Lefebvre des Noettes 저서의 근본적 결과들을 잘 설명해주는 독일어 책으로는 L. Löwenthal, *Zugtier und Sklaven. Zeitschrift für Sozialforschung*(Frankfurt and Main, 1933), No.2가 있다.

'강력한 건설의 열정 속에서'[원주39] 11세기와 12세기에는 동물의 노동력을 이용하는 영역이 점차 커진다. 수레를 끌 때 하중이 실리는 부분은 목에서 어깨로 옮겨졌다. 말편자가 등장한다. 그리고 13세기에는 말과 황소를 끌기 위한 현대적 견인기술의 원칙이 발견된다. 무거운 하물에 대한 장거리 육로수송의 기틀이 마련된 것이다. 동일한 시대에 짐수레가 나타나고 초보적인 포장도로가 등장한다. 물레방아는 수송수단의 발달과 더불어 고대에서와는 다른 의미를 얻게 된다. 곡물을 먼 거리에서 싣고와 방아를 돌려도 이제 수지타산이 맞게 된 것이다.[원주40] 이 역시 분화와 상호의존으로 그리고 장원이라는 폐쇄영역으로부터 기능이 분리되는 길로 한 걸음 더 나아간 것이다.

제6절 고대사회와 비교하여 중세사회구조의 새로운 요소들

22. 우리가 '문명화'라 이르는, 행동 및 본능생활의 변화는 인간들의 강한 상호연관성 및 상호의존도와 밀접한 관련이 있다. 여기에서 제시한 예들에서 우리는 이러한 상호연관성이 어느 정도 형성되고 있음을 보게 된다. 이처럼 비교적 초기단계에서 이미 서구사회의 사회적 그물망의 성격은 고대의 것과 몇 가지 점에서 달라진다. 사회의 세포구조는 고도로 발달했던 전대의 제도들 중에서 아직 남아 있는 것들을 여러 가지 다양한 방법으로 이용하면서 분열되기 시작한다. 그러나 이러한 새로운 분화가 일어나는 조건들과 분화의 방법 및 방향은 여러 가지 점에서 앞서 일어난 분화의 조건 등과 구분된다.

우리는 보통 11세기 또는 12세기의 '상업 르네상스'에 관해 말하곤 한다.

[원주39] Lefebvre des Noettes, *La 'Nuit' du moyen âge et son inventaire*, *Mercure de France*(1932), vol.235, p.572ff.

[원주40] Hans von Werveke, 같은 책, p.468.

우리가 이 말로써 고대의 제도들이 어느 정도 다시 부활하였음을 표현하고 자 한다면, 그것은 분명 맞는 말이다. 고대의 유산이 없었더라면 사회가 발 전과정에서 직면하였던 문제들을 이렇게 성공적으로 해결하지 못했을 것이 다. 그것은 분명 어떤 측면에서는 오래된 기초 위에 세워진 구조물이었다. 그러나 운동의 원동력은 '고대로부터의 학습'에 있었던 것은 아니다. 원동 력은 이 사회 자체의 내부에 있는, 사회의 내재적 역동성과 인간들이 서로 적응해야만 했던 조건들에 있었다. 이러한 역동성, 조건들 자체가 고대의 것과 동일하지 않았던 것이다.

서구가 르네상스와 더불어 비로소 '고대의 수준'에 다시 도달했으며, 그 이후 서서히 '그것을 넘어선다는' 관념이 널리 퍼져 있다. 그러나 그것 이 '넘어서는' 것이든 '진보'이든 상관없이 고대와는 다른 새로운 구조유 형과 발전방향은 르네상스에서 처음 나타나는 것이 아니라 여기서 언급 되는 확장과 성장의 초기단계에서 처음으로——적어도 분명한 모습으로—— 드러난다.

두 가지 구조적 차이점을 여기서 살펴보고자 한다. 서구사회에서는 값싼 노동력과 포로들, 즉 노예들이 없었다. 노예들이 존재하는 곳도 있었지만 ——실제로 전혀 없었던 것은 아니었다——사회의 전체구조에서 그리 중요 한 역할을 하지는 못했다. 이런 점이 사회발전을 처음부터 다른 방향으로 몰고갔던 것이다.

앞서 우리가 언급했던 다른 상황도 이보다 그 중요성이 덜하지는 않다. 재정착이 이루어진 곳도 고대와 같이 해안가나 수로 주변이 아니라 대부분 내륙지방 그리고 육로교통의 요지 부근이었다. 이 두 가지 현상은 종종 서 로 밀접하게 연관되어 서구사회의 사람들을 처음부터 고대인이 해결할 필 요가 없었던 문제들 앞에 세웠으며, 그 결과 사회발전은 새로운 선로로 유 도된 것이다.

노예들이 농지 경작에 단지 미미한 역할만을 했다는 사실은 대규모의 노 예상비군이 없었기 때문일 수도 있고, 아니면 기사계급이 필요한 만큼만 토착 농노계층이 존재했기 때문이기도 하다. 어쨌든 노예노동의 중요성이

줄어들면서 이에 따라 노예경제의 전형적인 사회적 유형은 사라진다. 이와
같이 다른 법칙성이라는 배경을 염두에 둘 때에만 서구사회의 특수성이 제
대로 해명될 수 있다. 분업과 인간의 상호관계망, 상류층과 하류층의 상호
의존 측면에서 노예사회는 어느 정도 자유로운 노동사회와 다르게 발전했
을 뿐만 아니라, 사회적 갈등과 화폐의 기능 자체도 노동기술의 발전에 자
유노동이 가지는 의미를 도외시한다면 두 사회에서 동일하지 않다.

　서구사회의 문명에 특별한 얼굴을 부여한 과정들을 노예시장이 발달된
사회에서 전개되었던 문명에 대비시키는 것으로 충분하다고 나는 생각한
다. 노예사회의 과정들은 서구사회의 과정과 마찬가지로 강제적이었다. 현
행연구의 개요로서 노예노동에 기초한 사회의 메커니즘을 다음의 형태로
요약할 수 있다.[원주41]

[원주41] A. Zimmern, *Solon and Croesus, and other Greek essays*(Oxford, 1928),
　　p.113. 또 같은 저자의 *The Greek Commonwealth*(Oxford, 1931)도 참조할 것.
　　　최근 들어 로마 시대에는 노예들 외에 자유인들도 수노동에 종사했다는 점이 강조되고 있
　　는데, 이는 전적으로 타당한 학설이다. 특히 M. Rostovtsev의 저서[*The Social and
　　Economic History of the Roman Empire(Oxford, 1926)]와 R.H. Barrow의 연구
　　[Slavery in the Roman Empire(London, 1928)] 등은 이런 관계를 명료하게 다루었
　　다. 그러나 자유인들의 노동 자체는 그것이 사회의 총생산에 아무리 큰 몫을 차지한다고 해도
　　앞서 A. Zimmern의 저서에서 밝혀진 사실, 즉 대부분의 수노동이 아직 노예들에 의해 이
　　루어지는 사회의 규칙과 과정은 적어도 도시의 모든 노동이 자유인들에 의해 수행되는 사회
　　의 그것과는 다르다는 사실과 완전히 모순되지는 않는다. 매매노예들이 처리하는 일들과 일
　　정거리를 두고자 하는 자유인들의 욕구 그리고 그 결과로서 고대사회나 근대사회에서 노예노
　　동의 큰 영역과 함께 '가난한 게으름뱅이' 집단이 형성되는 것은 사회적 경향으로서 항상 존재
　　하고 있었다. 가난 때문에 다수의 자유인들이 노예들과 똑같은 일을 하지 않을 수 없었다는
　　것은 어렵지 않게 이해될 수 있다. 그러나 수노동에 종사하는 사람들의 상황이나 그들의 처지
　　가 그런 사회에서는 노예노동의 존재에 결정적으로 영향을 받는다는 점도 그것 못지않게 이
　　해하기 쉽다. 자유인들, 적어도 그 일부는 노예들과 같은 조건하에서 또는 비슷한 조건 하에
　　서 일해야만 했다. 이 자유인들의 노동이 노예노동으로부터 받는 압력은 이 사회가 보유하고
　　있는 노예들의 수에 따라 그리고 자유인들의 노동과 노예노동 간의 상호의존성에 따라 달랐
　　다. 이것 역시 노예사회의 구조법칙 중 하나이다. F. Lot, *La Fin du Monde Antique*,
　　같은 곳, 69쪽을 비교할 것.

노예노동은 자유노동에 의한 생산작업을 방해하는데, 그것도 세 가지 방식으로 그렇게 한다. 노예노동은 일정 수의 사람들을 생산으로부터 차출해 관리와 국가방어의 업무로 돌리는 원인이 된다. 그것은 수노동과 모든 형태의 정신집중적 활동에 반대하는 일반적인 정서를 확산시킨다. 더욱이 노예노동은 자유노동자들을 노예들이 종사하는 일로부터 몰아낸다. 그레셤의 법칙에 따라 악화가 양화를 구축하듯이 어떤 직업에서든 노예노동자들은 자유노동자들을 몰아낸다는 사실이 경험으로 입증된다. 따라서 좀더 고급직종의 일에는, 만약 기술을 배우기 위해 자유노동자들이 저급직종의 노예들과 나란히 앉아 도제로서 수련해야 할 필요가 있다면 새 인원을 충원하기가 무척 어려워진다.

이는 심각한 결과를 야기한다. 왜냐하면 이런 일들로부터 배제된 사람들이 노예노동에 의존해 살 만큼 스스로 부유하지 않기 때문이다. 따라서 이들은 할 수 있는 방법을 총동원해 생계를 유지하는 게으름뱅이들(idlers)의 중간계급을 형성하는 경향이 있다. 이들은 현대의 경제학자들에게 '가난한 화이트칼라 계층' 또는 '화이트칼라 쓰레기들'로 알려져 있는 계급이며, 로마사를 공부하는 학생들에게는 '클라이언트'나 '팩스 로물리'(faex Romuli)로 낯익은 계급이다. 이런 계급은 사회적 불안과 노예국가의 군사적·호전적 성격을 강조하는 경향을 가지고 있다.

노예사회는 따라서 주인, 가난한 정신노동계층과 노예로 분명하게 나누어진 사회이다. 중간계급은 공동체나 전쟁 또는 상류층에 의존해서 살아가는 게으른 계급이다.

그러나 이 밖에도 또 다른 결과가 있다. 생산작업을 경시하는 일반정서는 노예들을 유일한 생산자로 만들고 그들이 종사하는 직업을 국가의 유일한 산업으로 만드는 사건국가를 산출한다. 다른 말로 표현하면 이런 공동체는 자신들의 부를 지키기 위해 스스로 변화하지도 않고 또 환경에 적응하지도 못하는 직무들, 공동체가 출산을 통해 노동의 결핍을 보충하지 못한다면 항구적으로 자본부족을 겪게 될 직무에 의존하게 된다. 그러나 이 자본은 공동체 이외의 다른 곳에서 찾을 수 있는 것이 아니므로 외국에서 찾아야만 한다. 노예공동체는 호전적 전쟁에 관여하거나 아니면 자유노동제도를 가진 이웃들로부터 빚을 지게 되는 경향이 있다……

노예들의 고용은 자유인들로 하여금 가치 없는 일인 노동을 싫어하게 만드는 경향이 있다. 노예를 소유한 비노동 상류층 옆에 노동하지 않는 중산층이 형성되는 것이다. 또는 사회는 노예를 고용함으로써 노예들에 의해 조작가능한, 그래서 변화나 개선 또는 새로운 상황 적응의 길이 막혀 있는 비교적 단순한 노동구조와 구체적 기술에 묶이게 된다. 자본의 재생산은 노예의 재생산과 결부되어 있고 또 직간접적으로 전쟁의 성과 및 노예상비군의 풍부한 수확에 달려 있다. 그래서 평생의 노동력과 함께 그 사람 자체를 사고파는 것이 아니라 어느 정도 자유로운 사람들의 노동력을 사고파는 사회에서만큼 정확하게 예측할 수 없다.

이런 배경을 염두에 둔 연후에만 초기 중세 때 인구가 증가하는 한편 노예들이 없었거나 그다지 중요한 역할을 하지 않았다는 사실이 서구사회의 전체 발전방향에 어떤 영향을 미쳤는지 이해할 수 있게 된다. 이 사회는 애초부터 고대 로마와는 다른 길을 걷고 있었다.[원주42] 고대와는 다른 법칙에 종속되어 있었던 것이다. 11세기와 12세기의 도시혁명들, 노동자들과 이농자들, 시민들이 기사영주들의 손아귀에서 점진적으로 벗어나는 것은 이에 대한 최초의 표현이다. 여기에서부터 노선은 시작되어 서구는 만인이 일하는 사회를 향해 서서히 탈바꿈한다.

노예의 수입과 노예노동의 결여는 하류층 노동자들에게도 상당한 사회적 무게를 실어준다. 인간의 상호그물망이 넓어지면 넓어질수록 또 이와 더불어 토지와 토지생산물이 거래의 순환과정에 그리고 화폐의 법칙에 통

[원주42] 그리스 사회는 A. Zimmern의 연구에 따르면 가장 대표적인 시기에도 정확한 의미에서 노예사회는 아니었다. "그리스 사회는 노예사회가 아니었다. 이 사회는 가장 저급한 일을 수행하는 하류층의 노예들을 보유하고 있었지만, 노예의 본체는 주인과 함께, 거의 동등한 자격으로 그들이 함께 나누어 가질 문명의 물질적 토대를 창조하는 일을 지원하기 위해 밖에서 들어온 도제들로 구성되고 있었다"(*Solon and Croesus*, p.161).

합되면 될수록 비노동 상류층인 기사나 귀족들은 노동하는 하류층과 상류층에 더욱더 의존하게 된다. 그러면 그럴수록 이들의 사회적 영향력은 커진다. 시민계급이 상류층으로 부상하는 현상은 이런 유형의 표현이다. 대다수의 도시 자유인들이 노동에서 소외되었던 고대의 노예사회와는 정반대로 서구사회에서는 자유인의 노동으로 말미암아 발생한 만인의 만인에 대한 종속성은 결국 비노동계층인 상류층을 분업의 순환과정에 끌어들인다. 또한 서구의 기술적 발전과 '자본'이라는 특수한 형태로 화폐가 발전하는 현상은 서구에만 특징적인 것으로서, 역시 노예노동의 결여와 자유노동의 발전을 전제로 한다.

23. 이것이 간략하게나마 중세에서 근대에 이르는 서구 특유의 발전경향을 스케치한 것이다.

중세의 거주지들이 바다를 중심으로 형성되지만은 않았다는 사실도 이에 못지않게 중요하다. 이미 말했듯이 이민족의 초기 물결은 유럽에서는 항상 지중해 해안지역에 집중적으로 상업의 요충지를 형성하게 했고 또 그곳에 보다 광범위한 지역들의 통합을 가능하게 했다. 그리스도 이 경우에 해당되고, 로마는 더더욱 그러하다. 로마의 영토는 서서히 지중해의 분지 주변으로 뻗어가고 마침내 사방에서 지중해를 에워쌀 정도가 된다. "라인 강, 도나우 강과 유프라테스 강, 사하라 사막으로 이어지는 로마의 최전방 국경선은 거대한 원형의 방어선을 구축했고 해안지대로 나아갈 수 있는 통로를 확보했다. 바다가 로마 제국에게 정치적·경제적 통일의 토대였다는 사실은 의심의 여지가 없다."[원주43]

게르만족도 처음에는 지중해를 향해 사방에서 몰려들었고 자신들의 제국을 로마인들이 '우리 바다'라 불렀던[원주44] 지중해 주변의 로마 제국 영토 안에 세웠다. 프랑크족은 그렇게 멀리 나아가지 않았다. 모든 해안지역은

[원주43] Henri Pirenne, *Les villes du moyen âge*(Bruxelles, 1927), p.1ff.
[원주44] 같은 책, 같은 곳, 10쪽.

이미 점령된 상태였기 때문이다. 그들은 힘으로 뚫고 나가려 했다. 이 모든 변화와 전투들이 지중해를 중심으로 엮어진 상호교통망을 뒤흔들어놓고 느슨하게 했을 수도 있다. 그러나 교통과 상호교류의 요지로서, 유럽 지역의 높은 문화발전의 토대와 중심지로서 지중해가 지니고 있던 옛 의미는 아랍 족의 침략으로 더욱 철저하게 파괴된다. 이 사건으로 이미 느슨해져 있던 연결줄은 완전히 끊어져버린다. 로마의 바다가 대부분 아랍의 바다가 되어 버린 것이다. "동유럽과 서유럽, 비잔틴 제국과 서쪽의 게르만 제국을 잇던 끈이 끊어진다. 이슬람 침략의 결과는 …… 이 제국들을 역사상 유례가 없 는 상황에 처하게 만든다."[원주45] 이를 달리 표현한다면, 주요 하천계곡과 군사도로에서 떨어진 유럽의 내륙지방에서는 적어도 그 때까지 고도의 분 화를 이룬 사회와 분화된 생산이 발달한 적이 없었다.

실제로 아랍족의 침입이 이와 같은 내륙중심발전의 유일한 조건이었는 지의 여부는 현재로서 단정을 내리기가 어렵다. 유럽 지역이 민족대이동 시기의 종족들로 채워졌다는 사실도 이에 일정한 기여를 했던 것 같다. 그 러나 어쨌든 이렇게 일시적으로 교통의 주요동맥으로부터 차단되었다는 사 실이 서구와 중부유럽 사회의 발전방향에 결정적인 의미를 지니고 있음은 분명하다.

카롤링거 시대에 처음으로 강력한 제후국이 내륙 깊숙이 자리잡은 중심 지 주변에 형성된다. 사회는 내륙지방 간의 교류를 한층 더 발달시켜야 하 는 과제에 직면하게 된다. 수세기가 흐르는 동안 이 과제가 성공적으로 수 행되었을 때 고대의 유산은 이런 측면에서 다시금 새로운 조건하에 놓이게

[원주45] Henri Pirenne, 같은 책, 27쪽. '내륙으로의 후퇴'와 그것이 서구사회의 발전방향에 미친 영향은, 오늘날 인식할 수 있는 범위 내에서 볼 때 육로운송수단의 발전은 선박운송기 술의 발전보다 1세기 정도 먼저 시작되었다는 사실에서 검증된다. 전자는 1050년과 1100 년 사이에 발전하기 시작했고, 후자는 1200년경부터 발달하기 시작한다. 이에 관해서는 Lefebvre des Noettes, De la marine antique à la marine moderne, *La révolution du gouvernail*(Paris, 1935), p.105ff ; Eug. H. Byrne, *Genoese shipping in the twelfth and thirteenth centuries*(Cambridge, Mass., 1930), pp.5~7.

된다. 고대가 알지 못했던 형성체의 기반이 다져진 것이다. 고대의 통합방식과 서서히 서구에서 형성되던 다른 통합방식의 차이점들이 이제 여기에서 이해가능하게 된다. 즉 우리가 무슨 이름으로 부르든 간에 국가, 민족국가는 대부분 내륙지방의 중심지나 수도 주변에 형성된 그리고 내륙지방 간의 연결망을 통해 서로 결합된 민족집단들이다.

훗날 서구 제국들이 해안이나 하천유역뿐만 아니라 광대한 내륙지방도 식민지화할 수 있었고 또 서구국가들이 지구의 넓은 지역들을 강점하고 그곳에 정착한 것도 노예노동에 묶이지 않은 내륙지방의 교류형태가 본국에서 이미 발달했기 때문이라고 할 수 있다.

그리고 마침내 오늘날 사회의 내륙적 농경부문이 복잡한 분업과 광역적 교환망의 순환과정에 포함되었다면, 이런 발전의 기초는 바로 여기에서 다져졌던 것이다.

서구사회가 한번 이 길로 들어섰다고 해서 앞으로도 반드시 그 길을 계속 가야만 한다고 어느 누구도 말할 수 없다. 그러나 현재까지 명백하게 투시할 수 없는 지렛대들이 함께 작용하여 사회가 이 길 위에서 존속하고 안정을 이룰 수 있도록 만든다. 그러나 서구사회가 근대 이후 계속 걸어갈 이 길로 처음 들어선 시점은 바로 이 초창기 때였다는 것을 우리는 알아야만 한다. 전 세계가 지구공동체로 발전한 오늘날의 관점에서 보면 중세와 근대를 포함하는 이 시대 전체는 한데 속하는 하나의 거대한 '중세'로 여겨지기 십상이다.

또한 이에 못지않게 중요한 사실은 협의의 의미에서 중세가 오늘날 종종 서술되듯이 정체기, 즉 '석화 숲'이 아니었으며, 중세도 근대가 계승한 방향으로 움직였던 역동적 시기와 영역들, 즉 팽창의 단계, 분업의 발달단계, 변동과 혁명들 그리고 노동기구의 개선단계들을 포함하고 있었다는 사실을 인식하는 것이다. 물론 이 단계들 옆에는 제도와 사유가 고정되고 어느 정도 '석화'되는 시기와 부문이 있었다는 것도 부인할 수 없다. 그러나 확장 시기와 영역들이, 성장과 발전보다는 유지와 보존이 중요해지는 시기와 영역들과 교체를 반복하는 그 현상은 현대에도, 설사 사회발전의 속도와 교체의 속도가 중세보다 말할 수 없이 커졌다 하더라도 그리 낯설지는 않다.

제7절 봉건제의 사회발생사

24. 사회적 확장과정에는 한계가 있다. 이 과정은 이르든 늦든 언젠가는 멈춘다. 11세기에 시작된 확장운동도 역시 서서히 정지하게 된다. 서프랑크의 기사들이 개간으로 토지를 얻는 것이 점점 더 힘들어진다. 국경에 인접한 땅은 거의 획득할 수 없거나 힘겨운 투쟁 끝에 겨우 얻을 수 있었다. 지중해 동쪽 연안 지역들을 식민화하려는 사업은 첫 성공을 거둔 후 답보상태에 있었다. 그러나 기사계층의 수는 점점 불어난다. 이 지배계층의 감정과 충동이 사회적 의존과 문명화과정을 통해 억제된 정도는 다음 세대의 지배계층보다 낮다. 여성에 대한 남성의 지배는 아직 흔들림이 없다. "이 시대의 연대기를 보면 여덟이나 열, 열두 명의 아들 또는 더 많은 아들이 있는 기사, 남작, 대영주들을 언급하지 않고 지나가는 페이지가 없을 정도이다."[원주46]

12세기 무렵 분명하게 그 모습을 드러내고 13세기에 확고하게 자리잡는 이른바 '봉건제도'는 사회의 농경부문에서 일어난 확장운동의 종결형에 불과하다. 도시부문에서 이 운동은 다른 형태로 조금 더 오래 지속되고 결국 폐쇄적 길드제도에서 궁극적 형태를 찾는다. 아직 한 뙈기의 땅이나 재산도 소유하지 못한 기사들이 이 사회 안에서 땅을 얻기란 점점 더 힘들어지고, 시골 토지를 가지고 있는 가문들이 새 땅을 얻고 재산을 늘리기도 힘들어진다. 소유관계가 고착되기 시작한다. 사회적 상승은 어려워지고, 이에 상응하여 기사계급 안에서도 신분의 차이가 굳어진다. 소유하는 땅의 크기

[원주46] A. Luchaire, *Louis VII., Philippe Auguste, Louis VIII*(Paris, 1901), p.80.

에 따른 귀족층 내의 위계질서는 점점 더 뚜렷해진다. 예전에는 직급이나 또는 현대용어로 표현하자면 '관료의 지위'를 나타내던 여러 다양한 직위들은 이제 새로운 의미로 고정된다. 즉 그것들은 어떤 가문이 소유한 토지의 크기와 군사력의 표현으로서 이 가문의 이름과 결부된다.

공작가문들은 왕이 과거에 대리인으로서 그 지역에 파견했던 신하들의 후손들이다. 그들이 이제 서서히 한 지역을 지배하는 독립적인 영주로 자리잡고 이 영토 내에서 봉토로 주지 않은 상당히 넓은 가문토지의 소유자가 된다. 백작의 경우도 이와 비슷하다. 부백작(viscount)은 백작이 자신의 대리인으로 어떤 지역에 보냈던 사람의 후손들인데, 그들은 이제 이 영토를 자신의 유산으로 생각한다. 영주(Seigneurs나 Sires)는 백작이 자신의 성이나 궁전을 지키는 파수꾼으로 보냈던 사람 또는 파견된 지역에서 스스로 성을 쌓았던 사람의 후손들이다.[원주47] 이제 이 성과 그 주변의 땅들은 그의 가문 소유가 된다. 각자 자신이 가지고 있는 것을 보전한다. 윗사람에게도 빼앗기려 하지 않는다. 아래로부터 어느 누구도 넘볼 수 없다. 영토는 분배되었다. 내적으로 외적으로 팽창하던 사회에서, 신분상승과 더 많은 토지의 획득이 기사에게 그리 어렵지 않았던 사회에서, 다시 말하면 비교적 열려진 기회와 지위의 사회에서 몇 세대가 지나가면서 비교적 폐쇄된 지위의 사회로 변한 것이다.

25. 신분상승의 기회와 확장가능성이 큰 시대로부터, 수준유지와 신분상승에 대한 욕구를 충족시킬 만한 기회가 줄어들고 모든 사람들을 기존 상태에 고착시키는 경향이 커지며 같은 처지의 사람들이 서로 강하게 단합하는 시대로 전환하는 과정은 역사상 종종 일어난다. 우리 스스로도 이런 전환과정의 한가운데에 서 있다. 물론 우리 시대의 전환은 산업사회의 특별한 탄력성, 다시 말하면 한 영역이 닫힐 경우 다른 영역에서 새로운 기회

[원주47] Jos. Calmette, *La société féodale*(Paris, 1932), p.71. 같은 저자의 *Le monde féodal*(Paris, 1934)도 참조할 것.

가 열릴 수 있고 또 상호연관된 지역들 간에 발전수준이 다르기 때문에 어느 정도 변형되긴 했다. 그러나 전체적으로 보아 모든 위기가 한 방향으로 돌파구를 열어주고, 모든 경기상승은 다른 방향으로 돌파구를 열어준다는 사실만이 중요한 것은 아니다. 이 사회의 커다란 흐름이 점점 더 분명하게 폐쇄된 지위의 체계 쪽으로 향해 있다는 사실이 중요한 것이다.

시기적으로 멀리 떨어져 있다고 해도 우리는 이 시대를 특히 박탈당한 사람들의 정신적 침울, 사회 형식들의 경화 현상, 아래로부터 이 형식들을 파괴하려는 시도들에서, 또 위계질서 안에서 동일한 계층의 단합이 강화되는 현상들에서 인식할 수 있다.

그러나 개별적으로 이 과정은 농경중심의 사회의 경우 화폐경제사회에서와는 다르게 전개된다. 그렇다고 덜 엄격하지는 않지만 말이다. 봉건화 과정에서 후대의 연구가가 특히 이해할 수 없는 점은 왕이나 공작 또는 그보다 낮은 작위의 귀족들이 어느 정도 자립화하려는 봉신들의 변화를 왜 저지할 수 없었는가 하는 점이다. 그러나 이 현상들의 보편성은 여기서 작용하고 있는 사회적 법칙성의 강도를 말해준다. 농업경제의 기사사회에서 왕위에 오른 자가 영토확장을 이루지 못할 경우에 왕가를 서서히 몰락의 길로 걷게 했던 사회적 압력을 우리는 이미 앞에서 짧게 서술하였다. 유사한 과정이 확장가능성과 외부 위협의 감소로 인해 전체 기사사회 곳곳에 전개된다. 바로 이것이 토지소유에 기반을 둔 사회, 즉 상거래망이 커다란 역할을 하지 못하고 모든 장원이 어느 정도 자급자족하며 방어나 공격을 위한 군사적 연합이 지역들 간의 일차적 통합형태가 되는 사회에서 전형적인 법칙이다.

종족부대 안에서 기사들은 백인대로 편성되어 비교적 서로 가깝게 공동생활을 했다. 그 후 기사들은 전국으로 퍼진다. 그들의 수는 증가한다. 수적 증가와 넓은 지역으로의 확산으로 인해 개인이 과거 백인대나 종족으로부터 받을 수 있었던 보호는 사라진다. 혼자 고립되어 또는 멀리 동떨어져 성이나 장원에서 살아가는 개별적 가족들, 그리고 이 가족 위에 군림하면서 동시에 많은 수의 농노와 여러 등급의 하인들을 부리는 지배자인 전사들도 예전보다 훨씬 고립되어 살고 있었다. 점차적으로 기사들 간에 새로운 관계가 형성되는데, 이는 수와 거리의 증가, 개인의 고립 그리고 토지소유의 내재적 경향이 산출해낸 기능인 것이다.

종족부대가 서서히 해체되고 게르만 전사들이 갈리아-로마계 상류층과 융해되면서 또 전사들이 넓은 지역으로 퍼지면서 개개인이 사회적 강자로부터 자신을 보호할 길은 더욱 강력한 자의 보호에 의존하는 수밖에 없다. 다른 한편으로 이 강자들의 입장에서 보면 이들이 거의 비슷한 다른 강자들, 다시 말하면 거의 비슷한 규모의 토지와 군사력을 가지고 있는 자들로부터 자신을 보호할 길은 기사들에게 봉토를 주거나 이미 소유한 땅을 보호해주면서 병역을 요구하는 것이다.

개인적 의존관계가 형성된다. 전사들은 개인적으로 다른 전사들과 동맹관계를 맺는다. 군대에서 높은 계급을 가진 전사, 더 많은 땅을 소유하고 있는 자——하나는 다른 하나의 조건이 되며, 한 조건에서 변화가 일어나면 언젠가 다른 조건에서도 변화가 일어난다——는 '봉건영주'가 되고 사회적으로 약한 자는 '봉신'이 된다. 다시금 이 봉신은, 상황이 요구할 경우에 병역을 대가로 더 약한 전사들을 자신의 보호 아래 둘 수 있다. 이러한 개인적 동맹관계의 체결은 그 당시 사람들이 다른 사람들의 공격으로부터 보호받을 수 있는 유일한 형태였다.

'봉건제도'는 종족의 규약과 기이한 대조를 이룬다. 종족이 해체되면서 필연적으로 새로운 집단, 새로운 통합형태가 생겨난다. 뒤따라 사회의 유동성과 팽창경향에 힘입어 강력한 개인화의 물결이 몰려온다. 나중에 봉토동맹, 길드조합, 신분조합 그리고 항상 되풀이하여 가족집단에 대한 개인화가 있었듯이 이 개인화는 종족집단과 관련된 그리고 일부는 가족집단과 관련된 개인화이다. 봉토서약은 기사 개인들 간에 의한 보호동맹의 증명서이며 땅을 나누어주고 보호해주는 전사와 병역을 제공하는 전사들이 서로 맺는 개인적 관계의 성스러운 확인이다.

왕은 운동의 초기단계에서 한쪽 편에 서 있었다. 그는 정복왕으로서 실제 전체영토에 대한 권한을 가지고 있었고 어떤 의무도 없었다. 그는 단지 땅을 나누어주기만 할 뿐이었다. 농노는 피라미드의 다른 면에 위치해 있었는데, 그에게는 아무런 땅도 없었고 단지 봉사와 공물의 의무만 있을 뿐이었다. 가운데에 위치한 모든 계급들은 우선 양면성을 띤다. 그들은 아래로는 땅과 보호를, 위로는 의무를 제공해야만 한다. 그러나 이와 같은 상호의존의 관계, 즉 그때그때 높이 위치해 있는 자들은 봉사, 특히 병역봉사에 의존하고 낮은 위치의 사람들은 토지와 보호에 의존하는 관계는 그 자체 내에 갈등의 소지를 안고 있으며 이 갈등은 특수한 위치변화로 이어질 수 있다.

봉건화과정이란 이러한 상호의존성의 관계에서 필연적으로 일어나는 위치변화와 다를 바 없다. 어떤 특정한 시기에 서구사회의 거의 모든 곳에서 좀더 높은 위치의 사람들이 아래 사람들의 봉사에 의존하는 정도가, 봉신들이 조그만 땅이라도 소유하게 될 경우, 영주의 보호에 의존하는 정도보다 더 높았다. 이는 땅이 주인을 먹여 살리는 이 사회에서 원심적 경향의 세력들을 강화시켰다. 이것이 바로 기사사회에서 진행되던 과정들의 단순한 구조이다. 이 과정이 진행되면서 이 사회의 전체 위계질서 안에서 예전의 하인들은 모두 주어진 봉토를 독립적으로 소유하게 되고, 이에 따라 그들의 직위는 재산과 군사력의 규모에 따른 단순한 서열표시로 변한다.

26. 후세의 관찰자들이 자신이 '정의'라 이르는 것을 봉건사회 기사들 간의 관계에 적용하지 않는다면 이러한 위치변화와 그 메커니즘 자체는 이해하기 어렵지 않을 것이다. 그만큼 자신이 살고 있는 사회의 사고습관은 강제적이라서 그 관찰자는 무의식적으로 다음과 같이 묻게 된다. 왕이나 공작들은 왜 자신에게 원래 속했던 영토의 권한을 가만히 앉아서 빼앗기고 말았을까? 왜 그들은 자신들의 '권리주장'을 하지 않았을까?

그러나 여기서 문제는 분화된 사회에서 '법적문제'라 부르는 것이 아니다. 봉건사회를 이해하는 데 전제조건이 되는 것은 우리가 우리 자신들의 '법적형식'을 법 자체로 간주해서는 안 된다는 점이다. 법형태는 어느 시대에나 그 사회구조와 일치한다. 산업사회에 고유한 보편적 성문법의 발달은 고도의 사회통합과 이와 연관해서 중앙제도, 즉 통치영역 내에서는 동일한 법규범에 보편적 타당성을 부여할 수 있으며 이 지역 내에서 성사되는 문서계약과 정해진 법 그리고 법 행사권을 가진 그 대표자들에 대한 존경을 강요할 만큼 충분히 강한 중앙제도의 발달을 전제로 한다.

현대에 들어와 법적 지위와 재산권 주장을 뒷받침해주는 권력은 그렇게 직접 눈에 보이는 것이 아니다. 이 권력은 너무나 거대하고 그 존재의 확실성과 그것으로부터 나오는 위협은 너무나 자명하여 그 자체가 거의 시험을 받지 않는다. 바로 그렇기 때문에 법을 자기 해명적인 것으로, 마치 하늘에서 떨어진 것으로, 그리고 권력장치가 다른 구조를 가지고 있으며 또 그것을 지원하지 않는다 하더라도 영원히 존재할 절대적인 것으로 간주하려는 경향이 현대사회에서는 강하다.

법제도와 권력구조 사이의 중간고리는 분화된 현대사회의 복합성에 상응하여 더 길어졌다. 법제도는 종종 권력구조와는 무관하게 운용되기 때문에——완벽하게 그렇지는 않다 하더라도——법은 옛날 사회에서나 현대사회에서나 마찬가지로 사회구조의 기능이고 상징이며 여러 상이한 사회집단들의 상호의존성과 종속성의 정도, 즉——동일한 사태의 다른 표현으로서——사회적 세력관계의 상징이라는 점을 간과하기 쉽다.[원주48]

[원주48] 그런데 이 법은 독립적 사법장치에 의해 고착화되고 기존질서의 유지에 관심을 가진 전문가집단의 존재로 인해 운동과 변화에 둔감해진다. 사회의 대다수 구성원들이 원하게 마련인 법적 안정성 자체는 변화에 대한 법의 저항성에 따라 좌우된다. 그리고 이는 앞에서 말한 사람들의 이해관계로 인해 조장되는 경향이 있다. 서로 의존하는 지역들과 사람들이 많으면 많을수록, 그에 따라 이 넓은 지역에 유효한 통일된 법이——통일된 통화단위와 마찬가지로——요청되면 될수록, 통화단위와 마찬가지로 그 자체로 통합의 기관이며 상호의존적 산물인 법과 사법장치는 모든 변화에 더욱더 강하게 저항하고 이 변화가 초래하는 혼란과 이해의 변동은 그만큼 더 심해진다. 이로 말미암아 권력장치의 '정당한' 기관은 물리적 폭력의 단순한 위협만으로 개인들과 사회집단들을 사회적 세력관계의 특정한 단계에서 한번 확립된 법규범과 소유규범에 복종하게 만들 수 있었다. 한번 확립된 법관계 및 소유관계의 보존과 결부된 이해관계는 너무 강하고, 통합의 증가로 인해 법에 실리는 무게 비중은 너무 커서 상호의존의 정도가 약한 사회의 구성원들이 쉽게 기울어지는 육체적 투쟁을 통한 사회적 세력관계의 재검증 대신 기존의 법에 순응하려는 지속적인 준비태세가 이 사회의 구성원들에게 나타난다. 사회의 내부에서 혼동과 갈등이 도를 넘어서면, 그리고 기존의 법을 유지하려는 이해관계가

봉건사회에서 이것은 숨김없이 드러난다. 사람들과 지역들 간의 상호의
존은 적었다. 전 지역을 통제할 수 있는 안정된 권력장치가 없었다. 소유관

사회의 넓은 영역에서 불확실해지면, 종종 몇 세기가 지난 후 그 사회의 집단들은 육체적 권
력투쟁을 통해 고착된 법이 실제의 사회적 세력관계와 일치하는지를 검토하기 시작한다.

농경위주의 사회에서는, 즉 사람들 간의 상호의존적 관계가 아직 발달하지 못한 사회, 그리
고 실제적이지만 아직 가시화되지 않은 사회의 관계망 전체가 개인보다 더욱 강력한 실체로
서 개인과 대립하고 있지 않은 사회에서는 모든 개인의 권리주장 뒤에 있는 권력과 사회적 힘
이 직접적으로 드러난다. 모든 소유주는 육체적 투쟁을 통해 자신이 군사력과 자신의 '권리주
장'을 뒷받침할 수 있는 충분한 사회적 힘을 아직 소유하고 있다는 것을 증명할 준비가 되어
있었고 또 그럴 태세를 갖추고 있어야만 했다. 넓은 지역에 사는 사람들 간의 관계가 긴밀해
지고 상호간의 교류가 비교적 빈번한 사회와 일치하는 법의 형태는 지역적·개인적 다양성을
거의 도외시하는 이른바 일반법이다. 다시 말하면 그것은 모든 지역에, 그리고 이 지역에 살
고 있는 모든 사람들에게 똑같이 적용되는 그런 법이다.

농경중심의 봉건사회에 존재하는 다른 종류의 상호의존성은 종종 일부 소집단이나 개인들
에게 오늘날 '국가'가 행사하는 그런 기능을 부여한다. 따라서 '법'도 훨씬 더 '개인적'이고 '지
역적'이다. 그것은 영주와 봉신, 이 집단의 소작농과 저 집단의 지주들, 시민집단들과 영주들
이 서로 체결하는 의무와 계약인 것이다. 이런 '법적 관계'에 관한 연구는 우리가 이 시기에
사회적 통합과 의존성은 낮았고 사람과 사람 간의 관계는 달랐다라고 말할 때 그것이 정말 무
엇을 의미하는지 생생한 개념을 제공해준다.

"우리는 도시 특허장에 지나치게 과장된 의미를 부여하지 않도록 조심해야 한다(Pirenne
는 *Les villes du moyen âge*, 168~169쪽에서 말한다). 플랑드르나 유럽의 어떤 다른
지역에서도 이 특허장들은 도시법의 총체적 성격을 획득하지 못했다. 그것들은 중요한 윤곽
을 설정하고 몇 가지 근본적인 원칙들을 표현하며 특수한 유형의 중요한 갈등들을 해결하는
데 그쳤을 뿐이다. 대부분의 경우 이것들은 특수한 상황의 산물이었고 그것들이 작성될 때 논
의되었던 질문들만을 고려했을 뿐이다...... 시민들이 여러 세기 동안 심히 근심스러운 마음
으로 이 헌장을 지켜왔던 것은 그것들이 자신들의 자유의 정수였기 때문이고 폭행을 당할 경
우 자신들이 일으키는 봉기를 정당화할 근거가 되었기 때문이지, 그것이 시민법 전체를 담고
있었기 때문은 아니었다. 말하자면 그것은 시민법의 뼈대였던 것이다. 특허장의 명문화를 둘
러싸고 쓰여지지 않은 것보다는 유용한 관습들과 용법들과 특권들의 생태군이 번식했다. 다
수의 헌장은 도시법의 발전을 미리 내다보고 예측했다는 주장은 타당하다...... 1127년 플랑
드르 백작은 브뤼주(Bruges) 시의 시민들에게 그들의 자치적 관습을 나날이 조금씩 늘릴 것
을 허용했다."

여기서 우리는 다시 한 번 통합의 다른 수준에 상응하여, 도시와 좀더 큰 봉건궁정의 관계
처럼 서로 다른 규모의 형성체들이 오늘날의 '국제' 관계와 거의 유사한 관계를 맺고 있다는
것을 알 수 있다. 또한 그들 간의 법적 계약은 오늘날의 국제협약과 동일한 규칙을 가지고 있
다는 사실도 알 수 있다. 즉 그것들은 이해관계와 사회적 힘의 변동을 그대로 따르고 있는 것
이다.

계는 상호의존성과 실제의 사회적 힘[역주5]의 측도에 따라 간접적으로 조정
되었다.

　현대사회에도 봉건사회의 기사들과 영주들 간의 관계에 비견할 만한 관
계가 있는데, 이를 통해 이 관계의 유형을 한층 명료하게 설명할 수 있다.

[역주5] '사회적 힘' 개념에 관한 부연설명 : 한 사람 또는 한 집단의 '사회적 힘'은 복합적인 현상
이다. 개인에 적용할 때 사회적 힘은 결코 그의 개인적·육체적 힘과 동일하지 않으며 전체
집단과 연관해서 그것은 그 개인의 개인적 힘의 집합과도 같지 않다. 그러나 육체적 힘과 기
민성은 어떤 경우에 사회적 힘의 근본요소가 될 수 있다. 육체적 힘이 사회적 힘에서 얼마만
한 몫을 차지하는가는 사회의 전체구조와 그 안의 개인위치에 달려 있다. 이 사회적 힘의 구
조는 사회 자체의 구조가 그런 것처럼 극히 다양하다. 예를 들면 산업사회에서는 설사 육체적
힘이 사회적 힘의 요소로서 다시 커다란 의미를 얻게 되는 발전단계가 있기는 했지만, 통상적
으로 한 개인의 강력한 사회적 힘은 미미한 육체적 힘과 결합될 경우가 많다.

　봉건 기사사회에서 강력한 육체적 힘은 사회적 힘의 필수요소이지만, 이것 혼자서 사회적
힘을 결정하지는 않는다. 좀 단순하게 말해보자. 한 사람의 사회적 힘은 그리고 힘의 기회는,
봉건 기사사회에서는 그가 실제로 소유하고 있는 토지의 규모와 생산성과 똑같다. 그의 육체
적 힘은 의심의 여지없이 이러한 권한의 근본요소이다. 자신의 육체를 공격과 방어에 투입할
수 없는 자, 기사에 걸맞은 태도로 싸우지 못하는 자는 장기적으로 아무런 기회도 얻지 못한
다. 그러나 이 사회에서 한번 큰 땅을 차지한 사람은 이 사회에서 가장 중요한 생산수단의 독
점자로서 자신의 개인적 힘을 넘어서는 기회, 즉 사회적 힘을 소유한다. 그는 땅에 의존하는
다른 사람들에게 땅을 떼어주고 그 대신 그의 봉사를 요구할 수 있다. 그의 사회적 힘이 그가
통제권을 가진 땅의 규모 및 수확과 일치한다는 것은, 동시에 그의 사회적 힘이 그의 부하들,
군대, 그의 군사적 힘만큼 크다는 것을 의미한다.

　그러나 이와 동시에 그 역시 자신의 영토를 보존하고 방어하려면 신하들의 병역에 의존해야
한다는 사실이 분명해진다. 여러 계급의 부하들에게 의존한다는 것은 그들의 사회적 힘 중 가
장 중요한 요소이다. 봉사에 대한 의존성이 커지면 그의 사회적 힘은 줄어든다. 비소유계층의
땅에 대한 수요가 늘어나면 이미 땅을 가진 자들의 사회적 힘은 늘어난다. 한 사람 또는 한
집단의 사회적 힘은 오로지 비례관계만으로 표현될 수 있다. 위에서 언급한 것이 간단한 사례
이다.

　'사회적 힘'에 대한 천착은 그 자체로 하나의 과제이다. 과거와 현재의 사회적 과정을 이해
하는 데 그것이 얼마나 중요한지는 더 말할 필요도 없을 것이다. '정치권력' 역시 사회적 힘
의 특수한 형태와 다르지 않다. 따라서 사람들이나 집단들, 사회계층들과 국가들의 행동과
운명은, 당사자들 스스로 무슨 말을 하든 무엇을 믿든 상관없이 그들이 실제 가지고 있는 사
회적 힘을 살펴보지 않고는 제대로 이해될 수 없다. 모든 국가들의 사회적 역학 관계망을 분
석을 통해 밝혀낸다면 정치 게임 자체의 도박성과 신비성은 사라져버릴 것이다. 이를 연구
할 수 있는 정확한 방법을 찾아내는 것, 이것이 미래의 사회학에 주어진 수많은 과제들 가운
데 하나이다.

그것은 바로 국가 간의 관계이다. 이 관계에서도 결정적인 요인은 극히 명백하게 사회적 힘이며, 이 사회적 힘에는 경제구조에서 오는 상호연관성 및 상호의존성 외에 군사력이 비교적 주요한 몫을 차지한다. 그런데 중세사회처럼 현대사회의 국제관계에서도 군사적 잠재력은 다시금 영토의 크기와 생산성, 그 땅 위에 살고 있는 사람들의 수와 노동잠재력에 의해 함께 결정된다.

국제관계를 규제하는 법, 즉 그 관계 안에서 타당성을 가질 수 있는 종류의 법은 여기에도 없다. 이러한 국제법을 후원할 수 있는 상위 권력구조가 현재로선 없는 것이다. 상응하는 권력장치가 없는 국제법의 존재는 민족들 간의 관계를 장기적으로 볼 때 오로지 사회적 역학관계에 따라 조정됨을 의미한다. 또한 그것은 이 세력관계의 모든 변화, 그리고 국가들의 다양한 집합체 내에서 한 국가의 권력증대는 지금——상호의존성이 증가하는 지금——지구공동체 안에서 자동적으로 다른 국가들의 권력 감소를 의미한다는 사실을 감추지는 못한다.

또한 전 세계적인 시민사회가 이 분야에서 '폐쇄된 기회의 체제'로 접근하면 할수록, 여기에서도 '가진 자'와 '못 가진 자', 즉 욕구와 수준에 부합할 만큼의 영토나 생산수단을 충분히 가지고 있는 자들과 못 가진 자들 사이에 갈등이 증폭될 것이다.

중세사회에서 영주들 간의 관계와 산업사회의 국제관계 사이에 볼 수 있는 유사점은 우연 이상이다. 즉 이 유사점은 서구사회의 발전곡선 자체에 그 뿌리를 두고 있는 것이다. 이러한 발전과정에서 상호의존성이 점점 더 증가하면서 유사한 종류의 관계가 형성되는데, 그 중 하나가 법적 형식이다. 이 법적 형식은 처음에는 비교적 작은 단위의 지역들 사이에, 나중에는 점점 높은 규모와 통합의 차원에서 존립한다. 물론 다른 규모의 집단으로 이행하는 것은 어느 정도의 질적 변화를 초래하지만. 지금 우리가 대충 그려본 과정, 즉 내적으로 어느 정도 평화를 이룬, 그러나 밖으로는 전투자세에 임하고 있는 통합단위의 발생과정이 인간의 행동 및 본능구조의 변화, 문명화과정에 어떤 의미를 가지고 있는지는 차후에 전개될 것이다.

실제로 봉건영주들 간의 관계는 오늘날의 국제관계와 비슷하다. 그러나 10세기와 11세기 장원들 간의 경제적 연관성, 교환과 분업의 정도는 오늘날과는 비교할 수 없을 정도로 낮았고 이에 상응하여 전사들 간의 경제적 상호의존성도 적었다. 그런 만큼 그들 개인 간의 관계에 결정적인 요소는 그들의 군사력, 부하들과 소유영토의 크기였다. 거듭해서 관찰할 수 있는 것은 이 사회에서는 충성서약이나 계약이 ――오늘날 국제관계와 유사하게 ――지속적으로 사회적 힘의 변화를 저지할 수 없었다는 점이다. 봉신의 충성도는 결국 동맹자들 간의 의존성의 실제정도에 따라, 한편으로는 영토와 보호를 제공하고 그 대신 넓은 의미에서 봉사를 필요로 하는 자들과 다른 한편으로 봉사를 제공하고 땅과 보호를 요청하는 자들 간의 수요와 공급의 게임에 따라 조정된다. 영토확장과 정복 또는 새 영토의 개척이 어려워지면, 우선 봉사를 제공하고 토지를 얻는 자들의 편에 보다 큰 기회가 주어진다. 이것이 바로 이 사회에서 전개되었던 위치변화, 즉 신하들의 독립화의 배경인 것이다.

영토란 이 사회에서는 항상 그것에 대한 실권을 가진 자, 소유권을 정말 행사하는 자, 수중에 들어온 것을 지킬 수 있는 자들의 '재산'이다. 그러므로 봉사를 얻기 위해 봉토를 나누어주는 자는 일차적으로 봉토를 받는 신하, 즉 봉신보다 불리할 수밖에 없다. '봉건 주군'은 봉토에 대한 '권리'를 가지고 있지만, 실제 그것을 사용할 수 있는 권한은 봉신에게 있는 것이다. 봉신이 한번 땅을 가지게 되면, 그는 넓은 의미에서 보호를 필요로 할 때에만 주군에게 의존한다. 그러나 보호는 항상 필요한 것이 아니다. 외적이 침입하여 봉신들이 왕의 보호와 지휘를 필요로 할 때, 또 왕이 새 영토를 정복하여 분배해줄 수 있을 때에는 봉건사회의 왕이 강해진다. 그 반대로 신하들이 위협받지 않을 때, 새 영토를 기대할 수 없을 때 왕이 약해지는 것과 마찬가지로, 예전에 봉토를 얻은 자들이 왕의 보호를 필요로 하지 않을 때 소규모의 영주들은 약해지는 것이다.

어떤 수준의 영주도 폭력을 사용하여 봉신들 중 한두 명에게 의무이행을 강요할 수 있으며 또는 봉토에서 내쫓을 수 있다. 그러나 그는 모든 봉신들은 차치하고라도 다수에게조차 그런 식으로 행동할 수는 없다. 왜냐하면 어떤 전사를 축출하려면 다른 전사들의 도움이 필요하거나—농노들을 무장한다는 생각은 하지 않았으므로—새 사람들을 고용하려면 새 영토가 필요했기 때문이다. 또한 정복의 과업을 위해서도 새로운 사람들이 필요했다. 이런 식으로 서프랑크 지역은 10세기와 11세기에 실제로 수많은 대소 제후국들로 분열되었다. 모든 남작, 부백작, 영주들은 자신들의 성 또는 성들로부터 영지나 영지들을, 마치 통치자가 국가를 다스리듯이 통제한다. 명목상의 봉건군주, 즉 좀더 중앙에 가까운 권위의 힘은 약하다. 땅에 대한 실제 권한을 가지고 있는 봉신들이 군주의 보호에 의존하는 정도를 봉신들의 봉사에 대한 영주의 의존도보다 적게 만든 이 수요와 공급 게임의 강제적 메커니즘이 영향력을 발휘한 것이다. 소유의 분열, 즉 땅에 대한 권한이 왕에게서 등급화된 전사사회 전체로 이양—바로 이것이 '봉건화'이다—되는 현상이 최고조에 달한 것이다. 이러한 강한 분열현상과 함께 나타나는 사회적 긴장관계는 동시에 반대방향으로의, 즉 새로운 중앙집중화의 동력을 함축하고 있다.

제8절 중세 연가 및 궁정 일상의례의 사회발생사

27. 봉건화과정은 두 단계로, 즉 앞서 언급했던 극심한 분열의 단계와 이 운동이 점차 후퇴하기 시작하고 느슨한 형태로나마 어느 정도 큰 범위의 재통합이 등장하는 시기로 나누어진다. 이러한 극심한 분열상태를 출발점으로 삼는다면, 이로부터 하나의 장구한 역사적 과정, 즉 점점 더 넓은 지역과 많은 사람들이 상호의존하게 되고 결국 확고한 조직을 갖춘 통합단위의 발생으로 이어지는 과정이 시작된다.

10세기 그리고 11세기에도 여전히 영토분열은 계속된다. 이제 어느 정도 효과적인 활동을 펼칠 수 있을 정도의 통치영토를 가지고 있는 사람은 없는 듯해 보인다. 봉토와 통치기회, 권리는 점점 더 갈라진다. ……
위에서 아래로, 전체 위계질서의 사다리 곳곳에서 권위란 권위는 모두
분열을 향하고 있다.

그러자 11세기에 이미, 그리고 12세기에는 특히 두드러지게 반작용이
시작된다. 역사상 다양한 형태로 수차 반복되던 현상이 나타난다. 더 유
리한 위치에 있고 더 커다란 기회를 가진 영주들이 봉건운동을 장악한
다. 그들은 굳어지기 시작하던 봉건법을 새로운 방향으로 틀어버린다.
이 법들은 봉신들에게 불리하게 굳어진다. 그들의 노력은 좀더 커다란
역사적 연관성의 도움을 받는다. ……그리고 이 반작용은 우선 일차적으
로 한번 획득한 지위의 공고화란 의미에서 진행된다.[원주49]

전사사회가 개인에게 비교적 커다란 상승기회와 확장기회를 주던 유동
적 단계에서 각자가 자신이 가진 것을 확실하게 보존하는 폐쇄적 지위의
단계로 서서히 넘어간 이후 전국에 흩어진 소왕들, 즉 '레굴리'(reguli)처
럼 자신들의 성에 군림하던 무사들 사이에서 다시금 무게중심이 움직인다.
소수의 부유한 대영주들이 다수의 소영주들을 제치고 사회적 힘을 획득하
게 된다.

이와 함께 서서히 작동하기 시작하는 독점 메커니즘에 관해서는 앞으로
더욱 상세하게 다룰 것이다. 우리는 여기에서 이 때부터 더욱 단호하게 소
수의 대영주들에게는 유리하게, 다수의 소영주들에게는 불리하게 작용하는
요소들 중 한 가지, 즉 점진적인 상업화의 의미를 언급하고자 한다. 의존의
그물망, 땅에 대한 수요와 공급의 상호작용, 그리고 보호와 봉사는 분화가
덜 이루어진 10세기와 11세기의 사회에서는 비교적 단순했다. 11세기에는
서서히, 12세기에는 좀더 빠른 속도로 이 그물망은 복잡해진다.

오늘날의 연구수준으로는 이 당시 유통되던 화폐수단과 상거래의 성장
을 정확하게 규정하기 어렵다. 이런 자료가 있다면 사회적 세력관계의 변

[원주49] Jos. Calmette, *La société féodale*, p.71.

화를 실제로 조망할 수 있는 가능성이 있었을 것이다. 물물경제가 그 후 오랫동안 이 사회에서 훨씬 우위를 점했다 하더라도, 일단 여기에서는 노동의 분화, 시장 및 화폐유통 영역이 꾸준히 성장하고 있었다는 점을 언급하는 것으로 충분할 것이다. 이와 같은 상업유통과 화폐유통의 성장은 소수의 부유한 대지주들에게는 커다란 도움을 준다. 이 대부분의 소영주들은 장원에서 살아가면서 그곳에서 생산되는 것들을 직접 소비한다. 상거래망과 교환관계망과 이들 간의 관계는 극히 미미하다. 그에 반해 대지주들은 단지 장원의 잉여생산물을 통해 상거래관계망으로 흡수된 것은 아니다. 성장중에 있던 수공업자 및 상인 주거지, 즉 도시들은 대개 대장원의 요새들이나 행정중심지에 붙어 있었는데, 대지주와 그 지역 도시공동체들 간의 관계가 아무리 변동이 심했다 하더라도, 또 그것이 아무리 불신, 반목, 공개적인 투쟁과 평화협상 등으로 점철되었다 하더라도 궁극적으로 도시와 그들이 내는 세금은 대지주들을 소지주들에 비해 더욱 강력하게 만들어준다.

　도시는 봉사의 대가인 봉토의 하사에서 봉신들에 의한 봉토의 점령으로 이어지는 영원한 순환으로부터 대지주들을 벗어나게 해주고 원심적 세력들에 대항할 수 있는 기회를 부여한다. 대지주들의 장원은 직간접적으로 상거래망에 편입되어 있기 때문에 자연적 원료를 통해서든 주조 또는 비주조 귀금속을 통해서든 대부분의 소지주들에게는 없던 부가 대지주들의 궁정으로 쏟아져 들어와 쌓인다. 이러한 기회는 불리한 처지의 전사들이나 토지로부터 쫓겨난 자들에 의한 고용공급의 확대와 기회에 대한 수요의 증가와 만나게 된다.

　사회의 확장가능성이 줄어들면 들수록 상류층을 포함한 모든 계층들의 노동예비군은 증가한다. 상류층 출신 중 많은 사람들도 어떤 일을 해서든 대영주의 궁정에서 의식주를 해결할 수 있다면 만족할 정도였다. 그들이 우연히 영주의 은혜를 입어 한 떼기 땅, 봉토라도 얻는다면 그것은 특별한 행운이었다. 독일에서 널리 알려진 발터 폰 데어 포겔바이데의 일화는 이런 점에서 많은 프랑스인들의 일생에도 전형적인 운명이다. 그리고 이러한 사회적 불가피성을 토대로 하여 고찰할 때 발터의 외침 "내 봉토를 가졌다"

뒤에 어떤 굴욕과 함께 헛수고로 끝나는 청탁, 실망들이 숨어 있는지 어렴풋이나마 추측할 수 있다.

28. 대지주들, 왕과 공작, 백작, 고위 남작 또는 더 일반적 용어를 사용한다면 지역제후들은 그들의 창고에 쌓이는 재화 덕분에 점점 많은 수의 사람들을 끌어모을 수 있게 된다. 몇 세기 후 이와 아주 유사한 과정이 좀더 고도의 통합단계에서 절대제후나 왕들의 궁정에서도 일어난다. 그러나 이 때에는 사회적 관계망이 복잡해지고 상거래와 화폐거래는 이미 상당히 발전되어 있어, 전 통치영역에서 들어오는 정기적인 세금과 절대군주가 이 세수로 설립한 상비군, 즉 귀족 장교들 밑으로 농부 및 시민계급 출신 병사들을 둔 상비군은 원심적 세력들, 즉 귀족지주들의 자립화 욕구를 전국에 걸쳐 철저하게 무력화시킬 수 있었다. 그러나 12세기에는 아직 국가통합이 그 정도로 진전되지 않았고 교통 및 상거래망도 그렇게 광범위하게 건설되어 있지 않았다. 왕국과 같은 규모의 지역에서 원심력에 지속적으로 대처하기란 불가능했다. 공작령이나 백작령에서조차 영주의 통제권으로부터 벗어나려는 봉신들을 제압하기가 어려웠다.

사회적 힘의 증가는 우선 일차적으로는 봉토로 떼어주지 않은 가문령이 많은 부유한 대영주들의 몫이었다. 왕위를 가진 자도 이런 측면에서는 다른 대영주들과 차이가 없었다. 대영주들이 자신들의 넓은 소유지 덕분에 상거래와 화폐거래에서 거두어들이는 기회는 우선 한 영토 내에서 소박하게 자족적으로 살아가는 작은 토지 소유의 기사들에 대한 군사적 우위를 그들에게 부여한다. 그 시대의 여행조건이 나빴다는 점을 감안하더라도 한 영토의 경계 안에서는 중앙권력의 손길이 그리 어렵지 않게 미칠 수 있었다. 이 모든 요인들이 복합적으로 작용하여 이 정도의 발전단계에서는 중간규모의 통치영역을 가진 영주들, 다시 말해 왕국이나 후세의 의미에서 '국가'보다는 작고 대부분의 기사들이 가진 땅보다는 큰 영지를 가진 영주들에게 특별한 사회적 중요성이 부여된다.

그러나 그렇다고 해서 이 수준의 발전단계에서 정말 안정된 정부조직과

행정조직이 이 규모의 영토 안에서 확립될 수 있을 정도는 아니었다. 이 당
시 지역 간의 상호의존성과 화폐의 확산은 돈으로만 또는 주로 돈으로 급
여를 주는 관료들을 고용하여 엄격한 중앙체제를 이룰 수 있는 가능성을
가장 부유하고 가장 고위의 영주들에게조차 허용하지 않을 정도의 수준에
있었다. 공작, 왕이나 백작들이 자신의 영지 안에서 어느 정도 사회적 힘을
주장하기까지는 온갖 투쟁이 필요했고, 투쟁의 불길은 끊임없이 타올랐다.
이 싸움들이 어떻게 끝나든 봉신들과 소규모 영지의 기사들은 예나 마찬가
지로 자신의 영지 안에서 지배권과 지배기능을 유지한다. 그들은 이곳에서
는 소왕처럼 군림하는 것이다.

   그러나 대영주들의 궁정들은 사람들로 가득 차고 그들의 창고는 들락날
락하는 물자들로 넘쳐흐르는 반면 대다수의 기사들은 자족적인, 종종 무척
검소한 생활을 계속했다. 이들은 농부들로부터 거두어들일 만한 것이라고
는 모두 거두어들였다. 그들은 능력이 닿는 대로 아들과 딸들, 몇 명의 하
인들을 먹여 살렸다. 기사들은 끊임없는 상호분쟁에 얽혀 있었다. 이들이
자기 밭에서 생산되는 것보다 좀더 많이 얻을 수 있는 유일한 방법은 다른
기사들의 밭을 불지르거나 수도원에 속하는 지역을 약탈하는 것이었으며,
화폐유통이 점차 활발해지고 화폐수요가 커지면서 도시들이나 운송물자를
습격하고 포로들의 석방금을 챙기는 것이었다. 전쟁, 강도, 습격과 약탈은
농경생활에 기반을 둔 전사들에게는 정상적인 수입형태였으며, 게다가 그
들에게 열려 있는 유일한 수입원천이었다. 궁하게 살면 살수록, 그들은 이
런 형태의 수입에 더 의존하게 되었다.

   말하자면 상업화와 화폐화의 점진적 진행은 실제로 대다수의 소기사들
에 비해 소수의 대지주들과 영주들에게 훨씬 더 유리하게 작용했던 것이
다. 그러나 왕, 공작이나 백작들의 우세는 절대주의 시대만큼 그렇게 크지
는 않았다.

   이와 유사한 무게중심 이동은 이미 말했듯이 역사적으로 드물지 않은 일
이다. 대시민계급과 소시민계급으로의 분화는 20세기를 살고 있는 우리 관
찰자들에게 아마 가장 친숙하게 느껴질 것이다. 이 분화과정에서도 신분상

승과 부축적의 가능성이 중소자산가에게도 비교적 열려 있던 자유경쟁시기를 거쳐, 점차 무게중심이 시민계급 내에서도 경제적으로 약한 집단에게는 불리하게, 경제적으로 강한 집단에게는 유리하게 이동한다. 중소자본을 가진 자는 새로 개척된 몇몇 소수분야를 제외하고는 큰 재산을 모으기가 힘들어진다. 대자본가들에 대한 중소자본가들의 직접적·간접적 종속성은 커진다. 후자에게 기회가 줄어드는 반면, 전자에게는 거의 자동적으로 확장의 기회가 점점 넓게 열린다.

이와 유사한 일이 11세기와 12세기의 서프랑크 기사사회에서도 벌어진다. 사회의 물물경제, 농업경제 부문의 확장가능성은 거의 소진되었다. 분업 및 사회의 상업부문은——종종 후퇴를 감수해야 하지만——아직 확장과 성장중에 있다. 대다수의 기사 영주들은 이런 확장에 아무런 이득도 보지 못하지만 소수의 대지주들은 이 확장에서 한몫을 하고서 이득을 얻는다. 이와 함께 봉건 기사사회 안에서도 분화가 일어나는데, 이는 생활태도와 생활양식에 아무런 결과도 남기지 않은 채 지나가지는 않는다.

루셰르(Luchaire)는 필리프 존엄왕 당시의 사회를 비길 바 없이 탁월하게 묘사하면서 다음과 같이 말한다. "봉건사회 전체는 한 엘리트 층을 제외하고는 9세기 이래 자신들의 습관과 풍속을 거의 바꾸지 않는다. 어디서나 성주들은 강도같이 잔인한 검객들이다. 전쟁에 나가고 무술시합에 참가하며, 평화시기에는 사냥으로 나날을 보낸다. 방탕한 생활로 패가망신하기도 하고 농부들을 못살게 굴며 이웃을 협박하고 교회 경작지를 약탈한다."[원주50]

서서히 증가하는 분업과 화폐화에 영향받는 계층들이 유동하고 있었다. 다른 이들은 꼼짝 않거나 억지로 또는 수동적으로 변화하는 힘의 물결에 휩쓸려 들어갔다. 이 계층 또는 저 계층에 '역사가 없다'라고 말하는 것은 결코 옳지 않다. 우리는 단지 다음과 같은 말을 할 수 있을 뿐이다. 즉 소

[원주50] A. Luchaire, *La société française au temps de Philippe Auguste*(Paris, 1909), p.265.

지주들과 기사들의 생활조건은 단지 서서히 변할 뿐이다. 이들은 교환망, 화폐 흐름, 이와 더불어 온 사회 구석구석에서 일어나는 급속한 운동에 직접적으로, 적극적으로 참여하지 않는다. 이들이 사회적 운동의 자극과 진동을 느끼기 시작했을 때는 이미 상황은 이들에게 극히 불리하게 되어버렸을 때이다.

지주나 농부들이 자급자족의 토대에서 쫓겨나 급류 속에 거의 강제적으로 휩쓸려 들어갈 때까지 이 모든 것들은 그들에게는 우선 이해할 수 없는 장애현상, 증오의 대상이었다. 그들은 자신들에게 속한 땅, 외양간과 소농들의 노동이 가져다주는 것을 먹는다. 그 점에서 변한 것은 아무것도 없다. 그것마저 부족해지거나 더 많이 가지고 싶으면 강도질이나 약탈질 등 폭력을 써서 빼앗아온다. 그것은 쉽게 조망할 수 있고 구속받지 않는 단순한 삶이다. 여기의 기사들은 나중의 농부들처럼 어떤 점에서는 아직 자기 땅의 주인이다. 세금, 장사, 돈, 물가의 상승과 하락 같은 이 모든 것은 그들에게는 낯설고 종종 적내적인 딴 세상의 현상들인 것이다.

중세와 그 이후까지 사회화된 인간들의 대다수가 속해 있던 사회의 농경부문은 이 초기단계에도 아직 역사적·사회적 운동의 영향이 미치치 않은 곳이다. 모든 충격에도 불구하고 이 영역 내의 근본적 변화는 다른 계층의 변화와 비교해볼 때 극히 미미하다. 그것은 '역사가 없지 않다'. 그러나 중세의 대다수 사람들에게, 그리고 시간이 많이 흘러 근대에 가서야 비로소 감소된 수의 사람들에게는 항상 똑같은 삶의 조건이 재생산된다. 이곳에서는 주로 그 자리에서, 즉 동일한 경제단위의 범위 안에서 생산하고 소비하는 형태가 지속된다. 사회의 여타 다른 영역과의 초지역적 연관성은 나중에 가서야 그리고 간접적으로 감지된다. 상업부문에서 빠른 속도로 발전하는 분업과 노동기술은 여기에서는 단지 점진적인 진보를 겪을 뿐이다.

화폐의 그물망으로부터, 눈에 보이지 않게 얽히는 의존의 그물망과 분화하는 기능의 그물망으로부터 나오는 저 특이한 강제성, 엄격한 통제와 제약이 인간의 정신을 구속하게 되는 것은 세월이 훨씬 흐른 다음이다. 본능과 행동은 이곳에서는 훨씬 더 머뭇거리면서 문명화과정에 종속된다.

이미 언급했듯이 중세와 그 이후에도 오랫동안 낮은 수준의 분업과 초지 역적 관계망, 그리고 강한 수구적 경향을 지닌 농경영역과 물물경제영역이 인구의 대다수를 포함한다. 문명화과정을 제대로 이해하기 위해서 우리는 역사의 다성적 구조, 다시 말하면 한 계층의 느린 변화속도와 다른 계층들 의 빠른 변화속도 그리고 이들 간의 비율 등을 유의해야 한다.

중세세계에서 이렇게 서서히 움직이는 농경부문의 지배자들, 즉 기사들 은 대개 행동과 충동면에서 화폐의 순환에 직접 묶여 있지 않다. 그들 대부 분은 자신들의 생계유지의 수단으로 자신의 칼 이외에 다른 어떤 것도— 다른 어떤 직접적인 의존도—알지 못한다. 기껏해야 육체적으로 제압당 하는 것, 확실하게 우위에 있는 자의 전쟁위협, 다시 말하면 외부로부터의 직접적인 물리적 강제만이 그들을 자제하게 할 수 있다. 그 외에 그들의 감 정은 억눌림 없이 자유롭게 삶의 온갖 공포와 온갖 기쁨으로 출구를 찾는 다. 이들의 시간이—돈과 마찬가지로 시간은 사회적 의존성의 기능이다 —타인에 대한 의존, 종속으로 인하여 연속적인 분할 또는 조정을 강요받 는 경우는 드물다. 충동도 마찬가지다. 그들은 거칠고 잔인하며 폭발하기 쉽고 순간적 쾌락에 빠지기 쉽다. 그들은 그렇게 할 수 있다. 그들이 처한 상황에서 스스로 자제하도록 그들에게 강요하는 것은 아무것도 없다. 그들 이 받은 교육에서 엄하고 안정된 초자아라고 말할 수 있는 것, 자기통제로 변형된 외부강제와 외적 종속의 기능은 없다.

중세가 끝나갈 무렵 대영주가 지닌 봉건적 궁정의 영향력 안으로 흡수된 기사들의 수는 상당해진다. 제1권에서 일련의 회화들을 통해 묘사된 기사 들의 생활사례들은 이 당시의 기사들로부터 유래한다. 그러나 대부분의 기 사들은 이 때에도 9세기나 10세기와 별 다를 바 없이 살았다. 그렇다. 물 론 수적으로는 줄어들었지만 많은 지주들이 중세가 훨씬 지난 후에도 비슷 한 생활을 영위했다. 우리가 조르주 상드(George Sand)와 같은 여류 시 인의 말을 믿는다면—그녀 자신은 명시적으로 역사적 진실성을 보장했다 —그렇게 무절제한 봉건적 인물들은 프랑스 혁명 직전까지 프랑스 지방의 구석구석에 존재했었는데, 이들은 외적 상황 탓에 훨씬 더 거칠고 무시무시하고 포악했다. 그녀는 이 마지막 중세성들 중 하나에서 겪은 삶을 그녀의 단편『모프라』(*Mauprat*)에서 그리고 있는데, 이 성들은 스스로 변해서 그렇다기보다는 주변의 사회가 변했기 때문에 마치 강도소굴과 같은 성격을 띠게 된다.

제 할아버지는(라고 이야기의 주인공이 말한다) 그 때부터 여덟 아들들과 함께 …… 수세기 동안 프랑스를 뒤덮고 횡행하던 봉건 폭군족들 중 우리 지방이 보존하고 있던 마지막 부스러기가 되었어요. 혁명적 대격변을 향해 빠른 속도로 걸어가던 문명은 이러한 강제징수와 조직적 약탈을 점점 더 강력하게 짓밟기 시작했어요. 멀리 우아한 궁정에서 새어 나오는 반사광이었던 교육의 빛, 고상한 취미 그리고 아마 그 사람들 스스로의 비밀스럽고 무서운 각성에서 오는 예감 등이 그 단정치 못한 귀족 패거리들의 성채로, 반시골풍의 영지로 침투해 들어왔지요.

10세기, 11세기, 12세기의 대다수 상류층에게 특징적이었던 행동방식이, 유사한 삶의 조건으로 인해 이 당시에도 몇몇 국외자들에게서 발견된다는 사실을 보여주려면 이 부분의 묘사 전체를 여기에 인용해야만 할 것이다. 그들에게서는 여전히 억제되지 않고 숨 죽여지지 않는 적나라한 충동이 보인다. 그들의 충동은 주변사회가 익히 알고 있는 다양한 종류의 세련된 오락으로 변하지 않았다. 근본적으로 성적 충동의 대상으로만 간주되는 여성들에 대한 불신, 약탈과 강간에 대한 기쁨, 어느 누구도 자기 위의 주인으로 인정하지 않으려는 아집, 생활의 토대가 되는 농부들의 굴종 그리고 그 뒤에는 무기로도 물리력으로도 잡을 수 없는 절박함, 즉 빚더미, 기대치와 날카로운 대조를 이루는 삶의 곤궁, 주인이나 농부 할 것 없이 모두에게서 나타나는 돈에 대한 불신감 등은 여전했다.

모프라는 돈을 요구하지 않았다. 금전적 가치는 이 나라의 농부들이 가장 힘들게 얻을 수 있는 것이었고 가장 질색하는 부분이었다. 그에게 돈은 육체적 노동과는 다른 것을 의미했기 때문에 "돈은 소중하다"는 것은 그가 쓰는 격언 중 하나였다. 돈은 외부사물들 및 사람들과의 교류였고 예측과 경계의 노력이었으며 시장이었고, 그의 무관심한 습관을 뒤흔들어 놓은 일종의 지적 투쟁이었으며, 한 마디로 말해 일종의 정신적 노고였다. 바로 이 점이 무엇보다 그에게 가장 고통스럽고 혼란스러운 것이었다.

이곳은 상거래와 분업이 얽어낸 넓은 그물망 속에서 아직도 농업경제를 위주로 하는 내성이다. 사람들은 화폐의 물살에 끌려들어가지 않으려고 발버둥치지만 더 이상 어쩔 수 없다. 무엇보다 세금이, 그리고 직접 생산하지 못하는 것들을 사야만 하는 필요성이 이 방향으로 그들을 몰아대는 것이다. 그러나 돈의 사슬에 속박됨으로써 사람들에게 부과되는, 필수적인 육체노동의 정도를 넘어서는 성향억제, 특히 불투명한 통제와 예측은 이 영역에서는 언제나 증오의 대상이 되는 그리고 근본적으로 불가해한 강제일 뿐이다.

이 인용문의 인물들은 18세기 말의 영주들과 농부들이다. 그것은 이 사회영역의 느린 변화속도와 거기에 소속된 사람들의 태도를 다시 한 번 예를 통해 보여주기 위한 것이다.

29. 11세기 동안, 좀더 뚜렷하게는 12세기에 수많은 성들, 크고 작은 영지들이 빼곡히 들어선 프랑스의 농경적 풍경으로부터 두 종류의 사회기관들이, 그리고 두 가지 새로운 주거형태와 통합형태가 돌출한다. 그것이 바로 대영주들의 궁정들과 도시들이다. 이 두 주거지의 주민들이 불신과 적대감을 가지고 서로를 대했다 하더라도 이 두 제도는 그 사회적 발생원인에 따르면 밀접한 관계에 있다.

이를 오해해서는 안 된다. 다시 말하면 직간접적으로 교환과 분업에 근거하여 점점 더 많은 수의 사람들의 생활토대로 변모하는 분화된 주거형태가 분화되지 못한 물물경제영역에 단번에 맞서게 된 것은 아니다. 우선 극히 서서히, 물자가 자연상태에서 소비에 이르는 과정에서 새로운 경제적 독립단계들이 생겨난다. 이와 마찬가지로 조그만 장원에서 이루어지던 경제활동형태에서 한 걸음 한 걸음씩 도시 및 대봉건궁정들이 자라나게 되는 것이다. 그러나 12세기와 그 이후 오랫동안에도 도시 취락지뿐만 아니라 대궁정들도 19세기 도시들과 소위 개방경지의 관계처럼 그렇게 분리되어 있지는 않았다. 정반대로 도시와 농촌의 생산물은 아직 밀접한 연관관계에 있었다. 얼마 되지 않던 대봉건궁정들도 잉여수확이나 그들에게 쏟아져 들어오는 현물지대뿐만 아니라 늘어나는 사치품 수요로 인해 물류망과 시장에 연결되어 있었지만, 아직도 영지의 생산물이 그들의 일상적 수요의 대부분을 충족시키고 있었다. 이 대궁정 역시 이런 점에서는 주로 농업경제적인 궁정이었다.

어쨌든 바로 이 영지의 큰 규모가 그 안에서 이루어지는 작업의 분화를 가져온다. 고대의 노예장원들이 일부는 시장을 위해서, 또 일부는 직접적으로 주인의 큰 살림을 위해 생산을 했고 이런 의미에서 좀더 분화된 형태의 비시장경제 및 작업형태라고 할 수 있었듯이 이 대영주의 소유장원도 그러했다. 이는 그 안에서 어느 정도 단순하게 이루어지는 노동에 해당되지만 특히 작업의 조직은 더더욱 그렇다. 대영주들의 소유지는 결코 어느 특정한 장소 위에 세워진 하나의 장엄한 복합체가 아니다. 소유지는 극히 다양한 경로를 통해, 즉 정복, 유산상속, 증여나 결혼을 통해 서서히 수중으로 들어온 것이다. 이 소유지들은 대개 한 통치영토 안의 여러 지역에 산재해 있었고 이런 연유로 작은 영지처럼 한눈에 들여다보기가 힘들었다. 영지의 출입을 감시하는 사람들, 우선 극히 단순하게 보일지라도 회계를 맡고 있는 사람들, 그리고 동시에 공물납부를 감독하고 더 나아가 전 영토의 행정을 책임지는 사람들 등으로 이루어진 중앙행정기구가 필요했다.

"조그만 봉건궁정은 지적 관점에서 보면 극히 초보적인 기관이었다. 특히 영주 스스로가 일자무식인 경우는 더욱 그러했다."[원주51] 부유한 대영주

[원주51] Ch. H. Haskins, *The Renaissance of the Twelfth Century*(Cambridge,

들의 궁정은 우선 관리를 목적으로 학식 있는 성직자 참모진을 끌어들인다. 그러나 이 대봉건영주들은 이미 말했듯이 이 당시 그들에게 열려 있던 기회들 덕분에 자신들의 영토 내에서는 가장 부유하고 가장 힘센 자들이었다. 따라서 이러한 가능성과 함께 자신의 지위를 궁정의 화려한 치장으로 표현하려는 욕구를 강하게 느끼고 있었다. 그들은 다른 어떤 기사들보다 부유할 뿐 아니라 어떤 도시시민들보다 부유했다.

따라서 대궁정들은 이 당시 도시보다 더 커다란 문화적 의미를 지니고 있었다. 궁정들은 지역제후들 간의 경쟁으로 인해 각 지역의 권력과 부를 대표하는 장소가 되었다. 영주들은 행정적 목적에서뿐만 아니라 자신들의 행적과 운명을 기록하는 사가들로서 문필가들을 불러들였다. 그들은 자신과 부인에게 찬가를 불러주는 악사들에게 관대함을 보였다. 대궁정들은 '문학적 후원의 잠재적 중심지'와 '역사기술의 잠재적 중심지'로 부상한 것이다.[원주52] 당시 아직 서적시장은 형성되지 않았다. 따라서 세속사회의 범위 내에서 문필활동을 전문으로 하는 사람들, 그것으로 먹고살아야 하는 사람들에게는 성직자이든 아니든 관계없이 궁정의 후원이 유일한 생계유지의 형태였다.[원주53]

역사적으로 항상 그렇듯이 여기에서도 사회가 분화되고 부유하고 세련된 사교집단이 형성되면서 좀더 단순한 형태의 시작(詩作)으로부터 고도의 세련된 시작이 발전한다. 이 당시의 시인은 익명의 독자를 상대로 하는—기껏해야 그들 중 몇몇 대표자들만을 알고 있을 뿐이다—고립된 개인으로서 창작하는 것이 아니다. 그는 직접 알고 매일 교류하는 사람들을 위해 창조하고 말하는 것이다. 사교모임, 관계와 행동양식, 이 사교집단의 분위기뿐만 아니라 그 안에서 자리매김되는 자신의 위치 등이 그의 말에서 표현되어 나온다.

1927), p.55.
[원주52] Ch. H. Haskins, 같은 책, 56쪽.
[원주53] Ch. H. Haskins, 같은 책, 56쪽.

악사들은 이 성에서 저 성으로 유랑한다. 몇 명은 가수들이고, 그들 중 다수는——이 말의 가장 단순한 의미에서——어릿광대에 불과하다. 어릿광대 악사들은 단순하게 살아가는 소기사들의 성에서도 발견된다. 그러나 이곳은 잠깐 스쳐 지나가는 곳일 뿐이다. 공간도 흥미가 없을 뿐더러 대개 악사에게 지속적인 숙식을 제공하고 보상해줄 수 있는 재력이 없는 것이다. 단지 몇 안 되는 대궁정들에서만 악사들을 지속적으로 고용할 만한 공간과 재력과 흥미가 존재한다. 이 때 이 악사들은 단순한 어릿광대로부터 연가시인인 미네젱거와 트로바도르 서정시인들의 여러 기능으로 나누어진다는 점을 우리는 알아야 한다. 가장 막강하고 가장 부유한 영주들——다시 말하면 봉건적 위계서열에서 가장 높이 자리하는 자들——은 가장 유능한 인물들을 자신의 궁정으로 데리고 올 수 있다. 더 많은 사람들이 이곳으로 모여들고 더 세련된 사교모임과 오락의 가능성이 생겨난다. 따라서 시의 어조도 더욱 세련되게 다듬어진다.

"영주와 그 부인이 높으면 높을수록 시인도 더 높고 더 뛰어나다"는 말이 당시 인구에 회자되었다.[원주54] 그것은 당연하게 여겨졌다. 대영주의 궁정에는 한 명의 시인만 사는 것이 아니라 여러 명의 시인들이 거주했다. "제후부인의 개인적 자질과 지위가 높으면 높을수록, 그녀의 궁정이 화려하면 할수록 더 많은 시인들이 그녀에게 봉사하려고 모여들었다."[원주55] 대영주들 간의 권력투쟁은 부단한 위신투쟁과 일치한다. 시인이나 사가들은 이 투쟁의 도구들이었던 것이다. 그러므로 연가시인 한 명이 주인을 바꾼다는 것은 종종 그가 표현하는 정치적 확신도 완전히 변화하는 것을 의미했다.[원주56] 연시가 "의미와 목적상 개인적 찬미의 형태로 이루어지는 정치적 찬시"[원주57]라는 견해는 정당하다고 할 수 있다.

〔원주54〕 Eduard Wechssler, *Das Kulturproblem des Minnesangs*(Halle, 1909), p.173.
〔원주55〕 Eduard Wechssler, 같은 책, 174쪽.
〔원주56〕 Eduard Wechssler, 같은 책, 143쪽.
〔원주57〕 Eduard Wechssler, 같은 책, 113쪽.

30. 과거를 돌아보는 사람의 눈에 미네젱거의 연가는 기사사회 자체의 표현형식인 것처럼 보이기 쉽다. 이렇게 보는 습관은 아마 기사기능이 소멸하고 또 절대주의의 상승과정에서 귀족 상류층이 예속되면서 노스탤지어의 베일이 더 자유롭고 구속받지 않는 기사사회의 이미지 위에 드리워졌다는 사실에 의해 강화되었다. 그러나 미네젱거의 연가, 특히 가장 부드러운 어조의 연가가——그것은 항상 부드럽지만은 않다——그 당시 대다수 기사들의 거칠고 자유분방한 행동방식과 동일한 삶에서 유래한다고 생각하기는 어렵다. 종종 강조되는 점은 미네젱거의 연가는 원래 "기사의 정신적 태도와 극히 모순된다"는 것이다.[원주58] 이 모순을 해결하려면 그리고 트로바도르 서정시에서 표현되는 인간의 태도를 이해하려면 막 분화하기 시작하는 사회전체의 풍경을 염두에 두고 있어야만 한다.

기사들의 운명은 11세기와 12세기에 세 가지 형태로 서로 뚜렷하게 구분되기 시작한다. 물론 여러 중간단계들도 있지만 말이다. 하나나 몇 개의 넓지 않은 장원을 소유하고 있는 소기사들이 있다. 그리고 이 첫째 부류와 비교해 수적으로 적은 부유한 대기사들, 제후들이 있다. 마지막으로 땅이 없거나 보잘것없는 땅을 가진 기사들이 있는데, 이들은 더 부유한 기사들을 위해 일하거나 그들에게 예속되어 있었다. 전부는 아니라 하더라도 대부분의 미네젱거들은 이 마지막 부류에서 나온다. 대영주나 귀족부인에게 봉사하면서 노래를 부르고 시를 쓰는 것은 토지소유의 길이 막힌 상류층에게, 또 도시와 농촌의 하류층에게 열려 있는 유일한 길이었다. 이 두 계층 출신들은 트로바도르로서 대봉건궁정에 모여든다. 대영주들 중 한두 명은 가끔씩 스스로 노래와 시작에 참여하기도 했지만, 그래도 트로바도르 서정시와 미네젱거의 봉사는 서서히 확고한 형태를 갖추기 시작하던 풍부한 사교생활에 종사하는 사람들의 예속된 지위로부터 주된 특징을 얻는다.

여기에서 생겨나는 인간관계와 강제는 엄격하게 규정되어 있지도 않고

[원주58] Hennig Brinkmann, *Entstehungsgeschichte des Minnesangs*(Halle, 1926), p.86.

또 금전관계가 주로 지배적이던 후세의 절대궁정에서와 같이 그렇게 불가피하지도 않았지만 이미 좀더 엄격해진 본능-통제 쪽으로 방향을 잡고 있었다. 궁정의 일부 제한된 집단 안에서, 무엇보다도 여주인의 현존에 고무되어 좀더 평화로운 사교형식이 점차 의무가 된다. 물론 이것을 너무 과장해서는 안 된다. 아직 영혼의 평화는 절대군주가 결국 결투까지 금지시키는 시대처럼 그렇게 진전되지 않았다. 여전히 칼은 느슨하게 칼집에 들어 있고 전쟁과 분쟁은 가까이 있다. 그러나 격양된 감정의 진정과 승화는 봉건영주의 궁정에서는 오해의 여지없이 분명하게 드러난다. 기사출신 또는 시민계층의 악사들은 사회적으로 종속된 처지에 있는 자들이다. 그들의 고용관계는 그들의 노래, 태도, 그들의 본능과 감정상태의 사회적 토대인 것이다.

궁정악사들이 자기 자신의 예술과 인격으로 존경을 받고 명성을 얻고 싶다면, 제후나 그 부인에게 고용됨으로써 유랑악사의 위치로부터 지속적으로 벗어날 수 있었다. 그가 아직 방문하지도 않은 먼 곳의 여주인에게 바치는 미네 연가는 수신인에게 봉사하고 싶다는 희망과 각오를 표현하는 것 외에 다른 목적이 없다. 이것이 여러 정황으로 볼 때 예술로 생계를 이어가야만 하는 사람들, 비천한 태생의 사람들이나 늦게 태어나 유산을 물려받지 못한 명문가 자식들 모두에게 현실적인 목표였다……

콘라트 부르다흐가 정확하게 기술하고 있듯이 발터 폰 데어 포겔바이데의 고용관계에서 우리는 중세 미네쟁거의 전형적 예를 관찰할 수 있다. 필리프 왕은 발터를 '받아들인다'. 이는 가신으로서의 봉사를 시작한다는 것을 뜻하는 표현이다. 이는 무보수의, 언제든지 해고가능한 직무로서 4주에서 1년으로 한정된 기간의 단기직이었다. 시간이 되면 그는 전 주인의 허락을 얻어 다른 새 주인을 찾을 수 있었다. 발터는 필리프로부터 봉토를 얻지 못했고, 디트리히 폰 마이센과 오토 4세 그리고 가신으로서 모신 적이 있었던 헤르만 폰 튀링겐으로부터도 봉토를 얻지 못했다. 볼프가 폰 엘렌브레히츠키르헨 주교 밑에서도 잠시 일한 적이 있었

다. 그러다가 드디어 예술 애호가이며 스스로 시인이었던 프리드리히 2
세가 그에게 일정한 수입을 보장하는 봉토를 주었던 것이다.

봉토나 관직(나중에야 화폐로 지불되는 급여가 등장하는데)은 농경시
대인 봉건사회에서는 수행한 업무에 내릴 수 있는 최고의 영예였고 마지
막 소원이었다. 프랑스와 마찬가지로 독일에서도 악사들이 봉토를 받는
경우는 극히 드물었다. 대부분의 경우 그들은 궁정악사로서 상류사회의
오락에 봉사하고 그 대신 숙식을 제공받는 것으로 만족해야 했고……특
별한 명예로서 …… 궁정근무에 필요한 옷을 얻는 경우도 있었다.[원주59]

31. 미네 연가에서 표현되는 특별한 감정상태는 미네 시인들의 사회적
지위와 떼어놓고 생각할 수 없다. 9세기와 10세기 그리고 그 이후의 기사
들은 보통 자신과 같은 계층이나 낮은 계층의 여자들에게 부드럽게 대하지
않았다. 성에 사는 여자들은 강한 남자의 거친 공격에 항상 노출되어 있었
다. 그들은 꾀와 기지로 할 수 있는 데까지 자신들을 방어했지만, 여기에서
지배자는 남자였다. 어느 정도 남성지배가 명백한 기사사회가 모두 그렇듯
이 남녀간의 관계는 힘에 따라 그리고 종종 각자가 나름의 무기를 가지고
싸우는 공개적 투쟁이나 암투 속에서 조정된다.

우리는 가끔 그 기질과 성향상 남자들과 구분되지 않는 여성들에 관한
이야기를 듣는다. 이 경우 성의 여주인은 모든 일에 열정적이고, 다혈질인
'남성적 성적 충동을 지닌 여자'였는데, 어렸을 때부터 육체적 단련을 받아
왔고 주위의 기사들이 즐기는 놀이나 위험에 동참하려 했다.[원주60] 그러나
다른 한편 우리는 마찬가지로 부인을 자주 구타하는 기사나 왕 또는 단순
한 영주 이야기를 듣는다. 매질은 거의 몸에 붙은 습관이었다. 기사가 격노
하면 주먹으로 부인의 코를 치고, 코피가 흐른다.

[원주59] Eduard Wechssler, 같은 책, 140쪽.
[원주60] A. Luchaire, *La société française au temps de Philippe Auguste*, p.374.

왕이 이 얘기를 듣자 그의 얼굴에는 분노가 솟아올랐다. 주먹을 들어 네 방울의 코피가 흐를 정도로 그녀의 코를 힘껏 쳤다. 그러자 부인이 말했다. "대단히 감사합니다. 그래서 당신이 기쁘시다면 다시 쳐도 좋습니다."

"이런 장르의 다른 장면을 인용할 수도 있다"고 루셰르는 말한다.[원주61] "언제나 주먹으로 코를 때린다." 그 밖에도 부인에게 조언을 듣는 기사들은 종종 심한 질책을 듣곤 했다.

예를 들면 한 기사는 이렇게 말한다 "부인, 안으로 들어가시오. 색칠이 된 당신의 내실로 들어가 시녀들과 함께 먹고 마시고, 비단이나 창에 거시오. 그것이 당신이 할 일이오. 내 일은 쇠칼로 내리치는 것이라오."

또 한번 루셰르에 따르면,

필리프 존엄왕(Philipp Augustus, 1180~1223)의 시대에도 여성들에게 공손하고 예절 바른 태도는 봉건계층에게서는 단지 예외였다는 결론을 내릴 수 있다. 대다수의 통치영역이나 성에서는 아직도 공손하지 못하고 난폭한 옛 경향이 지배적이었다고 대부분의 '무훈시'[역주6]는 아마 좀 과장하여 전하고 있다. 프로방스의 트로바도르 시인들이나 플랑드르와 샹페인의 시인들의 연애이론을 근거로 오판해서는 안 된다. 그들이 표현하는 감정들은 극히 소수의, 엘리트의 감정이었다고 우리는 믿고 있다.[원주62]

[원주61] A. Luchaire, 같은 책, 379쪽.
[역주6] chansons de geste, 11세기 말과 12세기 봉건계급의 남성들을 위한 시로서, 전투와 봉건정치를 주된 주제로 삼고 있다
[원주62] A. Luchaire, 같은 책, 379~380쪽.

궁정이 대다수를 이루고 있는 중소궁정들과 서서히 발전하고 있던 상업
망 및 화폐망에 편입되어 있는 소수의 대기사궁정으로 나누어지면서, 그
결과 앞에서 살펴보았듯이 행동양식도 분화된다. 분명 이 태도들은 앞의
기록들에서 보이는 것처럼 그렇게 엄격한 대조를 이루고 있지는 않다. 여
기의 태도변화에서도 일련의 과도기적 형태가 있고 상호영향을 주고받는
때도 있었다. 그러나 전체적으로 볼 때 몇 안 되는 대궁정에서는 안주인을
중심으로 좀더 평화적인 사교형태가 이루어졌다고 말할 수 있을 것이다.
악사들은 오로지 이곳에서만 비교적 장기적인 고용기회를 얻을 수 있었고
따라서 유일하게 이곳에서만 궁정의 여주인에 대한 남성고용인의 특이한
태도가 생겨나며, 이것이 바로 미네 서정시에서 표현되고 있다.

미네 연가가 표현하는 태도 및 감정과, 무훈시에서 지배적일 뿐만 아니
라 역사가 충분한 증거자료들을 제시해주는 다른 태도 및 감정들 간의 차
이는 봉건사회의 상이한 두 계층과 일치하는 남녀관계의 두 가지 방식에서
기인한다. 이렇게 서로 다른 두 가지 행동양식은 봉건사회의 서로 다른 두
계층과 일치하며, 우리가 이미 논의한 것처럼 사회적 중력의 중심이 이동
함으로써 발생한다. 전국에 산재한 성채와 장원들에서 느긋하게 살아가던
농촌귀족들의 사회에서는 일반적으로 남성이 여성보다 우위를 점할 수 있
는 기회, 다시 말하면 적나라한 형태를 지닌 남성지배의 가능성이 훨씬 크
다. 전사계층이나 농촌귀족층이 사회전체의 행동양태에 강한 영향을 미쳤
던 곳에서는 어디나 남성지배의 흔적들, 즉 특별한 형태의 성애를 즐기는
남성중심의 사교모임 그리고 여성의 배제가 명백하게 그 사회의 전통 속에
들어 있다.

이런 종류의 남녀관계는 중세의 기사사회에서도 지배적이었다. 남녀간
의 특이한 상호불신, 남녀가 활동하는 생활공간과 생활형식의 커다란 차
이, 그 결과로 나타나는 정신적 이질감 등이 이 사회를 특징짓는다. 그 이
후의 시대와 마찬가지로——여성들이 직업생활로부터 배제되는 한——여성
들이 일반적으로 남성의 활동중심지로부터 차단된 이곳에서 남성들은 대부
분의 시간을 혼자서 또는 남성들끼리 보낸다. 이러한 남성 우월감은 여성

에 대한 남성의 숨김없는 경멸과 일치한다. "우아하게 꾸민 당신들의 방으
로 들어가시오, 부인. 우리의 사업은 전쟁이오." 이는 지극히 전형적인 태
도이다. 여성은 그녀 자신의 특별한 방에 속한다. 이러한 태도는 그것을 발
생시킨 사회적 토대와 마찬가지로 매우 오랫동안 유지된다. 그 흔적들은
16세기까지 프랑스의 문학에서 발견되는데, 이는 상류층이 주로 기사와 귀
족층이었던 시기와 일치한다.[원주63] 그 후 그것은 문학에서 자취를 감추는
데, 그 때부터 프랑스에서 문학은 거의 독점적으로 궁정인들의 손에서 통
제되고 다듬어졌던 것이다. 물론 그 흔적들이 시골귀족들의 생활에서 사라
지지는 않았지만.

유럽사에서 절대주의 궁정은 중요한 생활영역과 행동방식의 평등이 그
때까지의 어느 시대보다 가장 완벽하게 성취된 장소이다. 여기에서 우리가
왜 12세기의 대봉건궁정들이 그리고 이보다 훨씬 더 분명하게는 절대주의
궁정들이 여성들에게 남성지배를 극복하고 남성들과 동등한 지위를 누릴
수 있는 기회를 주었는가 논의한다면 이는 너무 지나치게 옆길로 빠지는
셈이 될 것이다. 사람들은 여자가 이미 일찍이 봉건영주가 될 수 있었고 재
산을 소유하고 정치적 역할을 했다는 남프랑스의 사례를 지적한다. 또 이
런 사실들이 미네 연가의 발전을 촉진시켰다는 추측들을 낳게 했다.[원주64]
그러나 이러한 추측에 제한을 가하는 증거로서 "딸의 왕위 계승은 남자 친
척들, 봉건영주와 상속녀의 이웃들이 그것을 막지 않을 때에만 가능하다"라
는 점이 강조되어왔다.[원주65] 실제로 기사의 기능에서 비롯한 남성의 성적
우월은 좁은 층의 대봉건영주들에게는 항상 남아 있었다.

그러나 어쨌든 대봉건궁정의 생활공간에서 남성들의 군사적 기능은 어
느 정도 후퇴한다. 여기에서, 세속사회에서는 처음으로 남성들을 포함한

[원주63] Pierre de Vaissière, *Gentilshommes Campagnards de l'ancienne France*
(Paris, 1903), p.145.
[원주64] Hennig Brinkmann, *Entstehungsgeschichte des Minnesangs*(Halle, 1926),
p.35.
[원주65] Eduard Wechssler, 같은 책, 71쪽.

다수의 사람들이 위계질서 아래, 지역제후인 중앙권력자의 휘하에서 서로 가깝게 살게 되었던 것이다. 바로 가까이 모여 산다는것 자체는 예속되어 있는 모든 사람들에게 자제를 강요한다. 이 궁정에서는 무수히 많은 비군사적 행정업무, 문서작업이 수행되어야 했다. 이 모든 것들이 좀더 평화로운 분위기를 만들어냈다. 남성들이 물리적 폭력을 포기하도록 강요받는 곳에서는 여성의 사회적 비중이 커진다. 여기, 대봉건궁정의 내실에서 남녀 공동의 생활공간과 공동의 사교모임이 생겨난다.

물론 이 봉건궁정의 남성지배는 후대의 절대주의 궁정에서 가끔 그랬던 것처럼 중단된 적이 결코 없다. 이 궁정의 남성들에게는 기사나 전쟁지휘자로서의 기능이 무엇보다 으뜸이었다. 그의 교육 역시 기사교육이었고 따라서 무기를 다루는 기술에 집중되어 있었다. 바로 이런 연유로 평화로운 사교영역에서는 여성들이 남성들보다 우월할 수 있었다. 서구역사에서 흔히 볼 수 있는 일이듯이 여기서도 남성이 아닌 상류층 여성들이 정신적 교양이나 독서 등의 일에 투입될 수 있었다. 대궁정의 재력은 여가를 즐기고 그런 사치스런 욕구에 몰두할 수 있는 가능성을 그들에게 마련해주었다. 그들은 시인, 악사나 학식 있는 성직자들을 끌어들일 수 있었다. 이렇게 하여 우선 여성들을 중심으로 좀더 평화롭고 지적인 활동모임이 이루어진다. "12세기의 귀족층에서 여성들의 평균 교육수준이 남성들보다 나았다"[원주66] 이는 물론 동일한 계층의 남성이나 남편에게 해당되는 말이다. 남편에 대한 부인의 관계는 기사사회 전반의 관습과 크게 다르지 않다. 아마 소기사들의 경우보다는 좀더 부드럽고 아마 더 세련되었을 것이다. 그러나 남성이 자기 부인과의 관계에서 스스로에게 부과하는 강제는 일반적으로 그리 크지 않았다. 여기에서도 역시 지배자는 확실히 남성이었다.

[원주66] Eduard Wechssler, 같은 책, 74쪽. Marianne Weber, *Ehefrau und Mutter in der Rechtsentwicklung*(Tübingen, 1907), p.265에서도 비슷한 내용을 볼 수 있다.

32. 트로바도르 서정시와 미네 연가의 바탕을 이루는 형태의 인간관계는 바로 이 관계, 즉 부부관계가 아니라 사회적으로 낮은 위치의 남성이 높은 지위의 여성과 맺는 관계이다. 이런 관계를 만들어낼 수 있을 만큼 재력이 튼튼하고 권력이 막강한 이 계층, 이런 궁정 안에서만 미네 연가가 나올 수 있는 것이다. 그러나 실제로 이들은 전체의 기사집단과 비교해볼 때 아주 소수의 '엘리트'일 뿐이다.

여기에서 관계의 사회적 구조와 인격구조 간의 연관성이 명백하게 드러난다. 남성이 지배자인 봉건사회 그리고 여성의 종속성이 숨김없이 노출되고 거의 무제한적인 봉건사회의 대부분 영역에서 남성들로 하여금 충동을 억제하고 스스로 자제하게 만드는 것은 아무것도 없다. 이 전사사회에서 '사랑'은 입에 올리지 않는 낱말인 것이다. 사랑에 빠진 전사는 우스꽝스러운 인상을 준다고 사람들은 생각한다. 보통 남성들은 여성을 열등한 존재로 여긴다. 세상에 흔한 것이 여자들이다. 그들은 가장 단순한 형태의 본능을 충족시켜주는 역할을 할 뿐이다. 여성들은 '남성의 필요와 쾌락을 위해' 남성들에게 주어진 존재들이다. 이것은 중세 이후 사용되었던 표현이다. 그러나 이 표현은 그 이전 사회에 살던 전사들의 행동과도 꼭 일치한다. 그가 여자들에게서 구하는 것은 육체적 쾌락이다. 그 외에 "마누라를 참을 수 있을 만큼 인내심을 가진 남자는 거의 없었다."[원주67]

여성의 본능생활에 가해지는 압력은 서구역사가 있은 이래 내내 절대주의 시대의 대궁정들을 제외하고는 같은 출신의 남성들보다 무거웠다. 이 전사사회에서 높은 지위를 차지하고 또 그 때문에 일정 정도의 자유를 누릴 수 있는 여성이 동등한 지위의 남성보다 더 빨리 그리고 더 쉽게 자신들의 감정을 다듬고 생산적으로 전환시킬 수 있었다는 사실은 그들이 이런 방향으로 일찍 길들여졌다는 것을 말해준다. 그녀는 심지어 사회적으로 같은 신분인 남성들과의 관계에서도 종속적이고 사회적으로 열등한 존재였다.

[원주67] P. de *Vaissière*, 같은 책, 145쪽.

따라서 자기통제, 감정의 억제 및 이에 따른 충동의 승화를 산출할 수 있
는 유일한 관계는 사회적으로 열등하고 종속적인 남성과 높은 지위의 여성
간의 관계밖에 없다. 이런 인간적 상황에서 개인적 현상이기도 하고 사회
적 현상이기도 한 서정시가 생겨나고 또—사회적 현상으로서—쾌락의
변형, 감정의 채색, 충동의 승화 및 순화가 일어나는 것은 우연이 아닐 것
이다. 여기에서 남녀간의 접촉은 예외적 현상이 아니라 사회적으로 제도화
된 형식이다. 이 접촉에서는 강한 남성이라도 자신이 원한다고 마음대로
여자를 취할 수 없으며, 그런 만큼 그녀는 그에게 더욱더 다가갈 수 없는
존재로 여겨진다. 아마 그녀가 높이 있어 가까이 할 수 없기에 그녀에 대한
열망이 더욱 간절했을 것이다. 바로 이것이 그로부터 수백 년 동안 사랑에
빠진 연인들이 그 속에서 자신들의 감정을 재발견하곤 했던 미네 연가의
상황이며 감정적 배경이다.

물론 수많은 트로바도르 서정시와 미네 연가들은 근본적으로 봉건궁정
의 관습과 사교생활의 장식품이며 사회적 게임의 도구를 표현하고 있다.
물론 여주인과의 내면적 관계가 그리 애틋하지 않았고 그러므로 쉽게 손에
넣을 수 있는 다른 여자들로부터 그 손실을 보충하려 했던 트로바도르 시
인들도 많았을 것이다. 그러나 이런 종류의 진실한 감정과 경험이 없었다
면 이러한 관습도 표현도 생겨나지 않았을 것이다. 서정시에는 꾸미지 않
은 감정과 진실된 체험의 알맹이가 들어 있다. 그런 어조와 분위기는 단순
히 머릿속으로 생각하거나 창작해서 얻어지는 것들이 아니다. 몇 사람은
분명 진정으로 사랑했고 이 사랑을 말로 표현할 수 있는 힘과 능력을 가지
고 있었던 것이다.

감정과 체험이 어떤 시들에서 진실된 것인지 또는 어떤 시에서 단순한
상투어인지도 어느 정도 가려낼 수 있다. 우선 몇 사람의 시인들이 자신들
의 감정을 나타낼 수 있는 말과 운을 찾았고, 그 다음 다른 이들이 이 말과
운으로 유희를 했을 수도 있다. 어쨌든 이로부터 하나의 관습이 생겨날 수
있었던 것이다. "훌륭한 시인들은 이런 광란적 열애시 속에도 그들 자신의
진실을 섞어넣는다는 것은 확실하다. 그들 노래의 소재는 그들의 충만한

삶으로부터 흘러나왔다."[원주68]

33. 사람들은 종종 미네 연가의 문학적 근원과 전범들이 무엇인지 묻는다. 그리고 정당하게도 성모에게 바치는 종교적 미네 서정시와 라틴어로 된 유랑자 시와의 연관성을 종종 지적했다.[원주69]

그러나 미네 연가의 발생과 그 본질이 전적으로 문학적 선조들로부터 이해될 수 있는 것은 아니다. 유랑시와 마리아 서정시는 여러 다양한 발전의 가능성을 함축하고 있다. 사람들이 스스로를 표현하는 방식은 왜 변하는가? 이 질문을 좀더 단순화시키면, 왜 이 두 형태는 사회의 지배적인 표현방식으로 남지 않았는가? 왜 사람들은 그 안에 들어 있는 형식적 · 정서적 요소들을 끄집어내어 이것들로 새로운 것을 만들었는가? 이 새로운 것이 왜 하필이면 오늘날 우리가 '미네 연가'로 알고 있는 바로 그 형태를 갖게 되었는가? 역사는 연속성을 가지고 있다. 알게 모르게 나중에 태어나는 사람들은 기존의 것으로부터 출발하며 그것을 더욱 발전시킨다. 그러나 운동의 역동적 기제는 무엇이고 역사변화의 조형적 힘은 무엇인가? 바로 이것이 여기서 제기되는 질문들이다.

문헌연구나 토대가 되는 선행시의 연구도 미네 연가의 이해에 분명 중요한 의미를 지니지만 사회발생 및 심리발생적 연구 없이 그것의 기원과 봉건적 관련성은 해명되지 않을 것이다. 미네 연가를 통해 자신을 표현하는

[원주68] Eduard Wechssler, 같은 책, 214쪽.

[원주69] Hennig Brinkmann, 같은 책, 45쪽, 61쪽, 86쪽. 이에 대해 그리고 그 뒤의 내용에 대해 C. S. Lewis, *The Allegory of Love, a Study in Medieval Tradition* (Oxford, 1936), p.11을 참조할 것.

"새로운 것 자체를 감히 설명하려고 하지는 않겠다. 인간의 정서구조에서 진정한 변화는 극히 드물지만, 나는 그것이 일어나며 또 이것이 바로 그 중 하나라고 믿는다. 나는 그 변화에 '원인들'이 있는지 확실히 모르겠다. 그 원인이 사태의 새로운 상황을 완벽하게 설명해주는 것을 의미한다면, 그래서 그것의 새로운 측면이 무엇인지 교묘히 둘러대는 것이라면 말이다. 어쨌든 학자들의 노력은 이런 점에서 프로방스 연시의 기원을 발견하지 못했다는 점은 확실하다."

사람들이 실제 처해 있는 상황과 그들 간의 관계, 그리고 이 상황의 발생원인을 우리가 알지 못한다면 초개인적 현상으로서 미네 연가가 봉건사회 전체에서 수행하는 사회적 기능뿐만 아니라 그것의 특수한 형식과 전형적인 내용은 결코 이해될 수 없을 것이다. 우리의 주된 관심은 좀더 큰 맥락에서 전개되는 운동과 연관성이 있기 때문에 이러한 특수한 질문은 여기에서 허용되는 것보다 더 많은 공간을 요구한다. 미네 연가와 같은 특수한 제도를 분석할 때 제기될 수 있는 질문들의 방향을 좀더 정확하게 규정했고 또 그것의 사회발생적·심리발생적 윤곽을 스케치했다면 본 연구의 목적에 부합하는 일은 모두 한 셈이 된다.

34. 거대한 역사변동은 그 나름의 엄격한 법칙을 가지고 있다. 그런데 오늘날의 서술들을 살펴보면 마치 특수한 사회구성체는——이것의 역사가 바로 역사 그 자체인데——페르귄트의 마음속에 떠오르는 구름 형체들처럼 우연히 이어지는 것으로 되어 있다. 어떤 때에는 말처럼 보이다가 곧 곰처럼 보이고, 또 어떤 때 사회는 로만적이었다 고딕적이며 이제 바로크적이라는 식으로 말이다.

우리는 이제까지 '봉건제도'의 형태로 사회가 변형되고 또한 미네 연가에서 표현되는 식으로 관계가 형성되는 원인으로서 몇 가지 중요한 역사과정의 근본흐름을 제시했다. 이 흐름들 중의 하나가 민족대이동 이후의 급속한 인구증가이며, 이것이 소유관계의 확립과 함께 작용하여 나타나는 현상으로서 귀족층과 농노 및 소농층의 잉여인구 형성 그리고 이 두 계층에서 방출된 잉여노동자들에게 가해지는 구직의 압력 등이다.

이와 연관하여 물품의 생산에서 소비로 이어지는 과정에 여러 중간단계들이 서서히 편입되고, 통일된 유동적 교환수단에 대한 수요가 증가하며, 봉건사회 내에서 비교적 소수의 대지주들에게 유리하게, 다수의 소지주들에게는 불리하게 사회의 무게중심이 이동하고, 한 국가의 규모를 가진 지역의 중심지에 대봉건궁정들이 형성되어 마치 전체사회 안에 물물경제관계와 화폐경제관계가 서로 결합되어 있듯이 이 중심지도 봉건 기사적 특성이 궁정적 특성과 혼합되어 특이한 일체를 이루게 된다.

유혈·무혈의 경쟁을 벌이고 있던 대봉건영주들에게는 과시욕과 소기사들과는 차별하려는 의지가 있었다. 그리고 이 모든 것들의 표현으로서, 주인의 관심과 정치적 견해 그리고 안주인의 취향과 아름다움을 말로 옮겨놓으면서 그들을 칭송하는 시인과 가인들이 어느 정도 확고한 사회제도로 자리잡는다.

마찬가지로 우리는——절대주의의 대궁정에서 여성들이 누렸던 활동의 자유와 비교해보면 그리 대수롭지는 않지만——그래도 기사사회의 소수 상류층에서만 볼 수 있는 초기형태의 여성해방을 관찰할 수 있으며 궁정의 여주인, 사회적으로 높은 지위의 여성과 트로바도르 시인 및 기사든 아니든 사회적으로 열등한 지위에 종속적 입장의 남자 간에 벌어지는 끊임없는 접촉을 볼 수 있다. 또 원하는 여성을 얻을 수 없거나 가까이 다가갈 수 없는 남자의 안타까움, 남자에게 가해지는 자제의 압력, 배려와 자신의 근본적 충동과 욕구의 조절 및 전환 그리고 마지막으로 삶의 언어, 즉 시로 출구를 찾는 이루어질 수 없는 소망 등을 볼 수 있다.

어떤 시의 아름다움이나 다른 시의 공허한 상투성, 어떤 미네젱거의 위대성이나 다른 시인의 평범성 등은 모두 나름의 권리를 주장하는 사실들이다. 그러나 개인들이 자신을 드러내고 펼칠 수 있는 하나의 틀, 그리고 사회적 제도로서의 미네 연가——여기에서 우리의 주제는 바로 시의 이런 측면이다——는 사회과정의 이런 게임 속에서 직접 산출된다.

35. 바로 이런 상황에서, 다시 말해 대기사의 봉건궁정에서 좀더 엄격한 일상의례, 감정의 순화와 행동규칙이 생겨난다. 그것들이 바로 이 사회 자체가 '쿠르투아지'(courtoisie)란 이름을 붙였던 수준의 매너, 교제관습과 행동의 연마인 것이다. 제1권에서 전개되었던 봉건적 행동양식에 관한 서술을 지금 여기서 봉건궁정의 이해를 위해 논의한 것과 결합할 때에 비로소 완성된 전체그림의 윤곽이 어느 정도 드러난다.

쿠르투아지 사회의 규정들은 행동의 문명화과정을 구체적으로 보여줄 목적으로 제1권에서 열거했던 여러 사례들의 서두에 실려 있다. 대기사들의 봉건궁정에 대한 사회적 발생사는 동시에 쿠르투아지적 행동의 사회발생사인 것이다. '쿠르투아지' 역시 일차적으로는 이 봉건궁정의 상류층에 의한 사교모임에서 사회적으로 예속된 위치에 있는 사람들에게서 나타나는 행동양식이다.[원주70] 그러나 어찌 되었든 간에 한 가지 분명한 사실은 이 봉건적 수준의 행동이 결코 역사적 출발점은 아니라는 것이다. 다시 말해 그것은 감정이 사회적으로, 즉 인간 상호간의 관계를 통해 구속받지 않고 '자연스럽게' 움직인다면, 사람들은 어떻게 행동할 것인지를 보여주는 사례가 결코 아니라는 것이다. 전적으로 통제되지 않는 충동의 상태나 '시초'는 있을 수 없다. 중세 이후 사회의 상류층이 보인 본능적 표출과 비교해볼 때 비교적 스스럼없이 자신들의 본능을 표현할 수 있었던 봉건궁정의 상류층이 누린 자유는 정확하게 그들의 통합형식과 일치하며 그들이 함께 살아갔던 상호의존의 정도 및 방식에 꼭 상응하는 것이다.

이곳의 분업수준은 좀더 빈틈없이 잘 조직된 절대주의 통치장치가 발생하게 되는 시대보다 낮다. 상거래망은 취약했고 이에 따라 한 장소에서 생계를 유지할 수 있는 사람의 수도 적었다. 개인적 종속관계가 어떤 형태를 취하든, 각 개인들에게서 교차하는 이 사회적 종속관계망은 많은 사람들이 정확하게 정비된 질서체계 속에서 함께 살아가는 고도의 분업사회에 비해 덜 촘촘하고 덜 광범위하다. 따라서 개인의 본능과 충동에 가해지는 규제와 통제도 덜 엄격하고 덜 지속적이며 덜 획일적이다.

그러나 이 대봉건궁정에서의 규제와 통제도, 사람들의 상호의존성이 훨씬 더 약하고 덜 복잡하며 개인들의 관계망도 훨씬 더 느슨하고 개인들을 서로 결속시키는 기능이 전쟁과 폭력 외에 달리 존재하지 않는 전사사회 전체나 소궁정의 그것에 견주어보면 이미 훨씬 더 강하다고 할 수 있다. 또

[원주70] 영국에서는 이런 표현이 나중에 가서는 심지어 명시적으로 하인들에게만 제한된다는 점을 알 수 있다. 그 예로서 G.G. Coulton은 *Social Life in Britain*(Cambridge, 1919), p.375에서 좋은 식사에 속하는 요소들을 서술하면서, '하인들의 예의바르고 정직한 태도'와 '함께 식사하는 사람들의 동석과 친절한 우정'을 대조하여 비교하고 있다.

한 여기에서 발견되는 행동과 감정생활에 비해 '쿠르투아지'는 이미 순화와 차별의 특징을 의미한다. 중세의 예법서에 거의 변함없이 수록되어 있는 공격적 규정들——이것은 하지 말고 저것은 하라——은 대다수의 기사사회 에서 통용되는 행동방식을 직접 겨냥하고 있는데, 이 행동방식은 9세기나 10세기에서 16세기에 이르기까지 그들의 생활조건의 변화와 마찬가지로 서서히 그리고 매우 경미하게 변했을 뿐이다.

36. 오늘날의 발전수준에서는 이 모든 과정의 점진적 진행의 성격과 방 향을 서술하기에 합당한 언어적 장치가 결여되어 있다. 이것은 '농업경제적 이고' 저것은 '화폐경제적이다'라든가 여기서 선택한 표현을 반복하여 '화폐 경제적 부문이 성장한다'라는 말이 역사적·사회적 현실을 정확하게 포착 할 수 없는 것과 마찬가지로 인간과 그의 충동표출에 가해지는 구속과 압 력이 '좀더 크고', 결합은 '더 밀접하고' 상호의존성은 '더 강하다'고 말한다 면 한시적으로만 사용할 수 있는 부정확한 보조수단에 불과하다. 그런데 화폐경제부문은 얼마만큼 성장하는가? 한 걸음, 한 걸음씩? 구속은 어떤 식으로 '더 커지고', 결합은 '더 밀접해지며' 상호의존성은 '더 강해지는가'? 우리의 개념은 너무나 세분화되지 않았고 너무나 물질적 실체에 고착되어 있다. 여기에서 문제되는 변화는 단계적인 이동, '더 많고' '더 적게 되는' 변화만은 아니다. 구속과 상호의존이 '더 강하게' 된다는 것은 인간 상호간 의 구속, 의존, 종속이 질적으로 다르게 된다는 것을 의미한다. 이는 우리 가 사회구조의 상이성을 말할 때 그 상이성과 같은 것이다. 인간의 삶을 얽 어매는 종속과 의존의 역동적 관계망과 더불어 인간의 충동과 행동방식도 다른 형태를 얻게 되는 것이다. 이 말은 인성구조와 행동수준의 차이와 마 찬가지의 의미를 가진다.

이러한 질적 변화가 운동 내의 모든 변동에도 불구하고 종종 장기간에 걸쳐 일정한 방향으로 이루어진다는 사실, 다시 말해 무규칙적인 교체가 아닌 연속적으로 흘러가는 과정이라는 사실은 여러 단계들을 논의하면서 비교용어를 사용하도록 허락해준다. 그렇다고 해서 이 과정의 운동방향이 좀더 나은 것을 향한 '진보'라거나 좀더 악화되는 방향으로의 '퇴보'를 의미하지는 않는다. 또한 이 과정이 단순한 양적 변화라고 말하는 것도 아니다. 역사의 변화가 종종 그렇듯이 이 과정도 양적 변화의 관점에서 가장 쉽고도 가장 구체적으로, 그러나 아마 가장 피상적으로 파악될 수 있는 구조변화인 것이다.

우리는 잇따라 이어지는 운동을 본다. 우선 성과 성이 대립하고 있고 그 다음에는 한 영토가 다른 영토와, 그 후에는 한 국가가 다른 국가와 대치하며 오늘날의 관점에서 보면 역사적 지평선에 지역과 사람들이 좀더 높은 단위로 통합하려는 징후와 투쟁들이 나타난다. 계속되는 통합과 함께 서서히 좀더 커다란 규모의 지배단위가 안정된 통치기구 아래 결속하게 되고 내부적으로 평화를 이루게 된다. 이제 이 단위는 외부에 있는 비슷한 규모의 다른 인간집단을 향해 무기를 들고 투쟁을 시작하며 마침내 점점 확대되는 상호관계망과 거리의 축소로 말미암아 그 지배단위들이 서로 합쳐져서 하나의 지구공동체로서 평화를 이룩하게 된다. 이런 변화는 수백 년 또는 수천 년이 걸릴 수도 있다.

그러나 어쨌든 통합 및 지배단위가 좀더 큰 규모의 단위로 성장하는 것은 사회구조와 인간관계 내에 구조적 변화가 일어난다는 것을 의미한다. 사회 내의 비중이 새로운 규모의 통합단위로 기울 때면 언제나——대영주들에게 유리하게, 중소영주들에게 불리하게 그리고 왕에게는 유리한 반면 지역제후들에게는 불리하게 움직이는 무게중심 속에서 이 방향으로의 이동이 표출된다——이런 변화는 항상, 사회기능들이 다른 방식으로 더욱 분화되고 군사조직이든 경제조직이든 상관없이 모든 조직적 사회행위의 사슬망이 더 길어지는 등의 다른 변화와 연관해서 일어난다. 또한 이 변화는 언제나 개인에게서 교차하는 의존과 종속의 관계망이 커졌으며 그 구조상 다른 것이 되었다는 것을 의미한다. 뿐만 아니라 이런 관계망의 구조와 정확하게 일치하여 행동과 전체의 감정생활의 조형방식, 인격의 형태가 변한다. 행동과 본능측면의 '문명화'과정은 인간관계의 측면에서 본 통합의 진전, 증대되는 사회기능의 분화 및 상호의존 그리고 이에 상응하여 더 포괄적인

통합단위의 형성──각 개인의 운명은, 그가 알든 모르든 상관없이 이 단위
의 안녕과 운동에 달려 있다──과 마찬가지다.

우리는 이제까지 이 운동의 가장 초기단계 그리고 가장 덜 복잡했던 단
계를 일반적으로 설명하면서 몇 가지 구체적인 증거자료들을 보완하고자
했다. 이 운동의 진행 그리고 그 메커니즘에 관해서는 앞으로 곧 언급할 것
이다. 우리는 우선 서구역사의 초기단계, 즉 농경위주의 단계에서 왜 광대
한 제국의 통합과 안정된 통치기구의 성립이 거의 불가능했는지 살펴보았
다. 정복왕은 전투를 통해 광대한 영토를 복속시키고 한동안은 칼의 명성
으로 한데 결속시킬 수 있었다. 그러나 이 당시 사회의 구조는 정복한 제국
을 오랜 평화기간 동안에도 비교적 평화적 수단으로 다스리고 단속할 수
있는 안정된 통치기구의 설립을 허용치 않았다. 우리의 과제는 어떤 사회
적 과정이 그런 안정된 통치기구의 형성을, 그리고 동시에 전혀 다른 개인
들의 결합방식을 가능하게 하는지를 고찰하는 것이다.

우리는 9세기와 10세기에 외부의 위협이 줄어들면서──적어도 서프랑
크 제국에서는──또 낮은 수준의 경제적 통합의 상황에서 통치기능의 분
열이 극에 달하는 장면을 목격했다. 작은 영지는 모두 통치영역이었고 그
자체가 조그만 '국가'였으며 거기에 살고 있는 소기사는 모두 독립적 영주
며 주인이었다. 사회적 풍경은 이리저리 혼란스럽게 조각난 통치단위와 경
제단위들만을 보여준다. 그 당시 지역적 수준을 넘어서는 관계망에 편입되
어 있던 외국 상인들이나 수도원 등과 몇몇 내성들과의 교류를 제외하고는
이 영지들은 모두 근본적으로 자급자족적이었고 독립적이었다.

세속 상류층에는 통합의 근본형식이 공격전이나 방어전을 통한 통합이
었다. 이런 상류층 사람들로부터 감정의 규칙적·지속적인 억제를 유도해
낼 수 있는 것은 아무것도 없었다. 이것은 모든 가능한 형태의 인간적 통합
을 지칭하는, 넓은 의미의 사회였다. 이 사회는 아직 좁은 의미의 사회, 즉
적어도 내적 교류에서 폭력억제에 대한 강제가 작용하는 통합, 지속적이고
비교적 긴밀하며 한결같은 통합이 일어나는 사회가 아니었다. 좁은 의미에
서 '사회'의 초기형태가 서서히 대기사들의 궁정에서 형성되기 시작한다.

생산규모가 크고 상거래망에 편입되어 있던 관계로 많은 양의 물자가 쏟아
져 들어오고 또 그 때문에 일자리를 구하는 많은 사람들이 몰려와 거처를
얻을 수 있던 대궁정 안에서는 다수의 사람들이 평화로운 방식으로 상호교
류를 하지 않을 수 없었다. 이는 특히 높은 지위의 여성 앞에서는 행동의
통제와 억제, 감정과 예절의 정확한 조절을 요구했다.

　37. 억제의 정도가 미네 연가의 관례에서 볼 수 있는 귀부인에 대한 시
인의 관계에서처럼 항상 그렇게 크지는 않았던 것 같다. 봉건예절을 다룬
예법규약은 여기서 요구되는 행동의 일상적 수준에 관해 보다 정확하게 알
려준다. 그것들은 궁정의 안주인에 대한 시인의 관계에만 국한하지 않고
여성들을 대하는 기사들의 일반적인 태도를 말해준다.
　예컨대 『남자들을 위한 단창구』는 이렇게 말한다.

　　무엇보다도 여자들에게 잘 행동하도록 조심하라……. 부인이 옆에 앉
　으라고 너에게 권한다면 그녀 옷 위에 앉아서도 너무 가까이 앉아서도
　안 된다. 네가 그녀에게 부드럽게 말하고자 한다면, 네가 무슨 내용을 말
　하든 상관없이 결코 네 팔로 그녀를 잡아서는 안 된다.[원주71]

이 정도로 여성을 배려해야 한다는 것조차 소기사들의 습관수준에서는
엄청난 노력을 필요로 했다. 물론 다른 쿠르투아지 규정에서처럼 이 정도
의 억제도 루이 14세의 궁정에서 궁정인들이 습관화해야만 했던 억제와 비
교해볼 때는 아직 극히 약하다. 이러한 사실은 개인들의 습관을 형성하는
의존관계의 수준에서 이 두 시대가 서로 다르다는 것을 말해준다. 또한 이

[원주71] Zarncke, *Der deutsche Cato*, 같은 곳, p.130, V.71 and V.141f. 기사들의 궁
　정화의 첫번째 물결을 다른 측면에서 다룬 저서들은 E. Prestage, *"Chivalry", A series
　of studies to illustrate its historical significance and civilizing influence*
　(London, 1928) ; A.T. Byles, *Medieval courtesy-books and the prose romances
　of chivalry*(p.183ff.).

는 동시에 쿠르투아지(봉건적 예절)는 실제로 우리 자신의 본능적 조형에 이르는 길, 다시 말하면 '문명화'의 길 위에서 한 걸음 앞으로 나아갔다는 것을 보여준다.

한편에는 전사들로 이루어져 느슨하게 통합된 세속 상류층과 그들의 상징, 즉 자급자족적인 장원의 성이 있다. 다른 한편에는 왕국의 중심기구로서 절대주의 궁정에 함께 모여 있던 궁정인들이 구성하는 세속 상류층, 즉 엄격하게 통합된 상류층이 있다. 바로 이들이, 문명변화의 사회적 발생원인에 접근하기 위해 길고 폭넓은 한 운동에서 도려낸 우리의 관찰분야에서 그 양극이라 할 수 있다.

이렇게 성으로 가득 찬 풍경에서 어떻게 서서히 쿠르투아지의 중심지인 대봉건궁정들이 돌출해 나오는지는 특정한 관점에서 이미 서술하였다. 아직 남아 있는 과제는 대봉건제후들 중 한 명인 왕에게 다른 이들을 제압할 수 있는 무게를 실어주고 여러 지역을 아우르는 영토를 다스릴 수 있는 안정된 통치기구, 즉 '국가'를 조종할 수 있는 기회를 부여해주는 과정의 근본 원동력을 제시하는 일이다. 이는 동시에 '쿠르투아지'에서 '시빌리테'로 행동의 수준이 옮겨가는 여정인 것이다.

제2장
국가의 사회발생사

제1절 부상하는 왕가의 첫 무대 : 한 영토의 테두리 안에서의 경쟁과 독점형성

1. 왕관의 의미는, 설령 그 소유자들이 실제로든 명목상으로든 중심적 기능, 특히 외적에 대항하는 군지휘자의 기능을 가지고 있다는 점에서 공통적이라 하더라도 사회적 발전의 여러 단계마다 제각기 다르다.

12세기가 시작되면서 예전의 서프랑크 제국은 강한 외적의 위협도 거의 받지 않은 채 일련의 제후국들로 완전히 분열된다.[원주1]

한때의 '속주들' 및 봉건제후들을 왕국의 '수장'과 결합시켜주던 끈은 완전하다고 할 정도로 끊어져버렸다. 위그 카페(987~996)와 그의 아들에게 허용되었던 실질적 지배의 마지막 흔적은——설사 더 이상 큰 지역에서 행동을 취할 수는 없다 하더라도 적어도 그곳에 모습을 나타낼 수 있었지만 이제 그렇게 하지도 못한다——사라져버렸다. 서열 1위의 봉건

[원주1] Achille Luchaire, *Les premiers Capétiens*(Paris, 1901), p.285. 그리고 같은 저자의 *Louis Ⅵ le gros*(Paris, 1890), Introduction.

집단들은 …… 왕의 영향에서 벗어난, 또는 그의 행위로부터는 더더욱 차단된 독립군주의 행세를 했다. 대봉건제후들과 왕관의 소유자 간의 관계는 최소한으로 줄어들었다. 이러한 변화는 이미 공식적 작위에 반영된다. 12세기의 봉건제후들은 더 이상 스스로를 '왕의 영주'(comtes du Roi)나 '왕국의 영주'(comtesdu royaume)라 부르지 않는다.

이런 상황에서 '왕'은 다른 대영주들과 똑같은 짓을 한다. 그는 자신의 재산을 공고화하고 자신의 영향력이 유일하게 미치는 지역, 즉 프랑스 공령 내에서 권력을 증가시키는 데 온 힘을 다 쏟는다.

1108년부터 1137년까지 통치했던 왕인 루이 6세는 일생 동안 특히 두 가지 과제에 몰두하였다. 프랑스 공국 내에 있는 직영 소유지들——아직 봉토로 주지 않았거나 일부만 떼어준 장원이나 성, 그리고 그의 가문소유지들——을 확장하고, 또 같은 영토 내의 모든 가능한 경쟁자들, 즉 그와 권력에서 대적할 가능성이 있는 전사들을 타도하는 것이있다. 하나의 과제는 다른 과제를 촉진시킨다. 그가 복종시키거나 제압한 영주들의 재산이나 그 일부를 빼앗아, 그것을 다시 봉토로 주지 않는다. 이런 식으로 그는 조금씩 가문의 소유지와 권력의 경제적 · 군사적 토대를 늘려나간다.

2. 여기에서 왕은 우선 대영주와 다를 바가 없다. 그에게 주어진 권력수단은 아직 너무나 미미해 중간급의 영주들이——단결한다면——심지어 소기사들조차 그에게 성공적으로 저항할 수 있을 정도였다. 광활한 왕국 안에서 왕가의 주도권은 공동의 군지휘자로서의 기능이 후퇴하고 봉건화가 진행되면서 사라진다. 심지어 그의 왕령지에서조차 주도권과 독점권은 심히 의심스럽다. 경쟁관계에 있는 다른 지주들이나 기사가문들이 그것을 문제삼는 것이다. 루이 6세란 인물이 대변하던 카페가는, 수세기 후에 호엔졸레른가의 대(大)선제후가 키조프(Quitzows)가와 로호프(Rochows)가에 대항했듯이, 몽모랑시(Montmorency), 보몽(Beaumont), 로슈포르(Rochefort), 몽트레리(Montlhéry), 페르탈레(Ferté-Alais), 피세(Puiset)

가문들과 투쟁을 벌인다.[원주2] 차이가 있다면 카페가가 여러 면에서 더 불리하다는 점이다. 군사적·재정적 수단에서 카페가와 그의 적들 간의 차이는 낮은 수준의 화폐기술, 조세기술 및 군사기술에 상응하여 미미했다. 대선제후는 자신의 영토 내에 있는 권력수단을 독점적으로 사용할 수 있는 권한을 가지고 있었다. 루이 6세의 경우, 교회가 왕가를 지원하고 있었다는 사실을 제외한다면, 그는 근본적으로 작은 영지와 군사력을 소유한 다른 지주들과 힘겨루기를 하는 대지주에 불과했다. 이 투쟁에서 승리해야만 비로소 자신의 영지 내에서 일종의 독점적 지위, 즉 다른 가문들과의 경쟁에서 벗어나는 지위를 얻을 수 있었다.

그 시대의 보고서를 통해 우리는 당시 카페가의 군사적·경제적 권력수단은 프랑시앵 공국 내의 다른 봉건 귀족가문들이 가졌던 것에 비해 단지 조금 앞서 있었음을 가늠할 수 있고, 낮은 수준의 경제적 통합, 운송수단과 통신수단의 미비 그리고 봉건적인 수준의 군사조직체계라는 조건하에서 카페가가 일개 공국 내에서 '제후'의 독점권을 지키기 위해 얼마나 힘겨운 투쟁을 벌였는지 가늠할 수 있다.

예를 들면 카페가의 중요한 두 영지인 파리 주변지역과 오를레앙 주변지역을 연결하는 길을 장악하고 있던 몽트레리가의 요새가 있었다. 카페가의 왕 로베르는 1015년에 신하 또는 관료 중 한 사람, 즉 대삼림관(grand forestier)에게 이 땅을 주면서 그곳에 성을 짓게 한다. 이 '대삼림관'의 손자는 이미 성으로부터 그 주변 땅을 마치 독립적인 영주처럼 다스리게 된다. 그 당시 곳곳에서 일어나던 전형적인 원심운동의 하나인 것이다.[원주3] 루이 6세의 아버지 때(필리프 1세, 1060~1108) 드디어 수차례의 노력과 투쟁 끝에 몽트레리가와 일종의 협약이 성사된다. 그는 열 살쯤 된 자신의 사생아를 몽트레리의 상속녀와 결혼시키고 그 성을 자기 가문의 통제

[원주2] A. Luchaire, *Histoire des institutions monarchiques de la France sous les premiers Capétiens(987~1180)*(Paris, 1891), vol.2, p.258.
[원주3] 같은 책, 17쪽, 특히 31, 32쪽을 참조할 것.

하에 다시 두게 된다. 그는 죽기 직전 장남 루이 6세에게 다음과 같이 말한다.[원주4]

> 몽트레리 탑을 잘 간수하거라. 그 성은 무수한 고통을 내게 가져다주면서 나를 일찍 늙게 만들었고 그 때문에 나는 지속적인 평화나 진정한 휴식을 즐긴 적이 없었다. ……그 성은 멀고 가까운 곳에서 불량한 마음을 품은 자들의 온상지이고 혼란은 언제나 그것을 통해서만, 아니면 그 도움으로 발생할 수 있다. ……왜냐하면…… 몽트레리는 코르베유와 샤토포르 사이에 자리잡고 있어 문제가 생기면 파리는 차단되고 파리와 오를레앙 간의 접촉은 군대를 동원하지 않고는 불가능하기 때문이다.

통신문제는 현대의 국제관계에서도 적지 않은 역할을 하지만, 사회발전이 이런 수준에 머물 때에는 다른 차원에서도, 즉 한 영주와——그가 왕이든 아니든——다른 영주와의 관계에서 그리고 파리와 오를레앙을 잇는 비교적 짧은 거리——몽트레리는 파리에서 24킬로미터 떨어져 있었다——에서도 마찬가지로 힘들었고 마찬가지로 중요했다.

실제로 루이 6세는 그 후에도 집권시기의 대부분을 이 요새를 둘러싼 투쟁들로 보냈고, 결국 이 성을 몽트레리가의 소유에서 카페가의 소유로 되찾아온다. 이런 경우에 늘 그렇듯이 이 사건은 승리한 가문의 군사력 증강과 경제력 확장을 의미한다. 몽트레리 장원은 200파운드의 수입——당시로는 상당한 액수이다——을 올렸고, 열세 군데의 직영봉토와 이 봉토에 딸려 있는 스무 군데의 가신봉토가 속해 있었다.[원주5] 이 봉토를 경영하는 봉신들은 이제 카페가의 군사력 증강에 한몫을 하는 것이다.

루이 6세가 벌였던 다른 전투들도 이에 못지않게 지루하고 힘들었다. 오를레앙 지역의 한 기사가문의 주도권을 무너뜨리기 위해 그는 1111년,

---

[원주4] Suger, *Vie de Louis le Gros, Ausg.v.Molinier*, Kap.8, pp.18~19.

[원주5] Vuitry, *Etudes sur le Régime financier*(Paris, 1878), p.181.

1112년과 1118년 무려 세 차례에 걸쳐 원정을 시도한다.[원주6] 왕이 로슈포르, 페르탈레가나 피세가를 처리하고 그들의 재산을 왕실소유로 돌리는 데 20년이 걸린다. 그러자 카페의 왕령지는 이제 상당히 커지고 견고해져 그 소유자는 그 정도 규모의 장원이 그의 손에 쥐어주는 경제력과 군사력에 힘입어 프랑스 공국 내 다른 기사들과의 경쟁에서 벗어나게 되며 그 영토 내에서는 일종의 독점권을 행사하게 된다.

그 후 400, 500년이 지나자 왕은 전체 왕국에서 흘러들어오는 막대한 군사력과 자금력을 혼자 통제하는 독점자의 위치에 올라서게 된다. 루이 6세가 공국 내의 다른 영주들과 벌였던 투쟁은 이와 같이 왕가가 독점적 위치를 차지하게 되는 시대로 나아가는 여정에서 첫 걸음을 뗀 것과 마찬가지다. 명목상의 왕가는 처음에는 그의 소유지나 군사력, 경제력을 기준으로 볼 때 주변의 다른 봉건 귀족가문들보다 약간 우세할 뿐이었다. 소유에서 기사들 간의 차이는 비교적 적었고 따라서 그들이 어떤 작위로 치장했든 사회적 차이도 적었다. 그 후 이 귀족가문들 중 하나가 결혼, 매매나 정복으로 점점 더 많은 영토를 얻게 되고 이와 함께 이웃들에 대해 주도권을 잡게 된다.

프랑시앵 공국 내에서 주도권을 잡게 되는 이 가문이 하필이면 왕가였다는 사실은——원래부터 상당한 땅을 소유하고 있어 항상 새로운 출발이 가능했다는 사실을 도외시한다면——왕의 개인적 자질, 교회의 후원과 일종의 전통적인 명망과 관계가 있다. 그러나 이미 언급했듯이 기사들 가운데 소유의 분화는 같은 시기 다른 공국들 내에서도 이루어진다. 다시 말하면 기사사회의 무게중심은 수많은 중소 기사집안이 아닌 소수의 대기사집안에 실리게 된다. 모든 공국 내에서 시기적으로는 차이가 있지만 언젠가 한 기사집안이 땅의 축적을 통해 다른 가문들보다 우세한 위치, 일종의 패권이나 독점권을 획득하게 된다.

왕가의 수장 비만왕 루이(루이 6세) 역시 마찬가지로 행동한다는 것은

[원주6] A. Luchaire, *Louis VI*, 같은 곳.

우선 왕의 기능을 포기하는 것처럼 보이게 한다. 그러나 그 역시 사회적 권력수단이 이런 식으로 분배되는 과정에서는 어쩔 도리가 없다. 이런 사회적 구조에서는 좁은 세습공국의 지배와 가문의 소유지는 왕권의 가장 중요한 군사적·경제적 기반이 된다. 프랑스 공령이라는 좁은 영토에 전력을 집중하여 그 안에서나마 패권을 차지함으로써 루이 6세는 이어지는 확장의 토대를 마련한다. 그가 예언자적 형안으로 이러한 미래를 내다봤다고 가정해서는 결코 안 되지만, 어쨌든 그는 프랑스라는 보다 더 넓은 지역의 결정화에 필요한 잠재적 중심지를 창조해낸 것이다. 그는 주변상황의 직접적인 강요에 의해 행동했다. 그가 자신에게 속한 두 지역 간의 연결선을 잃어버리지 않으려면 몽트레리를 손에 넣어야 했다. 또한 오를레앙 지역에서 영향력을 잃지 않으려면 그 지역에서 가장 강한 가문을 제압해야 했다. 카페 가가 프랑시앵에서 패권을 잡는 데 실패했더라면 이 가문도 언젠가는——프랑스의 여타 지역에서 그랬듯이——다른 집안의 소유로 떨어졌을 것이다.

패권형성의 메커니즘은 항상 동일하다. 최근에도 소수의 기업들이 비슷한 방식으로——소유의 축적을 통해——경쟁관계의 다른 기업들을 추월하고, 상호투쟁을 벌여 결국 그들 중 한두 기업이 특정한 경제분야를 독점적으로 통제하고 지배하게 된다. 이와 유사한 방식으로——땅의 축적과 군사적·경제적 잠재력의 확장을 통해——현대의 국가들도 지구의 패권을 다투고 있다.

그러나 기능분화가 잘 이루어진 근대사회에서 이 과정은 비교적 복잡하게, 즉 경제분야의 주도권, 정치분야와 군사분야의 주도권으로 분화되어 전개되는 반면, 루이 6세 시대의 농경사회에서 이 분야들은 서로 분리되지 않은 채 패권이 형성된다. 한 영토의 지배권을 가지고 있는 집안은 동시에 이 영토 내에서 가장 넓은 땅을 소유하고 있는 가장 부유한 집안이다. 그가 자신의 소유지에서 들어오는 큰 규모의 수입과 봉신들 및 수행인들을 가지고 다른 전사집안들을 군사적으로 압도하지 못한다면 그의 지배권도 사라져버린다.

어느 기사집안이 이 좁은 지역 내에서 어느 정도 확실하게 주도권을 잡게 되면 곧 좀더 넓은 지역 내의 패권쟁탈, 다시 말하면 왕국 내의 주도권을 위해 소수의 지역제후들이 벌이는 투쟁이 전면에 떠오른다. 이것이 루이 6세의 후손들, 카페가의 다음 세대들에게 떨어진 과제였다.

제2절 영국과 프랑스 그리고 독일 발전과정에서의 몇 가지 차이점에 관한 부설

1. 주도권쟁탈, 다시 말해 권력의 중앙화와 지배권 투쟁이 안고 있는 과제의 측면에서 영국과 프랑스는 가장 단순한 이유에서 독일 신성로마 제국과 다르다. 이 제국은 앞의 두 왕국과는 전혀 다른 규모를 가지고 있다. 제국 내의 지리적 차이와 사회적 차이 또한 훨씬 더 크다. 이는 지방의 원심적 경향에 커다란 힘을 제공했고 지역의 패권형성 및 권력의 중앙화를 난해하게 만들었다. 독일 신성로마 제국의 원심적 세력들을 제압하고 전체를 하나의 통일체로 결속시키려면, 통치가문은 훨씬 더 큰 영토와 권력을 필요로 했다. 그토록 광대한 지역에서 원심적 세력들을 지속적으로 견제해야만 하는 과제는 그 당시의 분업 및 통합수준에서 그리고 군사, 교통 및 행정기술수준에서는 거의 해결 불가능한 일이었다고 가정할 수 있는 이유들이 충분히 있다.

2. 사회과정이 전개되는 장소의 규모는 그 과정의 구조적 요소 중에서 소홀히 다룰 수 없는 요소이다. 왜 중앙화 및 통합이 독일보다 프랑스와 영국에서 더 일찍 더 완벽하게 이루어졌는가 하고 질문할 경우, 이 점을 무시해서는 안 된다. 그런데 이 측면에서 세 지역의 발전경향은 완전히 다르다.

서프랑크 지역의 왕관이 카페가에 돌아왔을 때 이 집안이 실질적으로 권력을 행사할 수 있었던 지역은 파리에서 북쪽의 센리(Senlis)까지, 남쪽으로는 오를레앙에 이르는 지역뿐이었다. 25년 전 오토 1세(936~973)는 로마에서 로마 제국의 황제로 추대되었다. 그는 자기 공국 내 노련한 기사들의 도움으로 독일의 다른 세습제후들의 저항을 무참히 타도했다. 이 당시 오토의 제국은 대략 서쪽으로는 안트베르펜과 캄브라이에서, 동쪽으로는 적어도 엘베 강과——엘베 동쪽의 변경 방백령들을 제외하고——남동쪽의 브륀과 올뮈츠 너머까지에 이르렀다. 북으로는 슐레스비히까지, 남으로는 베로나와 이스트리엔을 경계로 했다. 여기에 이탈리아 일부와 한시적으로 부르군트도 속했다. 우리가 여기 눈앞에 보고 있는 것은 전적으로 다른 차원의 형성체이며, 그로 인해 서프랑크 지역보다——나중에 추가로 들어온 노르만-영국 식민지를 고려하더라도——훨씬 더 큰 갈등과 이해관계의 대립에 시달리는 형성체이다. 프랑스나 노르망디 또는 앙주의 공작들이 왕으로서 이 지역의 패권을 다투면서 마주해야 했던 과제는 독일 신성로마 제국의 통치자가 달성해야 했던 과제와는 전적으로 다르다.

비교적 좁은 서프랑크 지역에서 중앙화와 통합과정은 엎치락뒤치락하면서도 꾸준히 진전되고 있었다. 그 반면 비교할 수 없을 정도로 넓은 이 제국에서 황제로 옹립된 지역제후들은 황제에 오르는 동시에 전체 제국에 대한 안정된 주도권을 획득하기 위해 애쓰지만 아무 소용이 없었다. 또 황제에 오른 가문들은 모두 이 엄청난 과제와 씨름하는 동안 어떤 일에도 불구하고 항상 자신의 수입의 중요한 원천이며 권력기반이었던 것, 즉 자신의 세습지를 모두 소모해버리고 만다. 새로운 가문의 시도가 허사로 돌아갈 때마다 지방분권은 한 걸음 더 앞으로 나아가고, 원심적 세력은 한층 더 굳어진다.

프랑시앵 왕가가 서서히 힘을 비축하기 시작하고 이 가문의 루이 6세가 자신의 소유재산을 다지기 바로 직전, 독일 신성로마 제국의 황제 하인리히 4세(1056~1106)는 독일 지역제후들과 교회, 북부 이탈리아의 도시들과 자신의 장남의 연합군에 의해, 다시 말하면 가지각색의 원심적 세력들에 의해 주저앉고 만다. 이는 초기의 프랑스 왕정과 비교할 수 있는 관점을 제공해준다. 나중에 프랑수아 1세가 신분계급의회를 소집할 필요도 없을 정도로 또 납부자에게 묻지도 않고 과세할 수 있을 정도로 전체 왕국을 자신의 손아귀에 꽉 쥐고 있을 때 황제 카를 5세와 그의 행정관료들은 자신의 세습지 안에서조차 궁정, 군대와 제국의 행정에 소요되는 예산을 조달하기 위해 지역의 신분계급의회와 협상을 해야만 했다. 해외의 식민지에서 들어오는 수익을 포함하더라도 이 모든 수입은 제국의 유지비용을 감당하기에는 턱없이 부족했던 것이다. 카를 5세가 퇴위하자 황제의 행정기구는 재정적으로 파산 직전에 와 있었다. 그 역시 원심적 세력들이 확고하게 자리잡고 활개치는 광활한 제국을 지배해야 하는 과제와 씨름하는 동안 완전히 탈진했고 그렇게 자신을 파멸로 몰고갔던 것이다. 그럼에도 불구하고 합스부르크가가 유독 권력을 유지했다는 사실은 일반적으로는 사회의 전환을, 특수하게는 왕권의 전환을 말해주는 징후라 할 수 있을 것이다.

3. 농경위주의 단계에서 화폐경제 단계로 꾸준히 이행해온 유럽 지역의 사회에서 근대적 의미의 국가가 형성되는 메커니즘은 이미 말했듯이 그 주요 골격에서는 대체로 대동소이하다. 여기서는 프랑스의 예를 들어 이 메커니즘을 살펴보자. 훗날 국가로 발전하는 지역에서 공국의 크기만한 통치단위가 결정적 역할을 하게 되는 초기단계를 우리는 적어도 유럽 대국의 역사에서 항상 발견할 수 있다. 이 단위들은 분업과 통합이 약한 곳이라면 지구의 어디에서나 볼 수 있는 작고 느슨하게 조직된 주권영토로서, 농경 중심의 경제에 따른 통치조직의 한계로 인해 작은 규모를 가지고 있었다. 그 한 예가 독일 신성로마 제국에서 화폐경제가 대두되면서 작은 왕국들, 공국들 그리고 백작령들로 자리를 굳혀나가던 봉건 지역제후국들이라 할 수 있다. 또 다른 예는 웨일스 제후국과 스코틀랜드 왕국인데, 이 두 지역은 나중에 영국에 흡수되어 대브리튼 및 북아일랜드 통일왕국으로 재탄생된다. 또 다른 예가 프랑시앵 공국인데, 이 공국이 확고한 봉건적 주권영토로 발전하는 과정에 대해서는 조금 전 서술한 바 있다.

도식적으로 살펴보면 서로 가깝게 이웃하고 있는 여러 지역제후들 '사이에' 전개되는 과정은 앞서 설명한 과정, 즉 한 영토 '안에서' 여러 지주들이나 기사들이 주도권 쟁탈을 벌이고 그들 중 한 명이 견실한 지역제후로 자리잡는 과정과 극히 유사하다. 어느 시기에는 우선 여러 장원들이 서로 경쟁을 벌였듯이 그 다음 시기에는 보다 높은 규모의 통치단위들, 일련의 공국들이나 백작령들이 경쟁상황에 처해지고, 확장하는 이웃에게 패배당하거나 종속되지 않으려면 어쩔 수 없이 스스로 확장해야만 했다.

이 사회에서 인구가 증가하고 토지소유가 확립되면서 또 외부로의 팽창이 봉쇄되면서 국내의 토지를 둘러싼 경쟁이 치열해지는 과정은 이미 앞에서 상세하게 서술하였다. 또 토지를 향한 이 열망은 가난한 기사들에게서는 신분에 맞는 생활에 대한 단순한 욕구로, 상층부의 부유한 기사들에게서는 '더 많은' 토지에 대한 요구로 나타난다는 것도 이미 보여주었다. 이런 정도로 경쟁의 압력이 심한 사회에서 '더 많이' 획득하지 못하고 자신이 가진 것만 지키는 자는 자동적으로 '더 적게' 소유하는 셈이 된다. 우리는 여기에서 다시 한 번 이 사회의 꼭대기에서 바닥까지 관류하고 있는 압력의 결과를 보게 된다. 그것은 지역제후들 간의 대립을 부추기고 또 그렇게 함으로써 독점 메커니즘을 작동시키는 것이다. 그러나 아직 권력수단의 차이는 상당한 수의 봉건 지역세후들을 서로 엇비슷한 위치에서 맞서게 하는 정도의 범위에 그친다.

그러고 나서 몇 차례의 승리와 패배를 겪고 난 후 몇몇 제후들은 권력수단의 축적을 통해 강자로 떠오르고 다른 이들은 주도권 경쟁에서 떨어져나오게 된다. 이 패자들은 더 이상 이 투쟁의 주요당사자가 아니다. 남은 소수는 계속 싸우게 되고 배제의 과정은 되풀이되어, 결국 다른 이들을 누르고 승리를 얻음으로써 또는 다른 이들의 자의적·강제적인 항복으로 세력이 막강해진 두 명의 지역제후들 간 결정으로 압축된다. 그 밖의 다른 제후들은──경쟁전에 참여했든 안 했든 간에──양자의 팽창으로 인해 이류 내지 삼류의 인물들로 추락하지만 그래도 일정 정도의 사회적 비중은 차지하고 있다. 반면 두 강자는 독점적 위치에 접근한다. 이 둘은 다른 이들을 멀리 뒤로 제쳤다. 이제 결정은 이 양자간의 사항인 것이다.

이 '선발전', 즉 이 사회적 선별과정에서는 분명 개인적 자질뿐만 아니라 어떤 이의 장수 또는 어느 가문에서 남자상속인이 없다는 등의 다양한 '우연들'도 어떤 주권영토가 승리하고 부상하며 팽창하는지를 결정하는 과정에 중요한 역할을 한다.

그러나 이 사회적 과정은, 즉 비교적 비슷한 규모를 가진 다수의 권력 및 소유단위들로 구성된 사회가 경쟁의 강한 압력을 받고 소수의 단위들로 그리고 결국 하나의 독점적 단위로 흘러가는 사실은 이러한 우연들과는 무관하다. 이 우연들은 단지 이 과정을 재촉하거나 늦출 수 있을 뿐이다. 그러나 누가 독점자가 되든 언젠가 반드시 독점이 이루어진다는 사실은—적어도 그 사회의 구성조건에 비추어볼 때—높은 개연성을 가지고 있다. 정확한 자연과학적 용어를 빌려 우리가 지금 확인한 사실을 '법칙'이라 부를 수 있을 것이다. 엄격하게 말한다면 그것은 시계처럼 한번 작동하면 정확하게 계속 움직이는 지극히 단순한 사회 메커니즘에 대한 보다 적합한 표현인 것이다. 비교적 많은 수의 통일체들이 그들에게 주어진 권력수단 덕분에 서로 경쟁하고 있는 인간결합체는 이 평형상태를(다수에 의한 다수의 균형, 비교적 자유로운 경쟁) 벗어나 소수의 통일체들이 경쟁할 수 있는 상태로 접근한다. 다른 말로 표현하면 이 인간결합체는 '하나의' 사회적 단위가 축적을 통해 권력기회를 독점하게 되는 상태로 다가가는 것이다.

4. 이 독점 메커니즘의 일반적 성격에 관해서는 앞으로 상세하게 언급할 것이다. 그러나 여기서 이 메커니즘이 좀더 작은 단위인 지역제후국이나 그보다 좀더 큰 단위의 형성에뿐만 아니라 국가형성에도 작용한다는 점을 우선 지적해야 할 것 같다. 우리가 이 메커니즘을 염두에 둘 때에야 비로소, 어떤 요소들이 여러 나라들의 역사에서 그것을 변형시키고 또는 저지하는지를 이해할 수 있다. 그리고 이를 인식한 후에야 왜 독일 신성로마 제국의 잠재적인 중앙권력자가 해결해야 할 과제가 서프랑크 지역의 잠재적 중앙권력자 앞에 놓여진 과제에 비해 비교할 수 없을 정도로 더 어려웠는지를 우리는 좀더 명확하게 볼 수 있다.

이 제국 내에서도 일련의 선발전을 거쳐 영토가 승자의 손에 축적됨으로써 다른 제후국들을 압도하는 하나의 제후국이 생겨나게 되고, 이 제후국이 다른 영토를 흡수하거나 제거할 수 있을 만큼 충분히 강해질 수 있었다.

오로지 이런 식으로 해서만 이 분산된 제국의 중앙집중화가 가능할 수 있었다. 그리고 이곳에서도 이런 방향으로 흘러가는 주도권 쟁탈이 없었던 것도 아니다. 벨펜가와 슈타우페른가의 투쟁뿐만 아니라 황제와 교황 간에 벌어졌던 투쟁도 이에 속한다. 그러나 이 모든 투쟁들도 그 목표달성과는 거리가 멀었다. 이렇게 다양성이 병존하고 이런 넓이를 가진 지역에서 명백하게 우세한 권력이 등장할 수 있는 개연성은, 더더구나 경제적 통합이 낮고 유효거리는 나중보다 몇 배나 컸던 이런 시기에는 그보다 작은 규모의 지역에서보다 훨씬 적다. 어쨌든 이렇게 넓은 지역에서 벌어지는 선발전이 이웃의 작은 지역에서보다 더 많은 시간을 요하는 사업이었던 점은 분명하다.

그럼에도 불구하고 어떤 방식으로 이 독일 신성로마 제국 내에서도 마침내 국가가 형성되는지는 익히 알려져 있다. 독일 제후국들 가운데서——이탈리아의 제후국들 간에 전개되는 유사한 과정은 여기서 열외로 하자——한 가문이 부상하고, 이 가문은 독일과 반독일의 식민지 시역으로 팽창을 거듭함으로써 합스부르크가와 경쟁관계에 들어서게 된다. 이 가문이 바로 호엔촐렌가이다. 주도권 투쟁의 발생이 호엔촐렌가의 승리로 이어지고 이와 더불어 독일 지역제후들 가운데 명백한 강대국이 출현하게 되며, 마침내 한 걸음 한 걸음씩 독일 지역들은 하나의 통치기구 밑으로 합치게 된다.

그러나 제국 내에서 가장 강력한 두 지역이 벌이는 주도권 쟁탈전은 각각의 지역 내부에서는 보다 더 강한 통합, 즉 국가형성을 가져왔지만 전체적으로는 옛 제국의 분열을 향해 한 걸음 더 나아갔다는 의미를 담고 있다. 합스부르크 국가들은 패배와 함께 연합을 탈퇴한다. 이는 실제로 꾸준히 그리고 서서히 진행되던 옛 제국의 분열과정에서 마지막 단계에 속한다. 수세기가 흐르는 동안 일부 지역의 탈퇴와 독립은 끊임없이 이어진다. 하나의 통일체로서 제국은 너무 컸고 너무 다양했으며, 이는 국가형성과정에 역작용을 했던 것이다.

독일 신성로마 제국 내에서 국가형성이 왜 서쪽의 이웃보다 힘들었고 늦게 이루어졌는지 그 이유를 생각해보는 것도 20세기에 대한 이해에 도움이 될 것이다. 근대적 경험으로부터, 예컨대 일찍 확립되어 균형잡혀 있고 충분한 확장의 단계를 거친 서쪽의 국가들과 근래에 들어서야 확립되어 비교적 늦게 팽창하게 된 옛 제국의 후발국가들 간의 차이로부터 이 질문은 오늘날에도 시사적 의미를 획득한다. 구조적 관점에서 이 질문에 대답하기는 그리 어렵지 않은 듯이 보인다. 어쨌든 역사적 구조를 이해하는 데에서 이 질문보다 덜 중요하다 할 수 없는 보완 질문보다 더 어렵지는 않다는 말이다. 여기에서 적어도 간략하게 언급하고 지나가야 할 보완질문이란, 왜 이 거구가 불리한 구조와 원심적 세력의 불가피한 힘에도 불구하고 그렇게 오랫동안 지탱해왔는지, 그리고 왜 진작 무너지지 않았는가 하는 질문이다.

  5. 전체로서는 이 제국은 나중에야 붕괴된다. 그러나 수백 년 동안 독일 신성로마 제국의 변경지방은──특히 서쪽과 남쪽의──끊임없이 분리되어 독립을 이루는 반면 동시에 부단한 식민지화, 즉 동쪽으로 독일의 거주지를 넓혀감으로써 서쪽의 영토손실을 어느 정도, 단지 어느 정도까지만 보상할 수 있었다. 중세 말기까지 그리고 그 이후까지 제국의 서쪽 국경은 마스와 론이었다. 크고 작은 변동을 도외시하고 단지 운동의 일반적 경향만을 고려한다면, 우리는 제국이 꾸준히 줄어들면서 팽창과 무게중심의 방향이 서쪽에서 동쪽으로 옮겨간다는 인상을 받는다. 이러한 경향을 더 자세하게 추적하는 것은 그 자체로 하나의 연구과제가 될 것이다. 어쨌든 영토의 크기만을 본다면, 이러한 축소 경향은 최근의 독일 영토변화에서도 여전히 나타난다.

  1866년 이전의 독일 연합 630,098qkm
  1870년 이후 독일 540,484qkm
  1918년 이후의 독일 471,000qkm

  영국과 프랑스의 경향은 거의 정반대라고 해도 무방하다. 이 두 국가의 전통적 제도들은 우선 비교적 좁고 제한된 지역에서 발달하였다가 나중에 그 영향력을 확장해나간다. 우리가 이 단순한 요소, 즉 작은 것에서 큰 것으로의 점진적 성장을 고려하지 않는다면, 양국의 중앙제도의 운명과 그 통치기구의 구조와 발전을 이해할 수 없을 뿐만 아니라, 이 점에서 서쪽 지역의 두 국가와 옛 제국의 후발국가들 간의 차이도 이해할 수 없게 된다.

독일 신성로마 제국과 비교해 노르만 공작 윌리엄이 1066년 정복한 섬은 지극히 작다. 그것은 초기 왕들이 통치하던 프로이센을 연상시킨다. 이 섬은 북쪽 스코틀랜드와의 경계 부근에 있는 좁은 지역을 제외한다면 스코틀랜드와 웨일스를 뺀 섬의 넓이가 13만 1764qkm 정도에 불과하다. 웨일스는 13세기 말 무렵에 가서야 영국에 완전히 흡수된다(웨일스를 합한 영국의 크기는 15만 1130qkm). 스코틀랜드와의 연합은 1603년 이후부터 존재한다. 이런 숫자는 구체적인 자료들이지만 이는 우선 구조 차이를 말해주는 도표이다. 이 자료는 잉글랜드국의 형성과 그 다음 브리튼 국가형성이 대륙의 대국가들 형성과 비교해서 결정적으로 중요한 시기에도 한 지역제후국의 범위를 넘어서지 못하는 테두리 안에서 이루어심을 보여준다. 윌리엄 정복왕과 그의 후계자들이 설립한 것은 실제로 서프랑크 제국의 한 대공국에 불과했으며 같은 시기 프랑시앵 공령, 아키텐이나 앙주에 존재했던 것과 크게 다르지 않다.

주도권 쟁탈전이 이 지역의 제후들에게 부과했던 과제는——다른 제후들이 팽창하여 자신보다 우세해지지 않게 하려면 스스로 팽창해야 했던 단순한 필연성으로 인해——다시 말해 잠재적 중앙권력자들의 과제는 실제로 대륙의 중앙권력자들이 직면했던 과제와는 결코 비교될 수 없다. 이는 섬 지역이 일종의 서프랑크 식민지였던 시기에도 또 노르만이나 앙주의 지배자들이 동시에 대륙에도 엄청난 영토를 소유하고 있었고 그 때문에 아직 서프랑크 지역의 주도권을 차지하기 위해 투쟁을 벌였던 그 시기에도 마찬가지다. 뿐만 아니라 지배자들이 대륙에서 섬으로 쫓겨나 이제 잉글랜드로부터 섬 전체를 하나의 통치기구하에 통제하는 일이 중요하게 되었던 시기에는 더더욱 그러했다.

또한 영국의 왕권이나 왕과 신분대표들 간의 관계가 대륙에 있는 제국들의 그것과는 달랐던 중요한 원인 중의 하나는──유일한 원인은 분명 아니지만──지역의 협소함과 고립된 지리적 여건이라 할 수 있다. 지역적 분화가 일어날 수 있는 기회는 훨씬 적었고 두 맞수들 간의 주도권 쟁탈전은 여러 명이 벌이는 대륙의 투쟁보다 더 단순했다. 영국의회는, 그 구성방식이나 구조의 특면에서 결코 독일 제국의회와 비교될 수 없으며 기껏해야 독일의 지방신분대표의회와 유사하다 할 수 있다. 다른 모든 제도들도 마찬가지였다. 이 제도들은 영국 자체와 같이 소규모에서 대규모로 성장하고 있었다. 즉 봉건제후국의 제도에서 부단히 한 국가의 제도로, 그리고 한 제국의 제도로 변하고 있었던 것이다.

그러나 물론 여기 영국에서도 통일 지역이 일정한 크기에 이르면 곧 다시 원심적 경향이 강화되기 시작했다. 오늘날의 관점에서 볼 때 설사 통합과 교통수준이 더 발달했다 하더라도 이 제국의 규모는 위험하리만치 컸다. 노련하고 탄력적인 정부만이 겨우 그것을 하나의 통일체로서 존속시킬 수 있었을 것이다. 독일의 옛 제국이 지녔던 조건과는 물론 상당한 차이가 나는 조건하에서도, 정복과 식민화로 통일된 하나의 방대한 제국은 결국 어느 정도 독립적인 일련의 통치단위들로 해체되거나 적어도 일종의 '연방국'으로 전환되려는 경향이 있다는 사실을 여기서도 확인할 수 있다. 좀더 가까이서 관찰하면 이 메커니즘은 거의 자명한 것처럼 보인다.

6. 카페의 세습지 프랑시엥 공국은 노르만 공작이 지배하던 영국 지역보다 더 적었다. 그 크기는 슈타우페른 시대의 마르크 브란덴부르크와 비슷했다. 그러나 제국의 틀 안에서 이 조그만 식민지가 오래 전에 자리잡은 제국의 다른 제후국들과 어떤 방식으로든 경쟁할 수 있을 만한 권력으로 등장하기까지는 5세기 내지 6세기가 걸린다. 그러나 서프랑크 지역의 좁은 범위 내에서 공국의 기존 권력수단은 교회가 카페가에게 제공했던 물질적·정신적 원조와 합쳐지자 즉시 프랑스의 더 큰 지역에 대한 패권투쟁을 시작할 수 있을 만큼 커진다.

뒷날 프랑스의 모태가 되는 서프랑크 제국은 그 규모상 나중의 영국과 독일 신성로마 제국의 중간쯤에 속한다. 지역 간의 차이 및 이에 따른 원심적 세력의 힘은 이웃의 제국보다는 약했고 따라서 미래의 중앙권력자에게 주어진 과제 역시 쉬웠다. 그러나 프랑시앵 공국 내의 차이와 원심적 세력의 힘은 섬나라 영국보다는 컸다.[원주7] 그러나 다른 한편으로 영국에서는 지역의 제한된 범위로 인해 어떤 상황하에서는 여러 신분계급들 그리고 특히 전사들이 쉽게 뭉쳐 중앙권력자에게 대항할 수 있었다. 특히 정복왕 윌리엄의 토지분배방식은 전체 영국 내의 장원소유계층들 간 접촉과 공동의 이해관계, 즉 중앙권력자에 대한 그들의 공통된 이해관계의 형성을 용이하게 해주었다. 우리는 앞으로 한 지역 내에서 어느 정도의 분열과 차이점이 그 지역의 붕괴를 가능하게 할 만큼 크지는 않지만 또 전 지역 신분계층들

[원주7] "노르툼버란트(Northumberland)에서 운하까지의 영토는 플랑드르에서 피레네 산맥 사이의 영토보다 쉽게 통일될 수 있었다." Petit Dutaillis, *La Monarchie féodale* (Paris, 1933), p.37. 영토의 크기에 관해서는 Rob H. Lowie, *The Origin of the State* (New York, 1927), The Seize of the State, p.17ff.

　W.M. Macleod, *The Origin and History of Politics*(New York, 1931)는 교통수단의 단순함에도 불구하고 잉카 제국이나 중국과 같이 거대한 통치체제의 존속과 안정성이 얼마나 놀라운지를 지적하고 있다. 이 제국들에서 원심적 경향과 중앙집중적 경향들의 게임을 구조사적으로 면밀하게 분석한 연구작업을 통해서만 우리는 실제로 그런 거대한 지역들의 결합과 그 결집력의 특성을 이해할 수 있게 된다.

　중국식의 중앙집중화는 유럽적 발전과 비교해볼 때 분명 특이하다. 이곳에서는 무사층이 비교적 일찍 그리고 극히 극단적인 방법으로 강력한 중앙권력에 의해 말살되었다. 이러한 말살과—그것이 어떻게 이루어졌든지 간에—중국 사회구조의 두 가지 주요 특성이 연관된다. 즉 토지에 대한 권한이 농부의 손으로 넘어갔다는 점과(서구의 초기에 스웨덴을 비롯한 몇 곳에서만 이런 형태를 볼 수 있다) 통치기구는 일부 농부들 또는 완전히 평화적인 관료들로 충원되었다. 이런 관료적 위계질서를 매개로 궁정의 문명형태들은 최하류층으로 파고든다. 이 형태들은 뿌리를 내리고 여러모로 변형되어 마을의 행동규약에 흡수된다. 때때로 우리는 중국인들의 '비군사적' 성격을 말하는데, 이 때 이 표현은 어떤 '천성'을 나타내는 것이 아니라 항상 접촉하고 교류하며 지냈던 관계로 국민들에게 행동의 모델이 되었던 계층이 수백 년 전부터 무사층이나 귀족이 아니라 평화적인 학자관료층이었다는 데서 기인하는 그런 사회적 성격을 말하는 것이다. 일차적으로 일본과는 달리, 중국인의 전통적인 가치질서에서 군사적 활동과 능력은 그리 높은 자리를 차지하지 못했던 사실에서 표현되는 중국의 상황과 기능이다. 중국이 걸어간 중앙화의 길과 서구의 중앙화과정이 세부적으로 아무리 다르다 하더라도 넓은 통치영역의 결속기반은 여기나 저기나 마찬가지로 자유롭게 경쟁하는 무사들이나 지주들의 극복 여하에 달린 것이다.

의 단결을 어렵게 만들 만큼은 되는지를 보여줄 것이다.

규모면에서 볼 때 서프랑크의 후계 지역이 확장 이후에 중앙권력자의 출현과 통치의 독점형성에 제공한 기회는 그리 나쁘지 않았다.

카페가가 어떻게 이 기회를 손에 잡게 되는지, 그리고 어떤 메커니즘을 통해 이 지역에 통치의 독점이 형성되는지를 상세하게 살펴보자.

제3절 독점 메커니즘

1. 우리가 현대사회라 부르는 것은, 특히 서구에서는 일정한 수준의 독점형성을 특징으로 한다. 군사적 무기의 자유로운 사용권은 개인에게 거부되며 어떤 형태의 것이든 하나의 중앙권력에게 넘겨진다.[원주8] 마찬가지로 개인의 부동산이나 소득에 대한 징세권도 사회의 중앙통제기관의 수중에 집중된다. 이 중앙권력으로 유입되는 재정적 수단은 군사력의 독점을 유지시키며, 군사력의 독점은 반대로 조세권을 유지시킨다. 이 두 권한 중 어떤 것도 결코 다른 것에 대해 우위를 점하지 못한다. 즉 경제적 독점권이 군사적 독점권보다 더 중요하지 않으며 또 반대로 군사적 독점권이 경제적 독점권에 우선하지 않는다. 이는 동일한 독점의 두 가지 측면이다. 독점적 통치권이 때때로 한 측면에 의해 더 강하게 영향을 받을 수는 있지만 한 독점권의 상실은 곧 다른 독점권의 상실로 이어진다.

비교적 넓은 지역에서 조세와 군대에 대한 독점권을 소유한 경우는 기능의 분화가 덜 이루어진 사회에서도, 특히 군사적 정복의 결과로서 예전에도 존재했다. 그러나 발달된 형태의 기능분화가 이루어진 사회에서 처음으로 등장하는 것은 이 독점권의 상임집행기구이다. 이렇게 잘 조직된 통치기구가 형성됨으로써 비로소 군사 및 공물에 대한 권한은 독점적 성격을

[원주8] 육체적 폭력의 독점이 '국가들'의 구조에 미치는 영향에 관해서는 특히 Max Weber, *Wirtschaft und Gesellschaft*(Tübingen, 1922)를 볼 것.

띠게 되며 군사독점권 및 조세독점권은 확고하게 자리잡는다. 사회적 투쟁의 주 관심사는 이제 독점통치의 제거가 아니라 누가 이 독점기구를 장악할 것이며 어디에서 이 기구를 위한 인원을 보충하며 어떻게 그것의 득실을 분배할 것인가 하는 문제이다. 이렇게 상존하는 독점적 중앙권력 및 특수한 통치기구의 형성과 함께 통치단위는 '국가'의 성격을 얻게 된다.

물론 국가 내에서는 이미 언급한 이 두 독점권의 주변에 일련의 다른 독점권들이 결정화된다. 그러나 이 두 독점권은 언제나 가장 중요한 핵심적 위치를 차지한다. 이것이 무너지면, 다른 것들도 따라 무너지며 결국 '국가'가 멸망하는 것이다.

2. 지금 우리가 다루게 될 문제는 어떻게 그리고 왜 이 독점구조가 발생하였는가 하는 것이다.

그것은 9세기와 10세기 그리고 11세기의 사회에서는 결코 존재하지 않았다. 11세기경부터 우리는 독점구조가——서프랑크의 후계 지역에서——서서히 형성되고 있는 것을 보게 된다. 우선 모든 전사들은 자신이 소유하고 있는 땅에서는 온갖 통치기능을 행사한다. 그러다가 점차적으로 이 땅은 중앙권력자에 의해 독점되고 곧 전문가들로 이루어진 기구를 통해 관리된다. 그는 마음 내키는 대로 새로운 영토를 정복하기도 하고, 있는 것을 수호하기도 한다. 통치기능을 포함한 영토의 획득이나 군사적 방어는 훗날의 언어를 차용한다면 '개인적 이니셔티브'에 맡겨져 있다. 인구가 증가하면서 땅에 대한 수요, 압력 및 갈망은 비정상적으로 강해지고 이에 따라 토지를 둘러싼 경쟁은 전국적으로 확산되고 과열된다. 이 시대의 경쟁은, 물리력을 국가가 독점하고 있는 상황에서 오로지 경제력을 수단으로 행해지는 19세기의 각축전과는 달리 군사력과 경제력을 모두 사용할 수 있는 경쟁이다.

바로 우리의 눈앞에서 벌어지고 있는 경쟁과 독점형성을 상기하는 것은 사회의 초기단계에 있었던 독점 메커니즘을 이해하는 데 무익하지는 않을 것이다. 더구나 현대와 연결하여 과거를 고찰하는 것은 우리에게 사회발전

전체의 조망을 가능하게 해준다. 운동의 뒷부분은 앞 부분을 전제로 하며, 이 두 부분의 중심은 그 시대의 가장 중요한 생산수단이나 적어도 그것에 대한 통제가 점점 더 적은 수의 사람들 손에 축적되는 현상——예전에는 토지의 축적, 나중에는 돈의 축적——으로 이루어진다.

독점형성의 메커니즘은 이미 앞서 논의되었다.[원주9] '보다 상위의 사회적 단위 내에서 상호간의 의존성으로 인해 좀더 큰 단위를 구성하는 다수의 소규모 단위들이 엇비슷한 사회적 힘을 가지고 있고 그로 인해 상호 자유롭게 기존의 독점에 방해받지도 않고 경쟁할 경우, 특히 생계수단과 생산수단을 얻기 위해 경쟁할 경우는 그 중 몇몇 소수만이 승리하고 다른 이들은 패배하며 그 결과 점점 더 적은 수가 서서히 더 많은 기회를 통제하게 되고 더 많은 수가 각축전에서 떨어져나와 소수에게 직접 또는 간접으로 종속되는 개연성이 높아진다.' 앞서 논의된 독점형성의 메커니즘은 대략 이렇게 요약할 수 있을 것이다.

다시 말하면 운동의 와중에 있는 인간결합태는, 이를 저지하는 조처가

[원주9] 앞의 책 133쪽을 참조할 것. 오늘날의 사용법에 맞추어 독점기제의 법칙을 수학적으로 표현할 필요성은 없는 것 같다. 물론 그것을 발견하는 일이 전적으로 불가능하지만은 않다. 그것이 발견된다면, 이 측면에서도 오늘날 일반적으로 제기하지 않는 질문을 논의할 수 있게 될 것이다. 즉 수학적 표현의 인식가치에 관한 질문 말이다. 예컨대 독점기제를 수학적 공식으로 표현한다고 해서 인식의 가능성과 명료성에 어떤 이점이 있는가라고 물어야만 할 것이다. 이런 간단한 경험을 근거로 할 때에만 이 질문은 대답을 얻을 수 있을 것이다.

물론 많은 사람들에게 일반적인 법칙의 작성은 하나의 가치를 의미하는데, 이 가치는——적어도 사회과학이나 역사학에서는——그 인식적 가치와는 무관하다. 이 검증을 거치지 않은 가치평가는 종종 연구작업 자체를 엉뚱한 방향으로 몰고갈 수도 있다. 많은 사람들은 불변적인 것으로부터 모든 변화를 설명하는 것이 연구의 가장 근본적인 과제인 것처럼 여긴다. 수학적 공식에 대한 관심도 불변적인 것에 대한 이러한 평가에 기인한다고 할 수 있다. 그러나 이러한 이상과 가치체계의 근거는 연구의 인식과제에 있는 것이 아니라 연구자의 영원에 대한 욕구에 있다. 독점기제나 다른 모든 일반적인 관계법칙과 같은 일반적인 법칙은, 수학적으로 공식화되든 안 되든 상관없이 역사-사회 연구의 최종목표나 절정이 아니다. 이런 법칙에 대한 통찰은 다른 최종목표의 수단으로서, 인간이 자신과 자신의 세계에 관해 방향을 설정하는 수단으로서 유용한 것이다. 그것의 가치는 오로지 역사변동을 해명하는 그것의 기능에 있을 것이다.

취해지지 않는다면 모든 기회가 단 하나의 권력에 의해 통제되는 상태로 접근한다는 것이다. 즉 열려진 기회의 체계에서 닫혀진 기회의 체계로 변한다는 것이다.[원주10]

이러한 연속적 과정이 따르는 일반적 도식은 극히 단순하다. 어느 사회적 공간에 일정한 수의 사람들이 있고 사람들의 욕구에 비하면 부족하거나 모자라는 일정한 수의 기회가 있다. 이들 중 두 명씩 기존의 기회를 놓고 투쟁한다고 우리가 가정한다면, 이들 모두가 오랫동안 이런 상태로 평형을 유지하게 되며 이 쌍들 중 어떤 상대도 이기지 못하게 될 개연성은 극히 적을 것이다. 이 투쟁이 정말 자유경쟁으로서 어떤 독점권력에 의해서도 영향을 받지 않는다면 언젠가 상대를 이기게 될 사람이 나타날 확률은 무척 높다. 싸우는 자들 중 몇 명이 승리한다면 그들의 기회는 그만큼 더 커지게 되고 패배자의 기회는 적어진다. 즉 원래의 참여자들 중 일부의 손에 기회가 모이게 되고 나머지는 싸움에서 떨어져나간다.

이렇게 하여 이긴 자들 가운데 또다시 두 명씩 싸우게 된다고 가정한다면, 게임은 처음부터 다시 되풀이된다. 다시금 그들 중 일부가 이기고 패배자의 기회를 거머쥐게 된다. 다시 말해 예전보다 적은 수의 사람들이 더 많은 기회를 소유하게 되는 것이다. 또 더 많은 수의 사람들이 경쟁의 각축전에서 제외되고, 이 과정은 마침내 최상의 경우 단 한 사람이 모든 기회에 대한 권한을 가지고 나머지 사람들이 모두 이 한 사람에게 의존하게 될 때까지 반복된다.

역사적 현실에서 이런 메커니즘에 빠지게 되는 것은 분명 개인들만이 아니며 흔히 사회단체, 예컨대 제후국이나 국가들이다. 그리고 이 메커니즘의 전개과정도 현실에서는 이 도식보다 더 복잡할 뿐 아니라 게다가 변형들로 가득 차 있다. 예를 들면 약자들 몇 명이 단합하여 너무 많은 기회를 독식하여 지나치게 강해진 한 개인을 쓰러뜨리는 예도 드물지 않게 보인

[원주10] 이에 관해서는 제3장을 참조할 것. 중세사회의 발전 메커니즘에 관해서는 제1부, 14쪽을 참조할 것.

다. 이 일이 성공하면 그들은 패배자의 기회나 그 일부를 챙기고, 이제 그들 가운데 주도권 투쟁이 벌어진다. 그 결과 세력관계의 판도변화는 항상 똑같다. 이런 식으로 체계 자체는 일련의 선발전을 거쳐 점점 더 적은 수의 사람들이 점점 더 많은 기회를 차지하게 되는 방향으로 흘러간다.

다수에게 불리하게, 소수에게는 유리하게 전개되는 이러한 변동의 경로와 속도는 대부분 기회의 수요 및 공급관계에 달려 있다. 수요자의 수와 기회의 수가 운동의 경과과정에서 대체적으로 변동이 없다고 가정한다면 기회에 대한 수요는 권력관계의 변동과 함께 증가할 것이다. 즉 의존하는 사람들의 수와 그 의존성의 강도는 커질 것이고 의존방식 역시 변할 것이다. 비교적 자유로운 사회기능 대신 점점 더 의존적인 기능이 등장한다면——예컨대 자유기사의 자리를 궁정기사들 그리고 결국 궁정인들이 차지하거나, 비교적 독립적인 상인들을 의존적인 상인과 사무직 근로자들이 대체한다면——동시에 감정구조와 본능과 사유의 구조도, 간략하게 말한다면 인간의 사회적 습성과 사회적 태도전체도 필연적으로 변할 것이다. 이는 독점적 위치에 접근하고 있는 자들에게만 해당되는 사항이 아니라, 특정한 기회와 그 기회를 얻기 위해 자유롭게 경쟁할 수 있는 가능성조차 막혀 있어 직접의 종속관계에 처하게 된 사람들에게도 마찬가지로 해당된다.

3. 왜냐하면 우리는 이 과정을 마치 '자유로운' 사람들이 점점 줄어들고 더 많은 사람들이 '묶이게' 되는 것처럼——어떤 단계는 이런 식의 서술에 부합되는 것처럼 보일지라도——이해해서는 안 되기 때문이다. 운동의 전체를 고찰할 경우 우리는——적어도 고도로 분화된 사회에서는——의존의 정도가 과정의 어느 특정한 단계에서부터 그 방향을 선회한다는 사실을 어렵지 않게 인식할 수 있다. 점점 더 많은 사람들이 독점 메커니즘의 게임에 의해 종속적 처지에 떨어지면 질수록 종속된 사람들 전체의 사회적 힘은——그들 개개인의 사회적 힘은 아니라 하더라도——소수의 또는 단 한 사람의 독점자와 반비례하여 더 커진다. 이는 수적으로도 그렇고, 독점적

지위에 접근하는 소수의 사람들이 자신들이 독점한 잠재력을 보존하고 개발하기 위해서 더 많은 수의 종속인들에 의존한다는 점을 봐서도 그렇다. 땅이든 군사든, 어떤 형태의 돈이든 상관없이 이 자원들이 한 사람의 손에 집중되면 될수록, 이 사람은 점차 상황전체를 파악할 수 없게 되고, 그가 자신의 독점 때문에 다른 사람들에게 의존하게 될 가능성은 더 확실해지며, 그는 점점 더 자신의 종속인들에게 종속된다.

이는 감지하기까지 종종 수백 년이 걸리는 변화이며 지속적인 제도로 정착하기까지 또다시 수백 년이 걸리는 변화이다. 사회의 특수한 구조적 속성은 끝도 없이 이 과정의 진행을 방해할 수도 있다. 그러나 그것의 메커니즘과 경향은 분명하다. 독점 잠재력이 포괄적이면 포괄적일수록, 관리인으로서 그것을 개발하는 사람들, 간단히 말하면 독점의 존속여부가 달려 있는 기능과 노동을 제공하는 사람들의 관계망이 넓으면 넓을수록, 또 그들 간의 분업이 발달하면 할수록, 독점자에 의해 통제되는 전체 지역은 그만큼 더 강하게 고유한 비중과 내면적 법칙성을 주장하게 된다.

독점적 통치자는 이를 인정하고, 이토록 방대한 조직의 중앙권력자로서 자신의 기능이 요구하는 제한을 스스로에게 가할 수도 있다. 아니면 그는 제멋대로 행동하면서 자신의 개인적 성향과 감정을 다른 어떤 것보다 우선시할 수도 있다. 그렇게 될 경우 사적으로 축적된 잠재력을 감당하지 못하는 복잡한 사회기구들은 무질서에 빠지게 되고, 독점자는 그 기구의 저항과 자율적 구조를 한층 더 뼈저리게 느끼게 된다. 달리 표현하면 독점적 지위가 포괄적이면 포괄적일수록 그리고 그것의 분업이 발달하면 할수록, 이 독점적 소유는 독점자가 기능분화적인 기구의 중앙관리인이 되어 다른 관리인들보다 아마 좀더 강력할지는 모르지만 결코 그들보다 더 자유롭다고는 할 수 없게 되는 지점을 향해 나아갈 개연성이 그만큼 더 확실하고 커진다.

이 변화는 거의 눈에 띄지 않게 조금씩 일어날 수도 있고 아니면 종속인의 전체집단이 소수의 독점자들에 대항하여 자신들의 사회적 힘을 폭력적으로 주장함으로써 급격하게 일어날 수도 있다. 하지만 어떤 경우에든 여

러 선발전들을 거쳐 사적으로 축적된 잠재력에 대한 권한은 이상적인 규모
의 소유상태를 기점으로 독점자의 손에서 빠져나가 전체 종속인들의 손에
또는 그들 중 일부 집단의 손에, 즉 이제까지 이 독점을 관리하던 행정기구
의 손에 넘어가는 경향이 있다. 다시 말해 개개인의 사적 독점은 사회화한
다. 그것은 전체 사회계층의 독점이 되고 공적인 독점이 됨으로써 한 국가
의 중앙기관으로 자리잡는다.

　우리가 오늘날 '국민경제'라 부르는 것의 발전경로는 이 과정을 구체적으
로 명료하게 보여줄 수 있는 사례를 제공한다. 국민경제는 봉건적 영주집
안의 '사적 경제'로부터 발달해 나왔다. 더 정확하게 말한다면, 우리가 나중
에 '공적'인 수입과 지출 및 '사적'인 수입과 지출로 대비시키는 구분이 처음
에는 없었다. 통치자의 수입은 근본적으로 그의 개인적 부동산에서 나오는
것이었다. 그의 궁정, 사냥, 의복, 선물을 위한 지출은 비교적 작은 규모의
행정기구와 용병, 성의 건설에 소요되는 경비와 마찬가지로 정확하게 이
수입으로부터 충당되었다. 수입과 지출의 관리, 부동산의 행정과 방어는
개인 혼자서 처리하기에는 너무 벅찬 일이 되었다. 그러나 통치자 가문의
직영부동산인 왕실령이 통치의 가장 중요한 소득원천이 더 이상 아닐 때에
도 사회의 상업화가 진행되면서 화폐지대가 전국에서 중앙통치자의 '궁정'
으로 쏟아져 들어오고, 폭력의 독점과 함께 부동산에 대한 독점이 동시에
화폐공물 및 조세권의 독점으로 변했을 때에도 중앙통치자는 이 모든 것을
마치 자기 가문의 개인적 소득인 것처럼 장악하고 있었다. 그는 우선 이 수
입 중 얼마를 성의 건설이나 선물의 분배, 주방이나 전체궁정의 유지에 사
용할 것인지, 또 얼마를 군대를 위해서나 행정일손들에게 지불하는 데 쓸
것인지 마음대로 결정할 수 있었다. 즉 독점된 기회로부터 나오는 수입의
분배는 그의 임의대로였다.

　물론 우리가 좀더 자세히 살펴본다면 독점소유자의 결정공간은 자신의
소유에 딸려 있는 거대한 인간관계망으로 인해 점점 제한된다는 사실을 알
수 있다. 행정참모진의 영향력과 그들에 대한 그의 영향력은 점차 커진다.
그리고 이런 식으로 진행되는 발전의 마지막 단계에서는 무제한적인 권한

을 가진 듯이 보이는 절대군주도 자신이 지배하는 사회의 강한 압력을 받고, 그 법칙에 기능적으로 의존하게 된다. 그의 무제한성은 단순히 기회에 대한 그의 독점적 통제권의 결과가 아니라 앞으로 우리가 언급하게 될 이 시대의 사회가 지닌 특수한 구조적 속성의 기능인 것이다. 그러나 어쨌든 프랑스 절대주의의 예산수립에는 아직 왕의 '사적' 지출과 '공적' 지출의 구분이 없다.

그 후 결국 공적인 독점으로의 전환이 어떻게 예산에서 표현되는지는 이미 익히 알려져 있다. 그가 어떤 명칭으로 불리든지 간에 중앙권력의 소유자는 다른 공직자들과 마찬가지로 예산에서 일정한 금액을 배정받는다. 이 돈으로 왕이든 대통령이든 간에 중앙통치자는 자신의 가계 또는 궁정의 경비를 충당한다. 나라의 통치조직에 필요한 지출은 개인들이 자신의 사적인 목적을 위해 사용하는 지출과 엄격히 구분된다. 설사 독점통치권이 사회의 관리인으로서 한 개인의 수중에 들어 있다 하더라도 사적인 독점통치권은 공적인 독점통치권으로 변한다.

통치기구가 형성되는 과정전체를 추적해도 마찬가지 현상이 나타난다. 그것은 이른바 왕이나 제후의 '사적'인 궁정 및 소유지에 대한 관리기구를 전신으로 한다. 국가통치기구의 모든 기관들은 왕실의 기능들이 지방의 자치행정기구를 일부 흡수하여 분화됨으로써 생겨난 것들이다. 그리고 마침내 이 통치기구가 국유화되거나 공공화되면 중앙군주의 가계 역시 기껏해야 이 기구 중 한 기관으로 전락하고 결국 그것마저 아닌 처지로 떨어진다.

이것은 사적소유에서 공적기능이 발생하는 과정, 그리고 개인의 독점이 ──여러 세대에 걸쳐 일련의 각축전과 선발전을 성공적으로 통과하고 잠재적 권력을 축적한 결과로 얻어진 ──마침내 사회화하는 과정을 보여주는 가장 명백한 예이다.

독점자원에 대한 개인의 '사적인' 권한이 '공적인' 또는 '국가의' 또는 '사회적인' 권한으로 변한다는 것의 의미를 더 자세히 추적해 들어가는 것은 우리의 논의에서 벗어나는 일이 된다. 이미 말했듯이 이 모든 표현들은 기능의 분화가 상당할 정도로 진척된 사회와 연관해서만 그 진정한 의미를 획득한다. 그런 사회 속에서 비로소 개개인의 활동과 기능은 직간접적으로 수많은 타인들의 활동과 기능에 의존하게 되며, 또 그런 곳에서야 비로소 이 다수의 서로 얽힌 행위와 이해관계의 비중은 거대한 자원을 독점적으로 소유하고 있는 소수조차 그 압력과 힘에서 벗어날 수 없을 정도로 커지게 된다.

독점 메커니즘의 의미에서 진행되는 사회과정은 그 기능분화와 통합이 비교적 낮은 수준의 사회에서도 발견된다. 이 사회에서도 축적이 일정 수준에 다다르게 되면 모든 독점은 그 때부터 개인의 권한에서 이탈하여 전체 사회집단의 권한으로, 종종 종전의 통치관료들이나 위정자의 제1신하의 권한으로 넘어가는 경향을 보인다. 봉건화과정은 이에 대한 좋은 예이다. 앞에서 이미 서술한 바와 같이 봉건화의 과정에서는 비교적 광대한 토지와 막강한 군사력에 대한 소유권은 독점군주의 손에서 벗어나 몇 차례의 물결을 거쳐 우선 전직관료나 그의 상속인들, 그 후 전체 기사층의 등급화된 권력으로 넘어간다. 사회적 기능의 상호의존성이 취약한 사회에서 이러한 사회화의 물결은 반드시 일종의 '무정부주의', 즉 거의 완벽한 독점붕괴로 이어지든가 아니면 독점이 한 사람이 아닌 여러 사람의 손에 놓이는 과두제를 초래한다.

나중에 가면, 다수에게 유리하게 돌아가는 이러한 이동의 물결은 독점의 와해가 아니라 독점자원에 대한 다른 형태의 통제를 야기하게 된다. 모든 기능들의 사회적 상호의존성이 증가하면서 비로소 독점을 해체하지 않은 채 소수가 그것을 자의적으로 사용하지 못하게 막을 수 있게 된다. 기능의 분화가 이미 상당히 진행되어 있고 게다가 증가일로에 있는 사회에서는, 자원을 독점적으로 차지하였던 소수는 항상 다른 사람들의 봉사에 의존하고 이에 따라 그들에게 기능적으로 종속됨으로써 언젠가는 난관에 봉착하게 되고 다수에 비해 불리한 위치에 서게 된다.

기능분화가 심화되는 상태에 있는 인간의 결합체는 자원에 대한 모든 사적인 독점경향을 강하게 저지하는 내재적 경향을 가지고 있다. '사적' 독점에서 '공적' 또는 '국가적' 독점으로 흘러가는 폭력독점이나 조세독점의 경향은 사회적 상호의존의 기능에 다름 아니다. 기존의 기능분화의 정도가 상당하고 또 그 추세가 증가하는 인간결합체는 자신의 내재적 무게로 인해, 독점자원의 이득과 수익의 분배가 몇몇 소수를 중심으로 이루어지는 사태가 불가능해지는 일종의 평형상태를 향해 달려간다. 지배의 가장 중요한 독점이 예전과는 달리 '국유화'되고 '공공화'되었다는 사실이 오늘을 사는 우리들에게 자명하게 보인다면, 그것은 동일한 방향으로 한 걸음 더 나아갔음을 의미한다.

이런 과정은 사회의 특수한 조건으로 인해 언제 어디서나 방해받을 수 있다. 그 특수한 사례는 앞서 독일 신성로마 제국의 발전경로를 서술하면서 이미 제시한 바 있다. 어떤 사회가 그때그때의 독점형성에 가장 적합한 규모를 넘어서게 되면 언제나 이와 유사한 현상이 나타난다. 그러나 인간결합체가 전체 집단의 이익을 위해 독점자원을 관리하는 특정한 구조를 지향한다는 것은, 아무리 방해요소들이 개입되고 그 진행을 갈등상황 속에 반복적으로 고착시킨다 하더라도 항상 감지될 수 있다.

우선 일반적으로 고찰하면 독점형성의 과정은 극히 뚜렷한 구조를 보인다. 자유경쟁은 이 과정에서 정확하게 규정할 수 있는 위치를 지니며 순기능을 한다. 그것은 비교적 다수의 사람들이 아직 소수나 한 사람이 독점하지 못한 자원을 놓고 벌이는 투쟁이고 경기이다. 이런 식의 자유 선발전이 모든 사회적 독점형성에 선행한다. 또한 모든 자유로운 사회적 선발전이나 각축전은 독점형성으로 흘러가는 경향을 보인다.

이 자유경쟁 시기에 비해, 독점형성은 한편으로 많은 사람들에게는 특정한 자원에 접근할 수 있는 길이 봉쇄되었음을 의미한다. 다른 한편 그것은 이 자원에 대한 권한이 점점 중앙화된다는 것을 뜻한다. 중앙화로 인해 이 자원들은 다수의 직접적 투쟁을 벗어나 있다. 극단적인 경우 그것은 단 하나의 사회적 존재가 지닌 권한에 속하게 된다. 그러나 이 독점자가 독점의 수확을 혼자서 소비하는 경우는 결코 없다. 특히 기능분화가 심한 사회에서는 더욱 그렇다. 그에게 그럴 수 있는 사회적 힘이 있다면, 그는 일차적으로 독점에서 나오는 수확의 엄청난 부분을 독차지하고 자신에 대한 봉사의 대가로 최소생계 유지비를 줄 수는 있다.

그러나 어쨌든 그 자신이 다른 이들의 기능에 의존하기 때문에 그는 자신이 소유한 자원의 큰 몫을 그들에게 나누어줄 수밖에 없다. 이 때 그의 축적재산이 많으면 많을수록 분배의 몫은 더 커지고 다른 이들과 그들의 사회적 힘에 의존하면 할수록 또 그만큼 분배몫도 커진다. 이 자원의 분배를 둘러싸고 그것에 예속되어 있는 사람들 가운데서 다시 새로이 투쟁이 벌어진다. 그러나 앞선 시대에서 경쟁이 '자유로웠다'면, 즉 경쟁의 양상이 오로지 어떤 사람이 특정한 시기부터 더 강해지거나 더 약해지는가에 달려 있었다면, 이제 경쟁은 독점자가 자신의 통치영역 전체를 다스리기 위해 어떤 기능을 어떤 목적에 필요로 하는가에 달려 있다. 자유경쟁 대신 이제 하나의 중앙으로부터, 인간에 의해 조종되거나 조종될 수 있는 비자유경쟁이 등장한다. 이 비자유경쟁에서 성공을 약속하는 성격은, 그리고 경쟁이 실행하는 선택은 그리고 경쟁으로 산출되는 인간유형은 앞서간 자유경쟁시대와는 극히 다르다.

자유로운 봉건귀족의 상황과 궁정귀족이 처해 있는 상황의 차이는 이를 구체적으로 말해준다. 기사사회에서는 개별적 가문의 사회적 힘, 즉 그의 경제적·군사적 능력뿐만 아니라 개인의 육체적 힘과 기술의 기능으로서 사회적 힘이 자원의 분배를 결정해주며, 폭력의 직접 사용은 이 자유경쟁 상황에서는 필수적인 무기이다. 그러나 후자의 사회에서 결국 자원의 분배를 결정하는 자는 이 폭력적 투쟁에서 승자로 나섬으로써 폭력을 독점하고 있는 가문의 사람이나 그 후계자이다.

이 독점 덕분에 제후가 나누어주는 자원을 둘러싸고 벌어지는 귀족들의 각축전에서는 폭력의 직접적 사용이 배제된다. 경기의 수단은 세련되어가고 승화되었다. 독점군주에게 종속됨으로써 개인들이 스스로 알아서 행하는 감정표출의 억제는 강해진다. 개인들은 한편으로는 자신의 존재를 누르는 강제에 대한 저항, 자신들의 종속적 처지에 대한 증오, 기사들 간의 자유경쟁에 대한 동경과 다른 한편으로는 훈련을 통해 획득한 자기통제에 대한 자긍심, 그들에게 새롭게 열려지는 쾌락에 대한 즐거움 사이에서 표류한다. 간단히 말하면 이것은 문명화의 길을 향한 하나의 역주인 것이다.

그 다음 걸음은 폭력 및 조세의 독점권, 이에 근거하는 다른 모든 독점권이 시민계급의 손에 넘어가는 것이다. 시민계급은 이 당시 비조직적인 독점의 형태로 일정지분의 경제적 기회를 손에 쥐고 있던 계급이다. 그러나 이 기회는 그 구성원들간에 우선 무척 균등하게 배분되어 있어 그들 중 다수가 상호 자유롭게 경쟁할 수 있었다. 이 계층이 제후들과 투쟁했던 사안, 그리고 결국 그들에게 주어진 것은 독점통치권의 파괴가 아니었다. 그들이 조세와 경찰 및 군사력의 독점권을 다시 그들의 구성원에게 분배하려고 노력한 것은 아니었다. 그들은 각자 자신의 군사력과 조세소득을 가진 지주가 되려는 것도 아니었다. 조세와 물리적 폭력의 독점이 존립한다는 것은 그들 자신이 사회적으로 실존하는 토대였다. 그것은 그들이 특정한 경제적 기회를 놓고 상호간에 벌이는 자유경쟁을 비폭력적인 경제력의 수단에만 제한시킬 수 있는 전제조건이있다.

통치의 독점권을 얻기 위한 투쟁에서 그들이 추구하고 결국 얻었던 것은 이미 말했듯이 기존의 독점자원의 분배가 아니라 이 자원의 득실을 다른 식으로 분배하는 것이었다. 이 독점권이 이제 단 한 명의 절대군주에 의해서가 아니라 전체의 계층에 의해 행사된다는 사실은 이미 서술한 방향으로 한 걸음 진전했다는 것을 의미한다. 그것은 이 독점이 제공하는 기회가 개인의 호불호나 이해관계에 따라 나누어지지 않고 다수의 상호의존적인 종속인들의 이해를 위해 그리고 마침내 전체의 상호의존적인 인간결합체의 이해를 위해 비개인적이고 정확한 계획에 따라 분배되는 지점을 향한 여정에서 한 걸음 더 앞으로 나갔음을 의미한다.

달리 표현하면 예전에는 군사력과 경제력을 수단으로 개인들이 획득해야 했던 기회들이 독점화와 중앙집중화로 인해 이제 계획의 대상이 된다. 독점을 쟁탈하기 위한 투쟁은 발전의 특정한 시점에서부터는 더 이상 독점의 파괴를 목표로 하지 않는다. 그것은 이제 독점의 수익에 대한 통제권, 그리고 독점의 부담과 이익을 할당하는 계획으로, 한마디로 말하면 분배의

제2장 국가의 사회발생사 183

비결을 위한 투쟁인 것이다. 독점군주와 그 행정의 과제라 할 수 있는 분배
는 이 투쟁의 과정에서 비교적 사적인 기능이었다가 공적인 기능으로 바뀐
다. 상호의존적인 인간결합체의 다른 기능들에 대한 이 기능의 종속성은
점점 더 분명하게 조직적 형태로 등장한다.

이 전체구조 속에서 중앙관리자들도 다른 모든 사람들처럼 종속적인 입
장에 처한 사람들에 불과하다. 이 중앙관리자들을 통제할 수 있는 확고한
제도들이 이 독점기구에 의존하는 사람들 중 다수를 구성원으로 하여 설립
된다. 독점에 대한 통제권, 핵심지위를 맡게 될 인원의 선발 자체는 예전처
럼 자유경쟁을 통해 이루어지는 것이 아니라 이제 독점기구가 관장하여 정
기적으로 열리는 무기 없는 선발전, 즉 '비자유'경쟁을 통해 이루어진다. 다
른 말로 표현하면 우리가 '민주적 정권'이라 명명하는 것이 형성되기 시작
한다. 이런 종류의 정권은——우리 시대의 특정한 경제적 독점과정만을 고
찰한다면 그렇게 보일 수도 있지만——독점이 존재한다는 사실과 모순되며,
그것의 존립여부는 가능한 한 자유로운 경쟁공간의 존립에 달려 있다고 오
늘날 우리는 생각할 수도 있다. 물론 이 정권은 어떤 특수한 상황에서, 전
체사회의 특수한 구조에서 그리고 가장 발달한 독점형성단계에서만 발생할
수 있고 지속적으로 기능할 수 있긴 하지만, 그래도 그것의 존재여부는 고
도로 조직화된 독점의 존립에 달려 있다고 해도 과언이 아니다.

독점 메커니즘의 전개과정은 우리가 현재 판단하는 바로는 두 주요단계
로 구분될 수 있다. 첫째 단계는 자유경쟁 또는 선발전의 단계로서, 기회가
점점 소수에게 집중되고 결국 한 사람의 수중으로 들어가는 경향이 있다.
즉 독점형성의 단계이다. 둘째 단계는 중앙집중화되고 독점된 기회에 대한
통제권이 한 사람의 손에서 여러 명의 손으로 넘어가고 결국 상호의존적
인간결합체 전체의 기능으로 변하는 단계, 즉 비교적 '사적'인 독점에서 '공
적'인 독점으로 전환하는 단계이다.

물론 기능분화의 수준이 낮은 사회에서도 이 둘째 단계의 초보형태가 없
는 것은 아니다. 그러나 그것이 활짝 만개할 수 있는 곳은 고도로 분화된
사회, 분화가 계속되고 있는 사회밖에 없다.

우리는 이 전체운동을 하나의 간단한 명제로 표현할 수 있을 것이다. 운동의 출발점이 되는 상황은 한 계층 전체가 조직되지 못한 독점자원을 통제하는 상황, 따라서 자유경쟁과 공개적 폭력을 통해 이 자원이 전체 구성원에게 분배되는 상황이다. 그런 다음 독점자원에 대한 그리고 이 자원에 의존하는 모든 사람들에 대한 어느 한 특수계층의 통제권이 중앙집중화되고 통제제도에 의해 보장되며, 독점수익이 한 개인의 이해관계가 아니라 분업의 순환과정 자체, 즉 기능별로 나누어져 서로 연관을 맺는 모든 사람들의 이해관계 및 최상의 작업을 중요시하는 계획에 따라 분배되는 상황을 향해 운동은 흘러간다.

경쟁 및 독점 메커니즘에 관한 일반적인 설명은 이쯤으로 충분할 것 같다. 이 도식의 진가는 구체적인 자료들을 검토하는 과정에서 비로소 드러난다. 그것은 이 자료들을 통해 스스로를 입증해야 하는 것이다.

오늘날 '자유경쟁'이나 '독점형성'이란 말을 들으면 우리는 우리 눈앞에 보이는 사실들만을 먼저 떠올린다. 일차적으로 우리가 생각하는 것은 '경제적' 기회를 목표로 여러 사람들이나 집단들이 특정한 규칙의 테두리 안에서 벌이는 '자유경쟁'인데, 이 경쟁의 과정에서 한 사람이나 한 집단은 다른 사람들의 경제적 토대를 파괴하거나 종속시키거나 제한하면서 자신의 통제권을 확장하게 된다.

그러나 우리 시대의 이 경제적 경쟁이 진정으로 '무독점적인' 경쟁으로 범위를 축소해가고 서서히 독점적 구조를 형성해가는 과정은 단지 우리 눈앞에서 시작해서 끝난 일이 아니다. 앞에서 가끔 언급했듯이, 그것은 이미 상당히 진보된 형태를 띤 독점형성의 존재를 전제로 한다. 우선은 국가적 경계 내에서 육체적 폭력과 조세를 독점하는 조직이 존재하지 않았다면 '경제적' 자원을 위한 이 투쟁이 단지 '경제적' 폭력수단에만 제한되지도 않았을 것이고, 또 한 국가 내에서 장기간 동안 그 기초적인 규칙이 지켜지지도 않았을 것이다.

달리 말하면 최근의 경제적 투쟁과 독점형성은 하나의 포괄적인 역사적 맥락에서 어느 특정한 한 부분을 차지하는 것일 뿐이다. 이 넓은 맥락을 고찰할 경우에 비로소 경쟁 및 독점 메커니즘에 관한 일반적 서술이 진정한 의미를 얻는다. 강력한 팽창과 분화의 시기에 '경제영역'을 자유로운 개인 경쟁의 장으로 그리고 새로운 사적 독점형성의 장으로 개방한 좀더 확고한 '국가적' 독점제도의 형성과정을 유념해야만, 수없이 많은 역사적 사실들 가운데서 사회적 메커니즘의 게임, 즉 이런 독점형성의 질서와 구조가 관찰자의 시야에 좀더 뚜렷하게 들어오게 된다.

어떻게 이 '국가적' 독점조직이 형성될 수 있었는가? 그것을 야기한 경쟁은 어떤 양상을 보이는가?

우리는 이 과정이 가장 직선적으로 전개된 나라, 따라서 오랫동안 유럽의 전범적인 최강국이었던 프랑스의 역사를 통해 이 과정을 계속 추적할 것이다. 이 작업에서 우리는 일련의 세부사항들을 깊이 천착해 들어가기를 꺼려 해서는 안 될 것이다. 이와 다른 방법으로는 과정의 일반적 도식에 경험의 풍부함을 더할 수 없을 것이며, 이것이 없다면 이 도식은 그야말로 엄청난 덩어리의 경험 속에 들어 있는 질서와 구조를 보지 못하는 사람에게는 혼란으로밖에 비쳐지지 않는 것처럼 공허할 뿐이다.

제4절 왕국의 틀 안에서 벌어진 초기 투쟁들

1. 독점 메커니즘의 내재적 경향에 따라 서프랑크의 후계 지역 내에서 서로 힘을 겨루던 전사집안들 중 하나가 언젠가 주도권을 잡고 결국 독점적 위치에 올라서는 식으로 다수의 소봉건제후들이 합쳐져 좀더 큰 규모의 통치단위를 이루게 될 확률은 상당히 높다.

그런데 일련의 선발전을 거쳐 승자로 부상하며 동시에 독점 메커니즘의 집행자가 된 집안이 바로 카페가였다는 사실은, 설령 경쟁관계에 있는 다른 집안들보다 이 집안을 유리한 위치에 서게 했던 일련의 사안들을 쉽게 찾아낼 수 있다 하더라도 그렇게 개연적이지는 않다. 100년 전쟁을 거치면서 비로소 앞으로 세워질 국가의 중앙통치자가 카페가의 후손이 될 것인지 아니면 다른 가문이 될 것인지의 여부가 궁극적으로 결정되었다고 우리는 주장할 수 있다.

이 두 질문 간의 차이점, 즉 독점형성 및 국가형성의 일반적 문제와 왜 하필이면 이 가문이 패권을 획득·보존했는가 하는 특수한 문제의 차이를 염두에 둘 필요가 있다. 우리가 더 큰 관심을 기울였고 지금도 관심을 가지는 분야는 후자보다는 전자라 할 수 있다.

소유관계의 강한 평준화 경향에 뒤이어 10세기와 11세기에 들어서기까지 계속되던 독점형성의 일차물결은 앞에서 이미 간단히 언급하였다. 그것은 한 영토 내에서 일어났던 독점형성이었다. 이 작은 구역 내에서 일차 선발전들이 벌어지고 우선 무게중심이 소수에게로, 그리고 결국 한 사람에게로 이동한다. 한 가문은——사회적 단위는 개개인이 아니라 항상 한 가문, 한 가족이다——다른 가문들이 군사력과 경제력에서 감히 넘볼 수 없을 만큼 영토를 쟁취하게 된다. 이 가문과 견줄 수 있는 가능성이 존재하는 한, 봉신관계는 명목상의 관계에 불과하다. 그러나 사회적 힘의 이동과 함께 이 관계는 새로운 현실에 부딪친다. 새로운 종속관계가 형성된다. 물론 실제로 그 지역의 최강자 집안에 여러 전사가문들이 종속된다 하더라도 잘 조직된 중앙기구가 없는 상황 탓에 그 관계는 지속적이지도 못했고 나중에 성립된 절대주의 정권과 같은 절대성도 지니지 못했다.

거의 비슷한 시기에 서프랑크 지역의 모든 제후들에게 비슷한 과정이 전개되었다는 것은 이 독점 메커니즘의 엄밀성과 강도를 대변해준다. 프랑스의 공작이며 명목상 전 영토의 왕이었던 루이 6세는 이 독점형성단계의 대표자들 중 한 명일 뿐이었다.

2. 우리가 1032년 무렵의 프랑스 지도를 본다면 이 지역이 얼마나 많은 중소 제후국들로 분열되어 있었는지 분명하게 알 수 있다.[원주11] 우리 눈앞에 보이는 것은 분명 우리가 알고 있는 프랑스는 아니다. 앞으로 프랑스가

[원주11] Auguste Longnon, *Atlas historique de la France*(Paris, 1885).

될 서프랑크 승계 지역은 남동쪽으로 론 강을 경계천으로 하고 있었다. 아를과 리옹은 부르군트 왕국의 땅이었다. 그리고 그 북쪽으로는 오늘날의 툴(Toul)과 바르 르 뒥(Bar le Duc)과 베르됭 지역 및 아헨, 안트베르펜이 있었는데 이 지역들은 홀란드 지역을 포함해서 로트링겐 왕국에 속했다. 예전의 서프랑크 지역의 전통적인 동쪽 및 북쪽 국경은 현재의 프랑스 내부 깊숙이 있었다. 그러나 이름뿐인 카페 제국의 이 국경들이나 그 지역 내의 좀더 작은 정치통일체의 국경들도 모두 오늘날 국가들 간의 경계선과는 기능이나 불변성의 측면에서 전적으로 다르다. 지리적인 경계, 강의 골짜기와 산맥들은 언어적 차이와 지역적 전통과 함께 이 국경에 어느 정도 견고성을 보장했다. 그러나 그 크기를 막론하고 모든 지역은 어느 한 전사 가문에 속해 있었기 때문에 한 지역단위의 구성에 가장 중요한 것은 그 가문의 승리와 패배, 결혼이나 매매 등이었다. 또한 한 지역에서 패권이 바뀌는 사례도 드물지 않았다.

남쪽에서 북쪽으로 가면 우선 바르셀로나 백작령의 북쪽, 즉 피레네 산맥 북쪽에 가스코뉴(Gascogne) 공국이 보르도(Bordeaux) 지역과 툴루즈(Toulouse) 백작령까지 뻗어 있는 것을 보게 된다. 그 밑으로 우선 큰 단위들만 언급하자면, 귀엔(Guyenne) 공국, 즉 아키텐(Aquitanien)이 있고 그 다음 프랑스-영국의 제2대 왕가의 본가가 있는 앙주(Anjou) 백작령, 메인(Maine)과 블루아(Blois) 백작령, 프랑스-영국의 초대왕가인 노르망디 공국이 자리잡고 있다. 그리고 트루아(Troyes) 백작령, 베르망두아(Vermandois)와 플랑드르(Flanders) 백작령이 이어지고 끝으로 노르만 통치 지역과 블루아 백작령, 트루아 백작령 사이에 카페가의 조그만 통치 지역인 프랑시앵 공국이 자리잡고 있다. 이미 강조했듯이 이 작은 카페 공국은 다른 제후국들과 마찬가지로 정치지리적 또는 군사적 의미에서 완벽한 통일체를 구성하지는 못했다. 그것은 두세 개의 서로 붙어 있는 큰 지역, 즉 일 드 프랑스, 베리와 오를레앙 지역 그리고 이런저런 방식으로 카페가의 소유가 된 남쪽과 푸아투(Poitou)와 프랑스 전 지역에 흩어져 있는 땅들로 이루어진 조그만 공국이었다.[원주12]

3. 루이 6세 당시에는 거의 모든 영지에서 어느 한 가문이 토지를 축적함으로써 실제적 주도권을 잡게 된다. 한 영지 안에서 이 제후가문들과 다른 귀족가문들 간의 투쟁은 항상 다시 불붙었고 그들 간의 갈등은 오래 지속된다.

그러나 작은 봉건가문들이 성공적으로 저항할 수 있는 기회는 그리 크지 않았다. 봉토의 주인 또는 지역제후들에 대한 그들의 의존성은 11세기가 경과하면서 뚜렷하게 드러난다. 제후가문의 독점적 지위는 거의 흔들림 없이 확고했다. 이 때부터 그 사회에 특성을 부여하는 것은 이 제후가문들이 좀더 커다란 영토를 놓고 벌이는 투쟁이다. 앞선 단계의 투쟁들과 마찬가지로 이 투쟁에서도 사람들은 진퇴양난의 처지에 몰리게 된다. 어떤 이웃이 커지고 강해지면 다른 이웃은 그에 의해 제압당하거나 그에게 의존해야 할지도 모를 위험에 처한다. 당하지 않으려면 스스로 정복해야만 한다. 그러나 우선 식민지전쟁과 확장전쟁은 내부의 갈등을 어느 정도까지 해소시켜주지만, 외부로의 팽창가능성이 줄어들면 들수록 내부의 갈등은 더 커진다. 이 때부터 자유경쟁의 메커니즘은 어느 정도 확대된 범위 내에서, 즉 지역제후로 부상한 전사가문들 사이에서 작동하기 시작한다.

4. 노르만 공작의 영국정복은 이미 언급했듯이 이 당시의 특징인 수많은 팽창전쟁 중 하나이다. 그것 역시 인구증가로 인한, 특히 가난하든 부유하든 상관없이 모든 기사계층이 증가함으로써 발생한 일반적인 토지소유욕의 한 징후이다.

그러나 노르만 공작의 치부, 그의 군사력과 재정력의 증대는 동시에 프랑스의 지역제후들 간에 유지되던 평형상태를 심각하게 위협하는 사건이었다. 세력변화의 전모는 당장에 드러나지는 않았다. 왜냐하면 정복자가 새 영토 내에서 자신의 권력을 조직하려면 시간이 걸렸기 때문이다. 그러나 그가 이 일을 마무리하자 낮은 수준에 머물고 있던 서프랑크 지역이 통합

〔원주12〕 A. Luchaire, *Histoire des institutions monarchiques*(1891), vol.1, p.90.

되고, 이에 따른 노르만 공작의 권력증대가 다른 제후들에게 의미했던 위협은 남쪽보다는 북쪽의 이웃들, 즉 노르망디에 가까운 이웃들에게는 한층 더 심각한 현실로 나타난다.

그러나 그 위협이 현실로 나타나자 더 직접적으로 영향을 받은 가문은 노르망디의 동쪽지역에서 전통적으로 주도권을 주장해왔던 프랑시앵 공국의 가문인 카페가였다. 이렇게 강력한 외부의 적으로부터 오는 위협은 루이 6세가 평생 동안 혼신의 힘을 다하여 몰두하였던 과업, 즉 모든 경쟁자들을 물리치고 자신의 영지 안에서 주도권을 확립하려는 과업을 한층 더 촉진시키는 원동력이 되었던 것 같다.

명목상의 왕이며 서프랑크 지역의 군주인 루이 6세가, 이전에 봉신이었지만 이제 영국의 지배자로서 자신처럼 왕관을 쓰고 있는 노르만 공작보다 왕실령의 제한된 규모로 인해 실제로도 약하다는 사실은 그들 간에 일어난 모든 대립에서 분명하게 드러난다.

정복왕 윌리엄은 새 영토를 정복함으로써 그 당시로서는 중앙집중화가 상당히 잘 이루어진 통치조직을 만들 수 있었다. 그는 자신의 가문과 경쟁관계에 설 수 있을 만큼 부유하고 강력한 가문이 생길 수 있는 가능성을 미연에 방지할 수 있도록 하면서 토지를 분배한다. 영국 군주의 행정기구는 그 당시 가장 발달한 것이었다. 화폐수입만을 관장하는 독립기관이 있을 정도였다.

윌리엄 정복왕이 섬을 정복할 때 이끌었던 군대는 일부는 봉건 신하들로, 또 다른 일부는 새로운 토지를 소유하려는 욕망으로 가득 차 있던 용병들로 구성되어 있었다. 그러나 정복을 끝낸 지금 노르만 군주의 재산은 용병을 고용할 만큼 막대했다. 그의 봉건 신하들의 규모를 제외한다 해도 이 용병들만으로도 이 섬의 군주는 대륙의 이웃들보다 군사적으로 우위를 차지할 수 있었다.

프랑스의 뚱보왕 루이 6세는 선대왕들과 마찬가지로 그와 같은 규모의 군대를 유지할 만한 능력이 없었다. 사람들이 전하는 말에 의하면 그는 돈 욕심이 많았고 어떤 수를 써서라도 돈을 소유하려 했다고 한다. 실제로 이

시대에는, 돈이 비교적 귀했고 가용할 수 있는 금액과 필요한 금액 간의 부
조화가 컸던 모든 시대와 마찬가지로 돈에 대한 욕구와 탐욕이 특히 두드
러지게 나타난다. 그러나 루이 6세는 돈이 풍족했던 이웃들에 비해 특히
어려운 처지에 처해 있었다. 이런 측면에서뿐만 아니라 통치조직과 중앙
집중화와 내부의 잠재적인 경쟁자 제거 같은 문제에서 섬 지역은 대륙의
제후들이 주도권 쟁탈전에서 탈락하지 않으려면 반드시 따라야 했던 모범
이었던 것이다.

12세기 초만 하더라도 카페가는 바다 건너편의 땅과 사람들을 지배하고
있는 경쟁상대보다 확실히 약했다. 루이 6세는 영국의 맞수와 벌였던 모든
싸움에서 패배했다. 이 맞수가 프랑시앵 공령까지 쳐들어오지 않았던 것만
해도 다행일 정도였다. 바로 이것이 프랑시앵의 군주가 자신의 권력 기반
인 왕실령을 확장하고 자기 영토 내의 또는 그 중간 지역에 있는 소영주들
의 저항을 꺾는 데 치중할 수밖에 없었던 상황이다. 그렇게 함으로써 그는
서프랑크 지역의 주도권을 놓고 100년 간 지루하게 계속되던 투생, 대각축
전에 대비해 자신의 가문을 무장시킨 것이다. 이 장기적 투쟁이 진행되는
동안 서프랑크의 제후국들은 하나의 블록으로 합쳐져 한 가문의 통제하에
놓이게 되고, 차후로 이 지역에서 일어나는 다른 모든 갈등은 일 드 프랑스
의 주인들과 영국 섬의 주인들이 프랑스의 왕관을 두고 벌이는 투쟁과 직
간접적으로 연관을 맺게 된다.

5. 윌리엄 정복왕의 가문이 소멸하자 카페가와의 주도권 싸움에 뛰어든
가문은 플랜태저넷(Plantagenets)가이다. 이 가문의 세습지는 마찬가지
로 프랑시앵의 이웃인 앙주이다.[원주13] 이 가문도 카페가와 거의 비슷한 시
기에, 거의 비슷한 방식으로 최고의 자리에 올라왔다. 프랑스의 필리프 1
세 때 그랬던 것처럼 앙주도 풀케(Foulque) 밑에서 백작의 실질적 권력

[원주13] Ch. Petit-Dutaillis, *La Monarchie féodale en France et en Angleterre*
(Paris, 1933), p.109ff.

은 봉신들에 비해 무척 약화되었다. 필리프의 아들인 루이 6세 뚱보왕처럼 풀케의 아들인 풀케 주니어, 그의 아들 지오프리 플랜태저넷(Geoffroi Plantagenet)은 자기 영토 내의 중소 영주들을 차례차례 무너뜨렸다. 이로써 이 가문 역시 앞으로의 확장에 기초를 마련한 셈이 된다.

영국에서는 우선 정반대의 과정이 진행되는데, 이 과정은 전사사회의 메커니즘을 다른 측면에서 보여주고 있다. 윌리엄 정복왕의 손자인 헨리 1세(1100~1135)가 남자 상속자 없이 죽자, 윌리엄의 외손자이며 블루아 백작인 에티엔 드 블루아(Etienne v. Blois)가 왕위에 대한 권리를 주장하고 나선다. 그는 세속영주들과 교회의 인정을 받는 데에는 성공하지만, 그 역시 중간급의 노르만 영주에 불과했다. 그의 가문의 힘, 그를 뒷받침할 수 있는 개인 재산은 극히 제한되어 있었다. 말하자면 자기 영토 내의 다른 기사들과 성직자들에 대해서도 그는 상당히 무력했던 것이다. 그의 정권이 들어서자마자 곧 섬 지역의 분열이 시작된다. 영주들은 성을 쌓고 화폐를 찍어내며 그 지역의 세금을 직접 거둬들인다. 한마디로 그들은 이제까지 우세한 사회적 힘으로 노르만 중앙군주가 독점하고 있던 권력수단을 자신의 권리로 주장하고 나선 것이다. 엎친 데 덮친 격으로 에티엔 드 블루아는 몇 가지 서투른 실수를 저지르고 그 결과 교회와도 멀어지게 된다. 이는 그보다 한 수 위의 강자였다면 몰라도 도움을 필요로 하는 그가 해서는 결코 안 될 실수였다.

경쟁자로 나선 이들은 앙주의 백작들이다. 지오프리 플랜태저넷은 마지막 노르만-영국왕의 딸과 결혼했다. 그는 이 결혼을 근거로 주장할 수 있는 권리 외에 권력을 가지고 있었다. 그는 서서히 노르망디에 거점을 확보한다. 그의 아들 헨리 플랜태저넷은 이미 메인, 앙주, 투렌, 노르망디를 통일하여 자신의 지배하에 두고 있는 상태였다. 이러한 힘을 토대로 그는 예전의 노르만 공작이 영국을 정복했듯이 조부의 영국 소유지에 대한 재정복을 감행할 수 있었다. 1153년 그는 바다를 건너간다. 1154년 약관 22세로 그는 영국의 왕(헨리 2세, 1154~1189)이 되는데, 군사력과 재정력뿐만 아니라 개인적 열정과 재능에 힘입어 그는 강력한 중앙집중적 힘을 가진 왕이 된다. 이보다 2년 앞서 그는 아키텐의 상속녀와 결혼함으로써 남프랑스 지역을 지배하게 되었다. 이제 그는 영국과 대륙의 땅을 합칠 수 있었고, 이에 비하면 카페가는 왜소하게 보일 수밖에 없었다. 서프랑크 지역을 일 드 프랑스가 장악할지 아니면 앙주가가 지배할지는 이제 예측을 불허하 는 문제였다. 영국 자체는 정복영토로서 우선은 정치의 주체라기보다 그 대상이었다.[원주14] 그것은 말하자면 서프랑크 제후국들의 느슨한 연합에 속 하는 반식민지에 불과했다.

당시의 권력분배 양상은 극동 지역에서 현재 볼 수 있는 모습을 연상시 킨다. 비교적 작은 섬 지역과 이보다 몇 배 더 큰 대륙의 통치 지역이 한 가문의 손에 들어 있다. 한때 카페 제국의 영토였던 남부지역도 이에 속한 다. 플랜태저넷의 지배를 받지 않는 지역으로는 특히 바르셀로나 백작령이 있다. 이곳의 군주는 팽창운동의 결과로 그리고 결혼으로 획득한 권리를 근거로 아라곤의 왕이 되어 있었다. 이들은 서서히, 거의 눈에 안 띄게 서 프랑크 연합으로부터 떨어져나간다.

앙주-영국의 통치 지역에 속하지 않는 곳으로는—조그만 성직자 영지 를 제외한다면—남부에서는 툴루즈 백작령이 있었다. 이 지역의 통치자 들과 아키텐 북쪽 지역의 소제후들은 앙주 제국의 세력에 위협을 느껴 경 쟁세력의 중심지인 카페가로 기울어지기 시작한다. 이와 같은 결합태 내에 서 행위를 조종하는 균형법칙은 전체적으로 항상 동일한 것이다. 이 법칙 의 작용방식은 서프랑크 제국이라는 작은 영역에서나 최근의 유럽, 그리고 이미 전 세계에서 국제정치를 결정하는 법칙에서나 별반 다르지 않다. 절 대적으로 우세한 세력이 등장하지 않는 한—즉 다른 세력들과의 경쟁에 서 완전히 벗어나 독점적 지위에 오른 세력—그리고 둘째로 강한 세력이 여러 영토를 통합하여 거의 최대강국에 근접한 세력에 대항해 블록을 형성 하고자 노력하는 한 이 법칙은 작용한다. 블록형성은 다른 블록형성을 유

[원주14] A.Cartellieri, *Philipp II. August und der Zusammenbruch des angevinischen Reiches*(Leipzig, 1913), p.1.

발한다. 이런 식의 게임이 아무리 오래 계속된다 하더라도, 전체의 체계는 하나의 중앙을 중심으로 한 여러 지역의 통합 쪽으로, 즉 실질적 결정권이 소수의 단위에 있다가 결국 단 하나의 중심지에 집중되는 경향으로 기울어진다.

노르만 공작의 팽창은 하나의 블록을 형성하는데, 이 블록은 우선 북부 프랑스의 무게중심이 그에게 유리한 방향으로 기울어지게 만든다. 우선 이를 기반으로 삼아 확장한 앙주가는 거기서 한 걸음 더 나아간다. 즉 앙주 제국의 블록은 이제 전체 서프랑크 지역의 평형상태를 흔들어놓는다. 이 블록의 결속력이 아무리 약하다 해도, 그리고 이 블록의 중앙통치기구가 아직 초보상태에 있다 하더라도, 일반적인 토지소유욕의 압력 밑에서 한 가문이 다른 가문들을 상호단결로 몰고가고 '더 많은' 토지를 탐하게 만드는 운동은 이 블록형성에서 확연히 표출된다. 남부를 제외하고 이제 플랜태저넷가의 통치영역은 프랑스 서부전체를 잇는 넓은 띠를 형성한다. 형식적으로 영국왕은 대륙의 이 지역에서는 카페왕의 봉신이었다. 그러나 '권리'는 그에 상응하는 사회적 힘이 받쳐주지 않는 한 무용지물일 뿐이다.

루이 6세의 후계자로서 이미 즉위 당시 늙고 지쳐 있던 프랑시앵의 루이 7세(1137~1180)는 1177년 경쟁자 집안의 헨리 2세와 회동하는 자리에서 그에게 다음과 같이 말한다.

아, 폐하 당신은 즉위하면서부터 그리고 그 이전에도 내게 비행을 저지르고, 내게 빚진 충성과 내게 한 맹세를 발로 짓밟았소. 이 모든 비행 가운데 가장 심각하고 가장 극악한 것은 당신이 프랑스 왕권을 희생하면서 오베르뉴(Auvergne)를 부당하게 강탈해간 것이오. 노령이 내 발목을 잡고 이 땅과 다른 땅을 재탈환할 수 있는 힘을 내게서 빼앗은 것은 분명하오. 그러나 신 앞에서, 왕국의 귀족들과 왕실의 신민들 앞에서 나는 공적으로 항의하고 특히 오베르뉴, 베리, 샤토루(Châteauroux), 지조르(Gisors) 그리고 노르만의 벡셍(Vexin)에 대한 내 왕관의 권리를 확인하는 바요. 나에게 계승자를 주신 왕 중의 왕에게 그가 내게 거부한

것을 그에게 부여하시기를 간청하면서.[원주15]

노르만의 알자스로렌이라 할 수 있는 벡셍은 카페의 영토와 플랜태저넷 통치 지역의 경계에 자리잡고 있는 말썽 많은 지역이다. 이 두 제후국의 국경은 남쪽으로는 베리의 영토를 통과하고 있다. 플랜태저넷은 이미 카페가의 영지 일부를 강점할 정도로 막강한 세력을 가지고 있었다. 카페가와 플랜태저넷 간의 주도권 쟁탈전이 한창이었던 것이다. 또한 앙주의 통치자는 프랑스의 통치자보다 훨씬 우세한 위치에 있었다.

따라서 카페 집안 사람이 상대에게 제시한 요구사항은 정말 소박하다고밖에 말할 수 없다. 그가 원하는 것은 단지 자신의 영토에 속한다고 생각하는 몇몇 지역들뿐이다. 더 이상 바란다는 것은 우선은 무리다. 앙주 치세의 영광, 그에 비해 제한된 자기 가문의 능력은 그 자신의 눈에도 명백했던 것이다.

경쟁자와 자신을 비교하면서 말하기를, "우리 프랑스인들은 빵, 와인과 만족감 외에는 달리 가진 것이 없다"라고 할 정도였다.

6. 그러나 당시의 통치방식에는 아직 안정감이 결여되어 있었다. 그것은 실제 '개인사업'이나 다름없었다. 당시의 통치는 개인사업과 마찬가지로 경쟁이라는 사회적 법칙에 종속되어 있었다. 또한 그것의 존속여부는 개인사업처럼 그 소유자의 개인적 능력——나이, 상속순위, 기타의 개인적 요소들에——에 달려 있었는데, 이에 대한 의존성은 통치자 개인뿐만 아니라 기능의 분화, 조직된 이해관계의 다양성, 안정된 통치기구가 좀더 큰 단위의 통일체를 결속시켜주는 힘이 되었던 후대의 정치조직보다 훨씬 더 크다고 할 수 있었다.

1189년 카페 왕과 플랜태저넷 왕은 또다시 정면으로 맞서게 된다. 논란

[원주15] A. Longnon, *La Formation de l'unité française*(Paris, 1922), p.98을 참조할 것.

의 대상이었던 지역들은 그 동안 거의 모두 카페가의 소유가 되어 있었다. 이제 플랜태저넷 왕이 나이를 먹은 반면 카페 왕은 싱싱한 젊은이였다. 그는 루이 7세의 아들 필리프 2세(존엄왕 필리프 2세, 1180~1223)로서 존엄왕이라는 별명을 가지고 있었다. 이미 말했듯이 나이가 든다는 것은 승패가 권력의 소유자에게 달려 있을 뿐 아니라 그 자신이 직접 나서서 공격하고 방어해야 했던 당시의 전쟁에서 그 자신이 군사적 지도력을 발휘할 수 없다는 것을 의미했다. 개인적으로 강한 군주였고 넓은 영토를 완전히 장악하고 있던 헨리 2세는 노년에 들어 자신의 영토 내에서 일어난 많은 봉기에 시달리고 있었고, 게다가 '사자의 심장'이라는 별명을 갖고 있던 장남 리처드의 증오도 그에게는 두통거리였는데, 아들은 가끔 적인 카페와 손잡고 아버지에게 대항하기도 했다.

적의 약점을 이용하면서 필리프 존엄왕은 오베르뉴와 아버지가 언급했던 베리의 일부 지역을 재탈환한다. 그들이 전장에서 마주선 지 한 달 후 헨리 2세는 56세로 생애를 마감한다.

1193년 사자왕 리처드(1189~1199)는 포로로 잡히고 필리프는 오랫동안 분쟁의 대상이었던 벡셍을 도로 찾아온다. 이번에 그에게 협력한 자는 포로인 사자왕 리처드의 아우 존이었다.

1199년 리처드가 죽는다. 그는 동생이며 후계자인 존처럼 자신의 통치 기반이었던 상속지와 재산을 상당히 낭비한 다음 세상을 떠난 것이다. 그러나 존의 상대는 앙주-영국의 권력 신장으로 카페가 당한 수모와 모멸감을 온몸으로 철저하게 느꼈던 남자였고 따라서 이 경험에 자극받아 모든 에너지를 더 많은 땅, 더 많은 권력을 얻는 데에만 쏟아붓던 사람이었다. 그는 앞서 플랜태저넷가의 초기 통치자들과 똑같이 이 욕망에 사로잡혀 있었다. 나중에 땅을 모두 잃어버린 존이 혹시 필리프에게 빼앗긴 땅을 돈을 주고 다시 살 수 없는지 물었을 때 필리프는 자기 땅을 팔려고 하는 사람을 본 적이 없다고 대답한다. 살 수만 있다면 자신이 또 다른 땅을 사고 싶다는 것이었다. 당시 필리프는 이미 땅을 잔뜩 소유한 강자였다.

우리가 이미 살펴보았듯이 여기서 벌어지는 것은 국가나 민족 간의 싸움

이 아니다. 그러나 나중에 형성되는 독점조직인 국가나 민족국가의 이해
는, 이보다 앞선 '사적 이니셔티브' 시기의 특성을 우리가 파악하지 않는 한
불가능하다. 당시의 투쟁은 이 사회의 보편적인 운동에 상응하여 처음에는
작은 단위로, 나중에는 좀더 큰 단위로 서로 번갈아가며 팽창하고 더 많은
소유를 추구하던 상호경쟁하는 가문들 간의 투쟁이었다.

　1214년의 부빈 전투(Bouvines, 영국 왕 존과 신성로마 제국의 오토 4
세, 라인 강 계곡의 제후들과 매수된 프랑스 제후국들로 이루어진 연합군
을 상대로 프랑스의 필리프 2세가 벌인 전투)는 잠정적으로 판도를 결정한
다. 영국의 존과 그의 동맹자들은 필리프 존엄왕에게 패배한다. 봉건적 기
사사회에서 그렇듯이 여기에서도 전투의 패배는 내부의 세력약화를 동반한
다. 존은 귀향하자마자 귀족과 성직자들의 봉기에 직면하였고 그 결과가
'마그나카르타'[역주1]이다. 반대로 필리프 존엄왕이 외적과의 전쟁에서 거둔
승리는 그에게 자기 영토 내의 권력강화를 의미했다.

　필리프 존엄왕은 아버지의 유산으로는 파리와 오를레앙이라는 조그만
내륙지방과 베리의 일부를 물려받았다. 그가 획득한 땅 중 큰 것만 열거한
다면 그는 당시 제국 내에서 가장 크고 부유했던 공국인 노르망디를 얻었
고 앙주, 메인, 투렌과 프아투아 생통주(Saintonge)의 요지들, 아르투아
(Artois), 발루아(Valois), 베르망두아(Vermandois), 아미앵(Amiens)
지역과 보베 주변의 대부분을 손에 넣었다. "파리와 오를레앙의 영주가 북
프랑스에서 가장 큰 영지의 제후가 된 것이다."[원주16] 그는 "카페가를 프랑
스에서 최고 부자가문으로" 만들었다.[원주17] 그의 영토는 바다로 나가는 통
로를 얻은 것이다. 북프랑스의 다른 제후국들과 플랑드르, 샹파뉴, 부르고

〔역주1〕 Magna Carta. 영국 왕 존이 1215년 귀족들의 압력에 못 이겨 승인한 칙허장으로서
　　　영국 헌법의 기초.
〔원주16〕 Luchaire, *Louis VII., Philipp Augustus, Louis VIII*(Paris, 1901)(Lavisse
　　　Hist. d. Fr. III, 1). p.204.
〔원주17〕 Ch. Petit-Dutaillis, *Etudes sur la vie et le règne de Louis VIII*(Paris,
　　　1899). p.220.

뉴(Bourgogne)와 브르타뉴에서도 그의 영향력은 그의 권력에 상응하여 증가하고 있었다. 또한 남부에서도 그는 상당한 규모의 영토를 통제하고 있었다.

그러나 이 카페 영지는 완전한 통합을 이룬 영토와는 거리가 멀었다. 앙주와 오를레앙 지역 사이에는 블루아 백작령이 있었다. 남쪽 생트(Saintes) 주변의 해안지대와 멀리 동쪽으로 오베르뉴는 북쪽 지역과 전혀 연결되지 않았다. 그러나 지리적 측면에서는 이 북부 지역만도, 즉 옛 왕령지에 노르망디와 아라스(Arras)까지 이르는 새 정복지를 포함한 지역만도 잘 짜인 통일체를 이루고 있었다.

물론 필리프 존엄왕도 우리가 알고 있는 프랑스를 염두에 두고 있었던 것은 아니었고 그의 실제 통치 지역도 이 프랑스는 아니었다. 그가 생각했던 것은 자기 가문의 힘을 영토적으로, 군사적으로 또 경제적으로 확장하는 것이었고 위험한 경쟁상대인 플랜태저넷을 누르는 일이었다. 카페의 통치 영역은 필리프의 사망 당시에는 그의 즉위 때보다 네 배나 커져 있었다. 플랜태저넷가는 이제까지 섬에서보다 주로 대륙에서 살았고 영국을 다스리는 관료들조차 영국인들뿐만 아니라 대륙의 노르만족이나 다른 지역의 사람들로 구성했었지만, 이제 대륙에서는 옛 아키텐의 일부 지역과 중부와 서부 피레네 산맥의 북쪽 해안 지역을 따라 귀엔 공국이란 이름을 가진 지롱드(Gironde) 강 하구까지의 지역만을 통제하고 있었다. 여기에 노르만 군도의 몇 개 섬이 속할 뿐이었다. 평형저울은 그들에게 불리하게 기울어져 있었다. 그들의 권력은 약해졌다.

그러나 그것은 섬의 영지덕분에 완전히 깨진 것은 아니었다. 다소의 시간이 흐르고 나면 대륙은 다시 그들에게 유리한 상태에서 균형을 잡는다. 서프랑크 지역의 패권을 잡기 위한 투쟁의 승패는 결정된 것이 아니다. 필리프 존엄왕은 플랜태저넷 다음으로 플랑드르 백작을 주경쟁자로 생각했던 것 같고, 바로 여기에 실제로 또 하나의 권력중심지가 존재하고 있었음을 그 후의 프랑스 역사는 증명해준다. 필리프는 이따금 프랑스가 플랑드르가 되든가 플랑드르가 프랑스가 되어야 한다는 말을 했다고 한다. 소수의 제후들이 벌이는 이 투쟁에서는 패권 아니면 독립상실의 양자택일이 문제된다는 의식이 그에게 없지 않았다. 그러나 그는 전 지역의 주도권을 잡는 지역이 프랑시앵이 될 수도 있지만 또 마찬가지로 플랑드르가 될 수 있다고 생각했던 것이다.

7. 필리프 존엄왕의 후계자들은 우선 그가 정해놓은 노선을 그대로 유지한다. 즉 기존의 넓은 통치 지역을 튼튼히 다지는 한편 계속 확장한다는 것이다. 푸아투의 남작들은 필리프가 사망하자 즉시 플랜태저넷가로 돌아선다. 필리프 존엄왕의 아들 루이 8세(1223~1226)는 이 지역을 새로이 자신의 통제권하에 두고 그 밖에 생통주, 오니(Aunis), 랑그도크, 피카르디(Pikardie) 일부와 페르슈(Perche) 백작령을 확보한다. 그리고 이어 카페가는 남쪽에서 플랜태저넷가 외에 자신에게 맞설 수 있는 유일한 지역인 툴루즈 백작령으로 진출을 시작하는데, 이는 일부 이단인 알비파[역주2]에 대한 투쟁이라는 종교전생의 형태로 이루어진다.

카페조의 다음 왕인 성왕(聖王) 루이 9세(1226~1270)는 급격히 불어난 영토를 내적, 외적인 공격으로부터 방어해야만 했다. 우선 그는 팽창을 계속한다. 그는 동부 피레네의 북쪽에 있는 랑그도크의 일부와 마송(Mâcon), 클레르몽(Clermont), 모르탱(Mortain)과 기타 작은 지역들을 자신의 통치영역에 합친다. 필리프 3세(1270~1285)는 칼레와 생토메르(St. Omer) 사이에 있는 귄느(Guine) 백작령을 얻는 데 성공하지만, 이 땅은 12년 후 백작의 상속인에게 다시 돌아간다. 그는 기회가 생기면 매매나 보호의 약속을 통해 주변의 모든 소영지들을 자기 것으로 만든다. 샹파뉴와 툴루즈에 있는 대영지의 흡수를 준비하기도 한다.

이제 서프랑크의 전 지역에서 플랜태저넷 외에 동맹관계를 맺지 않고 카페에 대적할 만한 가문은 없었다. 이 가문 역시 카페 못지않게 가문의 세력확장에 혈안이 되어 있었다. 대륙에서 그들의 통제권이 미치는 지역은 다

[역주2] 반교황을 표방하여 반역한 12~13세기 그리스도교의 한 파.

시금 귀엔 공국을 넘어서고 있었다. 바다 건너 저편에서는 웨일스가 무릎을 꿇었고 이제 막 스코틀랜드를 정복할 참이었다. 카페가와 직접 부딪치지 않고 팽창할 수 있는 가능성이 그들에게는 주어져 있었다. 카페가 역시 다른 방향으로 팽창을 지속시킬 수 있었다. 필리프 공정왕(필리프 4세, 1285~1314) 당시 그들의 통치영역은 독일 신성로마 제국의 국경까지 이르렀다. 다시 말하면 한편으로는 당시에 보통 자연적 국경으로도 간주되었고——843년 카롤링거 제국의 분열을 기억하면서——서프랑크 제국의 전통적인 국경으로도 여겨지던 마스까지, 다른 한편으로는——훨씬 더 남쪽으로——론 강과 사온(Saône) 강까지, 즉 프로방스, 도피네(Dauphiné) 지역 그리고 이 지역들과 마찬가지로 전통적으로 서프랑크 연합에 속하지 않았던 부르군트 지역까지 미친다. 결혼을 통해 필리프는 샹파뉴와 많은 합병지역을——그 중 일부는 독일 신성로마 제국의 영토 내에 있는데——포함한 브리를 얻는다. 플랑드르 백작으로부터 그는 북쪽의 릴(Lille), 두에(Douai), 베튄(Béthune) 영지를 획득한다. 그 외에도 그는 마르케(Marche)와 앙굴렘(Angoulême) 백작령, 성직자들의 영지인 카오르(Cahors), 망드(Mende), 퓌(Puy), 그 밖에 멀리 남쪽의 비고르(Bigorre) 백작령과 술르(Soule) 부백작령을 손에 넣는다.

그의 세 아들 루이 10세, 필리프 5세, 샤를 4세는 남자 후계자를 남기지 못한 채 차례차례 죽는다. 카페가의 왕관과 소유재산은 모두 발루아 백작령을 왕자령으로 받았던 카페 가문의 어린 아들 중 한 명에게 돌아간다.

여러 세대에 걸친 꾸준한 노력은 이 시점에 이르기까지 일정한 방향, 즉 땅의 축적이라는 방향을 가지고 있다. 여기서는 이 노력의 결과를 요약하는 것으로 충분할 것이다. 이런 요약은, 다시 말하면 한 걸음 한 걸음씩 합쳐지는 땅의 이름만 거명해도 여러 제후가문들이 서로 벌였던 공개적·비공개적 투쟁들, 그리고 그 속에서 한 집 한 집씩 차례대로 강한 가문에 의해 패배하고 사라져가는 그런 투쟁들이 어떠했는지 어렴풋이나마 추측케 해준다. 우리가 이 이름들이 지닌 의미를 완전히 실감하든 못 하든 간에 그것들은 카페가가 처한 사회적 상황에서 나오는 강한 원동력, 즉 그렇게 많은 사람들을 한결같이 동일한 방향으로 몰고갔던 강한 힘에 대한 인상을 우리에게 전해준다.

직계로서 왕위에 오른 마지막 카페왕 샤를 4세가 사망할 당시의 지도를 살펴보면, 카페가의 프랑스 영지——즉 프랑스 공국을 중심으로 집단을 이룬——는 서쪽으로 노르망디에서 동쪽의 샹파뉴까지, 북으로는 캉슈(Canche)에 이른다. 이 지역에서 북으로 이어지는 아르투아 지역은 왕자령으로 하사되었다. 이보다 훨씬 더 남쪽으로는——왕자령인 앙주를 가운데 두고——파리 제후의 직영지로 푸아티에 백작령이 있다. 그보다 더 남으로는 툴루즈 백작령과 예전에 공국이었던 아키텐의 일부가 있다. 이것만으로도 엄청난 땅이다. 그러나 이 모든 영토는 서로 연관성 있거나 응집력 있는 지역은 아직 아니었다. 그것은 아직도 제후의 가족소유지, 다시 말하면 그 구성부분들이 상호의존성이라든가 일종의 기능분화를 통해 결합되어 있다기보다는 소유자 개인을 중심으로 또는 '인적동국연합'[역주3]과 공동의 중앙행정으로 통합된 개인소유지의 전형적 모습을 보이고 있다. 지역적 자아의식, 지역적 특수이해와 특수성격은 아직도 강하게 느껴진다.

그러나 동일한 제후가문 아래, 일부는 동일한 중앙행정하에 합병됨으로써 우선 강력한 상호결집을 저해하는 일련의 요소들은 제거된다. 이런 경향은 도시인구의 일부에서 이미 감지되는 초지역적 상호연관성의 강화, 상거래의 확장경향과 일치한다. 그러나 제후국들의 합병이나 확장의 원동력이라는 측면에서 이 경향이 당시 담당했던 역할은, 그것이 예컨대 다른 수준의 발전단계에 있던 19세기 시민도시계층이 맡았던 역할과는 전혀 다르다. 여기 11세기, 12세기, 13세기에는 영토를 둘러싼 투쟁, 즉 점점 더 적어지는 수의 전사가문들 간에 벌어지는 상호경쟁이 지역연합을 부추기는 일차적 원동력이 된다. 세력을 확장한 소수의 전사가문과 제후가문들에서 우선 이니셔티브가 나온다. 이 가문들의 비호 아래 도시와 상거래망이 뻗어나간다. 도시와 상업은 모두 권력의 집중으로 득을 본다. 물론 그것들도

[역주3] 둘 이상의 독립국이 한 군주를 모시는 명목상의 연합.

반대로 지역의 통합에 기여한다. 이 점에 대해서는 앞으로 언급할 것이다.

광범위한 지역들이 한 가문의 통제하에 놓일 때 도시계층들이 이 당시에 벌써 그 결합을 공고화하고 강화하는 데 일정부분 기여했다는 점은 분명하다. 도시계층으로부터, 그리고 성장하는 상업으로부터 제후들에게 흘러들어가는 인적 자원과 재원의 도움이 없었다면 이 당시의 수준에서 확장이라든가 통치조직은 상상조차 할 수 없는 일이다. 그러나 도시들과 상업화경향은 아직 직접적인 영향을 주지는 못했고, 다만 넓은 지역을 통합하기 위한 목적으로 만들어진 제후가문의 도구나 기관과 같은 역할을 했다. 지역의 통합 또는 연합은 일차적으로 한 전사가문이 다른 가문을 패배시키는 것을 의미한다. 다시 말해 한 가문이 다른 가문들을 흡수하거나 종속시키면서 승자로 떠오르는 것을 뜻한다.

14세기에 카페의 직계가 끊어졌을 당시 이 지역의 지형도를 이런 측면에서 고찰해보면 우리는 변화의 향방을 쉽게 읽어낼 수 있다. 더 많은 영토를 추구하는 중소 제후가문들의 힘겨운 노력이 전혀 없어진 것은 아니다. 그러나 이 당시의 분쟁은, 루이 6세 재위 동안의——그의 선대들 당시에는 더 말할 것도 없고——분쟁이 했던 역할과는 비교할 수 없을 정도로 미미한 역할을 할 뿐이다. 그 당시 영토는 비교적 동등하게 나누어져 있었다. 물론 동시대인들의 눈에는 심각하게 비쳤을지도 모를 영토의 차이는 있었다. 그러나 명목상의 왕가가 지닌 재산과 권력도, 이웃에 있는 다수의 기사가문들이 영토와 권력을 위한 투쟁에서 스스로를 왕가의 경쟁자로 여길 수 있을 정도로 보잘것없었다. 이 가문들이 어느 정도까지 이 보편적 투쟁에 참여할지는 그들 스스로 결정할 '개인적 이니셔티브'의 문제였다.

14세기 당시 이 많은 전사가문들은 개별적으로 거론될 만한 세력은 결코 아니었다. 서로 연합하여 한 집단을 이룬다면 이들도 어느 정도의 사회적 비중을 차지할 수는 있었다. 그러나 실질적 주도권은 이제까지의 선발전에서 승자로 떠오른 극소수의 전사가문들에게 있었다. 따라서 다른 가문들은 이제 더 이상 이 가문과는 견줄 수 없을 뿐만 아니라, 그들에게 의존하여 행동할 수밖에 없는 처지로 전락했다. 자신의 사회적 힘으로, 다시 말하면 자유경쟁을 통해 새 영토를 얻을 수 있는 가능성은 이들 대부분의 기사들에게 막혀 있었으며 따라서 독립적 지위에 대한 사회적 상승기회도 봉쇄되어 있었다. 대제후의 호의를 얻거나 그에게 빌붙어 신분상승하는 구성원을 두지 못한 전사가문은 사회적 서열의 사다리에서 한번 섰던 그 자리에 그대로 있어야만 했다.

서프랑크 제국 내에서 땅과 권력을 놓고 경쟁할 수 있는 독립적 자격을 갖춘 자들의 수는 점점 줄어든다. 이제 노르망디의 독립적인 공작도 존재하지 않고 아키텐 공작도 없다. 그 중 큰 가문의 이름만 든다면, 샹파뉴 백작가와 앙주와 툴루즈 백작가도 병합되거나 멸망당했다. 프랑시앵 공작 외에 이제 이 지역에서 손꼽을 수 있는 가문은 네 가문으로, 부르군트 공작, 브르타뉴 공작, 플랑드르 백작, 그리고 최강자로서 귀엔 공국과 그 밖의 다른 영토를 소유하고 있는 영국의 왕이 있었다. 비교적 자유로운 경쟁이 가능한 전사사회로부터 독점적으로 제한된 경쟁사회로 된 것이다. 어느 정도 경쟁할 수 있는 힘을 갖추고 독립권을 주장하던 다섯 가문 가운데 두 가문, 즉 카페가와 그의 후계자들인 프랑스의 왕들, 그리고 플랜태저넷가와 그의 후손들인 영국의 왕들이 최강자로 부상한다. 이들 두 가문 간의 투쟁에서 누가 서프랑크 지역에서 완전한 독점권력을 소유할지, 어디에 중심지가 자리잡고, 어디에 독점 지역의 경계가 설정될지 결정되어야 하는 것이다.

제5절 원심적 경향의 재강화 : 경쟁하는 왕자들의 결합태

8. 독점권력은, 우리가 영토의 축적만을 관찰할 경우에 생각하기 쉬운 것처럼 그렇게 직선적으로 형성되지는 않는다. 카페가가 하나씩 통합하여 중앙집중화시킨 영토가 커지면 커질수록 반작용도 강하게 느껴지며 탈중앙화의 경향도 강해진다. 또 이 경향은 카롤링거 시대와 같은 농경위주의 단계에서처럼 독점군주의 일가친척이나 신료들에 의해 대변된다. 그러나 지방분권적 경향을 지닌 사회적 세력들의 활동방식은 이제 상당히 변한다.

돈과 수공업과 상업은 당시 사회보다 여기에서 훨씬 더 중요한 역할을 한다. 이런 일을 전문으로 다루는 사람들의 집단인 시민계급은 그 나름의 사회적 비중을 지니게 된다. 그리고 운송수단이 발달한다. 이 모든 것들은 광역 통치기구에 전에 없었던 기회를 부여한다.

중앙군주가 자기 영토에 대한 관리와 감시를 목적으로 지방으로 보냈던 하인들은 그리 쉽게 독립하지는 못한다. 게다가 이런 일을 맡은 중앙군주의 하인이나 보조원들 중 대다수는 도시계층 출신들이다. 전에 중앙군주가 이런 역할을 기사계급에게 맡길 수밖에 없었고 농노들조차 노역의 대가로 받은 땅의 힘으로 재빨리 권력자의 위치에 오르고 그로써 전사나 귀족의 사회적 신분을 가질 수 있었던 예전 사회에 비해, 지금 그런 일을 맡은 시민계급이 군주의 하인으로부터 군주의 경쟁자로 부상할 수 있는 위험은 훨씬 줄어들었다.

그러나 특정한 범주에 속하는 사람들은, 설사 이들의 힘이 약화되었고 활동방식 역시 변했다 하더라도 한 사람의 손에 대영토가 집중되는 현상에 커다란 위협이 될 수 있었다. 이들은 변화된 사회여건 속에서도 예나 지금이나 항상 지방분권의 주요 대표자들이었다. 이들은 중앙군주의 가까운 인척으로 그의 삼촌이나 동생, 아들, 드물기는 하지만 때때로 누이나 딸들이었다.

영토와 독점통치권은 이 당시 아직 개개인의 소유물이 아니었다. 그것은 가족의 재산이며 한 기사가문의 소유물이었다. 모든 가까운 인척들은 적어도 이 재산의 일부에 대해 권리를 가지고 있었고 또 이 권리를 주장했다. 가문의 재산이 커지면 커질수록 가문의 우두머리가 오랜 기간 동안 이런 권리청구를 거부하기는 그만큼 더 어려워진다. 물론 이것은 후세의 의미에서 '법적 청구권'은 아니었다. 이 당시의 사회에서는 대기사들까지 따라야만 하는 보편적 또는 지배적인 '법'이 없었다. 왜냐하면 이런 법을 관철시킬 수 있을 만큼 압도적인 권력이 없었기 때문이다. 폭력의 독점이 형성되고 통치기능이 중앙집중화되면서 넓은 영토에 일괄적으로 적용되는 좀더 일반적인 법과 공동의 법규약이 관철된다. 자식들에게 지참금을 주는 것은 관습으로서 '관습법'에 기록된 사회적 의무사항이었다. 물론 재산이 넉넉한 가문들만이 이 관습대로 할 수 있었고 바로 그 때문에 그것은 체면과 위신의 유지와 관계가 있었다. 나라에서 가장 부유한 가문인 왕가가 이런 체면의 의무를 무시할 수 있겠는가.

어느 가문의 영토소유는 예나 지금이나——제한된 의미에서 쓰이긴 하지만——우리가 사적소유라 부를 수 있는 형태의 소유이다. 이 가문의 우두머리는 이 재산에 대해 오늘날 대지주가 자신의 토지를, 그리고 대기업 사주가 자신의 자본·수입·방계회사를 통제하는 것과 같이 절대적으로, 아마 그보다 더 무제한적으로 권력을 행사했다. 대지주가 자신의 차남을 위해 또는 딸의 지참금으로 토지의 일부를 떼어주면서 그 주민이나 농부 또는 하인들에게 새 주인이 마음에 드는지, 그리고 이 자본을 어떤 식으로 딸의 지참금으로 내줄지 물어볼 필요성을 느끼지 않듯이 또는 대기업의 사주가 아들을 방계회사의 사장으로 앉히면서 그 직원들에게 해명해야 할 의무조차 없다고 생각하듯이 그렇게 이 당시의 제후들도 마을, 도시, 장원, 자신의 영토를 지배하고 있었다.

대지주의 주인이 아들과 딸들을 돌봐주려는 욕구는 그 때나 지금이나 다를 바 없었다. 주인이 장남 이외의 아들들 중 한 명에게 특별히 애착을 가질 수도 있다는 사실을 도외시한다 하더라도 자식들에게 신분에 맞는 생활을 보장해준다는 것은 가문의 사회적 수준을 유지하고 밖으로 알리는 데 그리고——적어도 외형적으로, 단기적 관점에서——가문의 권력과 존속의 기회를 늘리는 데 필수적인 요소들이다. 재산과 지배권의 분할이 오히려 가문의 권력과 존속을 위험에 빠뜨린다는 것은 일련의 뼈아픈 체험을 겪고 난 후에 비로소 제후가 의식하게 되는 사실이다. 이러한 경험으로부터 궁극적 결론을 끌어낸 사람은 프랑스의 경우에는 루이 14세이다. 그는 단호하고 철저하게 모든 일가친척들을——가능하다면 왕위계승자도——모든 통치기능에서 그리고 모든 독립적 권력을 행사할 수 있는 지위로부터 배제시켰다.

9. 이런 발전선상의 출발점, 즉 카페가의 재산이 다른 많은 전사가문들의 재산보다 결코 많지 않았을 초기에는 재산의 분산이 초래할 위험이 직접적으로 눈에 보였다. 이웃 봉건가문으로부터 직접적 위협이 가해지지 않는 적이 드물었다. 이는 모든 가문 내부의 인적 결속과 재산의 집중을 강요했다. 어디나 그렇듯이 이 당시에도 가문 내의 불화와 다툼이 있었다. 그러나 동시에 전 가족이나 아니면 적어도 그 일부는 항상 가문의 재산을 수호하는 일 또는 어떤 경우에는 재산의 확장에 참여하고 있었다. 다른 전사가문처럼 왕가의 비교적 작은 소유지는 근본적으로 자립적이었다. 그것은 사회적으로 그다지 중요하지도 않았고 실제로 소규모의 가족기업 성격을 강하게 가지고 있었다. 가문 수장의 형제들, 아들들 그리고 심지어 어머니와 부인까지도 개인적 힘이나 상황에 따라 지배권의 운영에 조언할 수 있었다. 그러나 재산의 중요한 일부를 따로 떼어 가족 구성원 중 한 사람에게 개인재산으로 양도한다는 것은 꿈에도 생각할 수 없는 일이었다. 가문 수장의 차남, 삼남이 여기저기 조그만 장원을 물려받는다든가 처가로부터 얻는 일은 종종 있었다. 그러나 우리는 왕가의 장남 이외의 아들들이 상당히 궁핍한 생활을 했다는 이야기를 가끔 듣기도 한다.

왕가가 부유해지면서 이런 상황도 결정적으로 변한다. 그리고 마침내 카페가가 공국 내에서 또 전체 제국 내에서 가장 부유한 가문이 되자, 아들들을 더 이상 소기사와 같은 생활을 영위하게 내버려둘 수 없게 된다. 왕가의 명망 자체가 모든 친척들, 그리고 왕의 아들과 딸들도 신분에 걸맞는 생활을 할 수 있는 토대, 즉 그들이 직접 지배하고 그 소득으로 생활해갈 수 있는 다소 큰 영토를 줄 것을 요구한 것이다. 카페가가 재산과 권력에서 그 나라 대부분의 다른 가문들보다 월등한 위치에 있는 지금, 재산의 분리가 가져올 수 있는 위험은 더 이상 직접적으로 느껴지지 않았다. 그러므로 카페 통치 지역의 확장과 더불어 왕의 자식들에게 왕자령으로 주어지는 지역의 범위도 꾸준히 증가한다. 다시 말하면 새로운 차원에서 지방분권이 시작된다.

뚱보왕 루이 6세는 아들 로베르에게 그리 크지 않은 백작령 드뢰(Dreux)

를 준다. 가문을 제한된 상황에서 벗어나 급부상하게 만든 장본인인 필
리프 존엄왕은 힘겹게 쟁취한 재산을 손에 꽉 쥐고 있었다. 그가 내준 유
일한 재산은 누이의 지참금으로서 조그만 영지 생리퀴에(St. Riquier)
뿐이다.

루이 8세는 아르투아 백작령, 푸아티에 백작령, 앙주와 메인 백작령, 즉
가문 소유재산에서 핵심부분은 아닐지라도 규모상 상당한 부분을 아들들에
게 왕자령으로 줄 것을 유언장에 명기하고 있다.

루이 9세는 알랑송, 페르슈, 클레르몽을 아들들에게 왕족령으로 남기고
필리프 3세는 발루아 백작령을 차남에게 떼어준다. 그러나 푸아티에, 알랑
송, 페르슈는 소유한 왕자가 남자 후손 없이 죽자 다시 카페가로 돌아온다.

1285년에 백작령인 드뢰, 아르투아, 앙주, 클레르몽, 발루아 다섯 군데
가 왕자령으로 가문의 재산에서 분리되었고 1328년에 샤를 4세(1322~
1328)의 사망시 왕자령은 벌써 아홉 군데로 늘어난다.

필리프 발루아[역주4]가 카페가의 재산과 왕위를 물려받자, 자신의 가문
영지인 발루아, 앙주, 메인은 통치가문의 대규모 재산과 합쳐진다. 샤르트
르(Chartres) 백작령은 다른 발루아의 사망으로 다시 왕실령이 된다. 필
리프 스스로 몇 개의 소영지들을 손에 넣는데, 그 중에는 마조르카
(Majorka)의 왕으로부터 돈을 주고 산 몽펠리에(Montpellier) 영지도
있다. 특히 그의 재위시 도피네(Dauphiné)가 카페의 소유가 된다. 이로
써 카페가의 영토 확장은 서프랑크 제국의 전통적인 동쪽 국경을 넘어 로
터링겐의 후계 지역 안으로——공정왕 필리프 4세가 대주교의 영지 리옹을
얻고 주교의 도시인 툴과 베르됭과 긴밀한 관계를 유지함으로써 처음 길을
열어준 확장——힘찬 걸음을 옮겨놓는다.

도피네가 파리의 군주 손으로 넘어오게 된 방식은 중앙집중적 세력과 지
방분권적 세력 간의 관계에서 왕자령 자체의 중요성만큼이나 특징적이다.
도피네는 로터링겐 임시 제국(843~870)에 이어 론 강과 손 강의 동쪽에

[역주4] 필리프 6세, 1328~1350.

서 발생한 아를 또는 부르군트 제국에 속하는 영지였다. 이곳의 마지막 지배자인 위베르 2세는 외아들이 죽자 일련의 조건을 붙여 카페가의 후계자에게 판다. 이 조건 가운데 하나는 자신이 진 상당한 부채를 변제해줄 것이었고, 또 필리프의 장자가 아닌 차남에게 도피네를 상속한다는 규정도 있었다. 분명 도피네의 주인은 자신의 땅을 자신이 필요로 하는 만큼의 돈을 줄 수 있는 자에게 팔고 싶어했다. 그가 그것을 프랑스의 군주에게 양도함으로써 그는 동시에 자신의 사후에 이 영지가 다른 이웃들의 분쟁거리가 되는 것을 미연에 막을 수 있었다. 파리의 왕은 자신이 획득한 땅을 충분히 수호할 수 있을 만큼 강했기 때문이다. 이는 물론 카페가의 막강한 권력이 약한 이웃을 끌어당기는 매력이 된다는 것을 보여주는 유일한 예는 아니다. 약자들이 보호를 받고 싶어하는 욕구 또한 어느 단계에 도달한 중앙집중화와 독점화 과정을 장려·촉진시키는 요소들 중 하나이다.

그러나 동시에 유일한 후계자를 잃어버린 이 늙은 지배자가 자신의 땅이 프랑스의 소유로 넘어가면서 독립성을 완전히 상실하지 못하게 막으려 했다는 점도 분명하다. 그러므로 그는 자신의 영토가 왕의 차남에게 왕자령으로 상속되어야 한다고 못박고 있다. 이런 규정에는 분명 이 영토가 자체의 통치가문을 가지고 일종의 독립적인 생존권을 보존하리라는 기대가 함축되어 있다. 이 당시 실제로 왕자령의 발전은 점점 분명하게 이런 방향을 취하고 있었다.

그러나 필리프 발루아는 이 협약을 지키지 않는다. 그는 도피네를 다른 왕자들이 아닌 장자이며 세자인 장에게 주면서, "도피네는 국경에 위치하고 있어 그곳의 강력한 통치는 왕국의 수호와 안전에 필수적이며, 그렇게 하지 않을 경우 왕국의 미래에 커다란 위험이 닥칠 것이라는 점을 고려하라"고 그의 지명칙령에서 선언하고 있다.[원주18] 영토를 장자 외의 다른 아들에게 분할해줌으로써 야기되는 위험은 이 당시에도 이미 분명하게 인식되고

[원주18] Vuitry, *Etudes sur le régime financier de la France, nouvelle série* (Paris, 1878), p.345.

있었다. 많은 발언들이 이를 증명해준다. 그러나 다른 자식들에게도 품위를 지킬 수 있을 정도의 재산을 주어야 한다는 당위성은 왕에게 여전히 남아 있었다. 그는 안보문제를 고려해서 작은 아들에게 도피네를 주지는 않았다. 그러나 그 대신 오를레앙을 공국으로 주고 그 밖의 몇몇 백작령들을 준다.

그의 장남인 선량왕 장 2세[역주5], 즉 이런 방식으로 도피네를 차지한 장은 아버지의 사후에 전 영토의 왕으로서 여기서 훨씬 더 나아가 아낌없이 관대하게 나누어준다. 그는 우선 두 개의 백작령을, 그리고 네 개의 부백령을 왕실소유지에서 떼어준다. 그는 차남 루이에게 앙주와 메인을 내주고 다른 아들은 푸아티에 백작령과 마송 백작령을 받는다. 그 밖의 커다란 하사가 줄을 잇는다.

10. 선량왕 장은 1350년에 즉위한다. 서프랑크 제국에서 가장 강력한 양대 전사가문, 즉 가장 큰 세력들 간에 장기간 지속되어온 잠재적인 갈등은 이미 그의 선대에서 밖으로 분출된다. 1337년 '100년 전쟁'이라 일컬어지는 군사적 대립이 시작된 것이다. 섬의 군주인 플랜태저넷가에게는 대륙에서 확장할 수 있는 길이 막혀버렸다. 이들이 카페가를 멸망시키지 않는한, 그리고 대륙에서 다른 주도적 세력의 형성을 막지 않는 한, 대륙에 남아 있는 가문의 소유지 역시 지속적으로 위협받고 있었다. 그러나 반대로 파리의 군주에게도 팽창의 길은 역시 막혀 있었으며, 섬 주민들을 타도하지 않는다면 아니 적어도 대륙에서 쫓아내지 않는다면 그들의 현 지위도 위태로울 수밖에 없었다. 이것은 이 양대 가문 및 이 가문에 종사하는 사람들을 상호대립으로 몰고간, 그리고——그렇게 장구한 세월 동안 적대세력 중 어느 누구도 상대를 결정적으로 패배시키지 못한 채——투쟁에 지속성을 부여한 경쟁의 엄격한 필연적 논리이다.

우선 살펴보면, 파리의 왕은 여러 이유에서 불리한 입장에 있다. 선량왕

[역주5] Johann der Gute. 1350~1364.

장은 1356년 푸아티에 전투에서 영국의 세자인 웨일스 왕자에게 포로로
잡혀 영국으로 후송된다. 아직 20세도 채 안 된 왕위계승자 샤를이 섭정하
고 있던 그의 영토에서는 안으로 숨어 있던 갈등이 파리의 혁명과 지방의
농민봉기와 기사들의 약탈 형태로 밖으로 폭발한다. 영국군대는 카페가의
방계 후손으로서 전왕자령의 소유인 나바라의 왕과 연합하여 서부 프랑
스의 대부분을 점령한다. 그들은 파리 인근까지 접근해 들어온다. 선량왕
장은 풀려나기 위해 상대 연합군과 사자왕 리처드가 12세기 말에 소유하고
있던 대륙의 전 영토를 그들에게 돌려준다는 내용을 골자로 하는 조약을
체결한다. 그러나 왕세자가 1356년 소집한 프랑스 통치 지역의 삼부회는
이 조약이 승인될 수도 없고 이행될 수도 없다고 선언한다. 이에 대한 적합
한 답변은 전쟁을 잘하는 것뿐이라는 것이다. 이는 카페 상속자의 대소유
지에서 피지배자의 자립성이 얼마나 강해졌는가를 말해줄 뿐만 아니라, 그
들의 자율과 자기이해가 서서히 왕정의 사적 성격을 제거하리라는 것을 암
시해주기도 한다. 그러나 여기에서 이런 발전은 아직 걸음마 단계에 있을
뿐이다.

전쟁은 다시 불붙지만 1359년 잠정적으로 전쟁을 종결시킨 브레티니
(Brétigny) 조약은 요한이 영국에서 체결한 첫째 조약보다는 발루아 측에
다소 유리하다. 그래도 한때 공정왕 필리프 4세가 소유했던 영토의 4분의
1을 플랜태저넷가에게 넘겨주어야 했는데, 특히 남쪽으로 루아르 푸아투
(Poitou) 생통주, 오니, 리무쟁(Limousin), 페리고르(Perigord), 케르
시(Quercy), 비고르(Bigorre)와 영국의 소유지 귀엔과 함께 아키텐 제후
국을 형성하는 몇몇 지역들과 북으로는 칼레, 귄느(Guines) 백작령, 퐁티
외(Ponthieu)와 몽트뢰유-쉬르-메르(Montreuil-sur-Mer) 백작령의 통
제권을 이양해야 했다. 여기에 원래 런던 조약에서 요구한 400만 금화 대
신 300만 금화를 왕의 석방금으로 지불해야 했다.

그러나 용감하고 기사적인 왕 자신은 분명 패배가 가져다줄 결과를 확실
히 인식하지 못한 채 포로생활에서 귀환했던 것 같다. 이런 상황에서 그가
취한 행동은 남아 있는 이 지역, 앞으로 '프랑스'가 될 한 국가와 민족을 형

성하게 될 이 지역의 정당한 통제권을 가진 자는 여전히 자신이라는 점을 분명하게 보여주는 것이다. 그는 자기 가문의 영광을 밖으로 과시해야 할 필요성을 느낀다. 패배의 열등감은 자신의 위신을 지나치게 강조하도록 강요한다. 그리고 그는 자기 가문의 품위와 영광을 표현하는 데에는 평화조약의 비준시 모든 아들들에게 공작 작위를 수여하는 것보다 더 나은 방법이 없다고 생각한다. 포로귀환 후 그가 처음 행한 일은 자신의 영토 내에서 공국을 형성하여 왕자령으로 아들들에게 나누어주는 일이었다. 그의 장남은 이미 노르망디와 도피네의 공작이었다. 그는 차남 루이를 앙주와 메인 공작으로 만들고, 삼남 장에게 베리와 오베르뉴 공국을 주며, 막내 필리프에게 투렌을 준다. 그 때가 1360년이다.

그 다음해인 1361년에 15세의 부르군트 공작이 어린 나이로 사망한다. 그는 2년 전 플랑드르 백작의 유일한 상속녀인 마르가레테(Margarethe)와 결혼했지만 자식 없이 사망한다. 젊은 공작의 예기치 않은 죽음으로 인해 커다란 영토는 주인 없는 상태가 되었다. 원래의 부르군트 공국뿐만 아니라 불로뉴(Boulogne)와 오베르뉴 백작령, 전통적인 서프랑크 제국의 경계 밖에 있는 부르군트 백작령인 프랑슈-콩테(Franche-Comté)와 그 외 다른 지역 등이 이 공국의 영토에 속했다. 선량왕 장은 좀 복잡한 인척관계를 근거로 전체영토에 대한 권리를 주장하고 나선다. 그에게 이론을 제기할 자는 아무도 없었고, 그는 이 땅을 푸아티에 전투 때 자신의 옆에서 특별히 용감하게 싸웠고 함께 포로로 잡혔던, 그가 편애한 막내 필리프에게 투렌 대신 왕자령으로 준다. 그러면서 그는 "우리는 원래 우리의 자식들이 출신가문의 영광을 명예롭게 유지할 수 있을 정도로 그들에게 나누어주기를 좋아하며 그들 중에서도 공로가 지대한 자에게 특별히 관대해야만 한다고 생각한다"라고 말한다.[원주19]

왕자령 하사나 그 동기는 프랑스 영토가 이 당시에도 아직 가족소유의 성격을 벗어나지 못했다는 점을 명확하게 보여준다. 또한 동시에 이런 성

[원주19] 같은 책, 같은 곳, 370쪽.

격이 분열을 가속화시킨 요소라는 점도 분명하다. 물론 당시에도 반대경향, 즉 통치의 사적·개인적 성격을 저지하려는 경향이 강하게 작용하고 있었다. 궁정에서 이런 반대경향을 대변하는 집단들에 관해서는 앞으로 언급할 것이다. 가문의 위신을 세우기 위해 모든 왕자들에게 충분하게 재산을 물려주려는 경향이 장에게서 특별히 강하게 나타나는 것은 그의 개인적 성격과 그의 운명과 일부 관련이 있음은 확실하다. 그러나 이러한 경향의 원인이 100년 전쟁으로 표현되며 그리고 패배 후에 카페 상속인들의 부를 특별히 강조하여 과시하도록 강요하는 경쟁상황의 악화에도 있다는 점은 마찬가지로 명백하다. 어쨌든 장이 재위하는 동안 재산의 규모가 일정 정도를 넘어서게 되면 어떤 선대왕들도 피할 수 없었던, 대규모의 재산에 내재하는 경향이 더욱 강해졌을 뿐이다.

선량왕 장이 죽은 후, 패배와 약화에도 불구하고 중앙기능의 존립과 장악은 흔들림 없이 확고했다. 이는 군지휘자의 기능 외에 다른 사회적 기능들이 중앙군주의 권력기반으로서 점점 더 중요해졌다는 것을 말해준다. 약골이었지만 영리한 동시에 젊은 시절의 시련으로 인해 노련해진 왕세자가 샤를 5세로 왕위에 오른다. 그는 왕족령까지 포함해서 브레티니 조약이 카페 상속인에게 허용했던 모든 영지의 수장이 된다. 그러나 권력의 분산을 좀더 자세하게 살펴본다면, 우리는 곧 왕의 주권이라는 베일 아래 원심적 경향이 다시 강화된다는 것을 분명하게 인식할 수 있다. 카페 영토 내에 어느 정도 뚜렷하게 독립을 추구하면서 상호경쟁하고 있는 영지들이 새로이 나타나기 시작한다. 서프랑크 제국 내에서 다시 등장하는 이런 경쟁상황의 특성이라 할 수 있는 것은 참여자의 대부분이 카페가의 후손들이라는 사실이다. 그들은—예외적 소수를 제외한다면—모두 왕자령을 받은 왕가의 친척들과 그 후손들이었고, 이제 이들은 잠재적 경쟁자들로서 또는 맞수로서 서로 대립하고 있었다. 물론 왕가와 혈연관계에 있지 않은 제후들도 아직 있긴 있었다. 그러나 이들은 주도권 투쟁에서 더 이상 주인공들은 아니었다.

선량왕 장 당시 이 집단에 속하는 이로는 우선 나바라의 샤를 사악왕이 있었다. 그의 아버지 필리프 드 에브뢰(von Evreux)는 필리프 3세의 손자이며 필리프 공정왕과 샤를 발루아의 조카였다. 그의 어머니는 필리프 공정왕의 손녀이며 루이 10세의 딸이었다. 게다가 그는 선량왕 장의 사위였다. 그에게 속하는 영토로는 나바라의 피레네 지역 외에 카페가의 전 왕족령, 특히 에브루아 백작령과 노르망디 공국의 일부가 있었다. 그의 소유지는 위협적으로 파리 부근까지 뻗어 있었다.

나바라의 샤를 사악왕은 카페가의 왕족들끼리 서프랑크 지역의 주도권과 더 나아가 결국 왕관을 놓고 벌였던 투쟁에서 첫째 주자들 중 한 사람이다. 그는 100년 전쟁의 초기에 플랜태저넷가의 주요 대륙동맹국이었다. 그는 또 이 전쟁 동안 파리의 군사적 지휘자이기도 했다(1358). 도시의 시민계급인 에티엔 마르셀(Etienne Marcel)조차도 한때 그의 편에 서기도 했다. 그리고 마침내 그의 꿈, 카페 후계자로부터 왕권을 빼앗아오려는 꿈이 이루어질 날이 멀지 않은 듯했다. 중앙군주의 가문과 친척관계에 있다는 것은 가문에 속하지 않는 사람들에게 결여되어 있던 이러한 자극, 즉 권력수단, 권리 등을 그에게 제공했다.

그가 동맹을 맺은 플랜태저넷의 에드워드 3세(1327~1377)는 모계 쪽으로 카페가의 가까운 친척이었다. 그 역시 필리프 2세의 손자이고, 공정왕 필리프 4세 그리고 발루아의 샤를의 조카였다. 그의 어머니는 필리프 공정왕의 손녀이며 발루아의 샤를의 조카였다. 그가 프랑스 왕가와 가까운 정도는 샤를 발루아의 손자인 프랑스의 왕 선량왕 장이 플랜태저넷가와 혈연적으로 가까운 정도에 못지 않았다.

플랜태저넷가의 대륙영토 북쪽으로 선량왕 장이 자식들에게 물려준 지역들, 앙주 공작인 루이의 영지, 베리 공작의 영지와 부르군트 공작인 대담한 필리프의 영지가 붙어 있고 멀리로 부르봉 공작인 루이의 영토가 이어진다. 이 부르봉 공작 역시 카페가의 후손이다. 그는 부르봉의 상속녀 베아트리스(Beatrice)와 결혼한 필리프 3세의 동생이며 클레르몽 백작 로베르의 자손이다. 그의 어머니는 발루아였고, 그의 누이는 샤를 5세의 부인이었다. 그 역시 어머니 쪽으로 샤를 6세의 아저씨뻘이 되고 아버지 쪽으로

앙주, 부르군트, 베리의 공작들의 삼촌이었다. 이들이 선량왕 장, 샤를 5
세, 샤를 6세 당시 한창이었던 갈등과 투쟁의 주인공들이었다. 플랜태저넷
가와 부르봉가를 제외한 다른 모든 제후들은 카페가로부터 상속받은 왕자
령의 소유주들이었고, 이제 그들이 자기 가문의 권력확대 그리고 주도권을
목표로 서로 투쟁을 벌이려는 것이었다.

샤를 5세의 재위 동안(1364~1380) 이 갈등의 무게중심은 우선 통치하
는 발루아가로 기울어졌다. 그가 죽었을 때 세자는 12세밖에 되지 않았다.
항상 그렇듯이 여기에서도 이와 같은 유리한 상황——발전의 전체과정에서
볼 때 우연이라 할 수 있는——은 사회구조 안에 이미 존재하는 특정한 경
향들을 촉진시키는 촉매역할을 한다. 통치하는 발루아의 어린 나이와 약함
은 오랫동안 힘을 키우고 있던 원심적 세력을 다시 강하게 만들고 그들 간
의 갈등을 폭발시킨다.

샤를 5세는 도피네를 완전히 가문의 재산에 흡수했다. 그는 나바라 왕의
노르망디 영토를 다시 자신의 소유로 만들었고 오를레앙 공국과 오세르
(Auxere) 백작령을 차지했다. 그러나 그가 사망할 당시 전국에는 일곱 명
의 대영주들이 있었는데, 이들은 모두 성왕 루이 9세의 후손, 즉 카페가의
자손들이었다. 사람들은 이들을 당시 '프랑스 왕가의 군주들'(princes des
fleurs de lis)이라고 불렀다. 카페가와 부계 쪽으로 직계후손이 아닌 집단
은——오래 전부터 주도권 투쟁에서 독립적 역할을 하지 못했던 중소 규모
의 영주들을 제외하고는[원주20]——플랜태저넷가 외에 두 집안, 즉 브르타뉴
백작과 플랑드르 백작가가 있을 뿐이다. 그러나 플랑드르 백작의 자식은
유일하게 딸 하나뿐이었다. 원래의 약혼자인 부르군트의 젊은 공작이 죽자
그녀와 결혼하여 장차 플랑드르의 주인이 되려는 의도에서 플랜태저넷가와
카페 후손들 사이에 불가피한 경쟁이 벌어진다. 결국 플랑드르 상속녀와
결혼하게 되는 이는 발루아가의 수장 샤를 5세의 도움을 받은 그의 동생

[원주20] 이 가문에 대한 자세한 기록은 Longnon, *La formation de l'unité française*
(Paris, 1922), p.224f에서 볼 수 있다.

필리프인데, 그는 아버지의 간섭으로 이미 부르군트 공작이 되어 있었다.

대제후들 간의 결혼은 우리가 오늘날 '사업'이라 부를 수 있는 관점에서만, 즉 재산의 증식과 지역간 경쟁의 측면에서만 성사된다. 대담한 필리프는 플랑드르 백작의 사후 이 지역과 부르군트를 통합한다. 오랜 전통을 가진 대륙의 봉건 제후가문 중에서 이제 남아 있는 곳은 브르타뉴 공작가문밖에 없다. 이 구세력들의 자리를 이제 카페가와 그로부터 분가해 나간 일가들로 구성된 소집단이 차지하는데, 지역의 경쟁 메커니즘은 이들을 가만히 두지 않고 상호 갈등관계로 치닫게 만든다. 모든 농경사회의, 특히 농경중심의 기사사회가 지닌 특성이라 할 수 있는 낮은 수준의 통합과 기능분화로 인해, 광대한 지역에 대한 독점통치와 독점소유를 위협하고 소유를 분열시키고 원심적 경향을 강화하는 불가피한 힘이 다시 작용하기 시작한다.

수세기 전 카롤링거가의 분열을 야기했고 그 후 12세기에 봉건적 사회질서의 붕괴를 야기했던 분열의 물결이 다시 한 번 휩쓸고 지나간다. 중앙군주로부터 땅을 받은 사람들은 다시 한 번 독립하거나 그 영향력으로부터 벗어나려 하고 또 약화된 중앙군주의 가문에 대해 경쟁자가 되려 한다. 그러나 이러한 경쟁의 각축전에 뛰어들 수 있는 가능성은 이제 원래의 중앙군주가문의 후손들에게만 주어진다. 이는 이 사회의 인간관계 구조가 그동안 많은 변화를 겪었고, 사회의 농경부문에서는 적어도 이런 인간관계망이 이미 닫혀진 기회의 체계가 되었음을 강력하게 시사해준다.

11. 샤를 5세의 사후에 힘있는 '프랑스 왕가의 군주들' 간의 경쟁관계는 미성년의 후계자에 의한 섭정통치권과 후견인권을 위한 투쟁에서 명백하게 드러난다. 샤를 5세는 앙주 공작인 동생 루이를 섭정통치자로, 부르군트 공작 필리프와 부르봉 공작인 매부 루이를 후견인으로 내세웠다. 한 사람이 전권을 쥐는 것을 막기 위해 그가 할 수 있는 유일한 방법이 그것이었던 것이다. 그러나 바로 전권의 장악이 근본적으로는 앙주의 루이나 필리프도 추구하는 목표였다. 그들은 후견인권과 섭정통치권을 합치려 한다. 결정권

을 가지지 못했고 결국 일종의 정신착란에 빠져버렸던 샤를 6세의 재위기간은(1380~1422) 왕가 친척들 간의 상호대립으로 채워진다.

왕의 친척들이 벌이는 주도권 쟁탈전의 주요인물들이 그 동안 바뀐다. 투쟁의 어느 기간 동안 부르군트 공작의 강력한 맞수로 샤를 6세의 동생인 루이, 즉 오를레앙 공국을 왕자령으로 받아 다스리고 있던 루이가 앙주 공작의 자리를 차지하기도 한다. 그러나 인물들은 변해도 그들을 강요하는 불가피한 관계망은 여전히 변함이 없다. 즉 이미 축소된 경쟁의 범위 내에서 항상 두세 명의 제후들이 서로 대립하는데, 이들 중 어느 누구도 상대가 자신보다 더 깅해지는 것을 허용하려 하시 않으며 또 그것은 곧 자기 실존의 위험이기 때문에 허용할 수도 없었다.

왕가 친척들 간의 왕권다툼은 아직도 승패가 가려지지 않은 그 시대의 더 큰 투쟁의 장 속으로, 즉 비슷한 메커니즘에 의해 내분에 휘말려 있던 플랜태저넷가와의 대립 속으로 얽혀들어갈 수밖에 없다.

이제 이 왕가 친척들의 입장에 한번 서보자. 그들은 한평생 내내 이인자나 삼인자의 자리에 만족해야만 했다. 그들의 감정은 종종 그들에게 자신들이 왕권과 재산의 정당한 상속자보다 더 훌륭하고 더 강한 왕이 될 수 있다고 속삭인다. 자신들과 이 목표 사이에는 단 한 사람, 또는 두세 사람만이 장애가 될 뿐이다. 물론 이런 사람들 중 두 명 또는 그 이상이 차례로 죽고 그 다음 자에게 왕위로의 길이 열리는 예들은 역사적으로 없지는 않았다. 그러나 대부분의 경우 이 길은 험난한 투쟁의 가시밭길이었다. 당시 이 지역에서는 설사 그 자신이 정당한 권리를 가지고 있다 해도 왕가의 한쪽 혈통에만 속한다면 왕위에 오를 기회는 거의 전무하다 해도 옳았다.

그에게 왕위 계승권을 놓고 왈가왈부할 사람은 그 시대에는 언제나 존재했다. 그들의 주장이 틀렸다 하더라도 그들이 강자라면 이길 수 있었다. 따라서 왕족으로서 이미 커다란 영토를 소유하고 있었으며 왕위에서 가까웠던 이들은 힘닿는 데까지 거점을 확보하고 기존의 것을 확대하며 재산, 소득, 권력을 확장하는 데 혈안이 되어 있었던 것이다. 직접 왕권을 손에 넣지 못한다면 적어도 그들의 영지는 경쟁자의 것 못지않게 부유하고 강하고 화려해야 했으며 가능하다면 왕의 영지보다, 그리고 모든 경쟁자나 라이벌 가운데 가장 강력한 상대에 불과한 왕의 영지보다 더 화려해야 했다.

이것이 나약한 샤를 6세의 근친들, 특히 그의 삼촌들──모든 이들이 아니라 그 중 몇 명──과 그의 동생이 처해 있던 상황이었고 그들의 태도였다. 상황은 조금씩 변하고 이인자와 삼인자가 가질 수 있는 기회는 점점 줄어들기는 하지만 왕권을 둘러싸고 왕족들이 보이는 이런 태도, 상황, 갈등은 각양각색의 재능을 가진 인물들을 거쳐 결국 나바라의 앙리가 비교적 작은 프랑스의 왕으로 등극하는 시대까지 지속되었고, 이미 말했듯이 그 흔적은 루이 14세의 시대까지 남아 있다.

'프랑스 왕가의 군주들' 중에서 최강자는 선량왕 장의 막내아들인 대담한 필리프다. 그가 처음 물려받은 왕자령은 부르군트 공국뿐이었다. 그 다음에 그는 대부분 결혼을 통해 플랑드르 백작령, 아르투아 지역, 네베르(Nevers) 백작령, 동시(Doncy) 남작령을 거기에 더한다. 그의 둘째 아들이고 브라반트(Brabant) 공작이며 안트베르펜의 영주인 안톤은 결혼으로 룩셈부르크 공작이 된다. 그 아들은 하이나우트(Heinaut) 상속녀와 결혼한다. 이것이 부르군트의 영주들이 팽창의 길을 향해 뗀 첫 걸음이며, 확고한 영토확립, 즉 일부는 파리 왕의 영역 밖이지만 오늘날의 네덜란드 지역에 놓여 있는 영토의 확립을 위한 첫 걸음이다.

프랑스의 왕권다툼에서 대담한 필리프의 강력한 맞수 샤를 6세의 동생 루이도 유사한 행보를 취한다. 양자는 모두 서둘러서 그리고 단호한 의지로 가문의 권력을 다진다. 루이는 우선 샤를 5세 때 그의 삼촌인 오를레앙의 필리프 5세의 사망으로 다시 왕실의 소유지가 된 오를레앙 공국을 왕족령으로 받는다.

그 다음 그는 서너 개의 백작령과 샹파뉴의 대토지를 얻는다. 부인 발렌티네 비스콘티(Valentine Visconti)의 지참금 덕분에 그는 계속하여 블루아를 포함한 몇 개의 백작령들을 매매를 통해 획득한다. 부인을 통해 이탈리아 지역의 아스티 백작령도 그에게 돌아오고 몇 개의 다른 이탈리아 영지들의 계승권을 소유한다. 부르군트 영주는 네덜란드로 진출하고 오를레앙 영주는 이탈리아 쪽으로 확장해나간다. 서프랑크 지역 내의 소유관계는 굳어져 있었다. 이 지역의 대부분의 영토는 런던 왕 아니면 파리 왕의 소유였다. '프랑스 왕가의 군주들'이 그들 사이에서 권리를 주장하고 주도권 투쟁에서 경쟁하려면, 어떤 방법으로든지 다른 곳에서 가문의 튼튼한 기반을 마련해야만 했다. 카롤링거 이후 대봉건지역 안에서 벌어지던 선발전에서 그랬던 것처럼, 비슷한 갈등이 다시금 개개인들로 하여금 카페 영주들의 좁은 경쟁범위에서 벗어나 영토를 확장하게 하고, 끊임없이 더 많은 토지를 갈망하게 만든다.

그러나 이제 확장의 수단으로 전쟁이나 분쟁만큼이나 결혼과 유산이나 매매도 중요한 역할을 한다. 결혼을 팽창의 수단으로 삼는 가문은 합스부르크가만이 아니다. 비교적 넓은 영토를 소유하고 이에 상응하는 군사력을 보유한 가문들이 이 사회 내에서 형성됨으로써, 당시 사회적 상승을 꾀하려는 사람들이나 가문들은 사전에 어느 정도 경쟁가능한 군사력과 영토를 보유하고 있어야만 군사적 대결에서 살아나기를 바랄 수 있었다. 다시 말하면 이것은 당시 대규모의 토지소유가 이루어진 영역 내에서는 경쟁의 가능성이 이미 줄어들었고 사람들 사이의 갈등구조는 좀더 큰 규모의 지역에 대한 독점통치의 형성을 조장했다.

프랑스-영국 지역은 당시 아직도 상호의존적인 영토체계라 할 수 있었다. 경쟁중인 양대 가문 중 어느 한 가문의 사회적 힘이 커지면 이는 언젠가 다른 가문에 영향을 미치게 되며 따라서 전체 체계의 평형을 깨뜨린다. 이 영토 내에서 어디에 중요한 갈등이 놓여 있고 어디에 덜 중요한 갈등이 놓여 있는지 우리는 항시 정확하게 판단할 수 있다. 힘의 배분상태와 그 역동성 및 변동곡선 등은 상당히 정확하게 추적할 수 있는 것들이다. 그러므로 우리는 100년 전쟁을 단순히 야심만만한 인물들 몇 명의 군사적 게임으로만 볼 것이 아니라 특정한 크기의 영토를 가진 가문들, 그리고 갈등을 함축한 사회 내에서 불가피하게 된 갈등의 분출이나 극히 불안정한 균형상태의 상호의존적 영지 안에서 경쟁중인 가문들의 주도권 쟁탈전으로도 볼 줄 알아야 한다.

옛 왕실의 방계인 발루아가와 랭카스터가(Lancaster)가 대표하는 파리와 런던의 왕가는 재산과 군사력의 규모면에서 볼 때 대표적인 경쟁자들이다. 런던의 군주들은 아직도——이따금 파리의 군주들도——전체 서프랑크 지역, 즉 대륙 지역과 섬 지역을 통합하려는 야망을 가지고 있는 듯이 보인다. 그러나 전쟁이 경과하면서 당시 수준의 사회발전에서 군사정복에 의해, 또 그토록 광대하고 이질적인 지역들을 동일한 통치체제 안에, 그리고 동일한 통치장치로 묶으려는 시도에 저항하는 힘이 얼마나 강한지 분명하게 인식된다. 설사 섬의 왕과 그 동맹자들이 발루아가를 완전히 패배시킨다 하더라도 사회발전이 이 정도밖에 되지 않는 상태에서 런던에서 섬과 대륙을 지속적으로 통합하고 독점적으로 통치할 수 있었는가 하는 것은 그냥 지나칠 수 없는 문제이다. 그러나 어찌 되었든 파리와 런던의 왕가는 이 지역의 주도권을 놓고 서로 경쟁하고 있었으며, 가문 내의 내분들, 즉 파리 왕가의 여러 방계 가문들 간의 갈등은 이 전체 지역의 갈등에서 구체화된다. 예컨대 부르군트의 발루아는 이 주요투쟁에서 이쪽 편에 섰다 저쪽 편에 섰다 하면서 기회를 엿보았다.

그러나 기능분화와 탈지역적 상호관계의 증가가 광범위한 서프랑크 지역 내의 여러 다양한 정치통일체들만을 적과 친구로 서로 밀접하게 결합시키는 것은 아니다. 이보다 미약하긴 하지만 그럼에도 불구하고 점차 뚜렷해지는 경향은 지역적 평형상태 안의 상호의존과 이동의 경향이 전체서유럽의 넓은 무대로 확산되기 시작한다는 것이다. 프랑스-영국의 지역사회는 지역 간의 관계망이 넓게 짜지면서 점차 포괄적인 유럽 국가체계 내의 한 부분체계가 되어버린다. 100년 전쟁 동안 더 넓은 지역을 포괄하는 상호의존적 관계망의——물론 전적으로 결여되어 있었던 적은 한 번도 없었지만——확장은 분명한 현상으로 드러난다.

독일과 이탈리아 제후들은 영국-프랑스 영역 내의 주도권 쟁탈전에서 이미 자신들의 이해와 사회적 힘을 시험해본다. 물론 이들의 역할은 처음에는 주변부 인물에 불과하지만. 수세기 후 일어난 30년 전쟁에서 더욱더 명확한 형태로 등장하는 현상의 징후가 여기에서 벌써 나타나기 시작한다.

즉 유럽대륙 전체가 자체의 역동적 평형체계를 갖춘, 국가들의 상호의존적 체계로 변하여, 그 체계 내에서 힘의 이동은 모든 단위와 모든 국가에게 직간접적으로 피해를 입히게 된다는 것이다. 몇 세기 더 지난 후 '제1차 세계대전'이라 부르는 전쟁에서 우리는 이 체계 안의 갈등과 평형상태의 변화가 오래 전부터 지속되어온 과정, 즉 국가 간 상호연관성의 증가로 인해 더욱더 넓어진 지역과 지구의 다른 부분에 있는 나라들에까지 그 영향을 미치게 되는 것을 경험하게 된다.

이런 세계적인 상호연관성에 함축된 갈등의 분출구로서 독점형성의 방식과 단계는 그 결과나 또 이런 투쟁의 와중에서 형성될 수도 있는 좀더 높은 차원의 정치적 통일체와 마찬가지로 우리에게 애매하고 불분명하게 나타난다. 그것이 우리 의식의 지평선 위로 떠오르기라도 한다면 말이다. 그러나 과거 100년 전쟁에 얽혀들어간 인간집단과 지역제후들의 처지도 이와 크게 다르지는 않다. 각각의 집단은 다른 집단의 크기나 성장이 자신들에게 의미하는 직접적인 위험밖에 보지 못한다. 전쟁이 진행되는 동안 서서히 형성되기 시작하는 좀더 큰 규모의 집단들, 즉 우리가 오늘날 알고 있는 영국과 프랑스는 그것의 형성에 직접 참여했던 사람들의 의식에는 오늘날 우리의 의식에 정치통일체 '유럽'이 그런 것과 마찬가지로 비현실적이고 추상적이다.

경쟁하는 집단과 가문들 간의 갈등이 어떤 식으로 해결되는지, 두 주역인 영국의 랭카스터가와 프랑스의 발루아 및 부르군트의 발루아가 간의 투쟁에서 무게중심이 어떤 식으로 왔다갔다 하는지, 어떻게 영국인들이 프랑스 영토의 대부분과 프랑스의 왕권까지 차지하게 되는지, 그리고 결국 어떻게 오를레앙의 성처녀 등장으로 프랑스의 발루아가를 지지하는 세력들이 힘을 합쳐 성공적으로 저항하고 허약한 왕을 우선 랭스(Reims)에서 즉위시키고 곧 승자로서 파리에 귀환하게 하는지는 다른 곳에서 어렵지 않게 알아낼 수 있을 것이다.

이런 식으로 결정되어야 할 문제는 런던 및 앵글로노르만족의 섬과 파리와 프랑스 군주의 영토 중에서 어떤 곳이 서프랑크 지역의 중심지가 되는

가 하는 것이다. 런던의 통치는 섬 지역에 제한된다. 100년 전쟁은 다시 프랑시앵가의 영토, 즉 '프랑스'가 된 대륙과 한때 대륙 영주들의 식민지에 불과했던 바다 건너 섬 지역 간의 분리를 가속화하고 완성한다. 말하자면 이 전쟁의 결과는 우선 분열이었다. 대륙의 정복자와 토착민들의 후손들로 이루어진 섬 지역은 자신들의 길을 걸어가는 사회, 그리고 자신들만의 고유한 통치제도를 설립하고 혼합언어를 새로운 종류의 특수한 통일체로 발전시키는 독립사회가 된다.

투쟁 당사자들 중 어느 누구도 전 지역에 대한 통치권을 획득하고 유지할 수 없었다. 프랑스 왕과 그 지역 사람들은 섬 제국에 대한 권리를 이제 더 이상 주장할 수 없게 되었다. 영국 왕도 파리를 정복하여 식민지로 만드는 데 실패했다. 자신의 국민들이 새 땅, 새 식민지, 새 시장을 필요로 하면 어디 다른 먼 곳에서 찾아야 했다. 영국 왕은 주도권과 프랑스 왕위를 위한 대륙의 게임에서 떨어져나간 것이다. 이는 수백 년 후 독일 제후국가들의 사회에서 프로이센이 오스트리아에 승리를 거두었던 과정과 유사한 점이 많다. 이 두 경우 모두 분열의 결과로서 통합은 좁은 영역으로 제한되고 따라서 한층 쉽게 이루어질 수 있었다.

그러나 영국인들이 대륙에서 물러나고 영국 왕이 대륙의 주도권 쟁탈전에서 탈퇴함으로써 대륙 내에서 갈등과 평형의 양상이 변화한다. 런던 왕과 파리 왕이 투쟁에서 어느 정도 균형을 이루고 있는 한, 그리고 이 둘의 경쟁상황이 평형체계의 양대 축을 형성하고 있는 한 대륙의 여러 지역제후들 간의 경쟁관계는 이차적으로 중요했을 뿐이다. 이들은 전쟁의 결과가 파리의 군주에게 유리해질지 아니면 런던의 군주에게 유리해질지를 결정하는 데 막대한 역할을 했다. 그러나 이들이 그 둘의 자리를 대신 차지할 수는 없었다.

영국이 물러나자 대륙의 여러 지역제후들 간의 경쟁상황, 특히 카페가의 방계가문들 간의 경쟁이 주요 쟁점이 된다. 100년 전쟁이 끝날 무렵 이 방계가문들 중 어떤 가문이 어떤 경계선 내에서 서프랑크 후계 지역 내의 영토를 통합하여 좀더 큰 규모의 통치단위를 완성할 것인지 아직은 궁극적으로 결정되지 않았다. 따라서 이 방향으로 투쟁은 지속된다.

샤를 7세(1422~1461)의 말기에 파리의 왕가 외에 주도권 쟁탈전에서 자신의 힘을 견주어볼 수 있는 가문은 다시 적어도 여덟 개가 된다. 그것은 앙주, 알랑송, 아르마냐크(Armagnac), 부르봉, 부르군트, 브르타뉴, 드르외, 푸아(Foix)가이다. 이 가문들도 여러 방계가문들을 거느리고 있었다. 그 중 최강자인 부르군트가는 부르군트와 플랑드르를 권력의 핵심지로 하여 독일 제국과 프랑스 사이에 대 영지를—예전의 로터링겐과 유사하게—설립하고자 끈질기게 노력한다. 이 가문과 파리 왕 사이에 벌어지는 투쟁과 경쟁이 봉건영토의 체계 내에 주요 축을 형성하게 되고, 후자의 승리로 인해 이 지역은 결국 '프랑스'로 통일된다. 그 외에는 기껏해야 부르봉가와 브르타뉴가만이 조금 무게 있는 권력중심지로 손꼽힐 정도였다.

브르타뉴 공작가를 제외하고 방금 언급한 모든 가문들은 왕자령을 받은 카페가의 후손이나 친척, 다시 말하면 방계가문들이었다. 어떤 저자가 말했듯이, 카롤링거 이후의 영주 봉건성은 카페가의 '왕자'의 봉건성으로 '수축되었다'.[원주21] 서프랑크 지역에 존재하던 수많은 대소 가문들 간의 투쟁에서 한 가문이 승자로 배출되었다. 이 지역을 이제 전체적으로 카페 후손들이 독점하게 된 것이다.

그러나 세대가 흘러가면서 가족이나 축적된 영토도 다시 흩어진다. 그리고 한 가문의 방계가문들끼리 주도권 싸움을 벌이는 것이다. 그러나 얼핏 보듯이 독점형성의 과정은 그렇게 직선적이지만은 않았다. 100년 전쟁이 끝난 후 우리가 여기서 보게 되는 것은 한 장소에, 한 사람에게 전적으로 집중되고 중앙화된 독점통치가 아니라 이런 절대적 독점을 향한 길 위의 한 단계일 뿐이다.

여기에 생겨난 것은 무척 제한된 경쟁상황이다. 어떤 가문에 속하지 않은 사람이 권력을 획득·소유하거나 있는 권력을 확대할 수 있는 기회, 또 앞으로 각축전에 뛰어들 수 있는 기회는 최소한으로 줄어들었다.

[원주21] Vuitry, 같은 책, 414쪽.

제6절 마지막 자유경쟁과 승자의 마지막 독점적 지위

12. 여기서 전개되는 독점과정에 특별한 성격을 부여하는 것은——그리고 후세인들이, 특히 20세기를 살아가는 우리가 유의해야 할 점은——근대에 들어와서 분화했던 사회기능들이 이 초기에는 아직 나누어지지 않았다는 사실이다. 대영주나 제후의 사회적 지위에는 가장 부유한 자, 즉 그 지역의 최대생산수단을 지닌 소유주의 기능과 통치자의 기능, 다시 말하면 군사권과 재판권의 소유자 기능이 구분되지 않은 채 하나로 합쳐져 있다는 점은 항상 강조되어왔다. 오늘날 분업으로 맺어진 여러 사람들 및 집단들이 대표하는 기능들, 예컨대 대지주의 기능과 정부대표의 기능은 여기에서는 서로 불가분의 상태로 결합되어 일종의 사유재산을 형성한다.

이는 점점 감소하는 추세에 있긴 하지만 아직 농경중심 사회에서는 토지가, 후세 사회에서는 돈이 기능분화를 구체화하는 가장 중요한 생산수단이 된다는 사실과 관련이 있다. 그러나 이에 못지않게 모든 독점통치의 핵이라 할 수 있는 육체적 폭력 및 군사적 폭력의 독점은 후대에 와서는 광범한 지역에 두루 적용되는 하나의 확고하고 안정된 사회제도로 자리잡는 반면, 이보다 앞선 시기에는 수백 년에 걸친 투쟁 끝에 폭력의 독점화가 서서히, 그것도 사적인 가족 독점의 형태로 진행되고 있었다는 사실과도 관련이 있다.

우리는 '경제'와 '정치'의 두 영역으로 나누어 생각하거나 또 사회적 기능을 '경제적 기능'과 '정치적 기능'으로 나누어 생각하려는 경향이 있다. 이때 우리는 '경제'를 소비수단과 생산수단의 산출과 획득에 종사하는 전체의 활동과 제도라고 이해한다. 또한 '경제'라는 말을 입에 올릴 때 우리는 생산수단과 소비수단의 산출, 그리고 특히 그 획득이 육체적-군사적 폭력의 위협과 행사 없이 이루어지는 것을 자명하다고 생각한다. 이보다 더 자명스러운 것은 없을 것이다. 모든 농경적 기사사회에서——이 사회뿐만 아니라——칼은 생산수단을 획득하는 데 없어서는 안 될, 그리고 가장 자주 사용되는 수단이며 폭력위협은 생산의 불가피한 수단이다.

기능의 분화가 상당 정도 진척된 후에야 그리고 전문화된 독점행정이 지루한 투쟁의 산물로서 생겨난 후에야, 넓은 지역에 적용되는 중앙의 공적 폭력의 독점기구가 설립된 이후에 비로소 소비와 생산수단을 얻기 위한 경쟁이 육체적 폭력을 사용하지 않고 이루어질 수 있었고 또 비로소 우리가 경제라고 생각하는 순수한 의미의 경제, 즉 우리가 보통 '경쟁'이라 부르는 그런 종류의 경쟁이 존재하게 된다.

경쟁관계 자체는, 이 개념을 경제구조에[원주22] 그리고 더 나아가 19세기와 20세기의 경제구조에만 국한하여 사용할 때 나타날 수 있는 현상보다 더 일반적이고 더 보편적인 사회현상이다. 여러 사람들이 동일한 기회를 추구하는 곳이면 어디에서나, 기회에 대한 통제권이 독점자 한 사람의 손에 있든 아니든 상관없이 수요를 충족시킬 수 있는 기회보다 수요자가 더 많은 곳에서는 어디나 경쟁상황은 발생할 수 있다. 여기서 말하는 특별한 종류의 경쟁, 이른바 '자유경쟁'은 다수의 수요가 경쟁자의 범주에 들어가지 않는 어떤 사람에 의해 아직 통제당하지 않는 기회를 노린다는 점을 특징으로 한다. 이런 자유경쟁의 시기는 모든 사회는 아닐지라도 많은 사회의 역사에 한 번쯤은 있었다.

예컨대 '자유경쟁'은 어떤 의미에서든 서로 의존하고 있는 다수의 사람들이 거의 엇비슷한 규모의 토지와 군사력을 보유하고 있고 그들 가운데 어느 누구도 확실한 최강자가 아닐 때 등장한다. 즉 봉건 기사가문들의 관계가 존립하던 시기나 어떤 국가도 다른 국가와의 경쟁관계로부터 벗어날 수 없으며 이 관계를 조정해주는 조직적이고 중앙집중화된 독점통치기관이 없는 국가 간 관계가 존재하는 시기에 등장하게 되는 것이다. 또한 '자유경쟁'은 재정적 기회가 수많은 상호의존적 인간들에게 비교적 균등하게 나누어져 있을 때에도 나타날 수 있다. 그러나 어느 곳에서든 인구가 증가하고 그

[원주22] Karl Mannheim, *Die Bedeutung der Konkurrenz im Gebiete des Geistigen, Verhandlungen des siebenten deutschen Soziologentages*(Tübingen, 1929), p.35ff을 참조하라.

런 기회에 대한 수요가 커지고 또 이 기회 자체가 증가하지 않는다면 경쟁
은 그만큼 더 치열해진다.

자유경쟁이 육체적 폭력의 위협이나 행사를 통해 발발했다든가 아니면
사회적 추락의 위협이나 경제독립의 상실이나 경제적 몰락이나 궁핍의 위
협에 의해 촉발되었다든가 하는 문제는 자유경쟁의 발전방향에는 별다른
영향을 미치지 못한다. 봉건적 기사가문들 간의 투쟁에서는 이 두 종류의
투쟁수단, 또 우리가 육체적-군사적 폭력과 경제적 폭력으로 구분하는 두
형태의 폭력이 아직 분리되지 않은 채 하나로 작용한다. 이러한 봉건적 투
쟁은 실제로 후기의 기능분화가 진전된 사회에서 볼 수 있는 두 가지 형태
의 투쟁, 즉 동일한 업종에 종사하는 상사들 간의 각축전과 같은 경제적 경
쟁과, 특정한 지역적 평형체계 내에서 육체적 폭력의 사용으로 귀결되는
국가 간의 패권투쟁과 기능적인 유사점을 많이 가지고 있다.

이 모든 경우에 독점자유공간 내에서 투쟁으로 나타나는 현상은 전 사회
를 꿰뚫고 지나가는, 부족한 기회에 대한 일반적 경쟁 및 부단한 분쟁의 한
층에 불과하다. 자유롭게, 다시 말하면 독점하지 않고 서로 자유롭게 경쟁
할 수 있는 자들에게 열려진 기회 자체는 훨씬 더 작은 자원을 소유하고 있
어 애초에 경쟁할 능력이 없는 자들에게는 아직 조직화를 이루지 못한 독
점소유로 비친다. 따라서 독점에서 배제된 이 사람들은 높은 차원에서 경
쟁하는 자들에게 직접적·간접적으로 의존하고 있으며, 자기들끼리 기회의
분배를 놓고 다시금 자유롭지 못한 경쟁을 벌이는 것이다. 비교적 독립적
인 위치의 사람들이 상호 가하는 경쟁의 압력은 이미 독점된 기회에 의존
하는 사람들이 사방으로 가하는 압력과 밀접한 기능적 상관관계에 있는 것
이다.

이 두 곳에서 모두 아직 조직화되지 않고 중앙화되지 못한 기회를 두고
벌이는 자유경쟁은 진퇴를 거듭한 후에 결국 다수 경쟁자들의 패배나 탈락
으로 이어지며, 이들은 사회적 단위로서 멸망하거나 종속적 위치로 전락하
게 되며 그 기회는 점점 수가 줄어드는 사람들의 손에 집중되었다가 결국
한 사람의 손에 독점당하게 된다. 독점형성이라는 사회적 현상도 우리가

오늘날 '독점'이란 말을 듣고 연상하게 되는 그런 현상은 아니다. 돈의 금액으로 환산되든가 적어도 그것으로 표현될 수 있는 재산의 축적은 독점형성의 여러 역사적 형태 가운데 하나이다. 동일한 기능을 가진 과정, 다시 말하면 개인이나 집단이 직간접의 폭력위협을 가함으로써 다른 이들의 접근가능성을 결정하고 또한 획득한 기회를 제한하고 규정할 수 있게 되는 인간관계망의 구조로 흘러가는 경향은 각양각색의 모습으로 그리고 인류역사의 극히 다양한 장소에서 나타난다.

이 투쟁에 참여하는 사람들에게는 그들의 현실적·사회적 실존이 걸려 있다는 사실도 이 두 곳 모두에 해당된다. 바로 이것이 이 투쟁의 불가피성이다. 바로 그것이 자유경쟁의 근본상황이 나타나는 곳에서는 어디나 투쟁과 그 진행을 피할 수 없는 것으로 만드는 것이다. 어떤 사회가 한번 이런 종류의 운동에 휩쓸리게 되면 아직 독점이 형성되지 않은 영역에서 모든 사회적 단위는 그것이 기사가문이든, 기업이든, 제후국이나 국가이든 간에 항상 똑같은 양자택일의 상황에 처하게 된다.

그들이 투쟁에 참여하든 안 하든 그들은 패배할 수 있으며 이는 이 단위에 속한 사람들에게는 최악의 경우 포로나 처참한 죽음, 경제적 궁핍이나 굶주림 등을 의미한다. 가장 잘된 경우에도 패배란 당사자에게는 사회적 추락, 사회적 독립의 상실, 직접 의존하는 위치로의 전환 또 좀더 큰 사회적 복합체로 흡수됨을 의미하며 그로 인해 이제까지 그 사람의 의식과 생에 의미와 가치를 부여해주고 지속성을 주었던 것이 ── 다른 동시대인이나 후세 사람들은 그것들을 그들 자신의 의미나 사회적 실존, '지속성'과는 정반대되는 것으로서 파괴해야 마땅하다고 생각한다 하더라도 ── 파괴되었다는 것을 뜻한다.

또는 그들은 경쟁자를 물리치고 승리할 수 있다. 그러면 그들의 삶과 사회적 존재는 성취되고, 노력은 성과를 거두게 된다. 그들은 투쟁의 대상이던 기회를 차지한다. 사회적 존재의 단순한 유지는 자유경쟁의 상황에서는 동시에 그것의 확대를 요구한다. 즉 여기서 올라갈 수 없는 자는 뒤로 처지고 만다. 그리고 승리는 우선 ── 의도한 것이든 아니든 ── 경쟁자들 중에서

주도권을 획득한다는 것이며 상대를 가볍거나 무거운 종속의 위치로 떨어
뜨린다는 것이다. 토지든 군사력이든 화폐 또는 사회적 힘의 토대든 무엇
이든 간에 한 사람의 이익은 여기서 상대의 필연적인 상실을 뜻한다. 그러
나 이 승리는 한 걸음 더 나아가면 이르든 늦든 언젠가는 새로운 규모의 경
쟁자와 다시 대립하게 되리라는 것을 의미한다. 다시 한 번 상황은 한 사람
의 팽창을 강요하며 다른 사람의 흡수, 종속, 굴욕, 멸망을 강요한다.

　세력관계의 이동과 주도권 형성 및 유지는 공개적인 군사력과 경제력을
수단으로 얻어질 수도 있고 평화적 협상이나 이해의 길로 성취될 수도 있
다. 어떤 방법으로든 경쟁은 서서히 일련의 흥망성쇠, 의미 성취, 의미상실
을 거쳐 어떤 당사자도 의도하거나 예측하지 못한, 그리고 비독점적 자유
경쟁을 독점적·제한적 경쟁으로 대체시키는 하나의 새로운 사회질서와 독
점적 질서를 향해 나아간다. 이런 독점이 형성되면서 결국 좋든싫든 간에
어쩔 수 없이 한 배에 탄 사람들의 협동이 부드럽게 기능하는 방향으로 기
회분배를 조종하고 또 이와 함께 투쟁의 방향을 유도할 수 있는 가능성이
생겨난다.

　중세 봉건사회의 기사가문들도 이런 식의 양자택일적 상황에 처해 있었
다. 왕권강화에 대한 대영주들의 저항, 그리고 마지막으로 일어난 카페 봉
건제와 왕자 봉건제의 저항도 이런 의미로 파악할 수 있다. 파리의 왕은 실
제로 그리고 다른 영주들의 의식에도 처음에는 그들 중의 한 사람에 불과
했다. 그는 그들에게는 경쟁자였으며, 어느 시기를 지나면서 가장 강력하
고 위협적인 경쟁상대가 되었다. 그가 승리하면 자신들의 육체적 존재가
말살되지는 않는다 해도 적어도 그들의 사회적 존재, 다시 말해 그들이 생
각하기에 삶에 의미와 영예를 주는 것과 영지의 독립성과 재산에 대한 독
립적 권한은 사라져버린다. 그들의 명예, 지위, 사회적 명성은 최악의 경우
파괴되고 최선의 경우 추락한다.

　그들이 승리하면 일단 중앙집중화, 패권형성, 독점형성, 국가형성은 저
지할 수 있다. 그러면 부르군트, 앙주, 브르타뉴는, 또는 그 밖의 영지가
있다면 어느 정도 독립적 통치단위로 남을 수 있다. 그것은 동시대인들, 특

히 왕의 신하들에게 그리고 오늘날 과거를 돌아보는 우리들에게도 무의미
하게 보일 수 있다. 왜냐하면 우리는 다른 수준의 사회적 통합을 이루고 있
는 사회에서 살고 있으므로 일반적으로 그렇게 제한된 지역적 단위와 동일
시할 수 없기 때문이다. 부르군트나 브르타뉴의 영주들과 그들에게 종속되
어 있는 자들의 대부분은 파리에 압도적 힘을 가진 중앙정부가 들어서는
것을 막는 일이 무엇보다도 중요하다고 생각했다. 왜냐하면 파리가 패권을
잡는다는 것은 곧 자신들이 자립적 사회단위로서 더 이상 존재하지 않고
몰락한다는 것을 의미하였기 때문이다.

그러나 그들이 승리한다면, 이 승자들이 언젠가 다시 라이벌들로서 대립
하게 될 것이라는 사실은 불을 보듯 뻔하다. 그리고 그 결과로서 갈등과 투
쟁은 또다시 월등한 힘을 가진 세력이 형성될 때까지 지속된다. '구체적으
로 어떤 가문이 경쟁에서 승리하든 다른 가문들을 추월하든 관계없이 19세
기 그리고 특히 20세기 자본주의 사회에서 경제적 독점에 대한 보편적인
충동이 분명하게 드러나는 것처럼, '국가들'간의 경쟁에서 모든 독점형성과
모든 포괄적 통합을 선행하는 지배적 세력의 형성경향이 점점 뚜렷해지듯
이, 중세 기사가문들 간의 투쟁 그리고 나중에는 대봉건영주들 간의 투쟁
도 독점형성에 대한 보편적 충동을 보여준다.' 단지 여기에서 이 과정은 우
선 토지소유와 통치기능이 분리될 수 없는 통일성을 이루고 있는 영역에서
전개되지만, 화폐사용이 활발해지면서 이는 약간 변형된 형태, 즉 공물과
육체적 제압에 이용되는 모든 장치들에 대한 통제권이 중앙화된 형태로 진
행된다는 것이 차이라면 차이다.

13. 한편에는 프랑스계 발루아, 다른 한편에는 부르군트계 발루아와 그
밖의 다른 카페 봉건제후들, 카페 이전부터 내려오는 브르타뉴 공작가의
두 편 사이에서 지속되던 라이벌관계가 15세기 후반에 샤를 7세가 사망하
자 밖으로 표출된다. 원심적 세력들은 이제까지 주요 경쟁자였던 영국 왕
이 원외로 밀려나가면서 파리의 발루아가의 권력과 부는 이제 자신들에게
커다란 위협이 된다고 생각했고 그래서 다시 한 번 힘을 모아 그에 대항하

는 공동전선을 세운다. 부르군트계 발루아의 성급한 샤를(Charles the Rash)은 무게중심이 점점 위협적으로 프랑스의 통치복합체로 기울어지자, 왕의 경쟁자들 대부분이 위험에 빠진 자신들의 사회적 실존에 직면하여 원했거나 느꼈음직한 발언을 한다. "한 명의 왕 대신 여섯 명의 왕을 원한다."[원주23]

루이 11세(1423~1483)가 처음부터 왕의 과제를 잘해냈던 것은 아니다. 그 반대이다. 그는 왕세자로서 프랑스 지역의 분열을 위해 활동한 카페 대영주들과 같은 방식·같은 정신으로 활동해왔었다. 그는 한동안 프랑스 왕가의 강력한 라이벌인 부르군트 공작의 궁정에서 살았던 적도 있었다. 이는 개인적이라 할 수 있는 요인, 즉 아버지에 대한 루이의 특이한 증오심과 관계가 있다는 것은 분명하다. 그러나 이는 동시에 모든 왕자들에게 왕자령을 주어 독립시킨 이 가문의 특수한 개인주의화 경향에 대한 증거라할 수 있다. 아버지에 대해 루이가 가졌던 증오심의 초기 원인이 무엇이었든 간에, 자신의 독립적 영지는 아버지에 대항하여 다른 경쟁자들과 공동전선을 구축하도록 그의 감정과 행동을 부추겼을 것이다.

왕위에 오른 후에도 그는 우선 자신이 왕세자였을 때 자신에게 적대감을 보였던 자들, 특히 그중 대다수 왕국의 충복이었던 사람들에게 복수하고, 파리 왕국의 적들도 다수 포함하여 왕세자인 자신에게 우애를 베풀었던 사람들에게 은혜를 갚으려는 일념밖에 없었다. 통치는 아직도 사유재산의 성격을 띠고 있었고 군주의 개인적 호불호에 종속되어 있었던 것이다. 그러나 그것은 동시에 모든 재산이 다 그렇듯이 그 주인도 그것을 파괴하지 않고는 저항할 수 없는 자체의 엄격한 법칙을 가지고 있었다. 곧 왕국의 적들은 루이의 적들이 된다. 왕국에 봉사하는 자들은 그의 친구며 신하가 된다. 그의 개인적 야망은 파리 중앙군주들의 전통적 야망이 되고 그의 개인적 특성──그의 호기심 그리고 주변에서 일어나는 모든 일은 하나같이 모

[원주23] G. Dupont-Ferrier, *La formation de l'état français et l'unité française* (Paris, 1934), p.150.

두 밝혀내려는 그의 병적인 욕구, 그의 교활함, 그의 직선적인 폭력행사방식, 그의 증오와 편애, 마치 매수할 수 있는 인간인 양 적들의 성인이나 특히 수호성인들에게 선물로 구애하게 했던 그의 순진하지만 강한 신앙심——은 모든 것들이 프랑스 영토의 주인이라는 자신의 사회적 지위가 강요하는 방향을 향해 발전해나간다. 즉 원심적 세력과 라이벌관계에 있는 영주들에 대한 투쟁은 그의 생애의 중요한 과제가 된다. 왕세자 시절의 친구인 부르군트가는——왕위의 내재적 논리에 따라——그의 주요 적이 된다.

루이 11세가 치러야 했던 투쟁은 결코 쉬운 것이 아니었다. 때때로 파리의 행정부는 붕괴 일보 직전에 와 있는 것 같기도 했다. 그러나 그의 재위 마지막 무렵에는 결국——그의 막대한 재산이 그의 손에 쥐어주었던 권력수단을 통해, 일부는 그것을 능수능란하게 이용할 줄 알았던 그의 능력으로 인해 그리고 일부는 그를 도와주었던 일련의 우연들 때문에——라이벌들을 완전히 무릎 꿇게 만든다. 부르군트의 성급한 샤를은 1476년 루이가 저항하도록 부추겼던 스위스인들에 의해 그랑손(Granson)과 무르텐(Murten) 부근에서 패배당한다. 1477년 그는 낭시를 정복하려고 시도하다가 사망한다. 이렇게 하여 카페 후계자들로 이루어진 경쟁권에서 프랑스 발루아가의——영국 왕의 중도 탈락으로 이제까지 가장 강력한 라이벌이었던——주요 라이벌이 이제 서프랑크 영주들의 각축전에서 떨어져나간다. 성급한 샤를에게는 외동딸 마리가 유일한 상속인이었다. 마리와 결혼하여 그녀의 유산을 차지하기 위해 루이는 이제 전체 유럽지역에서 파리 왕가의 주요 라이벌로 부상한 합스부르크가와 상대하지 않을 수 없게 된다.

서프랑크 승계 지역 내에서 선발전이 경쟁가문들 중 한 가문의 주도권 및 독점권 획득으로 막을 내리자 이제 전 지역의 중심지로 부상한 승리자 가문과 이 지역 밖에서 비슷한 힘을 가진 권력자와의 라이벌 관계가 전면에 부각되기 시작한다. 우선 부르군트를 놓고 벌인 경합에서는 합스부르크가가 승리를 거둔다. 막시밀리안은 마리와 결혼함으로써 부르군트 유산의 대부분을 차지한다. 이로써 합스부르크가와 파리 왕가 간에 200년 이상 지루하게 이어질 라이벌 관계의 토대가 마련된 셈이다. 어쨌든 다행인 것은 부르군트 공국 자체와 그 밖의 직접적인 합병지들은 발루아의 왕실소유로 돌아온 것이다. 프랑스 영토를 정리하려면 반드시 있어야 하는 중요한 부르군트 영지 일부를 되돌려받은 것이다.

서프랑크 승계 지역 내에서 이제 어느 정도 중요한 영지를 지배하고 있는 가문은 넷밖에 남아 있지 않았다. 그 중에서 가장 강력하고, 정확히 말하면 가장 중요하며 옛부터 독립을 지키고 있는 곳은 브르타뉴 공작가였다. 그러나 이들 중 어느 누구도 파리 왕가와 견줄 수 있는 사회적 힘을 가지지 못했다. 프랑스 왕의 통치는 이제 이웃 영주들의 경쟁 범위에서 상당히 벗어나 있었다. 즉 그는 독점적 위치에 오른 것이다. 언젠가, 조약으로든 폭력으로든 아니면 우연 때문이든 그들은 왕에게 예속될 것이고 독립을 잃을 것은 명약관화한 사실이었다.

15세기 말경 브르타뉴 공작이 부르군트 공작과 마찬가지로 딸 하나를 후계자로 남겨놓고 죽은 것은 우연이라 말할 수 있을 것이다. 이 우연으로 촉발된 다툼은 기존의 세력판도를 정확하게 보여준다. 서프랑크 지역의 다른 영주들 가운데 브르타뉴 유산을 놓고 파리의 군주와 경합을 벌일 자는 아무도 없었다. 부르군트 유산의 처리문제 때처럼 이 때도 라이벌은 외부에서 나타난다. 여기서도 문제는 브르타뉴 상속녀의 손을 잡는 이가 부르군트 상속녀의 죽음으로 이제 자유의 몸이 된 합스부르크가의 막스밀리안, 즉 신성로마 황제이며 부르군트의 주인인 막시밀리안이 되느냐 아니면 루이 11세의 작은아들 샤를 8세가 되느냐 하는 것이었다. 예전처럼 이 때도 브르타뉴의 젊은 앤과 적어도 임시로나마 결혼에 성공했던 자는 합스부르크가 사람이다. 그러나 여러 차례의 논쟁 끝에——여기서 결정적 역할을 한 것은 브르타뉴 신분의회의 견해였다——결국 상속녀를 차지하는 사람은 프랑스의 샤를이었다.

합스부르크가는 항의한다. 라이벌 간의 전쟁이 벌어지고 마침내 타협이 이루어진다. 즉 전통적으로 서프랑크 지역에 속하지 않고 또 당시 프랑스 통치 지역 가운데 속하지도 않았던 자유백작령 부르군트를 합스부르크가에게 넘겨준다. 그 대신 막시밀리안(1493~1519)은 샤를 8세의 브르타뉴 획득을 인정해준다. 샤를 8세가 자식 없이 죽자 그의 후계자로 왕위에 오른 오를레앙계의 발루아, 즉 루이 12세는 조금도 주저하지 않고 교황에게 자신의 결혼을 무효화하게 하고 전 왕의 21세 된 미망인과 결혼하여 그녀의 유산을 이제 자신의 것으로 만들어 왕실소유지로서 보존한다. 이 결혼에서 딸들만을 얻자 왕은 어머니의 상속녀로서 브르타뉴에 대한 권한을 얻게 될 장녀를 가문의 가장 가까운 후손으로서 장차 왕위를 계승할 앙굴렘(Angoulême) 백작 프랑수아와 결혼시킨다. 이 중요한 지역이 경쟁상대에게, 특히 합스부르크가에게 떨어질지도 모른다는 불안감이 항상 동일한 노선으로 유도했던 것이다. 이렇게 경쟁 메커니즘의 압력 밑에서, 그 모든 각축전들에서 이기고 자신의 독립을 지켜왔던 마지막 영지가 서서히 파리 왕의 통치권 안으로 흡수된다. 우선 앙굴렘 왕족령의 상속인이 프랑수아 1세로 왕위에 올랐을 때만 해도 브르타뉴는 어느 정도 독립성을 확보하고 있었다. 또한 그 신분계급들의 독립권 요구는 아직도 활발했다. 그러나 이제 한 영지의 군사적 잠재력은 그 주위를 둘러싼 막강한 대영지에 성공적으로 저항하기에는 턱없이 모자란다. 1532년 브르타뉴는 프랑스 영토로서 제도적으로 귀속된다.

파리의 왕에게도 속하지 않고——플랑드르나 아르투아처럼——그렇다고 합스부르크가에도 속하지 않는 독립적 영지는 이제 프랑크 지역 내에서는 알랑송 공국, 네베르(Nevers)와 방돔(Vendome) 백작령, 부르봉과 알브레(Albret) 영지뿐이다.[원주24] 그들 중 몇 명, 예컨대 알브레 영주나 부르봉가는 아직도 영지의 확장을 위해 노력하면서 왕권의 꿈을 버리지 못하지만,[원주25] 그들의 영토는 프랑스 왕의 통치 지역 안에 있는 내성에 불과할 뿐이다. 왕권을 보유한 자는 이제 이들 지역영주들의 경쟁상대가 아니다. 한때 존재했던 가문들은 그에게 종속되었거나 멸망해버렸다. 예전의 서프

[원주24] L. Mirot, *Manuel de géographie historique de la France*(Paris, 1929), 그림 19. 앞에서 이루어진 논의에 대해서도 이곳에서 그림 자료들을 얻을 수 있다.

[원주25] P. Imbert de la Tour, *Les origines de la réforme*(Paris, 1909), I, 4.

랑크 지역 내에서 파리의 왕들은 드디어 모든 라이벌을 제거했다. 즉 그의 지위는 이제부터 절대적 독점의 성격을 가지게 되는 것이다.

그러나 서프랑크 지역 밖에서도 비슷한 과정이 ─설령 독점과정과 선발전 게임이 프랑스처럼 진척된 곳은 어디에도 없었지만 ─진행중에 있었다. 어쨌든 합스부르크가도 군사력과 재정력에서 유럽대륙의 어떤 영지보다도 월등한 왕실의 재산을 축적하였다. 앞서 부르군트와 브르타뉴의 유산상속을 계기로 나타났던 문제가 16세기 초반부터는 점점 뚜렷하게 가시화된다. 즉 합스부르크 황제의 가문과 프랑스 왕가는 우선 카를 5세와 프랑수아 1세를 대표로 하여 새로운 차원의 라이벌로 대립하고 있는 것이다. 양자는 광대한 지역에 대해 독점권을 소유하고 있었다. 이들은 아직 아무도 독점하고 있지 못한 넓은 지역의 자원과 주도권을 놓고, 즉 '자유경쟁자들'로서 투쟁을 벌였다. 이들 간의 라이벌 관계는 따라서 상당기간 동안, 점차 확대되는 유럽 갈등체계 내의 주요 축이 된다.

14. 프랑스의 통치영역은 규모상 합스부르크가의 지역보다 훨씬 적다. 그러나 이 지역의 중앙집중화는 훨씬 앞서 있었고, 군사적으로는 '천연경계'로 둘러싸여 있어 수비하기가 쉬웠다. 서쪽 경계는 해협과 대서양이다. 나바라에 이르기까지 전체 해안 지역은 프랑스 왕이 완전히 장악하고 있었다. 남쪽 국경은 지중해가 만들어준다. 여기에서도 루시용(Roussillon)과 세르다뉴(Cerdagne)를 제외하고는 전 해안 지역이 프랑스 통치권에 속한다. 동쪽으로는 론 강이 니자(Nizza) 백작령과 사보이 공국과의 경계를 형성한다. 당시 경계는 도피네와 프로방스에서만 론 강을 넘어 알프스까지 돌출해 있었다. 그보다 북쪽에는 부르군트 백작령 맞은편에도 론 강과 손 강이 왕국의 국경을 이루고 있었다. 중남부 지방에서는 손 강을 넘어서기도 했다. 북부와 북동부의 경계는 오늘날의 프랑스 국경에는 훨씬 못 미쳤다. 주교령 메츠, 툴, 베르됭을 손에 넣음으로써 왕국은 라인 강에 근접하게 된다. 그러나 이 지역들은 우선 독일 제국의 영토 내에 있는 내성으로서 전진기지의 구실을 할 뿐이었다.

독일 제국과의 국경은 베르됭에서 약간 서쪽에, 북쪽으로는 세당(Sédan) 지역을 지나고 있다. 자유백작령 부르군트와 같이 플랑드르와 아르투아도 합스부르크가 지역에 속한다. 독일 제국과의 주도권 쟁탈전에서 결정나야 할 문제들 중 하나는 어떻게 이 지역에서 경계선을 되도록 멀리 옮겨놓는 가 하는 것이었다. 오랜 기간 동안 프랑스의 통치는 이 범위 안에서 유지된 다. 1610년과 1659년 동안 북쪽에서는 아르투아 지역, 그리고 멀리 프랑스와 세 주교령 사이에 있는 지역 그리고——제국의 새 내성이었던——오버엘자스(북알자스)와 니더엘자스(남알자스)가 프랑스로 귀속된다. 이 때 프랑스는 비로소 라인 강에 다가갈 수 있게 된다.[원주26] 현재의 프랑스를 이루는 지역의 대부분이 이 때 하나의 통치권 밑에 묶인 것이다. 이제 남아 있는 문제는 확장의 가능성, 즉 어떻게 어디에서 이 통일체가 유럽의 갈등체계 내에서 마지막으로 수비하기 좋은 '천연'경계를 찾을 수 있는가 하는 것이었다.

국가질서 속에서, 그리고 육체적 폭력의 독점이 안정되고 중앙화된 사회에서 성장한 회고자, 즉 프랑스에서 프랑스인으로 독일에서 독일인으로 살고 있는 회고자에게는 그런 폭력 독점의 존재와 그런 규모의 다양한 지역들의 통합이 자명하고 합목적적인 것으로 생각되어 그는 무의식적으로 그것을 의도적 계획의 산물로 간주하는 경향이 있다. 따라서 그는 현 상태의 민족국가를 산출했던 과거의 개별적 행위들을, 자신들에게 자명하고 의미 있게 여겨지는 질서를 위해 직접적으로 유용한가 하는 관점에서 관찰하고 평가하게 된다. 그러므로 그는 과거의 집단과 개인들을 그렇게 행위하게 만들었던 그들의 현실적 딜레마와 필요성을 검증하는 대신, 그리고 그들의 직접적인 계획과 소망과 이해관계를 살펴보는 대신에 자신이 동일시하는 현질서에 도움이 되는지 해가 되는지의 문제에 관심을 기울이는 경향이 있는 것이다. 마치 과거의 행위자들이 과거를 회상하는 현대인에게는 의미 있다고 생각되고 더 나아가 적극적으로 긍정될 수도 있는 현재, 즉 그들의

[원주26] L. Mirot, *Manuel de géographie historique de la France*, 그림 21.

미래를 미리 예언자적으로 내다보아야만 하고 또 내다볼 수 있다는 듯이, 현대인들은 오늘로 이어지는 역사의 인물들을 칭송하기도 하고 질책하기도 하며, 이들의 행위가 원하는 결과로 직접 이어지거나 아닌가에 따라 그들에 대한 점수를 매긴다.

그러나 이런 평가, 즉 개인적 만족감을 나타내는 표현들과 과거에 대한 주관주의적·당파적 관점은 역사적 형성체의 기본적인 형성법칙과 메커니즘, 그리고 그것의 진정한 구조사와 사회발생사에 접근할 수 있는 통로를 막아버린다. 이 형성체는 언제나 서로 대립되는 이해관계, 더 자세히 말한다면 상호모순적인 이해관계의 대결 속에서 발전해나간다. 이런 투쟁 속에서 결국 멸망하거나 또는 봉건정이 왕정으로, 왕정이 시민국가로 거듭 나는 것처럼 새로운 형태로 흡수되는 것은 유리한 위치를 점령한 승리자보다 이 새로운 형성체의 발전을 위해 덜 중요하거나 덜 필수적이라 할 수는 없다. 폭력적 행위와 자유경쟁의 동력이 없었다면 폭력의 독점이나 폭력행사의 억제와 조절, 평화화도 불가능했을 것이다.

프랑시앵 공국이라는 핵심을 중심으로 점점 넓은 지역들이 통합되는 결과를 향해 흘러온 운동의 부침과 진퇴는, 서프랑크 지역의 완결된 통합이 서로 엮이는 강제적 과정 속에서 발생한 일련의 선발전의 산물이라는 점 그리고 왕위에 앉았던 모든 개인들이 집착했던 예언자적 환상이나 엄격한 계획의 결과는 아니라는 점을 해명해준다.

헨리 하우저(Henri Hauser)는 언젠가 말했다.[원주27]

마치 앙리 2세의 관료적 왕정과 중앙집중화된 프랑스는 태초부터 탄생할 운명이었고 또 이미 정해진 경계 내에서 살 운명이었다는 듯이, 사후적 입장에서 역사를 뒤에서 앞으로 고찰하는 태도에는 분명 약간의 작위적 요소가 들어 있게 마련이다……

[원주27] G. Dupont-Ferrier, *La formation de l'Etat français*에 대해 Henri Hauser 의 서평, *Revue historique* 1929, vol.161, p.381 참조.

우리 스스로 한순간만이라도 과거의 풍경 속에 빠져들어간다면, 무수한 전사가문들의 투쟁과 그들의 직접적 삶의 필연성 및 그들의 다음 목표를 본다면, 한마디로 우리가 그들의 투쟁과 그들의 사회적 실존의 위험을 눈 앞에 그려본다면, 이 지역에서 패권과 독점이 형성될 개연성은 얼마나 높 았는지, 그러나 그 중심과 경계는 얼마나 불확실했는지를 이해할 수 있을 것이다.

미국의 개척자들에게 해당되는 말은 프랑스의 왕들과 그 대표자들에게 도 어느 정도 적용될 수 있을 것이다.

> 그가 모든 땅을 원했던 것은 아니다.
> 그는 단지 바로 옆의 땅만을 원했다.[원주28]

이 간단명료한 표현은 수없이 많은 개인적 이해와 의도들이 서로 얽히고 설켜—그것들이 같은 방향의 것이든 서로 다른 방향이나 대립된 방향을 가지고 있든 상관없이—결국 어떤 개인도 계획하거나 의도하지 않았던 것이 수많은 개인들의 의도들과 행위들로부터 산출된다는 점을 분명하게 말해준다. 바로 이것이 사회적 결합태의, 그 필연성과 구성법칙의 그리고 그 구조와 과정적 성격 및 발전의 진짜 비밀이다. 이것이 바로 사회발생사 와 관계역학의 비밀인 것이다.

물론 프랑스 왕국의 대표자들은 좀더 중앙에 자리잡고 있던 덕분에 운동 의 후반부에 가서는 미국의 개척자들보다 통합과정 내에서 좀더 폭넓은 의 도와 행위반경을 확보하고 있었다. 그러나 그들 역시 바로 다음 단계만을 염두에 두고 있었다. 즉 그들은 다른 사람이 그것을 차지하는 것을 막고 불 편한 이웃이나 경쟁자가 자신보다 강해지는 것을 막으려면 반드시 자신이 차지해야 할 바로 옆의 땅만을 분명하고 확실하게 볼 수 있었다. 그들 중

[원주28] L. W. Fowles, Loomis Institute, USA., *News Review*, No.35, p.32에서 재 인용.

누군가가 대왕국의 이미지를 품고 있었다면, 그 이미지는 과거의 독점통치의 그림자일 뿐이고 그들의 정신 속에 남아 있는 카롤링거와 서프랑크 왕국의 반영일 뿐이다. 그것은 새로운 미래의 목표나 예언자적 환상이라기보다는 기억의 산물이다.

언제나 그렇듯이 여기에서도 수많은 개인적 이해관계들과 계획들과 행위들이 뒤엉켜 만든 타래로부터 하나의 발전방향이 풀려나오고, 이 얽힌 사람들 전체를 규제하지만 그러나 어떤 개인도 의도하지 않았던 법칙이 생겨나며, 어떤 행위자도 계획하지 않았던 조직인 프랑스란 국가가 발생한다. 바로 그 때문에 이런 종류의 구성체를 이해하려면 아직 잘 알려지지 않은 현실의 차원, 즉 사회관계의 내재적 규칙성의 차원 그리고 관계적 역동성의 영역으로 진입해야 할 필요성이 있는 것이다.

제7절 통치단위 내부의 권력분배와 중앙권력에 대한 그것의 중요성, '왕권 메커니즘'의 형성

15. 독점이 발전하는 과정은 두 단계로 나누어질 수 있다. 즉 어느 정도 사적인 독점형성으로 흘러가는 경향을 보이는 자유경쟁 시대와 '사적' 독점이 서서히 '공적' 독점으로 전환되는 시기가 그것이다. 그러나 자세히 들여다보면 이 운동은 경향들의 단순한 연속은 아니다. 통치독점의 사회화가 이런 변화과정에서 상당히 늦게 만개되어 지배적 현상이 된다 하더라도, 그것을 야기하는 구조는 독점권이 수많은 투쟁의 결과로서 서서히 사유재산의 형태로 형성되고 있던 시대에도 이미 존재하며 작용하고 있었다.

물론 프랑스 혁명은 조세독점과 폭력독점의 사회화과정에서 한 걸음 앞으로 힘차게 전진한 것을 의미한다. 여기서 통치의 독점은 넓은 계층의 권한으로 또는 적어도 제도적으로 보장된 통제로 전환되고 있다. 어떤 이름으로 불리든 중앙군주와 독점적 통치권을 행사하는 자들은 기능분화가 이루어진 사회 전체 안에서 활동하는 여러 관리들 중 한 명일 뿐이다. 또한 이들은 다른 사회적 기능의 대표자들에게 너무나 의존하고 있어 이런 사실이 사회조직 내에 명시적으로 표현되어 있을 정도이다. 사회의 다른 기능에 대한 통치독점 및 이 담당자들의 의존성은 그 전 시대에도 있었던 현상이다. 단지 그리 강하지 않았다는 것이 차이점일 뿐이다. 그렇기 때문에 이런 사실이 오랫동안 조직이나 사회제도 내에 직접적으로, 명시적으로 표현되지 않았던 것이다. 또 그런 이유에서 통치독점의 담당자의 권한이 처음에는 어느 정도 '사유재산'의 성격을 띠게 되었던 것이다.

16. 한 가문의 독점권이 '개방되는' 경향은 이미 말했듯이 특정한 조건하에서 즉 그들의 통제영역과 재산이 확대되기 시작할 때나 심지어 농경을 위주로 하는 사회에서도 발견된다. 우리가 '봉건제'라 부르는 것과 앞에서 원심적 세력의 작용으로 서술되었던 것은 이런 경향들의 표현과 다를 바 없다. 그것은 주인이 하인이나 신하들, 다시 말하면 넓은 계층에 의존하는 경향이 강해진다는 점을 알려준다. 또한 이러한 경향들은 영토와 군사적 권력도구에 대한 통제권이 한 기사가문과 그 수장의 손에서 그들 바로 밑의 신하들과 친척들의 손으로, 그리고 특정한 조건하에서는 기사사회 전체의 손으로 넘어가는 결과를 불러온다. 이미 지적한 바와 같이 여기서 '사회화'는 토지소유와 폭력수단의 특이성에 따라 중앙집중화된—설사 그 형태가 느슨하다 해도—독점이 해체되는 것을 의미한다. 사회화는 여기서는 한 개인의 독점소유권이 일련의 소규모형태의 독점소유들, 다시 말하면 분산되고 덜 조직화된 형태의 독점으로 변화되는 결과를 초래한다. 토지소유가 소유의 지배적 형태로 남아 있는 한, 상황에 따라 항상 이런저런 방향으로 전환이 발생할 소지가 있다. 즉 자유경쟁을 통한 패권형성, 그리고 한 사람의 중앙군주가 넓은 영토와 군인들을 통합하고, 후계자 대에서 다시 분열되며, 신하나 친척 또는 여러 서열의 지배자들로 이루어진 폭넓은 계층들에게서 새로운 경쟁이 불붙고, 다시 패권을 잡으려는 시도들이 이루어진다. 중앙집중화와 지방분권화의 전체 물결은—지리적 조건이나 기후적 조건에 따라, 특수한 경제형태에 따라, 또는 사람들의 생활을 좌우하는 동

식물 생태계에 따라 그리고 종교조직의 전통적 구조와의 연관관계 속에서
—변화의 여러 단층들로부터 나오는 사회적 퇴적물의 복합체를 만들어낸
다. 다른 비유럽 봉건사회의 역사는 이런 측면에서 항상 동일한 패턴을 보
여준다. 프랑스의 발전과정에서 이런 식의 역사적 왕복운동이 아무리 활발
하다 해도, 다른 봉건사회와 비교해보면 이곳의 운동은 비교적 직선적이라
할 수 있다.

권력과 재산의 독점을 되풀이하여 해체하려고 위협하는 리듬은 기능분
화가 진행되면서 토지에 대한 통제권 대신 화폐수단에 대한 통제권이 지
배적 소유형태로 자리잡아가는 정도와 발맞추어 변형되다가 마침내 파괴
된다. 그렇게 될 경우에만 중앙집중화된 독점은 한 군주의 손에서 또는 작
은 집단의 손에서 큰 집단의 권한으로 이행되면서도, 모든 봉건화과정에
서 나타나듯이 무수한 소영역들로 분해되지 않고 중앙집중화된다. 그래서
서서히 기능분화된 사회전체의 도구, 즉 우리가 국가라 이르는 것의 중앙
기관으로 변하게 된다.

어떤 지역 내에서 교역과 화폐유통, 그리고 그것을 담당하는 사회적 구
성체의 발달은 통치독점의 발전과 부단한 상호작용관계에 있다. 이 두 발
전노선들은 서로 맞물려 있는 톱니바퀴처럼 상호 상승작용을 한다. 통치독
점권의 형태와 발전경향은 여러 측면으로부터 사회의 분화, 화폐유통의 확
산, 그리고 돈을 벌고 소유하는 계층의 형성과 같은 요인들에 의해 영향받
는다. 다른 한편 분업의 성공 자체나 넓은 지역에 퍼져 있는 도로나 시장의
확보, 화폐주조와 금전체계의 표준화, 육체적 폭력으로부터 평화로운 생산
의 보호와 그 밖의 다른 협조조치 및 규제조치 등은 독점제도와 중앙제도
의 형성에 달려 있다. 달리 표현하면 어떤 사회조직체 내의 노동과정과 전
체 기능이 분화하면 할수록, 또 개인적 행위가 그 사회적 목표를 달성하기
위해 그것들이 서로 맞물려 형성한 사슬이 길어지고 복잡해지면 질수록 중
앙기관의 특수한 성격은 그만큼 더 두드러지게 드러난다. '즉 기능적으로
분화되어 이루어지는 과정 전체를 상호조정하고 규제할 수 있는 상부기관
의 성격이 바로 그것이다.'

이런 기능을 수행할 수 있는 고도로 조직화된 기관이 없다면, 분화가 어느 수준에 도달하고 나면 그 때부터는 그 사회의 기능분화적 과정은 더 이상 앞으로 나아가지도 못하고 제대로 작동하지도 못한다. 물론 덜 조직화되고 덜 분화된 사회의 중앙제도도 이런 기능을 전혀 수행하지 않았던 것은 아니다. 9세기나 10세기의 자급자족하는 장원들처럼 그렇게 느슨하게 결합되어 있는 사회도 어떤 특정한 조건하에서는 최고의 조정자를 필요로 했다. 강한 외적이 위협할 경우 전쟁수행을 위해, 즉 많은 기사들을 단결시키고 그들의 역할을 조정하여 마지막 결정을 내릴 수 있는 자가 필요했다. 이런 상황에서, 흩어져 살고 있는 영주들의 상호의존성이 확연하게 드러났다. 전체 연합군대가 협동에 실패한다면 각자는 위험에 처하게 된다. 다시 말하면 이런 상황에서는 중앙군주, 즉 왕에 대한 의존성이 상당히 커지게 되며, 그가 자신의 사회적 기능을 성공적으로 수행한다면, 즉 그가 패배당하지 않는다면 그의 중요성 및 그의 사회적 힘과 권력은 따라서 증가한다. 그러나 외부로부터 위협이나 팽창가능성이 없어질 경우 사회의 이런 구조에서는 조정하고 규제하는 상부기관에 대한 개인이나 집단의 의존성도 비교적 낮다. 중앙기관의 영구적인 전문과제로서 이 기능은 전체사회가 점점 더 분화되었을 때 그 세포구조가 서서히 그러나 부단히 새로운 기능들과 새로운 직업집단들과 계층들을 만들어낼 때 비로소 출현할 수 있다. 그렇게 되면 조절하고 규제하는 중앙기관은 전체 사회의 운영에 없어서는 안 될 만큼 중요해져서 사회적 세력관계가 변하더라도 그 안에서 자리이동과 조직변동은 일어날 수 있지만 그 전체가, 예전의 봉건화 물결 와중에서 그랬듯이 와해되는 일은 결코 일어나지 않는다.

17. 넓은 지역을 관장하는 견고하고 전문화된 중앙기관의 형성은 서구 역사에서 획기적인 현상들 중 하나이다. 이미 말했듯이 중앙기관은 어떤 사회에나 존재한다. 그러나 사회기능의 분화 및 전문화가 지구의 모든 다른 사회들보다 서구에서 최고의 수준에 이르렀듯이—그리고 서구로부터 자극을 받아 이 지역의 수준도 서구의 그것에 육박하기 시작하듯이—이

중앙기관은 서구에서 처음으로 다른 곳에서 찾아볼 수 없을 정도로 유례없는 안정성을 획득한다. 이 때 최상층부의 사회적 조정자와 규제자로서 중앙기관과 중앙관리자들의 중요성이 커진다고 해서 반드시 그들의 사회적 권력도 따라서 커지는 것은 아니다. 우리는 중앙집중화가 계속되고 안정된 중앙이 전체 사회적 교통을 엄격하게 통제·감시함에 따라 지배자와 피지배자 간의 틈새가 더욱 벌어지고 단절이 고착화되리라고 쉽게 가정할 수 있다.

그러나 실제역사는 다른 모습으로 전개되었다. 물론 서구의 역사에서 사회적 중앙기관의 권한과 결정범위가 너무나 커져 중앙군주의 '지배'라는 말을 정당하게 쓸 수 있었던 시기도 있었다. 그러나 서구의 많은 사회들의 근대사를 살펴보면, 중앙집중화가 이루어졌음에도 불구하고 중앙제도에 관한 권한은 너무나 분리되고 분화되어 누가 지배자이고 누가 피지배자인지 분명하게 구분하기 어려운 단계도 있었다. 중앙의 기능들에 부여된 결정권의 범위는 달라진다. 그것은 종종 커진다. 그러면 이 기능을 수행하는 사람들은 '지배자'의 지위를 획득하게 된다. 그것은 때때로 줄어들기도 하는데 그렇다고 동시에 조절과 규제의 최상부기관으로 중앙기관의 중요성이 줄어드는 것은 아니다.

달리 말하면 다른 모든 사회적 기능이 그렇듯이 중앙기관의 경우에도 두 가지 특성을 구분해야만 한다. '그들 자신도 속해 있는 인간 관계망 내에서 그들이 수행하는 기능과 이 기능과 결부된 사회적 힘이 그것이다.' 우리가 '지배'라고 부르는 것은 고도로 분화된 사회에서는 특정한 기능들, 특히 중앙기능들이 그 담당자에게 부여하는 특별한 사회적 힘──다른 기능의 대표자들에 비해──과 다를 바 없다. 그러나 사회적 힘이 결정되는 방식은 고도로 분화된 사회의 최상부 중앙기능들이나 그 밖의 다른 모든 기능들에서도 동일하다. 즉 사회적 힘은, 이 기능이 개인적으로 상속할 수 있는 독점재산에 대한 지속적 권한과 결합되어 있지 않다면, 오로지 상호의존적인 여러 다양한 기능들의 의존성 정도와 일치할 뿐이다. 중앙관리자들의 '통치권'이 강화된다는 것은 기능분화가 잘 이루어진 사회에서는 다른 집단들과 계층들이 최상부 조절기관 및 규제기관에 의존하는 정도가 커진다는 것을 의미한다. 반대로 그것이 작아지는 것은 우리에게 그 권한의 축소로 보인다.

여기서 우리가 중심적으로 고찰할 국가형성의 초기 단계뿐만 아니라 서구 국가사회의 현대사 역시 중앙관리자들이 지닌 사회적 힘의 변동에 관한 사례들을 충분히 제공해준다. 이것들은 모두 전체사회 내부에 현존하는 갈등체계의 특수한 변화를 입증해주는 확실한 자료들이다. 우리는 여기서 다시, 사회구조의 다양성에도 불구하고——적어도 분화된 사회라면——어느 곳에서나 발견되는 사회적인 결합 메커니즘, 즉 중앙권력의 사회적 힘의 강화 또는 약화를 촉진시키는 메커니즘을 발견하게 된다. 그것이 귀족과 시민계급이든 아니면 시민계급과 노동자계급이든 또 이 계급들과 연관하여 그 소수의 수뇌부집단들, 예컨대 궁정이나 최고의 군사기구와 당기구 내에서 서로 경쟁하는 집단들, 즉 어떤 사회 내의 중요한 갈등의 좌표축에서 양극을 이루는 기관들이든, 그들의 가운데에 자리잡은 중앙권력의 위치를 강화하는 것은 사회적 역학관계의 특수한 배열이며 그것을 약화하는 것은 사회적 역학관계의 또 다른 배열인 것이다.

이제부터 중앙권력의 힘을 결정하는 결합 메커니즘에 관해 간략하게 논의해보자. 결합태의 역학에 내재한 기본적인 규칙성이 사유와 관찰의 안내자로서 또 방향설정의 수단으로서 중히 여겨지지 않는다면 서구의 사회적 중앙화의 과정 그리고 그 중에서 특히 '국가형성' 과정이나 문명화과정은 이해불가능한 것으로 남을 것이다. 우리는 앞 장에서 이 '중앙화', 즉 국가형성과정을 여러 제후가문들과 영지들 간의 권력투쟁의 관점에서, 다시 말하면 우리가 오늘날 그런 영지들의 '외교문제'라 명명할 수 있는 그런 측면에서 살펴보았다.

이제 이것과 한 쌍을 이루는 다른 문제가 대두된다. 여기서 등장하는 우리의 과제는 이 통치단위들 중 한 단위의 내부에서 전개되는 결합태의 과정, 즉 앞 단계와 비교해볼 때 중앙권력에 특별한 힘과 견고함을 부여하고 그럼으로써 그 사회전체에 '절대주의 국가'의 모습을 부여하는 과정을 추적

해가는 것이다. 역사적 현실에서 이 과정은──한 통치 단위 '내에서' 전개
되는 계급들 간의 권력이동 그리고 '여러' 통치단위들 간의 갈등체계 내에
서 전개되는 권력이동──끊임없이 상호 영향을 주고받는다.

여러 지역제후들 간의 투쟁에서 서서히 한 제후가문이 다른 모든 가문들
을 제치고 부상한다. 이로써 이 가문은 광대한 통치단위의 최고조정자라는
기능을 얻게 된다. 그러나 그들은 이 기능을 고안해낸 사람들은 아니다. 이
기능은 단지 경쟁과정에서 축적된 재산의 규모와 군대와 조세에 대한 독점
적 통제권 덕분에 그들에게 부여되었을 뿐이다. 그 기능 자체의 형태와 힘
은 사회전체 내에서 일어나는 기능분화의 증가로부터 발생한다. 이런 관점
에서 볼 때 중앙군주가 이 국가형성의 단계에서 그토록 막강한 사회적 힘
을 획득한다는 사실이 우선은 역설적으로 보인다. 왜냐하면 그는 이 때부
터, 즉 중세 말기부터 급속하게 진전되는 기능분화로 인해 확연하게 다른
기능들에 의존하게 되기 때문이다.

바로 이 시기에 기능분화의 행위사슬은 점점 견고해지고 점점 길어진다.
사회과정의 자율성, 즉 마침내 프랑스 혁명 이후 뚜렷한 제도적 표현을 얻
게 되는 중앙권력의 관리자적 성격은 중세보다 훨씬 더 현저하게 드러난
다. 중앙군주가 자신의 통치영역에서 나오는 화폐소득의 양에 의존한다는
사실은 이를 잘 말해준다. 루이 14세는 분명 샤를마뉴 대제보다 이 거대하
고 자율적인 행위사슬에 더 단단히 묶여 있었다. 그럼에도 불구하고 왜 중
앙군주는 이 시기에 '무제한성'이라 일컬어질 정도의 무한한 결정권과 사회
적 힘을 가지게 되었을까?

군주가 자신의 통치영역 내에 있는 다른 계층들과, 특히 권력을 지닌 지
도자 집단들을 견제할 수 있었던 것은 단순히 그가 군사력을 독점하고 있
었기 때문만은 아니었다. 결합태의 특이한 정황으로 인해 이 계층은 갈등
많은 조직의 조정자와 규제자에게 너무나 의존했으므로, 그들은 좋든 싫든
중요한 사안의 결정을 통제하고 그 결정에 참여할 수 있는 권리의 투쟁을
오랜 기간 동안 포기할 수밖에 없었던 것이다.

우리가 이 특이한 결합태의 정황을 이해하려면 기능분화의 확대와 더불

어 점점 뚜렷하게 드러났던 인간관계의 특수성, 즉 '그 공개적 또는 잠재적인 모순성'에 주의를 기울여야만 한다. 사회적 의존의 그물망이 넓어지고 촘촘해지면 질수록 개인들 간의 관계나 상이한 기능계급의 관계에서는 이해관계의 특이한 이중성, 심지어 복합성이 뚜렷하게 나타난다. 이곳에서는 모든 사람들, 모든 집단들, 모든 신분계층이나 계급들은 어떤 형태로든 서로에게 의존하고 있다. 그들은 미래의 친구들이거나 동맹자들이거나 동지들일 수 있지만 동시에 잠재적인 이해관계의 상대편이거나 경쟁자나 적일 수도 있다. 농경위주의 사회에서는 때때로 명백하게 드러나는 부정적 관계들과 순전한——그 때문에 한층 더 과격한——적대관계가 있었다. 떠돌아다니는 유목민이, 이미 정착한 거주지로 들어오면 이들과 지역 주민들 간의 관계는 기능적 의존성이 조금도 필요치 않은 관계이다. 이들 집단 사이에는 실제로 생사를 건 순전한 적대관계가 발생하게 된다. 또 반대로 이렇게 단순한 구조를 가진 사회에서는 명백하고 단순한 상호의존, 순수한 우정, 동맹, 애정이나 주종관계가 나타날 기회가 훨씬 더 많다. 선한 친구나 악한 외에 다른 등장인물이 없는 듯한 중세 관련서적들의 특이한 흑백논리는 중세의 현실 자체가 훨씬 더 이런 관계에 열려 있었음을 말해준다. 분명 중세 사회는 기능적 의존의 사슬이 비교적 짧았던 단계이다. 따라서 한 극단에서 다른 극단으로의 급격한 전환, 양극의 '연속', 열렬한 우정관계에서 격렬한 적대관계로의 재빠른 이행 등이 더 빈번해진다.

사람들의 사회적 기능과 이해관계가 복잡해지고 모순적이 되면서, 우리는 그들의 행동과 감정에서 드러나는 특이한 분열, 긍정적 요소와 부정적 요소의 '공존', 여러 단계의 비율과 뉘앙스로 나타나는 온건한 호불호의 혼합을 발견하게 된다. 순수하면서도 결코 애매모호하지 않은 적대관계의 가능성은 점차 드물어진다. 한 명의 적에 대항하는 행위는 어떤 형태로든 그 행위를 실행하는 자의 사회적 실존을 위협한다. 그것은 동시에 이 두 사람의, 사회적 실존으로 구성된 행위사슬의 원활한 작동을 방해한다. 우리가 여기에서 이 '이해관계의 근본적인 다양성', 정치 게임이나 심리구조에 미치는 영향, 기능분화와 연관하여 그것의 사회적 발생원인들을 추적한다면,

그것은 본고의 주제에서 벗어나는 일이 될 것이다. 그러나 우리가 지금 본고의 맥락에서 언급한 것들만으로도 그것들이 고도로 분화된 사회의 가장 중요한 구조적 특성 중 하나이며 문명화된 행동을 주조하는 가장 중요한 장치 중 하나라는 사실은 분명하게 드러난다.

예컨대 기능분화의 심화와 더불어 이런 의미에서 상호모순적이고 이중적이 되는 것은 여러 통치단위들 간의 관계이다. 현대의 국제관계, 특히 유럽국가들 간의 관계는 이에 대한 구체적인 예를 제공해준다. 국가 '간의' 통합 및 기능구분의 정도가 국가 '내의' 그것에 못 미친다 하더라도, 오늘날 모든 군사적 충돌은 결국 승자 역시 심각한 위기상황에 빠뜨릴 정도로 국제관계 전체를 위협한다. 승자는 자국 국민의 일부를 그곳에 이주시킬 수 있을 정도로 적국을 황폐화시키고 그 인구를 감소시킬 수도 있다. 또 그 이상의 것은 바라지도 않는다. 그는 승리를 얻기 위해 적의 발전된 산업을 파괴해야 하지만 동시에 자신의 평화를 위해 이 산업을 어느 정도까지는 보존하고 복구하고자 한다. 승자는 식민지 강점, 국경변경, 시장확보, 경제적·군사적 이득같이, 간단히 말하면 일반적인 권력에서 적보다 한발 앞서 갈 수 있는 것이다.

그러나 고도로 분화된 사회들 간의 투쟁에서 모든 경쟁자와 적은 동시에 동일한 기계의 생산 라인에서 일하는 작업동료들이기 때문에 이 관계망의 한 부문에서 발생하는 급격한 변화는 필연적으로 다른 부문의 변화와 혼란을 초래하지 않을 수 없다. 물론 그렇다고 해서 경쟁 및 독점 메커니즘이 여기서 중단되는 것은 아니다. 단지 불가피한 패권투쟁은 이 민감한 국제관계에서는 항상 더 위태로운 사업을 의미한다는 것이다. 그러나 그 긴장과 긴장해소를 통해 이 체계 자체는 서서히 뚜렷한 패권형성의 방향으로, 특히 우선은 대단위들이 특정한 패권 중심지 주변에 '연방'형식으로 결합하는 방향으로 흘러가게 된다.

진행되는 기능분화와 더불어 한 영토 내의 여러 사회계층들 간의 관계도 동일한 의미에서 점점 이중적이 된다. 여기 훨씬 더 좁은 공간에서——기능분화로 인해 사회적 실존에서 상호의존적인 여러 집단들은 특정한 기회를 놓고 서로 투쟁을 벌인다——이들 역시 적인 동시에 동료인 것이다. 어떤 사회의 기존 조직이 제대로 기능하지 못하고 이 조직들 내부의 갈등이 너무 심각해져서 그 안에 살고 있는 대부분의 사람들과 계층들이 '더 이상 관심을 두지 않는' 위태로운 한계 상황이 발생할 수도 있다. 이런 상황에서는 이중적 관계의 부정적 측면이 기능의 상호의존에서 유래하는 공동의 이해관계, 즉 긍정적 측면을 압도하여 갈등의 폭력적 분출, 사회적 중력의 중심지 내의 급격한 변동, 변화된 토대 위에서 사회의 재조직화를 초래할 수도 있다.

이런 혁명적 상황에 이르기까지 기능의 분화를 통해 서로 결합된 계급들은 분열되고 모순적인 이해관계 사이에서 이리 몰리고 저리 몰리기도 한다. 이들은 사회적 적으로부터 이익을 챙기겠다는 욕구와 이들과 싸우다가 자신들의 사회적 실존이 의존하고 있는 사회장치 전체를 파괴할지도 모른다는 두려움 사이에서 동요한다. 바로 이것이 중앙기능이 일으키는 사회적 힘의 변화를 이해할 수 있는 단서가 들어 있는 사회적 정황이며 관계의 형태이다.

강력한 기능계급들의 협조가 특별히 어려운 문제가 아닐 때, 그들 간의 이해대립이 상호의존성을 가려버리고 전체 사회정치의 작동을 위협할 만큼 크지 않다면 중앙의 결정권한은 어느 정도 제한된다. 사회의 지도자 집단 간의 갈등이 깊어지면 그것도 커지기 시작한다. 여러 다양한 기능계급들 대부분이 지금 형태대로 자신들의 사회적 실존을 유지하고자 할 때 또 이들이 전체 장치의 혼란과 그에 따른 자기 실존의 심각한 위협을 두려워할 때, 그러나 동시에 강력한 기능집단들 간의 이해대립이 너무나 심각하여 자의에 의한 정기적인 타협이 제대로 성사되지 않고 불안한 사회적 소전투가 결정적 승패를 가르지 못하고 장기적 현상이 될 때, 중앙의 결정권한은 최대치에 이른다. 이러한 사실이 가장 명백하게 드러나는 경우는 사회의 다양한 집단들이나 계층들이 거의 비슷한 세력을 가지고 있을 때, 사회계층들이——이들이 예컨대 귀족과 시민계급 또는 시민계급과 노동자계급들처럼 제도적으로 결코 동등한 위치에 있지는 않다 하더라도——사회적 힘에서 거의 평형을 이루고 있을 시기이다.

이런 상황에서, 즉 결정나지 않는 투쟁으로 지쳐 있고 불안해진 사회에서 조정과 통제의 최고조직에 대한 권한을 획득한 자는 기존의 사회적 세력판도를 그대로 유지하기 위해 분열된 이익집단 간의 타협을 강요할 수 있다. 여러 이익집단들은 서로 갈라설 수도 없고 뭉칠 수도 없는 진퇴양난의 처지에 있는 것이다. 이런 상황은, 상호의존적인 이해의 차이가 크지 않고 그 대표들 간의 직접 협상이 쉽게 이루어질 수 있는 상황에 비해 이 집단들로 하여금 자신들의 현재의 사회적 실존을 최상부의 조정중심지에 더욱더 의존하게 만든다. 여러 기능계급들이나 적어도 그들의 활동적인 지도자 집단들의 상황이 자신들의 사회적 실존을 걸고 한판 승부를 벌일 정도로 나쁘지 않다면, 그러나 동시에 상대에 의해 위협받고 있다고 느낀다면, 또 그들간의 권력이 각자가 다른 편의 가벼운 세력강화에도 두려움을 느낄 정도로 비슷하게 분배되어 있다면, 그들은 각각 마음대로 행동할 수 없도록 서로를 구속한다.

중앙권력은 한 사회 내부의 어떤 역학구도보다 바로 이런 상황에서 더 커다란 기회를 획득한다. 이런 구도는 중앙권력에게, 누가 그 자리를 차지하든 관계없이 최대의 결정공간을 제공한다. 우리는 역사적 현실에서 이런 역학구도의 다양한 변형들을 볼 수 있다. 그것이 고도로 분화된 사회에서만 날카롭게 부각되어 나타난다는 점과, 또 기능의 분화수준이 낮고 상호의존의 정도가 약한 사회에서는 무엇보다 전쟁에서의 성공이나 강한 군사력이 중앙권력의 기반이 된다는 점은 이미 언급하였다. 물론 더 복잡한 사회에서도 전쟁이나 다른 권력과의 대립에서 성공하는 것이 강력한 중앙권력 형성에 결정적 역할을 한다. 그러나 우리가 어떤 사회의 외적 관계와 그것이 내부의 역학구도에 미치는 영향을 일단 도외시한다면, 그리고 분화를 충분히 이룬 사회에서 모든 기능들의 상호의존성이 높고 동등함에도 불구하고 강력한 중앙권력이 어떻게 가능한지를 묻는다면, 우리는 항상 이 특별한 역학구도와 마주치게 된다. 이 역학구도는 다음의 일반적 원칙으로 표현될 수 있다. '고도로 분화된 사회에서 강력한 중앙권력의 시간은, 중요한 기능집단들의 이해가 너무 다르고 권력이 거의 비슷하게 분배되어 있어 그들 간에 결정적인 타협도 이루어질 수 없고 결정적인 투쟁과 승리도 불가능할 때, 다가온다.'

이것은 여기서 '왕권 메커니즘'이라는 용어가 간단하게 적용될 수 있는 그런 종류의 결합태이다. 실제로 중앙권력은 이러한 역학구도하에서 '절대주의' 왕정이라는 최고의 사회적 힘을 획득하게 된다. 그러나 이런 종류의 평형장치는 강력한 왕권의 사회발생적 원동력만은 아니다. 좀더 복합적인 사회에서도 우리는 그것을 강력한 일인지배의——그것이 무슨 이름으로 불리든——기초로서 발견하게 된다. 중앙에 자리잡은 남자 또는 남자들은 상호의존적인 맞수 또는 맞수 겸 동료로서 서로 견제하고 있는 대소집단들의 갈등관계 위에서 균형을 잡고 있는 것이다. 이런 종류의 결합태는 얼핏 보기에 깨지기 쉬운 메커니즘으로 보인다. 그러나 역사적 현실은 이런 결합태가 그것을 구성하는 개인들을 피할 수 없도록 구속하여, 마침내 여러 세대를 거쳐 그것이 재생산되는 과정에서 수반되는 무게중심의 이동이 인간들의 상호결합 방식을 폭력적으로 변화시키고 또 새로운 형태의 통합을 초래한다는 사례들을 충분히 보여준다.

18. 사회적 메커니즘의 규칙은 그 장치와 기관이 전문화되면 될수록 중앙군주와 중앙기구를 특이한 상황으로 몰고간다. 중앙군주와 그의 참모진들은 특정한 사회적 구성체의 대표자들로서 중앙행정의 최고위직에 도달했을 수도 있다. 또는 그 지위가 주로 사회의 특정한 계급에서만 충원되었을 수도 있다. 다시 말해 누군가 중앙기구의 관직을 얻어 일정 기간 동안 그 자리에 있었다면, 그 관직은 그에게 자신의 고유한 규칙을 강요할 것이다. 그 관직은 사회의 다른 집단들과 계층들로부터 그를 떼어놓고, 심지어 그에게 권력을 가져다준 집단과 그 자신의 출신 계급과도 거리를 두게 만든다. 복잡한 사회의 중앙군주는 자신의 특수한 기능으로 인해 특수한 이해를 가지게 된다. 그의 기능은 현재의 상태대로 사회의 결속과 안전을 도모하는 것이며 따라서 그는 어느 정도까지는 다른 기능집단들 간의 이해관계

를 조정하는 데 관심을 두고 있다. 일상의 경험들을 통해 그가 직면하는 과제, 즉 그것의 조건이 사회에 대한 그의 관점 자체가 되는 이 과제는 그로 하여금 이미 그 밖의 모든 기능집단들과 일정한 거리를 두게 만든다.

그러나 그 역시 다른 사람들과 마찬가지로 자기 자신의 사회적 실존을 염려해야 한다. 그는 자신의 사회적 힘이 약해지지 않도록, 아니 더 강해지도록 노력해야만 한다. 이런 의미에서 그도 사회적 세력 게임에서 한 당파를 형성한다. 그가 수행하는 기능의 특수성으로 인해 그의 관심이 사회 전체구조의 안전과 순기능에 놓여 있는 한, 그는 이 구조 내의 어떤 개인들을 편들어주어야 하고, 자신의 개인적 지위를 강화한다는 관점에서 전투에서 이겨야 하고 동맹을 맺어야 한다. 이 경우에도 중앙군주의 이해는 그 사회의 어떤 계급이나 집단의 이해와 완전히 일치하지는 않는다. 그의 이해가 일시적으로 어떤 집단의 것과 동일할 수는 있지만, 그와 어떤 집단이 너무 밀착되어 있을 경우 그 자신의 지위가 언젠가 위태로워진다. 이미 말했듯이 이 힘이란 한편으로는 여러 집단들의 힘이 평형을 이루고 있느냐에 또 사회의 여러 이익집단들 간의 협조나 단결이 유지되느냐에 달려 있기 때문이다. 그러나 다른 한편으로 중앙군주의 힘은 그들 간의 심각한 갈등과 강한 이해대립의 존속에도 달려 있다.

중앙군주가 한 집단이 다른 집단보다 월등해지도록 자신의 권력과 지원을 사용한다면, 그는 자신의 지위를 자진해서 추락시키는 셈이 된다. 사회의 어떤 특정한 계급이나 집단이 분명하게 다른 모든 집단들을 누르고 주도권을 잡을 때, 만약 이 집단 자체가 분열되어 있고 강한 내분에 휩싸여 있지 않다면 최고위 조정자에 대한 의존성, 즉 그 자신의 기능적 우월성은 필연적으로 축소될 수밖에 없다. 또한 중앙군주의 지위가 이와 마찬가지로 약화되는 경우에는 사회의 주요 집단들 간의 갈등이 줄어들어 그들이 스스로 이견을 조정하고 공동행보를 취할 때이다. 이는 적어도 비교적 평화로운 시기에 해당된다. 사회공동 또는 일부집단의 외부 적과 싸워야 할 전시에는 사회 내부적 갈등의 감퇴는 중앙군주에게 유리하게 작용할 수 있다.

간단히 말하면 중앙군주와 그의 기구는 그 사회 내에서 그들 자신의 이해의 중심지다. 그의 위치는 종종 그 사회의 최강자 집단과의 동맹보다는 그 다음 강자와의 결합을 그에게 강요하곤 한다. 또한 그의 이해는 사회부분들 간의 협조와 마찬가지로 갈등 또한 요구한다. 다시 말해 그의 자리는 전체사회의 이 다양한 형성체들 간에 일어나는 모순의 종류와 강도에만 달려 있는 것이 아니다. 이 형성체들 각각에 대한 그의 관계 자체가 이중적이고 모순적인 것이다.

이런 방식으로 발생하는 사회의 기본 패턴은 매우 단순하다. 일인 지배자인 왕은 개인으로는 전체사회, 즉 그가 주인이며 제일 충복이 그 자신인 전체 사회보다 훨씬 더 약하다. 전체사회 또는 그 상당부분이 일치단결하여 그에게 맞선다면, 상호의존적 인간들의 조직망이 가하는 압력에 직면하여 모든 개인이 무기력하듯이 그 역시 무기력할 수밖에 없다. 한 사회의 중앙군주로서 그 개인의 풍부한 권력과 그의 유일무이한 지위는 이미 말했듯이 이 사회 사람들의 이해가 일부는 일치되고 일부는 상반된다는 사실에서, 또 그들의 행위가 조화를 이룰 수도 있고 반대방향을 달릴 수도 있다는 사실에서 연유한다. 그것은 분화된 사회 내의 사회적 관계에 대한 근본적인 이중성으로부터 설명된다. 이 관계의 긍정적 측면이 우세해지거나 적어도 부정적 측면에 의해 덮이지 않는 상황도 있다. 부정적 측면이 우세해지는 과정에는 과도기가 있는데 이 시기에는 양자의 대립과 이해갈등이 너무 강해져서, 행동과 이해관계의 상호의존이 설사 완전히 의미를 상실하지는 않는다 하더라도 당사자들의 의식에서 후퇴하게 된다.

여기서 발생하는 결합태의 양상은 앞에서 서술하였다. 즉 사회의 여러 부분들은 사회적 세력에서 거의 평형상태를 이루고 있다. 그들 간의 갈등은 일련의 크고작은 접전들로 표출된다. 그러나 어떤 편도 상대를 이기거나 또는 파멸시킬 수 없다. 그렇다고 서로 협조할 수도 없는 노릇이다. 한편의 이해가 강화되는 것은 곧 다른 편의 사회적 실존이 위협받는다는 것을 뜻하기 때문이다. 그들은 서로 각자의 길을 갈 수도 없다. 그들의 사회적 실존은 서로에게 너무나 의존하기 때문이다. 이것이 꼭대기에 앉아 있는 왕에게 최상의 권력을 제공해주는 상황이다. 그것은 왕의 특수한 이해가 어디에 놓여 있는지를 명확하게 보여준다. 이렇게 강한 상호의존과 강한 상호대립이 맞물려 하나의 사회적 장치가 탄생한다. 그것은 어느 기술자가 만들어낸 작품이라면 그렇게 위험할 수가 없는, 그러나 동시에 중요하고 잔인한 발명품으로 간주될 수 있을 것이다. 이 역사적 시대의 모든 사회적 형성체들이 그렇듯이 최고의 조정자로서 한 개인에게 특별한 권력을 부여하는 이 '왕권 메커니즘'도 역사가 전개되는 과정에서 서서히 비의도적으로 형성된다.

줄다리기 경기를 연상한다면 이 장치를 쉽게 이해할 수 있을 것이다. 거의 비슷한 힘을 가지고 있는 집단들과 세력들이 서로 줄을 잡아당기고 있다. 한 편은 온 힘을 다해 다른 편에 저항하고 있다. 그들은 끊임없이 줄을 끌어당긴다. 그러나 어느 편도 다른 편을 원위치에서 멀리 옮겨놓을 수는 없다. 반대방향에서 줄 하나를 잡아당기면서 이 줄을 통해 서로 연결되어 있는 두 집단이 연출하는 이런 극단적 긴장상황에서, 양 편에 속하지 않으면서 자신의 개인적 힘을 때로는 이 편에 때로는 다른 편에 유리하게 사용할 수 있는 사람이 있다면, 그리고 그가 이 긴장이 결코 줄어들지 않도록 또 양 편 중 어느 쪽도 결정적 우위를 차지하지 않도록 세심하게 주의를 기울인다면, 바로 이 사람이 실제로 전체 긴장관계를 조정하는 자이다. 한 개인이 기울이는 최소한의 힘, 즉 혼자서는 결합되어 있는 두 집단은 말할 것도 없고 한 집단조차도 움직일 수 없는 그 조그만 힘은 사회적 세력이 이렇게 배치되어 있는 경우에는 전체를 움직이기에 족하다.

이유는 명백하다. 즉 이런 평형장치 안에는 엄청난 힘이 잠재적으로 결합되어 있다. 그 힘은 그것을 촉발하는 사람 없이는 아무런 효과도 내지 못한다. 한 사람이 손가락을 눌러 한 편의 힘을 촉발한다. 그는 한 방향으로 작용하는 잠재적 힘에 자신의 힘을 가하여 이 힘이 조금 우위를 획득하도록 한다. 그것이 이 힘을 밖으로 드러나게 만든다. 이런 유형의 사회조직은 개인의 최소한의 힘을 몇 배로 크게 늘리는 발전소인 것이다. 그러나 그것은 장기간 고장 없이 운용되기 위해서는 극히 조심스러운 조작이 요구되는 장치이다. 그것을 통제하는 자도 다른 사람들과 마찬가지로 그 장치의 법칙과 강요에 종속되어 있다. 그의 결정권한은 다른 사람들의 것보다 크지만, 그 역시 이 장치의 구조에 좌우되기는 마찬가지이다. 그의 권력은 결코 절대적이지 않다.

이것은 중앙군주에게 최고의 권력을 제공하는 사회적 역학구도에 대한 간단한 묘사 이상도 그 이하도 아니다. 그러나 이 묘사는 왕이라는 사회적 지위의 근본구조를 명료하게 보여주었을 것이다. 강력한 일인 지배에서 드러나듯이 중앙기구가 최고의 힘을 발휘하는 것은 우연히, 그리고 강한 군주의 자질을 갖춘 인물이 태어나면 언제나 그런 것이 아니라 어떤 특정한 사회적 구조가 기회를 줄 때이다. 광대하고 복잡한 사회의 중앙군주에게 이런 방식으로 허용되는 비교적 큰 결정권한은 그가 사회적 갈등의 포화 속에 서 있으면서 자신의 통치영역에서 서로 팽팽히 맞서고 있는 양 방향의 이해와 야망들을 능숙하게 조종하는 데서 비롯된다.

물론 이 도식은 실제사태를 어느 정도 단순화시킨 것이 사실이다. 모든 사회를 구성하는 갈등지역 내의 평형상태는 좀더 복잡한 인간관계망 내에서 일련의 집단들과 계급들의 상호협력과 충돌을 거쳐 얻어진다. 그러나 중앙군주의 지위에 이 다극구조의 갈등이 미치는 영향은 이 도식에서 볼 수 있는 양극구조의 갈등과는 전혀 다른 것이다.

사회의 각 부분들 간의 대립이 의식적 투쟁의 형식만을 가지고 있는 것은 아니다. 계획과 의식적으로 설정된 투쟁목표는 익명의 역동적 결합태 안에서보다 갈등의 산출에 더 결정적인 것은 아니다. 한 가지 사례를 들자면 중세 말기에 대부분의 봉건 기사영주들을 사회적으로 추락시킨 것은 시민계급의 의식적 공격이라기보다 그 당시 확산중에 있던 금전화와 상업화의 메커니즘이었다. 화폐교역망의 확충과 더불어 발생하는 대립이 개인이나 집단의 계획과 목표에 표현되어 있다 하더라도 그와 더불어 힘을 얻어가던 도시계층과 기능적으로 약화되던 지방영주들 간의 갈등도 커진다. 네트워크(조직망)의 확충 및 갈등의 증폭과 함께 경쟁 메커니즘의 길을 통해 전체 사회의 중앙군주가 된 왕의 결정권은, 그것이 시민계급과 귀족들 간에 균형을 잡으면서 최고의 힘을 얻게 되는 시점에 이르기까지 꾸준히 성장한다.

19. 복잡한 사회 내에서 절대주의적 중앙권력의 형성과 유지가 어떻게 가능한지, 그리고 그럼에도 불구하고 전체 작동장치에 대한 중앙군주들의 의존성은 다른 직위 담당자들의 그것에 비해 덜하지 않은지 하는 질문들이 앞에서 제기되었다. 설령 중앙권력이 군사력이나 재산, 세입 등이 없다면 그 기능도 못하겠지만, 그러나 군사력만으로 또는 재산과 세입의 규모만 가지고는 그 당시 중앙군주의 사회적 힘을 설명하지 못한다. 복합적 사회의 중앙통치자가 절대주의 시대에서 그러했던 것처럼 최고의 힘을 가질 수 있기 위해서는, 그 밖에도 그 사회 내부의 특수한 세력분배구도가 필요하다.

실제로 왕이라는 사회적 제도가 가장 강력한 사회적 힘을 획득하게 되는 시기는, 그 힘이 약화되던 귀족이 부상하던 시민집단과 여러 측면에서 경쟁해야 했지만 그렇다고 어느 한 편이 다른 편을 결정적으로 누르지 못하던 시기였다. 16세기 화폐화와 상업화의 급격한 진전은 시민집단에 사회적 상승의 강력한 추진력을 제공한다. 그러나 그것은 반대로 대부분의 기사계층과 옛 귀족을 몰락의 길로 몰고간다. 이런 사회적 급변을 표현하는 사회적 투쟁들이 끝나갈 무렵 귀족 일부와 시민계급 일부의 상호의존성이 상당히 커진다. 그 사회적 기능과 형태가 결정적 변화과정에 처해 있던 귀족의 경우, 이제 그 일부 구성원들이 종전보다 더 강력한 사회적 힘을 가지고 있고 출세욕에 불타 있었던 제3계급과 관계를 맺어야만 했다. 많은 구귀족 가문들은 몰락했고, 시민계급의 가문들이 이제 귀족의 성격을 얻어 그 후손들은 몇 세대 흐르지 않아 시민계급의 이해에 맞서 신흥귀족의 이해를 대변한다. 이 두 계급의 이해는 밀접한 통합에 상응하여 피할 수 없이 상반된 위치에 서게 된다.

그러나 이 시민계급이나 그 최상층부를 이루는 집단의 목표는——1789년의 대다수 시민계급과는 달리——사회적 제도로서의 귀족을 제거하는 것

은 아니었다. 시민계급 출신들의 최대목표는 이미 말했듯이 자신과 자신의
가족을 위해 귀족 작위 및 이에 수반되는 특권을 얻는 것이었다. 이 시민계
급을 대표하는 지도자 집단들의 목표는 도례(刀禮)귀족[역주6]들의 특권과
위상을 빼앗는 것이었다. 그들은 귀족전체를 제거하려 하지 않았으며 기껏
해야 신흥귀족으로 구귀족의 자리를 차지하거나 아니면 그들과 어깨를 나
란히 하고 싶었던 것이다. 이 제3계급의 지도자들, 즉 법복귀족들은 17세
기와 특히 18세기 동안 내내 자신들도 도례귀족들과 마찬가지로 훌륭하고
중요한 진짜귀족이라는 점을 끊임없이 강조한다. 여기서 드러나는 라이벌
의식은 말이나 이데올로기에서만 표현되는 것은 아니다. 요직을 놓고 또는
권력의 우위를 위해 이 두 계급의 대표자들이 벌이는 부단한 암투가 그 뒤
에 깔려 있다.

이 당시의 시민계급이 오늘이나 어제의 시민계급, 다시 말해 시민계급의
전형이며 사회적으로 가장 중요한 대표자인 '자립적인 상인'이라는 생각에
서 우리가 출발한다면 이 절대왕정의 사회적 정황을 제대로 이해하지 못한
다는 점을 본고에서 항상 강조해왔다. 17세기와 18세기 시민계급의 가장
영향력 있고 가장 대표적인 보기는 적어도 대륙의 대국에서는 시민계급 출
신인 제후나 왕의 공복들, 다시 말하면 그 가까운 선조나 먼 조상은 분명
수공업자나 상인이었지만 이제 통치기구 내에서 관직이나 그와 유사한 직
위를 차지하고 있는 자들이었다. 상인층이 시민계급의 최상부 집단을 형성
하기 전인 당시에 제3계급의 꼭대기에는——우리의 언어로 표현한다면——
관료들이 자리잡고 있었다.

국가공직의 구조나 성격은 나라마다 무척 다르다. 옛 프랑스에서 시민계
급의 가장 중요한 대표자들은 연금자와 관료의 기이한 혼합물이었다. 그는
돈을 주고 국가기관의 한 자리를 자신의 개인적 사유재산으로 산 사람 또
는——결과는 이와 마찬가지인——아버지로부터 그 자리를 물려받은 사람
이다. 그는 이 관직을 근거로 일련의 특권들을 누린다. 대부분의 이런 자리

[역주6] 중세의 기사 출신 귀족.

들에는 세금면제 혜택이 결합되어 있다. 또한 투자한 자본은 수수료나 월급 또는 이 자리가 가져다주는 여러 수입들의 형태로 그에게 이자소득을 공급하는 것이다.

그들은 '앙시앵 레짐 동안' 신분의회에서 시민계급을 대변했으며 이 의회 밖에서도 일반적으로 왕과 다른 계급에 대하여 그 계급의 이해를 대표하는 자들이었다. 제3계급의 사회적 비중과 사회적 힘이 어떠한지는 그 대표집단들의 요구나 정치적 전략에서 표현된다. 그러나 그들에게 공통적인 것은 ─다른 여러 가지 외에─무엇보다도 계급적 이해이다. 즉 자신들의 다양한 특권을 유지하고자 하는 데서 그들은 일치한다. 왜냐하면 귀족이나 관직을 가진 자들의 사회적 실존만이 특권이나 특별한 권리를 특징으로 하는 것은 아니기 때문이다. 당시의 상인들의 존재도 특권에 의존하며, 길드의 수공업자들도 마찬가지다.

하나하나의 경우에 이 특권들이 무엇으로 이루어져 있든 간에 여기서 하나의 사회적 세력으로 중요시되는 시민계급은 18세기 후반에 이르기까지 귀족과 마찬가지로 특별한 권리로 특징지어져 유지되던 신분 구성체였다. 여기에서 우리는 다시금 이 시민계급으로 하여금 맞수 귀족에게 결정적 일격을 가할 수 없게 만드는 그 장치의 특별한 측면에 부딪치게 된다. 시민계급은 귀족의 이런저런 특권을 폐지하려고 투쟁할 수는 있다. 그러나 시민계급은 결코 귀족에게 특별지위를 부여하는 특권이란 사회적 제도 자체를 없앨 수도 없고 또 없애려고 하지도 않는다. 왜냐하면 그에게 가장 중요한 자신의 사회적 존재 자체도 이런 특권들로 유지되고 보호되기 때문이다.

사회의 세포구조 곳곳에 이제 더 이상 신분적 특권에 사회적 기반을 두지 않는 시민계급의 존재가 등장할 때, 그리고 그 결과로서 점점 더 많은 사회부문들이 정부가 보장하거나 설립한 특수권리를 기능분화의 전체과정에 대한 심각한 장애로 인식할 때, 그럴 때에야 비로소 귀족에게 단호하게 맞설 수 있는 세력, 즉 귀족이 가진 몇 개의 특권뿐만 아니라 귀족의 특권이라는 사회제도 자체를 폐지하려는 세력이 등장하게 된다.

그러나 이 특권제도 자체에 반기를 드는 신흥시민계급은 그렇게 함으로써 알게 모르게 신분제적 시민계급의 존재근거를 공격하는 것이 된다. 이들의 특권과 이들의 신분제적 조직형태는 그 반대편에 특권을 가진 귀족계층이 존재하는 동안에만 사회적 기능을 가지는 것이다. 신분계급들은 정확히 말하자면, 적대적이고 이중적인 자매들, 동일한 사회질서의 상호의존적 세포들인 것이다. 한 제도가 파괴되면, 다른 것은 자동적으로 무너지고 이 질서 전체도 따라 붕괴된다.

실제로 1789년의 혁명은 단순히 귀족에 대한 시민계급의 투쟁으로 봐서는 안 된다. 혁명으로 인해 신분제 시민계급, 즉 제3계급의 특권관료인 법복귀족과 길드의 수공업자들도 귀족계급과 마찬가지로 몰락의 운명을 맞는다. 이 공동의 파멸은 앞서간 시대의 복잡하게 얽힌 관계망과 특별한 역학구도를 일거에 해명해준다. 그것은 앞서 특정한 사회계층들의 상호의존과 모순적 이해관계, 그와 함께 발생한 평형장치 그리고 중앙권력의 강력한 힘에 관해 극히 일반적으로 언급했던 것을 구체적으로 보여준다.

절대주의 시대에 정치적 비중을 차지하던 시민계급은 서서히 옛 계급으로부터 떨어져나오는 신흥시민계급이 등장할 때까지 그 이해와 행동과 사고방식에서 신분제적 질서의 존립과 특별한 평형장치에 완전히 예속되어 있었다. 바로 그 때문에 귀족이나 제1계급인 성직자와 대립할 때면 언제나 그들도 후자들과 마찬가지로 상호모순된 이해의 덫에 걸리고 만다. 귀족들과의 이해대립에서 그들은 자신의 살을 베지 않고는 과감하게 밀고나갈 수 없었다. 제도로서의 귀족에 대한 결정적 타격은 전체국가와 사회장치를 뒤흔들 것이며 그와 함께 부메랑처럼 기득권을 가진 시민계급 자신을 되맞출 것이다. 모든 특권계층들은 과도한 투쟁을 삼가는 데 일치된 관심을 보인다. 그들 모두가 가장 두려워하는 것은 전체사회의 극심한 동요와 무게중심의 이동인 것이다.

그러나 동시에 그들은 상호투쟁을 피할 수가 없다. 왜냐하면 한 가지 측면에서는 일치하는 그들의 이해가 여러 사안에서는 정반대 방향으로 놓여 있기 때문이다. 그들이 가지고 있는 사회적 힘이 너무 비슷하고 그들 간의 경쟁의식이 너무나 커서, 한 편의 조그만 이익은 다른 편에게 위협이 되고 한 편을 우세하게 할 수 있는 모든 것에 대해 다른 편이 두려워했다. 따라서 한편으로는 여러 집단의 구성원들 간에 공손한 관계와 우애 어린 관계가 없지는 않았다. 그러나 다른 한편으로 양 계급의 지도자들 간의 관계는 앙시앵 레짐 기간 내내 팽팽한 긴장감이 감도는 관계이다. 각자는 상대를 두려워한다. 각자는 상대의 모든 행보를 불신의 눈초리로 지켜본다. 게다가 귀족과 시민계급 간 긴장관계의 축은 그 모순이 덜하지 않은 수많은 다른 긴장관계들 속에 포함되어 있다. 세속적 통치기구의 관료적 위계질서는 권력과 위상을 두고 교회의 위계질서와 눈에 보이는 또는 보이지 않는 경쟁을 벌이고 있다. 이 성직자들은 이런저런 사안에서 항상 귀족의 어느 집단과 충돌하곤 한다. 이 다극적 평형체제 내에서는 끊임없이 조그만 폭발이나 소접전이 발생하고, 다양한 형태로 그리고 때때로 이데올로기적 포장을 한 채로 그것도 종종 지극히 사소한 동기에서 사회적 힘겨루기가 벌어진다.

왕이나 그의 대표자들은 어떤 때에는 이쪽 편을, 또 어떤 때에는 다른 편을 들어줌으로써 이 모든 메커니즘을 조종하고 유도한다. 그의 사회적 힘은, 공동사안에 대한 합의를 끌어내고 왕에 대해 단호하게 공동대처를 취하기에는 이 사회의 주요 집단들 간의 구조적 갈등이 너무 심하기 때문에 그것이 가능하게 되는 것이다.

우리는 이 시기 동안 단지 한 나라, 즉 영국에서만 시민집단과 귀족들이 공동으로 왕에게 대항했다는 사실을 익히 잘 알고 있다. 영국사회에서 신분계급들 간의 갈등을 약화시키고 그들간의 꾸준한 접촉을 가능하게 했던 구조적 특성이 무엇이었든 간에, 전진과 후퇴를 거듭한 끝에 마침내 중앙군주의 결정권을 제한시킨 영국의 사회적 구도는 중앙권력의 사회적 힘과 절대적 형태를 그대로 유지시켰던 국가들의 상이한 사회적 상황을 한층 더 분명하게 인식할 수 있는 기회를 마련해준다.

프랑스에서도 16세기와 17세기 초까지 너무 위협적이 되어버린 왕권에 대항하여 여러 집단들이 공동으로 대처하고 다양한 출신성분의 사람들이 단합하는 사례가 없지 않았다. 그러나 이 모든 시도들은 실패로 끝난다. 이러한 시민전쟁과 혁명들은 프랑스에서도 왕과 그 대표자들의 결정권을 제한하려는 욕구가 여러 신분집단들에게서 얼마나 강했는가를 적나라하게 보여준다. 마찬가지로 분명하게 드러나는 사실은 이 집단들 간의 이해대립이 강했으며, 이것이 같은 방향으로의 공동행동을 저지했다는 것이다. 그들 각자는 왕정을 자신들에게 유리한 방향으로 제한하고자 했으며 각자는 상대의 그런 의도가 성사되지 않도록 방해할 수 있을 만큼은 강했다. 그들 모두는 각각 상대를 견제하였고 끝에 가서는 자신들이 모두 강력한 왕에게 종속되어 있다는 사실을 체념하며 받아들이지 않을 수 없었다.

다시 말하면 시민계급을 기능적으로 강화하고 귀족집단을 기능적으로 약화시켰던 사회적 대전환과정 내에서 일시적으로 두 기능집단들이 ──제3의 집단과의 갈등에도 불구하고 그리고 그들 내의 갈등에도 불구하고── 전체적으로 사회적 힘에서 대등하던 단계가 잠시 있었던 것이다. 이와 함께 앞에서 '왕권 메커니즘'으로 서술되었던 장치가 일정 기간 동안 자리잡는다. 두 주요집단 간의 반목은 그들 간의 결정적 타협을 도출해내기에는 너무 컸다. 또한 권력분배의 방식과 그들의 사회적 실존의 밀접한 관계는 결정적 투쟁이나 그들 중 한 집단의 명백한 우위를 허용치 않는다. 서로 힘을 합치지도 못하고 온 힘을 다해 상대를 이기지도 못하면서 그들은 그들 스스로 내릴 수 없는 결정을 중앙군주에게 내려달라고 맡겨야만 하는 것이다.

이미 언급했듯이 이 장치는 사회과정의 노정에서 맹목적으로 무계획적으로 형성된다. 그것이 제대로 통제되는지 그렇지 않은지는 중앙군주의 기능을 수행하는 인물에 달려 있다. 몇 가지 특별한 역사적 사실을 지적함으로써 그 장치가 어떻게 형성되는지 그리고 절대주의적 왕정 메커니즘에 관해 일반적으로 말한 것을 구체적으로 보여주고자 한다.

20. 9세기와 10세기의 사회에는 성직자와 기사라는 두 계급의 자유인이 있었다. 그 밑에는 자유롭지 못한 대중들이 광범위하게 포진하고 있었는데, 사회의 존립 자체가 그들의 활동에 의존하고 있기는 해도 그들은 무기를 소지할 수 없었고 사회활동에 적극적으로 참여할 수 없었다. 이미 서술

했듯이 어느 정도 자급자족할 수 있는 장원의 영주였던 기사들은 서프랑크 제국의 특수한 조건하에서는 중앙군주의 조정활동에 별반 의존하지 않았다. 서프랑크 지역의 교회는 독일 제국의 교회와는 달리 한 번도 중요한 세속권력을 차지한 적이 없었다. 이곳에서 대주교들은 공작이 될 수 없었다. 교회귀족들은 대체로 경쟁하는 영주들의 체제 밖 인물들이었다. 따라서 그들에게는 중앙군주의 약화에 대한 관심이 그리 강하지 않았다. 성직자들의 소유지는 세속귀족들의 통치영역 가운데 여기저기 흩어져 있었다. 그래서 그들은 세속귀족들의 부단한 공격과 침해에 시달리고 있었다.

이런 상황에서 교회는 자신들을 세속적 권력으로부터 보호해줄 수 있는 강력한 힘을 가진 중앙군주를 원하고 있었던 것이다. 여기저기에서 끊이지 않고 불붙는 크고 작은 전쟁들과 분쟁들은, 분명 후대의 성직자들보다는 전투에 능했고 또 스스로 전쟁을 즐겼지만 어쨌든 전쟁으로 또는 전쟁을 위해 살아가지 않았던 당시의 성직자들에게는 극히 못마땅한 것이었다. 분쟁과 전쟁은 종종 그들의 부담으로 떨어지곤 했다. 그리고 부당한 대우를 받고 상처입고 권리를 제한당한 전국의 사제들과 승려들이 심판관으로서 왕에게 호소하는 일도 비일비재했다.

카페가의 초대 왕들과 교회 간의 강하고도 거의 문제 없이 이어지던 연대는 결코 우연이 아니다. 그 원인이 단지 이 왕들의 개인적으로 강한 신앙심에 있었던 것만은 아니다. 이 강한 연대는 동시에 명백하게 드러나 있던 이해관계 구도의 표현이라 할 수 있다. 그 당시 왕의 권위는—다른 경우에는 그렇지 않다 하더라도—기사계급과의 대립에서 사제들이 이용할 수 있는 도구였던 것이다. 왕의 즉위식과 도유식 및 대관식은 점점 더 교회 서임의식의 영향을 받게 되었다. 이로써 왕권은 일종의 신성을 부여받는다. 그것은 어떤 의미에서 종교적 기능을 하게 되는 것이다. 그 연대가 다른 사회의 유사한 현상들과는 달리 여기에서는 세속권력과 종교권력의 기초적인 융합으로만 나타나고 이런 방향으로 지속적 발전이 곧 중단되는 것은 적어도 기독교 교회의 구조 자체와 연관이 있다.

교회는 그 당시 대부분의 세속적 통치영역보다 더 오래 되었고 더 견고한 조직을 갖추고 있었다. 교회는 자신의 수장을 가지고 있었고, 그 스스로 세속적 패권 및 중앙권력과 종교적 권력을 합쳐야 한다는 주장을 점점 강도 높게 제기했다. 이에 따라 특정한 지역 내에서 교황과 세속적 중앙군주들 사이에 경쟁이 벌어질 것은 명약관화한 사실이었다. 이 투쟁의 결과는 어디에서나 동일하다. 즉 교황은 자신의 종교적 수장의 자리로 되돌아가고, 황제와 왕의 세속적 성격이 두드러지며, 교회적 위계질서 및 종교적 의식에 대한 왕권의 동화는 완전히 사라지지는 않지만 초보상태에 머무르게 되는 것이다. 그러나 서구사회에서 그런 식의 동화가 초보적 형태로나마 등장했다는 사실은——특히 지구의 여러 다양한 사회들 내에서 전개되는 과정의 차이를 해명하고 그 역사적 구조를 비교하는 데에서——고찰할 만한 가치가 있다.

서프랑크 제국의 왕은 앞에서 언급한 바 있는 왕이라는 기능의 구조법칙에 따라 교회와 밀접한 관계를 지속해나간다. 왕은 가장 위험하고 가장 강력한 세력과의 대립에서 그보다 약한 이인자 집단의 지원을 받는다. 그들은 다른 모든 전사들의 명목적 봉건군주인 것이다. 그러나 다른 대영주들의 통치 지역 내에서 왕의 권력은 보잘것없고 자신의 영지 내에서도 제한되어 있었다. 왕가와 교회의 긴밀한 관계는 다른 영지들 안에 자리잡고 있는 수도원이나 주교구를 왕의 요새로 만든다. 이 결합은 전국에 두루 미치는 교회의 정신적 영향력을 왕이 마음대로 사용할 수 있게끔 한다. 왕은 성직자들의 집필능력, 교회 관료제의 정치적·조직적 경험 그리고 특히 그들의 재정력을 여러모로 이용한다.

초기 카페 시대의 왕들이 자신의 영지 수입 외에 전체 서프랑크 지역으로부터 '왕으로서의 수입', 즉 연공을 받았는지는 아직 확실히 단정할 수 없는 문제이다. 그들에게 설사 그런 수입이 있었다 하더라도, 그것은 왕실령에 대한 상당량의 보조금에 지나지 않았을 것이다. 한 가지 사실은 확실하다. 즉 왕은 자신의 영지 밖 지역으로부터는 교회조직의 공물, 즉 비어 있는 주교구의 수입이나 특별한 상황에 들어오는 일시적 지원금을 받았다는 것이다. 다른 경쟁가문들보다 전통적 왕가를 권력에서 한 발 앞서가게 만든 것이 있다면, 그리고 왕의 영지 안에서 벌어진 초기 선발전에서 다시금 카페가를 승자로 만드는 데 기여한 것이 있다면, 그것은 왕가와 교회의 명목상 긴밀한 동맹관계였다.

원심적 경향이 강하던 이 시기에 개별적인 왕을 넘어 왕정의 연속성과 중앙화경향을 유지했던 사회적 힘은 이 관계로부터 유래한다. 중앙집중화의 사회적 원동력으로서 성직자의 의미는 제3계급이 부상하는 정도에 반비례하여——완전히 사라지지는 않지만——줄어든다. 그러나 벌써 이 단계에서도 사회의 여러 집단들 간의 긴장관계 즉 우선 성직자와 기사계급 간의 반목이 왕을 도와주는 셈이 된다는 사실이 분명해지며, 동시에 왕도 이 긴장관계에 구속되어 있는 포로라는 사실 또한 확실해진다. 많은 기사영주들의 과도한 권력이 왕과 교회를 뭉치도록 만든다. 설사 이들 사이에도 조그만 갈등이 전혀 없지는 않았지만. 교회와 왕의 첫 번째 대립이자 진정한 권력투쟁은 풍부한 인적 자원과 재정력이 시민계급으로부터 왕에게 쏟아져 들어오기 시작하던 시기, 즉 필리프 존엄왕 시대이다.

21. 제3계급의 등장과 함께 갈등관계의 그물망은 점점 복잡해지고 사회 내부의 갈등의 축도 이동한다. 경쟁하는 국가들이나 영주들의 상호의존적 체계 내에서 주요 갈등관계가 중심에 등장하고 그 밖의 다른 대립세력들은 부차적 갈등으로 거기에 연결된다. 그리고 마침내 큰 세력중심지 중 하나가 돌출하여 패권을 확립하는 것처럼 모든 통치영역의 내부에도 다른 군소 갈등관계들이 집합하는 중심지로서 주요 갈등관계가 생기며 서서히 한 쪽 편으로 또는 다른 편으로 그 무게중심이 이동한다. 11세기와 12세기까지만 해도 전사계급과 성직자 간의 모순적 관계가 이 중심갈등에 속했지만, 12세기부터는 전사들과 도시-시민집단 간의 대립관계가 중심적 내부갈등으로 서서히 전면에 등장하게 된다.

이와 함께, 그리고 이 경향으로 표현되는 사회분화와 함께 중앙군주는 새로운 의미를 획득하게 된다. 즉 최고의 조정자에 대한 사회 각 부분들의 의존성은 증가한다. 패권투쟁의 과정에서 영토를 확장함으로써 여타 전사

계층으로부터 돌출해 나온 왕은 동시에 전사계급과 도시계층들 간의 갈등
의 한가운데 서 있는 자신의 위치로 인해 다른 전사들에게 점점 거리를 두
게 된다. 왕은 이 갈등관계 내에서 결코 자신의 출신계급인 전사계급의 편
을 들지 않는다. 그 대신 그는 자신의 무게를 때로는 이편에 때로는 다른
편에 실어준다.

　도시가 지방자치권을 얻게 된 사건은 이 과정에서 전환점을 이루는 획기
적 사건이다. 당시의 왕들, 특히 루이 6세와 루이 7세 그리고 그의 대표자
들은 다른 영주들과 마찬가지로 이 형성중인 공동체, 특히 자신의 영지 안
에 있는 공동체를 불신의 눈으로, 적어도 '반쯤의 적대감'을 가지고 대했
다.[원주29] 그러고 나서 왕은 서서히 이 새로운 조직의 이점을 알아차리게 된
다. 항상 그렇듯이 사회의 세포구조 내에 제3계급이 등장하는 것은 자신의
기회가 엄청나게 확장됨을 의미한다는 사실을 왕이 깨닫게 되는 데는 시간
이 필요했던 것이다. 그 후 왕들은 제3계급의 이해가 자신의 이해와 일치
하는 한 그것을 꾸준히 장려했다. 그들은 무엇보다도 세금을 부과할 수 있
는 부르주아지의 경제력을 장려했다. 그러나 그들은 도시계층의 통치권 주
장, 즉 성장하는 경제력과 사회적 힘과 함께 제기되지 않을 수 없었던 그런
주장에 대해서는 그럴 만한 권력이 있으면 항상 단호하게 대응했다. 왕권
의 부상과 시민계급의 사회적 상승은 상호 밀접한 기능적 의존관계에 있
다. 의식적으로 또는 인식하지 못한 채, 이 두 계급은 서로가 서로를 높이
올려준 것이다.

　그러나 그들의 관계는 항상 이중적이었다. 이들 상호간에도 적대적 대립
은 없지 않았고 또한 귀족과 시민계급이 합세하여 왕의 통치권을 축소하려
는 움직임도 없지 않았다. 왕은 중세 내내 특정한 조치에 대해 신분의회의
인가를 구해야만 하는 상황에 처해 있었다. 왕국의 광범한 지역을 대표하
는 전국적인 의회나 소규모 지역의회가 취한 노선은 그 모든 변동에도 불

구하고 당시 사회의 갈등구조가 절대주의 시대의 그것과 얼마나 다른지를 분명하게 보여준다.[원주30] 신분의회는 특정한 목표를 놓고 여러 계층의 대표자들이 직접 합의를 도출해낼 수 있는 한, 산업시민사회의 정당의회와 비슷하게 기능한다. 그러나 직접적 타협을 끌어내기가 어려우면 어려울수록, 사회 내의 갈등이 크면 클수록 그것은 제대로 기능하지 못한다. 기능을 못하게 되는 정도와 비례하여 중앙군주의 권력은 증가한다.

실제로 화폐유통망과 상거래망이 발달하지 못한 중세사회에서는 토지를 소유한 기사계급과 도시의 시민계급 간의 상호의존이나 적대관계가 그들 간의 관계조정을 군주에게 맡겨야만 할 정도는 아니었다. 기사나 시민계급 또는 성직자 등 모든 계급은 후대와 달리 자신의 고유영역에서 독자적으로 살아가고 있었다. 여러 계층들이 동일한 사회적 기회를 놓고 직접적으로 경쟁을 벌이는 경우는 드물었다. 또한 시민계급의 상층집단도 귀족들의 사회적 우위에 이의를 제기할 만한 힘을 갖고 있지 못했다. 단지 사회의 한 장소에서만 부상하는 시민계급의 일부집단이 왕의 도움을 받아 기사나 성직자들을 그들의 기존위치에서 몰아낼 수 있었다. 즉 통치기구 내에서, 우리 시대의 표현을 사용한다면 관료로서 말이다.

22. 왕정이 전체사회에서 전개되는 사건에 기능적으로 의존하고 있다는 점은 통치기구의 발전, 즉 아직 왕가나 왕실령의 행정에 불과한 이 제도의 분화에서 특히 분명하게 드러난다. 자유인이 근본적으로 기사와 성직자로 구성된다면 통치기구 역시 기사와 성직자로 채워진다는 것은 당연한 일이다. 이 때 성직자들은 대개 왕의 이해를 충실하게 대변하는 왕의 충복이며 대리인이지만 영주들은 궁정이나 왕의 행정기구 내에서도 왕의 라이벌로서 왕권의 강화보다는 자기 자신의 권력확장에 더 커다란 관심을 기울이고 있었다. 그 후 기사계층이 통치기구 밖에서도 여러 집단으로 나누어지고 패

[원주30] 이 구절과 그 외의 다른 구절들에 대한 자료들은 공간적 이유에서 수록하지 않았다. 저자는 이 자료들을 독립된 책에서 싣기를 희망한다.

권투쟁의 와중에서 대영주와 소영주의 구분이 심화되면서 이런 상황도 확대되는 통치기구의 구조에 반영되고 있다. 즉 성직자와 소규모 기사가문 출신이 왕의 참모진을 구성한다. 왕보다 큰 영지를 소유하고 있는 영주들은 단지 몇 안 되는 자리, 예컨대 대의회나 소의회의 의원직만을 차지할 뿐이다.

물론 이 당시 왕의 행정기구에도 기사와 성직자보다 낮은 계층의 출신들이 없지는 않았다. 그러나 이 비자유계층 출신들은 프랑스에서는 중앙행정기구의 발전에서 독일의 비자유계층과 동일한 역할을 담당하지는 않았다. 이는 프랑스에서는 독일보다 일찍이 이 비자유계층으로부터 도시공동체와 제3계급의 자유인이 형성되어 독립적 의미를 확보했던 점과 연관이 있을 것이다. 어쨌든 프랑스에서는 도시의 성장과 함께 왕의 행정기구에 참여하는 도시민들의 수도 증가하며, 이미 중세 당시 통치기구 안으로 진입한 도시민들의 수는 독일 지역에서 근대에 이르러 비로소 가능했던 수와 비슷했다.

그들은 두 가지 경로를 통해, 즉 우선 귀족들이 차지하고 있었던 세속직에 참여함으로써, 둘째는 성직자로서 종교적 직무에 참여함으로써 이 기구 안으로 들어간다.[원주31] 'clerc'이란 표현의 의미는 12세기 말부터 변한다. '성직자'란 의미는 후퇴하고, 물론 성직자과정의 첫 단계가 그 전제조건이 될 수는 있지만 주로 라틴어를 읽고 쓸 줄 아는 공부한 사람이란 의미가 강해진다. 행정기구의 확장과 연관하여 이 'clerc'란 개념이나 특정한 종류의 대학교육은 점점 세속화된다. 성직자가 되기 위해 라틴어를 배우는 것이 아니라 관료가 되기 위해 그것을 배우는 것이다. 물론 그 이전이나 그 때에도 상업활동이나 조직적 활동을 통해 왕의 의원직을 얻게 되는 시민계급도 있었다. 그러나 대다수의 시민계급은 대학교육을 통해, 카논법과 로마법에 대한 지식을 통해 통치기구의 고위직에 이를 수 있었다. 교육은 도시 상류

[원주31] P. Lehugeur, *Philipp le Long(1316~1322). Le mécanisme du gouvernement*(Paris, 1931), p.209.

층의 자식들에게는 정상적인 신분상승의 길이었다. 시민계급은 점차적으로 통치기구 내의 귀족들과 성직자들을 몰아낸다. 왕의 충복계층, 즉 '관료'는 독일에서와는 달리 시민계급만으로 이루어진 조직이 된다.

늦어도 필리프 존엄왕 시대부터 …… 법관, 즉 진정한 '법의 기사들'이 등장한다. 그들은 봉건법과 카논법 및 로마법을 융합하여 왕정법을 만드는 작업에 착수한다. ……1316년에는 30명의 필경사들, 1359년에는 104명 내지 105명, 1361년에는 60명 가량의 필경사들과 이 관청의 서기들이 왕과 가까운 자리에 있던 관계로 자신들의 서열을 높여가면서 엄청나게 유리한 입장을 차지한다. 그들 대부분은 특권을 가진 공증인이 된다. 엘리트(공정왕 필리프 4세 밑에서는 3명, 1388년 이전에는 12명, 1406년에는 16명, 1413년에는 8명)는 추밀원 서기나 재정장관(secrétaires)이 된다. …… 미래는 그들의 것이었다. 궁정의 고위관리들과 달리 그들에게는 선조가 없었다. 그들이 바로 선조가 되었던 것이다.[원주32]

왕의 소유가 늘어나면서 전문가계층이 생겨난다. 이들의 사회적 지위는 우선 그들의 직위에 달려 있으며 그들의 신분위상과 개인적 이해는 왕정과 통치기구의 이해와 거의 일치했다. 그 정도는 약해졌지만 성직자들도 여전히 참여하고 있었다. 그러나 이제는 제3계급 출신들이 왕의 서기나 조언자로서, 세무담당자와 최고법원의 구성원으로서 여러 기능들을 수행하면서 중앙기능의 이해를 지키고 왕 개개인의 생애를 넘어 그리고 때로는 그의 개인적 성향에 맞서면서 정책의 일관성을 유지하려고 한다. 여기에서도 시민계급은 왕정을, 왕은 시민계급을 서로 향상시키는 것이다.

23. 통치기구로부터 귀족들이 완전히 배제되면서 시민계급은 점차 사회

[원주32] G. Dupont-Ferrier, *La formation de l'état français*(Paris, 1934), p.93.

내부의 평형관계에 가장 중요한 역할을 하는 지위를 획득하게 된다. 앙시앵 레짐의 최후까지 귀족과의 대결에서 시민계급을 대표했던 자들은 프랑스에서는 부유한 상인도 아니었고 길드도 아니었다. 그들은 여러 조직에서 활동하던 관료들이었다. 귀족의 사회적 지위하락, 시민계급의 위상강화는 적어도 17세기 초부터 관료들이 귀족과 동등한 사회적 위상을 요구하는 데서 가장 극명하게 드러난다. 실제로 이 시기에 귀족과 시민계급 간의 이해와 갈등은 중앙군주에게 특별히 강한 권력을 보장할 정도로 복잡하게 얽히게 된다.

중앙기구가 도시 시민계급의 자식들로 채워졌다는 사실은 왕정의 상승과 시민계급의 상승 간의 밀접한 기능적 연관성을 가장 구체적으로 보여준다. 고위직에 있는 '왕의 하인들'의 가족들이 발전하여 형성한 시민계급의 상류층은 16세기와 17세기에 강력한 사회적 힘을 획득하는데, 그들 스스로가 사회적 반대세력인 귀족과 성직자들의 저항에 부딪혀 발목을 잡히지 않았더라면 중앙군주는 무기력하게 그들에게 내맡겨졌을 것이다. 우리는 그 후 왕들이, 특히 루이 14세가 이 갈등의 평형장치 위에서 게임을 하는 것을 어렵지 않게 관찰할 수 있다. 그러나 이보다 앞선 시대에서는 왕의 상대로는 아직 귀족과 성직자들이 ―이들의 관계에 내재하는 이중성에도 불구하고― 시민계급보다 훨씬 더 강했다. 바로 이런 이유에서 신분상승을 노리는 시민계급은 그들 스스로 마음 내켜서 행위하는 자발적인 조언자인 동시에 왕에게 환영받는 조언자였다. 왕은 중앙기구의 조직망을 제3계급이 독점하게 만들었는데, 그 이유는 아직 이 계급이 제1계급이나 제2계급보다 사회적으로 약했기 때문이다.

우리가 이 계급들의 경제적 관계를 고찰해보면 왕과 시민계급의 사회적 힘의 증가와, 귀족 및 성직자들의 사회적 힘의 약화 간에 존재하는 상호연관성이 다른 측면에서 드러난다. 귀족에게 불리하게 무게중심이 이동된 것은 단지 그 일부만 시민계급의 의도적이고 계획적인 행위 탓으로 돌릴 수 있다는 사실에 대해서는 이미 앞에서 강조한 바 있다. 그것은 우선 대부분의 귀족을 한 귀족가문, 즉 왕가에게 종속되게 만들고 그로써 시민계급과 동등한 위치에 세운 경쟁 메커니즘의 결과이다. 그것은 다른 한편으로 화폐유통망의 발전이 초래한 결과이기도 하다. 지그재그 형태로 증가하는 화폐량은 지속적인 화폐평가절하를 동반한다. 화폐량의 증가와 평가절하는 16세기에 엄청나게 가속화된다. 자신의 영지에서 들어오는 수입으로 살면서 평가절하에 따른 손실을 수입의 증가로 메울 능력이 없었던 귀족들은 따라서 가난해질 수밖에 없었다.

이 과정의 마지막 장을 언급한다면, 약해지던 귀족에게 종교전쟁은 흔히 몰락하는 계층에게 시민전쟁이 의미하는 것과 동일한 의미를 지니고 있다. 즉 그것들은 그들의 운명의 불가피성을 잠시나마 감추어준다. 소동과 혼란과 전투에서 재확인된 자신의 능력과 약탈 가능성과 손쉬운 이익 등 이 모든 것은, 귀족에게 위협받고 있는 자신의 지위를 유지할 수 있고 파멸과 빈곤에서 _스스로_를 구할 수 있다는 믿음을 일깨워준다. 경제적 변혁, 즉 그 소용돌이에 휘말려 자신들이 이리 채이고 저리 채이게 될 변혁을 당사자들은 전혀 예감치 못하고 있는 것이다. 그들은 돈이 늘어나고 가격이 상승하는 것을 눈으로 보지만 이해하지는 못한다. 이 당시 궁정의 기사 중 한 명이었던 브랑톰(Brantome)은 이런 분위기를 포착하고 있다.

이 (시민)전쟁은 프랑스를 몰락시키기는커녕 오히려 부유하게 만들었다. 아무런 목적에도 기여하지 못한 채 이전에는 땅 속에 묻혀 있었던 수많은 보물들을 그 전쟁이 이제 밖으로 드러내 온 천하에 다 보이게 만들었다는 점에서 말이다. …… 그것은 그 보물들을 태양 아래 좋은 자리에 놓아두고 그토록 엄청난 양의 돈으로 바꾸어 예전의 수백만의 은화보다 더 많은 금화가 프랑스에서 찬란하게 빛나고 있고 예전의 동화보다 더 많은 섬세한 새 은화가 이 순도 높은 숨겨진 보물에서 주조되어 나오고 있다. …… 그러나 그게 전부가 아니다. 부유한 상인들, 고리대금업자들, 은행가들과 구두쇠들 그리고 사제에 이르기까지 모두가 돈을 가방 속에 넣어 잠궈두고 스스로 쓰지도 않고, 또 높은 이자나 과도한 고리가 아니면 또는 땅이나 물건이나 집을 취득하거나 담보로 받지 않으면 빌려주지

도 않고, 그렇게 해서 해외전쟁 동안 가난해져 물건들을 저당잡히거나
팔았던 귀족들은 몸을 따뜻히 할 나무도 없이 ——이 무뢰한 고리대금업
자들이 모든 것을 착복하였기 때문에——마지막 궁지에 몰려 있었다. 그
런데 이 좋은 시민전쟁이 그들을 정당한 자리로 되돌려준 것이다. 시민
전쟁이 일어나기 전에 두 마리의 말과 한 명의 마부를 데리고 다녔던 귀
족 신사가 시민전쟁 동안 그리고 그 후에는 예닐곱 마리의 튼튼한 말로
여행하는 모습을 볼 수 있을 정도로 재정상태를 회복했던 것이다. ……
이것이 정직한 프랑스 귀족이 좋은 시민전쟁의 은총에 의해 또는 그것에
서 떨어진 기름에 의해 복권된 방식이다.[원주33]

그러나 실제로 이 좋은 시민전쟁에서 귀향한 대다수의 프랑스 귀족들,
그 전쟁의 '기름'으로 회복하리라 믿었던 귀족들은 빚에 쪼들리며 거의 파
산 지경에 이르러 있었다. 생활에 드는 비용이 비싸졌다. 채권자들과 부유
한 상인들 외에 고리대금업자와 은행가 그리고 특히 높은 관료들인 법복귀
족들은 빌려간 돈을 갚으라고 재촉한다. 그들은 힘이 미치는 한 귀족의 재
산을 몰수하고 종종 그의 작위까지 가로챈다.
그러나 재산이 그대로 남아 있던 귀족들도 곧 비싸진 물가를 감당하기에
는 자신의 수입이 이제 부족하다는 점을 알게 된다.

현금지대를 받는 대가로 땅을 농부들에게 양도했던 귀족들은 전과 다
름없는 수입을 거두어들이지만 그 가치는 전과 같지 않다. 과거에 5솔
(sols)로 살 수 있었던 물건이 앙리 3세 당시 20솔이 된다. 귀족들은 자
신도 모르는 사이에 가난해져간다.[원주34]

24. 여기서 제시되는 사회적 권력분배의 양상은 상당히 애매모호하다.

〔원주33〕 Brantôme, *Oeuvres complètes*, publiées par L. Lalanne, vol. 4, p.328ff.
〔원주34〕 Mariéjol, *Henri IV. et Louis XIII*(Paris, 1905), p.2.

오래 전부터 옛 기사귀족에게 불리하게, 시민계급에게는 유리하게 전개되던 사회구조조정은 16세기에 들어서면서 가속화된다. 후자가 사회적 비중을 얻는다면, 전자는 그것을 상실한다. 사회 내에서 적대감이 자라난다. 기사귀족은 자신을 원래의 위치로부터 몰아내는 이 폭력적 과정을 이해하지 못한다. 그러나 그들은 제3계급의 사람들, 즉 동일한 기회 특히 돈을 위해 또는 돈을 통해 자신의 땅과 자신의 우월한 사회적 지위를 얻기 위해 자신과 경쟁을 벌이는 그 사람들에게서 그 폭력의 구체적 모습을 본다. 이와 함께 단 한 사람의 중앙군주에게 최고의 권한을 부여하는 저 평형장치가 서서히 자리잡는다.

우리는 16세기와 17세기의 투쟁 속에서 일군의 시민계급 집단을 만날 수 있는데, 이들은 부유하고 수적으로 우세하며 따라서 권력과 지배에 대한 전사귀족의 권리주장에 강력하게 반발할 수 있을 만큼 힘을 키웠지만, 군사계급인 전사들을 자신들에게 종속시킬 수 있을 만한 능력이나 힘은 아직 없다. 우리는 또한 상승하는 시민계급에게 지속적인 위협이 될 수 있을 정도로 아직 강하고 전투에 능하지만 직접적으로 도시민들과 그들의 세금을 통제하기에는 경제적으로 너무 약해진 귀족을 볼 수 있다. 행정과 법의 기능은 당시 귀족들의 손에서 빠져나갔고 시민단체들이 이 기능들을 장악하고 있었다는 사실도 귀족의 세력약화에 적지 않게 기여한다. 그러나 이들 중 어느 누구도 아직 상대를 확실하게 지속적으로 압도할 수 없었다. 이런 상황에서 왕은, 혼자 힘으로 처리할 수 없는 다른 집단과 단체의 위협에 대항할 수 있는 동맹자인 동시에 후원자로 보일 수 있는 것이다.

물론 귀족과 시민계급도 여러 다양한 집단들과 계층들로 구성되어 그들의 이해가 항상 동일하지 않았다는 것은 분명하다. 이 두 계급 간의 근본적인 갈등 속으로 일련의 다른 갈등들이 얽혀들어간다. 그것이 그 계급 내부의 갈등이든, 아니면 이 집단 중 하나와 성직자 간의 갈등이든. 그러나 이 모든 집단들의 존립은 동시에 다른 집단의 존립에 달려 있다. 그들 중 어떤 집단도 기존의 질서전체를 전도시킬 정도로 강하지는 않다. 기존제도의 범위 내에서 어느 정도 정치적 영향력을 행사할 수 있는 상류층 집단들은 급격한 변화에 가장 관심을 기울이지 않는 집단이다. 이렇게 복잡하고 다양한 갈등들이 바로 왕의 통치기회를 강화시키는 것이다.

물론 이 상류층 집단들, 즉 궁정의 '거물들'인 귀족 상층부와 의회로 대표되는 시민계급의 상층부도 자신들의 입장에서는 왕권을 제한하고 싶어한다. 이런 방향을 향한 노력이나 적어도 그 이데올로기들은 '앙시앵 레짐' 내내 끊이지 않고 등장한다. 전혀 상반된 이해와 소망을 가지고 있는 사회집단들은 왕에 대한 입장에서도 이중적이다. 이런 성격이 명료하게 드러나는 기회들이 없지 않다. 즉 왕정의 대표자들에 반대하여 귀족과 도시-시민계급이 일시적으로 동맹을 맺은 사례가 드물지 않다. 그러나 그런 동맹이 나타날 경우 그 전개과정은 이 두 집단들 간의 직접적 합의가 얼마나 어려운지, 또 그들 간의 갈등과 라이벌 의식이 얼마나 강한지를 동시에 보여준다.

'프롱드' 봉기를 한번 생각해보자. 루이 14세는 그 당시 아직 미성년이었다. 마자랭(Mazarin)이 통치하고 있었다. 다시 한 번, 여러 집단들이 단결하여 장관이 대표하는 왕권의 절대권력에 공격을 가한다. 의회와 귀족들, 도시단체들과 높은 작위의 귀족들까지 합세하여, 추기경이 대신 행사하는 대비의 섭정으로 왕정이 약해진 틈을 자신에게 유리하게 이용하려고 한다. 그러나 이 봉기의 전개과정은 실제로 이 모든 집단들 간의 관계 자체 역시 얼마나 팽팽한 긴장관계인지를 분명하게 보여준다. 프롱드는 일종의 사회적 실험이었다. 그것은 강력한 중앙권력에게 기회를 제공하는, 그러나 중앙권력이 안정되어 있을 때에는 보통 시야에서 사라지는 이 갈등장치의 구조를 다시 한 번 적나라하게 드러내 보여준다. 즉 동맹관계를 맺은 당사자들 중 한 명에게 상황이 조금이라도 유리하게 돌아가는 듯이 보이면, 다른 이들은 위협을 느끼고 동맹을 떠나서 마자랭과 함께 예전의 동지에게 칼을 들이대거나 또는 일부는 옛 동맹으로 다시 돌아간다. 모든 사람들과 모든 집단들은 왕권을 약화시키려 한다. 그러나 이들은 동시에 그것을 자신에게 유리하게 이용하려고 한다. 모든 이들은 상대의 권력이 커지지 않을까 두려워한다. 그리고 마침내——이 갈등장치를 이용할 줄 알았던 마자랭의 능란한 수완덕분에——이제까지의 왕가에게 유리한 옛 평형상태가 다시 회복된다. 루이 14세는 이 날의 교훈을 결코 잊지 않았다. 그는 선대의 왕들보다 훨씬 더 의식적으로 훨씬 더 용의주도하게 이 평형을 유지하는 데, 그리고 기존의 사회적 차이와 갈등을 지속시키는 데 경계를 늦추지 않았다.

25. 중세의 오랜 기간 동안 도시계층은 그들의 사회적 지위에 비추어보면 기사귀족들보다 훨씬 약했다. 이 시기에 왕과 시민계급의 이해공동체는, 설사 도시와 중앙군주 간의 투쟁이나 마찰이 전혀 없을 정도는 아니었다 하더라도 상당한 수준에 달한다. 이 이해공동체의 가장 가시적인 산물 중 하나는, 이미 말했듯이 왕의 통치조직으로부터 귀족을 제거하는 것이었고 그것을 시민계급 출신들로 채우는 것이었다.

그 후 화폐의 유통이 증가하고 독점이 형성되는 과정에서 귀족의 사회적 힘이 시민계급의 힘에 비해 상대적으로 너무 약해지자, 왕은 다시 귀족 편에 힘을 실어준다. 이제 왕은 귀족의 사회적 존재를 특권계층으로서 시민계급의 맹공으로부터 지켜주는데, 그것도 귀족과 시민계급 간의 사회적 차이를 보존하고 자신의 통치영역 내에서 갈등의 평형상태를 유지하기 위해 필요한 만큼만 그렇게 한다. 예컨대 왕은 대부분의 귀족들에게 면세특권을 보장해주는데, 시민계급은 이 특권을 폐지하거나 제한하려고 한다. 그러나 이 특권은 경제적으로 약한 토지소유자들이 상류층으로서의 욕구를 충족하고 신분을 과시할 수 있을 만한 풍족한 생활양식을 가능케 하는 경제적 기반을 마련해주기에는 턱없이 부족하다.

대다수의 시골귀족들은 면세특권에도 불구하고 '앙시앵 레짐' 내내 극히 제한된 생활을 영위한다. 그들은 물질적 부에서는 시민계급의 상류층과 겨룰 수 없었다. 관청, 특히 사법기관에 대해서도 그들이 유리한 위치에 있는 것은 아니었다. 왜냐하면 그 자리는 시민계급 출신들이 모두 차지하고 있었기 때문이다. 게다가 왕은 일부귀족들의 의견을 받아들여, 직접 상인으로서 상거래 활동을 하는 귀족은 적어도 이 활동기간 동안에는 귀족 작위와 귀족 특권을 포기해야 한다는 규정을 고수하고 있었다. 물론 이 규정은 귀족 못지않게 왕 자신의 관심사항이기도 했던 귀족과 시민계급 간의 기존 차이를 유지하는 데 한몫을 했다.

그러나 이로써 귀족에게는 부를 가질 수 있는 유일한 길이 봉쇄되어버린 셈이다. 기껏해야 간접적으로, 즉 결혼을 통해 그는 이따금 상업이나 관직에서 유래하는 부로부터 이득을 볼 수 있었다. 일부귀족들이 왕의 도움으로 궁정의 새로운 지위를 독점하지 않았더라면 그들은 17세기와 18세기에 누렸던 그런 영광과 사회적 의미는 가지지 못했을 것이고, 경제적 힘을 키워가던 시민계급이나 시민계급 출신 신흥귀족들에게 패배당하고 말았을 것이다. 이 궁정의 새로운 직책이 그에게 신분에 맞고 체면을 유지할 수 있는 생활양식을 가능하게 해주었고 동시에 시민계급의 활동에 뛰어들지 않아도 되도록 해주었다. 즉 궁정관직들과 왕가의 다양한 관직들은 귀족의 전유물이었다. 그로써 수백 명의, 그리고 나중에 가서는 수천 명의 귀족들은 어느 정도 풍족한 보수를 지불하는 자리들을 발견할 수 있었다. 이따금 하사하는 선물로 증명되는 왕의 호의는 그것의 덤이었다. 왕과 가까이 있다는 이점은 이 자리의 높은 위상을 보증했다.

이렇게 하여 대다수의 시골귀족들로부터 하나의 귀족층이 돌출하게 되는데, 이들은 명예와 영향력에서 시민계급의 상류층에 전혀 뒤지지 않았다. 그들이 바로 궁정귀족이다. 예전에 시민계급이 귀족보다 약했을 때, 왕의 행정기구의 요직들이 왕의 도움으로 시민계급의 독점물이 되었던 것처럼 이제 귀족이 약해진 상황에서 궁정관직들은 다시금 왕의 지원하에 귀족의 독차지가 되는 것이다.

귀족들의 궁정관직 독점은, 과거 다른 모든 국가관직을 시민계급이 차지했을 때처럼 단 한 번에 또는 한 명의 왕의 계획에 따라 실행되는 것이 아니다.

앙리 4세와 루이 13세 때까지만 해도 궁정관직들은 대다수의 군사요직이나 행정직 또는 사법직과 마찬가지로 매매직이었고 그 소유자의 재산이었다. 왕국의 여러 구역들에 상존하는 군사적 명령권자인 지방사령관(gouverneur) 자리도 마찬가지였다. 사건이 일어날 경우 그 직위의 담당자들은 분명 왕의 인가를 얻어서만 직무를 행할 수 있었고 때때로 어떤 자리는 왕의 호의만으로 주어지는 경우도 있었다. 그러나 이 당시에도 벌써 매매를 통한 관직거래가 호의에 의한 관직 부여를 앞서고 있다. 대다수의 귀족들은 재산에서는 시민계급의 상류층과 비길 수 없었기 때문에, 제3계급이나 그 출신으로서 최근에 귀족 작위를 받은 가문이 서서히 그러나 눈에 띄게 궁정관직이나 군사요직으로 진출하기 시작한다. 단지 나라의 대귀족 가문들만이 소유토지의 규모덕분에 또는 왕이 그들에게 지불하는 연금덕분에 이런 종류의 관직에서 그들과 경쟁할 능력을 가지고 있었다.

이런 상황에 처한 귀족들을 도와주려는 경향은 앙리 4세나 루이 13세 그리고 리슐리외에게서 뚜렷이 드러난다. 그들은 한순간이라도 자신들이 귀족이라는 사실을 잊은 적이 없었다. 게다가 앙리 4세는 귀족군대의 사령관으로서 왕위에 오른 전력이 있었다. 그들 역시 귀족에게 불리하게 작용하는 경제과정에 대해서는 상당히 무기력했다는 사실을 제외하더라도, 왕의 기능도 그것 자체로서 필요가 있었고 그래서 귀족에 대한 그들의 관계도 이중적이었다. 앙리 4세나 리슐리외와 그들의 후계자들은 모두 자신의 자리를 지키기 위해 귀족을 정치적 영향력이 있는 모든 자리로부터 떼어놓아야 했고 또 떼어놓고자 했으며 동시에 그 귀족들을 사회적 평형장치 내에서 자립적인 사회적 요소로 보존하고자 했다.

절대주의 궁정의 두 얼굴은 바로 왕과 귀족의 모순적인 관계에 상응한다. 이 궁정은 귀족을 지배하기 위한 도구인 동시에 그들을 부양하는 도구이다. 궁정은 이런 방향으로 발전해가기 시작한다.

귀족들과 어울려 그들 가운데서 살아가는 것은 앙리 4세에게도 자연스러운 습관이었다. 그러나 왕의 호의를 얻기 원하는 일부귀족들을 궁정에 상주시키는 것은 그의 정책이 노리는 목표가 아니었다. 당당한 궁정국가의 재정을 부담하고 루이 14세 당시와 같이 넉넉하게 궁정관직들의 연금을 지불할 수 있는 경제력이 그에게 없었던 것도 분명한 사실이다. 그 밖에도 그의 재위 당시 사회는 그렇게 활발하게 움직이고 있지 않았다. 귀족가문들은 몰락중이었고 시민계급은 사회적으로 상승하고 있었다. 신분의회는 존재하고 있었지만 그것을 채우는 인물들은 교체중이었다. 신분들을 서로 갈라놓던 벽은 온통 틈새투성이였다. 개인적 성실이나 불성실, 개인적 행운이나 불운은 어느 한 계급에 소속되는 것과 마찬가지로 한 가문의 기회를 결정하기도 했다. 또한 궁정이나 궁정관직으로 들어갈 수 있는 통로는 이 당시 시민계급 출신들에게 상당히 넓게 개방되어 있었다.

귀족은 그 점에 불평을 터뜨린다. 그들은 이 관직들을 자신들에게만 줄 것을 제안하고 바랐던 장본인이었다. 이 관직들뿐만이 아니다. 그들은 다른 많은 것에서도 자신들의 몫을 원한다. 그는 통치기구 내에서 잃었던 자리들을 다시 가지고 싶어한다. 1627년 그들은 '귀족의 복권을 위한 요구사항과 논설'이라는 제목으로 루이 13세에게 건의한다.[원주35]

이 청원서는 왕권의 수호는 다른 계급의 다수가 모반에 휩쓸려 들어갔을 시기에 신의 도움과 앙리 4세의 칼 그리고 그 다음으로 귀족의 덕을 입고 있다는 말로 시작한다. 그럼에도 불구하고 귀족은 "유례 없이 불쌍한 처지에 떨어져 있습니다. …… 가난에 짓눌리고 …… 나태에 의해 악의의 보복을 당하며 …… 억압받아 거의 자포자기의 상태에 빠져 있습니다"라고 말한다.

여기에서는 단 몇 마디의 말로 몰락하는 계급의 모습을 그리고 있다. 이 묘사는 거의 현실과 일치한다. 대부분의 영지는 많은 부채를 지고 있었다. 많은 귀족가문들이 전 재산을 잃어버렸다. 젊은 귀족들도 희망이 없었다. 자리에서 쫓겨난 사람들로 말미암은 사회적 동요와 압박이 이 사회 곳곳에서 느껴진다. 무엇을 어떻게 해야 하나?

이런 상태의 원인으로서 몇 명의 귀족들의 오만과 욕심이 왕에게 불러일으킨 귀족 전체에 대한 불신감이 명시적으로 거론되고 있다. 그로 인해 결국 왕은 귀족들을 그들이 자칫 오용할지도 모르는 관직들로부터 배제시킴으로써 또 제3계급을 등용함으로써 귀족의 권력을 축소시켰다. 그래서 이 때부터 귀족들은 사법관직이나 세무직을 빼앗기고 왕의 자문위원회로부터

[원주35] 같은 책, 390쪽.

도 추방당했던 것이다.

마침내 이 귀족은 자신들의 처우개선을 22개 항목으로 작성해 요구하는데 그 중 하나는 다음과 같다. 즉 왕국의 행정구역의 군사적 명령권자 외에도 왕가의 민간 또는 군사 기능직을——즉 나중에 실제로 궁정을 귀족의 부양기관으로 만드는 데 뼈대 역할을 했던 관직들——팔지 말고 귀족들에게만 나누어주어야 한다는 것이다.

그 밖에도 이 귀족은 조항에서 지방행정에 대한 귀족의 영향력 행사를 요구하며, 자격을 갖춘 적합한 귀족들이 상급 재판부나 의회에서 적어도 무보수의 조언자 자격으로라도 일할 수 있게 해달라고 요청하고 있다. 그리고 끝으로 재정자문위원회나 군사자문위원회의 의석 중 3분의 1을 귀족들에게 주고 다른 통치기구에도 귀족들을 참여시킬 것을 요청하고 있다.

그 밖의 다른 사소한 요청들을 무시한다면, 이 요구사항들 중에서 수용된 것은 단 하나뿐이다. 즉 궁정관직들은 시민계급에게는 폐쇄되고 귀족들에게만 주어진다. 다른 요구사항들은, 그것이 아무리 소박하다 하더라도 통치나 행정에 귀족의 참여를 요구하는 것은 모두 거부당한다.

이와는 달리 많은 독일 제후국에서는 귀족들이 군사적 관직 외에 행정직이나 사법직을 차지한다. 늦어도 종교개혁 이후부터는 대학에서 일하는 귀족들도 볼 수 있었다.[원주36] 여기에서 대부분의 국가관직들은 귀족의 독점물이었다. 그 밖에 귀족과 시민계급은 다른 많은 국가요직들 내에서도 정확한 분배법칙에 따라 균형을 이루고 있다.

이미 언급했듯이 프랑스의 중앙기관에서 이 두 계급 간의 갈등과 끊임없는 공개투쟁 및 은밀한 암투는, 시민계급이 행정기구를 독차지하고 있는 반면 좁은 의미에서 궁정기구는 대개 귀족으로 채워졌다가 그 후 관직의 매매와 더불어 시민계급화의 위험에 직면하기도 했지만 결국 17세기에 이르러 귀족의 전유물이 되는 데서 분명하게 표출된다.

[원주36] Ad. Stölzel, *Die Entwicklung des gelehrten Richtertums in deutschen Territorien*(Stuttgart, 1872), p.600을 참조할 것.

리슐리외도 자신의 유서에서 궁정의 문호를 "귀족혈통을 이어받는 행운을 가지지 못한" 자들에게는 열어주지 말 것을 당부하고 있다.[원주37] 루이 14세는 결국 시민계급이 그런 관직에 접근할 수 있는 기회를 최소한으로 줄인다. 그러나 완전히 폐쇄한 것은 아니었다. 귀족의 사회적 이해와 왕정의 이해가 서로의 의향을 충분히 시험해보는 준비단계들을 거친 후, 마침내 궁정은 한편으로 귀족의 부양기관이라는 역할과 다른 한편으로는 옛 기사계층을 지배하고 길들이는 수단이라는 역할을 맡게 된다. 자유분방한 기사적 삶은 이제 정말로 막을 내린 것이다.

그 때부터 대다수의 귀족들의 경우 경제적 토대만 줄어들었을 뿐만 아니라 활동범위와 삶의 지평 또한 좁아진다. 그들은 불충분한 수입으로 인해 자신들의 시골장원에 못박혀 있을 수밖에 없다. 종군으로 이 협소함을 피해볼 수 있는 기회도 거의 사라져버렸다. 전쟁에서조차 그는 이제 자유로운 기사로서 싸우는 것이 아니라 엄격한 위계질서를 가진 조직 내의 한 장교로서 싸우는 것이다. 이 시골귀족이라는 신분에서 벗어나 좀더 넓은 지평, 폭넓은 활동가능성과 높은 위상을 가진 궁정귀족의 무리로 들어가려면 특별한 행운이나 특별한 인연을 필요로 한다.

이 소수의 귀족들은 왕궁에서, 파리와 그 근처에서 새롭지만 그러나 불안한 고향을 발견한다. 앙리 4세나 루이 13세 때까지만 해도 궁정귀족들은 때로는 궁정에서 지내다가 자신의 시골장원 또는 다른 귀족의 장원에서 지낼 수도 있었다. 당시에도 광범위한 시골귀족층들과 구분되는 궁정귀족이 있었다. 그러나 이들의 사회는 아직 비교적 분산되어 있었다. 일찍이 '프롱드'(Fronde) 봉기를 경험한 루이 14세는 자신에게 의존하는 귀족들의 종속성을 속속들이 이용할 줄 알았다. 그는 "모반의 우두머리가 될 가능성이 있는 인물들과 자신들의 성을 집회장소로 이용할 수 있는 인물들은 모두 직접 눈앞에 두고자" 했다.[원주38]

[원주37] Richelieu, *Politisches Testament*. 1부, 3장, 1쪽.
[원주38] Lavisse, *Louis XIV*(Paris, 1905), p.128.

베르사유의 구조는 왕정의 이 서로 맞물려 있는 두 경향, 즉 귀족을 부양하고 눈에 드러나게 구분지으려는 과제와 그들을 통제하고 길들여야 하는 과제가 완벽하게 일치한다. 왕은 총애하는 신하에게는 때때로 관대하게 하사한다. 그러나 그는 복종을 요구한다. 그는 귀족으로 하여금 그가 자신의 돈에 종속되어 있고 그리고 나누어줄 다른 기회에 종속되어 있음을 끊임없이 느끼게 한다.

생시몽은 자신의 회고록에서 다음과 같이 기록하고 있다.[원주39]

왕은 고위귀족들이 자신의 궁정에 모습을 보이는 것만 중요시한 것은 아니다. 그는 하위귀족들에게도 그것을 요구했다. 아침접견이나 야간접견시 또는 식사시, 베르사유 정원에서 그는 항상 주변을 둘러보았고 모든 사람을 주의깊게 살펴보았다. 궁정에 항시 상주하지 않는 고위귀족들과 드물게 나타나는 다른 귀족들을 그는 언짢게 여겼고 거의 모습을 나타내지 않는 자들은 그의 냉대를 각오해야만 했다. 이런 사람들이 왕에게 청할 사안이 있을 경우 왕은 거만하게 "나는 그자를 몰라"라고 말했다. 그리고 이 판결은 철회불가능한 것이었다. 어떤 귀족이 시골생활을 즐기는 것을 그가 상관하지는 않았지만, 그것도 적당한 수준에서 그래야 했고, 장기간 시골에서 체류할 경우 그는 사전에 합당한 조처를 취해놓아야만 했다. 내가 젊었을 때 재판문제로 인해 루앙으로 갔을 때 왕은 장관에게 그 이유를 묻는 편지를 내게 보내게 했다.

주변에서 일어나는 모든 일을 정확하게 감시하려는 왕의 이런 성향은 이 왕정구조의 특징이다. 여기서 확연히 드러나는 것은 왕이 사회 내부뿐만 아니라 사회 밖에서도 관찰하고 극복해야만 했던 갈등이 얼마나 강했는가 하는 점이다. 루이 14세는 언젠가 세자에게 이렇게 지시한다. "통치술은 그렇게 어려운 것도 불쾌한 것도 아니다. 이 기술이란 유럽의 모든 왕자들

[원주39] St.-Simon, *Memoiren*, Lotheisen의 번역, vol. 2, p.85.

이 내심 무슨 생각을 하는지 알아내는 것이고 사람들이 우리 앞에서 감추려고 하는 것, 그리고 그들의 비밀을 알고 그들을 가까이서 감시하는 것이다."[원주40]

"주변에서 일어나는 일을 알고자 하는 왕의 호기심은 점점 커져만 갔다. 그는 제1시종과 베르사유 사령관에게 몇 명의 스위스인들을 고용하라는 지시를 내린다. 이들은 왕의 시종제복을 얻었고 앞에서 언급한 사람의 명령만 받을 뿐이었다. 그들은 밤낮 없이 복도를 돌아다니며 숨어서 몰래 사람들을 관찰하고 추적하고, 어디로 가는지 언제 돌아오는지 살피며, 그들의 대화를 엿듣고 모든 사항을 정확하게 보고하는 비밀임무를 수행하고 있었다"라고 생시몽은 다른 곳에서 이야기하고 있다.[원주41]

강력한 일인지배를 가능케 하는 사회의 특이한 구조에서는, 중앙군주의 통치영역 내에서 일어나는 모든 일을 가능한 한 자세히 감시해야 하는 필연성보다 더 특징적인 것은 없을 것이다. 이 필연성은 중앙군주의 조정기능과 그토록 강력한 권력을 결합시켜주는 사회적 장치의 깊은 갈등과 불안정성의 표현이다. 여러 집단들 사이의 갈등과 힘의 평형상태, 그 결과로서 나타나는 강력한 군주에 대한 이 집단의 이중적 태도 등 모든 것은 어느 한 왕이 창조해낸 것은 아니다. 그러나 이렇게 심각한 갈등을 함축하고 있는 구도가 한번 등장하면, 아무리 그것이 불안정해도 그대로 보존해야 하는 것이 중앙군주에게 주어진 절대절명의 과제이다. 이 과제는 신하들을 가능한 한 철저하게 감시할 것을 요구한다.

이 경우 루이 14세가 서열에서 자신의 바로 밑에 있는 사람들에 대해 특별한 경계를 늦추지 않은 데에는 그만한 이유가 있다. 설령 대중 소요, 특히 파리 주민들의 소요는 왕에게 위험하기는 했지만——왕궁을 파리에서 베르사유로 옮긴 이유 가운데 하나가 그것인데——일반 국민으로부터의 압력이 왕에게 커다란 위협이 될 정도로 당시 분업수준과 사람들의 상호의존

[원주40] Lavisse, *Louis XIV*, 같은 곳, 130쪽을 볼 것.
[원주41] Saint-Simon, *Memoiren*, Lotheisen의 번역, vol.1, p.167.

그리고 이에 따른 중앙군주의 국민대중에 대한 의존정도가 높지는 않았다. 그러나 루이의 선대 왕 재위시 대중들의 불만이 쌓이고 그것이 폭동으로 발전할 경우, 그들의 선봉에 서서 민중의 분열과 불만을 이용하려 했던 자들은 언제나 왕족 아니면 고위귀족들이었다. 왕정의 가장 위험한 라이벌은 항상 왕의 가장 가까운 측근들 중에 있었던 것이다.

앞 장에서 이미 서술했듯이 독점형성의 과정에서 통치의 기회를 놓고 서로 경쟁할 수 있는 자들은 왕가의 일족으로 제한되었다. 루이 11세는 이 왕족 영주들을 물리치고 그들의 영지를 왕가로 반환시켰다. 그러나 종교전쟁에서도 서로 대립하던 여러 당파들의 우두머리는 왕족들이었다. 왕가의 직계가 멸절하면서 앙리 4세와 더불어 방계가문의 후손이 왕위에 오른다. 혈족의 왕자들, '거물들', 프랑스의 공작들과 귀족들은 여전히 막강한 권력을 지니고 있다. 이 권력의 토대가 무엇인지는 분명하게 드러난다. 그것은 우선 지방과 자신들의 영지의 군사사령관이라는 지위에 근거하고 있는 것이다. 독점통치가 확립되면서 서서히 왕의 잠재적 라이벌들도 강력한 통치기구 내의 간부의 역할을 얻게 된다.

그러나 그들은 우선 이런 변화에 저항한다. 루이 13세의 동생으로 앙리 4세의 사생아인 방돔(Vendôme) 공작은 한 당파의 수장으로서 중앙권력에 대항해 봉기를 일으켰다. 그는 브르타뉴의 사령관이었는데, 결혼을 근거로 이 지방에 대한 세습권을 가지고 있다고 믿었다. 그 후에는 프로방스 사령관의 저항이 있었고 몽모랑시 공작인 랑그도크 사령관의 저항이 있었다. 또한 위그노파 귀족들의 항거에서도 이와 비슷한 지위가 그 토대를 제공했었다. 나라의 군체계는 아직 중앙집중화되지 않았다. 요새의 지휘관과 성채의 지도자들은 상당한 정도의 독자적 재량권을 가지고 있었다. 지방의 사령관들은 자신들이 매입한 지위를 사유재산으로 여기고 있었다. 그렇게 하여 프롱드에서 다시 한 번 원심적 경향의 깃발이 높이 펄럭이게 되었던 것이다. 루이 13세 당시에도 그런 경향은 감지할 수 있을 정도였다. 왕의 동생이며 오를레앙 공작인 가스통은 과거의 왕자들이 항상 그랬듯이 다시 한 번 왕에 대항해 군사를 일으킨다. 그는 추기경 리슐리외와 대립하는 당파의 지도자가 된 후 추기경과 절교하며, 든든한 군사적 거점에서 왕과 추기경에 대항하기 위해 오를레앙으로 간다.

리슐리외는 시민계급의 도움과 그에게 제공된 막강한 자금력을 바탕으로 이 모든 전쟁들에서 승리한다. 항거하던 거물들은 패배자가 되어 일부는 감옥에서, 일부는 망명지나 전투에서 사망한다. 추기경은 왕의 모친조차 외국에서 죽게 내버려둔다.

왕의 아들이나 동생으로서, 혈족의 왕자로서 벌을 받지 않고 국토를 어지럽힐 수 있다는 믿음은 잘못된 것이다. 서열이 부여한 면책권을 존경하는 것보다 국토와 왕정을 지키는 것이 훨씬 더 현명한 일이다.

추기경은 이렇게 자신의 회고록에서 적고 있다. 루이 14세는 이 승리의 과실을 거둔다. 그러나 귀족으로부터의 위협, 특히 측근에 있는 고위귀족으로부터의 위협은 그의 골수에 새겨져 있었다. 그는 물론 정당한 이유에서 가끔 궁에서 떨어져 있던 하위귀족들은 너그럽게 봐주었다. 그러나 '거물'들에 대해서는 가차없었다. 감시기관으로서 궁정의 과제는 이들과의 관계에서 특히 명확하게 드러난다. 그의 동생이 그에게 사령관 자리와 요새, 즉 'place de surete'를 청했을 때 그의 대답은 "프랑스의 아들에게 가장 안전한 자리는 왕의 심장이다"라는 것이었다. 아들이 뫼동(Meudon)에 따로 궁을 가지자 그는 극히 못마땅해했다. 이 세자가 죽자 뫼동을 상속받는 손자가 이 성을 같은 목적에서 사용하면서 '궁정을 나눌지'도 모른다는 두려움 때문에 그는 급히 성의 가구들을 팔아버린다.[원주42]

이 불안은 전혀 근거 없는 것이었다고 생시몽은 말한다. 왕의 손자들 중 왕에게 잘못 보이려는 자는 한 명도 없었기 때문이다. 그러나 왕은 자신의 체면유지와 개인적 지배의 확립이 문제될 경우, 처리과정 측면의 엄격함에

[원주42] St.-Simon, *Mémoires*(Nouv. éd. par A. de Boislisle)(Paris, 1910), vol.22, p.35(1711).

서 친척이나 다른 인물들 간에 차이를 두지 않았다.

이로써 조세권의 독점과 물리적 폭력의 독점을 중심으로 한 통치권의 독점은 한 개인의 개인독점이라는 단계에서 완성된 형태를 갖추게 된다. 원활히 기능하는 감시조직이 이를 뒷받침한다. 토지를 소유하고 토지나 현물급여를 지급하는 왕으로부터, 돈을 소유하고 현금급여를 지불하는 왕이 된 것이다. 이는 중앙집중화를 한층 더 강화시키고 공고히 한다. 원심적 경향을 가진 사회세력은 완전히 분쇄된다. 독점군주의 모든 잠재적 경쟁자들은 제도적 형태로 그에게 종속된다. 자유경쟁이 아니라 독점형태의 경쟁을 통해 이제 일부귀족들, 즉 궁정귀족들은 왕이 나누어주는 기회를 놓고 서로 경쟁을 벌이며 시골귀족의 예비군 그리고 출세를 노리는 시민계급으로부터 엄청난 압력을 받았다. 궁정은 이 부자유 경쟁의 조직인 것이다.

그러나 설사 이 단계에서 독점기회에 대한 왕의 개인적 통제권이 높다 해도, 이는 무제한적인 것과는 거리가 멀다. 그러나 이와 같이 비교적 사적인 독점권의 구조에도, 개인의 독점통제로부터 사회의 광범한 부분들에 의한 공적인 통제로 이행해가는 조짐을 보이는 요소들이 이미 분명하게 자리잡고 있다. "짐이 국가다"(L'Etât c'est moi)란 말은, 그 스스로 이 말을 했든 안 했든 루이 14세에게는 실제로 어느 정도 타당하다. 제도적으로 독점조직은 아직 개인재산의 성격을 띠고 있었다. 그러나 기능적으로는 다른 계층에 대한 그리고 기능분업적인 사회전체에 대한 중앙군주의 의존성은 이미 상당한 정도에 이르렀으며, 더욱이 사회의 화폐유통과 상거래가 활발해지면서 꾸준히 증가하는 추세였다. 단지 사회의 특별한 상황, 상승중인 시민계급과 추락중인 귀족계급 간의 특이한 평형상태, 그리고 나라 안의 크고 작은 여러 집단들 간의 평형관계가 중앙군주에게 막강한 권한과 결정권을 제공하고 있는 것이다. 낮은 수준의 사회통합을 표현하는 것으로서 왕이 과거 자신의 영지나 왕실령에 대해 가지고 있던 독립적 재량권은 이제 먼 옛날의 일이다. 루이 14세가 지배하던 거대한 인간 네트워크는 고유의 법칙과 고유의 무게를 가지고 있으며, 왕도 이에 순응해야 한다. 무수한 사람들과 집단들 간의 평형을 그대로 유지하고 그들 간의 갈등을 이용하여 조종하려면 극도의 긴장과 강한 자기절제를 필요로 한다.

왕이 전체의 인간 네트워크를 자신의 개인적 이해에 맞게 조종할 수 있는 가능성은, 자신이 줄다리기하던 갈등의 평형관계가 시민계급 쪽으로 완전히 기울어지면서 새로운 축을 가진 사회적 평형관계가 형성됨에 따라 극도로 제한된다. 이와 더불어 개인적 독점은 비로소 제도적으로 공적인 독점이 된다. 일련의 선발전을 거쳐, 물리적 폭력과 조세권을 서서히 중앙집중화하면서, 기능분화의 진전과 직업시민계급의 사회적 상승과 더불어 프랑스 사회는 한 걸음 한 걸음 국가의 형태를 갖추게 된다.

제8절 조세권 독점의 사회발생사

26. 과거를 되돌아보는 관찰자는 독점화 및 국가형성의 어떤 특정한 측면을 제대로 보지 못하게 마련이다. 왜냐하면 이 과정의 앞에 있는 전 단계의 영상보다는 나중 단계와 그 과정의 결과가 만들어낸 영상들이 그에게 깊이 새겨져 있기 때문이다. 즉 이 절대주의 왕정과 중앙집중화된 통치기구가 서서히 중세세계로부터 출현하였으며 동시대인의 눈에는 극히 놀랍고 새로운 것으로 비쳐졌다는 사실을 그는 이해할 수 없는 것이다. 그럼에도 불구하고 이 측면을 재구성하려는 시도만이 그 당시 실제로 일어난 일을 이해할 수 있는 가능성을 우리에게 제공해준다.

전환의 주요윤곽은 분명하다. 그것은 몇 가지 요점의 측면에서 간략하게 서술될 수 있다. 즉 한 전사가문의 영지 재산, 특정한 땅에 대한 통제권과 공물, 그 땅에 살고 있는 사람들이 제공하는 여러 종류의 부역에 대한 권리는 기능분화가 지속적으로 진행되면서 그리고 여러 각축전들을 거치면서 군사력에 대한 그리고 광범한 지역의 정기적 현금공물 및 세금에 대한 중앙집중화된 통제권으로 변화한다. 이 지역 내에서는 어느 누구도 중앙군주의 허락 없이 무기 및 어떤 종류의 육체적 폭력을 사용해서는 안 되는 것이다.

이것은 원래 모든 계층의 사람들이 소득에 따라 또 마음 내키면 무기를 이용하고 물리적 폭력을 가할 수 있었던 사회에서는 전적으로 새로운 것이었다. 중앙군주가 요구하면 누구나 자신의 현금수입이나 현금재산에서 일정부분을 그에게 바쳐야만 했다. 이 역시 중세사회에서 원래 통용되던 관습에 비추어볼 때 완전히 새로운 것이었다. 돈이 비교적 귀했던 농경위주의 이 사회에서 돈을 공물로 바치라는 군주나 왕의 요구는——전통적으로 정해진 경우를 제외하고——한 번도 들어보지 못했던 일이었다. 사람들은 그런 조처를 강탈이나 소작료 징수 정도로 간주하였다.

"토지의 소득은 그것으로 먹고사는 사람들이 신하들을 강탈하지 못하도록 하는 데 있다"(Constituti sunt reditus terrarum, ut ex illis viventes a spoliatione subditorum abstineant)[원주43] 고 성 토마스 아퀴나스는 말했다. 그는 여기서 단지 교회의 견해만을 표현하는 것은 아니다. 물론 교회가 현금을 많이 소유하고 있는 까닭에 그런 조처에 특히 타격을 받기는 하지만 말이다. 일반적으로 돈이 귀하기 때문에 왕들도 항상 그런 강제공물을 요구해야 하지만, 그들의 생각도 그리 크게 다르지는 않았다. 필리프 존엄왕도 예컨대 일련의 현금부조 조처와 특히 1188년 십자군전쟁 비용분담 요구, 즉 그 유명한 살라딘 십일조(dîme saladine)로 커다란 소요와 저항을 불러일으켜 결국 1189년 앞으로는 그런 조처를 결코 취하지 않겠다고 명시적으로 선언한다. 칙령에서 말하기를 그와 그의 후계자들은 결코 같은 실수를 저지르지 않을 것이며 그는 왕의 권위와 모든 교회 및 왕국 귀족들의 권위를 빌려 이 저주받을 만한 파렴치한 행위를 금한다고 했다. 왕이든 다른 사람이든 누군가 '뻔뻔스럽게도' 그것을 다시 시도한다면 그는 사람들이 그들에게 불복종하기를 바라는 것이었다.[원주44] 이 법령을 제정하면서 그의 펜은 흥분한 상류계급의 지령을 받았을 수도 있다. 그러

〔원주43〕 Th.v. Aquino, *De regimine Judaeorum*, Ausg. v. Rom vol.XIX, p.622.
〔원주44〕 Vuitry, *Etudes sur le Régime financier de la France*(Paris, 1878), p.392f.

나 1190년 십자군전쟁을 준비하면서, 그는 명시적으로 자신이 전사할 경우 전비의 일부를 부조로 인해 가난해진 자들에게 나누어줄 것을 지시하고 있다.

왕이 요구하는 현금공물은 돈이 부족한 이 사회에서는 상업이 발달한 사회의 세금과는 다른 것이다. 어느 누구도 그것을 항구적 제도로서 당연시하지 않는다. 시장유통과 전체가격의 수준은 결코 그것에 맞추어져 있지 않다. 그러므로 세금징수는 마른 하늘의 날벼락과 같이 예사롭지 않고 예기치 않은 것으로서 많은 사람들에게는 파멸을 뜻하는 것이었다. 왕이나 그 대표자들도 우리가 여기서 볼 수 있듯이 이를 충분히 인식하고 있었다. 그러나 자신들의 영지로부터 들어오는 현금수입이 부족한 상황에서 그들은 온갖 협박과 폭력으로 부조금을 징수하여 현금을 마련하든가 아니면 어떤 형태로든 라이벌에게 패배하든가 하는 양자택일의 기로에 서 있었다. 어쨌든 살라딘 십일조로 말미암은 동요와 이 부조금이 촉발시켰던 저항은 오랫동안 사람들의 뇌리에 남아 있었던 것 같다. 79년 후에야 어느 왕이 자신의 십자군 출정을 위한 현금부조금을 다시 요구할 수 있게 된다.

왕을 비롯한 모든 사람들의 일반적 견해는 한 영지의 주인과 그의 신하들은 좁은 의미에서 왕실령, 즉 자기가 소유한 땅에서 나오는 수입으로 살아야 한다는 것이었다. 물론 왕국의 소유자와 몇 명의 대영주들은 독점화의 과정에서 이미 일군의 영주들로부터 돌출해 나왔으며, 현 시점에서 뒤돌아볼 때 거기서 새로운 기능들이 형성중인 것을 알 수 있다. 그러나 이 기능들은 한 걸음 한 걸음씩 서서히 그리고 다른 기능의 대표자들과의 부단한 싸움 속에서 발전하여 확고한 제도로 자리잡은 것이다.

우선 왕은 크고 작은 전사들 중에 속한 한 명의 대전사였다. 그는 이들과 마찬가지로 자신의 영지 수입으로 살았고 또 이들과 마찬가지로 특별한 경우에는 자신의 영지 내에 살고 있는 주민들로부터 현금부조금을 징수할 수 있었다. 모든 영주는 딸이 결혼할 때, 아들이 기사 작위를 받을 때, 그 자신이 포로로 잡혀 석방금이 필요할 때 현금공물을 거두어들일 수 있었다.

그것이 바로 원래의 봉건적 현금부조금이었다. 왕도 다른 영주들과 마찬가지로 이 부조를 요구했다. 그것을 넘어서는 현금요구는 관습에도 근거가 없는 것이었다. 바로 그 때문에 그것은 이 사회에서 강탈이나 협박이라는 평판을 받고 있었다.

그 후 약 12세기와 13세기 무렵, 왕의 현금조달에 대한 새로운 형태가 정착하기 시작한다. 12세기에 도시가 서서히 성장한다. 옛 봉건관습에 따르면 기사계급의 사람들과 귀족들만이 병역의무가 있었고 징집될 수 있었다. 그러나 시민들도 스스로 무기를 들고 자신들의 자유를 쟁취했으며 그러려고 하는 중이었다. 루이 6세 때부터 도시주민인 '부르주아지'에게도 병역의무를 부가하는 관습이 생겨난다. 그러나 도시주민들은 병역을 직접 치르는 대신 군주에게 현금을 제공하여 대신 기사를 고용하는 방법을 선호한다. 그들은 병역을 상업화한 것이다. 왕이나 다른 대영주들에게도 이 방법은 그리 싫지 않았다. 가난한 전사들로부터의 병역공급이 지역제후들의 구매력을 초과하는 경우가 많았다. 따라서 병역면제의 대가로 지불되는 도시의 현금은 상당히 빠른 속도로 확고한 관습이나 제도로 자리잡는다. 왕의 대표자들은 출정할 때마다 일정한 수의 군인들에 대한 장비나 해당금액을 도시공동체에 요구하고 도시공동체는 그것을 승인하거나 또는 흥정하여 그 액수를 삭감한다. 그러나 이 관습은 특별한 경우에 징수되는 봉건적 '부조'의 한 형태로 간주될 수 있다. 그래서 이를 'aide de l'ost'라 이르며 이 '부조'는 '네 가지 경우에 징수되는 부조'로 통칭된다.

도시공동체가 여러 가지의 자체사업을 위해 일종의 내부 징수제도를 정비해가는 과정을 논의하는 것은 본고의 목적에서 지나치게 벗어나는 일이다. 왕의 요구는 그 제도의 발전에 기여했으며 다른 한편으로 12세기 말부터 정착하기 시작한 도시의 분담금제도는 왕의 징수조직에 결코 가볍게 넘길 수 없는 중요한 역할을 했다는 사실을 언급하는 것으로 충분할 것이다. 바로 여기에서도 시민계급과 왕은—대개 비의도적으로—서로를 발전시킨다. 그렇다고 시민이나 다른 계층이 기꺼이 아무런 저항 없이 돈을 냈다고 생각해서는 안 된다. 이 비상시의 지원금이나 나중의 정기적 현금공

물, 즉 세금은 직접적 또는 간접적으로 강요받고 있다고 느끼지 않는 사
람이 아니라면 아무도 자발적으로 내지 않았다. 이 두 가지는 모두 한 사
회 내에서 집단들의 상호의존성이나 그들의 세력관계를 표현하고 있는 것
이다.

왕들은 아직은 강한 저항을 유발하려고 하지 않으며, 그렇게 할 수도 없
다. 왕의 기능이 지닌 사회적 힘은 아직 그 정도로 강하지 않다. 다른 한편
으로 왕은 자신의 기능과 자기주장을 위해 그리고 무엇보다도 지루하게 계
속되는 각축전을 재정적으로 지원하기 위해 그런 '지원금'의 형태로 조달할
수 있는 돈이 항상 필요하게 마련이고, 그 액수는 점점 늘어난다. 그들이
취하는 조치는 바뀐다. 왕의 대표자들은 이런 상황의 압력을 받고서 지속
적으로 그 해결책을 모색한다. 그들은 주요 부담을 도시계층에 지웠다가
다른 계층에 떠넘기기도 한다. 그러나 이런 고비를 넘기면서 왕권은 지속
적으로 강화되고, 이와 더불어 서로 촉진하면서 현금공물은 서서히 다른
성격을 얻게 된다.

1292년 왕은 매매한 모든 상품에 대해 1파운드당 1데니어(denier)의
세금을 요구하는데, 이는 구매자나 판매자 모두에게 해당된다. 당시 어떤
연대기 저자는 이를 "프랑스에서는 들어보지도 못한 종류의 강제징수"라
고 표현한다. 루앙에서는 돈을 걷던 왕실관료의 금고가 약탈당하는 일이
발생한다. 왕국에서 가장 중요한 두 도시인 루앙과 파리는 결국 일정한
금액을 주고 징수의 대상에서 제외된다.[원주45] 그러나 이 분담금은 '말
토'(mal-tôte)라는 기이한 이름으로 오랫동안 국민의 기억에 남게 되며,
그것이 야기한 저항은 관료들의 뇌리에서 오랫동안 떠나지 않았다.

그 이듬해 왕은 다시 부유한 부르주아지들로부터 강제로 돈을 차용한다.
이것 역시 강력한 반발에 부딪히자, 1295년에는 종전의 '부조'로 되돌아온

[원주45] Vuitry, 같은 책, 145쪽. 왕에게 점점 더 많은 돈이 필요하게 되면서 봉건영주의 권리
가 금전화되는 다른 형태는 왕과 그의 행정기구가 일정량의 돈을 대가로 농노를 해방시켜주
는 제도였다. Marc Bloch, *Rois et Serfs*(Paris, 1920)을 참조할 것.

다. 이제 제3계급을 위시한 모든 계급에게 분담금을 요구한다. 모든 상품의 100분의 1을 지불해야 한다는 것이다. 그러나 이 분담금 수입은 충분치 않았던 것 같다. 그 다음해에는 100분의 1에서 100분의 2로 액수가 증가한다. 이 세금에 타격을 받은 영주들의 분노가 극에 달했음은 말할 필요도 없다. 왕은 세속영주와 성직자들에게는 자신의 영지에서 들어오는 금액의 일부로 보상해주겠다고 천명한다. 왕은 그들에게 노획물의 일부를 나눠주는 셈이다. 그러나 이것으로도 그들을 완전히 진정시키지는 못한다. 특히 세속 봉건영주들, 즉 전사들은 자신들의 전통적 권리와 독립적 통치권 그리고 자신들의 사회적 실존 자체가 침해당했다고 강하게 느꼈다.

왕의 신하들이 곳곳에 밀고 들어와 예전에는 영주의 고유한 특권이었던 권리와 수입을 전유한다. 언제나 그렇듯이 여기에서도 현금공물은 "거의 쓰러질 지경의 상태에 가하는 마지막 일격"이었다. 1314년 필리프 공정왕이 플랑드르 출정을 위해 또다시 부조금징수 공고를 내걸고 거기다 작전의 실수까지 겹치자, 불만과 동요는 이제 공개적 저항으로 번진다. 그 당시 당사자 중 한 사람은 "우리는 이 '부조' 징수를 더 이상 참을 수 없다. 우리의 양심은 그것을 더 이상 견딜 수 없다. 그것을 내면 우리는 우리의 명예와 특권과 자유를 잃어버리게 될 것이다"라고 말한다.[원주46] 다른 동시대인은 이렇게 말한다.

프랑스와 특히 파리에서 듣도 보도 못한 새로운 종류의 부당한 착취와 볼품없는 징수는 새로운 경비지출을 메우기 위해 도입되었다. 그것은 플랑드르 전쟁을 위한 것이라고 말한다. 노예와 같은 왕의 자문위원들과 장관들은 물건을 사고파는 사람들이 판매가격 1파운드 당 6데니어를 지불하기를 원한다. 귀족들과 비귀족들은 …… 자신들의 자유와 조국을 수호하기로 맹세하면서 한자리에 모였다.

[원주46] P. Viollet, *Histoire des institutions politiques et administratives de la France*(Paris, 1898), vol.2, p.242.

실제로 그 분노와 충격은 너무나 강하고 보편적이어서 도시와 영주들이 서로 합세하여 왕에게 대항할 정도였다. 이것은 우리가 여러 집단들의 이해가 얼마나 다른지, 그들 간의 갈등이 얼마나 큰지를 읽어낼 수 있는 역사적 실험들 중 하나이다. 왕의 대표자들이 내건 경제적 요구사항에 의해 공동으로 위협받는 상황에서 또 그것이 모두에게 촉발시킨 분노로 말미암아 시민계급과 귀족의 연합이 가능해진 것이다. 그런데 이 연합이 지속적이고 효과적이었을까?

다른 국가, 특히 영국에서는 다른 사회적 구조로 인해 서서히 도시계층과 시골계층 간의 접근이 이루어지고 공동행위가 가능해져서 결국——그들 사이의 갈등과 적대감에도 불구하고——왕권의 제한에 적지 않게 기여하게 된다는 점을 앞에서 지적한 바 있다. 그러나 지금 여기에서 초보적 상태로, 나중에는 조금 더 발달한 형태로 등장하는 그런 연합은 계급들 간의 상호의존의 증가와 더불어 프랑스에서는 전혀 다른 형태로 전개된다. 계급들 간의 단결은 오래가지 못한다. 공동행위의 추진력은 상호불신으로 인해 불발로 그친다. "분노와 불만은 접근을 성사시킨다. 그러나 그들의 이해는 합의를 도출시키지 못한다."[원주47]

"Il sont lignée des lignée
Contrefaite et mal alignée."
(그들은 혈통 중의 혈통이다. 그렇지만 가짜이고 잘못된 줄이다)

이렇게 당시 노래는 연합세력에 대해 노래한다. 어쨌든 자의적으로 부과한 분담금에 대하여 일어난 폭력적인 대항은 왕의 관료들에게 깊은 인상을 새겨놓는다. 통치지역 내부에서 일어난 그런 소요는 외부 라이벌과의 경쟁전 자체도 위험하게 만들 수 있다. 당시 중앙군주의 사회적 위치는 세금과 그 한도를 혼자 정할 수 있을 만큼 아직 든든하지 않았다. 왕도 무언가를

[원주47] P. Viollet, 같은 책, 242쪽.

얻어내려면 그 계급들과 기회에 따라 협상도 벌이고 그들의 동의도 얻어내야 할 정도로 사회적 힘은 나누어져 있었다. 왜냐하면 '부조'는 어떤 구체적 목적을 위해 임시로 거두어들이는 공물이나 지원금 이상은 아니었기 때문이다. 그러던 것이 100년 전쟁을 치르면서 서서히 변화한다. 전쟁은 항구적이 되고 그와 더불어 부조는 중앙군주가 통치를 하는 데 필요한 수입이 된다.

27. "경제력을 확립하고 향상시키려고 애쓰는 왕정이 직면하는 투쟁은, 그 기도에 대한 장애물로서 왕정과 대립하는 사회적 세력 및 이해를 우리가 인식할 때에만 제대로 평가될 수 있다."[원주48] 이 문장은 실제로 조세권 독점의 사회적 발생기원을 지적하고 있다. 확실한 점은 왕도 그렇지만 왕과 대립하는 상대들도 투쟁의 한가운데에서는 어떤 새로운 제도가 생겨날 것인지 미리 내다보지 못한다는 것이다. 그들이 조세권을 확장하려는 의도를 처음부터 가지고 있었던 것은 아니다. 왕과 그 대표지들은 우선 경우에 따라 통치영역에서 되도록이면 많은 돈을 거두어들이려고 했을 뿐이다. 그들로 하여금 그렇게 만든 것은 앞에 산적해 있던 현안과제들과 지출들이었다. 어떤 개인이 세금이나 조세독점을 고안해내지는 않았다. 어떤 개인이나 몇 명의 개인들이, 이 제도가 자리를 잡아가는 수백 년의 기간 동안 확고한 계획에 따라 이 일을 추진해온 것은 아니다.

조세는 그 밖의 다른 모든 제도들처럼 사회적 관계의 산물이다. 그것은 ― 마치 힘의 평형사변형으로부터 발생하듯이 ― 여러 사회집단들과 그들의 이해대립으로부터 발생하여 결국 어느 정도의 세월이 흐른 후 부단한 사회적 힘겨루기 속에서 발달한 그 도구가, 관심을 가진 세력에 의해 점점 의식적으로 또 어느 정도 계획적으로 조직이나 제도로서 발전하게 된 것이다. 이런 식으로, 즉 사회의 점진적 전환과 그 내부의 세력이동과 함께 전쟁을 위해 바치거나 왕이 포로로 잡힐 경우 그의 몸값을 위해 또는 그의 아

[원주48] Vuitry, 같은 책, vol.3, p.48.

들이나 딸의 지참금을 위해 영주나 제후들에게 바치던 임시지원금이 정기적인 세금으로 변신한 것이다. 농경중심 사회에서 화폐 및 상업부문이 서서히 확장하고 특정한 영주가문이 넓은 지역을 통치하는 왕가로 변모하면서 봉건적 '비상부조금'(aide aux quatre cas)도 점진적으로 세금이 되는 것이다.

비상부조금에서 정기적 세금으로 전환되는 속도는 1328년부터, 더욱 뚜렷하게는 1337년부터 빨라진다. 1328년 왕국의 어느 특정한 지역에서 플랑드르 전쟁을 위한 직접분담금이 징수되고, 1335년 일련의 서부도시에서 전함을 사기 위한 간접분담금과 모든 매매에 대한 세금이 징수되며, 1338년에는 모든 왕정관료들의 급여가 원천징수되었다. 1340년에는 상품의 판매에 대한 세금이 다시 보편화되며, 1341년에 소금판매에 대한 특수세인 염세(塩稅)가 첨가된다. 1344년, 1345년, 1346년에는 이 간접과세를 계속 시행한다. 크레시(Crécy) 전투가 있은 후 왕의 관료들은 다시 개인적인 직접세를 거두지만 1347년과 1348년에는 다시 간접세의 형식, 즉 판매세로 되돌아온다. 이 모든 것은 일종의 실험이었다. 이 모든 세금들의 징수는 이미 말했듯이 왕의 출정을 지원하는 사회의 임시보조금에 해당하는 것이었다. 그것은 '전쟁지원금'(les aides sur le fait de la guerre)이었다. 왕과 관료들은 항상 금전요구는 적대행위의 종식과 더불어 중단될 것이라고 천명한다.[원주49] 신분계급의 대표자들은 기회가 있을 때마다 강조하곤 했다. 즉 그들은 가능하다면 부조(Aide)에서 흘러들어오는 돈이 실제로 전쟁목적을 위해 사용되는지를 통제할 수 있는 권한을 가지고 싶다는 것이다. 적어도 샤를 5세 때부터 왕들은 이 요구사항을 엄격히 지키지 않았다. 그들은 부조의 출납권을 가지고 있으며 그들에게 필요하다고 여겨지면 자신의 가계를 위한 경비를 그 돈에서 사용하기도 하고 자신이 총애하는 신

[원주49] G. Dupont-Ferrier, *La Chambre ou Cour des Aides de Paris, Revue historique*, vol.170(Paris, 1932), p.195. 이에 관해 그리고 앞의 논의에 관해서는 같은 저자의 *Etudes sur les Institutions financières de la France*, vol.2(Paris, 1932)를 볼 것.

하들에게 하사금을 내리기도 했다.

이런 발전과정, 즉 왕의 금고로 돈이 유입되고 이 돈으로 군대가 설립되는 발전과정은 서서히 중앙기능의 엄청난 강화로 이어진다. 귀족을 위시한 모든 신분계급들은 물론 힘 닿는 데까지 중앙권력의 권력상승을 저지하고자 한다. 그러나 벌써 여기에서도 그들의 이해관계는 다양하기 때문에 공동대항은 약할 수밖에 없다. 전비지출을 위한 왕의 징수요구를 거부하기에는 그들 모두가 전쟁으로 너무나 막대한 타격을 입고 있었고 영국인을 성공적으로 퇴치하는 데 너무나 큰 관심을 가지고 있었던 것이다. 게다가 그들 간의 강한 적대감이 지역적 차이와 함께, 왕의 금전요구를 제한하거나 그 돈을 통제하려는 목적의 공동행위뿐만 아니라 군사적 조직화의 업무에 그들이 직접 참여하는 것 역시 방해했다. 외부의 위협은 통합과 상호의존도가 비교적 낮은 수준에 있는 사회의 사람들을 최상부의 조정자인 왕과 그의 통치기구에 지나치게 의존하게 만들었던 것이다. 따라서 그들은 매년 끝도 안 보이는 전쟁을 위한 '특수지원금'이 왕의 이름으로 공고되어도 그대로 보고 있을 수밖에 없었다.

마침내 선량왕 장(1350~1364)이 푸아티에 전투에서 포로로 잡힌 후 영국인들이 요구한 막대한 석방금을 지불하기 위해 1년이 아닌 6년 동안의 세금이 부과된다. 항상 그렇듯이 우발적인 큰 사건은 오래 전부터 사회의 구조 안에 이미 준비되어 있었던 것을 단지 촉진시키는 촉매역할을 한다. 실제로 이 세금은 그 후 6년 동안이 아니라 20년 동안 지속적으로 부과되었으며, 우리는 이로 미루어 시장구조는 이미 이런 세금에 어느 정도 적응했으리라 추측할 수 있다. 게다가 왕의 석방금 명목으로 판매세를 거두어들였고 다른 목적을 위한 세금들도 계속 부과된다. 1363년에 직접적인 전비를 충당하기 위한 직접세, 1367년에 포악한 병정들에 의한 강도짓을 막기 위한 다른 직접세, 1369년에 전쟁을 다시 시작하면서 부과한 새로운 간접세와 직접세 등이 그것들인데, 그 중에는 특별한 증오의 대상이었던 '호별세'(fouages)도 들어 있었다.

"이것들은 물론 아직은 봉건적 부조의 성격을 띠고 있지만 보편적이고도 일괄적으로 왕실의 영지 안에서뿐만 아니라 왕국전체에서 별도의 중앙화된 행정조직의 감시하에 부과된다는 것이 달랐다."[원주50] 실제로 부조가 서서히 항구적 현상이 되어가던 100년 전쟁 동안 이 '특수세'——예나 지금이나 이렇게 불린다——의 징수와 재판권 행사를 전담하는 특수한 직책이 서서히 생겨난다. 처음에 그들은 부조를 책임지고 있는 지방의 군대를 감시하던 몇 명의 재정감독관(Généraux sur le fait des finances)들을 대표로 한다. 그 후 1370년에 두 명의 최고행정자가 각각 일을 나누어 맡는데, 한 사람은 재정문제를 담당하고 다른 사람은 부조징수에서 발생하는 법적 문제의 처리를 맡고 있었다. 이것은 나중에 앙시앵 레짐 내내 조세행정의 가장 중요한 기관 가운데 하나였던 지원국(Chambre oder Cour des Aides)의 초기 형태였다.

그러나 1370년에서 1380년까지 이 제도는 아직 형성중에 있었다. 확고한 형태가 결여되어 있었던 것이다. 그것은 우선 여러 다양한 사회적 세력 중심지들이 끊임없이 자신들의 힘을 겨루어보고 시험해보는 공개적이거나 은밀한 투쟁 중 한 시도였다. 또한 이 제도의 모습은, 안정되어가는 다른 많은 제도들처럼 그 발생원인이었던 사회적 세력 게임에 대한 기억을 불러일으켜준다. 왕정이 각계 국민들의 저항에 부딪혀 세금을 줄여야 할 때마다 이 관청의 기능 역시 후퇴한다. 그것의 존립과 발전과정은 귀족과 성직자 및 도시계층들과의 관계에서 중앙기구와 중앙기능이 차지하는 사회적 힘을 측정할 수 있는 정확한 척도인 것이다.

샤를 5세 치하에서는 이미 말했듯이 '전쟁지원금'은 전쟁만큼이나 항시적인 현상이 된다. 그것은 전쟁으로 인한 황폐화, 화재나 상거래의 손실, 그리고 특히 먹을 것을 요구하고 강제로 빼앗기도 하는 군대의 행진 등으로 인해 빈곤해진 국민들에게 가해지는 부담이었다. 왕이 요구하는 세금은 그만큼 더 그들을 짓눌렀다. 그만큼 더 국민들은 그것을 예외가 규칙이 되어

[원주50] Léon Mirot, *Les insurrections urbaines au debut du régne de Charles VI*(Paris, 1905), p.7.

버린, 전통에 반하는 어떤 것으로 느끼게 된다. 샤를 5세가 살아 있는 동안 이런 감정은 가시적으로 표출되지는 않았다. 침묵 속에서도 고통은 자라나고 그와 함께 불만도 커진다. 그러나 왕도 나라 안에서 팽팽하게 감도는 긴장감, 특히 세금에 대한 억눌린 불만감 등을 인식하고 있었던 것 같다. 또한 그는 노회한 자신 대신 미성년인 아들이 서로 암투를 벌이고 있는 친척들을 후견인으로 하여 왕위에 오른다면, 이런 분위기가 돌변하여 발생할 위험을 깨달았을 것이다. 그리고 미래에 대한 이런 불안감에 양심의 가책과 같은 것이 결합되었을 것이다. 물론 왕은 자신의 관료들이 해마다 거두어들인 세금이 불가피하다고 생각했다. 그러나 그것으로부터 이익을 취하고 있는 그조차도 이 세금에는 불의의 냄새가 난다고 생각했음에 틀림없다.

어쨌든 1380년 9월 16일 그는 죽기 몇 시간 전에 칙령을 내리는데, 그 골자는 가장 무겁고 미움받는 세금, 즉 부자나 가난한 자나 할 것 없이 동일하게 부담을 주던 주민세를 폐지한다는 것이었다. 이 명령이 왕의 죽음으로 발생할 상황을 얼마나 정확하게 예측했는지 곧 만천하에 드러난다. 중앙기능은 약화되고 억압되었던 갈등은 폭발한다. 죽은 왕의 친척들, 특히 라이벌 관계였던 앙주의 루이와 부르군트의 대담한 필리프는 주도권을 놓고 그리고 더욱 중요한 것으로서 왕의 재산에 대한 통제권을 놓고 서로 싸운다. 도시는 세금에 반대해 폭동을 일으킨다. 국민들은 부조를 징수하는 왕실관료들을 쫓아낸다. 부유한 도시민들도 도시 하류층의 격앙된 분노를 환영했다. 양측의 요구는 여기서 일치했던 것이다. 1380년 11월 다른 도시의 대표자들과 파리에서 회합을 가진 도시의 유력자들은 세금의 폐지를 요구한다. 앙주 공작과 왕의 총리는 아마 이 압력에 못 이겨 그들의 요구를 들어준다고 약속했을 것이다. 1380년 11월 16일 왕명으로 새로운 법령이 제정되는데 이것으로 "우리의 국민들에게 그토록 커다란 고통을 준 모든 호별세, 소금세, 4분의 1세와 8분의 1세, 그리고 전쟁명목으로 부과되는 모든 지원금과 다른 종류의 보조금"은 폐지된다.

지난 10년 간의 재정체계, 1358년과 1359년 그리고 1367년과 1368년에 걸쳐 이루어진 정복이 희생되었다. 왕국은 거의 1세기 뒤로 후퇴했다. 그것은 100년 전쟁이 시작하던 때로 되돌아간 셈이었다.[원주51]

아직 정지하지 않고 돌아가는 힘의 체계처럼 사회는 권력분배를 위한 투쟁에서 여러 극들 사이에서 우왕좌왕하고 있었다. 아직 왕이 어린아이이고 친척들과 신하들에게 완전히 의존하고 있었지만, 그럼에도 불구하고 중앙기구와 왕의 기능이 비교적 짧은 시간 안에 종래의 위치를 회복한다는 사실은 그 당시 그것이 실제로 지니고 있던 사회적 힘이 얼마나 큰가를 말해 준다. 그 이후 샤를 7세 때 극명하게 드러나는 것이 여기에서도 어느 정도 감지된다. 즉 이런 구조와 이런 상황의 프랑스 사회에서 왕의 기능에 주어져 있는 기회는, 설사 왕이 개인적으로 약하고 중요하지 않다 하더라도 왕권의 사회적 힘을 증가시킬 수 있을 정도로 커진 것이다. 여러 사회적 기능 간의 교류와 협동을 유지시킬 수 있는 최고조정자에 대한 여러 집단들과 계층들의 의존성은 그들간의 상호의존성이 커지면서 더불어 증가하고, 전쟁 위험의 압력하에서 더더욱 증가한다. 그러므로 이들은 외적과의 전쟁에서 공동의 이해를 대변하는 자, 즉 왕과 그 대표자들에게 자의적으로 또는 강제적으로 전쟁에 필요한 수단을 내줄 수밖에 없는 것이다. 그러나 그렇게 함으로써 그들은 동시에 왕권에게 자신들을 지배할 수 있는 수단도 쥐어준 셈이었다.

1382년과 1383년에 왕정은, 다시 말하면 왕을 위시하여 그의 친척들과 자문위원들과 신하들 그리고 어떤 형태로든 통치장치에 소속되어 있는 사람들은 저항의 본거지인 도시에 자신들이 필요하다고 생각되는 세금을 강요할 수 있는 입장에 다시 서게 된다.

세금문제는 1382년 도시폭동의 주요 쟁점이다. 그러나 매번 그렇듯이 세금과 중앙기구가 요구하는 부담분배를 둘러싸고 벌어지는 투쟁에서 전

[원주51] L. Mirot, 같은 책, 37쪽.

체의 권력분배 및 통치분배의 문제가 시험되고 결정된다. 세금의 인상과 분배의 결정에 참여하려는 목표, 그리고 궁극적으로는 통치기구의 통제권을 확보하려는 목표는 당시 도시의 유력자들이 상당히 의식적으로 추구한 것이었다. 신분의회의 다른 계층 대표자들도 동일한 방향을 추구하기는 했다.

도시의 중하류층의 지평은 좀더 제한되어 있었다. 그들은 무엇보다도 그들을 짓누르는 부담으로부터 벗어나고 싶다는 것 외에 달리 바라는 게 없었다. 설사 나라의 중앙기구에 대한 관계에서 도시의 여러 집단들이 반드시 서로 적대적 입장을 취하지는 않았다 해도, 그들의 목표는 이 방향에서 항상 동일하지는 않았다. 도시의 테두리 안에서는 문제가 달랐다. 여기에서 도시의 여러 집단들의 이해는 상호 밀접한 연관관계에도 불구하고, 바로 그것으로 인해 서로 반대방향으로 달리고 있었다.

도시공동체는 그 당시 이미 상당히 복합적인 조직이었다. 그 안에는 이미 특권 상류층, 즉 원래의 부르주아지가 형성되어 있었고 이는 도시의 관직들과 도시재정에 대한 그들의 독점적 통제권에서 분명하게 표현된다. 또한 중산층이 있는데, 이들은 일종의 소시민계급으로서 좀더 작은 재산을 소유하고 있는 수공업자나 상인 등이 이에 속했다. 마지막으로 '민중'으로 불리는 도제와 노동자 무리가 있었다. 여기에서도 세금은 그들의 상호의존과 대립을 특히 분명하게 드러내는 매듭이다. 분명한 의사를 표현하는 경우, 이들 중소 집단들은 직접세나 가진 재산의 정도에 따라 차등으로 부과되는 세금을 원한 반면 도시의 상류층은 간접세나 동등 과세를 선호했다.

항상 그렇듯이 세금에 대한 민중들의 분노와 폭동의 첫 물결은 도시 상류층에게 못마땅한 것이 아니었다. 도시 상류층은 이 운동이 왕이나 지방 영주에 대한 자신들의 반대입장을 강화하는 한 그것을 지원했다. 그러나 폭동은 곧 도시의 재산가들에게로 화살을 돌린다. 도시 유력자들이 높은 차원에서 국가통치에 자신들도 참여시켜달라고 요구하는 것처럼, 폭동은 곧 도시의 관직에 대한 자신들의 몫을 주장하는 중류층과 시민귀족의 지배층 사이에 도시행정을 놓고 벌어지는 투쟁으로 비화된다. 도시 상류층은 도피하거나 스스로를 방어한다. 그리고 결국 투쟁의 이 단계에서 왕실군이 당도하는 것은 그들에게 구조를 의미했다.

여기서 여러 도시들의 투쟁과 봉기를 자세하게 추적하지는 말자. 어쨌든 그것은 왕정의 중앙기구에 무게를 실어주는 것으로 끝난다. 세금을 거부했던 반란의 주모자들은 사형당했고 다른 이들은 무거운 벌금형에 처해졌다. 파리에서는 왕의 성채와 요새가 강화되고 새로 건축되었으며 '왕실근위병'(gens d'armes)으로 채워졌다. 그리고 도시의 자유는 제한되었다. 그 때부터 지역의 도시행정은 점점 더 왕실관료들의 관할하에 들어가게 되며 결국 왕정기구의 중요한 기관으로 변하게 된다. 이로써 시민계급의 상층부가 차지하고 있는 중앙통치기구의 위계사다리는 장관직이나 최고위 사법직으로부터 시장이나 조합장에까지 이른다. 그리고 징세문제는 이와 비슷한 방향에서 매듭지어진다. 그 문제는 이제 중앙에서 하달되는 명령사항이 된다.

이 힘겨루기가 그렇게 빨리 또 그렇게 단호하게 중앙기능에 유리한 방향으로 마무리된 까닭을 살펴보면, 우리는 여기서 자주 언급되던 그 사실에 직면하게 된다. 즉 그것은 중앙기능에게 힘을 제공해주던 강한 적대관계, 즉 사회의 여러 집단들 간의 적대관계인 것이다. 시민계급의 상류층과 세속 영주들 및 종교적 영주들의 관계만이 껄끄러웠던 것이 아니라 그들과 도시 하류층과의 관계도 긴장감이 감돌았다. 여기에서 중앙군주들을 도와준 것은 무엇보다도 도시계층들 간의 분열이었다. 그것 못지않게 중요한 요인으로 작용한 것은 왕국의 도시들 사이에도 긴밀한 협조가 이루어지지 못한다는 사실이었다. 물론 여러 도시들의 공동대처 경향은 약하게나마 있긴 있었다. 그러나 공동행위로 발전하기에는 당시 사회통합의 수준이 충분히 높지 않았다. 여러 도시들의 관계는 어떤 의미에서 여러 제후국들의 관계와 비슷했다. 게다가 도시들도 서로 경쟁하고 있었다.

이를 이용하여 왕의 대표자들은 플랑드르 도시들과 홀가분하게 싸우기 위해 우선 파리와 휴전협정을 맺는다. 이런 식으로 한 쪽이 보장되자, 그들은 플랑드르의 도시 폭동을 성공적으로 진압한다. 그 다음 그들은 루앙의

폭동, 그리고 파리의 폭동을 차례차례 분쇄한다. 그들은 하나하나의 도시
와 차례로 상대하여 승리한다. 사회적 분열뿐만 아니라 지역적 분열——어
떤 한계 내에서 그리고 일정 정도의 상호의존을 배제하지 않는——이 중앙
기능을 강화시키는 것이다. 모든 국민들이 힘을 모아 저항한다면 왕정도
손을 들 수밖에 없을 것이다. 그러나 하나하나의 계층, 하나하나의 지역과
따로 마주한다면 전국에서 힘을 끌어모을 수 있는 중앙기능이 당연히 강자
였다.

사회의 각 부분들은 계속해서 중앙기능의 증가하는 힘을 제한하거나 약
화시키려고 시도한다. 그러나 흔들렸던 사회의 평형상태는 매번 동일한 구
조적 법칙에 따라 얼마 후 다시 왕정에 유리하게 복귀하며 이런 식의 힘겨
루기는 항상 중앙군주의 통제권을 한 단계 더 강화시켜준다. 왕에게 바치
는 현금공물인 세금은 잠정적으로 폐지되거나 잠시 동안 줄어든다. 그러나
그것은 곧 다시 부활된다. 이에 맞추어 세금의 관리와 징수를 책임지는 관
직들도 사라졌다가 다시 생겨난다. '지원국'(Chambre des Aides)의 역사
는 예컨대 이런 식의 혼란과 급격한 변동으로 가득 차 있다. 1370년에서
1390년에 이르기까지 그것은 여러 차례 연이어 재등장한다. 그 후 1413
년, 1418년, 1425년, 1462년, 1474년에 이 제도는 어떤 역사가가 기록했
듯이 "삶과 죽음의 과도한 반복, 예측불가능한 부활"[원주52]을 경험하다가 결
국 왕정의 행정기구라는 확고한 제도로 변신한다.

설사 이런 변동 속에 높은 차원의 사회적 힘겨루기만이 반영되는 것은
아니라 하더라도 한 제도의 생사가 반복되는 과정에서 왕 기능의 사회적
발생사 그리고 독점조직 자체의 형성과정에 대한 어떤 이미지를 얻어낼 수
있다. 그것은 이 모든 기능들과 조직들이 장기적 계획에서 개인의 의도적
창조물로서 탄생하는 것이 아니라는 것을 보여주며, 수천의 작은 단계들과

[원주52] G. Dupont-Ferrier, *La Chambre ou Cour des Aides de Paris*, 같은 곳,
202쪽. 그리고 A. Petit-Dutaillis, *Charles VII, Louis XI, et les premières
années de Charles VIII*(Lavisse, Hist. de France, IV, 2)(Paris, 1902).

시행착오를 거쳐 사회세력들 간의 부단한 부딪침으로부터 탄생한다는 것을 명료하게 보여준다.

28. 개별적인 왕들의 행위와 개인적 힘의 전개는 왕의 기능 자체가 처한 상황에 전적으로 달려 있다 해도 과언이 아니다. 샤를 7세의 재위 기간만큼 이를 분명히 보여주는 때도 드물 것이다. 그는 개인적으로 볼 때 특별히 강하지도 않았다. 그는 위대한 인물도 아니고 강한 인물도 아니었다. 그럼에도 불구하고 영국인을 영토에서 몰아내고 난 후 왕권은 그의 재위 동안 점점 더 강해진다. 왕은 그의 개인적 면모와는 전혀 다르게 승전한 군지휘자로서 국민 앞에 서게 된다. 전쟁 동안 나라의 모든 재정적·인적 자원들은 중앙권력의 손에 집중되었다. 군체계의 중앙집중화, 세금에 대한 독점적 사용권은 한발 앞으로 진전했다. 외적은 물리쳤지만 군대는, 적어도 그 일부는 아직 건재하다. 전쟁에 지쳐 있는 국민들이 오직 하나, 평화만을 희구하는 상황에서 그의 요구에 저항하려는 신분계급들의 시도가 애초에 가망 없어 보일 정도로 군대는 왕에게 압도적인 권력을 부여했다. 이런 상황에서 왕은 1436년, 국가는 그에게 무기한 부조를 승인했으며 조세의 결정을 위해 먼저 신분의회를 소집하지 말아달라고 요청했다는 것을 천명한다. 신분의회에 참석하기 위한 여행경비는 국민에게 과도한 부담이라는 것이 그의 설명이었다.

이런 정당화는 물론 전혀 근거가 없다. 신분의회를 배제하는 이 조치 자체는 왕권의 사회적 힘에 대한 단순한 표현일 뿐이다. 이 힘은 전쟁 동안 실제로 지속적 현상이 되어버렸던 부조가 이제 상설제도로 선포될 수 있을 정도로 강해졌다는 것이다. 그리고 이 힘은 이제 왕이 분담금의 규모와 종류를 정하는 데 납세자와 의논할 필요가 없다고 생각할 만큼 확실해진 것이다. 물론 이미 언급했듯이 신분계급의 저항은 되풀이된다. 또한 신분의회의 금지와 왕의 독재권 행사가 일련의 힘겨루기 없이 순탄하게 정착한 것도 아니다. 그러나 이 힘 대결은 사회분화와 통합이 진행되던 이 시기에는 불가피하게 중앙군주의 힘은 자랄 수밖에 없다는 사실을 언제나 재확인시켜준다.

세금에 대한 중앙기능의 통제권을 보장해주고 강화시켜주는 것은 중앙의 손에 집중된 군사력이며 반대로 물리적 폭력행사, 즉 군사권의 독점을 가능하게 하는 것은 중앙화된 조세권인 것이다. 이 두 권력수단은 서로를 한 걸음 한 걸음 위로 끌어올려주며, 결국 어느 한 지점에 달하면 이 과정에서 얻어진 중앙기능의 우월한 힘은 경악과 분노에 치를 떠는 동시대인들의 눈앞에 적나라하게 드러난다. 어떤 다른 서술보다 동시대인의 목소리는 이 모든 것들이 전혀 새로운 것으로서 영문도 모르는 사람들에게 갑자기 닥쳐왔다는 사실을 우리에게 생생하게 전해준다.

샤를 7세하에서 중앙기구가 신분의회의 동의 없이 항구적으로 세금을 공고하고 징수하기 시작하자 쥐브날 데 쥐르신(Juvenal des Ursines), 랭스 대주교는 왕에게 서한을 보낸다. 그 내용을 일부 번역하면 다음과 같다.[원주53]

폐하의 선왕들께서 종군을 준비할 경우 세 신분계급을 모두 소집하는 것은 관례에 속했습니다. 그분들은 교회 관계자와 귀족들 그리고 평민들을 그들의 도시 중 한 곳으로 모이게 하셨습니다. 그러면 그분들은 직접 나오셔서 상황이 어떤지, 적에게 대항하려면 무엇이 필요한지 설명하고, 자신이 어떻게 전쟁을 수행할 것인지를 협의하게 하며 이 협의에 따라 세금으로 그를 도와줄 것을 요구하셨습니다. 당신이 그런 논의는 당신의 위신을 손상시킨다고 느낄 정도로 신과 행운이 ——이는 변할 수 있습니다——당신의 편에 서 있다는 것을 깨달을 때까지 당신은 그런 절차를 지

[원주53] Viollet, 같은 책, vol.3 (Paris, 1903), p.465. 그리고 Thomas Basin, *Histoire des règnes de Charles VII et de Louis XI*, ed. by Quicherat(Paris, 1855), vol.1, p.170ff를 참조할 것. 재정조직에 관한 세부사항을 알려면 G. Jacqueton, *Documents relatifs à l'administration financière en France de Charles VII à François Ier.(1443~1523)*(Paris, 1897)를 참조하라. 특히 문답형식으로 된 No.XIX, Le vestige des finances (미래의 재정관리들을 위한 지침서?)를 보라.

키셨습니다. 이제 당신은 부조를 부과하고, 당신의 영지에 있는 세 계급의 동의 없이 부과할 수 있는 왕실령의 세금처럼 그것을 징수하도록 내버려두십시오.

예전에 …… 이 왕국은 '프랑스 왕국'(Royaume France)이라 불렸고, 그것은 정당했습니다. 왜냐하면 사람들은 자유(francs)로웠고 모든 자유를 (franchises et libertés)를 누리고 있었기 때문입니다. 오늘날 그들은 강제로 세금을 징수당하는 노예들에 불과합니다. 왕국의 주민들을 살펴보면, 지금은 예전에 있던 사람들의 10분의 1 정도밖에 살고 있지 않습니다. 저는 당신의 권력이 줄어들기를 원치 않습니다. 저는 오히려 적으나마 제 능력을 다해 그것을 늘려드리고 싶습니다. 제후들도 특별한 경우에, 특히 왕국이나 공동체의 일을 수호하기 위해 신하들로부터 갹출하고 지원금을 징수할 수 있는데 하물며 당신의 경우는 말할 것도 없다는 점은 분명합니다. 그러나 그는 합리적 방법으로 그 일에 대해 의논해야 합니다. 나의 과제는 그의 것이 아닙니다. 사법행정의 문제에서는 당신이 주권자이며 그것이 당신의 관할분야일 수 있습니다. 그러나 영지의 소득문제에 관한 한, 당신은 당신의 영지를 가지고 있고 모든 개인은 각자 자신의 토지를 소유하고 있습니다(다른 말로 표현하면 왕은 자신의 영지 수입으로만 살 것이지 전국의 세금에 대한 주권적 권한을 부당하게 차지해서는 안 된다는 뜻이다-저자). 그런데 오늘날에는 신하들로부터 조금 얻어가는 것이 아니라 그들의 고혈을 짜내고 있습니다.

다른 곳에서 주교는 자신의 분노를 숨김 없이 표현하고 있다.

자신의 권력을 마음대로 휘두르고 반만이라도 신하들의 이익을 위해 사용하지 않는 자는 그 권력을 빼앗겨도 할 말이 없습니다. …… 부탁건대 당신이 신하들의 육체에서 짜내는 지원금에서 쏟아져들어오는 풍부하다 못해 넘쳐흐르는 돈이 당신의 영혼을 망치지 않도록 조심하십시오. 인간이란 동물의 머리가 자신의 심장과 손과 발을[역주7] 파괴한다면 그것이 독재가 아니고 무엇이겠습니까.

그 때부터 그리고 오랫동안 왕의 기능에 대한 공적 성격을 지적하는 사람들은 신하들이다. '공적 사안'이나 '조국' 또는 '국가'라는 말도 제후와 왕들의 반대편에서 사용되던 표현들이다. 중앙군주들은 이 당시 독점권을 가지고 있었는데, 특히──쥐브날 데 쥐르신이 말하듯이──영토의 조세권을 마치 사유재산인 것처럼 통제하고 있었다. 반대편이 사용하는 조국이나 국가라는 말에 대한 대답의 의미에서 어떤 왕이 했다고 전해지는 말, "짐은 국가이다"를 이해할 수 있을 것이다.

이런 식의 발전방향에 대한 놀라움은 프랑스인들에게만 국한되는 것이 아니다. 프랑스에서 나타나고 있는 정권, 그리고 언젠가 유사한 구조를 근거로 거의 모든 유럽국가들에서 등장할 중앙기구와 중앙기능의 견고성과 막강한 힘은 15세기에는 프랑스인이 아닌 관찰자에게 전대미문의 놀라운 일이었다. 당시 베네치아 사신의 보고서를 읽어보면, 당시 프랑스에 나타난 정부의 형태가 이런 일에 식견이 높고 경험이 풍부했던 관찰자에게도 얼마나 낯선 것이었는지 대략적인 인상을 얻을 수 있다.

1492년 베네치아 공국은 두 명의 사신을 파리로 보내는데, 공식적으로는 샤를 8세와 안나 브르타뉴의 결혼식에 파견한 축하사절이었지만 실제로는 프랑스가 이탈리아의 어디에 어떻게 권력의 손길을 뻗칠 것인지를 알아내고 더 나아가 일반적으로 프랑스의 상황은 어떠한지, 재정은 어떻게 운용되고 왕과 그의 관료들은 어떤 사람들이며 어떤 생산물을 수입·수출하는지 또 어떤 당파들이 있는지에 관한 정보를 수집하는 것이었음은 두말할 나위도 없다. 한마디로 사신들의 임무는 베네치아가 정치적으로 현명하게 행동하기 위해 필요한 모든 정보를 얻어내는 것이었다. 여기서 일시적 제도였던 사절단의 왕래가 정기적 제도로 자리잡는다는 것은 유럽국가들의 상호관계가 이 당시 서서히 긴밀해진다는 것을 말해준다.

[역주7] 성직자와 무사와 평민을 상징적으로 표현한 것.

이에 따라 그들의 보고서에는 특히 프랑스 재정과 그 절차에 대한 자세한 서술이 들어 있다. 사신들은 왕이 매년 약 360만 프랑의 수입이 있다고 추정했다. 그 중 "140만 프랑은 특별부과금이었다가 정상부과금으로 변한 것이다". 왕의 지출은 대략 660만 프랑 내지 730만 프랑으로 사신은 추측하고 있다. 여기서 발생하는 적자는 다음과 같은 방식으로 메워진다.

매년 1월 각 지역의 재정책임자들이 ──즉 원래의 왕실영지인 도피네, 랑그도크, 브르타뉴와 부르군트의 책임자들── 모여 다음해에 들어올 수입과 필요한 지출을 계산합니다. 이들이 우선적으로 계산하는 것은 지출이며, 지출과 예상수입 간의 적자를 메우기 위해 왕국의 모든 지방들에게 보편적인 세금을 부과합니다. 고위성직자나 귀족들은 이 세금을 내지 않고 단지 평민들만이 이를 부담합니다. 차기년의 지출이 얼마든 상관없이 이런 방식으로 정상수입과 세금은 그 금액만큼 들어오게 됩니다. 이 기간 동안 전쟁이나 예기치 않게 지출할 일이 발생하면 이 평가액은 충분치 않게 되고 그러면 다른 세금을 부과하거나 연금을 삭제·인하하기 때문에 어떤 경우에도 필요한 금액은 조달됩니다.[원주54]

이제까지 우리는 종종 조세독점권의 형성에 대해 말해왔다. 우리는 이 베네치아 사신들의 보고서를 통해 이런 발전단계에서 그것의 형태와 기능에 대한 정확한 모습을 알아낼 수 있다. 우리는 이 서술에서 절대주의 구조의, 그리고 어느 정도까지는 '국가' 구조의 가장 중요한 특성 하나와 마주치게 된다. 그것은 지출이 수입보다 우선된다는 것이다. 개인들은, 특히 시민사회의 개인들은 사회가 발전하면서 수입에 따른 지출을 점점 더 습관화했다. 사회 전체의 재정에서 지출은 고정되어 있다. 이에 따라 수입, 즉 조세

[원주54] Eug. Albèri, *Relazioni degli Ambasciatori Veneti al Senato*. 1 series, vol.4(Florenz, 1860), p.16(*Relazione di Francia di Zaccaria Contarini*, 1492).

독점권을 토대로 사회의 각 구성원들에게 요구하는 세금의 규모가 결정된다. 이것 역시 개인의 관계로부터 발생하는 전체가 개인과는 상이한, 개인으로부터 출발해서는 이해할 수 없는 구조특성과 법칙을 가지고 있다는 것을 명확하게 보여주는 보기이다.

이런 사회의 중앙이 필요로 하는 금전수요에 가해지는 유일한 제한은, 전체사회의 세금부담능력과 조세독점권을 가진 군주 간의 관계에서 각 집단이 차지하는 사회적 힘이다. 훗날 독점행정이 광범한 시민계층의 통제하에 놓이게 될 때, 전체사회의 재정은 관리의 자격으로 중앙의 독점기구를 다스리는 개인들의 가계와 단호하게 분리된다. 전체사회, 즉 국가는 세금청구, 즉 수입을 사회적으로 필수불가결한 지출에 따라 정할 수 있고 정해야만 한다. 왕은 다른 모든 개인들처럼 행동해야 한다. 그들도 정해진 금액을 받게 되고 지출을 수입에 맞춰야 하는 것이다.

그러나 막 독점권이 정착하던 초기에는 상황이 달랐다. 왕실가계와 국가재정이 분리되지 않았다. 왕들은 요구 세액을 전쟁을 위한 것이든 궁정의 건축이나 총신들에게 내리는 선물이든 간에 자신이 필요하다고 생각하는 지출에 맞춘다. 통치의 핵심적 독점권은 아직 여기에서는 개인적 독점의 성격을 띠었다. 그러나 우리의 관점에서는 사회적 또는 공적 독점이 형성되던 과정에서 첫 단계인 것이지만, 이는 1500년경의 베네치아 사신들에게는 마치 이민족의 낯선 의례나 관습을 보듯이 호기심 어린 눈으로 관찰할 만한 이색적인 것으로 여겨졌다.

그들 자신의 나라에서는 전혀 다르기 때문이다. 베네치아의 최고행정당국이 지닌 권한은 중세 제후들의 것처럼 여러 지역들과 신분계급들의 자치권과 자치단체로 인해 극도로 제한되어 있었다. 베네치아 역시 광범한 통치영역의 중심이다. 다른 자체공동체들은 자의적 또는 강제적으로 그 지배하에 들어왔다. 그러나 종속되어 있는 공동체들에 대해서는 자신들이 베네치아의 영토로 합병되는 조건으로 "자문위원회 다수의 동의 없이는 새로운 세금을 징수할 수 없다"[원주55]는 조항이 들어가 있다. 프랑스에서 일어나고 있는 변화는 랭스 대주교의 말보다 외부인인 베네치아 사신들의 무미건조한 보고서에서 더 뚜렷하게 표현되고 있다.

1535년 베네치아 사신들의 보고서에는 다음의 내용이 들어 있다.

왕이 군사적으로 강하다는 사실 외에 그는 국민의 복종심으로 돈을 수중에 넣습니다. 왕 전하는 보통 250만 프랑의 수입을 가지고 있습니다. 나는 '보통'이라고 말하는데, 그 까닭은 그가 원하면 세금을 인상할 수 있기 때문입니다. 그가 국민들에게 부과하는 부담이 얼마이든 그들은 줄이지 않고 그대로 지불합니다. 그러나 나는 이 측면에서 이 부담의 대부분을 지고 있는 농촌주민들은 아무리 하찮은 세금인상이라도 견뎌낼 수 없을 정도로 가난하다는 사실을 말하고 싶습니다.

1546년 베네치아 사신 마리노 카벨리(Marino Cavelli)는 프랑스에 관해 정확하고도 상세한 보고를 하고 있는데, 넓은 안목을 가진 제3자의 눈에 그 국가의 정부형태가 지닌 특성들이 어떻게 비치는지 특히 분명하게 드러난다.[원주56]

[원주55] L.v.Ranke, *Zur venezianischen Geschichte*(Leipzig, 1878), p.59 and H. Kretschmayr, *Geschichte v. Venedig*(Stuttgart, 1934), p.159ff.

[원주56] Eug. Albèri, *Relazioni degli Ambasciatori Veneti*, 1. series, vol. 1 (Florenz, 1839), p.352.
　프랑스 최초의 절대주의 군주들은 이탈리아 도시국가의 제후들에게서 많이 배웠다는 점이 종종 지적되었고 이는 분명 정확한 사실이다. 예를 들면 Gab. Hanotaux, *Le pouvoir royale sous François Ier, in Etues historiques sur le XVIe et le VIIe siècle en France* (Paris 1886), p.7ff에는 다음의 내용이 들어 있다. "로마와 베네치아 공국의 궁정도 외교와 정치의 새로운 원리를 확산시킬 수 있는 충분한 힘을 가지고 있었다. 그러나 실제로 반도를 나누고 있는 무수한 국가들 중에서 모범적 사례가 될 수 없었던 국가는 하나도 없었다. …… 유럽의 여러 왕국들은 나폴리, 피렌체, 페라라(Ferrara)의 군주나 참주들의 궁정에서 훌륭한 가르침을 받았다."
　분명히 구조적으로 비슷한 과정이 우선 조그만 지역에서, 그 다음 큰 지역에서 일어났으며 큰 지역의 지도자들은 어느 정도까지 작은 지역의 조직에 대한 지식을 습득함으로써 득을 보았다. 그러나 이 경우에도 좀더 면밀한 구조사적 비교연구만이 이탈리아 도시국가들의 중앙화과정 및 통치조직과, 초기 절대주의 프랑스의 과정과 제도들이 어느 정도까지 서로 유사하

많은 왕국들, 예컨대 헝가리와 이탈리아는 프랑스보다 부유하고 또 기름진 땅을 가지고 있으며 많은 왕국들, 예를 들면 독일이나 에스파냐는 프랑스보다 강하고 큽니다. 그러나 프랑스만큼 잘 뭉치고 복종을 잘하는 국가는 없습니다. 나는 이 단결과 복종 외에는 왕의 높은 위상에 대해 다른 이유가 있다고 믿지 않습니다. 물론 자유는 세상에서 가장 소중한 선물일 것입니다. 그러나 모든 사람들이 다 그것을 누릴 만하지는 않습니다. 따라서 한 편의 국민들은 복종을 위해 태어났고 다른 편은 명령을 위해 태어났습니다. 이것이 반대로 되면 현재의 독일과 같아지거나 과거의 에스파냐와 비슷하게 됩니다. 그러나 프랑스인들은 아마 자신들이 그 일에 맞지 않는다고 느껴서인지 자유와 의지를 완전히 왕에게 양도하였습니다. 왕이 나는 이만큼 필요하고 이만큼 승인하며 이렇게 결정한다라고 말하면 그것으로 충분하며, 이 모든 일은 국민전체의 결정사안인 양 신속하게 처리되고 실시됩니다. 사태는 오늘날, 그들 중 누구보다도 재능 있는 사람이 "자기 나라 왕들은 예전에는 스스로 '복종하는 통치자'라 칭했지만 이제는 '프랑스의 통치자'라 한다"고 말할 지경에까지 이르렀습니다. 그렇게 해서 사람들은 왕이 요구하는 것을 모두 지불해줄 뿐만 아니라 다른 모든 자금들에 대한 권한도 마찬가지로 그가 장악하고 있습니다.

국민들의 복종은 샤를 7세 치하에서, 그가 영국인들의 지배로부터 나라를 해방시킨 후 더 심해졌고 또 루이 11세와 샤를 8세가 나폴리를 정복한 후에 더 심해졌습니다. 루이 12세도 여기에 기여했습니다. 그러나 현 왕(프랑수아 1세, 1515~1547)은 선대의 모든 왕들을 능가한다고 자랑해도 됩니다. 그는 자신이 원하는 만큼 특별세금을 국민들에게 물립니다. 그는 새로운 소유지를 왕실령에 귀속시키고 결코 내주는 법이 없

며, 규모의 차이는 항상 동시에 질적인 구조 차이를 가져오기 때문에, 어느 정도까지 서로 차이가 나는지를 알려줄 수 있다. 그런데 베네치아 사신의 묘사와 어조에는 그가 프랑스 왕과 재정조직의 특별한 권력을 이탈리아에서도 이미 오래 전부터 낯익은 것으로 생각한다는 암시가 들어 있지 않다.

습니다. 그가 그 중 일부를 남에게 떼어줄 때, 그 사용권은 증여자나 피증여자의 생시에 국한됩니다. 어떤 사람이 너무 오래 살면, 모든 증여는 왕실에 불리한 것으로 간주되어 다시 왕실에 귀속됩니다. 물론 어떤 선물이 나중에 영구적인 것이 된 적도 있는 것은 사실입니다. 이런 처리방식은 군지휘관들이나 여러 계급의 군사들에게도 마찬가지로 적용됩니다. 만약 어떤 사람이 당신에게 근무하면서 프랑스인들에게서 얼마를 받고 어떤 직위와 얼마의 지급량을 받았다고 말한다면, 폐하께서는 그 지급량과 직위와 선물이 어떤 종류의 것인지 아셔야 합니다. 많은 이들은 거기에 이르지조차 못하고 어떤 이들은 2~3년 동안 아무런 보상도 받지 못합니다. 폐하께서 한정된 것뿐만 아니라 어느 정도 세습적인 것을 주고자 하신다면, 프랑스말고 어디 다른 곳에서 이루어지는 사례들의 영향을 받지 않도록 하십시오. 제가 생각하기에 그 사람이 살아 있는 동안만 증여를 유효한 것으로 인정하는 관습은 아주 훌륭한 것입니다. 그것은 마땅한 사람에게 선사할 수 있는 기회를 왕에게 줍니다. 그리고 왕에게는 항상 증여할 것이 남아 있습니다. 증여가 세습적이 된다면, 프랑스는 현재 가난할 것이고 현재의 왕들에게는 선물할 것이 남아 있지 않을 것입니다. 그러나 이런 방식에 의해 증여는 과거 수혜자들의 상속자들보다 더 큰 공적이 있는 자들에게 돌아갑니다. 폐하께서는 프랑스가 이렇게 할 때 이보다 작은 영토를 다스리는 다른 제후들은 무엇을 해야 할지를 생각해보셔야 합니다. 이 세습적 선물이 어떤 결과를 낳을지──흔히 말하듯이 가문의 유지를 위해──심사숙고하지 않는다면, 정말 업적이 있는 사람들에게 제대로 보상을 해줄 수 없거나 국민들에게 새로 부담을 지우는 사태가 벌어지게 됩니다. 이 두 가지는 모두 부당하고 해로운 것입니다. 선물이 생시에만 국한된다면, 정말 받을 자격이 있는 사람이 받을 수 있게 됩니다. 영지는 돌고 돌아 얼마 후 다시 국고로 돌아옵니다. …… 80년 전부터 꾸준히 나가는 것 없이 새로운 영지가 몰수나 상속권 또는 매매를 통해 왕실로 들어왔습니다. 이런 방식으로 왕실은 2만 스쿠디(Scudi)의 수입을 가진 제후가 전국에 단 한 명도 없을 정도로 모든 것을 흡수했습니다. 게다가 토지를 소유하고 수입을 가진 자들도 정상적 소유자들이 아닙니다. 왜냐하면 항소권, 분담금이나 군사주둔지 그리고 그 밖의 새롭고 특별한 부담 등으로 인해 그 땅에 대한 상위지배권은 왕에게 주어져 있기 때문입니다. 왕실은 점점 더 부유해지고 통일되며 그 위상은 말할 수 없이 높아졌습니다. 그리고 그 때문에 왕실은 내전에도 끄덕없었습니다. 가난한 제후들밖에 없다면, 예전의 브르타뉴나 노르망디, 부르군트 공작들이나 가스코뉴 제후들이 그랬던 것처럼 왕에게 대항할 의미나 기회도 없기 때문입니다. 예컨대 부르봉 제후처럼, 제대로 깊이 생각하지 않고 섣불리 행동하는 자가 있어 변화를 가져오려 한다면, 그것은 자신의 파멸을 딛고 왕이 다시 한 번 치부할 수 있는 기회를 한층 더 빨리 제공하는 셈이 됩니다.

여기서 우리는 다시 한 번 한 관점에서 압축되어 서술된, 형성과정에 있는 절대주의의 구조적 특성을 마주하게 된다. 한 군주가 다른 경쟁자들을 모두 제치고 영토의 지배권을 장악한다. 토지소유권은 상업화되고 금전화된다. 이 변화는 한편으로 왕이 전국의 세금을 징수하고 결정하는 권한을 독점하게 되고 따라서 그가 가장 많은 수입을 통제하게 되는 사실에서 표현된다. 땅을 소유하고 분배해주는 왕으로부터 돈을 통제하고 돈으로 급여를 주는 왕이 된 것이다. 이것이 바로 그로 하여금 물물경제사회에서 군주를 속박하던 악순환의 고리를 끊게 해주었던 것이다.

그는 자신에게 필요한 봉사, 즉 병역이나 행정업무 또는 궁정업무를 얻기 위해 신하들에게 자신의 소유일부를 나누어주지 않는다. 베네치아의 경우 여전히 이 제도가 부분적으로 시행되고 있음이 분명하다. 그 대신 그는 기껏해야 살아 있는 동안 땅을 사용하게 하거나 연금을 지불하고 그렇게 함으로써 왕실령은 감소하지 않는다. 그리고 그는 금전선물, 즉 급여를 지불하는 업무를 점점 늘려간다. 그는 전국의 세금을 중앙집중화하고 흘러들어오는 돈을 마음 내키는 대로, 통치에 이익이 되도록 분배하여 점점 더 많은 사람들이 직간접적으로 왕의 호의에, 그리고 왕실 재정관청의 금전지불에 의존하게 한다.

사회적 기회를 이런 방향으로 이용하도록 만드는 것은 왕과 그의 측근들의 사적인 이해이기도 하다. 그러나 다양한 사회적 기능들의 이해가 충돌하는 와중에서 형성되는 것은 우리가 '국가'라 이르는 사회조직형태이다. 조세독점권은 물리적 폭력의 독점과 함께 이 조직형태를 지탱하는 중추기관이 된다. 우리가—한 국가의 예를 통해서든—국가의 중심제도들 중 하나가 관계의 역학 속에서, 다시 말하면 서로 얽힌 이해와 행위들의 구조에서 발생하는 특수한 법칙의 결과로서 한 걸음 한 걸음씩 서서히 형성된다는 사실을 인식하지 못한다면 '국가들'의 발생과 존립을 이해하지 못할 것이다.

사회의 중심기관은 이미 여기에서—베네치아인의 보고서에서 알 수 있듯이—과거와는 전혀 다른 강도와 견고성을 획득한다. 그 까닭은 그 통제권을 가진 군주가 전체사회의 금전화 덕분에 자신에게 필요한 업무를 자신이 소유한 토지로 보상하지 않고—그렇게 한다면 다른 영토의 획득 없이는 곧 줄어들 운명에 처하게 된다—정기적인 세수로써 지불하기 때문이다. 돈의 특성은 결국 그에게 땅으로 보상해야만 할 필연성을 제거해주고, 세습적이거나 일생 동안의 토지소유를 대가로 봉사를 제공받는 필연성을 덜어준다. 그것은 또한 한 업무나 일련의 업무들을 단 한 번의 지불이나 수수료나 급료로 보상하도록 해준다. 이런 변화의 다양하고도 파급효과가 큰 결과들은 우선 제쳐놓자. 베네치아 사신의 경악은 오늘날 일상적이고 자명한 관습이 당시 사람들의 눈에는 전혀 새로운 혁신으로 비쳤음을 분명하게 말해준다. 그가 제시하는 설명에는 사회의 금전화가 왜 비로소 중앙기관의 확립을 가능케 하는지 그 이유를 알려준다. 즉 금전지불은 거기에 의존하는 사람들을 중앙기관에 지속적으로 묶어놓는다. 이 때 비로소 원심적 경향은 궁극적으로 분쇄된다.

이렇게 전체적인 맥락을 알아야만 당시 귀족들에게 무슨 일이 일어났는지 쉽게 이해할 수 있다. 왕은 귀족들이 일반적으로 강했던 시기에 중앙군주로서 자신의 힘을 시민계급에게 실어주었다. 그 결과 왕의 통치기구는 시민계급의 보루가 되어버렸다. 화폐유통의 확대와 군사적 중앙집중화 과정에서 전사들, 장원소유자들, 귀족들이 점차 몰락의 길을 걷게 되자, 왕은 자신의 무게와 자신이 분배할 수 있는 기회를 제한된 정도에서나마 다시 귀족에게 부여한다. 그는 일부귀족들에게 시민계급보다 한층 더 높은 위치에서 존속할 수 있는 기회를 제공한다. 신분계급들이 종교전쟁에서 그리고 프롱드에서 아무런 수확도 없었던 저항을 마지막으로 시도하고 난 후, 서서히 궁정관직은 귀족의 특권이며 보루가 된다. 이런 방식으로 왕은 귀족들의 우위를 보호해준다. 왕은 호의와 돈을 분배함으로써 귀족의 몰락으로 깨질 위험에 처한 평형상태를 다시 유지해나간다. 그러나 이로써 한때 비교적 자유로웠던 기사귀족은 평생 군주에게 봉사하며 종속적으로 살아가는 귀족이 된다. 기사들이 이제 궁정인이 된 것이다.

이 궁정인들의 사회적 기능이 무엇인지 묻는다면 그 대답은 이러하다. 우리는 앙시앵 레짐의 궁정귀족들을 '기능 없는' 계층으로 간주하는 데 익숙해져 있다. 그리고 실제로 이 귀족들은 분업의 의미에서 그리고 분업을 이룬 19세기와 20세기의 국가들에서 쓰이는 의미에서 그 기능을 가지고 있지는 않다. 앙시앵 레짐의 기능순환계통은 현재의 그것과 다르다. 기능순환계통은 우선 중앙군주가 아직 통치독점권의 개인적 소유자라는 사실에 의해 또 개인으로서의 중앙군주와 공인으로서의 중앙군주의 구분이 없다는 점에 의해 결정된다. 궁정귀족은 분업에서 직접적 기능을 수행하지 않지만, 그는 분명 왕에 대해서는 하나의 기능을 가지고 있다. 그는 왕의 지배에서 빼놓을 수 없는 토대 중 하나인 것이다. 시민계급이 왕으로 하여금 귀족으로부터 거리를 둘 수 있게 해주는 것처럼, 궁정귀족은 왕이 시민계급들로부터 거리를 둘 수 있게 해준다. 그는 시민계급의 반대편에 서서 사회 내부의 평형을 유지하게 해준다. 이 기능이 여러 기능들 중에서 왕에게 가장 중요한 기능이다.

귀족과 시민계급 간의 갈등이 없었고 신분계급 간의 강조된 차이가 없었다면 왕은 대부분의 권한을 상실했을 것이다. 실제로 이 단계에서 궁정귀족의 존립 자체는, 통치독점권이 여전히 중앙군주의 개인 소유물이며 국가의 수입이 아직도 중앙기능의 특수이해에 따라 분배된다는 것을 의미한다. 국가수입을 계획적으로 분배할 수 있는 가능성은 수입의 독점과 함께 주어져 있었다. 그러나 계획의 가능성은 아직 여기에서는 몰락하는 계층이나 기능의 유지에 우선적으로 사용되었다.

이 모든 것으로부터 절대주의 사회의 구조에 대한 명료한 영상이 나타난다. 프랑스에서 앙시앵 레짐의 세속사회는 19세기의 사회보다 좀더 뚜렷하게 두 영역으로 나누어져 있는데, 하나는 커다란 시골의 농경영역이고 다른 하나는 작지만 경제적으로 성장하던 도시-시민영역이 그것이다. 이 두 곳에 모두 하류층이 있는데, 도시에는 도시빈민층과 도제와 노동자집단이 있고 농촌에는 농부들이 있다. 도시의 영세수공업자들과 하위관료들, 농촌에서는 농촌 구석의 가난한 시골귀족들이 하류 중산층을 이룬다. 상류 중산층으로는 도시의 거상들, 도시와 지방의 고위사법관료 및 행정관료들과 부유한 시골귀족 및 지방귀족들이 있다. 마지막으로 궁정에까지 진출해 있는 상류층이 이 두 영역에 모두 존재하는데, 도시에는 법복귀족(noblesse de robe)을 선두로 한 고위관료들이, 농경영역에는 궁정귀족을 엘리트로 한 도례귀족이 있다.

왕은 이 영역들 내부의 갈등과 영역들 간의 갈등 속에서 그리고 이 두 영역들과 이 구조에 상응하여 구분되는 성직자들 간의 갈등으로 한층 더 복잡해진 구도 속에서 조심스럽게 평형상태를 유지해나간다. 그는 시민집단들의 성장하는 경제력에 맞설 수 있도록 귀족의 사회적 특권과 위상을 보장해준다. 이미 말했듯이 그는 자신이 소유한 재정적 독점권 덕분에 분배할 수 있는 사회적 생산의 일부를 귀족 상류층의 생활과 치장을 위해 사용한다.

혁명이 일어나기 얼마 전, 모든 개혁시도가 무산된 후 시민집단들이 내건 표어들 중에 귀족특권의 제거 요구가 전면에 등장했을 때, 거기에는 직접적으로 조세독점권과 조세수입의 운용방식을 바꾸자는 요구도 포함되어 있었다. 귀족특권의 폐지는 한편으로 귀족의 면세특권의 폐지, 즉 세금부담의 다른 분배방식을 의미한다. 다른 한편으로 그것은 많은 궁정관직들의 철폐와 축소, 기능도 없고 쓸데도 없는 귀족들——신시민계급, 직업시민계급의 관점에서 보면——의 제거, 그리고 이와 더불어 조세수입의 다른 분배 방식, 즉 왕의 이해에 따르지 않고 전체사회나 적어도 상류 시민계급의 이해에 맞추는 분배를 의미한다. 마지막으로 귀족특권의 제거는 두 계급 간의 균형유지자로서 중앙군주가 기존의 위계질서 안에서 차지하는 위치가 사라진다는 것을 뜻한다. 실제로 다음 시기의 중앙군주들은 다른 갈등구조 위에서 균형을 잡는다. 따라서 그들과 그들의 기능은 다른 성격을 가지고 있다. 그러나 단 하나는 변함없이 그대로이다. 다시 말하면 이 서로 다른 구조의 갈등 축에서도 중앙기관의 권력은 갈등이 그리 심각하지 않다면, 다시 말해 갈등양극의 대표자들이 지속적이고 직접적인 합의를 도출할 수 있다면 비교적 제한될 것이고, 갈등이 증가하고 투쟁집단들 중 어느 한 쪽도 결정적인 우위를 차지하지 못할 때 그것은 증대될 것이다.

제3장
문명화이론의 초안

제1절 사회적 통제에서 자기통제로

1. '국가'형태로 사회가 조직되는 현상, 어떤 지역 내에서 조세권와 육체적 폭력사용이 중앙집중화되고 독점화되는 현상은 '문명'과 무슨 상관이 있는가?

문명화과정을 관찰하는 사람은 우선 실타래처럼 엉켜 있는 문제들과 부딪치게 된다. 여기서 제기되는 문제들 중 가장 중요한 것을 우선 언급한다면, 무엇보다도 가장 일반적인 문제가 떠오른다. 우리는──『문명화과정 Ⅰ』에 들어 있는 인용문들은 구체적인 사례들을 통해 이 문제들을 명료화하고 있다──문명화과정이 인간의 행동과 감정이 특정한 방향으로 변하는 과정이라는 사실을 인식하게 되었다. 그러나 과거 어느 시점에서 몇몇 개인들이 이 '문명'을 의도적으로 또 의식적으로 목적에 맞는 적절한 조처를 취하여 '합리적으로' 실현시키지 않았다는 점은 확실하다. '문명'은 합리화와 마찬가지로, 멀리 내다보며 수립한 계획의 결과도 아니고 인간 '이성'(Ratio)의 산물도 아니다. 그 정도로 '합리적'인 행동과 계획이 어떻게 수세기에 걸쳐 점진적으로 일어나는 '합리화과정'의 바탕을 이루고 있다고 생각할 수 있겠는가? 문명화과정을, 장기적 안목을 가진 사람들이 모든 단기적 감정들을 극복하면서 ——이 자체가 이미 오랜 문명화과정을 전제로 하는데 ——가동시켰다고 생각할 수 있겠는가?

이 변화가 '합리적으로', 말하자면 몇몇 사람들이나 집단을 목표의식에 투철하게 교육시킴으로써 유도된 것이라는 점을 입증할 만한 자료는 실제로 우리의 역사에 없다. 변화는 전체적으로 무계획적으로 일어난다. 그럼에도 불구하고 그것이 특별한 유형의 질서도 없이 아무렇게나 일어난다고 생각할 수는 없다. 『문명화과정 Ⅰ』에서 이미 외부통제로부터 자기통제로 변하는 과정이 여러 측면에서 다루어졌으며, 그 밖에도 인간의 생리적 활동이 점차 사회생활의 무대 뒤로 축출당하고 수치감을 수반하게 되는 과정, 본능생활과 감정생활 전체의 조절이 지속적인 자기통제를 통해 점점 다양한 방면으로 확산되고 일정해지고 안정되어가는 과정 등이 논의되었다. 우리는 이 모든 과정들이 수세기 전 언젠가 몇 명의 사람들이 고안하고 그 후 대대손손 행동의 목적과 희망목표로서 머릿속에 새겨진 후 드디어 진보의 '세기'에 이르러 구체적 현실이 된 하나의 이념에서 기인한다고 생각할 수는 없다. 그럼에도 불구하고 이 전환은 무질서하고 혼란스러운 변화의 연속에 불과한 것은 아니다.

문명화과정의 측면에서 제기되는 문제는 바로 역사변동의 일반적 문제들이다. 즉 사회변동 전체는 '합리적으로' 계획된 것이 아니다. 그러나 그것은 무질서한 형태들의 무규칙적인 생성 및 소멸 또한 아니다. 이런 일이 어떻게 가능한가? 사람들이 사는 세상에 어떤 사람도 의도하지 않았지만 그럼에도 불구하고 실체 없는 뜬구름이 아닌 형성체가 생겨날 수 있는가?

앞서 이루어진 연구와 그 중 특히 사회역학문제들을 다룬 부분은 이 질문들에 대한 답변을 구하려는 시도였다. 대답은 단순하기 그지없다. 개인들의 계획들과 행동들, 감정적·이성적 충동 등은 우호적인 또는 적대적 방식으로 끊임없이 서로 얽혀 있다. '수많은 사람들의 개별적인 계획들과 행동들로 짜여진 이 근본적 조직망은 어떤 개인도 계획하거나 창조하지 않은 변화와 형태를 산출할 수 있다. 인간들의 상호의존성으로부터 독특하고 독자적인 질서, 즉 그것을 형성한 개인들의 의지와 이성보다 더 강하고 더

강제적인 질서가 출현한다.'[원주1] 이것이 역사변동의 길을 결정하며 인간의

[원주1] 오늘날 널리 보편화된 생각은 사회적 공동생활의 형태와 사회제도들이 일차적으로 그런 식으로 결합하여 살고 있는 사람들에게는 그것들이 가지는 유용성으로 설명될 수 있다는 것이다. 이런 생각에 따르면 마치 사람들은 이 제도들의 유용성을 깨닫고 난 후 어느 시점에서 함께 이런 식으로 살자는 결심을 한 것처럼 보인다. 그러나 이런 생각은 하나의 허구이며 바로 그 때문에 그것은 연구의 훌륭한 도구가 될 수 없다.

어떤 특정한 형식으로 타인들과 살겠다는 개인의 동의, 그가 어떤 국가조직 내에서 기사나 성직자와 농노가 아닌 시민, 관료, 노동자, 농부로서 또는 가축을 치는 유목민으로 다른 사람과 관계를 맺고 살아가는 특정한 목적을 근거로 한 정당화는 차후에 이루어지는 것이다. 개인은 이런 측면에서는 선택을 잘할 수 없다. 그는 특수한 종류의 질서와 제도 속에서 태어난 것이다. 그는 그것들을 통해 그것들에 순응하도록 훈련과 교육을 받은 것이다. 그가 설사 이 질서와 제도들이 좋지 않고 쓸모없다고 생각한다 해도, 그는 동의를 취소하고 기존의 질서로부터 뛰쳐나올 수는 없다. 그는 모험가, 방랑자, 예술가나 저술가로서 그 질서와 제도로부터 탈출하려 애쓸 수도 있고 결국 고독한 무인도로 도망갈 수도 있지만, 도망자로서조차도 그는 이 제도와 질서의 산물이다. 그 제도와 질서를 무시하고 그로부터 도피한다는 것도 그것을 찬양하거나 정당화하는 것 못지않게 그것에 묶여 있음을 표현하는 것이다.

특정한 형태의 공동생활, 그리고 우리 자신의 사회형태와 제도들을 성립시키고 유지·변화시키는 근거인 강제성의 성격을 설득력 있게 설명하는 것은 앞으로 우리가 해결해야 할 과제이다. 그러나 우리가 그것을 개인들의 작품이나 행위들과 마찬가지의 방식으로, 즉 개인의 목표설정 또는 합리적 사유나 계획에 의해 발생하였다고 생각한다면, 그 기원과 유래를 이해할 수 있는 통로는 차단되어버린다. 서구인들이 중세 초기부터 함께 힘을 합쳐 노력하여 또 분명한 목표와 합리적 계획을 근거로 오늘날 우리가 가지고 있는 제도들과 질서들을 향해 꾸준히 노력해왔다는 생각은 사실로 입증될 수 없다. 실제로 어떠했는지에 대해서는 구체적인 자료들을 가지고 이런 사회형태의 역사적 진화를 연구하는 경험적 작업만이 가르쳐줄 수 있다. 우리는 앞에서 역사의 어느 특정한 단면에 대해 국가조직의 관점에서 그런 식으로 연구를 시도했다. 그로써 좀더 중요한 인식, 예를 들면 역사적·사회적 과정의 성격에 대한 인식을 획득하게 되었다. 우리는 '국가'와 같은 제도들을 단순히 합리적 목적의 관점에서만 고찰할 때에는 아무런 인식도 얻을 수 없다는 사실을 깨닫게 되었다.

개인들의 목표와 계획과 행위는 다른 사람들의 그것과 끊임없이 교차한다. 수많은 사람들의 계획과 목표들의 상호교직, 더구나 세대를 거쳐 이어지는 그런 상호교직 자체는 결코 계획한 것이 아니다. 개인들의 계획이나 목표들 또는 목적론적 사고방식에 따라 만들어진 계획이나 목표들로는 그것을 설명할 수 없다. 이것은 자율적이고 고유한 현상이자 법칙이며 강제성이다. 그래서 많은 사람들이 동일한 목표를 가짐으로써, 즉 그들이 똑같은 땅, 똑같은 시장이나 똑같은 사회적 지위를 원함으로써 아무도 계획하지 못한 특수한 사회현상, 즉 우리가 앞에서 논의한 고유법칙을 가진 경쟁관계가 나타나는 것이다. 많은 사람들의 공동계획으로서가 아니라 그들의 계획들의 일치와 충돌로부터 전혀 계획하지 않은 것으로서 기능분화의 심화현상이 나타나고 국가라는 형태로 넓은 지역들의 통합이 이루어지며 그 밖의 많은 사회적·역사적

충동과 투쟁이 얽혀 만들어내는 조직망의 질서인 것이다. 또한 문명화과정
의 토대를 이루는 질서이다.

이 질서는 합리적이지도 않고──개인들의 합목적적 사유에서 의도적으
로 산출된다는 뜻으로 '합리적'이란 말의 의미를 이해한다면──그렇다고
비합리적이지도──이해할 수 없는 방식으로 발생했다는 의미에서 이해한
다면──않다. 어떤 사람들은 이따금 질서를 '자연'의 질서와 동일시하기도
한다. 그것은 또한 헤겔이나 다른 사람들에 의해 초개인적인 '정신'으로 해
석되었고, 그의 개념인 '이념의 간계'는 그 자신도 인간들의 계획들과 행위
들로부터 어떤 인간도 진정으로 의도하지 않았던 결과들이 나온다는 사실
과 얼마나 씨름했는지를 말해준다. '합리적'이나 '비합리적' 또 '정신'이나
'자연'과 같은 이원적 개념에 우리를 고정시키는 사유습관은 여기에서 불충
분한 것으로 밝혀진다. 그러나 이런 측면에서 현실을 보면, 당시에는 미지
의 세계를 헤쳐나갈 수 있는 나침반으로서 훌륭한 역할을 했던 특정한 수
준의 개념장치들이 진실이라 말하는 것과는 다르게 구성되어 있다.

'사회적 결합태에 내재한 법칙은 '정신'의 법칙, 즉 개인의 사유 및 계획
과도 또 우리가 '자연'이라 부르는 것의 법칙과도 일치하지 않는다. 물론 현
실의 이 다양한 차원들은 기능적으로 서로 분리될 수 없이 결합되어 있지
만 말이다.' 그러나 이런 결합태현상에 대한 일반적인 진술은 그 이해에 별
도움이 되지 못한다. 우리가 동시에 구체적인 역사변동에서 그런 결합태가

과정들이 출현하게 된다.

개인들의 계획과 행동들의 교차와 교직의 자율성을 인식하고 타인과의 사회생활을 통해 개
인이 구속되는 방식을 인식하면 결국 개성(Individualität)이란 현상도 더 잘 이해하게 된
다. 인간의 공존, 계획들과 의도들의 조직망, 그들이 상호 가하는 구속 등은 개인의 개성을
말살하지 않는다. 그것들은 오히려 개성이 발전할 수 있는 환경을 제공한다. 그것들은 개인
에게 한계를 설정하지만, 동시에 어느 정도 자유롭게 움직일 수 있는 활동공간도 부여한다.
인간들의 사회적 관계망은 개인이 자신의 개인적 목표를 짜고 엮을 수 있는 토대가 되는 것
이다. 그러나 이 관계망과 그것의 역사적 변동경로 자체는 어느 누구도 의도하거나 계획한
것이 아니다.

이에 관해서 N. Elias는 *What is Sociology?*(London, 1978)에서 상세하게 논의하고
있다.

실제로 작동하는 모습 그리고 그 법칙의 작용방식을 직접 보여주지 않는다면 그것은 공허하고 애매모호한 채로 남을 것이다. 이 책의 1장의 과제들 중 하나가 바로 이것이다. 여기서 나는 어떤 종류의 결합태와 상호의존성과 종속성이 예컨대 봉건화과정을 촉발시키는지를 보여주고자 했다. 여기서는 또한 경쟁상황의 압력이 여러 봉건군주들을 서로 대립하게 하고, 경쟁자들의 범위가 점점 줄어들며 그들 중 한 사람이 독점적 지위에 오르게 되고 결국──자본형성 및 기능분화와 같은 다른 통합 메커니즘도 함께 작용하여──절대주의 국가가 형성되는 과정 등이 구체적으로 서술되었다. 인간관계의 전반적인 재조직과정은 물론 인간의 사회적 행동의 변화에 직접적 영향을 미치며, 그 잠정적 결과가 우리의 '문명화된' 행동방식이고 감정이다. 인간관계의 구조에서 일어나는 이 특별한 변동과 인격구조의 변화 간의 관계에 관해서는 앞으로 언급할 것이다.

그러나 이 통합 메커니즘의 고찰은 일반적 의미에서 문명화과정을 이해하는 데도 중요하다. 즉 특정한 사회구조와 특정한 형태의 사회적 통합이 그 갈등의 힘으로 특별한 변화와 다른 형태의 통합을 초래하는 과정이 얼마나 강제적이며 필연적인지를 우리가 인식한다면[원주2] 우리는 어떻게 그

──────────

[원주2] 사회과정의 문제에 관한 토론에 관해서는 E.S. Bogardus (ed.), *Social Problems and Social Processes, Selected Papers from the Proceedings of the American Sociological Society 1932*(Chicago, 1933)을 참조할 것.

사회과정의 생물학적 개념에 대한 비판은 W.F. Ogburn, *Social Change*(London, 1923), p.56f에서 볼 수 있다. "종의 진화이론을 자연도태, 유전, 변이의 개념으로 설명하는 『종의 기원』의 출판은 인류학자들과 사회학자들에게 깊은 인상을 주었다. 진화론은 너무나 심오하여 사회 내에서 일어나는 변화들도 진화의 표현으로 간주되며, 심지어 이런 사회적 변화의 원인을 변형과 도태의 관점에서 찾으려는 시도도 이루어지고 있을 정도이다. …… 원인의 탐구에 대한 예비작업으로서 특정한 사회제도들의 발달을 연속적 단계들로, 진화적 연속물로 또 특정한 한 단계는 필연적으로 다른 단계에 선행하는 것으로 확립하려는 시도도 있었다. 법칙을 찾으려는 연구는 지리적 위치, 기후, 인구이동, 집단갈등, 종족적 능력, 정신적 능력의 진화 등의 사실들에 연관된 무수한 가정들과 변이, 자연도태, 적자생존 등의 원칙들을 탄생시켰다. 이 이론에 관해 반세기 또는 그 이상 지속되어온 연구는 몇 가지 결과들을 가져다주었지만, 그 성과는 자연도태에 관한 다윈의 이론이 출판된 직후 품었던 높은 희망에는 미치지 못한다.

런 변화, 즉 인류역사의 초기부터 현재까지 거듭하여 관찰되는 변화가 인간의 정신에도 또 우연한 심리적 장치의 유형에도 일어날 수 있는지를 비로소 이해할 수 있다. 그리고 나서야 우리는 문명화의 일환인 심리적 구조변화가 설사 그것이 개인들이 계획한 것도 아니고 '이성적으로' 합목적적 조처에 의해 의도적으로 야기된 것도 아니라 하더라도, 특정한 방향과 질서를 가지고 있다는 사실을 이해할 수 있다.

　문명은 '이성적인 것'이 아니다. 그것은 '합리적인 것'도 아니고 그렇다고 '비합리적인 것'도 아니다.[원주3] 그것은 맹목적으로 움직이기 시작하여, 관계망에 내재하는 역동성에 의해 그리고 인간들이 상호 살아가는 방식의 특수한 변화로 인해 지속적인 운동 속에 있게 된다. 그러나 우리가 문명을 좀더 '이성적인 것', 예컨대 우리의 욕구와 목적에 더 합당하게 기능하는 것으로 만드는 일이 전적으로 불가능하지만은 않다. 인간들의 욕망들과 목표들

　　사회제도의 발전에서 필연적인 단계의 연속은 입증되지 못했을 뿐만 아니라 반증되었다……."

　　역사변동의 문제를 다루는 이론들의 새로운 경향에 대해서는 A. Goldenweiser, *Social Evolution in Encyclopedia of Social Sciences*(New York, 1935), vol.5, p.656f(상세한 도서목록도 들어 있다)를 참조할 것. 이 논문은 다음과 같이 끝난다. "제1차 세계대전 이후 진화론적 도식의 논리적 질서를 추구하지 않았던 사회과학도들은 다시금 역사와 사회 내에서 어느 정도 안정된 경향과 법칙들을 찾기 시작했다. 다른 한편으로 이상과 역사의 실제작용 간의 부조화가 증가함으로써 사회과학은 점점 더 실용적 노선으로 유도되고 있다. 그것이 무엇이든 사회적 진화가 있다면 그것은 결코 고찰되어야 할 과정이 아니라 인간의 신중한 공동노력에 의해 성취되어야 할 과업인 것이다."

　　문명화과정에 대한 우리의 연구는 그것이 우선 당위에 대한 모든 희망과 요청을 일단 보류한 후 실제로 무엇이었고 또 현재 무엇인지 그리고 어떤 방식으로 무슨 이유에서 그렇게 되었는지 하는 사실만을 확인하고자 한다는 점에서 이런 실용적 경향들에서 벗어난다. 진단을 처방에 종속시키기보다 처방이 진단에 좌우되게 하는 것이 옳은 방법일 것이다.

　　이에 관해서 Fr.J. Teggart, *Theory of History*(New Haven, 1925), p.148. "사태가 어떻게 현재의 모습으로 변해왔는지를 조사하는 것……."

[원주3] E.C. Parsons, *Fear and Conventionality*(New York, London, 1914)를 참조할 것. 이와 다른 견해는 W.G. Sumner, *Folkways*(Boston, 1907), p.419에서 볼 수 있다. "금기사항들 중 어느 하나를 자의적인 고안물로 간주하거나 필요도 없이 전통에 의해 사회에 지워진 짐으로 간주하는 생각은 옳지 않다. …… 그것들은 수세기 동안 경험에 의해 가려진 것들이며 우리가 현재 받아들이는 것들은 경험이 합당하다고 인정한 것들이다."

이 빚어내는 맹목적인 역동성은 문명화과정의 맥락에서 고찰될 경우에만 사회구조 및 인격구조에 계획적으로, 즉 이 구조의 비계획적 역동성에 대한 증대된 지식을 바탕으로 해서 개입할 수 있는 공간의 확대로 발전할 수 있기 때문이다.

그러나 인간들 상호간의 관계방식에서 어떤 변화가 '문명화된' 태도라는 의미에서의 인간 심리구조의 변화를 야기하는가? 앞서 서구사회의 변동에 관해 논의되었던 것을 토대로 이 질문에 대해서도 가장 보편적인 대답이 마련되어 있다. 즉 서구역사의 가장 초기단계부터 현재에 이르기까지 사회적 기능들은 강한 경쟁의 압력을 받아 더욱 분화한다. 기능들이 분화할수록 기능들의 수와 사람들의 수는 증가하는데, 개인들은 가장 단순하고 일상적인 활동부터 복잡하고 비일상적인 활동에 이르기까지 모든 활동에서 다른 사람들에게 의존하게 된다. 개별적인 행동이 사회적 기능을 수행하기 위해서는 더 많은 사람들의 행동이 서로 조율되어야 하고 행위의 관계망은 정확하고 엄격하게 조직되어야 한다. 개인은 자신의 행동을 더 다양한 방식으로, 한층 더 한결같이, 한층 안정되게 조절하도록 강요받는다.

이러한 조절이 반드시 의식적으로 일어나지 않는다는 것은 앞에서 이미 강조한 바 있다. 바로 이것이 문명화과정에서 일어나는 심리구조 변화의 특징이다. 즉 개인은 어릴 적부터 더 복잡하고 안정된 방식으로 자신의 행동을 통제하는 훈련을 받게 되며, 나중에 그것은 자동적인 습관이 되고, 자신이 설사 원치 않아도 저항할 수 없는 자율적 통제가 된다. 행동의 조직망은 너무 복잡해지고 넓어지며 또 그 안에서 '올바르게' 행동하기 위해 기울이는 노력은 너무 커진다. 그 결과 의식적 자기통제 외에 자동적이고 맹목적으로 작용하는 자기통제의 장치가 개인 안에 자리잡으며 이는 뿌리깊은 두려움의 울타리를 통해 사회적으로 공인된 행동위반을 막으려 하지만, 바로 그것이 습관적으로 기능하는 까닭에 종종 우회적으로 사회적 현실로부터의 일탈을 유발하게 된다. 그러나 의식적이든 무의식적이든 다양한 방식의 충동조절이란 형태로 나타나는 행동변화의 방향은 사회적 분화의 발전방향, 기능분화의 진전, 그리고 상호의존 고리의 확대——개인의 모든 충동과 모든 운동은 직·간접적으로 그 고리의 일부로 통합된다——에 의해 결정된다.

덜 복잡한 사회에서 볼 수 있는 인간들의 통합방식과 복잡한 사회의 통합방식 간의 차이는 두 사회의 도로들을 연상해보면 쉽게 이해된다. 길과 도로들은 물론, 4차원의 연속체에서 유추해낸 개념만으로는 그 전부를 표현할 수 없는 사회적 통합의 공간적 기능들이다. 농경위주의 단순한 기사 사회에 있는 시골길, 울퉁불퉁하고 비와 바람에 황폐해진 비포장도로를 상상해보자. 예외의 경우를 제외하면 교통량은 적다. 여기서 인간이 다른 인간에게 줄 수 있는 위험은 군사적 습격이나 강도의 습격이다. 사람들이 주변을 살피고 숲과 언덕 그리고 도로를 샅샅이 조사한다면, 그것은 우선적으로는 그들이 항상 무장공격에 대비해야 하기 때문이고 이차적으로는 충돌을 피해야 하기 때문이다. 이 사회의 도로를 통과하려면 언제 어느 때라도 싸울 수 있는 태세를 갖추어야 하고, 물리적 공격에 대항해 자신의 생명과 재산을 수호하기 위해 최대한 열정을 풀어놓아야 하는 것이다.

현대의 복잡한 사회의 경우 어느 대도시에 있는 주요도로의 교통은 전혀 다른 심리적 장치를 요구한다. 이곳에서는 군사적 공격이나 강도의 습격 가능성은 거의 없다. 그러나 자동차들이 사방에서 빠른 속도로 달리고 있다. 보행자와 자전거를 타는 사람들이 자동차의 물결을 피해 길을 재촉해가고 있다. 주요 교차로에는 경찰들이 지켜 서서, 절반의 성공률을 보이며 교통을 통제하려 애쓴다. 그러나 외적 통제는 모든 개인이 이 교통망의 필요에 상응하여 자신의 행동을 정확하게 스스로 통제한다는 가정에 토대를 두고 있다. 여기서 인간이 다른 인간에게 의미하는 위험은 어느 한 사람이 이 분주한 소동의 한가운데에서 자기통제를 잃어버릴 때 발생한다. 개개인이 이 혼잡을 헤치고 자신의 길을 갈 수 있으려면 부단한 자기감시와 극히 분화된 행동의 자기조절이 필수적이다. 이런 지속적인 자기조절 노력이 개인에게 과도한 부담을 준다면, 이것만으로도 자신과 다른 사람들을 절명의 위험에 빠뜨리기에 충분하다.

이것은 물론 상상으로 그려본 그림에 불과하다. 복잡한 사회에서 한 사람 한 사람의 행동들이 연결되어 만들어지는 행위고리망은 훨씬 더 복잡하고 어릴 적부터 습관화된 자기통제는 앞의 예에서 인식할 수 있는 것보다 훨씬 더 뿌리 깊다. 그러나 우리는 이 예를 통해 적어도 '문명화된' 사람들이 지닌 심리구조의 특성과 자기통제의 지속성과 복합성은, 분화된 사회적 기능과 서로 끊임없이 조율해야만 하는 행위들의 다양성과 연관이 있음을 알게 된다.

자기통제의 유형과 본능을 조형하는 틀은 개인이 맡은 기능이나 그 조직망 내의 위치에 따라 달라지며, 오늘날 서구사회의 여러 영역에서도 자기통제장치는 강도와 안정성에서——가까이서 보면 상당해 보일 수 있는——차이가 난다. 여기서도 수없이 많은 각론적 질문들이 제기될 수 있는데, 사회발생적 방법이 그 해답의 단서가 될 수 있다. 덜 복잡한 사회에 사는 사람들의 심리적 태도와 비교할 경우, 복잡한 사회 내의 차이와 단계는 중요하지 않게 되고 이 책의 주요관심사인 변화의 커다란 윤곽이 뚜렷하고 날카롭게 부각된다. 사회조직의 분화와 함께 사회적으로 발생한 개인의 자기통제장치는 더욱더 복잡해지고 포괄적이고 견고해진다.

그러나 사회적 기능분화가 진행되고 있다는 사실은, 관찰자가 '문명화'의 의미에서 변화하는 심리적 태도의 원인을 물을 경우 그의 시야로 들어오는 가장 보편적인 사회변화들 중 하나이다. 이 진전되는 사회분화는 사회적 관계망의 총체적 재편과 발맞추어 일어난다. 기능의 분화가 덜 이루어진 경우 특정한 규모의 영토를 가진 사회의 중앙기관은 불안정하고 분해되기 쉬우며, 그 까닭에 대해 나는 앞에서 자세하게 논의하였다. 또한 특별한 결합태의 압력으로 인해 지방분권적 경향들과 봉건화의 메커니즘이 서서히 무력화되고 견고한 중앙기관과 육체적 폭력행위를 독점하는 제도들이 형성되는 과정도 앞에서 서술되었다. 모든 '문명화된' 사람들의 태도에서 드러나는 결정적 특성인 심리적 자기통제장치의 안정성은 물리적 폭력의 독점과 사회 중앙기관의 안정성이 증대되는 경향과 밀접한 관계가 있다. 이렇게 좀더 견고한 독점제도가 자리잡으면서 개개인에게 어려서부터 높은 수준의, 그리고 다양한 유형의 자기통제 습관을 길러주는 사회적 조형장치가 등장하게 된다. 이와 더불어 개인의 내면에도 안정된, 대개 자동적으로 작동하는 자기통제장치가 발달하게 된다.

폭력이 독점되면, 보통 폭력행위로부터 자유로운 평화공간이 생겨난다. 그런데 이 영역 내에서 개개인에게 가해지는 압력은 이전의 것과는 다른 종류의 것이다. 항상 존재했지만 물리적 폭력과 혼합되거나 융합되어 있던 비(非)물리적 형태의 폭력은 이제 분리되어 나온다. 이런 형태의 폭력은 혼자 따로 또는 변화된 모습으로 평화의 공간에 남게 된다. 우리 시대의 표준적 의식에 의해 그것이 가장 선명하게 보일 때는 그것이 경제적 힘의 형태로 나타날 때이다. 그러나 개인으로서 또는 집단으로서 인간들이 독점하여 자신의 의지를 타인에게 강요할 수 있는 수단들은 실제로 여러 종류가 있다. 이 수단들 중 하나가 생산수단의 독점, 즉 '경제적' 수단의 독점이다. 그것은 다시 말하면 좀더 평화로운 국가사회에서 육체적으로 강한 사람에 의해 물리적 힘의 자의적 사용이 불가능하게 되면, 비로소 안심하고 등장할 수 있는 수단이다.

인간관계의 구조가 앞에서 서술된 방식으로 전환할 때 인간의 행동과 감정이 변하는 방향은 일반적으로 다음과 같다. 즉 폭력의 독점이 깊이 뿌리내리지 못한 사회는 기능분화가 덜 이루어진 사회이며, 개인들이 서로 구성하는 행위의 고리가 비교적 짧은 사회이다. 반대로 폭력의 독점이 정착된 사회, 특히 우선 제후나 왕의 대왕궁들로 구체화되는 이 사회는 기능의 분화가 어느 정도 진척되어 있고 개인들의 행위고리는 길며 개인들 서로간의 기능적 의존성이 큰 사회이다. 이 사회의 개인들은 예기치 않은 습격과 육체적 폭력의 갑작스러운 개입 등으로부터 보호되어 있다.

그러나 그는 동시에 자기 자신의 열정의 폭발을 자제해야 하고, 다른 사람에 대한 육체적 공격으로 분출되는 과격한 충동을 억눌러야만 한다. 평화적 공간에서 지배적인 다른 형태의 강요는 개인의 행동과 감정표출을 동일한 방향으로 주조한다. 개인이 기능의 분화가 진행되면서 얽혀들어가 이루는 상호의존의 관계망이 촘촘해지면 질수록 이 관계망이 점점 더 넓은 사회적 공간으로 확대되고 그것을 통해 기능적이거나 제도적 통일체로 통

합되면서, 자신의 자연스러운 열정과 충동에 끌려가는 사람의 사회적 실존
은 점점 더 커다란 위협을 받게 된다. 그럴수록 자신의 감정을 자제할 줄
아는 사람은 유리하게 되며, 그럴수록 모든 개인은 사회적 고리의 여러 이
음새들에 미치는 자기행위 또는 상대방 행위의 결과를 고려하도록 어려서
부터 강한 압력을 받게 된다. 즉각적인 분노표출의 억제, 감정의 진정, 현
순간을 넘어서 과거의 원인과 미래의 결과들로 엮어지는 연쇄고리로 사유
영역을 확장해야 할 필요성 등 이 모든 것은 동일한 행동변화, 즉 육체적
폭력의 독점과 더불어 행위고리의 연장 및 사회영역 내의 의존성 증가와
동시에 일어나는 행동변화의 여러 다양한 측면들이다. 이것이 '문명화'의
의미에서 일어나는 행동변화인 것이다.

  기사귀족이 궁정귀족으로 변신하는 것도 그 한 예이다. 폭력이 피할 수
없는 일상사였고 개인이 자신의 토지에서 나오는 수확으로 먹고사는 데 지
장이 없었기 때문에 개인의 의존성이 비교적 약했던 기사사회에서, 본능이
나 감정의 지속적 억제는 필요도 없고 가능하지도 않으며 또 유익하지도
못했다. 전사들의 삶, 그리고 기사들을 상류층으로 둔 사회의 사람들의 삶
은 항구적이고 직접적인 폭력행위로부터 위협받고 있었다. 평화공간 내의
삶과 비교해볼 때 이 삶은 양 극단 사이에서 동요하는 삶이다. 그것은 기사
들에게 감정과 열정을 마음대로 분출할 수 있는 자유를 주고 야만적 쾌락,
여성에 대한 거침없는 욕망충족 또는 적이나 적에게 속하는 모든 것을 파
괴하고 고통을 가하려는 증오의 가능성을 제공하는 삶이었다. 그러나 패배
의 경우, 기사는 상대의 폭력과 열정에 완전히 노출되어 극단적 형태로 종
속당하고 극단적 형태의 육체적 고통을 당해야만 했다. 이런 형태의 육체
적 고통, 육체적 형벌이나 감금, 개인에 대한 극단적 모욕은 중앙권력의 독
점이 이루어진 후대에 가서는 일상생활에서 나타나는 경우가 드물었다. 독
점과 더불어 개인에 대한 육체적 위협은 서서히 비개인적인 사안이 된다.
그것은 이제 더 이상 순간적 감정에 좌우되지 않고 서서히 엄정한 규칙과
법에 종속된다. 그리고 결국 법을 위배할 경우에도, 상황에 따라 약간의 변
동은 있지만 제한된 범위 내에서나마 육체적 형벌은 어느 정도 완화된다.

강력한 중앙독점이 아직 확립되지 못한 사회의 곳곳에서 볼 수 있는 육체적 위협과 본능의 즉흥성은 보완적 현상이라는 사실을 우리는 알 수 있다. 이런 구조를 가진 사회에서 승자와 자유인은 본능과 감정을 거의 자유롭게 표출할 수 있지만, 그가 다른 사람의 손아귀에 들어가게 될 경우 그역시 상대의 감정에 의해 위험에 빠지고 종속당하고 끝없는 굴욕의 나락으로 떨어질 수 있는 가능성도 마찬가지로 크다. 이는 금전화가 진행되고 자유경쟁의 범위가 축소되는 과정에서, 서서히 감정순화적 행동규약이 적용되었던 기사들 간의 관계에만 해당되는 것은 아니다. 사회 전체적으로도 군주의 자유는 상대여성의 제약적 위치, 하인과 패배자 또는 농노의 절대적 무기력과 극단적인 대비를 이룬다.

이와 같은 양 극단 사이에서 움직이는 삶과 인간관계망의 구조로 인한 끝없는 불확실성은 개인의 행동구조 및 심리구조와 일치한다. 인간과 인간의 관계에서도 충격적으로 위험이 닥치고 예기치 못한 승리로 자유를 찾을 수 있는 기회가 찾아오듯이, 그 안의 개개인도 기쁨과 슬픔의 양 극단 사이에서 격심한 감정적 동요를 겪는다. 자유로운 기사의 사회적 기능은 물론 이미 중세 때 군대가 점차 중앙집중화되면서 서서히 이 방향으로 발전하고 있기는 했지만, 실제로 위험을 장기적으로 예측하고 개별적 행위의 결과를 서너단계 앞까지 고려할 수 있는 구조를 갖추고 있지 않았다.

우선 추진력을 주는 것은 지금 바로 눈앞에 보이는 현재였다. 지금 순간의 상황이 변하면 감정도 변한다. 그것이 쾌락을 가져다주면 미래의 결과에 대해서는 아무런 계산 없이, 아무런 생각 없이 그 쾌락을 마음껏 향유한다. 그러나 이 끊임없는 불안과 소요, 항상 가까이 있는 위험, 기껏해야 조금 더 안전할 뿐인 생존의 작은 섬들, 언제 갑자기 파괴될지 모를 조그만 섬들만이 존재할 뿐인 예측할 수 없는 불확실한 삶의 암울한 분위기는 어떠한 외부적 동기 없이 스스로 거침없는 쾌락에서 깊은 통한과 참회로 급격한 전환을 가능케 한다. 그것이 고난과 포로상태, 패배를 가져오면 가차없이 겪어야만 하는 것이었다. 우리가 이렇게 표현해도 된다면 이 사회 사람들의 심리구조는 동일한 강도로 한 극단에서 상반된 극단으로 건너뛰는

데 익숙해져 있고 또 그럴 태세에 있으며, 사소한 인상들과 통제불가능한 연상들만으로도 이러한 급격한 전환을 이끌어낼 수 있다.[원주4]

인간관계의 구조가 변하고 육체적 폭력을 독점하는 조직이 등장하며, 부단한 파벌싸움과 전쟁 대신 금전과 명성의 획득에 초점이 맞추어진 좀더 평화로운 기능들이 개인을 통제하게 되면 감정표출은 서서히 양 극단의 중간지점을 지향한다. 행동과 감정의 급격한 동요가 완전히 사라지지는 않지만 어느 정도 완화된다. 정상과 심연의 차는 줄어들고 변화는 급격하지 않게 된다.

무엇이 변하고 있는지 우리는 그 반대를 보면 분명하게 알 수 있다. 인간이 다른 인간에게 의미하는 위협은 폭력이 독점되면서 더 엄격하게 규제되고 예상가능해진다. 일상은 충격적으로 닥쳐오는 방향전환으로부터 자유로워진다. 폭력행위는 병영 안에 가두어진다. 그것이 병영을 뚫고 밖으로 나

[원주4] 이에 관해서는 Huizinga, *Der Herbst des Mittelalters*(München, 1924), 1장의 서술을 참조할 것이며, 그 밖의 사례들은 239쪽에 나온다.

여기서 논의된 것들은 현재 동양에서 비슷한 구조를 지닌 사회들에도 적용될 수 있고 또 통합의 수준과 범위에 따라 다른 정도에서 이른바 '원시사회들'에도 적용될 수 있다.

아이들이 영화에서 무엇을 좋아하는지를 서술한 다음의 글은 우리 사회의 아이들에게서도 —발달한 문명적 특성이 아무리 광범위하게 확산되었다 하더라도— 다른 수준의 행동양식, 단순하고 직선적인 감정표출과 급격한 감정전환방식 등이 나타난다는 것을 보여준다(*Daily Telegraph*, 1937.12.2.). "아이들, 특히 어린아이들은 폭력을 좋아한다. …… 그들은 액션, 액션 그리고 또 액션을 보고 싶어한다. 그들은 피를 흘리는 장면이 싫어서 눈을 돌리지 않으며, 그 피도 짙은 피여야 한다. 선이 승리하면 대갈채를 보낸다. 악행에는 열렬한 야유를 보낸다. 한 장면이 다른 장면과 번갈아 연속적으로 나타나면, 눈 깜짝할 사이에 환호는 야유로 돌변한다."

감정적 표현의 다른 힘, 즉 두려움과 기쁨, 혐오와 호감의 양 방향으로 나타나는 극단적 반응은 단순한 사회에서는 터부의 구조와 밀접하게 연관된다. 중세의 서구사회에서는 쾌락 쪽으로의 본능 및 감정표출뿐만 아니라 자기학대나 금욕의 경향과 같은 금지도 문명화의 후기 단계에 비해 강했고 따라서 더욱 철저했다는 점은 앞서 이미 논의되었다(321쪽, 특히 326~327쪽, 제1권의 157쪽도 참조할 것).

이에 관해서 R.H. Lowie, "Food Etiquette," in *Are we civilized?*(London, 1929), p.48를 참조할 것. "…… 원시인들의 에티켓 규칙은 엄격할 뿐만 아니라 가혹하다. 그럼에도 불구하고 그들의 식사예법은 우리에게 충격적이다."

와 개인의 삶에 영향을 미치는 것은 극단적 경우, 즉 전쟁이나 사회적 변혁 시기이다. 그러나 그것은 평상시 일부 전문가집단이 독점하므로 평범한 사람들의 삶에서는 배제되어 있다. 이 전문가들과 폭력행위를 독점하는 조직은 이제 사회적 일상의 변경에서 개인의 행동을 통제하는 조직으로서 경비를 서고 있을 뿐이다.

　물론 육체적 폭력과 이를 통한 위협은 이런 형태, 즉 통제조직으로도 개인에게 알게 모르게 특정한 영향을 미치기도 한다. 그러나 그것이 개인의 삶에 가져다주는 것은 항구적 불확실성이 아니라 독특한 형태의 확실성이다. 그것은 더 이상 개인을 때리는 자와 맞는 자, 이긴 자와 진 자로 나누어 강력한 만족감과 극심한 불안 사이에서 동요하게 하지 않는다. 지속적이고 획일적인 압력이 일상의 무대 뒤에 저장된 폭력으로부터 개인의 일상 생활에 가해지는데, 그 자신은 너무나 그것에 익숙해져 있고 또 그의 행동과 본능은 어린시절부터 사회의 구조에 맞추어져 있기 때문에 압력이 있다는 사실조차 느끼지 못할 때가 많다. 여기서 변하는 것은 행동의 조형장치이다. 이에 상응하여 이런저런 개별적 행동뿐만 아니라 그 전체유형과 개인의 행동방식의 전체구조가 변한다.

　육체적 폭력의 독점조직은 통상적으로 개인에게 직접 위협을 가하지 않는다. 분명하게 예상할 수 있는 강제나 압력이 여러 다양한 방식으로 매개되어 개인에게 행사된다. 그것은 대개 개개인의 반성과 사유를 수단으로 하여 작용한다. 그것 자체는 보통 통제기관으로서, 그리고 잠재력으로서 사회 내에 존재할 뿐이다. 실질적 압력은 개인이, 서로 얽힌 활동들의 게임에서 자신이 불러일으킬 파급효과에 대한 개인의 지식을 근거로 또는 어린시절 자신의 심리적 장치를 일정방향으로 조형한 어른들의 행동을 근거로 자기 자신에게 행사하는 압력이다. 육체적 폭력이 독점되고 무기와 무기소지자가 하나의 권위 밑으로 복속됨으로써, 폭력행사는 어느 정도 예측가능해지고 평화적 공간 내에서 무기가 없는 사람들은 스스로 조심하여 사려 깊게 행동할 것을 강요당한다. 한마디로 이들은 정도의 차이는 있지만 어쨌든 자제를 강요당하는 것이다.

이는 중세의 기사사회나 확고한 독점행정조직이 없는 다른 사회에서 어떤 종류의 자기억제도 전적으로 결여되어 있었다는 뜻은 아니다. 내가 말하고자 하는 것은 자기통제의 심리적 장치나 초자아나 양심은——무슨 이름으로 명명되든——그런 전사사회에서는 육체적 폭력행위와 직접적으로 연관되어 육성되거나 강요 또는 유지된다는 것이다. 그 양상은 급격한 전환과 강한 대비를 특징으로 하는 이 사회와 꼭 일치한다. 그것은 평화를 이룬 사회의 자기통제장치와 비교해볼 때 산만하고 불안하며 온통 격한 감정 발산으로 얼룩져 있다. 사회적으로 '올바른' 행동을 보장하는 불안은 이 사회에서는 아직 그 정도로 개인의 의식으로부터 추방되어 이른바 '내면'으로 억압당하지는 않았다. 결정적 위험은 자기조절의 실패나 자기통제의 완화로 인해 닥쳐오는 것이 아니라 외부의 직접적인 육체적 위협으로부터 오기 때문에 이 사회에서 습관화된 불안은 아직 외부권력 앞의 불안이라는 형태를 가진다. 또한 그것은 아직 안정되어 있지 못하기 때문에 그 장치 역시 덜 포괄적이다. 다시 말하면 그것은 일방적이고 부분적이다.

이런 사회에서도 고통의 인내에 의해 비교적 극단적 형태의 자기통제가 길러질 수도 있다. 그러나 이 자기통제는 타인을 학대하면서 표출되는——다른 수준에 비해——극단적 형태의 감정에서 다른 짝을 발견한다. 이에 상응하여 중세사회의 특정한 영역에서는 극단적 형태의 금욕주의와 자기억제와 절제가 발견되지만, 사회의 또 다른 부분에서는 그에 못지않게 극단적인 쾌락의 탐닉이 존재하며, 우리는 종종 이를 이 태도에서 저 태도로 급격한 반전을 이루는 것을 한 사람에게서도 관찰할 수 있다. 이 사회에서 개인이 스스로에게 부과하는 자기통제와 자신의 육체에 대한 투쟁은 그 정도에서 그 반대편인 타인에 대한 투쟁이나 향락에의 도취 못지않게 강력하고 일방적이다.

평화로운 공간에서 폭력이 독점되면서 나타나는 자기억제나 자기통제는 전혀 다른 유형의 것이다. 그것은 정열 없이 무미한 자기억제인 것이다. 이 사회의 통제기관과 감시기관은 개인의 인격 속에 만들어지는 통제장치와 일치한다. 이 두 가지 모두 어떤 행동이나 어떤 열정적 충동이든 간에 모두를 엄격하게 조종하려 한다. 이 두 장치들은——하나는 다른 것을 매개로 하여——감정폭발을 삼가도록 지속적이고도 일정한 압력을 행사한다. 그것은 행동과 감정표현의 급격한 반전을 억제하라고 강요한다. 물리적 폭력의 독점이 인간이 다른 인간에게서 느낄 수 있는 불안과 공포를 줄이듯이 또 반대로 타인에게 공포와 불안 그리고 고통을 줄 수 있는 가능성과 쾌락을 동반하는 감정적 배설의 가능성을 줄이듯이, 이제 개인이 점점 습관화한 지속적 자기통제는 행동에서 급격한 전환과 대조·감정이 동반된 자기표현을 줄인다. 개인에게 작용하는 압력은 이제 행동의 모든 영역에서 그리고 삶의 분야에서 감정과 충동을 좀더 꾸준히, 일정하게 규제하는 방향으로 감정과 충동의 전체적 살림살이를 전환시키려고 한다.

　평화공간에 살고 있는 개인들에게 노출되어 있는 비무장폭력과 강제, 예컨대 경제적 제약 등도 이제 동일한 방향으로 작용한다. 그것들도 독점형성이 안 된 전사사회에서 인간이 다른 인간에게 행사하던 그런 억압보다 더 안정되어 있고 덜 감정적이며 더 온건하고 덜 비약적이다. 개인들에게 열려 있는 전체의 사회기능들 속에 구현되어 있는 그런 억압은, 모든 행위들이 자동적으로 연결되어 만들어진 길고 복잡한 행위사슬에 일치하도록, 현재를 넘어 멀리 내다볼 수 있는 선견지명과 조심성을 요구한다. 그것은 개인에게 행위의 장기적 효과라는 관점에서 순간적 감정과 충동을 꾸준히 억제할 것을 강요한다. 그것은 개인의 내면에 항상 한결같은 자기지배를 키워주며, 이 자기지배는 단단한 고리와 같이 그의 모든 행동을 둘러싸고 사회의 수준에 맞게 그의 충동을 규제한다. 이 때 이 충동과 감정에 대해 지속적인 조절과 억제의 습관을 인간 내면에 길러주는 것은 어른들이 수행하는 기능들 자체만은 아니다. 어른들은 일부는 자동적으로, 일부는 의식적으로 자신들의 행동양식과 습관을 통해 어린아이들에게 똑같은 행동양식과 습관을 길러준다. 개인은 유년기부터 어른들의 기능을 수행하기 위해서는 반드시 필요한 억제와 장기적 안목에 맞추어져 있다. 행동과 본능의 억제 및 조절은 어릴 적부터 그에게 습관화되어, 그의 내면에는 마치 사회적 수준의 중계소처럼 사회에서 통용되는 도식과 모델에 맞게 본능을 스스로 통제하는 기관, 하나의 '이성', 복합적이고 안정된 '초자아'가 형성되며, 잊혀진 충동과 성향의 일부가 의식의 지표면으로 떠오르는 경우는 이제 거의 없다.

과거 기사사회에서 개인은 강하고 힘이 있으면 폭력을 사용할 수 있었다. 그는 사회적 금지의 표식이 붙어 표출할 수 없게 되어버린 영역에서도 마음 내키는 대로 행동할 수 있었다. 그러나 이렇게 쾌락을 누릴 수 있는 커다란 기회의 대가는 적나라한 두려움과 공포에 떨어야 할지도 모를 가능성 또한 크다는 것이었다. 중세의 지옥개념은 인간관계의 구조를 가진 사회에서 개인이 느끼는 공포가 얼마나 강렬했는지를 추측할 수 있는 단서를 제공한다. 희열과 참담한 고통은 둘 다 좀더 솔직하고 좀더 자유롭게 밖으로 분출된다. 그러나 개인은 그것에 사로잡힌 포로였다. 개인은 자연의 폭력에 의해 그랬던 것처럼 자신의 감정에 의해서도 이리 차이고 저리 차였다. 그는 자신의 열정을 지배하지 못했다. 오히려 그는 그 열정에 지배당하고 있었다.

개인의 존재를 통과하여 지나가는 컨베이어 벨트가 더 길어지고 복잡해진 나중에 가서야 개인은 좀더 지속적으로 자신을 지배하도록 배운다. 즉 개인은 이제 예전만큼 그렇게 자기열정의 포로는 아니다. 그러나 그가 점점 더 많은 사람들의 활동에 기능적으로 의존하게 됨으로써 이제 예전보다 한층 더 구속받듯이, 그의 행동과 본능 및 성향의 직접적 충족도 과거와 비교할 수 없을 정도로 제약받게 된다. 어떤 의미에서 삶은 덜 위험해졌지만, 적어도 욕망의 직접적 표현이란 관점에서는 감정도 쾌락도 없는 무미한 삶이다.

일상에 없는 것을 인간은 꿈에서, 책과 그림에서 그 대체물을 찾는다. 그래서 귀족은 궁정화의 과정에서 기사소설을 읽기 시작하고 시민들은 영화를 통해 폭력과 열정을 즐긴다. 육체적 대립과 전쟁과 분쟁은 줄어들고, 그것을 연상시키는 것, 즉 죽은 가축을 자르거나 식탁에서 칼을 사용하는 관습은 점차 사라지거나 적어도 정확한 사회적 규제의 대상이 된다. 그러나 전쟁이 벌어지는 무대는 어떤 의미에서는 인간의 내면으로 이전된 것이다.

과거에는 인간과 인간 간의 직접대결로 해결되던 갈등과 열정의 일부를 이제는 자기 내부에서 극복해야만 한다. 타인에 대한 자신의 관계가 스스로에게 가하는 좀더 평화적인 압력은 그 자신의 내면에서 모사물을 찾는다. 그의 내면에, 특이한 형태의 습관과 '초자아'와 그의 감정을 사회구조에 부합하도록 조절하고 변형시키며 또 억압하는 장치가 확고하게 자리잡는다.

이제 인간들 상호간의 관계에서는 직접 나타나지 않는 본능과 열정 등은 마찬가지로 개인 안에서도 자아의 감시담당 영역과 격렬한 투쟁을 전개한다. 자기 자신과 벌이는 이 개인의 싸움이 항상 행복하게 결말지어지는 것은 아니다. 이 사회의 삶이 요구하는 자기변신이 언제나 본능-가계의 새로운 평형상태로 이어지는 것도 아니다. 그 과정에서 무수히 많은 크고 작은 혼란도 나타나고 인간 내면의 한 부분이 다른 부분에게 반항하기도 하고 위축시키기도 하여 사회적 기능의 극복을 실제로 방해하거나 어렵게 할 수도 있다. 공포에서 쾌락으로, 향락에서 참회로 이루어지는 수직적 변동은 ──우리가 이렇게 표현해도 된다면──감소하게 되고, 인간을 가로지르며 지나가는 수평적 비약인 '초자아'와 '무의식' 간의 갈등은 커진다.

여기에서도 이 교직현상의 근본특성이 지극히 단순한 것임이 입증된다. 우리가 그 정태적 구조가 아닌 사회발생사를 추적한다면 말이다. 즉 점점 더 많은 인간집단이 서로 의존하게 되고 그들 사이에 물리적 폭력이 배제되면서 인간 상호간의 강제를 자기강제로 전환시키는 사회장치가 형성된다. 즉 확장되는 행위고리에 개인이 연결되면서 개인 내면에 형성되는 자기강제, 즉 끊임없는 고려와 예측의 기능은 일부는 의식적 자기지배의 형상을, 일부는 자동적인 습관의 형태를 가지고 있다. 그것들은 사회적 상황에 일치하는 복잡한 도식에 따라 본능과 감정의 표출을 일정하게 조절하고 부단히 억제하도록 영향을 미친다.

그러나 내적 압력에 따라, 또 사회적 상황과 그 안에 살고 있는 개개인의 처지에 따라 이 자기강제는 개인의 행동과 본능생활에 특이한 형태의 갈등과 혼란을 야기할 수도 있다. 욕망의 일부는 변형된 형태로, 예컨대 듣거나 보면서 또는 환상이나 백일몽 속에서 충족될 수 있는 까닭에 이 자기강제는 어떤 경우에는 끝없는 불안과 불만을 불러올 수도 있다. 때때로 감정억제는 지나치게 확고한 습관이 되어—떨쳐버릴 수 없는 권태나 고독감이 그 현상이다—그 사람은 어떤 형태로도 변형된 감정을 겁없이 드러낼 수도 없고 억압된 본능을 직접 충족시킬 수도 없게 된다. 이런 경우 특정한 분야의 본능은 개인이 성장해온 사회적 틀의 특수한 구조에 의해 완전히 마비되어 무감각해진다.

이 본능들은 어린아이의 사회적 공간에서 그것의 표출이 야기할 수도 있는 위험의 압력으로 인해 어떤 경우에는 평생 동안 무감각하게 존재할 정도로 자동적인 불안으로 둘러싸여 있다. 또 다른 경우 어린아이의 다듬어지지 않은 격렬한 성향으로 인해 '문명화된' 존재로 조형되어가는 과정에서 발생할 수 있는 심각한 갈등은 특정분야의 본능을 너무나 왜곡시켜 그 에너지가 정상이 아닌 방법인 강박행위라든가 다른 일탈현상 등 바람직하지 못한 길로 분출되기도 한다. 또 다른 경우에 이 에너지는 통제불가능하고 편파적인 애증과 증오로, 기묘한 도락에 대한 지나친 애착으로 변질되기도 한다. 그러나 이 모든 경우에 근거 없어 보이는 듯한 끝없는 내적 불안은 얼마나 많은 충동 에너지가 이렇게 진정한 충족을 기대할 수 없는 형태로 추방되는가를 시사해준다.

개인적 문명화과정은 사회적 과정과 마찬가지로 오늘에 이르기까지 맹목적으로 진행된다. 어른들이 생각하고 계획하는 것의 덮개를 열어보면, 그들과 성장하는 젊은이들 간의 관계가 젊은이들의 인격에 대해 어른들이 의도하지 않고 전혀 알지도 못했던 기능을 가지고 있고 또 그것에 영향을 준다는 사실을 알 수 있다. 우리가 보통 '비정상'이라 부르는 개인의 사회적 조형의 결과들은 이런 의미에서 의도하지 않았던 현상들이다. 사회적 조형의 결과가 아닌, 변화시킬 수 없는 선천적 자질에 기인하는 심리적 비정상은 물론 우리의 고찰에서 제외된다. 그러나 해당 사회규범의 테두리를 벗어나지 않으면서 동시에 주관적으로 만족스러운 심리적 태도(Habitus)[역주1]도

[역주1] 오랜 시간에 걸쳐 형성된 지속적 성향으로서 주체의 행동의 객관적 원리를 구성할 수 있

마찬가지로 비계획적으로 산출된다.

좀더 적합한 구조의 인간들과 그렇지 못한 인간들, 즉 '적응자들'과 '부적응자들'이 다양한 변종들과 함께 동일한 사회적 조형장치로부터 탄생한다. 모든 개인이 걸어가는 문명화의 길에서, 이 과정의 일부를 형성하는 갈등과 연관하여 특정한 본능에 붙어다니는 불안, 즉 자동적으로 재생산되는 불안은 경우에 따라 개별적 본능들을 항구적으로 그리고 완전히 마비시킬 수도 있고 정상으로 간주되는 범위 내에서 그 본능의 억제나 조절로 이어질 수도 있다. 본능 에너지들이 사회적으로 무용한 강박적 행동이나 기이하다고 여겨지는 습관과 도락으로 변형되는 대신, 개인적으로 최대의 만족감을 주는 동시에 사회적으로도 생산적인 활동이나 재능으로 유도될 수도 있다.

이 두 경우에 모두 가장 조형가능성이 큰 시기인 유년기와 청소년기의 인간관계망은 개개인의 심리적 장치 속에서, 또 그의 초자아와 본능중심지 사이의 관계 속에서 그의 개인적 특성으로 모사되어 나타난다. 이 두 경우 모두 이 관계망은 하나의 습관으로 굳어져, 모든 행동양식과 타인에 대한 여타의 관계 속에 표현된다. 잘된 경우 문명화과정의 갈등으로 인한 상처는 서서히 아물 것이다. 그러나 잘못된 경우 그것은 전혀 치유되지 않거나, 새로운 갈등이 나타나면 항상 다시 덧날 것이다. 후자의 경우 심리장치 속에 굳어져 있는 유년기의 관계적 갈등은, 어린아이와 주변 관련 인물들과의 관계에서 또 그들에 대한 의존성에서 기인하는 여러 자기통제장치들 간의 모순의 형태로든 아니면 이 자기통제장치와 본능 간의 거듭되는 대립의 형태로든 다시 나타난다. 특별히 잘된 경우, 초자아장치의 여러 부분들 간의 모순은 서서히 사라지며 이 부분들과 본능중심지 간의 가장 심각한 갈등조차 단단한 벽에 둘러싸여 차단된다. 이 갈등은 우리의 깨어 있는 의식

___

다. 특정한 상황에서 특정한 행위를 하도록 하는 성향이라는 점에서 '주관적'이지만, 주체에 의해 의식적으로 만들어진 것이 아니라는 점에서 '객관적'이다. 독일어로는 '하비투스', 불어로는 '아비튀드'이다. 엘리아스는 하비투스를 사회적 결합태의 산물로 보고, 프랑스 사회학자 부르디외(Pierre Bourdieu)는 객관적 관계와 개인의 행위 사이의 매개물로서 사회의 재생산을 가능하게 하는 성향을 '아비투스'라고 규정한다.

으로부터 완전히 사라질 뿐 아니라 완벽하게 극복되고 소화되어 주관적인 만족감을 손상시키지 않고는 인간관계에 비의도적으로라도 개입할 수 없게 된다.

하나의 경우에 의식적인 그리고 무의식적인 자기통제는 곳곳에서 불분명한 상태로 남아 있고 본능 에너지의 비생산적인 표출형태가 뚫고 들어올 수 있는 여지가 많다. 다른 경우 이 자기통제는——오늘날에도 청소년기의 자기통제는 매끈하고 단단한 얼음덩어리라기보다 층층이 또는 어긋나게 겹쳐진 빙원의 분리된 조각으로 비유될 수 있다——사회구조에 적합하게 안정과 통일을 이룬다. 그러나 우리 시대에는 이 사회구조 자체가 자주 변하기 때문에, 동시에 행동-습관의 유연성이 요구되는데 이는 대개 안정성의 상실을 대가로 얻어진다.

개인적 문명화과정에서 성공한 경우와 실패한 경우의 차이가 무엇인지 이론적으로 말하기는 쉽다. 성공적인 경우에는 온갖 어려움 끝에 순응적인 행동양식과 적합하게 기능하는 습관장치가 마침내 사회적 어른기능들의 범위 안에서 형성되며 그리고 동시에——필연적으로 동반되는 것은 아니지만——긍정적인 쾌락수지를 기록하게 된다. 반대의 경우 사회적으로 필수적인 자기조절은 상반되는 방향의 본능 에너지를 극복하려는 힘든 노력을 기울여야만 또는 개인적 충족감을 희생시켜야만 얻어질 수 있다. 또한 이 본능 에너지의 극복이나 충족의 포기가 전혀 성공하지 못하는 경우도 발생하고 결국 쾌락수지의 흑자는 불가능할 때도 있다. 그 까닭은 타인들뿐만 아니라 그렇게 고통당하는 사람 자신도 사회적 명령과 금지의 대리인들이기 때문이며 또 내면의 한 기관이 다른 기관에서 원하는 것을 금지하고 처벌하기 때문이다.

현실적으로 나타나는 개인적 문명화과정의 결과는 극히 예외의 경우에만 평균치를 지나치게 벗어나서 완전히 긍정적이거나 완전히 부정적일 수 있다. 대부분의 문명인들은 이 극단의 가운데쯤에 위치한다. 사회적으로 유리한 성격과 불리한 성격, 개인적으로 만족감을 주는 경향과 만족감을 주지 않는 경향이 다양한 비율로 섞여 한 개인에게 나타난다.

서구의 문명화와 일치하는 개인의 사회적 조형과정은 특히 복잡하다. 서구인은 사회의 구조에 부합하기 위해 자신의 심리적 구조를 복잡하게 분화시켜야 하고 본능과 충동을 안정되게 규제해야만 한다. 따라서 개인의 조형은 특히 중상류층에서는 덜 분화된 사회의 조형에 비해 더 많은 시간을 필요로 한다. 기존의 문명화수준에 적응하기 위해서나 전체심리장치의 철저한 전환을 위해 개인이 들이는 노력에 대해 가해지는 저항 역시 만만치 않다. 그러므로 서구사회에서 개인들은 다른 어느 사회의 구성원들보다 더 늦게 어른의 기능을 수행하게 되고 그와 동시에 어른의 심리구조를—이 구조가 등장하면 대체적으로 개인적 문명화과정이 마무리되었다고 간주한다—갖추게 된다.

그러나 설사 복잡하게 분화된 서구사회에서 개인적 자기통제장치의 형성과정이 특별히 포괄적이고 강도 높다 하더라도 이와 같은 방향으로 전개되는 과정들, 즉 사회적인 그리고 개인적인 문명화과정이 이 사회에서만 일어나는 것은 아니다. 경쟁의 압력하에 기능의 분화가 다수의 사람들을 서로 의존하게 만드는 곳, 물리적 폭력의 독점이 감정을 배제한 협동을 가능케 하는 동시에 필수적으로 만드는 곳, 그리고 타인의 행동과 의도를 끊임없이 계산하고 예상할 것을 요구하는 기능들이 생겨나는 곳에서는 어디에서나 이 과정이 발견된다. 이러한 문명화 추진의 정도와 성격을 결정하는 것은 상호의존의 정도, 기능분화의 수준 그리고 그 기능들의 구조이다.

제2절 장기적 예측과 자기통제에 대한 압력의 확대

서구의 문명화과정을 특별하고 유일한 현상으로 만드는 것은 기능의 분화수준과 폭력 및 조세독점의 견고성 그리고 물리적 공간이나 관련된 사람들의 수를 기준으로 볼 때 상호의존성과 경쟁의 정도가 세계사에서 그 전례를 찾을 수 없을 정도로 앞서 있었다는 사실이다.

종전에는 장거리를 잇는 화폐유통망과 상거래망 그리고 그 중심지에 어느 정도 확고하게 자리잡은 물리적 폭력의 독점조직은 거의 수로를 따라, 특히 강 유역의 골짜기나 해변의 분지지역에서 발달했다. 몇 개의 교역로들이 그 뒤편에 있는 광범위한 내륙지방을 통과하여 지나가기도 하고 큰 시장들이 열리기도 했지만, 이 지역은 대개 농경수준에 머물러 있었고 비교적 자급자족적이었다. 서구사회를 출발점으로 하여 이제 상호연결망이 발달하는데, 이 연결망은 과거 어느 때보다도 더 넓은 해변 지역을 포함할 뿐만 아니라 내륙지방의 마지막 오지에 이르기까지 구석구석 미치게 된다. 이에 따라 행위 조율의 범위는 예전보다 훨씬 넓어지고 미리 내다봐야 할 행위고리도 훨씬 많아진다. 자기지배의 높은 강도, 즉 이 연결망의 중심지에서 영위하는 삶에 필연적인 감정억제와 본능조절의 항구성은 이런 상황에 일치하는 현상들이다.

상호의존의 연결망의 크기 및 내적 압력과 개인의 인격 간의 연관성을 분명하게 보여주는 특징들 중 하나가 우리가 현대의 '속도'로 부르는 것이다.[원주5] 이 '속도'는 모든 사회적 기능들을 통과하는 수많은 상호의존의 고리들과, 이 조밀한 인구밀도의 그물망으로부터 나와 모든 행동에 동력을 제공하는 경쟁압력을 표현하는 데 지나지 않는다. 속도는 무수한 약속들과 회의들로 채워지는 관료나 기업가의 일상에서 나타날 수도 있고 특정한 시각과 시간에 자신의 손동작을 정확하게 맞추는 노동자의 작업에서 드러날 수도 있지만, 속도는 서로 종속되는 수많은 행위들의 표현이고 한 사람 한 사람의 행동이 그 한 부분으로서 서로 연결되어 만들어진 길고 촘촘한 고리의 표현이며 이 상호의존의 관계망이 작동시키는 각축전과 선발전의 표현이다.

그토록 많은 활동고리들의 매듭점으로서의 기능은 일생을 정확하게 분할할 것을 요청한다. 그것은 순간적 끌림을 상호의존의 우선적 필요성에 종속시키라고 사람들에게 요구한다. 그것은 행동으로부터 모든 불규칙성을

[원주5] Ch.H. Judd, *The Psychology of Social Institutions*(New York, 1926), p.105ff, 32ff, 77ff를 참조할 것.

제거하도록, 또 언제 어디서나 자기통제를 잃지 않도록 사람들을 훈련시킨다. 이것이 왜 인간의 내면적 성향이 종종 자신의 초자아에 의해 대변되는 사회적 시간에 반란을 일으키는지, 그리고 왜 그토록 많은 사람들이 시간을 정확히 엄수해야 할 경우 자신과의 갈등에 빠지는지에 대한 이유인 것이다. 우리는 시간측정 도구와 시간의식의 발전을 통해 ──화폐를 비롯한 다른 사회적 통합의 도구들과 마찬가지로── 기능분화의 과정과 동시에 개인에게 요구되는 자기절제의 발전과정을 정확하게 읽어낼 수 있다.

왜 이 관계망 안에서도 감정통제의 유형이 측면에 따라 달라지는지, 왜 성의 억압정도가 나라마다 다른지는 그 자체 독립된 연구가 요망되는 문제이다. 그러나 이러한 차이가 어떻게 생겨나든지 간에 행동변화의 전체 방향인 문명화운동의 '추세'는 어디나 동일하다. 어디에서나 변화는 자동적인 자기감시의 방향으로, 단기적 충동을 습관화된 장기적 시각의 요구에 종속시키려는 방향으로 그리고 더 복잡하고 안정된 '초자아'장치가 형성되는 방향으로 흘러간다. 순간적 감정을 먼 미래의 목적에 종속시켜야만 하는 필연성이 널리 보급되는 방식도 전체적으로 볼 때 동일하다. 우선 소수 지도자계급이 그것에 영향을 받고 그 다음 점점 더 광범위한 서구사회의 계층들이 그 영향권 안으로 휩쓸려 들어간다.

어떤 사람이 상호의존의 수동적 객체로서 촘촘하게 짜인 의존의 그물망 같은 세상에서 살아가는가 또는 자신의 존재를 얽어매는 이 관계망에 스스로 영향을 주지도 못하고 어떤 경우 인식조차 못 하면서 멀리서 일어나는 사건에 고통을 당하는 상황에 처해 있는가, 아니면 사회적 상황과 기능이 앞을 내다보는 장기적 관점을 그에게 요구하고 이에 따른 행동의 통제를 요구하는가 등, 한 개인이 처해 있는 상황에 따른 차이는 상당하다. 서구의 발전으로 우선 시작한다면, 담당자들의 장기적 이익을 위해 그렇게 지속적이고 적극적인 자기규율을 요구하는 기능은 분명 특정한 상류층 기능과 중산층의 기능들이었다. 즉 전체 사회의 정치적 중심지인 궁정의 기능들과 어느 정도 안정된 독점폭력의 보호하에 있던 장거리 교역망의 중심지에서 볼 수 있는 상인기능들이었다.

　그러나 서구에서 전개된 사회과정의 특성은 상호의존망의 확대와 더불어 공간적·시간적으로 확장된 범위에서 개인적 행동을 조율하고 장기적 관점을 취해야 할 필요성이 점점 더 넓은 계층의 사람들에게로 확산된다는 점이다. 하류계층의 사회적 상황과 기능들도 점점 장기적 관점의 사유를 가능케 하며, 요원한 충족가능성을 희생하면서 순간적 만족을 지향하는 성향들의 변형 또는 억제를 산출한다. 수노동으로 살아가는 하류계층의 기능들은 과거에는 일반적으로 그 담당자들이 그저 간접적 영향을 감지할 정도로만——그것이 불리할 경우에는 소요나 봉기, 단기적 감정의 폭발로 대응할 정도로——상호의존의 관계망에 연결되어 있었다. 그러나 그 기능들의 구조상 외부의 통제를 지속적으로 자기통제로 전환시켜야 할 필요성은 없었다. 그들의 일상적인 삶의 과제가 그들로 하여금 눈앞에 보이지 않고 붙잡을 수 없는 것을 위해 시급한 욕망이나 감정을 억제하게 만들지는 않았다. 따라서 그러한 감정적 폭발은 지속적 성공을 거둘 수 없었다.

　여기서는 여러 상이한 연관관계의 고리들이 함께 작용하고 있다. 커다란 인간관계망 안에는 다른 부문들보다 좀더 중요한 중심부문이 있게 마련이다. 이 중심부문의 기능들, 예컨대 상위의 조정기능들은 그 중심적 위치 때문에 또 자신에게서 교차되는 수많은 행위의 고리들 때문에라도 꾸준하고 엄격한 자기통제를 필요로 한다. 이 기능은 자신에게 의존하는 수많은 행위들 때문에 막강한 사회적 권력을 지니게 된다. 서구발전의 특성은 만인의 만인에 대한 의존정도가 점점 동등하게 된다는 사실이다. 극도로 분화되고 최고수준의 분업을 성취한 서구사회의 운영은, 농촌과 도시의 하류계층이 앞으로 발생할 연관관계를 통찰하여 자신들의 행동과 활동을 조절할 수 있는 정도에 점점 좌우된다. 이 계층은 단순히 '하류'계층으로 존재하기를 중단한다. 분업적 장치는 너무나 민감하고 복잡하여 컨베이어 벨트의 어디 한 군데라도 혼란이 일어나면 전체의 체계가 위협을 받기 때문에, 원래의 권한을 행사하는 지도자계층은 자신이 치러야 할 각축전의 압력 속에서도 광범위한 민중계층을 더 고려해야 할 필요성을 느끼게 된다.

　그러나 민중의 사회적 기능과 권력이 이 과정에서 점점 중요하게 되는

것과 마찬가지로, 그들의 기능은 그 실행에서 점점 사려 깊은 예측을 요구
하고 또 가능케 한다. 그들은 대부분 강한 사회적 압력에 못 이겨 점차적으
로 순간적 감정의 억제에 그리고 전체사회와 그 안의 자신들의 위치에 대
한 폭넓은 통찰에서 행동훈련에 적응하게 된다. 그로써 과거 하류층을 이
루었던 사람들의 행동도 서구 상류층의 행동방향으로 변하지 않을 수 없게
된다. 이들과의 관계에서도 하류층의 사회적 힘은 성장한다. 그러나 동시
에 그들은 장기적 안목을—누구에 의해 어떤 모델을 근거로 이러한 훈련
이 이루어지든—갖도록 훈련을 받는다. 그들 역시 점차 개인 내부의 자기
통제로 전환하게 되는 외부통제의 영향을 받게 된다. 그들의 내면에서도
자기통제장치인 '초자아'와 좋거나 나쁜 방향으로 변형되고 조절되었거나
억압된 본능 에너지 간의 수평적 갈등이 커진다. 이렇게 하여 서구사회 내
에서 꾸준히 문명적 구조가 확산된다. 그래서 하류층과 상류층을 포함한
서구사회 전체가 일종의 상류층을 형성하게 되고 관계망의 중심을 이루게
되며 이 중심으로부터 문명적 구조가 세계의 다른 지역들로 퍼지게 된다.
이러한 포괄적인 운동, 특정한 기능과 행동구조의 파상적인 확산에 대한
인식, 그리고 우리 스스로 이 파도와 이 문명화운동의 한가운데에 서 있다
는 사실에 대한 통찰이 비로소 '문명화' 문제에 대한 올바른 조명을 가능하
게 해준다. 우리가 현재로부터 과거로 걸어들어가, 우리의 시각에서 그들
을 보는 것이 아니라 그들의 관점에서 우리를 본다면, 우리는 이 운동의 잇
따른 물결 속에서 어떤 유형과 구조를 발견할 수 있는가?

제3절 사라지는 차이들, 증가하는 변형들

문명화는 일련의 상승운동과 하강운동 속에서 이루어진다. 밑으로부터
위로 부상하는 계층이나 투쟁에서 살아남은 단위전체, 즉 한 종족이나 한
국가는 항상 다른 소외계층이나 사회에 대해 체제 내의 세력으로서의 기능
과 성격을 획득하며, 다시금 이 소외계층이나 사회는 억압받는 자신들의

소외된 위치로부터 기존의 체제 내 세력들에게 대항하며 밑으로부터 압력을 행사한다. 그리고 억압으로부터 벗어나려는 폭넓은 민중계층은 항상 되풀이하여 사회적 상승을 이루고 자리를 잡은 집단들의 뒤를 바짝 따르면서 호시탐탐 그 자리를 차지할 수 있는 기회를 엿보고 있다.

이 분야에서도 아직 해결되지 않은 문제들이 산적해 있다. 현재의 맥락에서는 하류층, 즉 억압받고 가난한 소외집단들은 자신들의 욕구나 감정을 직접적으로나 즉흥적으로 충족하려 하며 그들의 행동은 기존 상류층의 행동보다 덜 엄격하게 통제되어 있다는 사실에 주의를 기울이는 것으로 충분할 것이다. 하류층에 작용하는 억압은 주로 직접적이고 물리적인 종류의 것, 즉 육체적 고통의 위협이나 칼, 궁핍이나 굶주림을 통한 파멸의 위협이다. 이런 종류의 폭력과 상황은 외부통제를 자기통제로 안정되게 전환시킬 수 없다. 가난하기 때문에 또 가축은 주인의 식탁을 위한 것이기 때문에, 즉 오로지 물리적 강제로 인해 육식을 포기하는 중세의 농부는 외적 위험부담이 없을 경우에 언제나 고기에 대한 자신의 욕구를 쉽게 따르지만, 반대로 상류층 출신 수도회 설립자는 내세에 대한 믿음과 원죄의식으로 인해 육식의 향유를 스스로 포기한다. 굶주림의 위협하에서 또는 징역살이를 하면서 남을 위해 일하는 무산자들은 외적 폭력의 위협이 없어지면 당장 일하기를 멈추겠지만, 이와 반대로 부유한 상인은 일하지 않아도 살기에는 전혀 지장이 없지만 멈추지 않고 계속 일한다. 그를 이렇게 만드는 것은 단순한 욕구가 아니라 권력과 위신을 위한 경쟁의 압력 때문이다. 그의 직업과 그의 향상된 지위는 그의 삶에 의미를 주고 그것을 정당화하는 것이다. 결국 이 끊임없는 자기통제는, 그가 일하지 않으면 평형을 잃어버리게 될 정도로 일을 그의 습관으로 만들어버린다.

사회적 상황과 행동규약에서 상류층과 하류층 간의 차이가 사회의 발전으로 줄어들었다는 것은 서구사회의 특성 중 하나이다. 그 발전과정에서 하류층의 특성이 전 사회로 확산되어나간다. 서구사회 전체가, 능력 있는 모든 사람들도 일정한 유형의 노동을 통해 생계를 이어나가는 사회가 되어간다는 사실은 그것의 징후이다. 노동은 과거 하류층의 특징이었다. 동시에 예전에는 상류층을 구분하던 특징들이 이제 사회 전체로 퍼져나간다. 사회적 外部통제에서 자기통제로의 전환, 습관적이고 자동적인 본능억제와 감정조절로의 전환은——보통 칼이나 기아에 의한 극적인 육체적 위협으로부터 보호된 사람들에게서 가능한——이제 서구사회 내에서는 전체 민중계층에게서도 일어난다.

　이 운동의 짧은 한 단면만을 볼 수 있는 단기적 시각에서는 사회적 인격에서 문명사회의 상류층과 하류층 간의 차이가 오늘날에도 아직 상당하다고 생각할 수 있다. 그러나 운동의 커다란 흐름을 수세기에 걸쳐 살펴볼 경우, 여러 상이한 사회집단들의 행동차이는——개인행동의 비약이나 급격한 전환과 마찬가지로——꾸준히 감소하고 있다는 점을 인식할 수 있다. 문명사회의 하류층의 본능조형방식과 행동양식과 전체 심리적 구조는 이 계층의 사회적 비중이 증가하면서 다른 집단들, 우선 중산층에 꾸준히 접근하고 있다. 설령 중산층의 자기통제와 터부의 일부가 스스로를 '차별화'하려는 충동과 위상을 높이려는 욕구에서 유래한다 하더라도, 또 하류층의 사회적 종속유형이 동시대의 상류층에게 요구되는 정도의 감정통제와 미래에 대한 전망을 그들에게 요구하지는 않는다 하더라도 전체적인 추세는 그러하다.

　사회의 내부나 개인의 내면에서 이렇게 두드러진 차이가 감소하고 극히 다른 사회적 수준에서 유래하는 행동양식들이 특이하게 뒤섞이는 현상은 서구사회의 전형적 특징이라 할 수 있다. 그것은 '문명화과정'의 중요한 특성들 중 하나이다. 그러나 사회운동과 문명운동이 언제나 직선적으로만 전개되는 것은 아니다. 이런 커다란 운동 안에는 크고 작은 반대운동들이 끊이지 않으며, 이 시기에는 다시 사회 내부의 차이가 커지고, 개인의 행동에서 급격한 변동과 감정적 폭발이 증가하게 된다.

　현재 우리 눈앞에서 벌어지고 있는 현상, 즉 우리가 좁은 의미에서 '문명의 확산'이라 이르는, 서구의 제도와 행동수준이 서구를 넘어 전파되는 현상은 이미 말했듯이 우선 수세기 동안 서구 내에서 완성된 운동의 마지막 물결을 이룬다. 과학이나 기술이나 특정한 유형의 자기통제에 대한 다른 표현들을 포함한 이 운동의 전형적 유형과 경향 등은 '문명'이란 개념이 있기도 전에 서구사회 안에서 이미 확고한 자리를 차지하고 있었다. 과거 서구사회에서 궁정이나 상인들의 중심지로부터 행동의 전범들이 확산되어 나갔듯이, 서구사회로부터 ——일종의 상류층으로서——서구인들이 다른 나라에 정착해서든 다른 민족의 상류층이 동화해서든 간에 서구의 '문명화된' 행동양식은 서구 이외의 나라들로 널리 퍼져나가고 있다.

이 모든 확산운동의 흐름이 행동양식을 전수하는 자들의 계획이나 희망에 의해 결정되는 경우는 극히 드물다. 전범을 제시하는 계층은 오늘날에도 확산운동의 자유로운 창시자나 주모자가 아니다. '백인 종주국'으로부터 동일한 행동양식이 확산되고 난 후 다른 지역들은 정치적·경제적 상호의존의 네트워크, 즉 서구국가들 내부의 영향권 그리고 그들 간의 선발전의 영향권 안으로 편입된다. '기술'이 행동변화의 원인은 아니다. 우리가 '기술'이라 부르는 것 자체는 점점 더 길어지는 행위사슬의 형성으로 말미암아 나타난 그리고 그렇게 연결된 부분들 간의 경쟁결과로 나타난 지속적인 예상 및 미래에 대한 전망의 마지막 표현형식들 가운데 하나이며 상징들 중 하나이다. 서구 밖의 다른 지역들이 서구를 중심으로 연결된 상호의존의 네트워크에 편입되어 그 사회 자체의 구조와 인간관계의 구조가 전체적으로 변화하기 때문에, 그리고 변화하는 경우에 한해서 이 '문명화된' 행동양식은 이 지역들 안에서 확산될 수 있다.

기술이나 학교교육 등은 부분현상일 뿐이다. 서구의 옛 식민지 지역에서도 개인이 따라야만 하는 사회적 기능들은 점점 변화하여 서구에서 요구되는 것과 마찬가지의 지속적인 미래전망과 대비, 강한 감정억제가 필요할 정도가 되었다. 사회적 실존전체의 변혁은 여기에서도 행동의 문명화에 토대가 된다. 바로 그 때문에 이곳에서도——지구의 다른 지역들에 대한 서구의 관계와 비교해볼 때——문명화운동의 모든 물결에 특징적이라 할 수 있는 차이의 감소가 나타나기 시작한다.

상위기능을 수행하는 상류층의 행동양식과 신분상승을 도모하는 하류층의 행동양식이 혼합되고 동일화되는 것의 반복은 이 과정에서 상류층이 취하는 이중적이고 모순적인 태도와 관련하여 극히 중요하다. 상류층이 자신들의 기능과 처지로 말미암아 습관화해야 했던 장기적 전망과 감정과 행동의 엄격한 통제는 식민지의 지배층이었던 유럽인들이 다른 사람들에 대해 자신의 우월성을 증명할 수 있던 중요한 도구였다. 그것은 위신과 탁월함의 징표였다. 바로 이런 이유에서 이 사회는 전통적 형태의 본능 및 감정통제를 위반하는 경우, 예컨대 그들의 구성원들 중 한 사람이 '자제력 상실'을 일으키는 경우에는 나쁜 평판이라는 엄한 벌을 내렸다.

　하위집단들의 사회적 힘이 강해질수록, 이 집단의 사람들이 점점 위로 치고 올라오고 따라서 상위집단들과 하위집단들 간의 경쟁이 심해지면 질수록 위반에 대한 처벌은 더욱 엄격해졌다. 상류층으로서의 우월한 위치를 그대로 유지하기 위해 기울여야만 하는 노력과 장기적 대비는 따라서 그 사회의 내적 교류에서 구성원들이 서로 행사하는 사회적 감시의 강도로 표현된다. 집단전체가 처한 상황과 높은 지위의 보존을 위한 투쟁에서 비롯하는 두려움은 이런 식으로 그 구성원 한 사람 한 사람의 초자아 육성과 행동규약의 유지에 직접적 원동력으로 작용한다. 이 집단의 불안은 개인적 불안으로 전환되어, 개개인은 자신의 사회 내에서 개인적인 강등과 위상의 손실들에 대해 두려움을 느끼게 된다. 이것은 다른 사람 앞에서 자신의 체면이 손상되는 것에 대한 두려움이며, 이는 수치심의 형태로든 또는 명예심의 형태로든 자기강제로 주입되어, 개인이 차별적 행동을 습관적으로 재생산하고 충동을 엄격하게 억제하도록 보장한다.

　상류층은――앞에서 언급했듯이 서구전체는 상류사회의 기능을 수행한다――이렇게 한편으로는 차별화의 특징으로서 자신들의 특별한 행동과 본능억제를 온힘을 다하여 유지하도록 강요당하는 반면, 다른 한편으로 그들 자신의 처지와 전체운동의 구조는 장기적으로 점점 행동수준에서 이러한 차이를 감소하게 만든다. 서구 문명화의 확산운동은 이러한 이중적 성격을 분명하게 보여준다. 문명은 서구의 차이와 우월성을 증명해주는 특징이었다. 그러나 동시에 서구인들은 자신들끼리 벌이는 경쟁의 압력으로 인해 세계의 다른 지역들에서도 자신들과 비슷한 수준으로 인간관계와 기능이 변하도록 유도하고 강요하지 않을 수 없었다. 서구인들은 다른 지역들을 자신들에게 복속시키면서 동시에 자신들도——이는 거듭 관찰할 수 있는 기능분화의 법칙인데——그들에게 의존하게 된다. 그들은 한편으로 일련의 제도들을 통해 또는 자신들의 행동을 엄격하게 감시함으로써, 자신들이 식민지화하여 열등하다고 생각하는 집단들과 자신들 사이에 울타리를 친다. 다른 한편으로 그들은 자신들의 사회적 형태와 더불어 자신들의 행동양식과 제도를 이 지역에 전파한다. 그들의 활동은 원래의 의도와는 다르게 사회적 힘에서나 행동에서 식민자와 원주민들 간의 차이를 줄이는 방향으로 작용하는 것이다.

우리 시대에 이미 그 차이는 눈에 띄게 줄어든 것처럼 보인다. 식민지의 형태에 따라, 기능분화의 전체 관계망 속에서 차지하는 어떤 지역의 위치에 따라 또 그 지역의 역사와 구조에 따라 서구 밖의 다른 지역에서도 앞서 서구 각국의 궁정적 행동과 시민계급적 행동을 예로 들어 서술하였던 과정인 상호침투와 혼합의 과정이 일어나기 시작한다. 식민화된 지역 내에서도 여러 집단들의 상황과 사회적 힘에 따라 서구적 행동양식이 위에서 아래로 또 때로는 아래에서 위로 확산되어——공간적 이미지를 고수한다면——독특하고 새로운 형태로 재탄생하거나 문명적 행동의 새로운 변형으로 나타난다. '문명의 확산과 더불어 상위집단들과 하위집단들 간의 두드러진 행동 차이는 줄어든다. 문명적 행동의 형태들과 색조들이 점점 다양해진다.' 동양인들과 아프리카인들이 서구적 수준으로 전환하기 시작하는 현상은 우리가 직접 볼 수 있는 문명화운동의 마지막 물결이라 할 수 있다. 이 물결이 일어난 것처럼, 같은 방향으로 새로운 물결들이 일어날 조짐이 벌써 보이고 있다. 사회적으로 상승하는 하위계급들은 식민지 지역의 유럽 상류층에게는 이 지역의 토착 상류층이기 때문이다.

역사에서 한 걸음 뒤로 물러나면 우리는 서구에서도 비슷한 운동을 발견하게 된다. 즉 도시와 농촌의 하류계층들이 문명적 행동의 수준으로 동화되어 장기적 안목과 감정의 균일한 조절 및 정확한 억제를 습관화하며 자기통제장치를 내면에 확립한다. 또한 여기에서도 각국의 역사구조에 따라 문명화된 행동의 범위 안에서 지극히 다양한 형태의 정서적 구조가 나타난다. 영국 노동자들의 행동에서는 시골귀족이나 장거리무역망 안에서 활동하는 대상인들의 면모가 엿보이고 프랑스 노동자들의 행동에서는 궁정귀족이나 혁명으로 권력을 잡은 시민계급의 흔적이 남아 있는 것을 보게 된다. 또한 오랫동안 식민지 국가로서 넓은 상호의존의 네트워크 안에서 상류층의 기능을 담당했던 국가의 노동자들에게서는 보다 엄격한 행동절제와 전통적인 예의범절을 볼 수 있지만, 강력한 폭력 및 조세독점권, 국가적 권력수단의 중앙집중화가 경쟁국가들보다 늦게 이루어졌던 탓에 늦게서야 또는 전혀 식민지를 가지지 못했던 국가의 노동자들에게서는 덜 세련된 형태의 감정억제를 관찰할 수 있다.

이보다 훨씬 앞으로 거슬러올라가보면, 즉 17세기나 18세기 또는 19세기에—나라의 구조에 따라 어떤 곳에서는 일찍, 다른 곳에서는 늦게—우리는 좀더 제한된 규모의 집단 안에서도 동일한 유형을 발견하게 된다. 즉 귀족과 시민계급의 상호침투하는 모습의 행동수준이 그것이다. 세력관계에 상응하여 상류층의 상황에서 유래하는 모델이 상호침투의 결과를 좌우하지만, 그 다음에는 밑에서 위로 부상하는 계층의 행동양식이 지배적이다가 마침내 지나간 과정의 침전물로서 유일무이한 성격의 아말감인 새로운 양식이 출현한다. 이 과정에서도 오늘날의 '문명'의 기수들을 배출한 상류층의 이중적이고 모순적인 상황이 드러난다. '시빌리테'의 기수들인 궁정귀족은 상호의존의 관계망으로—이는 시민계급과 왕이 공동으로 만들어내는 집게구도 그리고 그 가운데 위치한 궁정귀족으로 표현된다—얽혀들어가면서 점점 더 감정을 억제하고 정확하게 행동을 조절해야만 했다. 궁정귀족의 기능과 상황이 강요하는 이 자제는 동시에 그들의 위상을 높여주는 가치를 지닌 것이며, 치고 올라오는 하위계층과의 차별수단이며, 따라서 이 차이가 지워지지 않도록 할 수 있는 모든 일을 다한다. 내막을 잘 아는 원래의 구성원만이 올바른 행동거지의 비밀을 알아야 한다. 단지 상류사회 안에서만 그것을 배울 수 있어야 한다.

그라시안(Grazian)은 '삶의 지식'(Savoir-vivre)에 관한 저서인 저 유명한 『손신탁』(*Handorakel*)을 누구나 몇 푼으로 그 속에 들어 있는 지식을 사지 못하도록 애매모호한 스타일로 기술하였다고 어떤 공주가 말한 적이 있으며,[원주6] 쿠르탱(Courtin)은 '시빌리테'에 관한 논문의 서론에서 자

[원주6] Grazian, *Handorakel*의 프랑스어 번역에 대해 Amelot de la Houssaie가 쓴 서론 (Paris, 1684). Gracian의 *Oraculo Manuale*는 1647년 출판되었는데 'L'Homme de Cour'이란 제목으로 프랑스에서 17세기와 18세기에 무려 20판을 거듭하였다. 마키아벨리의 『군주론』이 궁정 절대주의 정치에 관한 최초의 교본이라면 이 책은 궁정 심리학에 대한 최초의 교본이다. 그런데 마키아벨리는 그라시안보다 군주의 입장에서 말하고 있는 듯이 보인다. 그는 미래의 절대주의의 '국가이성'을 어느 면에서는 정당화하고 있다. 에스파냐 예수회 회원인 그라시안은 심정적으로 국가이성을 경멸한다. 그는 자신과 다른 사람들에게 달리 어쩔 도리가 없기 때문에 수용해야 할 궁정 게임의 규칙들을 설명하고 있다.

또한 중요한 것은 이 둘의 차이점에도 불구하고 마키아벨리와 그라시안이 책에서 권하는 행동방식들은, 이와 유사한 행동과 정서가 시민계급 사회에도 전적으로 없지는 않았지만 그럼에도 불구하고 시민중산층에게 '비도덕적'으로 여겨졌다는 것이다. 그런데 비궁정적 시민계급이 궁정적 심리와 궁정적 행동양식을 저주하는 그 태도에서 궁정과 시민사회의 사회적 조형방식 간의 차이점이 표현된다. 사회적 명령과 금지는 비궁정적 시민계층에게서는 궁정계층과는 다른 방식으로 심리구조에 각인되었던 것이다. 초자아의 형성은 시민사회에서 훨씬 더 철저하게, 여러 측면에서 더 엄격하게 실행되었다. 일상생활의 호전적 요소는 중산층 시민사회에서도 전적으로 사라졌다고 할 수는 없었지만, 그러나 그것들이 작가나 한 사람이 밖으로 표현할 수 있는 영역이나 의식자체로부터 추방된 정도는 궁정사회보다 이곳에서 더욱 심했다.

궁정귀족 계층에서 '너는 해야만 한다'란 명령은 삶의 지혜 차원의 명령이 아니라 사회생활의 실질적 필요성에 의해 지켜지는 명령이었다. 이것들은 그가 타인들과 함께 생활하기 때문에 부득이 스스로 부과하는 명령이라는 의식이 이 계층의 어른들에게서도 완전히 사라지지 않았다. 이런 명령과 금지는 중산층의 시민계급에게서는 단순한 삶의 지혜에 대한 실용적 규칙들로서가 아니라 반자동적으로 기능하는 양심으로서 훨씬 더 깊이 뿌리를 내리고 있다. 그러므로 초자아가 지시하는 '너는 해야만 한다'와 '해서는 안 된다'는 현실의 관찰과 이해에 더 지속적으로 그리고 더 깊이 영향을 미친다. 이에 대한 예들은 무수히 많지만, 그 중 하나를 여기서 언급해보자. 그라시앙은 "네가 상대하는 사람들의 성격을 철저히 파악해라"라는 규정에서(273쪽) 다음과 같이 말한다. "선천적으로 육체적 결함이 있는 사람들에게 선한 면을 기대하지 말아라. 그들은 자연에 복수하려는 습관이 있기 때문이다……." 마찬가지로 널리 읽혔던 17세기 영국 중산층의 예법서인 Francis Hawkins의 *Youth's Behaviour*(1646)는 조지 워싱턴이 말한 유명한 규칙들의 원전이기도 한데, 이 책은 '너는 해서는 안 된다'를 먼저 앞세움으로써 동일한 상황에서 취해야 할 행동이나 관찰에 도덕적 변화를 준다. "어떤 기술로도 고치기 어려운 자연적 결함들을 욕하지도 말고 또 네가 그것을 즐긴다는 생각이 그에게 들게 하지 말아라. 왜냐하면 종종 그런 일은 시기심을 불러일으키고 원한이나 복수심마저 조장할 수 있기 때문이다."

한마디로 우리는 그라시안에게서 그리고 그 후 La Rochefoucauld나 La Bruyère에게서 실제 궁정생활을 했던 생시몽에게서 볼 수 있는 행동양식의 일반적 원칙들을 볼 수 있다. 이들의 예법서에는 감정억제의 필연성에 대한 지적이 항상 등장한다(No.287). "감정이 아직 남아 있는 동안 행동하지 말아라. 그렇게 하면 너는 모든 일을 그르치게 될 것이다." 또는 (No.273) : "감정적 편견을 가진 사람은 항상 실제사태와는 다른 말을 한다. 이성이 아닌 감정이 그의 안에서 말하는 것이다." 우리는 '심리적 태도', 즉 지속적으로 성격을 관찰하는 태도를 기르라는 권고를 발견할 수 있다(No.273) : "네가 상대하는 사람들의 성격을 철저히 파악해라." 또는 그 지식과 관찰의 결과에 대해(No.201) : "미친 듯이 보이는 사람들은 모두 미쳤고, 미친 듯이 보이지 않는 사람들의 반도 미쳤다." 자기관찰의 필요성에 대해(No.225) : "네 최대 약점을 알아라." 반쪽 진리의 필요성에 대해(No.210) : "진실과 유희하는 방법을 알아라." 진정한 진실은 한 개인의 전체 삶의 진실성과 실제성에 있는 것이지 그의 말에 있는 것이 아니다(No.175) : "실체적 인간. 진실한 평판을 주는 것만이 진리이다. 그리고 이득이 될 수 있는 내용만이 진리이다." 선견지명의 필요성(No.151) : "내일의 오늘을 그리고 그 후 오랜 기간을 생각하라." 모든 일에서 중용을(No.82) : 현인은 모든 지혜를 이 규약 속에 압축해넣었다 : "어떤 것도 지나치게 하지 말아라." 완벽성의 궁정귀족적 형태와, 온건하게 변형된 본능의 세련화, 경망스러움, 매력, 인간으로 변신한 동물의 새로운 미(No.127) : LE JE-NE-SAIS-QUOI. 이것 없이는 모든 미는 죽은 것이고 모든 우아함은 우아하지 않다……. 다른 완벽성의 형태는 자연의 장식물들이다. 'Je-ne-sais-quoi'는 완벽성의 한 형태이다. 추론의 태도에서조차 그것은 눈에 띈다……. 또는 다른 관점에서 꾸밈 없고 가식 없는 사람(No.123) : "가식 없는 사람. 가식이 없을수록 더욱더 완벽하다. 가장 훌륭한 자질도 우리가 그 안에서 가식을 발견한다면 그 가치를 상실해버린다. 왜냐하면 우리는 그것들을 그 사람의 진실된 성격으로 간주하기보다는 인위적 강제로 돌리기 때문이다." 사람과 사람 사이의 전쟁은 불가피한 것이다: 그것을 품위 있게 수행하라(No.165) : "선전을 하라. 악행을 저지르며 정복하는 것은 정복하는 것이 아니라 정복당하는 것이다. 반역의 냄새가 나는 것은 어떤 사람의 이름을 더럽히는 것이다." 이 규정들에서는 다른 사람들에 대한 고려와 명성을 보존하려는 필요성, 한마디로 '현세적'인 사회의 필요성을 근거로 한 논점이 되풀이하여 반복된다. 종교는 여기서 별 역할을 하지 못한다. 신은 주변부에서 그리고 마지막으로 이런 인간적 집단의 외부에 있는 어떤 것으로 나타난다. 모든 좋은 일들 역시 다른 인간들로부터 나온다(No.111) : "친구를 사귀어라. 친구를 갖는다는 것은 제2의 존재가 된다는 것이다……. 우리가 세상에서 얻는 모든 좋은 것들은 다른 사람들에게 달려 있다."

영원한 법이 아닌 '외부의' 필요성, 타인에 대한 배려를 통한 규칙과 규정의 정당화는 특히 이 원칙들과 전체 궁정적 행동규칙을 시민계급 출신의 관찰자에게 '비도덕적'이고 '곤혹스러울 정도로 현실적'으로 보이게 만들었다. 예를 들면 배신은 실질적 이유에서, '좋은 평판'에 대한 관심에서 금지되어야만 하는 것이 아니라 내면적 음성과 양심, 한마디로 도덕 때문에 금지되어야 한다고 시민세계는 느끼고 있었다. 식사습관, 세면이나 그 밖의 다른 기초적 기능들에 관한 제1권의 연구에서 볼 수 있었던 명령과 금지구조의 변화들이 여기서도 재등장한다. 궁정적 귀족계층의 어른들조차 남에 대한 고려나 두려움으로 인해 지키던 행동규칙들이 시민계급의 개인들에게는 자기억제의 형태로 각인된다. 이런 행동규칙들은 어른들에게서 타인에 대한 직접적 두려움에 의해 재생산되고 보존되는 것이 아니라 '내면적' 목소리와 자신들의

신의 원고는 원래 몇몇 친구들이 사적으로 사용할 목적으로 씌어졌으며 상
류사회의 사람들을 위해 인쇄되었다는 점을 잊지 않고 언급하고 있다. 벌
써 여기에서도 그들이 처한 상황의 모순이 드러난다. 궁정귀족은 그들의
삶의 특이한 관계망으로 인해 자신들의 매너, 관습, 취향과 언어가 다른 계
층들로——우선 17세기에 시민계급의 소수 상류층에게로. 『궁정적 말하기
모형에 관한 부기』[원주7]에서 이에 대한 구체적 예가 제시된다——그리고 18
세기에는 폭넓은 시민계급 전체로 확산되는 것을 막지 못했을 뿐 아니라
부유한 시민계급과 접촉함으로써 스스로 그 확산에 일정부분 기여하기도
했다. 이 당시 등장하는 시빌리테 관련 책들의 대부분이 이를 분명히 입증
해준다. 서로 얽히고 얽히는 흐름의 강력한 힘, 그 안에서 복합성과 기능분화
를 재촉하고 더 많은 수의 타인들에 대한 개인의 의존성과 더 넓은 계층의
신분상승을 초래하는 갈등과 경쟁은 귀족들이 자신들 주변에 쌓으려 했던
장벽보다 더 강했던 것이다.

　기능들의 상호연관성으로 인해 장기적 전망과 좀더 세분된 자기규율과
확고한 초자아형성에 대한 압력이 우선 가시화되는 곳은 조그만 기능적 중
심지들이다. 점점 더 많은 기능적 집단들이 서구 안에서 동일한 방향으로
변화하고, 결국 이미 존재하는 문명형식에 기대어 비유럽국가들 안에서도
사회적 기능과 행동 및 전체 심리적 구조가 동일한 방향으로 전환하게 된
다. 우리가 사회적 영역 안에서 전개된 서구 문명화운동의 경로를 조사할
때 나타나는 그림은 바로 이것이다.

초자아에 의해, 한마디로 정당화가 필요없는 도덕적 명령에 의해 자동적으로 재생산되는 것
이다.
[원주7] Üb. d. Proz. d. Ziv., vol.1, pp.251ff.를 참조할 것.

제4절 전사의 궁정화

17세기와 18세기의 궁정사회, 특히 그 중심이 되는 프랑스의 궁정귀족들은 넓은 계층의 행동양식이 상호침투되고 결합되는 전체운동 내에서 특별한 위치를 점한다. 앞에서 언급한 바와 같이 궁정인들은 감정완화나 행동의 규칙적인 조절을 스스로 창시한 사람도 아니고 고안한 사람도 아니다. 이 운동의 가운데 있었던 많은 다른 사람들처럼 그들도 어떤 개인이나 집단이 계획하지 않았던 상호의존의 압력에 따라야만 했던 것이다. 그러나 행동의 근본적 모델이 만들어진 곳은 이 궁정사회이며, 여기서 형성된 모델은 다른 것들과 결합하거나 그것을 전하는 집단들의 위치에 맞게 변형되어 전파되고, 예측하고 대비하는 태도를 습관화하도록 압력을 가하면서 더 넓은 범위의 기능집단들에 퍼져나갔다. 궁정 상류사회의 사람들은 그들이 처한 특수한 상황으로 말미암아 서구의 다른 어떤 집단들보다 이 운동에 더 큰 영향을 받게 되며, 사회적 행동의 정교화 및 조형의 전문가들이 된다. 왜냐하면 이들은 상류층의 위치를 계승하는 그 후의 집단들과는 달리 사회적 기능은 가지고 있지만 직업은 없는 집단이었기 때문이다.

서구의 문명화과정뿐만 아니라 다른 나라, 예컨대 극동 지역의 문명화과정에서도 물리적 폭력과 조세독점권을 장악한 행정중심지로서 궁정에서 이루어지는 행동조형은 극히 중요하다. 상호의존적 관계망을 직조하는 모든 낱실들은 여기, 독점권을 소유한 군주의 주거지를 통과하여 지나간다. 관계망의 어떤 지점보다 바로 이 특정한 연결점에서 더 많고 더 긴 행위고리들이 상호교차한다. 도시의 상업적 기능중심지들이 연결되어 있는 장거리무역망도 상당기간 동안 강력한 중앙권력에 의해 보호받지 못한다면, 지속적이거나 견고할 수 없다. 따라서 이 중앙기관이 그 관리들이나 군주 자신에게 또는 그의 대표자들과 하인들에게 요구하는 장기적 안목과 행동의 엄격한 통제는 다른 어느 지점에서보다 더 강하다. 의전과 일상의례는 이러한 상황을 명확하게 표현한다.

통치지역 전체로부터 직간접적으로 중앙군주와 그의 가까운 측근들에게 가해지는 압력은 너무나 강해 그의 일거수 일투족은 상황에 따라 중대한, 일파만파의 파급효과를 일으킬 수 있을 정도이다. 그것은 바로 당시의 독점형태가 아직 개인적인 성격을 띠고 있었기 때문이며, 복잡한 형태의 거리두기와 자제가 없다면 독점행정의 평화적 활동이 근거를 둔 사회의 평형 상태는 곧 혼란에 빠질 것이 분명했기 때문이다. 전체통치 지역에서 일어나는 중요한 움직임과 동요는 적어도 중앙군주 개인이나 그의 각료들을 통해 간접적으로 모두 궁정인 대다수와 제후의 가까운 측근들에게 영향을 미친다. 궁정에서 살고 있는 사람이라면 누구나 피할 수 없이 얽혀들어가는 관계망은 직·간접으로 그에게 항상 조심할 것을 강요하며 말하고 행동하는 모든 것을 정확하게 계산할 것을 강요한다.

폭력과 조세의 독점형성, 그리고 이 독점을 기반으로 한 대궁정의 점진적인 발달은 문명화과정 전체의 일부현상에 불과하다. 그러나 그것은 이 과정의 원동력을 알아낼 수 있는 단서를 우리에게 제공하는 중요한 현상이다. 왕의 대궁정은 오랫동안 행동의 문명화를 촉발시키고 지속적으로 나아가게 한 그 사회적 관계망의 중심에 위치하고 있었다. 궁정의 사회발생적 원인을 추적하다 보면, 우리는 곧 우리 자신이 특별히 인상적인 그리고 동시에 문명화과정에서 일어나는 그 밖의 다른 변화들의 필수적 전제조건이 되는 문명적 전환의 중심에 서 있다는 사실을 발견하게 된다. 즉 우리는 전사귀족들이 어떤 식으로 한 걸음 한 걸음씩 온화한 정서를 가진 길들여진 궁정귀족으로 변신해가는지를 알게 된다. 서구의 문명화과정뿐만 아니라 그 밖의 모든 문명화과정에서 이루어지는 결정적인 전환은 '전사의 궁정화'과정이다. 이 궁정화, 즉 이 사회의 내적 평온화과정에도 여러 단계들과 등급이 있다는 사실은 부언할 필요조차 없을 것이다. 서구에서 전사들의 궁정화는 11세기, 12세기에 서서히 시작하여 17세기와 18세기에 마무리된다.

이 과정이 전개되는 양상은 앞에서 이미 상세하게 서술되었다. 우선 성들과 장원들로 가득 찬 넓은 풍경이 펼쳐져 있다. 통합의 수준은 극히 낮다. 대다수 기사들이나 농부들의 일상적 의존 그리고 이에 따른 그들의 지평은 가장 가까운 주변을 넘어서지 못한다.

　　지역주의는 중세 초기의 유럽에 광범위하게 새겨져 있었다. 우선은 부
족과 장원의 지역주의였고, 나중에는 중세사회의 근간을 이루었던 봉건
적단위와 영지단위의 지역주의로 변모한다. 정치적으로나 사회적으로
이 단위들은 거의 독립적이었고 생산물과 이념의 교환은 최소치로 축소
되어 있었다.[원주8]

　　그 후 각 지역의 수많은 성들과 장원들로부터 그 중 몇 개가 돌출되어 나
오는데, 그 영주들은 많은 전쟁을 거쳐 영지를 확장하고 군사력을 증대함
으로써 어느 정도 넓은 지역 내에서 다른 기사들을 제치고 주도권을 행사
한다. 그들의 주거지는 쏟아져 들어오는 물자에 걸맞게 많은 사람들의 숙
소, 즉 단어의 새로운 의미에서 '궁정'이 된다. 가난한 기사들도 포함하여,
기회를 찾아 이곳으로 모여드는 사람들은 자급자족적 장원에서 당당하게
살아가던 독립기사들이 더 이상 아니다. 이들 모두는 독점적으로 제약된
경쟁조건 밑에 서 있는 것이다. 절대주의 궁정과 비교해 아직 규모가 작은
인간집단 내에서도 많은 사람들의 공존은 이 관계망 속에 들어가 있는 기
사들에게 어느 정도의 고려와 예측, 행동의 조절을 강요한다. 특히 자신들
이 의존하는 궁정 여주인과의 교류에서 감정의 억제와 본능의 전환을 강요
한다. 봉건적 예절의 행동규약은 교제의 조정방식을 알려주고, 미네 연가
들은[원주9] 이 크고 작은 제후궁정에서 필수적이고 일반적이었던 충동 억제
에 대한 인상을 전해준다. 이는 결국 귀족들을 궁정인으로 완벽하게 변모
시키고 그들의 행동을 영구적으로 '문명화'시켰던 운동의 첫 물결을 구체적

[원주8] Ch.H. Haskins, "The Spread of ideas in the Middle Ages," in *Studies in Mediaeval Culture*(Oxford, 1929), p.92ff.

[원주9] 앞의 88쪽을 볼 것. 미네 연가들 외에도 이 수준을 일부 더 분명하게 보여주는 자료들이
많다. 예를 들면 Marie v. Champagne의 시집 *De Amore*에 나오는 Andreas Capellanus
의 작은 산문과 여성에 관한 중세의 논쟁들을 다룬 전체 작품들이 그것이다.

으로 알려주는 증거자료들이다.

그러나 여기에서 이 기사들을 얽어매는 관계망은 아직 그리 넓지도 촘촘하지도 않다. 사람들은 궁정에서는 어느 정도 행동을 자제하는 데 익숙해져야 했지만, 그들이 특별히 조심할 필요가 없는 상황이나 사람은 그 밖에도 무수히 많았다. 다른 곳에서 숙식을 해결할 수 있으리라는 희망으로 어떤 궁정의 주인이나 여주인을 피할 수도 있었다. 지방도로는 행동을 특별히 통제해야 할 필요성이 없는 자연스럽거나 가식적인 만남들로 가득 차 있었다. 궁정에서 여주인과 접촉할 때에만 폭력적 행동이나 감정적 폭발을 삼가면 되었다. 봉건예절을 지키는 기사도 우선 일차적으로는 전사였고 그의 일생은 전쟁이나 분쟁이나 폭력으로 이어진, 끊을 수 없는 고리였다. 본능가계의 근본적인 전환으로 이어질 수 있는 평화로운 관계망의 압력은 아직 그의 삶에 지속적인 영향을 주지 못하는 상태였다.

그 압력은 단지 특정한 장소에만 등장했고, 감정의 억제를 허용하거나 요구하지도 않는 전쟁으로 항상 중단되었다. 따라서 봉건예절을 지키는 기사들이 궁정에서 스스로에게 부과했던 자기통제는 아직 반쯤은 무의식적으로 작동하는 습관이나 자동적으로 작용하는 장치로서는 확고히 자리잡지 못했다. 앞에서 이미 지적한 바 있듯이 봉건예절규정들은 기사궁정적 사회의 전성기에는 대부분 어른과 어린아이들을 동등한 대상으로 삼고 있었다. 규정과 일치하는 행동이, 그것에 관해 말하는 것조차 불필요할 정도로 어른들에게 당연스러운 것은 결코 아니었다. 규정에 상반되는 충동과 욕구가 의식에서 완전히 사라지지는 않았다. 자기통제장치와 초자아는 아직 강하거나 규칙적일 정도로 발달하지 못한 상태였다.

게다가 나중에 절대주의 궁정사회에서 훌륭한 매너를 개개인에게 정착시키고 이 매너를 더욱 다듬도록 자극했던 그런 주요 원동력이 아직 결여되어 있었다. 귀족을 위협하는 도시 시민계급의 신분상승은 아직 비교적 드물었다. 따라서 이 두 계급 간의 경쟁도 심하지 않았다. 물론 지역제후들의 궁정에서는 전사들과 도시 출신들이 같은 기회를 놓고 경쟁하는 경우도 있었다. 미네 시인들 중에도 시민계급 출신과 귀족 출신이 있었다. 이런 측면에서 봉건적 궁정도 훗날 전성기의 절대주의 궁정에서 나타나는 구조적 규칙을 초보적이나마 보여준다. 즉 봉건궁정도 시민계급 출신과 귀족 출신들에게 지속적인 상호접촉의 기회를 제공한다.

그러나 귀족과 시민계급의 기능적 상호의존, 그리고 이에 따른 부단한 접촉이나 반복되는 갈등의 소지는 훗날 독점통치가 완벽하게 자리잡은 시기에는 궁정 밖에서도 항상 있었다. 봉건적 궁정에서 볼 수 있는 시민계급과 귀족의 접촉은 상당히 희귀한 현상이었다. 사회의 다른 영역에서 두 계급 간의 상호의존성의 정도는 훗날과 비교해볼 때 아직 낮았다. 도시와 그 주변의 영주들은 이질적인 정치와 사회단위들로 서로 대립하고 있었다. 도시와 도시, 궁정과 궁정, 수도원과 수도원 간의 관계, 그리고 관습과 이념의 전파, 다시 말해 서로 멀리 떨어져 있는 동일한 사회계층들 간의 관계는 같은 지역의 성과 도시 간의 접촉보다 더 긴밀하고 빈번했다는 것은 당시의 기능분화 수준이 얼마나 낮았는지, 여러 신분계급들의 독립성이 얼마나 컸는지를 말해주는 징표이다.[원주10] 바로 이것은 개인이 스스로를 조정하는 방법이 점차 '문명화'되는 또 다른 사회과정과 또 다른 사회구조를 이해하려면, 하나의 대조되는 반대상으로서 반드시 유념해야만 할 사회구조이다.

농경중심의 모든 사회가 그렇듯이 이 사회에서도 계층들 간의 교류와 상호의존은 다음 단계와 비교하면 낮았다. 따라서 사회의 전체 생활양식도 덜 획일적이었다. 이 사회에서 군사력과 재산은 극히 밀접한 상관관계에 있다. 그러므로 비무장 농부들의 처지는 비천했고, 무장한 주인에 대한 그의 의존성은 공적인 또는 국가적인 폭력독점이 확고하게 자리잡는 후대의 일상생활에서는 어떤 사람도 겪지 않을 정도로 막대했다. 다른 한편 이 시대의 무장한 전사들은 후대의 상류층과는 비교할 수 없을 정도로 자유로웠고, 하류층에 대한 그들의 기능적 의존성은──전혀 없었다고는 할 수 없지만──그들이 행사하는 직접적인 육체적 위협을 통해 거의 무제한적이라 할 수 있었다.

[원주10] Ch.H. Haskins, 같은 책, p.94.

생활수준의 측면도 이와 비슷하다. 이 점에서도 최상류층과 최하류층은, 특히 기사들 무리들로부터 강한 군사력과 부를 가진 소수의 영주들이 돌출해 나오던 시기에는 엄청난 대조를 보인다. 이러한 사회적 격차는 페루나 사우디아라비아와 같이 현 서구사회에 가깝다기보다는 중세의 서구사회와 유사한 구조를 가진 사회들에서 발견된다. 높은 수입을 올리는 소수의 상류층은 오늘날 서구사회의 상류층이 사용하는 금액보다 훨씬 더 많은 금액을 개인적 소비나 '사적 생활'의 사치품, 예컨대 의복이나 보석, 주택이나 마구간, 식기나 식사, 향연이나 그 밖의 다른 오락을 위해 사용할 수 있으며 사용해야만 한다. 다른 한편에서는 농부와 같은 하류층의 구성원들이 흉작이나 기아의 위험에 항구적으로 노출되어 있는 비참한 삶을 살아간다. 그들이 일해서 얻어내는 수확은 굶주림을 겨우 면할 정도이다. 그들의 생활수준은 '문명'사회의 어떤 계층보다 더 낮다.

이러한 극심한 대조가 줄어들면서, 이 사회의 꼭대기에서 바닥까지 모두를 긴장시키는 경쟁의 압력 밑에서 점차 기능분화가 진행되고, 상호의존성과 관계망이 확충되면서, 상류층의 기능적 의존성과 하류층의 생활수준 및 사회적 힘이 증가함에 따라 비로소 우리는 상류층의 장기적 안목과 '자기절제', 하류층의 신분상승욕 그리고 문명화운동의 확산시기에 누구나 관찰할 수 있는 다른 모든 변화들을 발견하게 된다.

우선—이 운동의 출발점에서는—전사들은 자신들만의 독립된 삶을 살아가고 도시주민이나 농부들도 그들만의 삶을 살아간다. 계층들 간의 골은 공간적인 가까움에도 불구하고 아직 깊다. 관습, 태도, 의복이나 오락들은 상호 영향이 전혀 없지는 않았지만 서로 완연히 구분된다. 모든 측면에서 사회적 대조는 크다. 또는 획일적 세계에 살고 있는 사람들의 말을 빌리자면 삶은 무척이나 다채롭다. 귀족 상류층은 아직 밑으로부터의 사회적 압력을 느끼지 못한다. 시민계급조차 기능이나 위상에서 자신들의 상대가 되지 못한다. 그는 상류층으로서의 자신의 지위를 그대로 유지하기 위해 자제하거나 신중하게 생각할 필요가 없다. 그에게는 땅이 있고 칼이 있다.

전사에게 주된 위험은 다른 전사들이다. 따라서 귀족들이 계급의 차별수단으로서 귀족고유의 태도나 행동에 대해 서로 행사하는 통제는 아직 약하며 바로 그 때문에 귀족들 한 사람 한 사람의 자기통제 역시 약하다. 그의 사회적 지위는 궁정귀족의 그것보다 훨씬 더 확고하고 자명한 것이다. 그는 거칠고 조야한 면을 자신의 삶에서 추방할 필요를 느끼지 못한다. 하류층에 대해 생각한다고 해서 불안감이나 동요를 느끼는 것도 아니다. 다시 말해 하류층에 대한 생각이 항상 불안을 동반하지는 않는다는 것이다. 그러므로 상류층사회에서는 하류층을 연상시키는 모든 것에 엄격한 사회적 금지의 딱지가 아직 붙어 있지 않다. 그들은 하류층이나 하류층적 행동을 본다고 해서 혐오감을 느끼지는 않는다. 오히려 경멸감만이, 감추어지지 않은 채 어떤 배려나 억제에 의해 변형되지 않고 그대로 표출될 뿐이다. 『문명화과정 I』제11장의 '기사의 생활풍경'[원주11]에서 인용한 자료들은 궁정화된 후기 기사시대에서 유래하지만, 그래도 그것들은 이런 태도의 대략적인 인상을 전달해준다.

이런 전사들이 점차 다른 계층들과의 밀접한 상호관계라는 소용돌이 속으로 휘말려들어가는 과정, 그리고 점점 더 많은 기사들이 다른 계층들에게 기능적으로 의존하다가 결국 제도적으로 종속되는 과정은 앞에서 특정한 관점으로 비교적 상세하게 논의되었다. 그것은 수세기 동안 한 방향으로만, 즉 모든 전사들이 군사적·경제적 자립성을 상실하고 그들 일부는 궁정귀족으로 변하는 방향으로 작용하는 과정이다.

우리는 이와 같은 통합 메커니즘의 작용을 지역제후들이 확고하게 자리를 잡고 일부 불리한 처지에 있던 전사들이 크고 작은 제후궁정들로 몰려들기 시작하던 11세기와 12세기에 감지할 수 있다.

그 후 서서히 왕족제후들의 대궁정이 두드러지기 시작한다. 이제 왕가의 일족들만이 자유경쟁의 기회를 누릴 수 있다. 이 경쟁권 안에 들어 있는 궁정들 중에서 가장 부유하고 화려했던 부르군트 궁정은 전사의 궁정화과정이 얼마나 서서히 진행된 점진적 과정이었는지 구체적으로 보여준다.

[원주11] Üb. d. Proz. d. Ziv, Vol. 1, 283ff.

전사들의 궁정화과정에 추진력을 제공했던 전체운동, 즉 기능분화 및 지역과 계층들의 통합과 상호의존망의 형성은 마침내 15세기와 16세기에 가속화된다. 이런 현상은 어떤 사회적 도구의 운동, 즉 그 사용과 변화를 통해 기능분화의 수준과 사회적 의존의 종류 및 정도를 가장 정확하게 측정할 수 있는 도구인 화폐의 운동에서 분명하게 읽어낼 수 있다. 화폐량은 급속하게 증가하고 동시에 돈의 구매력 및 가치는 떨어진다. 기사들의 궁정화와 마찬가지로 이 주조화폐의 평가절하 경향은 중세 초기 때 이미 나타난다. 그러나 중세에서 근대로 넘어가는 이 시점에서 새로운 현상은 금전화와 주조화폐의 구매력 하락자체가 아니라 이 운동의 속도와 정도이다. 종종 그렇듯이 여기에서도 얼핏 양적 변화로 보이는 것을 자세히 들여다보면 실제로는 인간관계구조의 변화나 사회구조의 전환과 같은 질적 변화라는 사실이 드러난다.

이렇게 화폐가치가 점점 빠른 속도로 떨어진다는 것 자체는 당시 뚜렷하게 윤곽이 드러나던 사회변화의 원인은 아니었다. 그것은 단지 하나의 부분현상, 즉 사회적 통합이라는 커다란 지렛대의 한 부분이었다. 어떤 특정한 단계에서 특정한 구조를 가졌던 경쟁의 압력으로 인해 이 당시 돈에 대한 수요는 늘어난다. 사람들은 그것을 충족시키기 위해 새로운 방법과 수단을 강구한다. 그러나 이 운동이 —앞에서 이미 지적한 바와 같이[원주12]—여러 사회집단들에게 의미하는 바는 제각기 다르다. 바로 이 점이 여러 계층들 간의 기능적 의존성이 얼마나 커졌는지를 말해준다. 이런 변혁의 와중에서 유리한 입장에 있는 자들은, 돈의 구매력 하락에 대해 더 많은 돈

[원주12] 앞의 p.8을 보라. Oeuvres, vol.2, p.237, No.64, p.248, No.99. "100년이 지나도 세상은 그대로 존재할 것이다. 같은 장식에 같은 연극이지만, 그러나 배우들은 같지 않다. 사랑을 받고 좋아했던 이들, 슬픔에 빠져 있던 이들, 거절당해 절망에 사로잡혔던 이들은 모두 무대에서 사라졌다. 이미 같은 연극에서 같은 역을 맡은 다른 이들이 무대 위로 올라온다. 희극에 얼마나 멋있는 배경인가!"(What a back ground for a comic part) 불변성의 느낌 그리고 기존의 질서를 벗어날 수 없다는 느낌이 아직 여기서는 강하게 남아 있다. 그리고 그 감정은 '시빌리테' 개념 대신 '시빌리자숑'의 개념이 등장하기 시작하던 후기보다 훨씬 더 강하다.

을 벌어들임으로써 금전소득의 증가로 그것을 상쇄할 수 있는 시민계급이
나 조세권을 독점한 왕이다. 손해보는 계층은 화폐가치가 빠르게 떨어지면
질수록 명목상으로는 예전과 같지만 구매력에서 형편없이 감소된 수입을
가진 귀족이나 전사집단들이다. 16세기와 17세기에 점점 더 많은 수의 전
사들을 궁정으로 몰아넣고 또 그로써 왕과의 직접적인 주종관계 속으로 몰
아넣었던 반면, 다른 한편으로 많은 수의 사람들을 궁정에 거느릴 수 있을
정도로 왕의 세수입을 증가시킨 것은 바로 이런 운동의 급류이다.

우리가 과거의 유산을 일종의 예술적 화집으로 관찰한다면, 그러면서 특
히 '양식들'의 변천을 주목한다면, 마치 사람들의 취향이나 정신은 비약적
으로, 급작스러운 돌연변이로 인해 내부로부터 변화하는 듯한 인상을 얻게
된다. '고딕적 인간들'이 보였다가 곧 '르네상스적 인간들'이 나타나고 곧
'바로크적 인간들'을 우리는 마주하게 된다. 어느 특정한 시대의 모든 개인
들이 얽혀들어가 있는 관계망의 구조를 알아내려 한다면, 또 그들의 삶이
전개되는 테두리인 제도들이나 그들의 사회적 실존을 근거짓는 기능들의
변천사를 우리가 추적하려 한다면, 어느 때 갑자기 동일한 돌연변이가 모
든 개별적 정신들 속에 불가해한 방식으로 또 서로 무관하게 발생했다는
인상은 점차 사라진다. 이 모든 변화들은 오래 전부터 서서히 한 단계 한
단계씩 일어났으며, 멀리까지 진동하는 큰 사건만을 들을 수 있는 귀에는
대부분 들리지도 않는 변화들이다. 개인들의 생활과 태도가 돌연히 변화하
는 대폭발은 이런 지루하고도 보통 거의 눈에 띄지 않는 사회적 이동과 위
치변화——그 결과는 여러 세대들을 비교할 때, 아버지 세대의 사회적 운명
을 아들이나 손자 세대의 운명과 대비할 때 비로소 파악할 수 있다——안의
한 부분현상에 불과하다.

자유기사들로 이루어진 상류층 대신 궁정인들로 구성된 상류층이 등장
하는 과정과 전사들의 궁정화과정도 이와 마찬가지로 전개된다. 이 과정의
끝부분에 가서도 아직 수많은 개인들은 자유로운 기사로서의 삶 속에서만
자신들의 존재가 실현되고, 소망과 감정과 능력이 완성된다고 생각했을 수
도 있다. 그러나 인간관계가 서서히 바뀌면서 이 모든 재능과 감정이 펼쳐

지고 발휘될 수 있는 기회는 점점 줄어든다. 그것들에게 공간을 부여했던 기능들은 인간관계망의 구조로부터 사라져버린다.

결국 절대주의 궁정의 운명도 이와 크게 다르지 않다. 이 궁정 역시 어느 날 갑자기 한 사람이 고안하거나 창조한 것이 아니다. 그것은 사회적 세력의 판도 변화로 인해 점차적으로 형성된 것이다. 모든 개인들은 특수한 형태의 타인 의존성으로 인해 이 특수한 형태의 관계 속으로 휘말려들어간 것이다. 그들은 서로 의존하기 때문에, 서로 종속되어 있기 때문에 서로를 붙잡고 놓지 않는다. 궁정은 이런 상호의존의 관계망으로부터 생겨났을 뿐만 아니라, 전체사회의 특정한 구조를 토대로 이런 특별한 종류의 상호의존성이 존재하는 한, 무수한 개인들의 삶보다 더 오래 지속되는 인간관계의 한 형태와 하나의 확고한 제도로서 스스로를 산출해낸다.

사람들이 어느 시점에서 왜 바로 여기에서 사무원이나 노동자로서 기업가에게 봉사해야 하는지, 왜 기업가는 그들의 업무에 의존할 수밖에 없는지에 대한 이유를, 공장을 생기게 만든 전체사회의 구조로부터 이해하려 하지 않는 한 공장이라는 사회적 제도를 파악할 수 없게 된다. 이와 마찬가지로 절대주의 궁정이라는 사회제도도 그 욕구의 공식, 즉 여러 종류의 사람들을 이런 형태로 결합시키는 상호의존의 종류와 정도를 알아야만 이해 가능한 것이다. 그렇게 할 때에야 비로소 궁정의 참 모습이 우리 눈에 들어온다. 그렇게 해야만 궁정은 '왜'를 물을 필요도 없고 물을 수도 없는 우연적이고도 자의적으로 만들어진 집단이라는 외양을 떨쳐버리고, 그것이 많은 개인들에게 사회적으로 길러진 욕구를 충족시킬 수 있는 기회를 제공하기 때문에, 항상 새로이 이런 방식으로 탄생할 수밖에 없는 인간관계망이라는 의미를 획득하게 된다.

'궁정'을 하나의 제도로서 여러 세대에 걸쳐 항상 새로이 등장하게 만드는 욕망들의 양상은 앞에서 이미 서술되었다. 귀족, 적어도 그 일부는 왕을 필요로 했다. 독점이 진행되면서 자유기사라는 기능은 사회에서 사라졌다. 화폐유통망의 확충과 더불어 장원의 수확만으로는——사회적으로 상승하는 시민계급의 수준에 비해——평범한 생활수준을 유지할 수밖에 없었고 때로는 그것조차 불가능했으며 시민계층의 커진 힘에 대항하여 상류층으로서 위상을 지키기에 턱없이 부족했기 때문이다. 일부귀족들은 이런 사회적 압박에 못 이겨—그곳에서 생활의 터전을 얻을 수 있는 희망이 있는 귀족들은—궁정으로 들어갔으며, 그로써 왕에게 종속되는 위치에 처하게 된다. 궁정에서의 삶만이 이런 귀족들에게 상류층으로서의 생활을 과시할 수 있는 경제적 기회나 위상을 부여한다.

귀족들에게 문제되는 것이 단순히 경제적 기회였다면, 그들은 꼭 궁정으로 갈 필요는 없었다. 돈을 벌기 위해서라면 궁정에서의 삶보다는 상업적 활동이—예컨대 부유한 결혼을 통해—훨씬 더 나은 수단이었을 것이다. 그러나 이 방법으로 돈을 얻으려면 귀족 작위를 포기해야만 했고 이는 자신들과 다른 귀족들의 눈에는 스스로의 체면과 위신을 깎는 일이었다. 그러나 바로 시민계급과의 거리, 귀족으로서의 성격, 나라 상류층의 일원이라는 것이, 자신들의 삶에 의미와 방향을 준다고 생각하는 것들이었다. 신분적 위상을 유지하려는 소망과 '구별하려는' 욕구는 부와 돈의 축적에 대한 욕구보다 더 강한 행위동기로 작용했다. 경제적으로 왕에게 의존하기 때문에 궁정으로 가서 거기에 머물렀던 것이 아니라 궁정사회의 삶만이 다른 모든 사람들에 대한 거리를 유지하게 하고 정신의 구원이 달려 있는 그 위상, 즉 상류층과 '상류사회'의 일원으로서 존재 근거가 되는 위상을 제공해주었기 때문이다. 물론 일부 궁정귀족들은 여러 종류의 경제적 기회가 제공되지 않았다면 궁정에서 살지 않았을지도 모른다. 그러나 그들이 찾았던 것은 경제적 생활가능성만이 아니라—이런 가능성은 이미 말했듯이 다른 곳에서 얻을 수도 있었다—그들을 차별해주는 위상, 즉 귀족적 특성의 유지와 조화를 이룰 수 있는 생활토대였다.

경제적 필요성과 위상에 대한 필요성의 결합은 '시빌리테'의 소유자들뿐만 아니라 '문명'의 소유자들 등 모든 상류층들의 특성이기도 했다. 상류층의 구성원이라는 사실, 그리고 이 지위를 유지하고 싶다는 욕구가 개인에게 행사하는 강제성은, 단순한 생활 유지의 필요성에서 유래하는 강제성보다 강도나 영향력에서 덜하지 않았다. 이 두 종류의 원동력은 뗄 수 없는 이중고리처럼 이 계층 사람들을 감고 있었다. 그러나 우리는 이 신분위상에 대한 욕구, 그것을 잃을지도 모른다는 불안감, 사회적 차별의 말소에 대한 투쟁과도 같은 하나의 고리를, 강한 외적 압력하에서 굶주림과 궁핍의 경계에서 살고 있었던 가족이나 계층 같은 다른 고리에게서나 볼 수 있는 경제적 이익이나 돈에 대한 욕구의 위장이라고 설명해서는 안 된다. 사회적 위상에 대한 강력한 욕구는 수입이 평균적으로 너무 적지 않거나 심지어 증가하고 있는 계층, 어쨌든 기아의 경계를 훨씬 넘어선 계층들에서 일차적 행위동기가 된다. 이런 계층에서 경제활동의 동력은 굶주림을 면하겠다는 단순한 욕구가 아니라 특정한 생활수준과 위상을 유지하겠다는 욕구이다. 바로 이것이 왜 상류층에서 감정억제와 자기통제의 경향이 하류층에서보다 더 발달했는지를 설명해준다.

사회적 위상의 상실 또는 감소에 대한 두려움은 외부통제를 자기통제로 전환하는 데 가장 강력한 원동력이 되었다. 다른 측면에서도 그렇지만 바로 이 점에서도 '상류사회'의 특성이 17세기와 18세기의 궁정귀족들에게서 가장 순수한 형태로 발견되는데, 그 까닭은 돈은 빼놓을 수 없는 삶의 도구이며 부는 분명 바람직한 삶의 도구이지만 훗날의 시민계급처럼 돈이 아직 위상과 체면의 중심은 아니었기 때문이다. 궁정사회에 속해 있다는 것은 그 구성원들의 의식에서는 돈보다 더 중요했다. 바로 이 때문에 그들은 완전히 피할 수도 없이 궁정에 묶여 있었던 것이다. 바로 이런 이유로, 그들의 행동을 형성하는 궁정생활의 강제성은 무척 강했다. 사회적 갈등을 겪지 않고 살 수 있는 곳은 궁정 외에는 달리 없었다. 바로 이 때문에 왕에 대한 그들의 의존성과 종속성은 클 수밖에 없었다.

다른 한편으로 왕도 여러 가지 이유에서 귀족들에게 의존하고 있었다. 사교를 위해서도 그는 자신과 비슷한 교양을 가진 사람들을 필요로 했다. 식탁에서든 잠자리에서든 또는 사냥에서든 자신을 시중드는 자들이 나라의 최고귀족들이라는 사실은 나라의 다른 모든 집단들 위에 우뚝 서서 군림하려는 그의 욕구에 들어맞는 것이었다. 무엇보다도 왕이 핵심적 독점권을 축소하지 않은 채 그대로 행사하기 위해 귀족을 견제하는 세력으로서 시민

계급이 필요했듯이, 반대로 시민계급에 대한 반대세력으로서 귀족이 필요
했다. 절대주의 지배를 귀족에게 의존하게 만드는 것은 바로 '왕정 메커니
즘'의 법칙이었던 것이다. 구분되는 계층으로서 귀족을 보존하고 시민계급
과 귀족 간의 갈등관계를 유지하는 것, 두 계급 중 어느 한 쪽이 지나치게
강해지지 않도록 주의를 기울이는 것, 이것이 왕이 행한 정치의 기본골자
였다.

　시민계급도 그렇지만 귀족만이 왕에게 의존하는 것은 아니다. 왕도 귀족
의 존재에 의존한다. 물론 어떤 귀족 한 개인이 왕에 대해 의존하는 것은
왕이 그 귀족 한 사람에게 의존하는 정도보다 비교할 수 없이 크다. 이는
궁정에서 나타나는 왕과 귀족 간의 관계에서 극명하게 표현된다.

　왕은 궁정귀족이 느끼기에는 귀족을 억압하는 자이다. 그는 대부분의
시민계급의 눈에는 귀족의 부양자로 비친다. 그는 억압자이며 부양자이
다. 또한 궁정 역시 귀족의 사육기관이며 부양기관이다. 라 브뤼예르(La
Bruyère)는 궁정에 관한 글에서 이렇게 말한다. "귀족이 시골 집에서 산다
면 그는 자유롭겠지만 어떤 지원도 받지 못한다. 그가 궁정에서 살면, 보호
는 받지만 노예에 불과하다." 이 관계는 많은 측면에서 자영업자와 막강한
재벌회사의 고위간부 간의 관계와 유사하다. 일부귀족들은 궁정에서 신분
에 맞는 생활을 유지할 수 있다. 그러나 귀족 개개인은 예전의 기사들처럼
서로 자유롭게 경쟁할 수 있는 관계에 있는 것이 아니라 독점권력을 가진
군주가 나누어주는 기회를 놓고 독점적 제약을 받는 경쟁을 벌이고 있다.

　그들에게 가해지는 압력은 이 중앙군주로부터만 오는 것은 아니다. 그들
은 그들 간의, 그리고 그들과 시골귀족들로 이루어진 예비부대가 서로 벌
이는 경쟁의 압박을 받고 있을 뿐 아니라 위로 치고 올라오는 시민계급의
압력을 끊임없이 느끼고 있다. 궁정귀족들은 이들의 증가하는 사회적 힘과
부단히 대결해야만 한다. 그들은 주로 제3계급들로부터 나오는 세금수입으
로 살고 있다. 여러 사회기능들 간의 상호의존관계, 특히 귀족과 시민계급
간의 상호의존 관계는 앞선 시대보다 훨씬 더 긴밀해졌다. 따라서 그들 간
의 갈등도 항시 상존한다. 이런 식으로 인간관계의 구조가 변하듯이, 또한

개인들도 예전과는 다른 방식으로 이런 인간관계망 속에 편입되고 종속적 관계에 의해 변형되듯이, 그의 의식과 본능가계의 구조도 변한다. 모든 방향으로 촘촘해진 상호의존의 망, 여러 방향으로부터 오는 강한 압박은 인간과 인간의 교류에서도 꾸준한 자기통제, 안정된 초자아와 새로운 형태의 행동방식을 요구하고 또 육성한다. 전사가 궁정인이 된 것이다.

이 지구상에서 어느 정도 광범위하게 전개되는 문명화과정을 살펴보면 우리는 이러한 인성구조의 변화가 일어나는 사회역사적 정황 속에서 이와 유사한 구조를 발견할 수 있다. 이 과정은 늦게 또는 빠르게 진행될 수도 있고 단번에 일어나거나 또는 작용·반작용의 여러 단계를 거쳐 점진적으로 일어날 수도 있지만, 오늘날 우리가 관찰하는 바에 의하면, 영구적이든 잠정적이든 간에 전사들의 궁정화는 모든 문명운동의 기초적인 전제조건에 속한다. 궁정이라는 사회적 조직이 우리의 현재 삶에 아무리 무의미하게 보인다 하더라도 문명화과정의 이해를 위해서는 궁정의 구조에 대한 선이해가 필수적이다. 궁정의 구조적 특성들 가운데 어떤 것은 권력중심지에서의 삶을 해명해줄 수도 있을 것이다.

제5절 본능의 억제, 심리화와 합리화

라 브뤼에르는 "궁정생활은 심각하고 우울한 게임이다. 우리 스스로 우리의 평화와 전투를 처리할 것을 요구하며, 계획을 수립하여 추진하며 적의 계획을 무산시키고 때로는 위험을 무릅쓰며 충동의 헛점을 노릴 것을 요구하는 게임이다. 아무리 숙고하고 조심스럽게 행동해도 우리는 견제당하고 있고 때로는 우리가 적을 곤경에 빠뜨리는 외통수가 된다."라고 말한다.[원주13]

[원주13] La Bruyère, *Caractères*, 'De la cour'(Paris, Hachette, 1922), Oeuvres, vol.2, p.237, No.64 ; p.248, No.99. "100년이 지나도 세상은 그대로 존재할 것입니다.

궁정에서, 특히 대규모의 절대주의 궁정에서 처음으로 구조적 특성을 가진 인간관계로 일종의 사회가 형성되는데, 이 구조적 특성은 그 때부터 서구역사의 오랜 기간 동안 다양하게 변형된 형태로 꾸준히 중요한 역할을 해왔다. 인구가 밀집된 넓은 지역 안에 육체적 폭력으로부터 거의 벗어난 공간인 '상류사회'가 자리잡는다. 그러나 설사 육체적 폭력이 사람들 상호간의 교류에서 사라지고 결투가 금지되었다고 해도, 인간은 여기에서도 다른 인간에게 다른 형태로 다양하게 강제와 폭력을 행사한다.

이 사회의 삶도 평화로운 삶은 아니다. 무수한 사람들이 얽혀 있고 서로 의존하고 있다. 위상과 왕의 총애를 놓고 벌이는 경쟁도 치열하다. 서열과 총애를 두고 벌이는 투쟁과 '사건들'이 끊이지 않는다. 검이 해결의 수단으로서 중요한 역할을 하지 않게 되자 이제 출세와 사회적 성공을 위해 말로 언쟁을 벌이는 음모와 암투 등이 대신 등장한다. 그것은 무기로 치르는 투쟁 대신 다른 특성들을 요구하고 길러낸다. 심사숙고, 자기안목, 자기절제, 자기 감정의 정확한 조절, 인간을 비롯한 전체 영역에 대한 광범한 지식 등은 사회적 성공에서 필수적인 전제조건이 된다.

모든 개인은 하나의 '파벌'에 속하며 일이 생길 경우 이들의 지원을 받는다. 그러나 집단의 구성은 달라진다. 그는 다른 집단과 동맹을 맺기도 하는데, 이 경우 되도록이면 궁정사회의 서열이 높은 사람들과 동맹을 맺는다. 그러나 사람들의 서열은 급격히 변할 수 있다. 그는 경쟁자들에 둘러싸여 있는 것이다. 그는 공개적이거나 비공개적인 적들과 맞서고 있다. 투쟁이나 동맹의 전술은 신중한 사려를 요구한다. 타인을 대하는 태도에서 거리감과 친밀감의 표시는 적당해야 한다. 인사말 한 마디나 대화 하나하나도 실제로 했던 말이나 행동 이상의 의미를 줄 수 있기 때문이다. 그것들은 한

그것은 같은 장식의 같은 연극이지만, 단지 배우들만 다를 것입니다. 사랑을 받아 기뻐했던 자들, 거부당해 슬퍼하고 절망에 빠졌던 자들은 모두 무대에서 사라질 겁니다. 똑같은 연극에서 똑같은 역을 연기하는 배우들이 벌써 무대 위로 올라옵니다. 코미디에 얼마나 어울리는 멋있는 배경입니까!" 불변성의 느낌, 기존질서의 불가피성의 느낌이 아직 얼마나 강렬한가! '시빌리자숑' 개념이 '시빌리테'를 대신하던 후기보다도 이 느낌들은 얼마나 더 강렬한가.

사람의 서열상 위치를 알려주는 바로미터이다. 또한 그것들은 이 사람에 대한 궁정의 여론형성에 이바지한다.

어떤 총신에게 주의를 한번 기울여보자. 예전과는 달리 대기실에서 나를 오래 기다리게 하지 않았다면, 나를 대하는 그의 표정이 좀더 상냥하다면, 언짢은 표정을 덜 짓는다면, 그가 좀더 귀기울여 내 얘기를 듣고 나를 배웅하러 좀더 멀리 걸어나온다면, 나는 그가 이제 추락하기 시작했다고 생각할 것이며, 내 생각은 옳을 것이다.[원주14]

궁정은 일종의 증권거래소이다. 모든 '상류사회'에서 다 그렇듯이, 사람들의 상호교류에서 어떤 개인의 시세에 대한 '의견'이 형성된다. 이 가치의 실질적 토대는 재산이나 그의 업적과 능력에 있는 것이 아니라 왕의 총애, 다른 실력자들에게 행사하는 그의 영향력, 궁정의 파벌 게임에서 그가 행하는 역할의 중요성 등에 있다. 총애, 영향력, 중요성 같은 모든 것들 그리고 육체적 폭력행사나 감정의 폭발이 금지되어 있을 뿐 아니라 존재 자체를 위협하는 이 복잡하고 위험한 게임은 당사자 모두에게 꾸준한 예측, 다른 사람들과 그의 위치에 대한 정확한 정보, 궁정의 여론망에 기록된 그의 시세에 대한 지식 등을 요구한다. 그것은 또한 이 가치에 따라 자신의 행동을 정확하게 분류할 것을 요구한다. 모든 실책과 신중하지 못한 행보는 그것을 행한 사람의 시세를 궁정 여론망에서 떨어뜨린다. 그것은 경우에 따라 궁정에서 그의 위치 자체를 위협하기도 한다.

궁정을 잘 아는 사람은 제스처와 눈빛과 표정의 달인이다. 그는 엉큼하여 속내를 들여다볼 수 없는 사람이다. 그는 자신이 행한 나쁜 짓을 감추고 적에게 미소지으며 자신의 거친 기질을 누르고 정열을 숨기며 진심을 부인하고 자신의 감정에 반하여 행동하는 자이다.[원주15]

[원주14] La Bruyère, 같은 책, p.247, No.94.

귀족이 문명적 행동의 방향으로 변하고 있다는 점이 여기서 분명히 드러
난다. 물론 귀족의 변화는 훗날 시민사회처럼 모든 측면에서 그렇게 포괄
적이고 철저하지는 않다. 왜냐하면 궁정의 신사숙녀들이 강한 절제를 보이
는 상대는 같은 신분의 동료들이지 사회적으로 낮은 계층은 아니기 때문이
다. 궁정사회의 본능 및 감정의 조절유형이 시민사회의 그것과 달랐다는
사실을 도외시하더라도, 그런 식의 통제가 사회적 필요성에 의한 것이라는
인식은 더욱 분명해졌다.

상반되는 성향의 일부는 아직 의식에 남아 있다. 자기통제는 아직 자동
적으로 작동하거나 모든 인간관계를 포괄하는 습관장치는 되지 못했다. 그
러나 인간의 내면이 여기서 이미 특수한 형태로 분화되고 분열된다는 점은
분명히 드러난다. 그는 그 자신과 대치하고 있는 것이다. 그는 '자신의 정
열을 감추고', '자신의 진심을 부정하며', '자신의 감정에 반하여 행동한다'.
순간적 쾌락이나 성향은, 그것을 쫓아갈 경우 닥칠 불쾌를 미리 예측하여
억제된다. 이것이 바로 어른을 통해――부모든 다른 사람이든――어린이들
의 내면에 안정된 '초자아'가 육성되는 메커니즘이다. 현재의 충동이나 감
정은 미래의 고통에 대한 두려움에서 감추어지고 극복되며 결국 설령 두려
움을 유발하는 사람이 그 자리에 없어도, 이 두려움은 습관적으로 금지된
행동방식이나 성향을 억제하게 된다. 그리고 그런 충동에너지는 위험하지
않고 고통의 위협이 없는 방향으로 유도된다.

개인의 감정가계도 사회의 변동, 즉 인간 상호관계의 변화에 일치하여
전환한다. 개인과 그의 행동을 구속하는 사람들 및 행동들의 숫자가 증가
하며 몇 개의 연결고리 앞을 내다보는 예측의 습관이 강해진다. 개인의 행
동과 심성구조가 변하는 것에 발맞추어 그 개인이 상대를 고찰하는 방식도
변한다. 다른 인간에 대한 이미지는 풍부해지고 다채로워지며 순간적 감정

[원주15] 같은 책, p.211, No.2. 그리고 p.211, No.10도 참조할 것. "궁정은 으리으리한 대리
석 건축물과 같다. 내가 뜻하는 바는 그것이 매우 딱딱한, 그러나 갈고 닦여 세련된 사람들로
만들어졌다는 것이다." 주석 134도 참조할 것.

으로부터 더 자유로워진다. 그 이미지는 '심리화한다'.

사회적 기능들의 구조가 궁정에서와는 달리 순간적 충동에 따라 행동하도록 개인에게 허용하는 곳에서는 타인의 의식구조와 정서구조가 어떠한지, 그 행동의 이면에 어떤 동기와 계산이 숨어 있는지 따위의 질문과 씨름할 필요도 없고 그것이 가능하지도 않다. 궁정에서는 계산이 계산을 뒤따르고 감정과 감정이 줄을 잇는다. 즉흥적 감정의 강도는 개인에게 단지 제한된 수의 행동양식만을 허용한다. 친구 아니면 적이고, 선인 아니면 악인이다. 그리고 상대를 이런 감정의 흑백논리에 따라 관찰하듯이 또 그렇게 그를 대한다. 모든 것이 감각적 느낌에 연관되어 있는 듯이 보인다. 태양이 빛나거나 번개가 치고 상대가 웃거나 이마를 찡그리는 것, 이 모든 것은 이런 정서적 구조를 가진 사람들의 감각에 직접적으로 호소한다. 그것이 그에게 호의적인 또는 적대적인 감정을 유발하면, 그는 상대가 자신에게 호의 또는 적대감을 품고 있다고 생각한다. 거의 그를 맞출 뻔한 번개나 그에게 상처를 준 상대의 표정이, 현재의 자신과는 아무런 상관없는 멀리 있는 다른 연관관계로부터 설명될 수도 있다는 생각은 그에게 전혀 떠오르지 않는다.

기능분화가 진전되고 인간들이 일상생활에서 긴 연결고리로 서로 묶이게 되면서 개인이 이런 예측과 감정억제를 습관화함에 따라 비로소 인간은 자연과 다른 인간을 이렇게 멀리 내다볼 수 있는 관점을 획득하게 된다. 그런 다음에야 비로소 눈앞에 드리워졌던 열정의 베일이 서서히 걷히고 눈앞에 새로운 세계가 펼쳐지는 것이다. 그에게 직접 호감 또는 적대감을 품지 않고도 그에게 호의적으로 또는 적대적으로 돌아갈 수 있는 세계의 그 연관관계를 해명하려면, 열정이 배제된 장기적 관찰을 필요로 하는 사건들의 고리가 눈에 들어오는 것이다.

전체적인 행동이 그렇듯이 사물과 인간에 대한 관찰도 문명화가 진행되면서 감정적으로 중립적이 된다. '세계상' 역시 인간의 소망이나 불안에 의해 결정되던 단계에서 벗어나고 '경험', 즉 자체의 법칙을 지닌 상관관계의 연속을 지향하게 된다. 오늘날 이런 방향으로 박차가 가해지면서 역사와 사회의 과정이 개인적 감정의 안개 그리고 집단적 동경과 불안의 안개로부터 벗어나와 자율적인 사건의 연관관계로 등장하기 시작하듯이, 그 당시 자연과——제한된 범위에서——인간도 그러했다. 특히 궁정주변에서는 우리가 오늘날 인간의 '심리학적 관점'이라 부를 수 있는 태도, 즉 타인과 자신을 배후의 동기 및 인과관계의 관점에서 신중하게 관찰하는 태도가 발달하는데, 이는 자신과 타인에 대한 꾸준한 관찰이 사회적 지위의 보존에 기초적인 전제가 되기 때문이다. 이는 사회구조가 개인에게 순간적 감정을 억제하고 충동 에너지를 변형시킬 것을 강요하는 바로 그 시점에서, 우리가 '경험을 지향하는 태도'라 부를 수 있는, 연관관계에 대한 폭넓은 관찰태도가 서서히 발달하기 시작한다는 것을 보여주는 예들 중 하나이다.

생시몽은 언젠가 한번 자신과의 관계를 확실하게 규정할 수 없는 어떤 사람을 관찰한 적이 있다. 그는 이 상황에서 취한 자기 자신의 행동을 다음과 같이 서술하고 있다.

> 나는 곧 그의 태도가 점점 차가워짐을 느꼈다. 괴로운 일로 시달리고 있는 사람에게 흔히 있을 수 있는 우연과 내가 의심하는 것에 대한 혼동을 피하기 위해 나 역시 그가 하듯이 그대로 따라했다. 나의 의혹이 옳았다는 것이 곧 드러났고, 그걸 확인하자 나는 전혀 내색하지 않은 채 그에게서 조용히 물러났다.[원주16]

이와 같이 궁정에서 사용되던 인간관찰의 기술은——오늘날 보통 '심리학'이라 부르는 학문과는 달리——마치 한 개인의 근본적 특성은 그가 타인과 맺는 관계와는 아무런 상관이 없다는 듯이, 그리고 그는 이런 특성을 지닌 후 비로소 타인과의 관계에 들어가는 것처럼 결코 고립된 한 개인만을 대상으로 하지 않는다. '개인은 항상 그의 사회적 정황 속에서 다른 사람과 관계를 맺는 인간으로서, 사회적 상황에 처해 있는 개인으로서' 관찰되기

[원주16] St.-Simon. 같은 책. 63쪽.

때문에 접근방식은 그만큼 더 현실적이다.

앞에서 이미 지적한 바와 같이[원주17] 16세기의 행동규정들은 그 전 세기의 규정들과 그리 차이가 나지 않는다. 어쨌든 그 내용에서는 별 차이가 없다. 차이가 있다면 단지 말하는 어조와 변화된 정서적 분위기가 다를 뿐이다. 즉 심리적 연관성 및 개인의 관찰이 16세기의 규정들에서는 좀더 중요한 역할을 한다. 에라스무스의 예법서와 델라 카자의 중세적 규칙들을 실은 예법서를 비교해보면 우리는 그것을 알 수 있다. 이 당시의 사회적 변화와 인간관계의 변동을 연구해보면 그 이유를 찾아낼 수 있다. 예법서의 '심리화', 달리 표현하면 관찰과 경험의 침투는 상류층의 궁정화가 진행되고 있으며 당시 사회의 각 영역들이 서로 밀접하게 통합되고 있음을 말해주는 징표이다. 우리는 물론 당시의 '올바른 행동'의 표준을 담고 있는 예법서들에서만 이런 방향의 변화를 관찰할 수 있는 것은 아니다. 이는 상류층이 재미삼아 읽었던 작품들 속에서도 발견된다. 궁정생활이 요구하던 인간관찰은 인간묘사의 예술 속에서 문학적 표현을 얻게 된다.

어떤 사회에서 책에 대한 강한 수요가 있다는 사실은 이미 그 자체가 강한 문명화운동의 확실한 징표이다. 책을 쓰거나 읽기 위해 필요한 충동조절과 변형의 정도는 어떤 경우에도 상당하다. 그러나 궁정사회에서 책은 시민사회에서처럼 그렇게 중요한 역할을 하지 않는다. 서로의 위상을 잴 수 있는 시장으로서 사교모임은 모든 사람의 삶에서 중심점 역할을 한다. 책 역시 서재나 직업에서 억지로 얻어낸 고독한 휴가중의 독서용이 아니라 사교모임을 위한 것이다. 책은 대화나 사교적 게임의 부분이거나 연속이며, 대부분의 궁정회고록처럼 이런저런 이유에서 상대가 없을 경우 대화나 대담의 대용품 구실을 한다. 궁정의 회고록이나 서한이나 잠언집에서 볼 수 있는 인간관찰술의 탁월성은 궁정생활에 의해 교육받은 복잡한 인간관찰에 대한 인상을 전달해준다.

프랑스의 시민사회는 다른 측면에서도 그렇지만 여기에서도 궁정의 유

[원주17] 『문명화과정 I』, 199쪽, 특히 210~212쪽.

산을 그대로 계승한다. 궁정사회에서 발달된 위상의 도구들의 수혜자이며 육성자였던 파리의 '상류사회'가 혁명를 거쳐 현대에 이르기까지 존속하고 있다는 점도 이에 일정 정도 기여했을 수 있다. 어쨌든 명료한 인간관찰, 즉 전체의 사회적 정황 안에서 인간들을 보고 그 정황을 통해 그들을 이해시키는 능력을 특징으로 하는 전통은 생시몽과 그의 동시대 궁정인들의 인간묘사를 시작으로——발자크, 플로베르, 모파상과 다른 소설가들을 거쳐——프루스트의 19세기 '상류사회'의 묘사, 그리고 쥘 로맹(Jules Romain), 앙드레 말로와 같은 소설가들과 일련의 프랑스 영화들이 시도했던 여러 계층들의 생활묘사에 이르기까지 면면히 이어져내려오고 있음을 알 수 있다. 이 프랑스적 전통에서 인물들은 결코 그의 사회적 실존의 그물망으로부터, 또 타인에 대한 그의 단순한 의존성과 종속성으로부터 인위적으로 추출되지 않는다. 바로 이것이 실제체험의 분위기와 입체성이 그 묘사 속에서 상실되지 않는 이유이다.

'심리화'의 현상에 관해 이제까지 우리가 논의한 것은 16세기부터 서서히 사회의 여러 측면에서 가시화되던 다른 현상, 즉 '합리화'에도 그대로 적용될 수 있다. 이 현상 역시 동떨어져 혼자 존재하는 독립적인 사실이 아니다. 그것은 당시 뚜렷한 윤곽을 드러내던 전체 심성구조 변화의 다른 표현이며 그 때부터 대부분의 사회기능들이 요구하고 육성하던 장기예측의 다른 표현이다.

다른 점에서도 그렇지만 여기에서도 역사적 · 사회적 변동을 이해하기 위해 우리가 지금까지 습관화해온 사고방식을 조금 느슨하게 풀 필요가 있다. 우리는 자주 언급되던 역사적 합리화과정에 대해, 역사가 흐르는 동안 서로 아무런 관계도 없는 수많은 개인들이 '내면'으로부터, 마치 예정된 조화를 근거로 한 듯이 동시에 새로운 기관이나 실체, 이제까지 존재하지 않았던 '오성'이나 '이성'을 발전시켰다는 식으로 이해해서는 안 된다. 사람들이 서로 관계를 맺고 살아가는 방식은 변한다. 이에 따라 그들의 행동도 변한다. 또 그들의 의식과 본능가계도 변화한다. 변하는 '환경'은 '바깥'으로부터 인간에게 닥쳐오는 것이 아니다. 변하는 '환경'은 인간들 간의 관계인 것이다.

인간은 극히 조형가능하고 변형가능한 존재이다. 지금 여기서 우리가 논의하고 있는 인간의 태도변화도 인간의 조형가능성을 보여주는 좋은 예다. 그것은 '생리적인 측면'과 구분되는 '심리적 측면'에만 연관되는 것은 아니다. 우리가 심리적이라 부르는 것과 불가분의 관계로 결합되어 있는 '신체'도 역사가 흐르는 동안 인간의 일생을 통과하는 종속적 관계망에 따라 다양하게 조형되었다. 안면근육의 변화와 이에 따라 일생 동안 달라지는 인간표정을 생각해보면, 또 뇌속에 읽고 쓰는 능력의 중심지가 형성되는 것을 생각해보면 쉽게 이해할 수 있을 것이다.

우리가 명사화하여 '이성' 또는 '오성' 또는 '분별력'이라 부르는 것도 이와 마찬가지다. 이 모든 것들이 ─단순히 언어만 보면 그렇게 생각하기 쉽지만─ 역사적, 사회적 변동에 아무런 영향도 받지 않고 동일한 방식으로, 예컨대 심장이나 위장 속에 존재하는 것은 아니다. 이 언어들은 전체의 심성구조가 특정한 방식으로 조형된다는 것을 표현하고 있다. 그것들은 매우 서서히, 전진과 후퇴를 반복하면서 진행되는 조형과정의 한 측면이다. 이러한 조형은, 개인의 즉흥적 본능표출이 종속성의 구조로 말미암아 고통, 타인과의 관계에서 위상추락 또는 사회적 존재근거의 박탈 등 위협을 강하게 받으면 받을수록 더욱 선명하게 부각된다. 또한 그것들은 심리구조 내에서 본능과 자아의 중심지가 점점 예리하게 구분되어 마침내 포괄적이고 안정된 그리고 극히 복잡한 자기통제장치가 형성되는 조형과정의 측면들이다. '이성'이란 원래 없다. 기껏해야 '합리화'가 있을 뿐이다.

우리의 사고방식은 우리에게 항상 '시작'을 찾도록 만드는 경향이 있다. 그러나 인간의 발전에서 "이제까지는 이성이 없었지만 바로 이 때 이성이 발생했다" 또는 "이제까지는 어떤 형태의 자기통제나 '초자아'도 없었지만, 이런저런 세기에 갑자기 생겨났다"라고 말할 수 있는 '지점'은 어디에도 없다. 이 모든 현상들의 출발점은 없다. 그러나 이 모든 것들이 항상 있어왔다고 우리가 생각한다고 해도, 그것이 이러한 사실들을 이해하고 해결하는데 커다란 도움은 못 된다. '문명화된' 사람들의 자기통제장치와 의식과 정서구조는 그 총체성에서 이른바 말하는 '미개인'들의 그것과 확연히 구별된다. 그러나 양자는 모두 구조상 거의 똑같은 자연기능들이 다르게, 그러나 분명하게 설명될 수 있는 방식으로 조형된 것들이다.

전통적 사고방식은 언제나 우리를 정태적 대안들 앞에 세운다. 이 대안들은 전통적 사고방식을 교육시킨 엘레아적 모델, 즉 개별적인 점들과 급작스럽게 일어나는 변화들만을 상상할 수 있거나 아니면 어떤 변화도 생각할 수 없다는 모델이다. 우선 어떤 변화로서, 그것도 먼 과거의 어둠 속에서 우리의 시선에 들어오지 않는 변화로서, 영원히 동일한 것의 반복이나 한 점에서 다른 점으로의 비약으로서가 아니라 화살이나 물살의 운동곡선처럼 그 전체로서 고찰해야만 하는 변화가 특정한 구조와 규칙을 보이면서 서서히 지속적으로 일어난다는 사실을 이 모델은 수용하기가 어렵다. 역사라 불리는 그 과정에서 변화하는 것은, 다시 한 번 부언한다면 인간 상호간의 관계와 개인이 이 관계 안에서 경험하는 조형인 것이다. 그러나 바로 우리의 시선이 인간의 이 근본적 역사성으로 돌려진다면, 우리는 항상 동일한 인간존재의 구조적 특성과 규칙성도 인식할 수 있다.

인간의 사회생활의 모든 개별현상들은 이 항구적 운동의 전체흐름 속에서 고찰될 때에 비로소 이해가능해진다. 어떤 특정부분만을 전체로부터 분리해낼 수는 없다. 이 부분들은 운동의 정황 속에서——이 운동은 많은 미개인들의 경우처럼 느릴 수도 있고, 우리의 경우처럼 빠를 수도 있다——형성되며, 그 안에서 특정한 단계나 물결의 일부로서 이해되어야만 한다. 인간들이 살아가는 곳에 사회적 본능통제나 규제 또는 어느 정도의 예측이 없는 곳은 아무 데도 없다. 그러나 단순한 유목민이나 기사계급에서 볼 수 있는 예측 또는 감정억제의 정도는 궁정인들이나 국가관료들이나 기갑부대의 병사들에게서 나타나는 것과는 다르다. 그 강도는 기능분화가 진전되면 될수록, 개인의 행동이 조율해야 할 사람들의 수가 늘어나면 늘어날수록 더욱 강력해진다.

마찬가지로 한 개인이 습관화한 '이해'와 '사유'의 성격도 그 자신이나 그의 부모의 사회적 상황과 기능 및 그를 조형시킨 가장 중요한 영향 등이 사

회의 다른 구성원들의 그것과 같거나 다른 정도에 비례하여 이들의 '이해'
및 '사유'와 같거나 달라진다. 책 인쇄공이나 기계공의 장기적 안목은 부기
계원의 그것과 다르며 엔지니어의 장기적 안목은 영업부장의 그것과, 재무
부장관의 장기적 안목은 군사령관의 그것과 다를 수밖에 없다. 설령 이렇
게 다양한 외양의 조형형태가 기능들의 상호작용을 통해 어느 정도까지 평
준화된다 하더라도, 차이는 여전히 존재한다. 좀더 심층적 심리구조에서
보면, 노동자 가정에서 자라난 사람의 합리성 및 감정의 조형형태는 유복
하게 자라난 사람들의 그것과 다르다. 또한 서로 다른 상호의존의 역사에
상응하므로 독일인, 영국인, 프랑스인, 이탈리아인은 그들의 자아의식이나
본능구조가 다르며, 동양인들의 사회적 조형은 서양인들의 그것과 달라진
다. 그러나 이 모든 차이점들은, 바로 동일한 인간적 규칙성 그리고 사회적
규칙성이 그 바탕을 이루고 있는 까닭에 이해될 수 있다.

이 모든 집단들 내의 개인적 차이, 예컨대 '지능'의 차이는 특정한 역사적
조형형태들과 개별화의 범위 내에서──사회는 구조에 따라 제각기 다른
수준의 공간을 개인에게 허용하는데──나타나는 차이에 불과하다. 이른바
'창조적 지성'과 같은 강하게 개인화된 현상을 생각해보자. '창조적 지성'이
라고 입증할 수 있는 자질, 즉 비권위주의적이고 독립적인 사유의 모험은
특별한 '천성적 재능'을 전제로 할 뿐 아니라, 특정한 구조의 권력장치하에
서만 비로소 가능하다. 다시 말하면 그것이 펼쳐지기 위해서는 특별한 '사
회구조'가 전제되어야만 한다. 더 나아가 그것은 그런 구조를 가진 사회가
독립적인 사유의 발달을 촉진시킬 수 있는, 수적으로 제한된 사회적 기능
과 학습을 그에게 얼마나 많이 허용해주는가에 달려 있다.

이런 의미에서 기사의 장기적 안목과 '사고방식'은 궁정인의 그것과 다르
다. 랑케가 전해주는[원주18] 어떤 장면은 폭력의 독점이 진행되면서 기사 특
유의 습관과 정서구조가 파멸을 선고받았음을 잘 보여준다. 이 장면은 또
한 일반적인 관점에서 동시에 사회기능의 구조변화가 어떤 방식으로 행동

[원주18] Ranke, *Französische Geschichte*, Book 10, 3장.

의 변화를 강요하는지를 보여주는 보기가 된다.

앙리 4세의 승리에 결정적 기여를 했던 자의 아들인 몽모랑시 공작이 봉기를 일으켰다. 그는 기사적인 제후로서 관대하고 영리하며 용감하고 야심만만한 사람이었다. 그 역시 왕에게 봉사했었다. 그러나 그 혼자서, 더 정확히 말한다면 리슐리외 혼자서 통치권력과 권리를 차지한다는 사실을 그는 이해할 수도 동의할 수도 없었다. 그래서 그는 부하들과 함께 예전에 기사나 제후가 다른 기사나 제후들과 맞서 싸웠듯이 왕에게 대항했던 것이다. 왕의 총사령관 쉼베르크(Schömberg)는 그리 유리하지 않은 위치에서 그와 대치하고 있었다.

그러나 "바로 이 점이 몽모랑시가 주의를 기울이지 않은 상대의 강점이었다"라고 랑케는 말한다.

공작은 적의 군대를 보자마자 동지들에게 즉각 공격할 것을 제안한다. 왜냐하면 그는 오로지 용감한 기병전만을 전쟁으로 생각했던 것이다. 노련한 동료인 리외(Rieux) 백작은 우선 사수들로 하여금 적진을 어지럽히게 한 후 공격해도 늦지 않으니 조금 기다리라고 권한다. 그러나 이미 몽모랑시는 맹렬한 전의에 불타고 있었다. 더 이상 시간을 낭비할 필요가 없다고 그는 생각했고, 불행을 예감한 듯한 그의 조언자도 기사적인 지휘자의 단호한 의지에 더 이상 저항할 엄두도 내지 못했다. 그는 "주인이시여. 당신의 발밑에서 죽겠습니다"라고 소리쳐 외친다. 몽모랑시는 빨강, 파랑, 노랑색의 화려한 깃털로 장식한 수말을 타고 있어 눈에 띄었다. 그는 몇 명의 부하장수들만을 데리고 참호를 넘어갔다. 그들은 닥치는 대로 적군을 쓰러뜨리고 앞으로 돌진하여 마침내 적군들의 본부대 앞에 다다른다. 그 때 그들은 바로 가까운 거리에서 화승총 세례를 받는다. 말과 사람들은 다치거나 죽는다. 리외 백작과 대부분의 장군들은 전사한다. 몽모랑시 공작은 부상을 입고 마찬가지로 부상당한 말에서 떨어져 포로로 잡힌다.

　판결을 확신했던 리슐리외는 그를 재판에 회부한다. 곧 마지막으로 남은 몽모랑시는 툴루즈 시청 마당에서 참수당한다.

　충동에 따라 행동하고 멀리 예측하지 않는 태도는 전사들이 서로 자유롭게 경쟁하던 그 전 시대에는, 설사 그것이 개개인을 파멸로 몰아넣는다 하더라도 전체의 사회구조에 부합하는, 그래서 '현실에 가까운' 행동에 속했다. 열렬한 전투욕은 이 사회의 귀족에게 성공과 명성의 필수조건이었다. 그러나 이 모든 것은 독점화와 중앙집중화의 진전과 함께 변한다.

　변화된 사회구조는 앞을 내다보지 않는 감정적 폭발과 행위를 확실한 파멸로 처벌한다. 기존의 권력관계와 왕의 전권에 동의하지 않는 자는 이제 달리 행동해야 한다. 생시몽의 말을 들어보자. 몽모랑시와 한 세대밖에 차이가 나지 않는 그도 평생을 반대파 공작으로 살아간다. 그러나 그가 할 수 있는 일이라곤 고작 궁정에 일종의 파당을 만드는 것이다. 그가 능수능란하게 일을 처리한다면 적어도 왕의 후계자인 황태자를 이념의 동지로 얻기를 바랄 수는 있다. 그러나 몸을 사리고 극히 조심해야 할 루이 14세의 궁정에서는 이것 또한 위험한 게임이다. 우선 왕자를 따로 분리하여 서서히 원하는 방향으로 유도해야 한다.

　황태자의 의도는 폐하와 관련된 모든 사안에 대해 자기 자신의 의견을 말하려는 것이었다. 그래서 나는 이 목표로부터 벗어나는 모든 토론을 부드럽게 중단시키고 대화를 다시 제자리에 돌려놓았고 여러 주제들에 관해 대화를 나누는 동안 내내 그렇게 했다. …… 황태자는 열심히 주의를 기울였고 열렬해진 내 논증에 고마워했다. 그리고 왕의 무시와 사려 부족에 괴로워했다. 나는 이 모든 주제들을 황태자에게 차례대로 제시했을 뿐이었고 그리고 나서 그의 논점을 따르면서 말하는 즐거움은 그에게 맡겼다. 그리고 나는 그가 영향을 받고 있음을 알았다. 나는 그가 스스로를 설득하게 내버려두었고 스스로 흥분하고 분노하게 내버려두었다. 그

러는 동안 나는 그의 감정과 사고방식을 볼 수 있었고 내가 무엇으로부
터 이득을 취할 수 있는지 알아낼 수 있었다. …… 나는 내 견해와 논증
을 그에게 강요하기보다는 부드럽고 확고하게 이 모든 주제에 관한 내
감정과 관점을 그에게 주입하려고 노력했다. ……

생시몽은 황태자와의 대화술을 다음과 같이 기술하고 있다.[원주19]

왕의 절대권력에 대한 자신들의 반대입장을 표현할 때 이 두 남성, 몽모
랑시 공작과 생시몽 공작이 취한 태도에 대한 간략한 묘사는 우리의 그림
을 완성하는 데 도움이 된다. 마지막 기사들 중 한 명인 전자는 물리적 투
쟁을 통해 목표를 이루려 하고, 후자인 궁정인은 대화를 통해 목표에 도달
하려 한다. 전자는 다른 이들을 특별히 고려하지 않고 자신의 충동대로 행
동한다. 후자는 끊임없이 자신의 행동을 상대에 맞추려 한다. 이 두 사람
모두 극히 위험한 처지에 있다. 황태자는 궁정적 대화의 규칙을 어길 수 있
다. 그는 원한다면 대화와 관계를 아무런 이유에서나 끝낼 수 있으며, 그렇
다고 해서 많은 것을 잃지도 않는다. 생시몽이 조심하지 않을 경우 황태자
는 생시몽의 반대입장을 알아차리고 왕에게 고자질할 수 있다. 몽모랑시는
전혀 위험을 고려하지 않는다. 그는 자신의 열정이 시키는 대로 직선적으
로 행동한다. 그는 자기 열정의 불꽃으로 그 위험을 극복하려 한다. 생시몽

[원주19] Saint-Simon, 같은 책, p.20 and pp.22f. (1711). 그는 이 대화에서 황태자를 다
른 정부형태, 즉 시민 지도자층과 귀족 지도자층 간의 균형이 후자 쪽으로 기울어지는 정부형
태의 동조자로 얻으려고 시도했다. 귀족의 권력——이것이 생시몽과 그의 친구들의 목표였다
——이 다시 회복되어야 한다. 특히 고위의 국가관직, 각료직들이 시민계급의 손에서 귀족들
에게로 넘어가야 한다는 것이다. 루이 14세 사망 직후 곧 섭정자는 생시몽의 적극적 참여하
에 이런 방향으로 시도를 했었다. 그러나 그것은 실패로 돌아갔다. 영국의 귀족들은 여러 귀
족집단들과 파당들이 어느 정도 엄격한 게임의 규칙을 지키면서 중요한 정치요직을 놓고 서
로 투쟁하는 형태의 귀족지배를 확립하는 데 성공했지만, 프랑스 귀족들은 이에 실패했던 것
이다. 프랑스에서 귀족 지도자층과 시민계급 지도자층 간의 갈등과 이해대립이 영국에서보다
훨씬 더 심했다. 이는 절대주의의 덮개 밑에서도 끊임없이 감지되었다. 그러나 강력한 일인지
배의 체제하에서는 늘 그렇듯이 투쟁은 통치자의 주변에서, 즉 권력의 핵심세력들 내에서 은
밀하게 진행되었다. 생시몽은 이 암투의 주요인물들 가운데 한 사람이었다.

은 위험의 정도를 정확하게 알고 있다. 그는 최대한의 자기통제와 신중함으로 일에 임한다. 그는 억지로 무리하여 얻으려 하지 않는다. 그는 장기적 안목으로 일한다. 그는 눈에 띄지 않게 그러나 지속적으로 자신의 감정을 상대에게 '투입시키려 한다'.

이 자전적 일화는 '궁정적 합리성'을 뚜렷하게 드러내는 작품이다. 이 궁정적 합리성이 '계몽주의'의 발전에서 도시상인적 합리성, 즉 상업의 기능들에 의해 습관화된 장기적 예측보다 그 중요성에서 결코 뒤지지 않으며 심지어 더 중요할 수도 있지만, 이런 점은 대개 잘 인식되지 않고 있다. 그러나 이 두 형태의 장기적 예측, 즉 최상류층 귀족들의 합리화 및 심리화와 중산층의 지도자 집단의 그것은 그 유형이 아무리 다르다 하더라도 서로 밀접한 관계를 맺고 있다. 그것들은 귀족과 시민계급의 의존관계가 증가하고 있음을 시사해준다. 또한 그것들은 전체사회에서 일어나는 인간관계의 변화에서 유래한다. 그것들은 비교적 느슨하게 결합되어 있던 중세의 신분집단들이, 강하게 중앙집중화된 사회와 절대주의 국가의 부분조직으로 서서히 변화하는 과정과 밀접하게 연관된다.

합리화의 역사적 과정은 체계적으로 사유되지 못했거나 단지 애매한 형태로만 파악되었던 과정의 대표적 예이다. 우리가 전통적인 학문도식을 그대로 고수한다면, 이 과정은 아직 존재하지 않는 역사적 심리학의 영역에 속한다. 오늘날 이루어지고 있는 형태의 학문연구에서 역사가의 작업과 심리학자의 작업은 예리한 선으로 구분되어 있다. 현재의 서구인들이나 기껏해야 원시인들만이 심리학적 연구를 필요로 하거나 그것에 접근할 수 있을 정도이다. 서구의 역사에서도 이 단순하고 미개한 정신구조로부터 현재의 복잡한 구조에 이르는 과정과 길은 어둠 속에 묻혀 있다. 심리학은 비역사적으로 사유하고 또 현대인의 심리구조에만, 마치 그것이 진화도, 변화도 없는 것처럼 접근하기 때문에 역사가들은 심리학적 연구결과를 가지고서는 아무 작업도 시작할 수 없다. 반대로 역사가들은 그가 사실이라 부르는 것만을 얻으려고 노력하기 때문에, 또 심리적 문제들은 될 수 있으면 회피하기 때문에, 그 역시 심리학자들에게 별로 할말이 없다.

사회과학도 별반 나은 처지에 있지 않다. 사회과학이 역사적 문제를 다루는 경우 그것은 역사가들이 인간의 심리적 활동과 그것의 여러 다양한 표현형태들, 예술이나 이념 등의 사이에 그어놓은 선을 그대로 수용한다. 인간의 다양한 표현형식들과 그의 사회적 존재 사이의 접속점을 찾기 위해서는 역사적 사회심리학, 즉 심리발생적 그리고 사회발생적 연구가 동시에 필요하다는 사실은 인식조차 되지 않고 있다. 사회의 역사를 연구하는 자들 또는 정신의 역사와 씨름하는 사람들에게는 한편에 있는 '사회'와 다른 한편에 있는 인간들의 사유세계인 '이념들'이 서로 분리될 수 있는 두 개의 다른 형성체로 여겨진다. 이 두 집단의 학자들은 이념과 사유의 저편에 있는 사회 또는 사회와 분리된 이념이 존재한다고 믿는 것처럼 보인다. 그들은 단지 이 두 가지 중에서 어떤 것이 '더 중요한' 현상인지를 놓고 논쟁을 벌이고 있는 것이다. 한편이 사회를 움직이는 것은 그 자체 초사회적 이념들이라고 말하면, 다른 편은 '이념'을 움직이는 것은 탈이념적 사회라고 말한다.

문명화과정과 그 안의 일부현상들인 심리화와 합리화현상은 이 질문의 도식에 끼워지지 않는다. 이 현상들은 사유 속에서조차 인간 상호간의 관계구조 안에서 일어나는 역사적 변동으로부터 분리되지 않는다. 덜 합리적인 사고방식과 행동방식이 합리적으로 변한다고 해서 그것이 사회를 변화시킬 수 있는가 하는 질문은 분명 무의미하다. 왜냐하면 포괄적인 문명화과정도 그렇지만 이 합리화과정도 심리적이면서 동시에 사회적인 현상이기 때문이다. 그러나 문명화과정을 '상부구조'나 '이데올로기'로 이해하여, 개별적 사회집단들과 이해들이 상호투쟁할 때 사용하는 무기라는 기능적 측면에서 설명하는 것도 마찬가지로 무의미하다.

점진적 합리화과정과 전체문명적 전환은 의심할 나위 없이 여러 계급과 집단들의 대결 속에서 이루어진다. 유럽사회 전체, 즉 이제까지 나타난 것 중 가장 힘차고도 마지막인 문명적 역주의 토대는 이따금 조화로운 이념체계 속에 나타나는 모습과는 달리 평화로운 통일체는 아니다. 그것은 원래 조화를 이루는 전체였는데, 거기에 우연히——마치 개인들의 악의적 의도

나 몰이해 때문에 그런 것처럼——외부로부터 갈등이 들어왔다고 생각해서
는 안 된다. 그 대신 갈등과 투쟁이——인간들의 상호의존성과 마찬가지로
——그 구조의 중요한 요소를 이룬다. 이 요소들이 그 변화의 방향을 좌우
한다. 물론 문명운동이 이 대결에서 무기로서 중요한 의미를 획득할 수 있
다. 왜냐하면 장기적 예측과 순간적 감정의 강한 억제를 습관화한다는 것
은——이런 문명현상만을 여기서 상기한다면——상황에 따라 한 집단의 구
성원들에게 다른 집단에 대한 우월성을 부여하기 때문이다.

그러나 또 어떤 상황에서는 합리성과 충동억제의 높은 수준이 약점으로
해석되고 따라서 그런 특성을 가진 사람들에게 불리하게 작용할 수 있다.
'문명'은 상황에 따라 양 날을 가진 무기가 될 수 있다. 하나하나의 경우에
는 그 결과가 어떠하든 간에 어쨌든 문명화과정의 역주는 거기에 참가한
집단들의 마음에 들든 들지 않든 상관없이 또는 그들에게 유익하고 안 하
고든 상관없이 일어난다. 그것은 강력한 통합의 메커니즘으로 인해 발생하
며, 그 전체방향을 변화시키는 일은 한 집단의 능력에 달려 있지 않다. 그
것은 이념들과는 전혀 달리 의도적으로 또는 반의도적으로 조작할 수 있는
범위로부터 벗어나 있으며, 사회적 투쟁에서 무기로 활용될 수도 없다.

문명적 행동의 특성들은 사회발전의 어떤 특정한 단계에서 나타나는 인
성구조의 특성들처럼, 계급들과 이해관계들이 나타나고 변형되는 포괄적인
사회과정의 작용 속에서 그 산물로서 또 그 지렛대로서 생겨난다. 문명적
전환, 그리고 이와 더불어 시작하는 합리화과정은 '이념'이나 '사상'의 특수
영역 안에서 전개되는 과정이 아니다. 이 과정은 단순히 '지식'의 전환, '이
데올로기'의 변동으로서 한마디로 의식내용의 변화를 포함하고 있을 뿐만
아니라, 의식내용과 사고습관을 한 부분으로 포괄하고 있는 인간의 전체적
습성이 변화함을 의미한다. 여기서 문제되고 있는 변화는 의식적인 자아의
조정기능으로부터 완전히 무의식적으로 변한 본능조정에 이르기까지 모든
영역들을 포함한 전체 심리가계의 형태변화인 것이다. '상부구조' 또는 '이
데올로기'를 운운하는 현재의 사유도식은 이런 종류의 변동을 파악하기에
충분하지 않다.

인간의 의식에 깊이 뿌리박혀 있는 고정관념 중 하나는 '심리', 즉 인간의 정신가계는 여러 개의 영역들로 구성되어 있으며, 이 영역들은 서로 무관하게 기능하고 따라서 따로따로 고찰해도 된다는 것이다. 그러므로 이렇게 복잡한 정신가계의 기능층들 중 하나를——이것이 인간의 심리적 자기조정에서 정말 '본질적인 것'인 양——사유 속에서 다른 기능층들과 분리하여 고찰하는 방법은 널리 사용되고 있다. 그래서 정신사적 연구나 지식사회학적 연구도 지식의 관점에서 그리고 사유의 관점에서 인간을 탐구해 들어간다. 사유와 이념은 이 연구의 관점에서는 인간의 심리적 자기조정에서 가장 중요한 영역으로 간주된다. 그리고 무의식적인 동기들인 충동과 정서구조의 전체영역은 그들에게는 어둠 속에 묻혀 있는 미지의 세계이다.

그러나 인간의 의식이나 '이성' 또는 '이념'만을 주목하고 본능의 구조, 인간의 감정과 정열의 형태나 방향을 동시에 고찰하지 않는 종류의 연구들은 모두 처음부터 그 효과나 생산성에서 제한될 수밖에 없다. 인간의 총체적 이해에 필수적인 것들이 연구의 접근방법으로는 파악되지 않는 것이다. 연구가 의식의 내용이나 자아와 초자아의 구조에만 집착하고 본능이나 정서구조의 변화에는 관심을 기울이지 않는 한, 의식내용 자체의 합리화과정 그리고 자아와 초자아기능의 구조변화와 같은 현상들은——이는 이미 앞에서 서술하였고 앞으로도 상세하게 논의할 것이다——단지 불완전한 형태로만 인간의 사유에 포착될 수 있을 것이다. 이념사나 사유형태의 역사를 진정으로 이해하려면 인간 상호간의 관계가 어떻게 변화했는지와 함께 또 행도의 구조와 심리구조의 조직 전체를 고려해야만 한다.

그러나 이와 반대되는 방향으로 지나치게 강조하거나 그에 따라 시야가 축소되는 것을 우리는 오늘날 정신분석학적 연구에서 발견할 수 있다. 이 연구는 인간을 관찰하면서 '무의식', 무역사적으로 설정된 '이드'(Es)를 전체의 심리구조에서 가장 중요한 부분으로 강조하는 경향이 있다. 실제의 임상치료에서는 많은 개선이 이루어졌지만, 실용과정에서 얻어진 경험의 이론화작업에서는 이런 개선이 아직 사유도구의 발전으로까지 이어지지는 못하고 있다. 이론적 작업에서는 아직도 무의식적인 리비도의 자극에 의한 인간의 통제가 개인의 결합태적 운명이나 그 밖의 다른 자기조정기능들의 형태 및 구조와는 무관한 나름의 고유한 형태와 구조를 지니고 있다는 입장과, 또 이것이 인간존재에 더 중요한 역할을 한다는 입장을 고수하고 있는 듯이 보인다.

한편으로 인류의 역사를 통해 거의 변하지 않은 충동의 자연적인 원료와, 다른 한편으로 이러한 기초적 에너지들이 유도되는 확고한 방향과 구조──이 에너지는 개인이 맺는 타인들과의 관계로 인해, 태어나는 날부터 일정한 방향으로 유도되는데──가 서로 구분되지 않고 있다. 아마 미친 사람의 경우를 제외하고는 우리가 사회관계에서 사회적 학습을 통해 조형되지 않은 채 자연적이고 순수한 상태 그대로 있는 심리적 기능을 마주할 기회는 거의 없다고 해도 무방하다. 모든 살아 있는 인간에게서 볼 수 있는 리비도적 에너지는 언제나 이미 사회적으로 처리된 것들이다. 다시 말하면 그것들은 구조와 기능에서 사회발생적으로 변형되었으며 결코 자아와 초자아의 구조들과 분리될 수 없다. 사회적으로 변형된 본능 에너지들은 인간의 행동을 이해하는 데에서 자아나 초자아의 구조보다 덜 중요하거나 더 중요하지도 않다. 어쨌든 행동을 결정하는 것은 인간의 조형가능한 충동과, 짜서 붙박이로 심리구조 안에 넣어진 충동-통제 간의 균형과 갈등인 것이다.

우리가 눈앞에 보고 있는 구체적인 사람에게 결정적인 것은 '이드' 또는 '자아'나 '초자아' 하나만이 아니라, 때로는 투쟁하고 때로는 서로 협조하는 여러 층의 심리적 자기조종기능의 관계이다. 그러나 개인 내면의 이 관계들, 즉 통제받는 본능 및 감정과 통제하는 기관들 간의 관계는 문명화가 진행되면서 개인들 간의 관계구조가 변함에 따라 마찬가지로 변화한다. 표어식으로 간략하게 표현한다면, 이 과정이 진행되면서 '충동은 의식을 뚫고 들어갈 수 없고 마찬가지로 의식도 충동을 뚫고 들어갈 수 없다.'

우리는 이러한 사회발생적 원칙과 일치하는 방향의 과정이 오늘날 모든 어린아이들에게서 일어나고 있음을 관찰할 수 있다. 인류의 역사 또는 개인적 문명화과정이 진행되면서 한편으로 자아나 초자아 형태로의 자기 조종과 다른 한편으로 본능을 통한 자기조종이 서로 선명하게 '분리'되는 것을 볼 수 있다. 그러므로 본능이 통과하기 어려운 의식기능의 형성과 함께 비로소 본능의 무의식적 작용은, 오늘날 보통사람들이 '무역사적'이라 진단하는, 또는 순수하게 '자연적'이며 인간사회의 발달조건과는 무관한 인간 자체의 특성으로 진단하는 그런 성격을 얻게 된다. 그러나 프로이트가 자신이 살았던 시대의 사람들로부터 발견하여 무의식적 심리기능과 의식적 심리기능의 엄격한 구분으로 개념화한 인간의 특성은 변치 않는 인간본성의 일부가 아니라 장기적 문명화과정의 결과이며, 이 과정에서 리비도적 본능과 '의식' 또는 '반성'을 분리하는 망각의 벽이 점점 더 두꺼워지고 투과할 수 없게 된다.

이런 전환의 과정에서 의식적인 정신기능은 '합리화'의 증가라 부를 수 있는 방향으로 발전한다. 심리구조가 확고하고 명확하게 분화하면서 외부를 향한 심리기능도 충동적 자극이나 감정적 환상에 의해 채색이 덜 된, 합리적으로 기능하는 의식이라는 성격을 얻게 된다. 그러므로 좀더 의식적인 심리적 자기조종과 좀더 무의식적인 자기조종의 형태와 구조는 그것이 서로 독립적으로 존재하거나 기능하는 것으로 이해되는 한 제대로 포착될 수 없다. 또한 관찰이 개개인에게만 국한될 때에도 그 구조와 변화는 제대로 이해될 수 없다. 우리는 인간들 상호관계의 구조 그리고 그 구조의 장기적 변화와 연관해서만 그것을 이해할 수 있다.

그러므로 문명화과정을 이해하고 설명하기 위해서 우리는 인성구조와 전체 사회구조의 전환을 동시에—본고에서 시도하고 있듯이—연구해야 한다. 이 과제는 좁은 반지름 안에서 개인의 심리적 에너지들의 전체영역과, 기초적인 그리고 좀더 자기조종적인 기능들의 형태와 구조의 파악을 목적으로 하는 정신발생적 연구를 요구한다. 좀더 넓은 반지름 안에서 문명화과정을 연구하는 일은 어디서나 발견되는 일반적인 구조, 한 국가의 구조뿐만 아니라 상호의존적인 국가들 집단에 의해 형성되는 사회영역 그리고 그 진화의 연속적 질서에 대한 연구를 필요로 한다.

이러한 사회적 과정을 적합하게 연구하기 위해서는 기존의 전통적 사고방식에 대한 점진적 수정을 필요로 한다. 이보다 앞서 적합한 정신발생적 문제설정자체를 위해서도 마찬가지로 그것이 필요했듯이. 어떤 사회영역의 한 기능층만을 연구하는 것은 사회의 구조와 과정을 이해하기에 결코 충분하지 않다. 이 구조와 과정을 진정으로 이해하기 위해서는 하나의 사회영역 안에서 서로 결합되어 있으며 이 영역의 특수한 구조로 인하여 느리게 또는 빠르게 변하는 세력관계와 더불어, 항상 새로이 재생산되는 '여러 다양한 기능층들 간의 관계'를 연구해야만 한다.

모든 정신발생적 연구에서 '무의식'이나 '의식'과 같은 심리기능의 한 층만이 아니라 심리기능들의 '전체' 순환과정이 반드시 연구의 대상이 되어야 하듯이, 모든 사회발생적 연구에서는 어느 정도 복잡하고 갈등 많은 사회영역의 '전체결합태'를 처음부터 파악하려고 계획해야 한다. 이는 사회조직과 그 역사적 형태변동은 단순한 혼동이 아니라 가장 격렬한 사회적 불안과 무질서의 시기에도 분명한 질서와 구조를 가지고 있기 때문에 가능한 것이다. 사회영역 전체를 연구한다는 것은 그 영역 내의 모든 개별적 과정들을 하나하나 연구한다는 뜻이 아니다. 우선 그것은 이 영역 안의 모든 개별적 과정들에게 그 방향과 특징을 부여하는 근본구조들을 발견한다는 것이다. 그것은 예컨대 15세기 사회의 갈등의 축과 기능적 연결고리와 제도들은 16세기 내지 17세기의 그것들과 어디에서 차이가 나는지, 왜 전자가 후자의 방향으로 변화하는지 등과 같은 질문을 제기하는 것을 의미한다.

물론 그런 작업을 위해서는 개별적인 사실들에 대한 해박한 지식을 필요로 한다. 그러나 자료에 대한 지식이 일정수준에 도달하면 그 다음의 역사연구는 그 밖의 세부사항들의 수집과 이미 수집한 자료들의 서술만으로는 충분치 않다. 그것은 어느 특정한 사회의 인간들이 서로 결합하여 특별한 유형의 행동과 특별한 기능적 연결고리들, 예를 들면 기사와 농노, 왕과 관료들, 시민과 귀족으로 나타나게 하며, 이런 관계형태와 제도들을 특별한 방향으로 변화시키는 그런 역사적 법칙성을 우리는 투시해야만 한다. 한마디로 말하면 특정한 수준의 자료에 대한 지식을 가진 다음부터는 그 끝도 없이 무한한 자료들더미에서 확고한 뼈대와 구조적 연관성을 인식해야만 한다. 그렇게 해서 발견할 수 있는 사실들은——우리에게 역사적 파노라마

를 한층 더 풍부하고 다양하게 제공해준다는 점을 제외한다면──이미 얻
은 통찰을 그 구조 안에서 수정하거나, 아니면 확대 또는 심화하는 데 이바
지한다. 여기서 모든 사회발생적 연구가 모든 개별적 기능층들을 넘어 사
회영역의 '총체성'을 겨냥해야 한다는 것은 모든 세부사항들의 합계를 목표
로 한다는 뜻이 아니라 전체구조를 파악하려 한다는 것이다.

 그리고 이런 의미에서 앞에서 언급한 합리화를 이해해야 한다. '좀더 합
리적인' 행동과 사유 그리고 강력한 자기통제로의 점진적 전환은 오늘날 대
개 시민적 기능들과 연관해서만 언급되고 있다. 시민계급은 현대인의 의식
에서는 합리적 사고의 '창시자' 또는 '발명자'라는 고정관념이 뿌리깊이 자
리잡고 있다. 이 합리화와 대비할 목적으로 나는 귀족의 진영에서 전개되
던 합리화과정을 앞에서 서술한 바 있다. 그러나 그렇다고 궁정귀족이 이
합리화운동의 역주에서 사회적 '창시자'의 역할을 했다는 잘못된 결론을 내
려서는 안 된다. 궁정귀족이나 공장수공업 시대의 시민계급이 어떤 다른
사회계급을 창시자로 두고 있지 않듯이 이 합리화운동도 그런 창시자를 가
지고 있지 않다.

 전체사회구조의 변동──그 와중에서 이런 형태의 시민계급과 귀족이 비
로소 생겨나는데──자체가 어떤 특정한 관점에서 보면 합리화인 것이다.
합리적이 되는 것은 인간의 개별적인 산물들만이 아니다. 그것은 특히 책
속에 담겨 있는 사유체계만이 아니다. 합리화되는 것은 일차적으로 특정한
인간집단의 행동양식인 것이다. '합리화', 그것은──전사의 궁정화를 상기
해보자──이 시기에 특정한 사회적 결합태 안에 존재하던 인간들의 특성
이 변화하는 방향을 표현하는 것에 불과하다. 이런 종류의 변화는 어떤 한
사회계급에서 그 '기원'을 찾을 수 있는 것이 아니라 사회영역의 여러 기능
집단들 간의 갈등 그리고 그 안에서 서로 경쟁하는 사람들 간의 갈등과 관
련하여 발생하는 것이다. 사회의 전체 구조도 사회의 전체조직을 관통하
는 이런 갈등의 압력을 받고, 특정한 시기에 통치 지역의 중앙집중화와 전
문화와 인간들의 엄격한 통합이 진전되는 방향으로 변화한다. 사회적 기
능과 심리적 기능의 구조는 사회영역의 전환과 더불어 우선 작은 영역에

서 그리고 점차 넓은 영역에서 합리화의 방향으로 변화한다.

　당시의 상업발달을 강력한 독점권력 및 궁정의 형성과 무관하게 이해할
수 없듯이 우리는 제1계급의 권력상실, 제2계급의 평화화, 제3계급의 신분
상승도 따로따로 독립된 현상으로 파악할 수 없다. 이 모든 것은 이제까지
서구역사의 흐름에서 결정적인 역할을 했던 과정, 즉 모든 행위고리들이
분화하고 확장되는 포괄적 과정의 지렛대인 것이다. 이 과정에서 귀족기능
들이 생겨나고――이는 특정한 측면에서 서술되었다――이와 밀접한 연관
하에 시민계급의 기능들과 중앙기관의 형태가 전환한다. 심리적 자기조종
은 이 사회적 기능들과 제도들의 점진적 변동과 발맞추어 우선 귀족과 시
민계급의 최상류층에서――장기적 예측과 순간적인 본능의 자극을 엄격하
게 통제하는 방향으로――먼저 변화한다.

　서구의 지성적 발전과정을 서술한 전통적 자료들을 살펴보면, 우리는 이
저자들이 의식의 합리화, 즉 주술적-전통적 사유형태에서 합리적 사유형태
로 전환한 원인이 일련의 탁월한 천재들의 출현에 있다는 애매한 형태의
관념을 소유하고 있는 듯한 인상을 받는다. 이런 식의 서술에 따르면 그 영
특한 개인들은 자신들의 뛰어난 지성을 바탕으로 서구인들에게 그들의 타
고난 이성을 올바르게 사용할 수 있는 방법을 가르쳐주었다는 것이다.

　우리는 다르게 본다. 물론 서구의 위대한 사상가들이 이룩한 업적은 결
코 하찮은 것은 아니다. 그들은 동시대인들이 일상생활에서 경험했던 것,
그러나 깊은 사유를 통해 극복할 수 없었던 것들을 종합하여 명쾌하게 표
현하고 해석했다. 그들은 서구사회의 포괄적인 구조변화와 함께 서서히 나
타났던 합리적 사유형태들을 표현하고 그것들의 도움으로 인간실존의 문제
들을 명료화하려 했다. 그들은 다른 사람들에게 세계와 그들 자신에 대한
좀더 명확한 관점을 제공해준다. 그렇게 함으로써 그들은 거대한 사회의
움직임 속에서 스스로 지렛대로서 작용했다. 그들은 재능과 개인적 상황에
따라 넓거나 좁은 범위 내에서 사회적 합창의 해설가요 대변인이었다. 그
러나 그들은 당시 사회에서 지배적이던 사유유형의 창시자는 아니었다. 특
히 그들은 우리가 '합리적 사고'라 부르는 것의 창조자가 결코 아니다.

이 표현자체도 표현하고자 하는 사태를 너무 정태적이고 너무 애매하게 표현한다. 너무 정태적인 까닭은 심리적 기능구조가 실제로 사회기능의 구조와 같은 속도로 변화하기 때문이다. 너무 애매한 것은 합리화의 유형과 합리적 사유습관의 구조는 사회계층에 따라——예컨대 궁정 귀족에게서 또는 최상층 시민계급에게서 각각——또 그들의 기능과 역사적 상황의 차이에 따라 심히 달라지기 때문이다. 마지막으로 앞에서 의식의 변화에 대해 일반적으로 언급한 것은 합리화과정에도 그대로 적용될 수 있다. 즉 이 과정 안에서는 전체심리구조의 포괄적 변화의 한 측면만이 드러난다. 이 측면의 변화는 본능구조의 변화와 병행한다. 한마디로 그것은 여러 문명현상들 가운데 하나일 뿐이다.

제6절 수치심과 당혹감

우리가 흔히 '수치심'과 '당혹감'이라고 부르는 충동과 감정가계의 특이한 조형은 문명화과정에서 행동의 합리화만큼이나 특징적이다. 우리가 특히 16세기부터 서양인의 태도에서 항상 감지할 수 있는 이 두 가지 특성, 즉 합리화의 강력한 추진과 수치심과 당혹감을 느끼는 한계점이 낮아지는 현상은 동일한 심리적 변형의 양면이다.

수치심은 특정한 계기에 어떤 개인에게서 자동적이고 습관적으로 일어나는 특별한 자극으로서 일종의 불안이라고 할 수 있다. 그것은 피상적으로 보면 사회적 폄하에 대한 불안이거나, 아니면 조금 더 일반적으로 말하자면 다른 사람들의 우월감 표시에 대한 불안이다. 그것은 자신의 약함을 두려워해야 하는 사람이 이 위험을 신체적 공격이나 또는 다른 종류의 공격을 통해 직접 막을 수 없을 때 생기며, 또 이러한 사실로 특징지어지는 불쾌감이나 불안감의 형식이다. 다른 사람의 우월성에 대한 이 무력감과 그에게 완전히 내맡겨져 있다는 감정은 바로 그 자리에 있는 다른 사람의 물리적 우월성의 위협에서 직접 유래하는 것은 아니다.

물론 이러한 감정이 종종 자신의 부모나 교육자에 대한 어린아이의 물리적 압박과 신체적 열세에서 기인한다는 점은 확실하다. 그러나 성인의 경우 이러한 무력감은 무기력하고 두려워하는 사람들의 초자아, 즉 자신이 의존하고 또 자신에 대해 일정 정도의 권력과 우월성을 갖고 있는 다른 사람들에 의해 자신에게서 길러진 자기통제장치가 그들이 두려워하는 사람들과 일치한다는 사실에서 기인한다. 그렇기 때문에 우리가 '수치심'이라고 부르는 불안은 다른 사람들의 눈에는 상당히 약화되어 나타난다. 다시 말해 수치심이 아무리 강하다고 하더라도, 그것은 공공연한 표정과 몸짓으로 직접 표현되지는 않는다. 수치심을 가진 사람은 어떤 일을 행하였거나 또는 무엇인가를 행하고자 할 때 그것이 그와 이런저런 방식으로 결합되어 있는 사람들과 모순에 빠지거나 또는 자기 자신, 즉 자기통제를 담당하는 의식영역과 모순에 빠진다는 사실을 통해 그 수치심의 자극은 특별한 색채를 띠게 된다.

수치심의 불안 속에 표현되는 갈등은 어떤 개인이 사회의 지배적 견해에 대해 가지는 갈등만이 아니다. 그것은 그가 자신의 행동을 통해 이러한 사회적 의견을 대변하는 자신의 자아부분에 대해 갖게 되는 갈등이다. 그것은 말하자면 그 자신의 심리가계 안에서 이루어지는 갈등인 것이다. 그는 스스로를 열등하다고 인정한다. 그는 자신이 중요하다고 생각하는 다른 사람의 사랑 및 존중의 상실을 두려워한다. 이 타인들의 태도는 그의 내면 안에서 일종의 태도로 굳어져서, 그는 자기 자신에 대해서도 자동적으로 이 태도를 취한다. 바로 이것이 그로 하여금 다른 사람들의 우월성 표시에 대해——이 표시가 그의 내면 안의 자동장치를 작동하게 만든다——그토록 무기력하게 만드는 장본인이다.

그러므로 사회구조로 인해 외부강제가 자기강제로 변형되면 될수록 그리고 인간의 행동을 둘러싸는 자기강제의 고리가 더욱더 광범위하고 더욱더 분화되면 될수록, 사회적 금지의 침해에 대한 불안은 더 강력하고 분명하게 수치심의 성격을 얻게 된다는 사실을 쉽게 설명할 수 있다. 사람이 이 고리를 어느 곳에선가 부숴야 한다는 강박감을 느끼거나 또는 그것을 실제

로 침해하였을 때 생겨나는 내적 긴장은 사회적 금지 및 자기강제의 정도
에 따라 다르게 커진다. 통상적 삶 속에서 우리는 특정한 연관관계 및 특정
한 정도에서만 이 내적 긴장을 수치심이라고 부른다. 그것은 다양한 색조
와 강도를 가지고 있지만 구조상으로는 항상 동일한 현상이다.

　자기강제들과 마찬가지로 수치심은 이미 사회발전의 비교적 단순한 초
기단계에서 덜 다변적이고 덜 안정된 불규칙적 형식으로 발견된다. 이런
방식으로 구성된 긴장과 불안은 자기강제들과 마찬가지로 문명화과정이 추
진될 때마다 등장한다. 끝으로, 사람들의 공간이 더 광범위하게 평화로워
지면 질수록, 또 신체적 폭력이 인간공간의 보호에서 단지 주변적 역할만
을 담당할 때 제일 중요해지는 규칙적 강제들이 인간형성에 더욱더 커다란
의미를 갖게 되면 될수록, 한마디로 말해 행동의 문명화가 진행되면 될수
록 이런 종류의 불안들은 다른 색깔의 불안들에 비해——특히 다른 사람에
의한 신체적 위협과 강제에 대한 불안에 비해——더욱 우세하게 된다.

　'이성'을 합리화 단계와의 연관관계에서 그리고 멀리 내다볼 수 있는 능
력과 자제를 요구하는 여러 기능형성들과의 연관관계에서 이야기하는 것
이외에는 달리 어떻게 이야기할 수 없는 것과 같이, 우리는 수치심에 관해
서도 오직 그것이 사회발생과 가지는 연관관계에서만 이야기할 수 있을 뿐
이다. 다시 말해 수치심의 한계점이 낮아지거나 어쨌든 변화하는 단계, 즉
자기강제의 구조와 도식이 특정한 방향으로 변화하여 아마 얼마 동안은 동
일한 형식으로 재생산되는 단계와 연관되는 관계에서만 우리는 수치심을
이야기할 수 있다. 양자, 즉 수치심 및 당혹감의 한계점 하락뿐만 아니라
합리화는 똑같이 다른 존재에 의한 위협 및 제압에 대한 직접적 불안들이
감소하였다는 것의 표현이며 또 내면의 자동적 불안, 즉 개인이 이제는 자
기 자신에게 행사하는 강제들이 강화되었다는 것의 표현이기도 하다. 합리
화의 진보와 수치심 한계수위의 상승은 모두 예견과 장기적 사고방식이 더
욱더 커지고 분화된다는 사실을 표현한다.

　그런데 이것은 증대하는 사회의 분화로 말미암아 더 넓은 인간집단들이
그들의 사회적 실존을 보존하기 위해 필요로 하는 것이다. 표면적으로는

다른 것처럼 보이는 이 심리적 형태변화들이 서로 밀접하게 결합되어 있다는 사실을 설명하는 것은 그리 어렵지 않다. 수치심 불안의 강화와 점점 더 진행되는 합리화 두 가지는 모두——증대되는 기능분업과 함께 일어나는——점점 더 심화되는 개인적 심리가계 분열의 상이한 양태와 다를 바 없다. 다시 말해 이 양태들은 충동기능과 충동감시기능, 즉 '이드'와 '자아' 또는 '초자아' 사이에 증대되는 분화의 여러 양태들이다. 심리적 자기통제의 분화가 더욱 성공적일수록, 우리가 포괄적 의미에서 '자아'라고 명명하고 좁은 의미에서 '초자아'라고 명명하는 심리적 통제기능의 영역에는 이중적 기능이 할당된다. 이 영역은 한편으로는, 우리가 다른 사물과 사람과의 관계에서 자기 자신을 통제할 수 있는 중심을 형성한다. 이 영역이 형성하는 다른 중심은, 어떤 사람으로 하여금 일부는 의식적으로 또 일부는 자동적, 즉 무의식적으로 자신의 본능적 충동을 통제하고 규제할 수 있도록 한다. 다른 말로 표현하면, 앞서 언급한 사회적 변동의 과정에서 점차 본능적 충동으로부터 구별되는 층의 심리적 기능들은 심리적 가계 내에서 이중적 과제를 가지고 있는 것이다. '이 기능들은 대내정치와 대외정치를 동시에 행한다.'

그러나 그것은 항상 조화를 이루는 것이 아니라 종종 모순관계에 있다. 그러므로 합리화가 감지할 수 있을 정도로 발전하는 같은 역사적·사회적 시기에 수치심 및 당혹감의 한계점이 낮아진다는 사실이 관찰된다는 점도 이런 방식으로 설명된다. 그리고 여기서는, 항상 그런 것처럼 이에 상응하는——사회발생적 법칙과 일치하는——과정이 오늘날에도 여전히 모든 아이들의 삶에서 관찰된다는 사실 역시 이런 방식으로 설명된다. 행동의 합리화는, 그 대내정치가 수치심 한계점의 하락으로 표현되는 동일한 초자아 형성의 대외정치에 대한 표현인 것이다.

많은 생각의 실마리들이 여기로부터 뻗어나간다. 이와 같은 영혼의 심리적 가계의 강력한 분화가 개별적 충동의 형태변화를 통해 어떻게 표현되는지 살펴보아야 한다. 우리는 특히 이 분화가 어떻게 성적 충동의 형태변화와 남녀관계에서 수치심 발전의 강화를 야기하였는지를 보여주어야

한다.[원주20] 우리는 여기서 일단 앞에서 서술하였던 사회적 과정들로부터 수치심과 당혹감의 한계점 하락으로 이어지는 일반적 연결선을 보여주는 것으로 만족해야 한다.

서양의 근세사에서조차도 수치심들이 항상 동일한 방식으로 영혼의 심리적 가계 속에 설치된 것은 결코 아니다. 이 내부구조의 종류는——차이만을 여기서 간단히 언급하자면——신분적-위계질서적 사회 질서에서와 훗날의 시민적-산업적 사회질서에서 서로 결코 동일하지 않다.

앞에서 들었던 예들, 특히 특정한 노출행위에서의 수치심 발전의 차이들을 말해주는 예들은 이와 같은 변화를 어느 정도 보여줄 수 있을 것이다.[원주21] 궁정사회에서 특정한 신체적 노출행위에서 나타난 수치심은 이 사회의

[원주20] 그 자체로 매우 중요한 이 특수문제는 여기서는 일단 도외시해야 한다. 그것을 설명하기 위해서는 서양사에서 가족과 전체 성(性)관계의 구조가 겪었던 변동을 정확하게 분석할 필요가 있다. 그 밖에도 아이들의 양육과 청소년의 성장방식에 나타난 변동을 연구해야 한다. 이 방향의 문명화과정을 해명하기 위하여 수집된 자료들과 그로 인해 가능해진 분석들은 너무나 광대한 것으로 증명되었다. 그것들은 이 작업의 틀을 깰 위험이 있는 까닭에 다른 연구서에서 고려될 것이다.

그것은 중간계급에서 이루어진 문명화과정의 노선, 즉 도시시민적 계급과 비궁정적 대지주 계급에서 이루어진 문명사적 변형에 관해서도 마찬가지다. 그들에게도 역시 이러한 행동의 변형과 심리적 기능들의 구조변동이 서양의 사회적 조직이 지닌 전체구조의 특수한 역사적 전위(轉位)와 상관관계가 있는 것이 확실하지만, 비궁정적 중간계급에서 이루어진 문명화노선의 도식은——앞서 여러 번 언급한 바와 같이——궁정적 문명화노선과는 분명히 구별된다. 특히 중간계급의 성(性)에 대한 이해와——부분적으로는 다른 가족구조를 근거로 하여, 또 부분적으로는 중간계급의 직업기능들이 요청하는 다른 장기적 관점 때문에——궁정적 이해는 동일하지 않다. 서양 종교의 문명사적 변형을 연구하면, 우리는 이와 유사한 것을 보게 된다.

사회학자들이 이제까지 가장 많이 주목하였던 종교적 지각의 문명사적 변형, 즉 다양한 청교도적 프로테스탄트적 운동들을 통해 표현된 내면화와 합리화의 추진은 분명히 중간계층의 상황과 구조에 나타난 특정한 변화들과 밀접한 상관관계가 있다. 예수회의 형성과 그 권력지위에서 보이는 바와 같은 로마 가톨릭 교회의 문명사적 변형은, 가톨릭 교회의 중앙집권적-위계질서적 구조의 유리한 작용으로 말미암아, 절대국가적 중앙기관과의 긴밀한 관계하에 실행되는 것처럼 보인다. 그런데 이러한 문제들은, 여기서는 노동자 및 농부계층에서 훨씬 늦게 서서히 등장하는 문명화운동을 일단 도외시한다고 하더라도 우리가 비궁정적 중간계급의 문명화노선과 궁정적 문명화노선의 상호작용과 반대작용을 보다 엄밀하게 통찰할 때에야 비로소 해결될 수 있는 것이다.

[원주21] 이에 관해서는 『문명화 과정 I』, 286쪽 이하를 볼 것. 수치심 지각의 일반적 문제에 관

위계질서적 구조에 따라 여전히 광범위하게 신분적으로 제한되어 있다. 사회적으로 하위계층 사람들이 있는 자리에서 고위계층 사람들의 노출, 예컨대 대관들 앞에서 왕이 노출하는 것은 엄격한 사회적 금지에 예속되어 있지 않다. 그것은 마치 문명화과정의 예전 단계에서 사회적으로 약하고 또 그렇기 때문에 사회적으로 미천한 지위의 부인 앞에서 남자가 노출하는 것이 별로 금지되지 않았던 것과 마찬가지다. 이러한 노출은 그들로부터 어떠한 열등 및 수치의 감정을 야기하지 않으며, 이것은 그들이 하위계층에 기능적으로 별로 의존하지 않는다는 사실과 전적으로 일치한다. 이러한 노출은 심지어 델라 카자가 표현한 바와 같이, 하류계층의 사람들을 위한 선심의 표시로까지 여겨질 수 있었다.

이와 반대로 높은 지위의 사람들 앞에서 낮은 지위의 사람들의 노출 또는 동일한 지위의 사람들의 노출은 존경심 부재의 표현으로 여겨져 점차 사회적 교제로부터 추방된다. 그것은 풍속괴란(風俗壞亂)으로 낙인 찍히고, 따라서 불안의 감정이 부과된다. 신분의 벽이 무너지고, 만인에 대한 만인의 기능적 의존이 점점 강화되고, 모든 사람들이 사회적으로 어느 정도 동등하게 될 때 비로소 내밀한 특정공간 밖에서 다른 사람들이 있는 곳에서 이루어지는 노출은 점차 미풍양속을 침해하는 것이 된다. 그렇게 되면 이러한 행동은 개개인에게 어릴 때부터 완전히 불안과 두려움의 감정을 야기하여, 금지의 사회적 성격은 그의 의식으로부터 완전히 사라진다. 이제 수치심은 그에게 전적으로 자신의 내면의 명령으로 나타난다.

그런데 이러한 사실은 당혹감에서도 타당한 것이다. 당혹감은 수치심과 분리될 수 없는 다른 짝을 이룬다. 어떤 사람이 스스로 자아와 사회의 명령을 어겼을 때 수치심이 생기는 것과 같이, 당혹감은 개인 바깥의 그 무엇인

해서는 The Sprectator(1807), Vol.5, No.373을 참조할 것. "만약 내가 정숙함을 정의해야 한다면, 나는 그것을—어떤 사람이 자신이 스스로 비난할 행위를 저질렀을 때든 아니면 다른 사람의 비난을 받게 될 것이라고 생각할 때든—천진난만한 마음의 반성이라고 부를 것이다." 같은 곳에서 서술되고 있는 남자와 여자들의 수치심 자각의 차이에 관한 언급을 참조하라.

가가 위험지대를 건드렸을 때, 즉 예전에는 주위로부터 불안과 두려움의 감정이 부과되었으며 이제는 이러한 불안과 두려움이 ——'조건반사'의 방식에 따라——유사한 경우에 그의 내면에서 자동적으로 다시 생겨나는 그런 행동형식들과 대상들과 경향들을 건드렸을 때 발생한다. 당혹감들은 초자아를 통해 대변되는 사회의 금지지침을 다른 사람이 파괴할 위험이 있거나 또는 파괴할 때 등장하는 불쾌감 또는 불안이다. 그런데 개인의 행동을 규제하고 주조하는 위험지대가 확장되고 분화되면 될수록, 또 행동의 문명화가 더욱더 진행되면 될수록 이 당혹감들 역시 더 다양해지고 광범위해진다.

16세기부터 수치심과 당혹감의 한계점이 급속도로 낮아졌다는 사실은 앞에서 일련의 예들을 통해 드러났다. 우리 생각의 고리들이 여기서 조금씩 연결되기 시작한다. 이와 같은 한계점의 하락은 가속화된 상류계층의 궁정화와 밀접한 연관이 있다. 그것은 개개인에게서 교차되는 의존의 연결고리들이 점점 더 촘촘해지고 길어지는 시기이며, 사람들이 서로 더욱더 긴밀하게 결합되고 자기통제의 강제가 증대되는 시기이다. 상호의존관계가 증대되는 것과 마찬가지로, 사람들의 상호 관찰 역시 강화된다. 감수성과 이에 상응하는 금지들이 점점 분화된다. 그리고 우리가 수치스럽게 느끼는 것과 우리가 다른 사람들에게서 당혹스럽게 느끼는 것 역시 공동생활의 방식에 따라 더 분화되고 광범위해지고 다양해진다.

기능분화의 진보와 인간통합의 강화와 더불어 다양한 계층들과 나라들 사이의 두드러진 차이가 줄어드는 데 반해 문명화의 틀 안에서 그들 행동양식을 주조하는 방식과 색조는 더욱 증대된다는 사실은 이미 언급하였다. 우리는 이제 개인적 행동과 감각의 발전에서 이에 상응하는 현상에 부딪히게 된다. 개인행동의 두드러진 차이들이 점점 더 약화되면 될수록, 또 쾌락 및 불쾌의 요란스러운 표출이 자기강제를 통해 점점 더 억제되고 약화되고 변형되면 될수록, 행동의 색조 및 명암에 대한 감수성은 더욱 커지며 또 사람들은 작은 몸짓과 형식들에 대해서도 민감해진다. 그리고 사람들은 자기 자신과 세계를, 예전에는 완화되지 않는 정념의 베일을 통해 의식화되지 않았던 여러 층들 속에서 그만큼 더 분화된 형태로 체험하게 된다.

알기 쉬운 예를 들자면, '원시인들'은 인간과 자연의 공간을 그들에게 비교적 좁은 생존필수적 영역에서 체험한다. 이 영역은 그들의 의존관계의 고리가 짧기 때문에 좁기는 하지만 특정한 측면에서 보면 '문명인들'보다 훨씬 더 분화되어 있다. 분화는 농부인가 아니면 사냥꾼인가 또는 양치기의 경우인가에 따라서 다양하다. 어쨌든 우리가 일반적으로 말할 수 있는 것은 원시인들에게는 그것이 어느 한 집단의 삶에 중요한 한에서 숲과 들에서 무엇인가를—그것이 다른 나무와 구별되는 특정한 나무든, 냄새든 움직임이든 간에—구별할 수 있는 능력이 '문명인들'보다 훨씬 더 발전되어 있다는 사실이다.

그러나 자연공간은 원시인들에게도 여전히 상당한 정도의 위험지대이다. 이 자연공간은 문명인이 더 이상 알지 못하는 불안과 두려움으로 가득 차 있다. 여기서 분화된 것과 분화되지 않은 것은 바로 이러한 사실과 상응한다. 중세가 절정기를 향해 치달으면서 서서히 시작되고 그리고 16세기부터 가속화된 자연의 체험방식은 점점 넓은 인간의 공간들이 확실하게 평화로워진다는 사실로 특징지어진다. 이와 함께 숲, 초원, 산들은 점차 개인의 삶에 끊임없이 불안과 공포를 불러일으키는 일차적 위험지대이기를 그만둔다. 인간 상호관계와 마찬가지로 도로망이 점점 촘촘해지고, 도둑 기사들과 야수들이 천천히 사라지고, 숲과 들이 걸러지지 않은 열정, 사람과 동물에 대한 거친 사냥, 야만적 쾌락과 광포한 불안의 무대로서 더 이상 기능하지 않고 그 대신 점점 더 평화적 활동, 상품의 생산, 교역과 왕래를 통해 주조되면, 평화로워진 인간에게는 마찬가지로 평화로워진 자연이 새로운 방식으로 보이게 된다.

자연은—증대되는 감정의 완화와 더불어 눈이 쾌락의 매개자로서 획득하는 의미의 증대에 따라서—고도의 시각오락 대상이 된다. 그리고 사람들, 더 정확하게 말하면 특히 숲과 들이 더 이상 일상생활이 아니라 휴식의 공간인 도시와 결합되어 있는 사람들은 더욱더 감수성이 예민해진다. 그들은 이제 탁 트인 대지를, 예전에는 위험들과 절제되지 않은 정념들의 장난

으로 인해 사람들에게 가려져 있던 층에서 다양한 방식으로 보게 된다. 그
들은 색과 선들의 조화를 향유한다. 그들은 사람들이 자연의 아름다움이라
고 명명하는 것을 받아들일 수 있게 된다. 그들의 감각은 구름이 떠 있는
하늘에서 이루어지는 소리와 형태들의 변화와 나뭇잎들에서 펼쳐지는 빛의
조화에 의해 일깨워진다.

그런데 이러한 평화화의 과정을 통해 동시에 사람들 상호간의 교제에서
그들의 행동에 대한 감수성 역시 변화한다. 외부 불안의 감소에 비례하여
내부적 불안들, 즉 인간 내면의 다른 영역에 대한 어떤 한 영역의 불안들이
강화된다. 이러한 내면적 긴장관계를 근거로 사람들은 이제 서로 교제를
하면서—사람들이 외부의 피할 수 없는 강력한 위협을 끊임없이 기대해
야만 하는 곳에서는 필연적으로 결여될 수밖에 없었던—섬세한 방식으로
체험을 하기 시작한다. 예전에는 사람과 사람 사이의 투쟁을 통해 직접적
으로 해결되었던 긴장들 전체는 내면적 긴장으로 전환되어 개개인들의 자
기 자신과의 투쟁을 통해 극복된다.

사회적-사교적 교제는 이제 식사, 춤 그리고 시끌벅적한 기쁨이 종종 분
노, 싸움, 살인으로 급변하는 위험지대이기를 그만둔다. 사회적-사교적 교
제가 위험지대가 되는 것은 이제 개인이 자기 자신을 충분히 자제하지 못
하고 자신의 수치심 한계 및 다른 사람들의 당혹감의 한계와 같은 예민한
지점을 건드릴 때뿐이다. 말하자면 위험지대는 모든 개인들의 영혼을 가로
지르고 있는 것이다.

바로 이런 까닭으로 인해 사람들은 이 영역에서 예전에는 전혀 의식되지
않던 차이들에 민감해진다. 자연이 이제 예전과는 달리 상당한 정도로 눈
을 통해 매개된 쾌락의 원천이 된 것처럼, 사람들은 이제 서로에게 상당한
정도의 시각적 쾌락의 원천이 되거나 아니면 반대로 눈을 통해 매개된 불
쾌감의 원천, 즉 여러 정도의 당혹감의 원천이 된다. 사람이 사람에게 불러
일으키는 직접적 불안은 감퇴되었다. 이에 비례하여 이제는 눈과 초자아를
통해 매개된 내면적 불안은 증대된다.

투쟁에서 무기의 사용이 자유롭고 일상적일 때에는—앞에서 제시하였

던 예들 중 하나를 상기하자면——식탁에서 다른 사람에게 칼을 건네주는 작은 몸짓은 커다란 의미를 가지지 않았다. 무기의 사용이 점차 제한되고 또 외부강제와 자기강제가 개인들에게 신체적 공격을 통한 흥분과 분노의 표출을 더욱 어렵게 만들면, 사람들은 공격을 연상시키는 모든 것에 대해 점점더 예민해지게 된다. 공격의 몸짓자체가 이미 위험지대를 건드린다. 어떤 사람이 다른 사람에게 칼끝이 그를 향하도록 건네는 것을 바라보는 것은 당혹스러워진다.[원주22] 이러한 금지는——감수성이 위신의 가치일 뿐만 아니라 자기 자신을 차별화하는 수단이기 때문에 이러한 감수성을 장려하는——가장 감수성이 예민한 고귀한 궁정사회의 소집단으로부터 시작하여 점차 문명화된 전체사회로 뻗어나간다. 이 과정에서 불안과 결합된 충동의 층은 전사를 연상시키는 의미와 함께 일련의 다른 연상적 의미들을 여전히 불러일으킨다.

칼의 사용이 어떻게 점점 더 제한되고 또 그것이 하나의 위험지대로서 크고 작은 금지들의 울타리로 둘러싸이게 되었는가는 일련의 예들을 통해 나타난다. 궁정 귀족사회에서 신체적 폭력의 포기가 어느 정도까지 외부강제에 의한 것이었으며 또 그것이 얼마만큼 자기강제로 전환되었는가 하는 것은 열려진 문제이다. 모든 제한에도 불구하고 식사용 칼의 사용은 군도의 사용과 마찬가지로 처음에는 오랫동안 계속된다. 사냥과 동물의 살해가 여전히 허용된 그리고 지극히 일상적인 남자들의 쾌락인 것과 마찬가지로, 죽은 짐승들을 식탁에서 쓰는 것은 아직 당혹감의 한계수위를 넘어서지 않은 허용된 영역에 속한다. 평화화, 즉 사회적 기능들의 전체토대를 통한 자기강제로의 이행이 이 점에서 더욱 완전해지고 구속력이 있게 되는 시민계층들이 점진적으로 부상함과 함께, 죽은 짐승을 쓰는 행위는 마침내 사회적 생활의 무대 뒤편으로 옮겨진다. 몇몇 나라들, 특히 영국과 같은 나라에서는 예전의 관습들이 종종 새로운 관습 속에 보존되어 계속 명맥을 유지할 수도 있었다. 그러나 칼의 사용은 차치하고서라도 칼을 잡는 단순한 행

[원주22] 이에 관해서는 『문명화과정 Ⅰ』, 164쪽 이하를 볼 것.

위도 사람들은 그것이 전적으로 불가피하지 않은 곳에서는 어디에서나 삼가하였다. 이 방향의 감수성은 증대한다.

그것은 우리가 표어식으로 간단하게 '문명'이라고 명명하는 심리적 가계의 구조변동이 지닌 여러 측면들을 말해주는 많은 예들 중 하나이다. 인간사회의 어느 곳에서도 외부 권력에 대한 불안의 영점은 존재하지 않으며, 내면에 자리한 자동적 불안들의 영점 역시 존재하지 않는다. 양자는 인간에게 상이한 것을 의미한다. 그러나 양자는 궁극적으로 서로 분리될 수 없다. 문명화과정에서 일어나는 것은 하나가 사라지고 다른 것이 등장하는 것이 아니다. 변화하는 것은 단지 외면적 불안과 내면적 불안들 사이의 균형과 그 전체구조일 뿐이다. 외부적 권력에 대한 사람들의 불안은──완전히 사라지는 일 없이──조금씩 줄어든다. 충동과 자아 사이의 긴장관계로부터 발생하는 잠재적 또는 현실적 불안들은 결코 결여되는 일이 없을 뿐만 아니라 그것과 비례하여 점점 더 강해지고 다변화되고 지속적이 된다.

이 작업의 제1권에서 발견할 수 있는 바와 같이 수치심 및 당혹감의 한 계점 하락에 관한 증거들은 실제로 인간영혼의 가계에서 드러난 변동의 방향과 구조를 말해주는 단순하고 명백한 증거들에 다름 아니다. 이 변동은 물론 다른 많은 측면에서 나타날 수도 있다. 예를 들면 중세적-가톨릭적 초자아 형성으로부터 프로테스탄트적 초자아 형성으로 이행되는 과정은 이와 매우 유사한 구조를 보여준다. 이 과정 역시 불안이 내면화하는 방향의 결정적인 추진을 서술한다. 그럼에도 불구하고 우리는 한 가지 사실만은 간과해서는 안 된다. 예전과 마찬가지로 오늘날 한 성인이 지닌 내면적 불안의 모든 형식들은 다른 사람들과의 관계에서 가지는 어린아이의 불안들 및 외부의 권력에 대한 불안들과 밀접한 관련이 있다는 사실이다.

제7절 상류계층의 강력한 구속, 아래로부터의 강력한 압박

중세 후기의 기사적-궁정적 상류계층을 위한 그림들에서[원주23] 하류계층민들과 하류층적 행동방식의 묘사가 아직 특별히 곤혹스럽게 느껴지지 않는 데 반해, 절대주의적-궁정적 상류계층의 당혹감 도식에 일치하는 좀더 엄격한 여과방식은 단지 온건한 몸짓이나 세련된 몸짓만을 표현하게 하고, 하류계층들을 연상시키는 모든 비속한 것들은 배제했다는 점은 앞에서 언급한 바 있다.

비속한 것의 거부, 즉 낮은 신분계층들의 조야한 감수성과 일치하는 모든 것에 대한 민감성의 증가는 궁정적 상류계층에서는 사회적-사교적 행동의 모든 영역을 관통하고 있다. 그러한 민감성이 궁정적 모델의 대화법에서 어떻게 표현되는가는 매우 정확하게 서술되었다.[원주24] 궁정의 부인들은 사람들이 "un mien ami" 또는 "le pauvre deffunct"라고 말해서는 안 된다고 설명한다. 그것은 모두 "시민적인 냄새가 난다"는 것이다. 만약 어떤 시민이 이에 반발하면서 많은 사람들이 그 표현들을 사용하고 있다고 응수한다면, 사람들은 그에게 이렇게 대답할 것이다. "품위 있는 사람들 중에서도 우리 언어의 우아함에 대해 섬세한 감각을 가지지 못한 경우도 있을 수 있습니다. 이 '우아함'은 단지 소수의 사람들에게만 친숙한 것이지요."

이것은 이 감수성에 대한 요청만큼이나 정언적이다. 그렇게 선택적인 사람들은 어떤 단어의 사용이 왜 그들에게 유쾌한지 또 다른 단어의 사용은 왜 그들을 곤혹스럽게 만드는지를 상세하게 근거지을 수 없을 뿐만 아니라 또 그러려고도 하지 않는다. 그들의 특별한 감수성은 자신들의 사회적 위상으로 말미암아 강요된 충동에 대한 더욱 강력한 규제 및 변형과 매우 밀접한 연관이 있다. 그들이 말할 수 있는 특별한 표현은 다음과 같다. "이런 단어의 결합은 좋게 들립니다. 저런 색깔의 배합은 잘못되었습니다." 한마디로 말하자면 그들 취향의 확실성은 의식적 숙고 때문이라기보다는 무의식적으로 작용하는 심리적 자기통제의 여러 형태들에서 기인한다.

여러 색깔들과 뉘앙스들에 대해 점점 더 증대되는 감수성을 가지고, 즉

─────────────

[원주23] 이에 관해서는 앞의 책, 283쪽 이하를 볼 것.
[원주24] 이에 관해서는 앞의 책, 145쪽 이하를 볼 것.

'고상한' 감각을 가지고 말해지거나 쓰여진 낱말들의 리듬, 소리, 의미들을 주의 깊게 듣는 사람들은 고귀한 궁정사회의 작은 집단들에 속해 있으며 또 이러한 감수성 및 '좋은 취향'이 그 집단에게는 위신의 가치였다는 사실이 여기서 분명하게 밝혀진다. 그들이 갖고 있는 당혹감의 한계를 건드리는 모든 것은 시민적인 냄새가 나며 사회적으로 열등하다. 반대로, 시민적인 모든 것은 그들이 당혹감을 느끼는 한계를 건드린다. 이러한 민감성을 예리하게 만드는 모든 시민적인 것으로부터 스스로를 구별하는 일은 필연적인 것이다. 그리고 직업적인 탁월성과 돈의 소유가 아니라 사회적-사교적 행동의 세련됨을, 위신과 호의를 쟁취하기 위한 경쟁에서 주요수단으로 만드는 궁정생활의 독특한 구조는 그럴 수 있는 가능성을 제고한다.

대략 16세기부터 사회적-사교적 행동의 기준이 급격하게 변하기 시작하였으며, 17세기와 18세기 동안 이는 여전히 변화의 과정중에 있고, 18세기와 19세기에는 특정한 방식으로 변형되어 전체서양사회에 퍼졌다는 점은 이 작업에서 일련의 예들을 통해 언급한 바 있다. 이러한 세한들과 충동적 성향의 변화는 기사귀족이 궁정귀족으로 변함으로써 시작된다. 그것은 앞서 언급되었던 다른 기능집단들에 대한 상류계층의 관계가 변동하는 것과 밀접한 연관이 있다. 기사적 전사집단은 아직까지는 그와 같은 압박을 가장 덜 받았다. 그들은 궁정 귀족계층과는 달리 시민계층들과 아직 그런 정도로 상호의존 관계에 있지 않았다.

그런데 궁정 상류계층은 매우 촘촘하게 얽힌 상호의존의 그물망으로 이루어진 구성체이다. 그들은 한편으로 궁정의 중앙지배자와——그들은 그의 호의에 의존한다——다른 한편으로는 위로 치고 올라오면서 자신들과 우위를 다투는, 경제적으로 유리한 위치에 있는 시민계급의 상위집단들 간의 틈바구니에서 살고 있다. 그들은 18세기 말 또는 19세기 초에 와서야 비로소 시민집단들과 강력한 긴장관계에 들어간 것이 아니라, 위로 부상하는 시민계층들을 통해 처음부터 이미 그들의 사회적 실존을 위협받았던 것이다. 귀족의 궁정화는 시민계층의 신분상승 강화와의 연관관계에서만 실행된다. 귀족계층과 시민계층 사이에서 점점 더 강화된 상호의존과 긴장관계라는 요소는, 귀족의 상위집단이 갖고 있는 궁정적-귀족적 성격을 전적으로 구성한다.

우리는 귀족집단과 시민집단들 사이의 끊임없는 줄다리기가 몇몇 시민집단에 유리하게 결정되기까지는 몇 세기가 걸렸다는 사실에 호도되어서는 안 된다. 또한 우리는 17세기와 18세기의 절대국가적 신분사회에서 상이한 계층들 사이의 기능적 상호의존과 잠재적 긴장관계, 즉 상류계층의 구속이 19세기와 20세기의 민족국가적 사회에 비해 작았다는 사실에 의해 기만당해서도 안 된다. 자유로운 중세 전사귀족들의 기능적 구속과 비교해보면 궁정 귀족사회의 구속은 이미 상당히 큰 것이다. 사회적 긴장들, 특히 귀족과 시민계급 사이의 긴장들은 점점 더 진행되는 사회의 평화화와 함께 다른 성격을 띠게 된다.

신체적 폭력행사의 도구들 및 무기와 군대의 사용이 아직 상당한 정도로 중앙집중화되지 않는 한, 일련의 사회적 긴장들은 거듭 정규적인 군사행위들을 초래한다. 몇몇 사회적 집단들과, 수공업자 부락들과 그들의 봉건 영주들, 도시연합과 기사연합들은 자신들의 이해관계에서 발생하는 대립을 무기를 통해 해결할 준비가 되어 있어야 하는——훗날에는 오직 국가들만이 그럴 수 있다——지배단위로서 서로 대치하고 있다.

사회적 긴장들이 형성되는 과정에서 그로 인해 산출되는 불안들은 훨씬 쉽게 그리고 자주 군사적 행위들을 통해, 즉 신체적 폭력을 직접 사용함으로써 해소된다. 이것은 폭력독점이 점차 안정되고 귀족과 시민계급의 기능적 상호의존이 점차 증대됨으로써 변한다. 긴장관계는 지속적 성격을 띠게 된다. 그것들은 축적되어 더 이상 어쩔 수 없는 정점 및 전환점에서만 신체적 폭력사용을 통해서 직접 해소된다. 그렇기 때문에 그것들은 모든 귀족성원이 개별적으로 스스로 소화해야만 하는 지속적인 압박으로 표현된다. 사회적 불안들은 이러한 사회적 관계의 변형과 함께, 급작스럽게 타올라서 바깥으로 표출되었다가——아마 또 새롭게 갑자기 피어오르기 위하여——다시 갑작스럽게 꺼져버리는 불꽃 같은 성격을 잃게 된다. 사회적 불안들은 그 대신에, 불꽃이 일지 않아 좀처럼 바깥으로 번지지 않은 채 지속적으로 타고 있는 희미한 불의 성격을 띤다.

이런 측면에서 보아도 궁정 귀족사회는 중세의 자유로운 전사들과는 다른 상류계층의 유형을 대변한다. 그들은 점점 더 속박당하는 최초의 상류계층이며, 근대의 진행과정에서는 더욱더 묶인 상류계층들이 그 뒤를 따르게 된다. 그들은 자신들의 사회적 실존의 전체토대에서 자유로운 전사들보다 훨씬 더 직접적으로 그리고 더 강력하게 시민계급에 의해 위협받는다. 16세기와 17세기에 이미, 적어도 프랑스에서는 시민계급의 특정 상위집단들, 특히 사법 및 행정관청의 고위직 구성원들에게는 전사계급을 대신하여 또는 적어도 전사계급과 나란히 나라의 상류계층으로서 자리를 잡으려는 강력한 요구가 있었다. 이 시민계급의 정치는 상당부분 구귀족을 희생시키고 자신들의 특권을 확대하는 것을 목표로 삼았다. 그들은 물론 일련의 공동의 사회적 전선을 통해 구귀족들과 다시 결합하고, 그로 인해 그들의 관계는 특유의 모순적 성격을 갖게 된다.

이런 지속적인 긴장관계로 말미암아 발생하는 불안들은 바로 그 때문에 시민계급의 상위집단들에게서는 대체로 강한 초자아 충동을 통해 통제된, 은폐된 형식으로 표현된다. 그리고 그것은 이제 종종 방어적 위치에 처해 있는 본래 귀족에게 꼭 들어맞는다. 그 밖에도 본래의 귀족에게는 평화화와 궁정화로 말미암아 겪게 되는 패배와 상실에 대한 충격이 오랜 기간 영향을 미친다. 또한 궁정 귀족계급 사람들은 시민계급과의 끊임없는 줄다리기에 의해 초래된 불안을 어느 정도 자신의 내면 속에서 자제해야 한다. 이러한 상호의존관계가 형성되는 과정에서 사회적 긴장은 위협받는 상류계층의 사람들에게서 강한 내면적 긴장을 유발한다. 이러한 긴장으로 말미암아 궁정 상류계층의 사람들에게서 만들어진 불안들은, 결코 완전하게는 아니지만 부분적으로는 심리적 가계의 무의식적 지대로 내려가 침전되고, 그것들은 변형된 형식, 즉 자기통제의 특별한 자동장치를 통해서만 그곳으로부터 다시 올라와 나타나게 된다.

이러한 불안들은 예컨대 그들의 실존을 근거짓는 세습적 특권들을 조금이라도 건드리는 모든 것에 대해 궁정 귀족사회가 보이는 특별한 민감성

속에 나타난다. 그것들은 매우 감정적인 거부의 태도들 속에서 표현되는데, 궁정 사람들은 이런 태도를 가지고 '시민적인 냄새가 나는' 모든 것을 대한다. 궁정의 귀족사회가 하류계층의 태도에 대해 중세의 전사귀족보다 훨씬 더 민감해지고 또 '저속한' 모든 것을 자신들의 생활영역으로부터 엄격하게 배척하게 된 것은 이러한 불안들에 그 책임이 있다.

그런데 지속적으로 발생하는 이러한 사회적 불안은 마침내 궁정 상류계층에 속한 사람들이 자기 자신과 자기 집단의 타인의 행동에 대해 행사하는 강력한 통제의 생성과정에서 가장 위력 있는 추진력을 형성한다. 그것은 궁정의 귀족'사회'(Society)의 사람들이 낮은 지위에 있는 다른 사람들과 자신들을 구별하는 모든 것을——그들의 서열을 표시하는 외면적 휘장뿐만 아니라 그들의 언어, 행동, 사회적 오락과 교제방식들을——감시하고 조탁(彫琢)하는 데 기울이는 집중적 관심에서 표현된다. 아래로부터 치고 올라오는 끊임없는 압박과 그것이 위에서 산출하는 불안은 한마디로 말해서, 이 상류계층의 사람들을 다른 사람들로부터 구별하고 또 그들에게서 제2의 본성이 되는, 저 특별한 문명사적 세련화의 유일한 추진력은 아니라고 할지라도 가장 강력한 추진력들 중 하나였다.

궁정 귀족사회의 주요기능은——강력한 중앙지배자를 위한 기능은——다름 아니라 자신을 구별하는 것과 또 자신을 상이한 구성체, 즉 경제 시민계급(부르주아)에 대한 사회적 평형추로 보존하는 것이다. 궁정 귀족사회는 스스로를 차별화하는 사교적 행동, 예절바른 태도, 품위 있는 취향을 끊임없이 조탁하는 데 완전히 자유로웠다.

부상하는 시민계급은 그들을 바싹 뒤따른다. 그들은 행동과 취향을 세련되게 만드는 데 그렇게 자유롭지 않았다. 그들은 직업을 가지고 있었다. 그러나 그들의 이상 역시 귀족처럼 완전히 연금으로만 살고, 또 가능하다면 궁정집단에 받아들여지는 것이다. 궁정집단은 여전히 자기 자신에 의지하는 상당 부분의 시민계층 사람들에게는 모범이다. 이 시민계급의 사람들은 '부르주아 신사들'이 된다. 그들은 귀족과 그들의 행동거지를 모방한다. 그렇게 되자 상부의 궁정집단에서 형성되었던 행동방식들이 차별화의 수단으로서는 계속해서 쓸모가 없어지고, 중요한 귀족집단들은 행동을 더욱더 세련되게 만들 것을 강요당한다. 처음에는 '고상'하였던 습관과 관습들이 얼마 후에는 '저속'하게 된다. 사람들은 점점 더 자신의 행동들을 갈고 닦는다.

그리고 프랑스 대혁명으로 말미암아 절대주의적-궁정적 사회가 몰락함으로써 이러한 상호운동이 중지되거나 아니면 적어도 그 강도를 잃을 때까지 당혹감의 한계점은 변화한다. 궁정사회의 단계에서 귀족의 문명사적 변형과 함께—제1권의 여러 예들이 보여주었던 것처럼—수치심과 당혹감의 한계점이 비교적 급작스럽게 발전시킨 추동력을 형성한 것은, 실제로 궁정계층 내부에서 권력자의 호의를 얻고자 하는 심한 경쟁과 함께 아래로부터의 지속적인 상승압박이다.

계층들 사이의 긴밀한 접촉뿐만 아니라, 끊임없는 긴장을 수반하는 다양한 계층들 사이의 상호의존으로 말미암아 '모델의 유통'은 중세보다 훨씬 빠르게 진행된다. 궁정사회를 이어 등장하는 '상류사회'들은 직업활동을 하는 사회의 그물망과 어느 정도 직접 결합되어 있다. 그들에게 유사한 종류의 형태들이 전혀 없지는 않다고 하더라도, 그들은 사회적 교통의 영역에서 조금도 동일한 구성력을 가지지 않는다. 왜냐하면 지금부터는 직업과 돈이 점점 위신의 일차적 원천이 되기 때문이다. 그리고 궁정사회에서처럼 사교적 교제에서 행동을 세련화하는 예술이, 개인의 사회적 위신과 성공에 대해 가졌던 결정적 의미는 상실된다.

모든 사회계층에서 그 계층 사람들의 삶에 기능적으로 가장 중요한 행동의 영역은 가장 세심하고 강도 높게 주조된다. 궁정사회에서 사람들이 식사중의 손동작, 예절 있는 태도 또는 말하는 방식을 도야하는 엄밀성은 이와 같은 모든 장치들이 아래에 대한 차별화 수단으로만 아니라 궁정인들에 대한 왕의 호의를 얻고자 하는 경쟁의 도구적 의미와도 일치한다. 저택과 정원의 취향 있는 설치, 방의—유행에 따른—품위 있거나 아니면 다소 쾌적한 장식, 어떤 오락 또는 연애관계의 재치 있는 실행 등 이 모든 것들은 궁정사회의 단계에서는 개개인이 기꺼이 행하는 사적 오락들이었을 뿐만 아니라 사회적 지위가 요구하는 생활필수적 요청들이었다. 그것들은 다른 사람들을 존중하기 위한 전제조건에 속하고, 또 시민사회에서 직업의 성공이 수행하는 것과 동일한 역할을 담당하는 사회적 성공을 위한 전제조건에 속한다.

19세기에 직업시민계층이 상류층 기능으로 상승함으로써 이 모든 것은 더 이상 사회적 구성체를 형성하는 경향의 중심에 서 있지 않게 된다. 이제는 돈의 획득과 직업이 개인을 주조하는 사회적 강요의 주요 공격지점을 형성한다. 궁정사회에서 실존을 근거짓고 또 그렇기 때문에 특별히 강도 높게 형성되었던 것의 대부분은 이제 사람들의 사회적 지위를 단지 간접적으로, 즉 이차적으로만 규정하는 영역으로 떨어진다. 사교의 형식들, 집의 치장, 방문예절 또는 식사의식들은 모두 사생활의 영역으로 추락한다. 그것들은 시민적 요소들의 상승에도 불구하고 귀족사회의 사회구성체를 이제까지 가장 오랫동안 그리고 가장 강력하게 보존한 사회적 집단인 영국에서 그 실존을 정당화하는 기능을 발휘하고 있다.

그런데 귀족사회와 시민사회로부터 유래한 행동 모델들이 수백 년 동안 상호침투함으로써 형성된 특유의 융합된 행동 속에서 점차 시민적-중산계급적 특성들이 단계적으로 전면에 부상한다. 이러한 사실이 언제 어떻게 실행되었든, 어쨌든 순수 귀족사회의 몰락과 함께 서양사회에서는 일반적으로 영리기능들을 해결하고 또 어느 정도 정확하게 규제된 노동을 실행하기 위하여 필요한 행동방식들과 정념의 형태들이 마침내 사람들에게서 형성된다. 그것은 직업시민사회가 사회적-사교적 행동과 관련된 모든 것에서 궁정사회의 의식을 처음에는 수용하지만 계속 강도 높게 발전시키지 않았던 이유이다. 또한 그것은 이 영역의 정념통제의 수준이 직업 시민계급의 부상과 더불어 단지 천천히 올라가는 이유이다. 궁정사회 그리고 부분적으로 여전히 영국의 '상류사회'에서는 인간실존이 직업영역과 사생활영역으로 구분되지 않는다. 이러한 분열이 더욱더 일반화될 때, 문명화과정에서 새로운 단계가 시작된다.

직업노동이 필요로 하는 충동통제의 도식은 여러 측면에서, 궁정인의 기능과 궁정생활의 게임이 개개인에게 부과하는 충동통제의 도식과는 구별된다. 시민적·사회적 실존을 보존하기 위하여 요청되는 긴장과, 시민계급의 직업 및 영리기능들이 개개인에게 요구하는 초자아형성의 안정성, 충동통제와 충동변화의 강도는——교제형식의 전체영역에서 어느 정도 완화가 있음에도 불구하고——궁정귀족으로서의 삶이 요구하는, 이에 상응하는 심리적 형태들보다 훨씬 크다. 남녀관계의 규제에서 그 차이가 가장 두드러진다. 그러나 궁정 귀족사회적 인간주조는 이런저런 형식으로 직업시민사회적 인간주조에 합류하고, 그 속에 용해되어 계속 이어진다.

본래는 궁정사회에 특징적이었던 행동형식들과 충동의 주조 모델들이 보다 넓은 계층으로 전파되는 것을, 우리는 궁정들이 크고 부유했으며 또 그렇기 때문에 궁정적 모범이 커다란 관철력을 가졌던 지역에서 발견하게 된다. 파리와 빈이 그런 예들이다. 이 도시들은 18세기의 상호경쟁적인 두 절대주의적 궁정들이 있었던 장소다. 우리는 그 여파를 현재까지 느낄 수 있다. '고상한 취향'의 중심지로서 또는 특히 '부인'들이 사용하도록 되어 있는 생산품을 만들어내는 사치산업의 소재지로서 그들이 지닌 명성뿐만 아니라 남녀관계의 형성과 국민들의 에로틱한 성격형성에서조차도 그러하다. 물론 현실은, 이러한 측면에서 영화산업에 의해 종종 이용되는 그 명성에 더 이상 완전히 들어맞지 않을 수도 있다.

그러나 궁정 귀족사회적 '상류사회'(bonne compagnie)의 행동 모델들은 궁정들이 덜 부유하고 강력하며 또 그렇기 때문에 그 영향력이 덜하였던 곳에서도 이런저런 형식으로 더 넓은 산업사회의 행동형식들 속으로 스며들었다. 서양 지배집단의 행동방식들, 즉 그들의 정념통제의 단계와 방식이 민족적 도식의 모든 차이에도 불구하고 상당정도 통일성을 보인다는 것은, 일반적으로 고찰하면 확실히 이 집단들의 상호결합과, 서양의 여러 민족집단에서 이루어지는 모든 기능분업적 과정 사이의 끊임없는 상호의존의 결과이다. 그러나 이러한 일반적 틀 안에서, 반쯤 사적인 폭력의 독점단계와 전 유럽에 걸쳐 강력한 상호의존 관계에 있는 궁정 귀족사회의 단계는 서양적으로 문명화된 행동을 주조하는 데 특별한 역할을 담당한다.

이 궁정사회가 순수한 형식으로 가졌던 제1의 기능은 나중에 다양한 단계와 변형들을 통해 서양사회의 더 넓은 계층으로 확대되었다. 그것은 강도 높은 포괄적 상호결합의 압박, 즉 한편으로는 폭력과 조세독점의 압박과 다른 한편으로는 치고 올라오는 하위계층의 압박을 받는 '상류계층'의 기능이었다.

궁정사회는 실제로, 발전하는 기능분화와 함께 상이한 사회적 계층들이 긴밀하게 의존하면 할수록, 그리고 그와 같은 상호의존관계에 처해 있는 사람들의 수와 공간들이 커지면 커질수록 더욱더 분명하게 등장하는 특별한 종류의 상류계층을 최초로 대변한다. 궁정사회는 고도로 결합되어 있는 상류계층이었다. 그것은 그 지위가 지속적인 자제와 강도 높은 충동통제를 요청하였던 상류계층이었다. 바로 이러한 종류의 상류계층이 그 때부터 서양의 공간을 지배하였다. 궁정 귀족사회에서 처음에는 사교적 교통과 '사생활'의 영역을 위해 발전되었던 이 자제의 모델들은 이 계층의 위상과 기능이 그랬던 것과 마찬가지로 여러 색채로 변형되어 계층에서 계층으로 계속해서 옮겨갔다. 어떤 계층 및 민족에게 '상류사회'로서의 그 성격이 커다란 의미를 가지느냐 아니면 별 의미를 가지지 못하느냐에 따라서 귀족사회의 유산은 커다란 의미를 가지기도 하였고 별다른 의미를 가지지 못하기도 하였다.

그러한 곳에서는 어디에서나—앞서 언급한 바와 같이 서양의 모든 국가에서 어느 정도 폭넓은 계층은 바로 이 경우에 해당하며, 특히 강력한 중심기관의 조기형성으로 말미암아 일찍 식민세력이 되었던 국가들은 그러한 경우이다—포괄적인 상호결합의 압박을 받으며, 또한 자기계층 내의 강한 경쟁을 통해서뿐만 아니라 향상된 생활수준과 하류계층과 구별되는 높은 계층의 위신을 유지하고자 하는 필연성에 의해 구현된 특정한 도식에 따른 사회적 통제의 강도, 다른 구성원들의 행동에 대한 민감성, '초자아'의 강도 역시 강화된다.

이렇게 궁정 귀족사회 상류계층의 행동방식들은, 여러 시민계층들이 부상하여 상류계층의 지위에 도달할 때에는 상이한 시민계층의 행동방식들과 융합된다. 처음에는 '시빌리테'(civilité)의 형태로 미리 형성되어 있었던 것이 이제는 사람들이 '문명' 또는 더 정확하게 말하자면 '문명화된 행동'이라고 명명하였던 것 속으로 지양되어——이러한 행동의 담지자가 처해 있는 특별한 상황에 따라 변형되어——계속 이어진다. 그렇게 해서 이러한 행동형식들은 19세기부터는 서양사회에서 부상하는 하위계층에게 또 식민국가의 다양한 계층들에게 전파되어, 그들의 운명과 기능에 부합하는 행동방식들과 융합한다.

이렇게 상승하는 모든 단계에서 그때그때마다 상류계층들의 **행동방식들**은 부상하는 하류계층 및 집단들의 행동방식들과 혼합된다. 부상한 사람들의 행동기준, 즉 그들의 명령과 금지의 도식은 그 구조에서 이 상승과정의 역사와 일치한다. 상이한 시민적 민족집단들의 충동도식과 행동도식, 즉 그들의 '민족성격'에서 바로 귀족계층과 시민계층에 의한 초기관계의 종류와 사회적 대립의——이 대립을 통해 두 계층 중 하나는 결국 권력을 획득하게 된다——구조가 나타나는 것은 바로 이 때문이다.

단 한 가지 예를 들자면, 북미에서 나타난 행동과 충동통제의 도식은 영국의 그것과 많은 공통점을 가짐에도 불구하고 영국보다 훨씬 더 순수하고 분명하게 중산층적이다. 왜냐하면 북미에서는 귀족사회가 비교적 일찍 사라진 데 반하여, 영국에서는 귀족적 상류계층과 시민적 중산계층이 오랜 기간 대립했고 그 여러 과정을 통해 양 계층은 다양한 색깔로 특이한 융합을 했으며 양 계층의 행동방식들도 마찬가지로 다양한 상호침투를 했기 때문이다. 이와 유사한 과정들은 이 작업의 첫 장에서 독일인의 민족성격과 프랑스인의 민족성격의 차이를 근거로 하여 제시되었다. 그리고 다른 유럽 국가들의 민족성격에서 이러한 사실을 보여주는 것은 그리 어렵지 않을 것이다.

문명수준이 더 넓은 계층으로 퍼지는 이러한 파급의 물결은 사회적 힘의 증대, 즉 그들의 생활수준이 다음으로 높은 계층의 생활수준과 동등해지거나 또는 적어도 생활수준이 이 방향으로 향상되는 것과 평행적으로 이루어진다. 지속적으로 기아의 위험 속에서 살거나 또는 극도의 제약과 궁핍과 가난 속에서 살고 있는 계층들은 문명화된 방식으로 행동할 수 없다. 안정된 초자아장치를 육성하여 지속적으로 유지하려면 비교적 향상된 생활수준과 상당한 정도의 안전을 필요로 한다.

서양에서 행동의 문명화가 진행되는 결합과정의 지렛대는 얼핏 보면 상당히 복잡한 것처럼 보이지만, 이러한 상관관계의 기초적 도식은 지극히 간단하다. 이제까지 개별적 현상들에게서 언급되었던 모든 것, 다시 말해 더 넓은 국민계층의 생활수준의 점진적 향상, 상류계층의 점차 강화되는 기능적 의존 및 중앙독점의 안정 같은 모든 것은 어떤 때는 급격하게 그리고 어떤 때는 천천히 진행하는 기능분화의 결과적 현상들이고 부분현상들이다. 이러한 기능분화와 함께 노동의 생산성은 증대한다. 증대되는 노동의 생산성은 점점 더 넓은 계층의 생활수준이 향상되기 위한 전제조건이다.

이러한 기능분화와 함께 그때그때 상류계층의 기능적 의존이 증대된다. 그리고 매우 높은 단계의 기능분화로부터 비로소 매우 전문화된 독점적 행정기관을 갖춘 폭력 및 조세독점들의 형성이 마침내 가능해진다. 다시 말해 서양적 의미에서 국가의 형성이 가능해짐으로써, 개인의 삶은 점차 더 높은 수준의 '안전성'을 획득한다. 그러나 이렇게 증대하는 기능분화는 점점 더 많은 사람들과 더 넓은 인간의 공간들을 서로 의존하게 만든다. 그것은 개인의 더 커다란 자제, 그의 행동과 정념의 더 정확한 규제를 요구하고 배양한다. 그것은 더 강력한 충동억제와——특정한 단계부터는——더 지속적인 자기강제를 요구한다. 우리가 만약 그렇게 부를 수 있다면, 이것은 우리가 더 커다란 안전을 위하여 그리고 동일한 선상에 놓여 있는 다른 모든 것을 위해 치러야 하는 대가이다.

그렇지만 이러한 자제와 자기강제가——이것은 우리 시대의 문명기준에 상당히 중요한 사실이다——이제까지의 문명화운동 단계에서 단지 모든 개인이 수많은 다른 사람들과 지속적으로 협동해야 하는 필연성을 통해 그 특징을 획득한 것은 아니다. 자제와 자기강제의 도식은 처음에는 상류계층과 하류계층으로 사회가 특이하게 분열됨으로써 규정된다. 그때그때 고위계층의 사람들에 의해 형성되는 자제와 충동주조의 방식은 그렇기 때문에 우선 이 사회를 관통하는 지속적인 긴장을 통해 그 특징을 획득한다. 이 사람들의 자아 및 초자아 형성은 자기계층 내의 경쟁압박과 예선경쟁을 통해서뿐만 아니라, 계속되는 기능분화가 항상 새로운 형식으로 산출하는 아래로부터 밀고 올라오는 끊임없는 압박을 통해 규정된다. 그때그때의 상류계층에 속해 있는 개인의 행동이 예속되어 있을 뿐만 아니라 그것을 통해 그들의 '초자아'가 대변되는 그러한 사회적 통제의 위력과 충분한 모순은, 그것이 경쟁하는 사람들, 그것도 부분적으로는 자유롭게 경쟁하는 사람들의 상호통제라는 사실과 연관되어 있다. 그리고 경쟁자들이 동시에 그들의 차이표시적 위신과 향상된 수준을, 압박해 들어오는 사람들에 대항하여 불안으로 가득 찬 장기적 예견을 통해 보존해야만 한다는 사실과도 연관이 있다.

수백 년에 걸친 이 과정의 노선을 고찰하면, 우리는 생활수준과 행동수준을 동화시키고 또 커다란 대립들을 평준화하려는 뚜렷한 경향을 보게 된다. 그러나 이러한 운동은 직선적으로 진행되지 않는다. 우리는 작은 집단의 행동방식들이 점차 부상하는 커다란 집단으로 전파되는 모든 과정에서 두 단계를 분명하게 구별할 수 있다. 하나는 그때그때의 폭넓은 하위계층이 비록 상승하기는 하지만 분명히 상부계층에 예속되어 있으며 그들이 감지할 수 있을 정도로 상부계층의 모범을 따르며, 또 이 상부집단은 원하든 원치 않든 간에 자신들의 행동방식을 관철시키는 식민지화 또는 동화의 단계이다. 그리고 다른 하나는 반발, 분화 또는 해방의 단계인데, 이 단계에서는 부상하는 집단이 느낄 수 있을 정도로 사회적 세력과 자의식을 획득하고 또 상위집단은 이에 상응하여 점점 더 자제와 폐쇄를 강요당하기 때문에 사회의 대립과 긴장이 강화된다.

항상 그렇듯이 여기에서도 두 경향, 즉 동화의 경향과 차별화의 경향, 끌어당기는 인력과 배척하는 반발의 경향이 이 모든 단계에서 확실히 동시에 존립한다. 그러나 하류계층에서 상류계층으로의 개인적 상승과 대체로 동일한 의미를 갖고 있는 첫 단계에서는 위로부터 아래를 식민지화하려는 경

향과 아래로부터 위와 동화하려는 경향이 두드러지게 나타난다. 그때그때
의 하위집단이 하나의 전체로서 가지는 사회적 세력이 증대하고 상위집단
의 세력이 감소하는 둘째 단계에서, 경쟁과 반발의 경향과 함께 양 집단의
자의식과 스스로를 차별화하는 것을 드러내고자 하는——상류층과 관련해
서는 이를 안정시키려는——경향이 강화된다. 계층들 사이의 대립은 점점
더 커지고, 장벽은 더 높아진다.

첫째 종류의 단계, 즉 동화의 단계에서 부상하는 계층에 속한 수많은 개
별적 인간들은 그의 사회적 실존뿐만 아니라 그들의 행동, 이념 및 이상에
서도 스스로 저항적이며 상류층에 상당히 의존적이다. 그들은——항상 그
렇지는 않다고 하더라도 종종——상류층의 사람들이 고도로 완성되어 있는
여러 측면에서 아직도 제대로 형성되어 있지 않다. 그리고 그들은 그들의
사회적 열등과 일치하여 상류계층의 금지목록, 정념통제, 행동규범에 상
당히 영향을 받아 자신들의 정념통제를 동일한 도식에 따라 실행하고자
한다.

우리는 여기서 문명화과정의 특이한 현상들 중 하나와 접하게 된다. 부
상하는 계층의 사람들은 우월하고 식민지화하는 상류계층의 전범에 따라
자신의 내면 속에 일종의 '초자아'를 발전시키는 것이다. 그러나 표면적으
로는 상류층의 모델에 따라 형성된 이 부상하는 계층의 초자아는 엄밀하게
고찰하면 자신의 모델과는 상당한 차이가 있다. 그것은 균형을 이루고 있
지 못하며, 동시에 너무나 지나칠 정도로 엄격하고 가혹하다. 그것은 개인
적 지위상승이 요구하는 혹독한 긴장을 결코 부정하지 않는다. 그것은 위
로부터뿐만 아니라 아래로부터 지속적인 위협과 부상하는 개인들이 내맡겨
져 있는 사방으로부터 가해지는 빗발 같은 공격을 부정하지도 않는다. 아
래로부터 위로의 완전한 동화는 한 세대에서는 아주 예외적으로 몇몇 사람
들에게서만 성공한다. 부상하는 계층의 대부분의 사람들에게서는 동화의
시도가 처음에는 어쩔 수 없이 의식과 태도의 특별한 기형을 가져온다. 이
러한 기형적 형태들은 동양과 식민국가들에게는 '근동주의'로 알려져 있다.

그리고 우리는 서양사회의 소시민적-중산층 집단에서 이러한 기형들을

종종 '얼치기 교양'으로서 마주치게 된다. 그것은 사람들이 본래는 자신의 존재가 아닌 것을 요구하는 주장이며, 행동과 취향의 불안정이며, 가구와 의상뿐만 아니라 영혼의 '저급화'(키치화)이다. 이 모든 것은 사회적으로 상위에 있는 다른 집단의 모델들을 모방하고자 하는 사회적 상황을 표현한다. 그것들은 성공하지 못한다. 그것들은 계속해서 이질적 모델들의 모방으로서 인지된다. 부상하는 계층과 상류계층의 교육·생활수준·생활공간은 이 단계에서 너무나 상이하여, 행동의 안정과 완성을 상류층의 도식에 따라 성취하고자 하는 시도가 부상하는 계층 대부분의 사람들에게서는 거동의 기이한 왜곡과 기형을 야기한다. 그럼에도 불구하고 이러한 왜곡과 기형 뒤에는 그들의 사회적 실존이 처해 있는 진정한 곤경상태와 위로부터의 압박과 자신의 약세를 피하고자 하는 열망이 자리잡고 있다.

그런데 상류층에 의한 이와 같은 초자아의 주조로 말미암아, 항상 특별한 형태의 수치심과 열등감이 부상하는 계층에게서 동시에 발생한다. 이 감정들은 개인적 지위상승의 기회가 전혀 없는 하위계층들의 감각과는 매우 다르다. 이들의 행동은 훨씬 거칠 수도 있지만 그만큼 더 폐쇄적이고, 통일적이고, 연속적이며, 이런 의미에서 특정한 형태를 이루고 있다. 그들은 상류층의 위신과 같은 종류의 위신을 요구하지 않으면서도 자신들의 세계 속에서 살고 있다. 그렇기 때문에 그들은 정념을 배출할 수 있는 훨씬 더 커다란 공간을 가지고 있다. 그들은 서로 자신들의 풍습과 관습에 따라 살아간다. 상류계층에 대한 그들의 열등과 굴종의 태도들은 그들의 저항의 태도들만큼이나 분명하고 그들의 정념과 마찬가지로 비교적 은폐되어 있지 않으며 단순한 형식들에 묶여 있다. 그들의 의식 속에는 그들과 다른 계층들이 좋은 점에서든 나쁜 점에서든 상이한 지위를 차지하고 있는 것이다.

이와는 반대로 개인적으로 부상하는 사람들의 열등감과 열등의 태도들은 이들이 자신들을 일정 정도까지 상류계층과 동일시함으로써 특별한 색채를 얻는다. 그것들은 앞서 수치심에서 서술된 것과 같은 구조를 가진다. 이러한 상황에 처해 있는 사람들은 의식의 한 부분에서는 상류계층의 금지목록과 명령목록들, 규범과 행동형식들이 자신들에게도 구속력이 있다고 인정하지만, 상류층처럼 자율성과 자명성을 갖고 그러한 것들을 지킬 수는 없다. 그것은 자신의 초자아로 대변되는 그들 내면 속에 있는 상류층과 이 러한 요청자체를 충족시킬 수 없는 자신의 무능력 사이의 독특한 모순이 다. 그리고 그것은 그들의 감정생활과 행동에 독특한 성격을 부여하는 지 속적인 내면적 긴장이다.

그런데 엄격한 행동규제가 그때그때의 상류층에게 어떤 의미를 가지고 있는가 하는 문제가 여기서는 다른 측면에서 고찰될 수 있다. 이 행동규제 는 위신의 도구이다. 그러나 그것은──특정한 단계에서는──동시에 지배 수단이다. 서양사회의 구조에서 그들의 식민지화 운동의 구호가 '문명화'라 는 사실은 매우 특징적이다. 기능이 강력하게 분화된 사회의 사람들에게는 전사계급처럼 손에 무기를 들고 간단히 예속된 민족과 나라를 지배하는 것 은 충분치 않다. 물론 대부분의 초기 팽창운동들이 가졌던 오래고도 단순 한 목표, 즉 다른 민족들을 그들의 땅으로부터 몰아내고 새로운 경작지와 거주지를 획득하는 것은 서양의 확대운동에서도 확실히 중요한 역할을 하 기는 한다. 그러나 땅만을 필요로 하는 것이 아니라 사람들 역시 필요로 한 다. 사람들은 다른 민족들을──노동력으로서든 소비자로서든 간에──본 국, 즉 상류층 나라의 노동분업적 조직망 속에 포함시키기를 바란다. 그것 은 생활수준을 어느 정도 향상시키도록 강요할 뿐만 아니라 열등한 지위 에 있는 사람들의 자기강제 및 초자아장치들을 서양인의 전범에 따라 육 성시키도록 강요한다. 그것은 실제로 정복된 민족들의 문명화를 요구하는 것이다.

특정한 수준의 상호의존으로는 사람들을 단지 무기와 신체적 위협만으 로 지배하는 것이 서양에서도 더 이상 불가능한 것과 같이, 바라는 것이 식 민지와 식민노예들 이상이라면 그곳에서는 어디에서나 제국을 보존하기 위 해서는 사람들을 부분적으로 자기 자신을 통해, 즉 그들의 초자아를 주조 함으로써 지배하는 것이 필요하다. 그러므로 예속된 사람들의 일부에서는 앞서 언급하였던, 상승단계에 특징적인 현상들이 생겨난다. 개인적 지위상 승, 상류계층의 정념통제와 명령목록에 대한 부상하는 사람들의 동화와 그들과의 부분적인 동일시, 그들의 도식에 따른 초자아장치의 형성 및 변형, 기존의 습관과 자기강제들과 서양적으로 문명화된 다른 사회의식과의 ─앞서 언급한 온갖 작용과 결과를 포함한─융합 등 말이다.

그러나 우리는 이러한 현상들을 관찰하기 위해 멀리 갈 필요는 없다. 아주 유사한 단계가─오직 이것만을 언급한다면─서양 시민계급의 상승운동자체에서 발견된다. 그것은 궁정의 단계이다. 시민계급 상위집단의 많은 개인들이 상류층의 사람, 즉 귀족과 같이 행동하고 살고자 하는 고도의 노력이 여기에서도 제일 먼저 있었다. 그들은 궁정 귀족사회의 행동의 우월성을 내면적으로 인정하였다. 그들은 이 전범에 따라서 자신을 주조하고 통제하고자 하였다. 궁정집단 내에서 시민들이 앞서 인용하였던 올바른 화법에 관해 담화하는 것은 이에 대한 한 가지 예이다. 독일어의 연사에게 시민계급의 이 궁정단계는, 그들의 유럽 궁정언어인 프랑스어의 사용을 선호하지는 않았다고 하더라도 서너 번째 독일어 낱말 뒤에 프랑스어 낱말을 끼워넣는 화자 및 필자의 잘 알려진 습관을 통해 충분히 표시된다. 귀족과 궁정집단에 속한 시민들조차 이 시기에 종종 실제로는 그럴 수 없으면서도 스스로 '고상하게' 또는 궁정적으로 행동하려고 하였던 다른 시민들을 조롱하였다.

시민계급의 사회적 힘이 증대하면서 이 조소는 사라진다. 얼마 후에는 두 번째 상승단계에 성격을 부여하는 여러 현상들이 전면에 나타난다. 일반 시민들은 점점 더 자신들의 시민적 자의식을 강조하여 드러낸다. 그들은 자신들의 명령 및 금지목록들을 더욱 단호하고 의식적으로 궁정적-귀족적 목록들과 대립시킨다. 그들은─그들이 처해 있는 상황에 따라─귀족적 게으름에 대해 노동을, 예절에 대해 '본성'을, 교제형식의 배양에 대해 의지의 배양을 대립시킨다. 시민계급이 중앙핵심 독점조직들의 통제와 조세 및 군대행정의 통제를 요청했다는 것은 두말할 나위도 없다.

그들은 무엇보다도 궁정의 '음란함'에 대해 '덕성'을 대립시킨다. 남녀관계의 규제, 즉 심리적 충동가계의 성적 영역을 둘러싼 울타리는 중산층의 부상하는 시민계급 사람들에게서는 그들이 처해 있는 직업적 상황에 따라 궁정 귀족사회의 상류계층보다 훨씬 더 강하며, 훗날 지위가 완전히 상승하여 사회적 정점, 즉 최상류계층의 성격을 이미 성취한 대시민계급의 집단들보다도 훨씬 더 강하다. 그러나 이 투쟁의 단계에서 이와 같은 대립이 얼마나 첨예하든 간에 또 귀족의 모범과 우세로부터 시민계급의 해방이 얼마나 크든 간에, 시민계급의 상위집단이 한때는 귀족에게만 유보되었던 기능을 마침내 담당하고 사회적 상류계층의 지위로 진입하였을 때 그들이 발전시킨 행동도식은 구상류계층의 규범과 신상류계층의 규범이 융합된 산물이다. 그것은 상승운동의 모든 단계에는 동화의 단계가 속해 있기 때문이다.

이 문명화운동의 커다란 줄기, 즉 점점 더 넓은 계층이 점진적으로 상승하는 것은 서양의 모든 나라에서—가설적으로 말하자면 그리고 그 밖의 더 넓은 영역에서—동일하다. 그리고 그 밑바탕에 놓여 있는 구성의 법칙성, 즉 모든 사람이 모든 사람에게 점점 더 균등하게 의존하는 경향—이러한 경향은 장기적으로는 어떤 기능집단에도 다른 집단에 비해 더 커다란 사회적 힘을 허용하지 않으며 상속적 특권도 부정한다—역시 동일하다. 자유로운 경쟁의 진행과정도 마찬가지로 동일하다. 이 경쟁들은 몇몇 소수의 손아귀에 의한 독점들의 형성을 초래하며, 마침내 독점의 통제권은 더 넓은 계층의 손으로 넘어간다.

이 모든 것들이 이 단계에서 귀족의 특권에 대항하는 시민계급의 투쟁을 통해 등장한다. 이 투쟁은 처음에는 한때 소수의 작은 집단의 이해관계에서 관리되었던 조세 및 폭력독점이 '공론화'되고 시민화되거나 국가화됨으로써 이루어진다. 이 모든 것이 빠르든 늦든 간에 언젠가는 이런저런 과정을 통해 서양적 상호의존망을 구성하는 모든 나라에서 똑같이 진행된다. 그러나 개별적 국가에서는 그들의 구조 및 상황의 상이성으로 말미암아 그에 이르는 길들이 서로 다른 것처럼, 개개의 나라에서 마침내 관철된 행동의 주조, 정념통제의 도식, 충동가계 및 초자아의 구성들도 달라진다.

다시 한 번 말하자면, 그것들은 궁정 절대국가적 단계가 비교적 짧았고 도시 시민집단과 토지 귀족계층들 사이의 연합과 접촉이 일찍 이루어졌으

며 상류계층과 부상하는 중산계층 간의 행동형식들의 융합이 여러 번의 진
보와 후퇴를 거쳐 실행되었던 영국과 같은 나라들에서는 다르게 나타난다.
그것들은 결여된 중앙집권화와 그 결과 및 30년 전쟁으로 말미암아 서구의
다른 인접국가들보다 훨씬 더 오랫동안 낮은 생활수준의 비교적 가난한 국
가로 남을 수밖에 없었던 독일에서도 역시 다르다. 독일은 결여된 중앙집
권화 때문에 비교적 늦게 그리고 불완전하게 바깥으로 식민지적 팽창을 하
였다. 이 모든 이유들로 인해 내면적 긴장관계와 시민계급에 대한 귀족의
폐쇄성이 강력하게 남아 있었으며, 시민계층의 사람들이 중앙독점에 접근
하는 것은 상당히 어려웠다.

　중세 독일의 도시시민 계층들은 정치적·경제적으로 훨씬 더 강력하였
다. 그들은 유럽의 어느 나라보다 독립적이었고 자의식이 강하였다. 그렇
기 때문에 그들의 정치적·경제적 몰락의 충격은 특히 심했다. 도시의 구
성체들이 매우 부유하고 독립적이었기 때문에 수많은 독일영역에서 특히
시민적-중세적 전통들이 순수한 형식으로 형성되었다면, 이제는 그 전통의
담지자들이 매우 가난하고 사회적으로 무력하기 때문에 그것들은 특히 시
민적인 전통들로서 계속 발전되었다. 그렇기 때문에 매우 늦게서야 비로소
시민집단과 귀족집단의 상호침투가 이루어지고, 양 집단의 행동방식들이 융
합되었다. 양 집단의 명령목록과 금지목록들은 오랫동안 서로 결합되지 않
고 나란히 병존하였다. 이 시기 동안 내내 조세독점뿐만 아니라 경찰 및 군
대행정의 주요 직위들이 거의 배타적으로 귀족의 독점들이었기 때문에 시민
계층에는 강력한 외면적 국가권위에 대한 순응이 뿌리깊게 각인되었다.

　영국에서는 섬이라는 위치 때문에[원주25] 어느 정도까지는 해군이 그런 역

할을 하기는 하였지만 그러나 오랫동안 육군과 중앙집권화된 경찰력이 거주민들을 주조하는 도구로서 별다른 역할을 수행하지 않았던 데 비해 확대되고 약간 위협받는 국경을 가진 프로이센 독일에서는 귀족과 특권화된 계층에 의해 지도받는 육군이 강력한 경찰력과 마찬가지로 주민들의 성격을 주조하는 데 커다란 의미를 가지고 있었다.

그런데 이러한 폭력독점의 구조는 영국과 동일한 방식으로 개인들을 스스로 통제하도록 강요하지는 않았다. 그것은 개인들로 하여금 독립적으로 그리고 반쯤은 자동적으로 평생동안 지속되는 '협동'에 스스로를 편입시키도록 강요하지 않았다. 그러나 그것은 개인들을 어렸을 적부터 다른 사람에 대한 복종과 바깥으로부터의 명령에 고도로 순응시켰다.

국가적 공동생활의 측면에 따르면, 이러한 폭력도구의 구조로 말미암아 외부강제로부터 자기강제로 이루어진 전환은 거의 없었다. 게다가 독일에

과는 달리 전사적 탁월성, 더 구체적으로 말하면 군인들의 활동이 특별히 높은 위신의 가치를 보유하지 못하고 또 사회적 기능의 신분질서에서 그리 높은 지위를 차지하지 못하는 결과를 가져왔다.

영국에서는 비교적 평화화된 귀족이 시민의 상류계층과 함께 무기와 군대에 대한 왕의 통수권과 특히 나라 안에서 폭력수단을 사용하는 것을 강력하게 제한하고 엄격하게 통제하는 데 일찍부터 성공하였다. 이와 같은 폭력독점의 구성은 실제로 이 나라의 섬이라는 성격 때문에 가능했는데, 그것은 특별히 영국적인 민족성 형성에 적지 않은 영향을 미쳤음에 틀림없다. 영국적 초자아형성 또는 달리 표현하자면 영국적 양심형성의 특정한 성격들이 이와 같은 폭력독점의 구성과 얼마나 밀접한 관계에 있는지는 영국에서 양심상의 이유로 병역을 거부하는 이른바 '양심적 참전거부자'(conscientious objector)에 주어진 자유가 말해주며 또 일반적 병역의무는 개인의 자유에 대한 결정적이고도 위험한 제한을 의미한다는 보편적 의식이 말해준다. 영국에서 반순응주의적 운동과 조직들이 수백 년 동안 그토록 강력하였으며 생명력을 가졌던 것도 독일 같은 청교도적 국가들에서 경찰 및 군대조직이 독립교회에 우호적이었던 것만큼 영국에서는 국가교회를 지지하지 않았기 때문이라고 가정하여도 아마 무방할 것이다. 어쨌든 영국에서는 무장폭력의 외부강제가 비교적 일찍이 대륙의 다른 대국가들보다 개인에게 영향을 훨씬 덜 끼쳤다는 사실은, 개인이 자기 자신에게 행사하도록 되어 있었던 강제, 즉 자기강제가 국가생활과 연관된 모든 측면에서 대륙의 어느 나라보다 영국에서 훨씬 더 강력하고 다변적이었다는 사실과 밀접한 관계가 있다. 사회사의 요소로서 섬의 성격과 나라의 전체적 특성은 실제로 이런 방식으로 다양한 길을 통해 국민성을 주조하는 데 영향을 미쳤다.

서는 오랫동안, 다른 많은 나라들 특히 영국에서 귀족계층과 시민계층에게
마침내 공동의 장기예견과 동일한 도식에 따른 강력한 자기통제를 강요하
였던 바 있는 기능이 결여되어 있었다. 그것은 광범위하게 짜인 상호의존
의 그물망에 대한 중앙의 기능과 식민제국의 상류층의 기능이었다. 그렇기
때문에 독일에서 개인의 충동규제는 특히 강력한 외면적 국가권력의 존립
에 맞추어져 있었다. 국가권력이 결여되어 있을 때 개인의 감정균형과 자
제는 위험에 처하게 되었다.

여러 세대가 지나면서 시민대중들 속에는 초자아가 형성되었는데, 그것
은 전체사회의 지배와 조직이 요청하는 특별한 장기예측을 사회적으로 지
위가 높은 선별된 집단에 맡기는 것을 목표로 하였다. 시민상승의 초기단
계에서 이러한 운명은 처음에는 특별한 형태의 시민적 자의식을 가져왔으
며, 지배독점의 행정과 연관된 모든 것을 기피하는[원주26] 결과를 초래하고,
내면으로의 침잠과 가치목록에서 정신적이고 문화적인 것을 특히 높이 평
가하는 결과를 가져왔다는 점은 이 작업의 들머리에서 이미 보여주었다.

그리고 이에 상응하는 프랑스의 운동들이 취한 다른 과정도 역시 제시된
바 있다. 프랑스는 유럽의 어느 나라보다도 일찍이, 즉 중세 초기부터 궁정
집단의 형성을 경험했다. 처음에는 궁정의 핵심집단이 그러고는 점점 더
커다란 궁정들이 생겨났으며, 수많은 영주들의 각축전은 전체 지역의 조세
가 집중되는 강력하고 부유한 유일 왕정의 형성으로 결말이 났다. 이에 따

[원주26] 이에 관해서는 『문명화과정 Ⅰ』, 17쪽 이하, 96쪽 이하와 310쪽의 각주 30을 볼 것.
또한 A. Loewe, *The Price of Liberty*(London, 1937), p.31을 참조할 것. "고전 시대
와 포스트 고전 시대의 교육받은 독일인은 이중적 존재이다. 공적 생활에서 그는 권위가 그에
게 명령하는 장소에 위치하고 있으며, 그는 상급자와 하급자의 이중적 자격을 가지고 의무에
대해 완전히 헌신함으로써 그 자리를 채운다. 사적 생활에서 그는 비판적 지성인이거나 감정
적 낭만주의자일 수도 있다. …… 이러한 교육체계는 관료제적 이상과 인본주의적 이상의 융
합을 성취하고자 하는 시도에서는 실패한다. 그것은 실제로 추상적 사변과 형식적 조직에서
는 매우 뛰어나지만 자신의 이론적 이념으로부터 실제의 세계를 만들어낼 수는 없는 내향적
인 전문가를 산출하였다. 영국적 교육의 이상은 안의 세계와 바깥 세계 사이의 이러한 균열을
알지 못한다……."

라 이곳에서는 중앙집권화된 경제적 보호정치가 일찍부터 이루어졌다. 이러한 정치는 물론 처음에는 독점지배자의 이해관계, 즉 가능한 한 풍부한 조세수입을 얻고자 하는 그의 욕망에 의해 움직였지만 동시에 무역의 발전에 기여하였으며 재산 있는 시민계층의 발전을 가져왔다. 그러므로 부상하는 시민들과 항상 돈을 필요로 하였던 궁정귀족들 사이의 접촉이 비교적 일찍 이루어졌다.

비교적 작고 대체로 재산이 없는 수많은 독일 절대주의 왕정의 지배자들과는 달리, 프랑스의 중앙집권화되고 부유한 절대주의 정권은 외부강제로부터 자기강제로의 다변적 변형뿐만 아니라 궁정-귀족적 행동형식들과 시민적 행동형식들의 융합을 요구하였다. 마침내 이 단계에서 아래로부터 위로의 상승과 그로 인한 사회적 수준들의 평준화와 동화가 완성되었을 때—이것은 전체 문명화과정에 특징적인 것이다—그리고 귀족이 세습특권과 선별된 상류계층으로서 자신의 실존을 상실하고 시민집단들이 상류계층의 기능을 담당하게 되었을 때, 그것들은 여기서 오랜 기간 동안 지속되어온 상호침투의 결과로서 궁정단계의 모델들 및 충동주조와 행동형식들을 유럽의 다른 여느 시민계층들보다 더 직선적이고 연속적으로 발전시켰다.

제8절 결론

우리가 이제까지 해온 식으로 과거의 운동전체를 고찰해보면, 우리의 눈앞에 나타나는 것은 일정한 방향을 가진 변화이다. 우리가 과거의 구조와 법칙들을 발견하기 위해 무수한 세부사실들에 깊이 침투해 들어갈수록, 흩어져 있는 사실들을 포괄하는 하나의 확고한 과정의 구조물이 더욱더 선명하게 모습을 드러낸다. 사유 속의 수많은 미로를 헤맨 후 과거 우리의 선조들이 자연을 관찰하면서 서서히 자연의 연관성에 대해 좀더 일관된 관점을 가지게 되었듯이, 우리 시대에도 수많은 세대들의 작업 덕분에 우리의 책들 속에 그리고 우리의 머릿속에 차곡차곡 쌓여 있는 인간 과거의 단편들이 역사적 연관과 인간적 우주에 대한 좀더 정연한 그림으로 정리되기 시작한다.

여기 우리의 작업을 통해 이 그림을 명확히 그리는 데 기여한 것이 무엇인지에 대해 특수한 관점에서, 즉 우리 시대의 관점에서 간략하게 요약해보자. 과거에 일어났던 사회적 조직의 변화는 관찰자가 살고 있는 시대의 사건과 비교해서 고찰될 때에 가장 예리한 윤곽을 얻게 마련이다. 항상 그렇듯이 현재의 사건들이 과거의 이해를 도와주고 과거로의 천착이 현재 일어나는 일을 밝혀주기도 한다. 지금 우리 시대에서 관찰될 수 있는 역동적인 통합과정은 과거 서구사회의 구조에 일어났던 변화가 같은 방향으로 아직도 일어나고 있음을 보여준다.

서구가 극심한 봉건적 해체과정에 처해 있을 때, 우리가 앞에서 보았듯이[원주27], 점점 더 큰 단위들의 통합을 재촉하는 어떤 사회적 통합의 메커니즘이 작용하기 시작한다. 작은 통치단위들 간의 선발전을 거쳐 형성된 작은 지역제후국들이 또다시 서로 선발전을 치르고 거기에서 소수의 단위들이 나타났다가 결국 단 하나의 단위가 승자로 등장한다. 승자는 광범한 통치단위의 통합중심지를 이룬다. 그것은 국가조직의 독점중심지가 되는데, 이 국가조직의 범위 안에서 한때 자유롭게 경쟁하던 지역들과 인간집단들은 이제 어느 정도 통일되고 균형잡힌 대규모의 인간조직으로 성장한다.

국가 속에 통합된 소단위들이 과거 그랬던 것처럼, 오늘날 이 국가들도 서로 경쟁하는 인간집단들의 평형체계를 이루고 있다. 우리 사회를 영구적인 투쟁과 위기의 소용돌이 속에 집어넣은 경쟁 메커니즘의 압력을 받고서 이 국가들도 서서히 상호대립적 상황으로 내몰리고 있다. 라이벌 관계에 있는 국가들로 밀접하게 얽혀 있어 힘을 키우지 않고 현상을 유지하는 집단은 어쩔 수 없이 약해져서 다른 국가들에게 종속당할 위험에 빠지고 만다. 경쟁의 갈등이 커지고 중앙의 독점기관이 없는 모든 평형체계가 그렇

[원주27] 이 책, 88쪽을 참조할 것.

듯이, 이 체계의 주요 갈등축을 이루는 강력한 국가집단들은 권력확대와 강화의 악순환을 되풀이하고 있다. 패권다툼 그리고 이와 함께 의도적이든 아니든 간에 좀더 큰 규모의 지역들에 대한 독점중심지의 형성을 위한 다툼이 한창 진행 중이다. 이 투쟁은 일차적으로는 어떤 지역에 대한 패권을 얻기 위한 투쟁이지만, 이것들이 전 지구를 포괄하는 통합체계 내의 패권 다툼이라는 사실은 점점 더 분명해진다.

과거 못지않게 현재에도 사람들을 간단없는 운동 속에 묶어두고 제도와 전체 인간관계의 변화를 초래하는 것은 본 연구에서 자주 언급되었던 그 통합 메커니즘이다. 우리 자신의 시대 경험도 한 세기 이상 동안 인간의 사유를 지배해왔던 관념, 즉 서로 자유롭게 경쟁하는 단위들의——국가들이든 기업들이든 수공업자들이든——평형체계는 영구적으로 불안정한 평형상태를 유지할 수 있다는 관념을 부정하고 있다. 과거와 마찬가지로 오늘날에도 자유경쟁상태는 스스로를 극복하고 독점을 형성하려는 강한 경향을 가지고 있다. 이 평형상태가 왜 그렇게 불안정한지, 그 변화의 개연성이 왜 그렇게 큰지는 앞에서 제시된[원주28] 경쟁 및 독점화의 역동성에 대한 일반

[원주28] 이 책 135쪽과 142쪽을 참조. 여러 통치단위들 사이에 흐르는 긴장의 강도는 그 통치 단위 내의 긴장 및 전체 사회질서의 강도와 밀접하게 연관된다는 사실은 이미 앞에서 수차례 강조하였다. 농업이 주된 생산수단이었던 서구의 초기 봉건사회에서도 이런 식의 연관성은 있었다. 가난한 기사들은 한 뼘의 땅이라도 가지겠다고, 부유한 기사·백작·제후·왕은 더 많은 땅을 갖겠다고 다른 사람을 밟고 자신의 재산을 확장하겠다고 나섬으로써 인구의 압력 은 봉건사회 내에서 여러 종류의 팽창전쟁과 경쟁적 투쟁을 야기한다. 이런 종류의 인구압력 은 단순한 인구증가의 결과가 아니라 사회의 중요한 생산수단을 일부기사들이 독점하고 있었 던 당시의 소유관계와 결합한 인구증가에서 비롯하는 것이라 할 수 있다. 토지의 소유관계는 어느 일정한 시점부터 굳어진다. 토지를 '소유하지 못한' 가족과 개인들이 토지에 접근하기는 점점 더 어려워진다. 이런 사회적 상황에서 농부계층이나 기사계층의 인구가 지속적으로 증 가하고 많은 사람들의 실질적 생활수준이 떨어지자 이는 그 사회 내부에서뿐만 아니라 장원 들 간에도 갈등과 경쟁을 첨예하게 만들고 경쟁 메커니즘을 작동시키는 압력으로 작용한다 (48쪽, 58쪽, 76쪽을 참조할 것). 이와 마찬가지로 산업사회 내에서도 각 국가 내의 사회적 압력에 책임 있는 것은 절대적인 인구지수나 인구증가자체가 아니라 기존의 소유관계, 즉 비 조직적 독점으로 소유기회를 통제하고 있는 자들과 그렇지 못한 자들 간의 관계와 연관된 인 구밀도이다.

사회적 압력이 서구에서도 국가들마다 다르다는 사실은 분명하다. 그러나 우리는 이 압력관계를 면밀하게 분석할 수 있는 개념적 도구나 여러 국가들을 비교함으로써 압력의 강도를 정확하게 측정할 수 있는 관찰기구를 가지고 있지 않다. 이 '내부압력'은 생활수준의 관점에서, 물론 이 경우 소득의 구매력뿐만 아니라 이 소득을 얻기 위해 요구되는 노동시간과 노동강도도 연구의 대상으로 한다면 가장 쉽게 관찰되고 분석될 수 있다. 더구나 우리가 한 사회 내의 여러 계층들 간의 생활수준을 정태적으로, 즉 어느 특정한 시점에서 다른 사회의 그것과 비교한다면, 이 사회의 압력관계와 갈등관계를 정확하게 이해할 수 없다. 그러기 위해서는 장기간에 걸친 비교연구가 필요하다. 생활수준의 절대적인 치수보다는 오히려 어떤 계층의 생활수준이 떨어질 때 그 낙차와 급격성이 그 사회의 인구압력과 긴장의 강도를 더 잘 설명해줄 때가 많다. 그것을 이해하기 위해서는 한 사회의 여러 계층들 간의 생활수준이 나타내는 역사적 변동곡선을 알아야 한다.

어떤 국가 내의 압력관계 및 긴장관계의 강도와 종류를 알아내고자 할 때, 이 한 국가만을 개별적으로 고찰해서는 안 되는 이유가 바로 그것이다. 왜냐하면 한 국가 내에서 계층들 간의 생활수준이 다르듯이, 생활수준의 높이는 이 국가가 여러 국가들의 네트워크 안에서 어떤 위치를 차지하느냐에 따라 결정될 때가 많기 때문이다. 모든 국가들이 다 그런 것은 아니지만 적어도 많은 유럽 산업국가들은 산업화와 함께 이룩한 생활수준을 지키기 위해 농산물과 원자재를 끊임없이 수입해야만 했다. 수입비용은 이에 상응하는 수출을 통한 소득이나 다른 국가의 자본 또는 자국의 보유화폐로 충당된다. 그렇게 해서 한 국가의 내부압력이나 여러 사회 계층들의 생활수준의 급격한 하락이 산업국가들 간의 상호경쟁을 지속시키고 때로는 심화시킬 뿐만 아니라, 반대로 이 국가들 간의 경쟁관계도 이 국제적 경쟁체제에 속한 국가의 내부압력을 증가시키는 데 상당한 기여를 한다.

이는 경제가 원료 및 농산물 수출에 의존하는 국가들에도 어느 정도 해당된다. 이는 실제로 여러 국가들 간의 분업체계 안에서 어떤 특정한 기능을 담당하면서 성장하였고 수출이나 수입이 원활할 경우에만 기존의 생활수준을 유지할 수 있는 모든 국가들에도 적용된다. 국제경기의 변동, 패배, 국제적 각축전에서의 탈락 등이 국가들에 미치는 영향은 제각기 다르다. 비교적 높은 생활수준에 농업생산부문이 축소되어 있고 산업부문이나 농업부문 모두 원료의 수입에 대한 의존도가 높으며 앞에서 언급한 불리한 상황에서 외국자본이나 자국의 보유자본으로 대처할 수 없는 국가들, 게다가 인간수출, 즉 해외이민이 불가능 경우에 이런 국가들은 그 영향을 특히 민감하게 느낀다. 그러나 이것은 본 연구의 범위를 넘어서는 독립적 연구를 요하는 문제이다. 이런 방향의 연구를 통해서만 우리는 왜 유럽국가 결합태 내의 갈등이 남미나 중미 국가 결합태의 갈등보다 더 심각한지를 이해할 수 있게 된다.

어쨌든 고도산업국가들의 연합체 안에서 벌어지는 경제경쟁은 자유로운 힘의 게임에 맡겨두기만 하면 모든 회원국가들이 번영을 누릴 것이라고 생각하는 사람들도 많은 것 같다. 그러나 이 힘의 자유 게임이란 실제로 다른 영역에서 벌어지는 투쟁과 마찬가지의 법칙에 종속되어 있는, 가혹한 경쟁의 다른 이름일 뿐이다. 경쟁국가들 간의 균형상태는 상당히 불안정하다. 그것은 특정한 방향으로 이동하려는 경향을 가지고 있는데, 이 방향은 장기적인 관찰을 통해서만 포착될 수 있다. 이러한 선진산업국가들간의 경제적 투쟁이 진행되는 과정을 살펴보면, 우리는 무게중심의 변동이 아무리 심하다 해도 그것이 전체적으로 어떤 국가들에게는 유리하게, 다른 국가들에게는 불리하게 이동하고 있다는 점을 분명하게 감지할 수 있다. 약화적 분석이 설명해준다.

예전에도 그랬지만 오늘날에도 '경제적' 목적이나 압력 그 자체만이, 또는 정치적 동기만이 이 변화를 유도하는 원동력이 될 수는 없다. 국가들 간의 이런 경쟁에서 '더 많은' 돈 또는 '더 많은' 경제력의 획득은 원래의 최종목표로 생각하거나 국가적 통치영역의 확대와 정치군사력의 획득은 단지 그 목표를 위한 수단과 가면이라고 생각해서는 결코 안 된다. 물리적 폭력 행사의 독점과 경제적 소비 및 생산수단의 독점은 서로 불가분의 관계를 맺고 있어, 하나는 원래의 토대이고 다른 것은 단순한 '상부구조'가 될 수 없다. 양자는 사회조직 내에서, 이 조직의 수준에 따라 함께 특수한 갈등을 산출하고 이 갈등이 이 조직의 변화를 초래하는 것이다. '양자는 인간을 서로 묶는 사슬의 자물쇠를 함께 이루는 것이다.' 인간관계의 이 두 영역, 즉 경제적인 영역과 정치적인 영역 모두에서 동일한 메커니즘이 지속적으로 상호영향을 주면서 작용하고 있다.

어떤 사업가가 인간관계망 전체의 갈등이 가하는 압력으로 인해, 특히 라이벌 사업가의 기업이 자신의 것보다 커질 경우 닥치게 될 권한 축소나 자립성 상실의 위험을 막기 위해 자신의 기업을 확장하려 하듯이 상호경쟁 관계에 있는 국가들도 자신들이 형성하는 전체 관계망의 압력을 받고 경쟁

되는 국가들의 수출입 능력은 감소된다. 이런 상황에 처한 국가는——이미 말했듯이 이 국가가 투자나 보유하고 있는 금으로 이 난관을 헤쳐나갈 수 없다면——두 가지 가능성 중 하나만이 남아 있다. 즉 이 국가는 수출가격의 인하로 수출을 적극 장려하든가 아니면 수입을 제한할 수밖에 없다. 이 두 정책은 직간접적으로 국민의 생활수준을 저하시킨다. 그러나 이 생활수준 하락으로 인한 부담은 이 국가 내에서 경제적 기회를 독점하고 있는 자들에 의해 그렇지 못한 자들에게로 떠넘겨진다. 그렇게 하여 독점기회의 통제권을 가지지 못한 사람들은 두 집단의 독점권자들에게 둘러싸이는 상황에 처하게 된다. 즉 자국 내의 독점권자들과 외국의 독점권자들 말이다. 여기서 오는 압력이 자국의 독점권자들과 국가전체를 다른 국가들과의 경쟁적 투쟁으로 내모는 것이다. 이런 식으로 국가들의 내부갈등과 국가들 간의 갈등이 서로 맞물려 끝도 없는 대립으로 치닫고 있다. 다시 한 번 강조하는 바이지만 이는 수많은 연속적 질서들 가운데 하나일 뿐이다. 단편적이긴 하지만 이 하나의 연속적 질서를 상기함으로써 우리는 오늘날 국제적 경쟁과 독점 메커니즘을 지속시키는 강제력의 힘이 얼마나 강한지 대략적 인상을 얻을 수 있다.

의 악순환 속으로 점점 더 깊이 빠져들어간다. 많은 사람들은 이 나선운동에, 또 자유경쟁자들 간에 이루어진 평형상태의 중단에, 또 이 중단이 초래한 변화에 종지부를 찍기를 원할 수도 있다. 그러나 이제까지 역사가 걸어온 길을 보면 이런 종류의 인간관계망에 가해지는 압력은 이런 소망의 힘보다 더 강했다는 것을 알 수 있다. 그래서 아직 상위의 폭력독점기구를 통해 조정되지 못하고 있는 국제관계는 오늘날 다시 독점을 형성하고 이에 따라 좀더 큰 규모의 통치단위를 이룩하려는 경향을 보인다.

국제연합이나 제국, 국가들의 지도자와 같이 이런 대규모 패권단위의 초기형태는 현재에도 이미 존재하고 있다. 그것들은 분명 아직 불안정하다. 지역제후들이 과거 수세기에 걸쳐 투쟁을 벌였듯이 오늘날 국가들 간의 투쟁을 통해서도 어디가 중심지인지, 어디에 이 투쟁의 목적인 대패권단위들 간의 경계가 설정될지 아직 결정나지 않았고 쉽게 결정날 수도 없다. 과거처럼 오늘날에도 이 투쟁이 반전에 반전을 거듭하면서 완전히 끝날 때까지 시간이 얼마나 걸릴 것인지 예측할 수도 없다. 민족국가들의 모태가 되는 소규모 통치단위들의 구성원들처럼,[원주29] 행위자가 알든 모르든 간에 오늘의 행위들이 지향하는 대규모 통치단위의 구조와 조직과 제도에 관해 오늘날의 우리 역시 단지 불분명한 이념만을 가지고 있을 뿐이다.

단지 한 가지만은 분명하다. 즉 그것은 현대세계의 통합이 지향하는 방향이다. 국제경쟁으로 인한 갈등은 우리 사회의 구조가 초래한 강한 갈등의 압력으로 인해, 일련의 유혈·무혈 권력투쟁을 거쳐 폭력이 독점되고 큰 통합단위의——이 단위의 틀 안에서 작은 '국가들'은 좀더 균형을 이룬 하나의 단위로 합쳐질 것이다——중앙조직이 확립되지 않는 한, 결코 해결되지 않을 것이다. 실제로 이러한 사회적 통합 메커니즘은 극심한 봉건적 분열에서 현재에 이르기까지 서구사회의 변화를 동일한 방향으로 유도하고 있다.

[원주29] 이 책 219~221쪽을 볼 것. 국가의 탄생에 관한 현재의 이론들을 요약하여 서술한 책은 W.C. Macleod, *The Origin and History of Politics*, 같은 곳, p.139ff.

'현대'의 다른 많은 운동들이 처한 상황도 이와 유사하다. 이 운동이 경우에 따라 '과거'라 불리기도 하고 '역사'라 일컬어지기도 하는 그 흐름의 한순간으로 보인다면, 그것은 새로운 관점에서 재조명될 수 있다. 오늘날의 여러 패권단위들 내부에서도 우리는 이 비독점적 자유경쟁의 투쟁을 볼 수 있다. 이 자유경쟁은 이미 여러 곳에서 마지막 단계에 접근하고 있다. 경제적 무기로 싸우는 이 투쟁을 통해 이미 사적인 독점조직이 출현하기 시작하고 있다. 과거 조세독점과 폭력의 독점이 개별적인 제후가문들의 수중에 들어갈 때 이미 권한의 확산으로 이어지는——독점의 집행을 공적으로 선발한 입법부의 권한에 두는 방법을 통해서든, 아니면 다른 형태로 그것을 '국가화'해서든——어떤 강제성이 감지되었듯이, 우리는 최근의 '경제적' 독점에 대한 사적인 통제를 제한하고 그 구조를 과거의 독점형태구조와 유사하게 만들어 결국 두 형태의 조직적 통합을 도출해내는 결합태의 내재적 역동성이 작용하고 있음을 분명하게 느낄 수 있다.

여러 패권단위들 내에서 변화를 불러일으키는 다른 종류의 갈등, 즉 상속재산으로서 특정한 독점기구를 직접 통제할 수 있는 권한을 가진 사람들과 그 권한에서 배제되어 자유롭지 못한 독점적 경쟁을 하면서 독점권을 가진 주인이 나누어주는 기회에 매달려 있는 사람들 간의 갈등에 대해서도 같은 말을 할 수 있다. 여기에서도 우리는 마치 앞서 달리는 잔잔한 물결을 집어삼켜 같은 방향으로 휩쓸고 지나가는 거친 바다의 거대한 파도처럼, 과거의 상승운동들을 수용하여 앞으로 나아가는 역사적 추진 과정의 한가운데에 우리가 서 있음을 깨닫게 된다.

독점 메커니즘을 분석한 부분에서 나는 독점주인과 독점하인들 간의 갈등에서 어떻게 그리고 왜 갈등의 평형추가 특정한 강도의 압력하에서 서서히 또는 빠르게 이동하는 경향이 있는지를 일반적으로 제시하였다.[원주30] 또한 이런 방향으로의 변화는 이미 서구사회의 초기에 일어났다는 점도 논의하였다. 우리는 이런 변화를, 설령 그것이 일차적으로 상류층 내의 변화

[원주30] 이 책, p.147 이하를 볼 것.

라 할지라도 봉건화과정에서 발견하게 된다. 더구나 이 변화는 당시 사회의 낮은 기능분화 수준에 따라 독점기회에 대한 통제권의 분열과 독점중심지의 해체를 소수에게는 불리하게 다수에게는 유리하게 초래한다.

기능분화가 진행되고 이와 더불어 모든 기능들 간의 상호의존성이 점차 커질 때 이런 무게중심의 이동은 이에 앞서, 중앙집중화된 독점기회들이 많은 개인들에게로 분배되는 경향으로 표현되지 않고 독점중심지와 독점기회들에 대한 권한이 다른 형태로 통제되는 경향으로 표출된다. 이런 식의 대전환이 일어났던 최초의 시기, 즉 우선 왕과 일부귀족들이 마치 세습재산인 것처럼 통제하던 옛 독점중심지에 대한 통제권을 놓고 시민계급이 벌였던 투쟁이 이를 분명하게 보여준다.

우리 시대에 사회적 상승을 도모하는 계급의 유형은 여러 이유에서 더욱 복합적이다. 그 까닭은 이제는 조세와 육체적 폭력의 옛 독점중심지를 위해서만 또는 지금 형성중에 있는 새로운 경제적 독점들을 위해서만 투쟁해서는 안 되며, 이 둘 모두를 동시에 통제할 수 있는 권한을 얻기 위해 투쟁해야 하기 때문이다. 그러나 여기에 작용하고 있는 힘의 근본유형은 이 경우에도 극히 단순하다. 즉 특별한 가족들에게만 세습적으로 주어지는 독점기회는 해당사회 내에서 갈등과 분열을 야기한다.

이런 종류의 갈등은 모든 사회 내에서, 설사 분화수준이 낮고 상류층이 기사들일 경우에는 특히 그 갈등이 결정적으로 해결되지 않는다 하더라도 관계망의 변화와 이에 따른 제도변화로 이어지는 경향을 보인다. 그러나 기능분화가 고도로 발전된 사회들은 분화가 덜 진척된 사회들보다 불균형과 이런 갈등이 야기하는 역기능에 더 민감하고 더 큰 영향을 받는다. 설령 고도의 기능분화를 이룬 사회에서 갈등 해결의 길이 하나만이 아니라 두세 개가 있다 하더라도, 갈등의 극복방향은 그것의 원인과 기원의 종류에 의해 어쩔 수 없이 미리 정해져 있다. 즉 소수의 몇몇 사람들이 자신들의 이해관계에 따라 기회를 독점적으로 운용함으로써 발생하는 긴장과 불균형과 기능부전은 이런 방식의 권한행사가 극복되지 않는 한 사라질 수 없고 진정으로 해결될 수 없다. 이 경우에도 그 극복을 위해 얼마의 시간이 필요한

지는 미리 결정될 수 없는 사안이다.

마지막으로 이와 매우 유사한 과정이 우리 시대에 인간의 행동과 그의 전체 심리구조에도 일어난다. 본 연구를 진행하면서 심리구조가 사회적 기능들의 구조, 인간 상호관계의 변동과 밀접하게 연관된다는 것을 상세하게 제시하고자 했다. 우리 시대의 이 연관성을 추적하는 일은 우리 앞에 놓여 있는 하나의 과제이다. 가장 일반적인 측면들만을 간략하게 언급해보자. 제도의 완만하거나 급속한 변화, 그리고 인간관계의 변동에서 분명하게 감지되는 구조적 힘은 그에 못지않게 분명하게 감지될 수 있을 정도의 변화를 인간의 심리구조에 초래한다. 현재 일어나고 있는 것에 대한 정확한 인식은, 우리가 그것을 특정한 방향을 가진 하나의 운동으로서 그 토대가 되는 과거의 운동들과 함께 전체적으로 고찰할 경우에 얻어질 수 있다.

다른 계층이 겪는 사회적 상승운동의 진통 속에서 상류층의 지배적인 행동수준은 마지막에 가서 어느 정도 완화된다. 새로운 수준은 혼동과 불확실성의 시기를 거쳐 비로소 정착된다. 행동양식은 위에서 아래로 전파될 뿐만 아니라 사회적 무게의 이동에 따라 밑에서 위로도 전달된다. 시민계급의 상승운동 속에서 궁정귀족의 행동규약은 구속력을 어느 정도 상실한다. 일상의례와 사교형태는 느슨해지고 일부는 거칠어진다. 중산층에서 어떤 특정한 영역에 가해진 엄격한 터부들, 특히 돈과 성에 관한 터부들은 강도에서는 조금 다르지만 널리 관철되고 결국 갈등의 평형관계가 사라지면서 완화와 재무장의 반복 속에서 마침내 이 두 계층의 행동양식 요소들이 서로 융합하여 새롭고도 좀더 안정된 행동규약이 탄생하게 된다.

상승과 융기의 물결 ——그 한가운데에서 우리는 살고 있다——은 분명 과거의 운동을 토대로 그것을 계승하기는 하지만, 그 구조에서 과거와는 달라진다. 그러나 구조적으로 유사한 현상들을 우리는 현대에서도 발견할 수 있다. 즉 전통적 행동유형의 해이, 밑으로부터 특정한 행동양식의 상승, 여러 계층들의 행동수준의 상호침투 등은 현재도 발견된다. 또한 어떤 행동영역에서는 수준이 엄격해지고 반대로 다른 영역에서는 거칠어지는 현상도 볼 수 있다.

이와 같은 전환기는 우리에게 반성과 성찰의 기회를 제공한다. 전래의 수준들은 의문의 대상이 되었고 새로운 수준은 아직 자리잡지 못했다. 사람들은 행동을 어디에 맞춰야 할지 몰라 우왕좌왕한다. 사회적 상황자체가 '행동'을 중요한 현안으로 대두시킨다. 이런 시기에——아마 유일하게 이런 시기에만——우리는 과거의 세대들이 자명한 것으로 간주했던 행동양식들을 찬찬히 들여다볼 수 있다. 아들 세대는 아버지 세대가 사유를 멈춘 바로 그 장소에서 사유를 시작한다. 그들은 아버지들이 물을 이유가 없다고 생각했던 곳에서 이유를 묻기 시작한다. 왜 '사람들은' 여기에서는 이렇게, 저기에서는 저렇게 행동할까? 왜 이 행동은 허용되고 저 행동은 금지될까? 이 예법서와 도덕규정은 무슨 의미가 있을까? 검토 없이 오랫동안 세대에서 세대로 전수된 관습들이 문제가 된 것이다. 게다가 사람들은 확대된 유동성, 즉 다른 성격을 가진 사람들과의 빈번한 접촉 덕분에 거리를 두고 자신을 볼 줄 알게 된 것이다. 독일의 행동규약은 왜 영국의 것과 다르며, 영국의 행동규약은 왜 미국의 것과 다른지, 왜 이 국가들의 행동은 동양이나 원시사회의 행동과 다른 것인가?

앞서 우리가 수행한 연구는 이 질문들의 해답에 가까이 가고자 하는 시도였다. 그것은 원래 '미결로 남아 있던' 문제들을 수용했던 것이다. 본 연구는 개인의 지식이 허락하는 한 이 문제들을 해명하고, 많은 사람들의 공동작업을 통해 열띤 토론 속에서 연구를 진척시킬 수도 있는 하나의 길을 우선 열고자 했다. 유아 때부터 훈련을 통해 개개인들에게 일종의 제2의 천성으로 새겨져 있으며 강력하고도 점점 더 엄격해지는 조직화된 사회통제를 통해 그의 내면을 지키고 있는 우리 시대의 행동양식들은 인간보편적이며 무역사적인 목적으로 이해될 수 있는 것이 아니라 역사적으로 이루어진 것으로서 서구역사의 전체적 맥락에서, 그 과정에서 형성되는 특수한 관계형태로부터 그리고 이 형태를 변화시키고 발전시키는 통합의 힘으로부터 설명된다는 사실이 본 연구의 과정에서 밝혀졌다.

우리 행동의 통제나 우리의 정신기능구조 자체와 마찬가지로 이 유형 역시 다층적이다. 그것의 형성과 재생산에는 감정적 자극 못지않게 합리적 동기가, 본능 못지않게 자아기능이 커다란 역할을 한다. 우리 사회에서 개인들의 행동에 가해지는 통제를 오로지 논리적 사유에 근거한 합리적인 어떤 것으로 설명하는 것이 오래 전부터의 관례였다. 그러나 우리는 다르게 생각한다.

합리화과정 자체와 사회적 터부의 합리적 형상화 및 정당화는 본능과 감정뿐만 아니라 의식과 반성의 수준을 포함한 전체인격에 영향을 미쳤던 전환과정의 한 측면이라는 사실을 본 연구는 밝혀냈다.[원주31] 심리적 자기조절에 일어난 이런 변화의 원동력은 특정한 방향을 가진 통합력이며 관계형태와 전체 사회조직의 변화라는 사실 또한 본 연구에서 드러났다. 이 합리화는 기능사슬의 대대적인 분화와, 물리적 폭력의 조직에 일어난 변화와 병행한다. 합리화는 생활수준의 향상과 사회적 안정의 확대를 전제로 한다. 다시 말해 육체적 공격이나 파괴로부터 보호받고 또 기능분화가 덜 이루어진 사회에 사는 개인들의 실존을 지배하는 통제 불가능한 두려움의 엄습으로부터 보호를 받아야만 합리화과정이 전개될 수 있다는 것이다.

현대를 사는 우리는 안정된 폭력독점체계와 폭력행사의 예측가능성에 너무나 익숙해져 있어 우리의 행동구조와 심리구조에 그것이 얼마나 중요한지를 잘 인식하지 못한다. 불안이 유발하는 긴장감이 우리의 내면과 주변에서 변화한다면, 또 우리의 삶에 지대한 영향을 미치는 불안이 순식간에 강해지거나 또는 약해진다면, 아니면 원시사회에서처럼 두 가지 형태가 공존하여 때로는 강해지다가 때로는 약해진다면, 이른바 '이성'이라는 것, 즉 행동의 분화된 조절과 감정억제가 얼마나 빨리 붕괴될지 우리는 거의 깨닫지 못하고 있다.

어떤 행동이나 특정한 시점에 타당한 사회적 규약에 의해 이루어지는 행동통제의 문제에 접근하기 위해서 우리는 우선 이러한 연관성 속에 침투해 들어가야 한다. 전체의 욕망경제도 그렇지만, 불안의 정도도 사회마다 다르고 한 사회 안에서도 계층에 따라 시대에 따라 달라진다. 어떤 사회가 그

[원주31] 이 책, p.369ff, 특히 p.377ff를 참조할 것.

구성원들에게 지시하고 각인시키는 행동통제를 이해하는 데는 사회적 규범의 근거로 내세워지는 합리적 목표만으로는 충분치 않다. 우리는 사회의 구성원들, 특히 그 규범의 관리인들에게조차 이런 식으로 행동을 통제할 것을 강요하는 불안의 깊은 원천을 추적해 들어가야 한다. 그러므로 우리는 행동 및 감정변화가 문명의 의미에서, 그것이 불안의 어떤 구조변화와 연관되는지를 인식할 때 비로소 더 잘 이해할 수 있다.

이 변화의 방향은 앞에서 서술되었다.[원주32] 즉 타인에 대한 공포, 직접적인 불안은 어느 정도 감소한다. 간접적인 또는 내면화된 불안은 이에 반비례하여 증가한다. 이 두 종류의 불안은 모두 한결 같아진다. 불안과 공포의 물결은 급격히 높아졌다가 또 갑자기 잠잠해지는 것이 아니라 과거와 비교해 낮은 폭의 진동으로 보통 중간높이를 유지한다. 이렇게 될 경우 행동은——여러 단계와 정도가 있지만——좀더 '문명적인' 성격을 띠게 된다. 다른 곳에서도 그렇지만 여기서도 불안의 구조는 인간이 사회적 관계로 인해 서로에게 행사하는 강제의 심리적 등가물이다. 불안은 사회구조가 개인의 심리기능에 전이되는 가장 중요한 통로들 중 하나가 아니다. 불안이나 행동의 문명적 변화의 원동력은 개인에게 작용하는 사회적 강요의 변화, 전체의 관계망, 특히 그 중에서 폭력조직의 특수한 변화인 것이다.

인간 상호간의 행동을 조절하는 규약이나 그렇게 하도록 만드는 두려움은 인간영역 밖의 어떤 것처럼 여겨지는 경우가 많다. 사회적 금기나 불안이 생겨나고 변화하는 역사적 맥락을 깊이 파고들수록, 우리의 행위나 우리 자신의 이해에 중요한 의미를 지닌 인식이 점점 더 분명하게 확인된다. 즉 '우리는 인간을 움직이는 불안이 인간이 만든 것이라는 사실을 더욱 분명하게 인식하게 된다.' 쾌락을 느끼는 것처럼 불안을 느끼는 가능성도 물론 인간본성의 변함없는 일부이다. 그러나 개인의 내면에 쌓여 있거나 또는 타오르는 불안의 강도와 종류와 구조들은 오로지 그 개인의 천성에 달려 있는 것도 결코 아니고, 또 적어도 복잡한 현대사회에서는 우리의 환경

---

32) 이 책 p.320ff, p.348 and 406ff를 참조할 것.

으로서의 '자연'에만 좌우되는 것도 아니다. 그것들은 결국 역사와 타인에 대한 그의 관계와 그가 살고 있는 사회의 구조에 따라 결정되며 그것과 함께 변화한다.

행동통제와 명령과 '터부'의 사회적 규약들이 우리에게 제시하는 모든 문제들을 풀 수 있는 결정적인 단서가 실제로 바로 여기에 들어 있다. 청소년들은 결코 다른 사람들로 인한 불안의 발생 없이는 자신의 행동을 통제하는 방법을 배울 수 없다. 인간에 의해 산출되는 불안이라는 지렛대가 없다면 어린 인간동물로부터 인간이란 이름에 걸맞는 어른이 될 수 없으며, 삶이 그에게 충분한 쾌락과 기쁨을 거부한다면 그의 인간성이 활짝 만개할 수도 없다.

어른들이 의식적으로 또는 무의식적으로 어린아이들에게 불러일으키는 불안은 그 아이 속에 침잠하여 그 때부터 일부 자동적으로 재생산된다. 아이의 조형가능한 정신은 불안을 통해 다듬어지며, 그는 성장하면서 스스로 사회의 기준에 맞게 행동할 줄 알게 된다. 그런 행동은 직접적인 물리적 폭력에 의해 유발될 수도 있고 또는 거부, 음식, 쾌락의 제한에 의해 유발될 수도 있다. 그리고 결국 인간에 의해 만들어진 불안은 내면으로부터 또는 외부로부터 인간을 자신의 권력 속에 붙잡아둔다. 수치심, 전쟁에 대한 공포, 신에 대한 공포, 죄책감, 처벌이나 사회적 명성의 상실에 대한 두려움, 자기 자신에 대한 두려움, 자신의 본능에 압도당할지 모른다는 인간의 불안 등 이 모든 것은 다른 인간들을 통해 직간접적으로 일깨워진다. 불안의 강도, 인간의 심리가계에서 이 불안이 일으키는 역할 그리고 그 형태는 그가 살고 있는 사회와 그 안에서의 그의 운명에 따라 좌우된다.

어떤 사회도 개인들의 본능과 감정을 일정한 통로로 유도하지 않고는, 즉 개인들의 행동을 특정한 방향으로 통제하지 않고는 생존할 수 없다. 인간들이 서로 강제를 행사하지 않는다면 또 이 강제가 상대방의 내면에서 이런저런 종류의 불안으로 변형되지 않는다면, 이런 식의 통제는 불가능할 것이다. 우리는 우리 자신을 기만해서는 안 된다. 인간이 어떤 형태로든 서로 함께 살아가는 곳에서는, 일터에서든 사교모임에서든 또는 사랑의 게임에서든 많은 사람들의 욕망과 행위가 서로 교차하는 곳에서는 인간에 의한 불안의 부단한 생산과 재생산은 불가피하며 필수불가결하다.

그러나 오늘날 인간의 행동에 특징을 부여하는 명령과 불안의 목적이 단순히 그리고 근본적으로 인간공존의 필연성에 있다고 믿거나, 또 그것들은 우리의 세계에서는 다수의 욕망들을 조화롭게 조정하는 데 있다거나, 사회적 공동생활의 유지에 꼭 필요한 정도에만 국한된다고 우리가 믿어서는 안 되고 스스로 설득하려 해서도 안 된다. 우리의 행동규약들은 우리의 공동생활의 형태나 우리 사회의 구조만큼이나 모순적이고 부조화투성이다. 개인들에게 가해지는 강제, 이에 상응하는 불안은 그 성격과 강도 및 구조에서 우리 사회의 구조가 만들어내는 특별한 힘에 의해, 다시 말하면 사회의 권력과 다른 차별수단들 그리고 그로 인한 엄청난 갈등에 의해 결정된다.

우리가 어떤 격랑의 한가운데 서 있는지 또 어떤 위험 속에서 살고 있는지는 분명해졌고, 그 방향을 결정하는 구조적 힘에 대해서도 앞에서 논의되었다. 공동작업의 단순한 속박보다 개인에게 더 힘겨운 것은 이런 종류의 강제와 갈등과 함정들이며 이것들이 현대인들의 삶에 항시적으로 불안의 그림자를 드리운다. 좀더 넓은 지역의 패권을 놓고 경쟁 메커니즘의 압력 밑에서 서로 투쟁하는 국가들 간의 갈등은 개인들에게는 좌절과 제한을 의미한다. 그것들은 개인들에게 한층 더 강도 높은 노동의 압력과 불확실성을 가져다준다. 이 모든 좌절과 동요와 노동의 압력은 생명에 대한 직접적 위협 못지않게 불안을 산출한다. 국가들 내부의 갈등도 이와 그리 크게 다르지 않다.

같은 계층의 사람들 사이에서 벌어지는 통제 불가능한 자유경쟁과 여러 계급들과 집단들 간의 갈등은 개인들에게는 끝없는 불안감을 불러일으키고, 제한과 금지를 가져다준다. 그것들은 특수한 형태의 불안을 유발한다. 해직에 대한 불안, 강자에게 예측할 수 없이 내맡겨져 있는 처지에서 오는 불안, 사회의 하류층에서 지배적인 생존수준 이하로 추락할지 모른다는 불안, 사회적 몰락, 재산과 자립성의 감소에 대한 불안, 중상류층의 삶에서 중요한 역할을 하는 높은 사회적 지위와 생활수준의 상실에 대한 불안 등이 그것이다.

앞에서 지적했듯이[원주33] 바로 이런 종류의 불안, 즉 상속받았고 상속가능한 차별적 지위의 상실에 대한 불안은 오늘에 이르기까지 지배적 행동규약의 성립에 결정적으로 기여했다. 이런 종류의 불안도 내면화의 경향을 보인다. 이런 불안은 빈곤이나 기아 또는 직접적인 육체적 폭력에 대한 불안보다 훨씬 더 강도 높게 해당계층의 구성원들 내면에서, 그가 성장한 환경과 일치하는 방식으로 내면적 불안으로 자리잡고, 강력한 초자아의 압력 밑에서 다른 사람들의 통제와는 무관하게 자동적으로 그를 구속한다.

[원주33] 이 책 p.346ff, p.359, p.365~367, p.397ff., 그리고 E.C. Parsons, *Fear and Conventionality*, 같은 곳, p.XIII를 참조할 것. "인습은 불안한 마음상태에 기인한다……." 그리고 p.73, "식사예법은, 내가 생각하기에 가장 명확한 계급차별수단 중 하나이다". 여기에서도 W. James, *Principles of Psychology*(New York, 1890) p.121가 인용되고 있다. "습관이란 따라서 사회의 거대한 회전바퀴이며 가장 귀중한 보수적 인자(agent)이다. 그것만이 우리 모두를 규칙의 경계 안에 묶어두고 행운아들을 가난한 자의 시기심 어린 반란으로부터 구해준다. 그것만이, 짓밟고 유린하도록 길러진 자들이 가장 가혹하고 가장 혐오스러운 삶의 영역들을 황폐하게 만들지 못하도록 막아준다."

미국의 사회과학은 이미 오래 전부터 좀더 일반적인 문제를——본 연구도 그 해결에 기여하고자 했다——제기해왔다. 예컨대 W.G. Sumner, *Folkways*(Boston, 1907), p.418, "그러므로 민속학자들은 자신들이 연구하는 사람들에게 비난투나 멸시투의 형용사를 적용하면서 그들은 우리가 조사하기를 원하는 가장 중요한 질문을 간청한다. 그것은 기준이나 규약 그리고 정조, 체면, 예절이나 겸손의 이념들이 무엇이며 언제 생겨나는가 하는 것이다. 민속적 사실들은 이 질문에 대한 해답을 이미 함축하고 있지만 그것에 이르기 위해서 우리는 사실에 대한 편견 없는 기록을 원하는 것이다." 이는 원시사회나 다른 사회들의 연구에도 또 우리 자신의 사회와 그 역사를 연구하는 데도 마찬가지로 해당되는 말이라고 할 수 있다.

본 연구에서 우리가 다루고 있는 문제는 최근에 Ch.H. Judd, *The Psychology of Social Institutions*(New York, 1926)에서 특히 명쾌하게 다루어지고 있는데, 여기서 시도하는 해결책은 우리의 것과(276쪽) 상당한 차이가 난다. "이 장에서 문명인이 알고 있는 정서유형은 정서가 새로운 방향으로 변화된 진화 과정의 산물이다. 이 적응의 도구와 수단은 제도들인데, 이 제도들 중 몇 가지는 앞 장에서 서술되었다. 자리를 잡고 확립된 제도는 모든 개인들 속에서도 발달하는데, 개인들은 그 영향으로 이 제도와 일치하는 행동양식, 정서적 태도를 가지게 된다. 새로운 양식의 행동과 새로운 정서적 태도는 그 제도 자체가 생겨나기 전에는 결코 완성될 수 없다. 스스로 제도적 요구에 적응하려는 개인의 노력은 전적으로 일련의 새로운 쾌락과 고통의 산출로 귀결된다."

자식들이 자신의 계층이나 상위계층의 행동수준에 이를 수 있을지, 그가 가족의 위상을 유지하거나 높일 수 있을지, 자기 계층의 선발전에서 승자가 될 수 있을지 노심초사하는 부모들의 불안은 아이를 둘러싸고 있으며, 이런 경향은 상류계층보다는 신분상승욕이 강한 중산층에서 더욱 뚜렷하게 나타난다. 이런 종류의 불안은 어린아이를 처음부터 구속하는 통제와 금지에 중요한 역할을 한다. 부모에게서도 일부는 의식적으로 일부는 아마 자동적으로 작동하는 불안은 말이나 제스처로 아이에게 전달된다. 이 불안은 청소년들의 행동과 정서에 한계를 설정하고 그가 원하든 원치 않든 상관없이 그를 일정한 수준의 수치심과 당혹감 또는 특정한 어조와 매너에 묶어두는 내면적 불안의 불꽃에 끊임없이 연료를 공급한다.

인간의 성생활을 구속하는 명령들과 그것을 둘러싼 자동적인 불안은, 함께 공존해야 하는 다수가 가진 다양한 욕구들의 조정 및 통제의 필요성에서만 비롯되는 것은 아니다. 그것의 기원은 상당 부분 우리 사회의 상류층과 중산층이 받는 갈등의 압력에 있다. 즉 재산과 높은 위상의 상실에 대한 두려움, 사회적 강등, 부모나 교육자의 행동을 통해 일찍부터 아이에게 작용하는 가혹한 경쟁에서의 기회감소 등에 대한 두려움과 밀접한 연관이 있다. 때때로 부모의 강요와 불안이 역효과를 가져와, 막아야 할 바로 그 사태를 야기한다 하더라도, 또 청소년이 그렇게 맹목적으로 길러진 자동적 불안으로 인해 이 경쟁을 성공적으로 이겨내지도 못하고 또 높은 사회적 지위를 획득하지도 못하는 무능력자로 길러진다 하더라도, 사회적 갈등은 언제나 부모의 태도나 금지나 불안을 통해 아이에게 투사된다. 독점기회의 세습적 성격은 아이에 대한 부모의 태도에서 직접 표현된다. 그렇게 하여 아이는 자신에게 주어진 기회와 사회적 위상을 위협하는 위험을 느끼도록, 또 그가 그것에 관해 알든 모르든 자기가 속한 사회의 갈등을 감지하도록 길러진다.

사회적 상황에서 기인하는 부모들의 불안과 청소년들의 내면적·자동적 불안 간의 관계는 우리가 지금 논의한 것보다 훨씬 더 보편적인 의미를 가지고 있다. 우리가 세대들의 사슬을 오늘날 가능한 것보다 더 길게 관찰할 수 있다면, 개인의 심리구조 및 세대들의 연속으로 표현되는 역사적 변동을 더 잘 이해할 수 있을 것이다. 그러나 여기서 한 가지 분명해진 사실은 우리 시대의 계급질서와 압력과 갈등이 개인의 인격구조에 깊은 영향을 미친다는 것이다.

이런 갈등의 와중에서 스스로 아무런 죄책감도 느끼지 않고 책임을 상대에게 전가하기에 급급한 사람들이 ──오늘날 흔히 믿고 있는 것처럼──그 마지막 단계나 절정에 이른 '문명적' 행동으로 서로 관계하리라 기대할 수는 없다. 인간의 관계망이 가진 강제력은 하나의 지렛대로서 작용하여 수세기에 걸쳐 현재의 수준으로 인간의 행동을 변화시켰던 것이다. 그와 동일한 압력이 분명 현재 우리 자신의 사회 내에서도 행동과 정서에 대해 현 수준을 넘어서는 방향으로 변화하도록 유도하고 있다. 우리의 사회구조도 그렇지만 현재의 행동방식, 억제의 수준, 금지와 불안도 정점은 고사하고 궁극적인 것이라고 말할 수 없다.

전쟁의 위험은 상존한다. 다른 말로 표현하자면 전쟁은 평화의 반대가 아니다. 소집단들 간의 전쟁이 현대에 이르기까지 대집단들의 평화로운 공존에 필수적인 단계요 도구였음은 필연적이라 할 수 있고, 이 필연성을 우리는 앞에서 명료하게 제시하였다. 기능분화가 진행될수록, 라이벌 간의 상호의존성이 커질수록, 전쟁의 가공할 폭력에 의한 혼동과 위험은 모든 당사자들에게 더욱더 위협이 되고 사회구조는 더욱 취약해진다. 따라서 국제전을 좀 덜 위험한 수단으로 수행하려는 경향이 현재 확산되고 있음을 우리는 느낄 수 있다. 그러나 예나 지금이나 증가하는 상호의존성의 역학이 국가사회의 결합태를 대립으로 몰고가고 또 지구의 넓은 지역에 대한 폭력의 독점형성으로 몰고가며, 모든 테러 수단을 동원하여 결국 해당 지역의 평화를 정착시키려 한다는 점도 분명해지고 있다.

또한 우리는 지구촌의 갈등 뒤에는, 일부는 그것과 섞여 이미 다음 단계의 갈등의 조짐이 나타나고 있음을 알 수 있다. 국가동맹이나 다양한 종류의 초국가적 연합체들에 의해 구성된 전 세계적 갈등체계의 기초적 윤곽이 서서히 드러나고 있다. 이는 물리적 폭력의 전 세계적 독점형성, 하나의 중앙정치제도의 형성 그리고 지구 평화의 정착의 전제조건이라 할 수 있는, 지구 전체의 확대전의 전주곡이라 할 수 있다.

경제적 투쟁의 경우도 이와 별반 다르지 않다. 경제적 자유경쟁이 단순히 독점질서의 반대를 뜻하는 것은 아니다. 그것은 끊임없이 스스로를 극복하면서 그 반대방향으로 나아가는 운동이다. 이런 관점에서도 우리 시대는, 이와 구조적으로 유사한 전환기가 그렇듯이 아무리 많은 몰락과 하락을 함축하고 있다 하더라도, 결코 궁극적 종점이나 정점은 아니다. 또한 이런 관점에서도 우리 시대는 해소되지 않은 갈등들, 즉 얼마나 지속되거나 어떤 식으로 전개될지 예측할 수 없는 그러나 그 방향만은 분명한—자유경쟁이나 비조직적 독점소유에 대한 제한이나 지양, 즉 상류층의 세습적·사적 과제였던 자원에 대한 통제권이 사회적이고 공적인 기능으로 변화하는—통합과정들로 가득 차 있다. 여기에서도 마찬가지로 현재의 긴장관계의 속내를 들여다보면 다음 단계의 긴장관계, 즉 독점행정의 고위관리자와 중간관리자들, '관료들'과 사회의 다른 구성원들 간의 긴장관계가 조금씩 징후를 나타내고 있다.

이와 같은 국제갈등과 국내갈등이 극복되고 난 후에야 우리는 문명화되었다고 비로소 정당하게 주장할 수 있다. 현재 우리 의식의 한 부분이자 개인적 초자아로서 우리에게 이식된 행동규칙들 중 대부분은 권력과 사회적 위상에 대한 기득권 집단의 열망들 중에 남아 있는 잔재들로서, 그들의 우월한 권력과 지위를 한층 더 강화하려는 기능만을 가지고 있다. 이 행동규칙들의 도움으로 이 집단의 구성원들은 자신들의 능력과 업적을 통해서만이 아니라 다른 집단들에게는 통로가 봉쇄된 권력기회의 독점적 소유를 통해서 스스로를 차별화한다. 국제적·국내적 갈등이 해소되어야만 인간관계의 통제는 기능분화의 높은 수준과 이를 전제로 한 높은 생활수준과 노동생산력을 유지하는 데 필수적인 명령과 금지들에만 국한될 것이고, 인간의 자기통제도 사람들이 두려움 없이 서로 살아가고 노동하고 즐길 수 있기위해 필요한 만큼으로 줄어들 것이다. 인간들 상호간의 긴장과 인간관계의 구조에 들어 있는 모순과 더불어 인간내면의 긴장과 모순이 완화될 수 있는 것이다.

그렇게 되어야만 인간은 충족을 요구하는 자신의 불가피한 본능과 이에 가해지는 제재 간의 최상의 균형——종종 '행복'이니 '자유'니 하는 거창한 말들로 일컬어지는 심리적 조건, 즉 '지속적인 평형상태, 자신의 사회적 과제들, 사회적 실존의 요청과 자신의 개인적 성향과 욕구들 간의 조화'——이 예외가 아니라 규칙이 될 수도 있을 것이다. 인간결합태의 구조와 인간상호의존성의 구조가 이런 성격을 가지게 되면, 또 모든 개인의 실존에 토대가 되는 인간의 공존이 이런 식으로 서로 묶여 있는 모든 사람들에 대해 마음의 평형을 얻을 수 있는 방식으로 기능한다면, 이 때 비로소, 오직 이 때에만 인간은 자신들이 문명화되었다고 어느 정도 설득력 있게 주장할 수 있을 것이다. 그 때까지 그들은 기껏해야 "문명화과정은 끝나지 않았다. 그것은 진행중이다"라고 말할 수 있을 뿐이다.

　문명화란 무엇인가? 이 물음은 이제 이렇게 바뀌어야 할지도 모른다. 우리 사회에서는 무엇이 문명화로 이해되고 있는가? 엘리아스는 주지하다시피 문명의 이론을 발전시키기는커녕 문명의 개념조차 명확하게 규정하고 있지 않다. '문명화되었다'는 말이 대체로 자신의 감정과 본능을 스스로 통제할 수 있는 능력과 태도를 의미한다면, 그의 문명개념은 이러한 일상적 의미에서 크게 벗어나지 않는다. 간단히 말해 엘리아스는 오늘의 관점에서 보면 매우 자명한 사회적 사실의 발전과정을 지극히 건조하게 서술하고 있는 것이다.

　그럼에도 이 책을 옮기는 과정에서 받았던 깊은 인상이 아직도 잔잔한 감동을 자아내는 까닭은 무엇일까? 문명화에 관한 이론을 체계적으로 정립하지 않으면서 투박하고 거칠기까지 한 언어로 문명의 변동과정을 그려내고 있는 그의 글은 어떤 미덕을 갖추고 있는 것일까? 나는 그 이유로 우선 시각의 참신함과 독창성을 꼽아본다. 그가 『문명화과정』 제1권에서 예법서를 다룬 것도 그렇고, 제2권에서 현대의 합리적 인간이 탄생하게 된 근원을 시민사회에서가 아니라 궁정사회에서 찾고 있는 것도 그렇다. 우리는 통상 합리화 및 문명화과정이 시민사회와 직업적 시민계급의 발생과 더불어 시작되었다고 생각한다. 이런 점을 고려하면, 사회가 평화로워져서 무력투쟁을 더 이상 허용치 않는 궁정사회는 갈등해결을 위한 다른 수단을 요구한다는 엘리아스의 시각은 새롭다고 할 수 있다.

　그의 글이 나에게 감동을 주는 두 번째 미덕은 아마 일종의 '거리두기'일

것이라는 생각을 지울 수 없다. 이론과 개념을 섣부르게 내세우기보다는 사회의 발전과정을 치밀하게 천착해 들어가는 그의 고집스러운 태도는 일종의 경외심마저 불러일으킨다. 그는 우리가 '지금 그리고 여기서' 해야 할 일이 서양의 이론을 단순히 적용하기보다는 오히려 우리 사회와 역사를 정치하게 분석하고 서술하는 것이라는 확신을 심어준다. 개인보다는 공동체가 우선적으로 고려되었던 유교적 동양사회에서 문명화는 어떻게 발전하였을까? 우리에게 개인은 무엇이고 어떤 의미를 가지고 있는가? 심리발생사와 사회발생사의 이중적 관점에서 서양의 문명화과정을 고찰하는 엘리아스의 이 책을 번역하면서 떠오르는 질문들이다. 언젠가는 우리의 손으로 이 질문들에 대한 구체적 대답을 작업해낼 수 있기를 기대해 본다.

늘 그렇듯이 이 책을 번역하여 내놓자니 부끄러움이 앞선다. 이 책이 가능한 한 하나의 이야기로 읽힐 수 있도록 노력하였으나 여전히 걸리적거리는 곳이 많이 남아 있으리라 생각한다. 역자가 부족한 탓임을 밝혀둔다. 이 자리를 빌려 번역작업을 순조롭게 매듭지을 수 있도록 도와준 모든 사람들에게 심심한 감사의 말을 전한다. 엄마가 필요함에도 불구하고 책을 옮기는 것을 책을 쓰는 것으로 오해하고 이해해준 우리 아이들의 지원이 없었더라면, 이 작업이 불가능하였을 것이다. 그리고 이 책을 독일어 원전보다 더 모양나게 꾸며주고 또 좋은 책이 되도록 온갖 노력을 아끼지 않은 한길사 편집부 여러분에게 고마운 마음을 전한다.

1999년 대구에서
박미애

●노르베르트 엘리아스 연보

1897년 6월 22일 브레슬라우에서 유태인 헤르만과 소피 엘리아스 부부의 외아들
로 출생.

1915년(18세) 브레슬라우 대학에서 철학, 독문학, 의학 공부를 시작.

1915~19년(18~22세) 병역의무. 동부전선에서 타자병으로 출발, 나중에는 브레
슬라우에서 위생병으로 복무.

1919년(22세) 의학에서 중간시험 합격 후 의학공부를 포기. 박사학위 취득을 목
표로 철학공부에 매진. 여름학기 하이델베르크 대학에서 수학. 칼 야스퍼스
의 세미나 청강.

1920년(23세) 여름학기 프라이부르크 대학에서 수학.

1924년(27세) 철학에서 「이념과 개인」(Idee und Individuum)이란 논문으로
박사학위 취득. 하이델베르크 대학에서 사회학을 시작. 막스 베버의 동생 알
프레드 베버 밑에서 교수 자격 청구 논문(Habilitation)을 시작.

1930년(33세) 프랑크푸르트 대학 사회학과 교수로 초빙된 카를 만하임(Karl
Mannheim)의 조교로 대학을 같이 옮김.

1930~33년(33~36세) 만하임의 지도로 교수자격 청구 논문을 완성. 이 논문은
1969년 『궁정사회』(*Die höfische Gesellschaft*)로 출판.

1933년(36세) 나치 정권의 등장으로 프랑스로 망명.

1935년(38세) 프랑스에서 다시 영국으로 망명.
망명 유태인을 위한 장학금을 받고 『문명화과정』(*Über den Prozeß der
Zivilisation*) 집필에 몰두.

1939년(42세) 『문명화과정』 제1, 2권을 스위스 바젤에서 출판.

1941~54년(44~57세) 런던 대학 '성인교육과정'의 선생으로 활동.

1954년(57세) 레스터 대학의 전임강사로 임용.

1961년(64세) 정년퇴직 후 몇 년 간 아프리카의 가나에서 사회학 교수로 활동.

1965년(68세) 베를린 대학 독문학과 초빙교수.

1966년(69세) 독일 뮌스터 대학 초빙교수.

1969년(72세) 『궁정사회』와 『문명화과정』 제1, 2권 출판.

1970년(73세) 『사회학이란 무엇인가』(*Was ist Soziologie*) 프랑크푸르트에서 출판.

1972년(75세) 독일 콘스탄츠 대학 초빙교수.

1977년(80세) 프랑크푸르트 시가 수여한 '아도르노상' 수상.

1979년(82세) 독일 빌레펠트 대학 초빙교수.

1982년(85세) 『죽어가는 자들의 고독』(*Über die Einsamkeit der Sterbenden*) 출판.

1985년(88세) 『인간의 조건』(*Humana conditio*) 출판.

1987년(90세) 『사회참여와 거리두기』(*Engagement und Distanzierung*)와 시집 『인간의 운명』(*Los der Menschen*) 출판.

1990년 8월 1일(93세) 암스테르담에서 사망.

●참고문헌

Albèri, Eug., *Relazioni degli Ambasciatori Veneti al Senato*, 1 series, Vol. 4.(Florenz, 1860).

Aquino, Th. v., *De regimine Judaeorum*. Ausg. v. Rom Vol. XIX.

Ault, W.O., *Europe in the Middle Ages*, 1932.

Barrow, R.H., *Slavery in the Roman Empire*(Oxford, 1926).

Basin, Thomas., *Histoire des règnes de Charles VII et de Louis XI*, ed. by Quicherat(Paris, 1855).

Bloch, Marc., *Le caractères orininaux de l'historie rurale française* (Oslo, 1931).

_____, *Roes et Serfs*(Paris, 1920).

Bogardus, E.S.(ed.), *Social Problems and Social Processes, Selected Papers from the Proceedings of the American Sociology Society 1932*(Chicago, 1933).

Brantôme, *Oeuvres complètes*, publiées par L. Lalanne, Vol. 4.

Breysig, Kurt., *Kulturgeschichte der Neuzeit*(Berlin, 1901).

Brinkmann, Hennig., *Entstehungsgeschichte des Minnesanges*(Halle, 1926).

Bruyère, La., *Caractéres*, 'De la cour'(Paris, Hachette, 1922).

Buryz, I.B., *History of the Easten Roman Empire*, 1912.

Byles, A.T., *Medieval couresy-books and the prose romances of chivalry*.

Byrne, Eug.H., *Genoese shipping in the twelfth and theiteenth centuries*

438

(Cambridge Mass., 1930).

Calmette, Jos., *La société féodale*(Paris, 1932).

_____, *Le monde féodel*(Paris, 1934).

Cartellieri, A., *Philipp II. August und der Zusammenenbruch des ange-vinischen Reiches*(Leipzig, 1913).

Cohn, W., *Das Zeitalter der Normannen in Sicilien*(Bonn and Leipzig, 1920).

Coulton, G.G., *Social Life in Britain*(Cambridge, 1919).

Dopsch, Alf., *Die Wirtschaftsentwicklung der Karolingerzeit, vornehm-lichen in Deutschland*(Weimar, 1912).

_____, *La société française au temps de Philoppe Auguste*(Paris, 1909).

_____, *Wirtschaftliche und soziale Grundlagen der europäischen Kultur-entwicklung*(Wien, 1924).

Dupont-Ferrier, G., *La Chambre ou Cour des Aides de Paris, Revue historique*. Vol. 170.(Paris, 1932).

_____, *La formation de l'état français et l'unité française*(Paris, 1934).

Dümmler, Ernst., *Geschichte des ostfränkischen Reiches*(Berlin, 1862~1888).

Elias, N., *Die höfische Gesellschaft*(Frankfurt a. M., 1983).

_____, *What is Sociology?*(London, 1978).

_____, *Über den Prozess der Zivilisation*, Bd. II.(Frankfurt, 1976).

Fowles, L.W., Loomis Institute, USA., *New Review*. No. 35.

Goldenweiser, A., *Social Evolution in Encyclopedia of Social Sciences* (New York, 1935).

Hampe, Karl., *Abendländische Hochmittelalter*(Prop.-Weltgesch. Vol. 3) (Berlin, 1932).

Haskins, Ch.H., *The Renaissance of the Twelfth Century*(Cambridge, 1927).

_____, "The Spread of ideas in the Middle Ages," in *Studies in Mediaeval Culture*(London, 1929).

Hintze, Otto., *Wesen und Verbreitung des Feudalismus, Sitzungs-berichte der Preußischen Academic der Wissenschaften, phil.-hist.*

Klasse(Berlin, 1929).

Hofmann, A.v., *Politische Geschichte der Deutschen*(Stuttgart and Berlin, 1921~28).

Huizinga, *Der Herbst des Mittelalters*(München, 1924).

Imbert de la Tour, P., *Les origines de la réforme*(Paris, 1909).

Jacqueton, G., *Documents relatifs à l'administration financière en France de Charles VII à François Ier*,(1443~1523)(Paris, 1897).

James, W., *Principles'of Psychology*(New York, 1890).

Judd, C.H., *The Psychology of Social Institutions*(New York, 1926).

Kirn, Paul., *Das Abendland vom Ausgang der Antike bis zum Zerfall des karolingischenReiches, Propyläen-Weltgeschichte*(Berlin, 1932).

_____, *Politische Geschichte der deutschen Grenzen*(Leipzig, 1934).

Knight, *Barnes and Flügel, Economic history of Europe*(London, The Manor, 1930)

Kren, Fritz., *Die Anfänge der französischen Ausdehnungspolitik* (Tübingen, 1910).

Kretschmayr, H., *Geschichte v. Venedig*(Stuttgart, 1934).

Lavisse, *Louis XIV*(Paris, 1905).

Leach, E.R., "Violence", *London Review of Books* 23. 10, 1986.

Lehugeur, P., *Philipp le Long(1316~1322). Le mécamisme du gouverne-ment*(Paris, 1931).

Levasseur, *La population française*(Paris, 1889).

Lewis, C.S., *The Allegory of Love, a Study in Medieval Tradition* (Oxford, 1936).

Loewe, A., *The Price of Liberty*(London, 1937).

Longnon, Auguste., *Atlas historique de la France*(Paris, 1885).

_____, *La Formation de l'unité française*(Paris, 1922).

Lot, Ferd., *Les derniers Carolingiens*(Paris, 1891).

Lowie, R.H., *"Food Etiquette," in Are we civilized?*(London, 1929).

Lowie, Rob H., *The Origin of the State*(New York, 1927).

Luchaire, Achille., *Histoire des Institutions Monarchiques de la France sous les premiers Capétiens(987~1180)*(Paris, 1883).

_____, *Les Communes Françaises à l'Epoque des Capètiens dirests* (Paris, 1911).

_____, *Les premiers Capétiens*(Paris, 1901).

_____, *Louis VII., Philippe Auguste, Louis VIII.*(Paris, 1901).

Löwenthal, L., *Zugtier und Sklaven, Zeitschrift für Sozialforschung* (Frankfurt and Main, 1933).

Macleod, W.C., *The Origin and History of Politics* (New York, 1931).

Mannheim, Karl., *Die Bedeutung der Konkurrenz im Gibiete des Geistiges, Verhandlungen des siebenten deutschen Soziologentages* (Tübingen, 1929).

Mariéjol, *Henri IV. et Louis XIII.*(Paris, 1905).

Mennell, Stephen., *Norbert Elias. Civilization and the Human Self-Image*(Oxford, 1989).

Mignet, M., *Essai sur la formation territoriale et politique de la France, Notices et Mémoires historiques*(Paris, 1845).

Mirot, L., *Manuel de géographie historique de la France*(Paris, 1929).

Mirot, Léon., *Les insruuections urbaines au debut du régne de Charles VI*(Paris, 1905).

Noettes, Lefebvre des., De la marine antique à la marine monderne. *La révolution du gouvernail*(Paris, 1935).

Noettes, Lefebvre des., *La 'Nuit' du moyen âge et son inventaire, Mercure de France,* 1932.

Noettes, Lefebvre des., *L'attelage. Le cheval de selle à travers les êges. Contribution à l'histoire de l'esclavage*(Paris, 1931).

Ogburn, W.F., *Social Change*(London, 1923).

Parsons, E.C., *Fear and Conventionality*(New York and London, 1914).

Petit-Dutaillis, A., *Charles VII, Louis XI, et les premières années de Charles VIII.*(Lavisse, Hist. de France, IV, 2)(Paris, 1902).

Petit-Dutaillis, Ch., *Etudes sur lq vie et le règne de Louis VIII.*(Paris, 1899).

_____, *La Monarchie féodale en France et en Angleterre*(Paris, 1933).

Petrusevski, D.M., "Strittige Fragen der mittelalterlichen Verfassungs-

und Wirtschaftsgeschichte," *Zeitschrift für die gesamte Staatswissenschaft*(Tübingen, 1928).

Pirenne, Henri., *Economic and social history of medieval Europe* (London, 1936).

_____, *Les villes du moyen âge*(Bruxelles, 1927).

Prestage, E., "Chivary," *A series of studies to illustrate its historical significans and civilizing influence*(London, 1928).

Ranke, L.v., *Französische Geschichte*, Book 10.

Ranke, L.v., *Zur venezianischen Geschichte*(Leipzig, 1878).

Rehberg, Karl-Siegbert., *Norbert Elias und die Menschenwissenschaften* (Frankfurt, 1996).

Richelieu, *Politisches Testament.*

Rostovtsev, M., *The Scocial and Economic History of the Roman Empire*(Oxford, 1926).

See, H., *Französische Wirtschaftsgeschichte*(Jena, 1930).

Simon, St.-., *Memoiren.*(Nouv. éd. par A. de Boislisis)(Paris, 1910).

Stözel, Ad., *Die Entwicklung des gelehrten Richtertums in deutschen Territorien*(Stuttgart, 1872).

Suger, *Vie de Louis le Gros. Ausg.v.Molinier.*

Sumner, W.G., *Folkways*(Boston, 1907).

Teggart, Fr.J., *Theory of History*(New Haven, 1925).

Thompson, J.W., *German Feudalism, American historical Review,* 1923.

Thompson, James Westfall., *Economic and Social History of Europe in the later Middle Ages(1300~1530)*(New York and London, 1931).

Thompson, James Westfall., *The Dissolution of the Carolingian Fics* (Berkeley University of California Press, 1935).

Vaissière, Pierre de., *Gentilshommes Campagnards de l'ancienne France* (Paris, 1903).

Viollet, P., *Histoire des institutions politiques et administratives de la France*(Paris, 1898).

Vuitry, *Etudes sur le Régime financier de la France*(Paris, 1878).

Weber, Marianne., *Ehefrau und Mutter in der Rechtsentwicklung*

442

(Tübingen, 1907).

Weber, Max., *Gesammelte Aufsätze zur Religionssoziologie*, Bd. I. (Tübingen, 1972).

_____, *Wirtschaft und Gesellschaft*(Tübingen, 1922).

Wechssler, Eduard., *Das Kulturproblem des Minnesangs*(Halle, 1909).

Werveke, Hans v., *Monnaire, lingots ou marchandises?* Les instruments d'échange au XIe siècles. *Annales d'Histoire Economique et Sociale* No. 17.(Semtember, 1932).

Zimmern, A., *Solon and Croesus, and other Greek essays*(Oxford, 1928).

_____, *The Greek Commonwealth*(Oxford, 1931).

노르베르트 엘리아스(Norbert Elias, 1897~1990)는 브레슬라우의 중산층 유대인 가정에서 태어났다. 인문계 고등학교를 다니면서 고대 그리스로마시대의 대가들과 괴테, 실러시대의 독일 고전문학을 두루 섭렵한다. 이때 얻은 독일문학에 대한 그의 폭넓은 지식은 훗날 『문명화과정』의 역사실증적 분석에 중요한 밑거름이 된다. 엘리아스는 1924년 브레슬라우 대학에서 신칸트학파의 철학자 리하르트 회니히스발트를 지도교수로 하여 박사학위 논문 「이념과 개인」(Idee und Individuum)을 쓴다. 그는 이 논문에서 칸트의 '아 프리오리'(a priori)를 반박함으로써 종래의 철학적 인간관인 '폐쇄적 인간'을 부정하려 하였지만 그의 관점은 받아들여지지 않았다. 이러한 입장을 철회하고 수정한 다음에야 비로소 그의 학위논문은 통과될 수 있었다. 1930년 프랑크푸르트에서 엘리아스는 만하임의 지도로 교수자격 논문 「궁정사회」(Die höfische Gesellschaft)를 쓰기 시작한다. 그러나 1933년 나치정권이 등장하고 유대인에 대한 탄압이 시작되면서 엘리아스의 교수자격 심사가 중단되고 만다. '결합태사회학', '문명화과정의 이론'과 같은 독창적인 사회학적 사유를 역사적 실증연구와 결합시켰던 엘리아스의 주저 『문명화과정』은 이미 1930년대에 출판되었지만, 몇몇 소수의 사회학자나 역사학자들에 의해 언급되거나 인용되었을 뿐 오랫동안 영국·미국이나 독일 사회학계에서 주목받지 못했다. 1977년 프랑크푸르트 시가 수여하는 아도르노 상을 수상한 후, 엘리아스의 이름은 비로소 사회학을 넘어서 여러 학계에 널리 알려지게 되었고, 1968년에 독일에서 재판된 그의 주저 『문명화과정』은 1978년 영어로 번역되었다. 독일 사회학회가 1975년 그를 명예회원으로 추대함으로써 그의 복권은 완벽하게 이루어졌다.

옮긴이 박미애(朴美愛)는 연세대학교 독문과를 졸업하고 독일 아우크스부르크 대학에서 사회학 석사 및 박사학위를 받았다. 지은 책으로 Patriarchat durch konfuzianische Anstandsnormen, 『인간복제에 관한 철학적 성찰― 슬로터다이크 논쟁을 중심으로』(공저)가 있다. 옮긴 책으로는 노르베르트 엘리아스의 『문명화과정1·2』『모차르트』, 한나 아렌트의 『전체주의의 기원1·2』(공역) 등을 비롯해, 퓨겐의 『막스 베버: 사회학적 사유의 길』, 하버마스의 『새로운 불투명성』, 히르슈의 『로자 룩셈부르크』, 슬로터다이크의 『인간농장을 위한 규칙』(공역) 『냉소적 이성 비판』(공역) 등이 있다.

HANGIL GREAT BOOKS **34**

문명화과정 II

지은이 노르베르트 엘리아스
옮긴이 박미애
펴낸이 김언호

펴낸곳 (주)도서출판 한길사
등록 1976년 12월 24일
주소 10881 경기도 파주시 광인사길 37
홈페이지 www.hangilsa.co.kr
전자우편 hangilsa@hangilsa.co.kr
전화 031-955-2000~3 **팩스** 031-955-2005

출력 블루엔 **인쇄** 오색프린팅 **제본** 경일제책사

제1판 제 1 쇄 1999년 4월 10일
제1판 제11쇄 2021년 9월 27일

값 25,000원

ISBN 978-89-356-3088-2 94900
ISBN 978-89-356-3089-9(전2권)

• 잘못 만들어진 책은 구입하신 서점에서 바꿔드립니다.

한길그레이트북스 인류의 위대한 지적 유산을 집대성한다